郑州统计年鉴

ZHENGZHOU STATISTICAL YEARBOOK

2007

（总第九期　NO.9）

郑州市统计局　编

中国统计出版社
China Statistics Press

(京)新登字 041 号

图书在版编目(CIP)数据

郑州统计年鉴.2007/郑州市统计局编.—北京：中国统计出版社，2007.7
ISBN 978-7-5037-5202-5

Ⅰ.郑... Ⅱ.郑... Ⅲ.统计资料—郑州市—2007—年鉴 Ⅳ.C832.611-54

中国版本图书馆 CIP 数据核字(2007)第 053909 号

郑州统计年鉴—2007

作　者/郑州市统计局
责任编辑/郑淼淼　王　琳
封面设计/李俊峰
出版发行/中国统计出版社
通信地址/北京市西城区三里河月坛南街 57 号　中国统计出版社
邮　编/100826
电　话/(010)63376907
印　刷/河南第二新华印刷厂
开　本/890 × 1240 毫米　1/16
字　数/135 万字
印　张/30.5 印张
印　数/1-1000 册
版　别/2007 年 7 月第 1 版
版　次/2007 年 7 月第 1 次印刷
书　号/ISBN 978-7-5037-5202-5/F·2502
定　价/260.00 元

《郑州统计年鉴—— 2007》

编委会和编辑人员

郑州统计年鉴

编辑说明

一、《郑州统计年鉴—2007》是一部全面反映郑州地区国民经济和社会发展的资料性统计年刊。本书收录了郑州市及所辖县（市）、区2006年经济和社会发展各方面大量的统计数据，以及重要年份的主要统计数据，是认识和研究郑州市情、经济社会发展、制定宏观政策、指导工作和进行决策的重要经济类工具书。

二、本年鉴以丰富、翔实的统计资料为主，全面反映了郑州国民经济和社会发展状况。全书分为16部分。即1.综合；2.从业人员和劳动工资；3.固定资产投资；4.价格；5.人民生活；6.城市公用事业和环保；7.农业；8.工业；9.建筑业；10.交通运输和邮电通讯；11.国内贸易；12.对外经济贸易和旅游；13.财政金融；14.教育、科技、文化、卫生和体育；15.企业集团；16.统计工作大事记。各篇末均附有《主要统计指标解释》，对主要统计指标的含义、范围、计算方法作了简要说明。

三、本年鉴中使用的计量单位均采用国际统一标准计量单位；统计口径除特别注明外，均包括郑州市及所辖各县（市）区。资料取自郑州市统计局、农村社会经济调查队、城市社会经济调查队、企业调查队及有关部门的统计报表。

四、本年鉴部分数据合计数或相对数不等于分项之和，是由于单位取舍和不同产业的计算误差，部分指标未作机械调整。

五、本年鉴表中的符号使用说明：

“空格”表示该项统计指标数据不详或无该项数据；

“…”表示数据不足本表最小单位；

“#”表示其中的主要项。

目　录

一、综　合

二、从业人员和劳动工资

三、固定资产投资

四、价　格

五、人民生活

六、城市公用事业和环保

七、农　业

八、工　业

九、建筑业

十、交通运输、邮电通讯

十一、国内贸易

十二、对外经济贸易和旅游

十三、财政金融

十四、教育、科技、文化、卫生和体育

十五、企业集团

十六、其　他

一、综　合

1-1　行政区域

（2006 年底）

县(市)区	街道办事处	镇	乡	社区	村委会
总　计	**74**	**70**	**24**	**510**	**2285**
市辖区	**58**	**9**	**4**	**444**	**347**
中原区	10	1		99	46
二七区	13	1	1	82	52
管城区	9	1	2	71	38
金水区	15	2		171	71
上街区	5	1		17	30
惠济区	6	2		4	54
高新技术开发区		1	1		39
经济技术开发区					17
县(市)	**16**	**61**	**20**	**66**	**1938**
中牟县		11	6	8	428
巩义市	5	15		33	292
荥阳市	2	9	3		283
新密市	3	11	2	25	303
新郑市	3	9	3		325
登封市	3	6	6		307

1-2　主要气象情况

（2006 年）

项　　目	一月	二月	三月	四月	五月	六月	七月	八月	九月	十月	十一月	十二月
月平均气温	0.3	3.9	11.5	17.2	21.9	27.8	27.1	26.1	21.2	19.0	10.9	3.0
月日照时数	66.2	116.5	230.9	211.7	212.3	236.4	93.8	128.9	108.1	134.4	157.1	107.9
月降水量(mm)	25.8	17.8	5.4	37.0	65.5	82.9	181.9	162.1	50.0		58.7	5.5
降水日数(> =0.1mm)	5	4	1	5	9	8	12	12	8		9	4
最高气温	11.4	19.0	26.4	38.7	34.9	40.1	35.3	34.2	30.1	31.5	26.3	14.6
出现日期	9	14	29	30	29	19	13	12	16	10	2、3、4	14
最低气温	-7.4	-6.4	-1.1	2.4	9.1	17.5	20.8	19.4	11.8	7.1	1.1	-5.1
出现日期	21	28	2	13	12	4	24	31	11	27	15、23	17

1-3 县(市)、区所辖乡、镇办事处

(2006 年底)

县(市)区	乡　镇	街道办事处
中原区	须水镇	林山寨　桐柏路　绿东村　棉纺路　三官庙　建设路　秦岭路　汝河路　中原西路　航海西路
二七区	马寨镇　侯寨乡	大学路　五里堡　德化街　解放路　铭功路　嵩山路　长江路　一马路　蜜蜂张　福华街　建中街　淮河路　京广南路
管城区	十八里河镇　南曹乡　圃田乡	北下街　西大街　南关街　城东路　东大街　二里岗　陇海马路　紫荆南路　航海东路
金水区	柳林镇　庙李镇	经八路　花园路　人民路　杜岭　大石桥　南阳路　南阳新村　文化路　丰产路　东风路　北林路　未来路　龙子湖　祭城　凤凰路
上街区	峡窝镇	济源路　新安路　矿山　中心路　工业路
惠济区	古荥镇　花园口镇	刘寨　老鸦陈　新城　迎宾路　长兴路　大河路
高新区	石佛镇　沟赵乡	
中牟县	城关镇　白沙镇　韩寺镇　官渡镇　郑庵镇　狼城岗镇　万滩镇　张庄镇　黄店镇　大孟镇　九龙镇　刘集乡　八岗乡　刁家乡　三官庙乡　姚家乡　雁鸣湖乡	
巩义市	米河镇　新中镇　小关镇　竹林镇　大峪沟镇　河洛镇　站街镇　康店镇　北山口镇　鲁庄镇　芝田镇　西村镇　回郭镇　夹津口镇　涉村镇	孝义　紫荆路　新华路　杜甫路　永安路
荥阳市	豫龙镇　广武镇　王村镇　汜水镇　高山镇　刘河镇　崔庙镇　贾峪镇　乔楼镇　高村乡　城关乡　金寨回族乡	索河　京城路
新密市	米村镇　牛店镇　平陌镇　超化镇　苟堂镇　大隗镇　刘寨镇　白寨镇　岳村镇　城关镇　来集镇　袁庄乡　曲梁乡	新华路　青屏街　西大街
新郑市	辛店镇　观音寺镇　梨河镇　和庄镇　薛店镇　孟庄镇　龙湖镇　郭店镇　新村镇　城关乡　八千乡　龙王乡	新建路　新华路　新烟
登封市	颍阳镇　大金店镇　卢店镇　告成镇　大冶镇　宣化镇　君召乡　石道乡　送坪乡　东金店乡　唐庄乡　徐庄乡	少林　中岳　嵩阳

1-4　人口基本情况

（2006 年底）

	总户数（户）	总人口（人）			
		合　计	#女　性	#非农业人口	城镇人口
总　计	**2107193**	**7242777**	**3499622**	**2828428**	**4323069**
市辖区	**997311**	**3093232**	**1501862**	**2011066**	**2788119**
中原区	226450	713316	343105	535344	657606
二七区	225714	632000	310563	420190	575120
管城区	122377	407515	198497	225723	374506
金水区	324780	1039295	502832	703930	965505
上街区	40040	119720	58686	78537	106551
惠济区	57950	181386	88179	47342	108831
县（市）	**1109882**	**4149545**	**1997760**	**817362**	**1534950**
中牟县	170376	684913	329350	98450	194172
巩义市	206897	800691	396342	140121	321077
荥阳市	175548	596864	272945	110349	247187
新密市	218663	804678	387774	128749	289765
新郑市	171390	617530	297965	158843	267822
登封市	167008	644869	313384	180850	214927

注：1. 新密市总人口中含郑州矿区 44495 人；2. 管城区总人口中含经济技术开发区 30618 人；3. 中原区总人口中含高新技术开发区 139752 人。

1-5　人口自然变动情况

（2006 年）

县（市）区	年平均人口（人）	出生人口（人）	死亡人口（人）	出生率（‰）	死亡率（‰）	自然增长率（‰）
总　计	**7201156**	**65750**	**34405**	**9.13**	**4.78**	**4.35**
市辖区	**3057471**	**25874**	**10432**	**8.46**	**3.41**	**5.05**
中原区	705099	5900	2193	8.37	3.11	5.26
二七区	627000	5300	1781	8.45	2.84	5.61
管城区	403118	3600	1411	8.93	3.50	5.43
金水区	1024648	8403	3792	8.20	3.70	4.50
上街区	119086	894	372	7.47	3.11	4.36
惠济区	178520	1777	883	9.95	4.95	5.00
县（市）	**4143685**	**39819**	**23973**	**9.61**	**5.79**	**3.82**
中牟县	684389	6849	4095	10.01	5.98	4.03
巩义市	798341	7567	3811	9.48	4.77	4.71
荥阳市	596373	5313	3608	8.91	6.05	2.86
新密市	803098	7549	5116	9.40	6.37	3.03
新郑市	617227	6231	3665	10.10	5.94	4.16
登封市	644257	6310	3678	9.79	5.71	4.08

注：1. 郑州矿区数据含在新密市；2. 经济技术开发区数据含在管城区；3. 高新技术开发区数据含在中原区。

1-6 国民经济和社会发展总量及速度指标

指　　标	单位	1990	1995	2000	2003	2004	2005	2006	2006 比上年度±%
人口与面积									
人口	万人	557.8	600.3	665.9	697.7	708.2	716.0	724.3	1.2
建城区面积	平方公里	112.0	108.3	133.2	212.4	243.3	262.0	282.0	7.6
就业									
年末从业人员	万人	317.8	309.9	356.4	388.9	398.9	407.9	412.5	1.1
#城镇从业人员	万人	87.3	118.5	112.7	150.0	151.2	153.4	156.2	1.8
宏观经济									
国民经济核算									
国内生产总值	亿元	116.4	386.4	728.4	1074.1	1335.2	1660.6	2013.5	16.0
第一产业	亿元	14.4	28.5	42.4	49.3	63.1	72.4	77.1	6.6
第二产业	亿元	62.5	203.5	343.3	523.2	670.4	872.8	1070.9	18.5
第三产业	亿元	39.5	154.3	342.7	501.7	601.8	715.4	865.5	13.9
固定资产投资									
全社会固定资产投资额	亿元	26.9	165.6	258.4	500.4	650.3	820.0	1032.0	25.9
#国有经济	亿元	15.5	83.8	93.5	188.0	218.6	190.0	226.2	19.1
集体经济	亿元	3.4	34.1	71.4	10.8	25.5	50.2	73.7	46.8
财政									
地方财政收入	亿元	10.5	17.1	46.0	72.5	114.8	151.0	202.4	34.0
地方财政支出	亿元	6.5	17.8	51.1	90.3	118.6	154.0	215.4	39.8
价格总指数									
商品零售价格指数	以上年为100	100.8	110.4	99.1	101.5	105.6	101.2	100.9	0.9
居民消费价格指数	以上年为100	101.8	114.5	99.0	102.0	105.7	102.4	102.4	2.4
外商投资									
利用外资									
合同利用外资额	万美元	1132	21086	12860	48422	63211	63766	101595	59.3
实际利用外资额	万美元	768	15020	9211	15742	24202	33549	61396	83.0
产业									
农业									
耕地面积	千公顷	474.4	300.6	292.1	296.5	296.0	296.6	296.6	
农林牧渔业总产值	亿元	24.6	51.5	73.2	86.2	110.2	126.2	134.4	6.5
粮食总产量	万吨	154.2	140.1	158.7	143.7	148.3	153.0	164.9	7.8
工业									

1-6 续表1

指标	单位	1990	1995	2000	2003	2004	2005	2006	2006比上年度±%
工业总产值	亿元	174.4	647.9	1005.3	1480.9	1878.9	2411.5	3072.4	19.9
工业增加值	亿元	56.5	171.4	309.9	455.7	588.4	759.7	944.0	19.7
规模以上工业									
资产	亿元	142.3	470.3	749.8	1035.8	1205.9	1473.6	1700.2	15.4
流动资产平均余额	亿元	60.7	204.2	318.9	469.5	542.4	646.3	716.4	10.8
负债	亿元	89.6	328.6	477.5	666.4	769.9	946.3	1044.5	10.4
销售收入	亿元	104.6	307.8	530.9	876.5	1189.6	1740.9	2316.7	33.1
利税总额	亿元	18.7	37.9	67.2	109.7	142.5	230.2	356.2	54.7
建筑业									
建筑业总产值	亿元	12.7	45.5	106.0	173.6	227.2	299.4	401.3	34.0
施工房屋面积	万平方米	325	805	1217	2070	2190	2937	3921	33.5
竣工房屋面积	万平方米	148	306	440	553	706	765	1016	32.9
交通运输									
旅客周转量	万人公里	692608	919575	1251110	1398365	1658681	1896335	2164764	14.2
#铁路	万人公里	459610	530312	600322	591180	743332	800294	861862	7.7
公路	万人公里	232998	320990	563182	719288	789130	827008	966770	16.9
航空	万人公里	10160	68273	87606	87897	126219	269033	336132	24.9
货物周转量	万吨公里	1962388	2129167	2265025	2519050	2706518	2876997	2990905	4.0
#铁路	万吨公里	1815643	1818869	1562387	1673526	1779330	1879401	1851686	-1.5
公路	万吨公里	146745	308831	701350	844376	925605	994192	1134380	14.1
航空	万吨公里	150	574	1281	1134	1567	3385	4818	42.3
邮电通讯									
邮电业务总量	万元			423689	566859	818364	1081546	1478617	36.7
电话交换机部数	万门	5.6	51.2	204.1	268.0	370.0	408.0	431.4	5.7
国内商业									
社会消费品零售总额	亿元	47.4	164.1	381.8	530.2	617.2	706.7	822.2	16.3
批零贸易企业销售额	亿元	44.9	401.0	437.4	650.1	848.6	1274.3	1534.1	20.4
对外贸易和旅游									

1-6　续表 2

指　　标	单位	1990	1995	2000	2003	2004	2005	2006	2006 比上年度 ±%
直接进出口总值	万美元		16129	19216	42445	78029	110193	173252	55.0
#直接出口总值	万美元	1119	13072	12313	24251	46084	75659	121020	56.1
旅游外汇收入	万美元			4653	2900	5570	7769	8800	13.2
金融									
金融机构各项存款	亿元	86.3	464.4	1215.4	2434.1	2724.8	3116.1	3560.0	14.4
金融机构各项贷款	亿元	87.0	373.7	881.9	1981.8	2231.3	2428.1	2722.9	12.1
教育									
在校学生数	万人	84.4	114.9	139.7	171.7	177.4	191.3	195.7	2.3
专任教师数	人	62221	58969	71350	90007	96981	93909	98637	5.0
人民生活									
市区城镇居民人均可支配收入	元	1496	4535	6458	8647	9667	10977	12187	11.0
农村居民人均纯收入	元	692	1555	2912	3631	4183	4774	5559	16.4
城市居民人均居住建筑面积	平方米			19.8	22.4	22.6	23.0	23.8	3.5
农村居民人均居住面积	平方米	21.5	23.8	35.4	39.7	42.7	43.7	44.0	0.7
城乡居民储蓄余额	亿元	56.1	254.2	565.8	1048.5	1211.1	1436.1	1620.7	12.9
工资									
在岗职工年平均工资	元			9017	13537	15024	16694	18861	13.0
卫生									
医疗机构数	个	935	879	688	1221	1648	1637	1765	7.8
卫生技术人员	个	28410	30590	31137	34475	35666	33568	37795	12.6
医疗床位数	张	20937	22122	24472	28094	29422	29295	31827	8.6
市政建设									
自来水供水量	万吨	23037	32506	28783	25639	24034	30448	25019	-17.8
城市集中供热面积	万平方米		851	1383	1544	1192	1777	1804	1.5
用气人口	万人	59.5	107.9	149.2	206.0	222.7	230.0	233.0	1.3
城市道路长度	公里	428	563	684	847	907	1131	1222	8.1
公共汽(电)车总数	辆	404	728	1342	2426	2727	3077	3312	7.6

注:1. 1990 年城市居民人均可支配收入以人均生活费收入代替;2. 直接进出口总值、直接出口总值统计范围不包括国家部委及省属进出口公司,2000 年、2003 年、2004 年、2005 年、2006 年为海关数,1995 年、1990 年为业务统计数;3. 2001 年以后邮电业务总量按 2000 年可比价格计算,2000 年按 1990 年可比价格计算。

1-7　国民经济和社会发展比例和效益指标

指　　标	单位	1990	1995	2000	2003	2004	2005	2006
就业								
每一就业者负担人口	人	**1.66**	**1.85**	**1.90**	**2.26**	**2.20**	**2.15**	**2.10**
三次产业从业者比例								
第一产业	%	50.1	40.4	41.9	34.6	33.0	31.5	29.2
第二产业	%	31.3	32.3	27.0	32.6	30.9	30.0	31.0
第三产业	%	18.6	27.3	31.1	32.8	36.1	38.5	39.8
城镇登记失业率	%			2.0	2.8	3.0	3.0	3.5
宏观经济								
国民经济核算								
三次产业增加值比例								
第一产业	%	12.4	7.4	5.8	4.6	4.7	4.4	3.8
第二产业	%	53.7	52.6	47.1	48.7	50.2	52.5	53.2
第三产业	%	33.9	40.0	47.1	46.7	45.1	43.1	43.0
人均生产总值	元	2118	6499	11227	15507	18995	23320	27956
固定资产投资								
全社会固定资产占 GDP 比例	%	23.1	42.8	35.5	46.6	48.7	49.4	51.3
财政								
地方财政收入占 GDP 比例	%	9.0	4.4	6.3	6.7	8.6	9.1	10.1
产业								
农业								
人均耕地面积	亩	1.18	1.11	1.04	0.99	0.99	0.99	0.98
每公顷耕地施用化肥折纯量	千克	310.0	476.3	837.2	701.4	724.6	726.5	743.2
每公顷播种面积粮食产量	千克	3555	3377	3957	3951	4212	4282	4616
机耕地占耕地比重	%	66.6	72.1	82.4	77.1	76.2	76.1	78.1

1-7 续表

指　　标	单位	1990	1995	2000	2003	2004	2005	2006
工业								
规模以上工业								
产品销售率	%	96.6	96.4	97.4	98.0	97.8	98.1	97.8
总资产贡献率	%	30.1	12.8	11.2	13.1	14.3	18.0	24.1
增加值率	%	32.4	27.5	33.0	28.0	28.6	27.8	30.9
流动资产周转次数	次	2.1	1.5	1.7	1.9	2.2	2.7	3.2
成本费用利润率	%	5.8	3.3	5.2	6.5	6.8	7.8	10.1
资产负债率	%	63.0	69.9	63.7	64.4	63.9	64.6	62.6
资本增值保值率	%	132.3	132.9	105.8	112.8	114.2	117.2	121.0
建筑业								
产值利税率	%	7.39	4.84	3.27	3.74	4.06	4.57	4.92
全员劳动生产率	元/人	12902	28440	60305	89344	116874	117785	136831
教育								
适龄儿童入学率	%	99.40	99.71	99.95	100.00	100.00	100.00	100.00
学校教师负担人数	人	13.56	19.48	17.20	14.32	13.47	15.50	19.80
卫生								
每万人拥有医疗机构数	个	1.68	1.46	1.05	1.75	2.33	2.29	2.44
每万人拥有卫生技术人员	人			48.58	49.41	50.35	46.90	52.18
每万人拥有医院床位数	张	37.53	36.85	37.42	40.27	41.54	40.90	43.94
市政建设								
城市自来水普及率	%		97.6	100.0	100.0	100.0	100.0	100.0
城市用气普及率	%	45.6	81.0	97.5	87.3	90.0	90.9	91.2
人均公共绿地面积	平方米	2.6	3.2	4.6	6.8	7.3	8.0	8.7

1-8 主要指标年人均水平

指　　标	单　位	2003 年	2004 年	2005 年	2006 年
生产总值	元	15507	18995	23320	27956
地方财政收入	元	1046	1633	2121	2810
社会消费品零售总额	元	7654	8780	9924	11417
在岗职工平均工资	元	13537	15024	16694	18861
城镇居民可支配收入	元	8647	9667	10640	11822
农民人均纯收入	元	3631	4183	4774	5559
城乡居民储蓄存款余额	元	15029	17100	20317	22377
市区居民居住面积	平方米	22.4	22.6	23.0	23.8
城市生活用电量	千瓦时	652	726	506	568
城市生活用水量	吨	65	59	81	57
市区公共绿地面积	平方米	6.8	7.3	8.0	8.7
市区每万人拥有公交车辆	辆	10.6	9.2	10.2	10.7
每万人拥有医疗床位数	张	40.3	41.5	40.9	43.9
每万人拥有卫生技术人员	人	49.4	50.4	46.9	52.2

1-9 郑州一日

指　　标	单　位	2003 年	2004 年	2005 年	2006 年
生产总值	万元	29427	36581	45496	55164
第一产业	万元	1350	1729	1983	2111
第二产业	万元	14334	18367	23913	29340
第三产业	万元	13745	16488	19600	23713
粮食总产量	吨	3937	4052	4192	4518
全社会固定资产投资	万元	13710	17767	22466	28274
社会消费品零售总额	万元	14526	16910	19361	22526
地方财政收入	万元	1985	3136	4138	5545
货运量	万吨	59	64	65	73
客运量	万人	44	49	50	56
邮电业务总量	万元	1553	2236	2963	4051
出口总值	万美元	239	295	381	491
自来水供水量	万吨	70	66	83	69
售电量	万千瓦小时	3173	3511	3852	4381
接待境外人数	人次	145	475	573	636

1-10 主要经济指标占全省比重

指　标	单 位	全 国	全 省	郑 州	郑州占全省比重(%)
城镇从业人员	万人	28310	936	156	16.7
生产总值	亿元	209407	12464	2001	16.1
农业增加值	亿元	24700	2049	77	3.8
全部工业增加值	亿元	90351	6071	944	15.5
货运周转量	亿吨公里	86921	2415	299	12.4
客运周转量	亿人公里	19203	1113	217	19.5
全社会固定资产投资	亿元	109870	5908	1032	17.5
社会消费品零售总额	亿元	76410	3881	822	21.2
地方财政一般预算收入	亿元	*39343.6	678.4	176.0	25.9
直接出口总额	亿美元	9691	67	18	26.7
城乡居民储蓄存款余额	亿元	161587	7367	1621	22.0
城镇居民人均可支配收入	元	11759	9810	11822	-
农民人均纯收入	元	3587	3261	5559	-

注：* 为全国财政总收入。

1-11 社会总产出

（2006 年）

单位:万元

	全市	中原区	二七区	管城区	金水区	上街区	惠济区
总产出	**53258621**	**4875609**	**4241171**	**2234280**	**7741317**	**2091884**	**898197**
第一产业	**1343904**	**14227**	**14594**	**15615**	**42394**	**12387**	**50215**
农林牧渔业	1343904	14227	14594	15615	42394	12387	50215
第二产业	**36138662**	**3189868**	**1573847**	**1305189**	**1853312**	**1917387**	**559628**
工业	31824222	2500847	1158655	1076708	832744	1790893	341805
采掘业	3885377		912			222815	
制造业	26120725	1557005	784658	1076708	819102	1566524	314889
电力、燃气及水的生产和供应业	1818120	943842	373085		13642	1554	26916
建筑业	4314440	689021	415192	228481	1020568	126494	217823
第三产业	**15776055**	**1671514**	**2652730**	**913476**	**5845611**	**162110**	**288354**
交通运输、仓储和邮政业	2824371	57348	596755	59043	286973	31209	30612
信息传输、计算机服务和软件业	986307	85086	167813	26494	398496	8617	10790
批发和零售业	2092296	161481	410449	252688	616489	31190	44687
住宿和餐饮业	1363694	92265	122159	44061	522487	26072	29847
金融业	1415701	287806	311822	233570	520936	17335	7956
房地产业	892140	449262	382786	110217	314719	13059	45381
租赁和商务服务业	2675851	12981	132292	34341	1839154	996	5518
科学研究、技术服务和地质勘查业	606917	225147	135120	10753	189080	2612	3383
水利、环境和公共设施管理业	74819	9560	2563	3165	39206	504	11945
居民服务和其他服务业	394093	30613	42548	43781	89571	4980	10026
教育	650717	81107	88773	29871	227502	5691	33650
卫生、社会保障和社会福利业	581750	32239	122130	19926	221953	1674	7505
文化、体育和娱乐业	305219	23126	21588	9371	233414	427	9582
公共管理和社会组织	912180	123493	115932	36195	345631	17744	37472

项目	经济开发区	高新开发区	中牟县	巩义市	荥阳市	新密市	新郑市	登封市
总产出	**777349**	**1303016**	**3258049**	**7508194**	**5272540**	**5681390**	**5883890**	**3779166**
第一产业	**6695**	**11985**	**462765**	**85290**	**221545**	**105910**	**183553**	**120220**
农林牧渔业	6695	11985	462765	85290	221545	105910	183553	120220
第二产业	**521149**	**1128130**	**2145772**	**6447439**	**4264043**	**4271932**	**4607916**	**3078076**
工业	343383	1032185	1890243	6158952	4045365	4099727	4364540	2893846
采掘业			18103	398925	364270	831695	457573	1142451
制造业	341984	1029339	1847785	5591008	3559234	3173032	3835773	1370513
电力、燃气及水的生产和供应业	1399	2846	24355	169019	121861	95000	71194	380882
建筑业	177766	95945	255529	288487	218678	172205	243376	184230
第三产业	**249505**	**162901**	**649512**	**975465**	**786952**	**1303548**	**1092421**	**580870**
交通运输、仓储和邮政业	12831	45352	232021	484585	248848	429937	487280	100082
信息传输、计算机服务和软件业	51211	26021	54019	53282	42196	51996	42734	40930
批发和零售业	59283	23183	163530	113641	93029	176993	164209	97784
住宿和餐饮业	1795	2472	35116	107983	120766	117916	144855	113540
金融业	695	1273	17789	23572	15695	25680	38142	33687
房地产业	83211	15752	34437	53358	110434	33931	50370	29514
租赁和商务服务业	19422	5818	2871	6531	6151	17174	4631	1849
科学研究、技术服务和地质勘查业	4778	19308	647	2575	1589	155423	2919	258
水利、环境和公共设施管理业	372	3326	5750	4102	3203	3838	757	5280
居民服务和其他服务业	2513	2776	14849	24329	39864	36418	28455	13344
教育	126	4761	23613	27585	31090	92285	59324	65164
卫生、社会保障和社会福利业	1222	1128	17339	34967	21300	28334	27567	11397
文化、体育和娱乐业	1204	470	2644	6157	6515	20199	1078	2090
公共管理和社会组织	10842	11261	44887	32798	46272	113424	40100	65951

1-12 生产总值

（2006 年）

单位:万元

	全市	中原区	二七区	管城区	金水区	上街区	惠济区
地区生产总值	**20134777**	**1606131**	**1870080**	**956488**	**2813989**	**665876**	**332382**
第一产业	**770637**	**8120**	**7836**	**8650**	**23407**	**6880**	**25788**
农林牧渔业	770637	8120	7836	8650	23407	6880	25788
第二产业	**10708942**	**813865**	**343306**	**385923**	**463688**	**548811**	**148532**
工业	9440244	678438	222613	320376	193127	511958	87075
采掘业	1565695		478			50248	
制造业	7344159	423446	151393	320376	187617	461336	80319
电力、燃气及水的生产和供应业	530390	254992	70742		5510	374	6756
建筑业	1268698	135427	120693	65547	270561	36853	61457
第三产业	**8655198**	**784146**	**1518938**	**561915**	**2326894**	**110185**	**158062**
交通运输、仓储和邮政业	1658423	31756	381220	35451	154717	20404	16100
信息传输、计算机服务和软件业	642571	55537	117252	17806	228858	6033	7604
批发和零售业	1489210	119062	307798	128630	291743	25712	30640
住宿和餐饮业	659413	35895	80280	30220	157864	14176	14819
金融业	1100000	221612	220146	168260	355093	12620	6126
房地产业	710107	59068	57867	72035	228112	11284	20057
租赁和商务服务业	517949	5210	108082	18553	246885	586	2428
科学研究、技术服务和地质勘查业	259134	100583	48490	4156	94535	478	1306
水利、环境和公共设施管理业	46880	6165	1913	2366	19695	513	7764
居民服务和其他服务业	240789	17667	23251	24144	52699	3957	5009
教育	445463	49320	51903	21464	138133	3896	21368
卫生、社会保障和社会福利业	241158	11297	54623	9120	86329	1032	3613
文化、体育和娱乐业	124157	11024	11102	4942	82687	292	4928
公共管理和社会组织	519944	59950	55011	24768	189544	9202	16300

1-12 续表 (2006年) 单位:万元

	经济开发区	高新开发区	中牟县	巩义市	荥阳市	新密市	新郑市	登封市
地区生产总值	**239350**	**373904**	**1194195**	**2428666**	**1900608**	**2092218**	**2021270**	**1521360**
第一产业	**3651**	**6801**	**271002**	**49467**	**128496**	**60615**	**105352**	**67324**
农林牧渔业	3651	6801	271002	49467	128496	60615	105352	67324
第二产业	**148149**	**287593**	**592932**	**1809076**	**1235281**	**1423740**	**1350670**	**1078971**
工业	96010	259481	512918	1723339	1165278	1372511	1279172	1024950
采掘业			6074	135618	159084	375826	128618	514592
制造业	95882	259142	499615	1534675	969084	969218	1130837	382126
电力、燃气及水的生产和供应业	128	339	7229	53046	37110	27467	19717	128232
建筑业	52139	28112	80014	85737	70003	51229	71498	54021
第三产业	**87550**	**79510**	**330261**	**570123**	**536831**	**607863**	**565248**	**375065**
交通运输、仓储和邮政业	7672	20463	110538	258149	182544	234549	200864	63768
信息传输、计算机服务和软件业	15901	9495	23326	37741	31133	36761	29700	26473
批发和零售业	27069	11556	79210	75865	84204	126709	86387	75076
住宿和餐饮业	1294	1306	15161	50806	94209	70236	72621	52010
金融业	511	1035	6058	17463	12140	18661	27967	28369
房地产业	25987	12688	28854	47664	37169	32241	42057	28449
租赁和商务服务业	-336	3290	1817	3415	4078	4664	3388	1190
科学研究、技术服务和地质勘查业	1768	5495	389	1100	1271	1131	2679	180
水利、环境和公共设施管理业	123	896	4768	3582	2995	699	535	2602
居民服务和其他服务业	2194	1892	10567	14263	18349	18696	19158	8267
教育	100	3571	17818	21544	27490	21779	41704	50829
卫生、社会保障和社会福利业	-182	864	9057	16075	11576	15121	13366	5680
文化、体育和娱乐业	748	423	1791	4089	3259	2003	762	1175
公共管理和社会组织	4701	6536	20907	18367	26414	24613	24060	30997

1-13 生产总值指数

（2006 年）

单位：%

	全市	中原区	二七区	管城区	金水区	上街区	惠济区
地区生产总值	**116.0**	**107.5**	**112.4**	**114.6**	**114.6**	**120.5**	**115.0**
第一产业	**106.6**	**103.0**	**88.0**	**95.0**	**100.4**	**102.5**	**106.3**
农林牧渔业	106.6	103.0	88.0	95.0	100.4	102.5	106.3
第二产业	**118.5**	**104.7**	**115.3**	**110.6**	**107.5**	**124.0**	**115.4**
工业	119.7	118.1	119.5	111.3	117.7	128.0	120.7
采掘业	123.3		132.8			177.4	
制造业	120.6	126.5	120.2	146.4	116.9	125.4	121.2
电力、燃气及水的生产和供应业	100.8	106.3	117.9		153.0	92.9	114.7
建筑业	110.2	71.5	106.7	106.5	100.6	89.0	108.1
第三产业	**113.9**	**110.2**	**111.8**	**118.2**	**116.5**	**108.1**	**116.1**
交通运输、仓储和邮政业	110.4	107.1	102.6	108.7	113.9	103.9	103.8
信息传输、计算机服务和软件业	133.0	134.8	137.6	139.2	137.0	114.9	137.0
批发和零售业	111.9	106.3	116.1	112.1	113.8	111.8	115.0
住宿和餐饮业	114.8	103.0	116.9	117.0	110.2	114.5	114.5
金融业	110.5	109.7	116.2	124.4	114.8	107.8	113.3
房地产业	116.5	127.8	104.4	129.5	117.2	94.7	118.8
租赁和商务服务业	119.7	107.8	108.8	108.2	116.0	97.5	120.1
科学研究、技术服务和地质勘查业	108.3	104.2	108.8	128.6	111.6	116.4	110.8
水利、环境和公共设施管理业	108.9	120.4	108.9	111.1	112.5	124.6	114.8
居民服务和其他服务业	113.6	113.8	108.8	112.8	114.4	115.9	115.7
教育	110.7	104.1	108.8	110.6	115.5	98.5	114.2
卫生、社会保障和社会福利业	112.6	109.9	108.8	115.2	112.6	105.5	115.6
文化、体育和娱乐业	111.4	108.9	108.8	114.7	115.1	109.0	124.5
公共管理和社会组织	114.0	109.6	113.0	108.0	115.9	113.8	123.6

1-13 续表 （2006 年） 单位:%

	经济开发区	高新开发区	中牟县	巩义市	荥阳市	新密市	新郑市	登封市
地区生产总值	**110.0**	**128.3**	**118.9**	**116.5**	**117.4**	**118.4**	**116.3**	**119.4**
第一产业	**100.5**	**102.0**	**108.5**	**107.0**	**105.4**	**106.9**	**106.9**	**108.4**
农林牧渔业	100.5	102.0	108.5	107.0	105.4	106.9	106.9	108.4
第二产业	**104.7**	**124.6**	**126.7**	**118.9**	**119.4**	**120.2**	**118.4**	**121.8**
工业	103.5	121.8	124.1	119.5	119.9	119.4	119.1	122.8
采掘业			175.4	103.4	106.8	84.6	558.8	117.1
制造业	103.3	121.8	125.3	121.6	123.2	142.6	110.1	137.3
电力、燃气及水的生产和供应业	295.7	118.6	70.0	103.4	107.1	106.7	81.3	113.0
建筑业	107.4	156.7	143.1	105.4	112.6	142.7	109.3	107.2
第三产业	**121.4**	**149.9**	**116.4**	**109.2**	**116.9**	**115.9**	**113.9**	**114.7**
交通运输、仓储和邮政业	98.5	112.8	111.4	108.5	114.4	111.3	109.0	114.0
信息传输、计算机服务和软件业	121.2	122.6	137.3	137.2	114.3	133.8	135.5	129.3
批发和零售业	129.8	123.0	112.4	110.6	114.9	111.9	111.3	114.0
住宿和餐饮业	114.8	115.9	116.0	115.8	120.1	133.7	121.6	106.2
金融业	107.1	110.6	113.9	112.9	116.5	109.3	115.7	112.8
房地产业	125.2	124.0	133.1	108.2	117.8	106.5	104.4	113.8
租赁和商务服务业	116.8	119.3	148.6	101.9	142.0	126.7	142.6	105.4
科学研究、技术服务和地质勘查业	103.4	116.2	131.8	104.1	139.6	137.1	112.5	174.3
水利、环境和公共设施管理业	103.8	117.4	111.7	118.7	116.5	112.4	113.3	110.0
居民服务和其他服务业	116.8	112.3	113.8	112.5	117.7	113.9	134.3	111.1
教育	104.4		115.4	107.9	122.1	115.9	113.8	119.6
卫生、社会保障和社会福利业	105.7	118.4	113.4	96.4	123.0	124.0	114.6	116.7
文化、体育和娱乐业	119.2	115.3	115.4	103.8	119.1	112.0	123.3	176.0
公共管理和社会组织	115.1	116.0	123.6	76.0	117.8	125.9	113.3	114.8

1-14　全市法人单位数(按地域划分)

(2006 年底)

单位:个

行　　业	全市	中原区	二七区	管城区	金水区	上街区	惠济区
总　　计	**42651**	**3036**	**3507**	**2272**	**13081**	**788**	**893**
农、林、牧、渔业	521	19	9	14	50	3	26
采矿业	660	2	6		1	1	
制造业	10165	847	517	217	796	284	296
电力、煤气及水的生产和供应业	107	10	3		20	2	3
建筑业	1546	115	160	78	759	29	37
交通运输、仓储及邮政业	549	29	73	50	120	18	16
信息传输、计算机服务和软件业	1065	52	125	53	552	1	12
批发和零售业	9903	603	1123	1083	5128	155	123
住宿和餐饮业	815	44	126	51	353	15	7
金融业	269	11	17	9	131	5	4
房地产业	1400	192	173	99	596	21	44
租赁和商务服务业	3662	200	315	133	2510	19	26
科学研究、技术服务和地质勘查业	1162	151	125	33	510	7	14
水利、环境和公共设施管理业	270	19	19	15	68	16	12
居民服务和其他服务业	562	47	81	34	287	21	4
教育	2063	174	190	100	325	22	67
卫生、社会保障和社会福利业	2390	50	89	35	73	8	57
文化、体育和娱乐业	390	24	40	20	182	7	6
公共管理和社会组织	5152	447	316	248	620	154	139

1-14 续表 （2006 年底） 单位:个

行业	经济开发区	高新开发区	郑东新区	中牟县	巩义市	荥阳市	新密市	新郑市	登封市
总计	**916**	**1835**	**151**	**2079**	**3297**	**2914**	**3240**	**2766**	**1876**
农、林、牧、渔业	8	16		49	42	119	28	118	20
采矿业	1	1		2	80	39	275	34	218
制造业	269	793	1	399	1786	1054	1171	1295	440
电力、煤气及水的生产和供应业	3	5		8	8	10	11	15	9
建筑业	59	54	5	30	9	89	51	47	24
交通运输、仓储及邮政业	26	12	2	51	31	28	34	38	21
信息传输、计算机服务和软件业	55	164	6	4	14	4	11	5	7
批发和零售业	220	316	41	128	171	334	175	180	123
住宿和餐饮业	3	3		13	44	28	21	75	32
金融业	1	3	1	2	23	13	19	16	14
房地产业	66	51	35	20	26	23	19	26	9
租赁和商务服务业	81	105	29	22	59	47	79	26	11
科学研究、技术服务和地质勘查业	56	127	9	13	25	34	36	15	7
水利、环境和公共设施管理业	7	16	3	13	18	18	24	14	8
居民服务和其他服务业	10	17	3	6	8	10	11	14	9
教育	12	51	1	228	84	176	336	131	166
卫生、社会保障和社会福利业	4	38	1	500	359	321	396	152	307
文化、体育和娱乐业	7	2	1	8	36	24	18	7	8
公共管理和社会组织	28	61	13	583	474	543	525	558	443

1-15　基本单位按登记注册类型分组情况

（2006 年底）　　　　单位:个

注册类型	单位数	注册类型	单位数
总　　计	**42651**	私营独资企业	3861
内资企业	**42016**	私营合伙企业	853
国有企业	5652	私营有限责任公司	14503
集体企业	3624	私营股份有限公司	867
股份合作企业	408	其他企业	4566
联营企业	123	**港、澳、台商投资企业**	**247**
国有联营企业	14	合资经营企业(港或澳、台资)	142
集体联营企业	64	合作经营企业(港或澳、台资)	15
国有与集体联营企业	16	港、澳、台商独资经营企业	87
其他联营企业	29	港、澳、台商投资股份有限公司	3
有限责任公司	6725	**外商投资企业**	**388**
国有独资公司	81	中外合资经营企业	234
其他有限责任公司	6644	中外合作经营企业	24
股份有限公司	834	外资企业	126
私营企业	20084	外商投资股份有限公司	4

主要统计指标解释

生产总值 是一个国家(地区)所有常住单位在一定时期内生产活动的最终成果。地区生产总值有三种表现形态,即价值形态、收入形态和产品形态。从价值形态看,它是所有常住单位在一定时期内所生产的全部货物和服务价值超过同期投入的全部非固定资产货物和服务价值的差额,即所有常住单位的增加值之和;从收入形态看,它是所有常住单位在一定时期内所创造并分配给常住单位和非常住单位的初次分配收入之和;从产品形态看,它是最终使用的货物和服务减去进口货物和服务。在实际核算中,地区生产总值的三种表现形态表现为三种计算方法,即生产法、收入法和支出法。三种方法分别从不同的方面反映地区生产总值及其构成。

平均每年增长速度 在我国计算平均增长速度有两种方法,一种是习惯上经常使用的"水平法",又称几何平均法,是以间隔期最后一年的水平同基期水平对比来计算平均每年增长(或下降)速度。另一种是"累计法",又称代数平均法或方程法,是以间隔期内各年水平的总和同基期水平对比来计算平均每年增长(或下降)速度。在一般正常情况下,两种方法计算的平均每年增长速度比较接近,但在经济发展不平衡,出现大起大落时,两种方法计算的结果差别较大。本《年鉴》内所列的平均每年增长速度,除固定资产投资是用"累计法"计算以外,其余均用"水平法"计算。

企业(单位)登记注册类型 是以在工商行政管理机关登记注册的具有法人资格的各类企业为划分对象。行政机关、事业单位和社会团体及其他经济组织参照执行。本项以工商行政管理部门对企业(单位)登记注册的类型为依据,将企业(单位)登记注册类型分为以下几种:

1. 国有企业是指企业全部资产归国家所有,并按《中华人民共和国企业法人登记管理条例》规定登记注册的非公司制的经济组织。不包括有限责任公司中的国有独资公司。

2. 集体企业是指企业资产归集体所有,并按《中华人民共和国企业法人登记管理条例》规定登记注册的经济组织。

3. 股份合作企业是指以合作制为基础,由企业职工共同出资入股,吸收一定比例的社会资产投资组建,实行自主经营,自负盈亏,共同劳动,民主管理,按劳分配与按股分红相结合的一种集体经济组织。

4. 联营企业是指两个及两个以上相同或不同所有制性质的企业法人或事业单位法人,按自愿、平等、互利的原则,共同投资组成的经济组织。联营企业包括国有联营企业、集体联营企业、国有与集体联营企业和其他联营企业。

5. 有限责任公司是指根据《中华人民共和国登记管理条例》规定登记注册,由两个以上,五十个以下的股东共同出资,每个股东以其所认缴的出资额对公司承担有限责任,公司以其全部资产对其债务承担责任的经济组织。

有限责任公司包括国有独资公司以及其他有限责任公司:

(1)国有独资公司是指国家授权的投资机构或者国家授权的部门单独投资设立的有限责任公司。

(2)其他有限责任公司是指国有独资公司以外的其他有限责任公司。

6. 股份有限公司是指根据《中华人民共和国登记管理条例》规定登记注册,其全部注册资本由等额股份构成并通过发行股票筹集资本,股东以其认购的股份对公司承担有限责任,公司以其全部资产对其债务承担责任的经济组织。

7. 私营企业是指由自然人投资设立或由自然人控股,以雇佣劳动为基础的营利性经济组织。包括按照《公司法》、《合伙企业法》、《私营企业暂行条例》规定登记注册的私营有限责任公司、私营股份有限公司、私营合伙企业和私营独资企业。

(1)私营独资企业是指按《私营企业暂行条例》的规定,由一名自然人投资经营,以雇佣劳动为基础,投资者对企业债务承担无限责任的企业。

(2)私营合伙企业是指按《合伙企业法》或《私营企业暂行条例》的规定,由两个以上自然人按照协议共同投资、共同经营、共负盈亏,以雇佣劳动为基础,对债务承担无限责任的企业。

(3)私营有限责任公司是指按《公司法》、《私营企业暂行条例》的规定,由两个以上自然人投资或由单个自然人控股的有限责任公司。

(4)私营股份有限公司是指按《公司法》的规定,由五个以上自然人投资,或由单个自然人控股的有限公司。

8. 其他内资企业是指上述第 1 条至第 7 条之外的其他内资经济组织。

9. 与港澳台商合资经营企业是指港澳台地区投资者与内地的企业依照《中华人民共和国中外合资经营企业法》及有关法律的规定，按合同规定的比例投资设立、分享利润和分担风险的企业。

10. 与港澳台商合作经营企业是指港澳台地区投资者与内地企业依照《中华人民共和国中外合作经营企业法》及有关法律的规定，依照合作合同的约定进行投资或提供条件设立、分配利润和分担风险的企业。

11. 港澳台商独资经营企业是指依照《中华人民共和国外资企业法》及有关法律的规定，在内地由港澳台地区投资者全额投资设立的企业。

12. 港澳台商投资股份有限公司是指根据国家有关规定，经外经贸部依法批准设立，其中港、澳、台商的股本占公司注册资本的比例达 25% 以上的股份有限公司。凡其中港、澳、台商的股本占公司注册资本的比例小于 25% 的，属于内资企业中的股份有限公司。

13. 中外合资经营企业是指外国企业或外国人与中国内地企业依照《中华人民共和国中外合资经营企业法》及有关法律的规定，按合同规定的比例投资设立、分享利润和分担风险的企业。

14. 中外合作经营企业是指外国企业或外国人与中国内地企业依照《中华人民共和国中外合作经营企业法》及有关法律的规定，依照合作合同的约定进行投资或提供条件设立、分配利润和分担风险的企业。

15. 外资企业是指依照《中华人民共和国外资企业法》及有关法律的规定，在中国内地由外国投资者全额投资设立的企业。

16. 外商投资股份有限公司是指根据国家有关规定，经外经贸部依法批准设立，其中外资的股本占公司注册资本的比例达 25% 以上的股份有限公司。凡其中外资股本占公司注册资本的比例小于 25% 的，属于内资企业中的股份有限公司。机关、事业单位和社会团体参照《企业登记注册类型与代码》，主要按其经费来源和管理方式划分。

具体规定如下：

1. 机关包括国家机关和党政机关，原则上均列为“国有”。但有特殊规定的，如供销社等，则列为“集体”。

2. 事业单位包括经国家机构编制部门和有关业务主管部门批准成立的各类事业单位，不包括实行企业化管理的事业单位。事业单位的划分办法如下：

（1）由国家财政预算拨款或列入财政预算外资金管理以及经费主要来源于国有主管部门或国有上级单位的事业单位，列为“国有”。

（2）经费主要来源于集体单位的事业单位，列为“集体”。

（3）公民个人（或个人合伙）开办的事业单位，列为“私营”。

（4）上述以外的其他事业单位，如果其经费来源不明确，按管理方式进行归类。

3. 社会团体包括经民政部门批准成立以及未纳入社会团体管理条例范围的工会、妇联等各类社会团体。社会团体的划分办法如下：

（1）未纳入民政部社会团体管理条例范围的工会、妇联、共青团、青联、工商联、科协、侨联等社会团体，国家拨款设立的基金会或基金管理组织以及经费主要来源于国有业务主管部门或国有上级单位的社会团体，列为“国有”。

（2）经费主要来源于集体单位的社会团体，列为“集体”。

（3）公民个人（或个人合伙）开办的社会团体，划为“私营”。

（4）上述以外的其他社会团体，如果其经费来源不明确，改按管理方式进行归类。

三次产业　根据社会生产活动历史发展的顺序对产业结构的划分，产品直接取自自然界的部门称为第一产业，对初级产品进行再加工的部门称为第二产业。为生产和消费提供各种服务的部门称为第三产业。它是世界上通用的产业结构分类，但各国的划分不尽一致。我国的三次产业划分是：

第一产业是指农、林、牧、渔业。

第二产业是指采矿业，制造业，电力、燃气及水的生产和供应业，建筑业。

第三产业是指除第一、二产业以外的其他行业。第三产业包括：交通运输、仓储和邮政业，信息传输、计算机服务和软件业，批发和零售业，住宿和餐饮业，金融业，房地产业，租赁和商务服务业，科学研究、技术服务和地质勘查业，水利、环境和公共设施管理业，居民服务和其他服务业，教育，卫生、社会保障和社会福利业，文化、体育和娱乐业，公共管理和社会组织，国际组织。

总产出 总产出是指一定时期内一个国家（或地区）常住单位生产的所有货物和服务的价值，即包括新增价值，也包括转移价值。它反映常住单位生产活动的总规模。总产出按生产者价格计算。

增加值 增加值是指常住单位生产过程创造的新增价值和固定资产的转移价值。它可以按生产法计算，也可以按收入法计算，按生产法计算，它等于总产出减去中间投入；按收入法计算，它等于劳动者报酬、生产税净额、固定资产折旧和营业盈余之和。

人口数 指一定时点、一定地区范围内的有生命的个人的总和。

年度统计的年末人口数是指每年 12 月 31 日 24 时的人口数。年度统计的全国人口总数内未包括台湾省和港澳同胞以及海外华侨人数。

出生率（又称粗出生率）指在一定时期内（通常为一年）平均每千人所出生的人数的比率，一般用千分率表示。计算公式：

$$出生率=\frac{年出生人数}{年平均人数}\times 1000‰$$

出生人数 是指活产婴儿，即胎儿脱离母体时（不管怀孕月数），有过呼吸或其他生命现象。

年平均人数 是指年初、年底人口数的平均数，也可用年中人口数代替。

死亡率（又称粗死亡率） 指在一定时期内（通常为一年）一定地区的死亡人数与同期平均人数（或期中人数）之比，一般用千分率表示。计算公式：

$$死亡率=\frac{年死亡人数}{年平均人数}\times 1000‰$$

人口自然增长率 指在一定时期内（通常为一年）人口自然增加数（出生人数减死亡人数）与该时期内平均人数（或期中人数）之比。一般用千分率表示。计算公式：

$$人口自然增长率=\frac{(本年出生人数-本年死亡人数)}{年平均人数}\times 1000‰$$

人口自然增长率＝人口出生率－人口死亡率

二、从业人员和劳动工资

2-1 社会劳动者分布状况

（2006 年底）

项　　目	社会劳动者总数（万人）	人　数（万人）			构　成（%）		
		第一产业	第二产业	第三产业	第一产业	第二产业	第三产业
总　计	**412.54**	**120.48**	**127.85**	**164.21**	**29.21**	**30.99**	**39.8**
城　镇	156.15	0.32	56.31	99.52	0.2	36.06	63.74
乡　村	256.39	120.16	71.54	64.69	46.87	27.9	25.23

2-2 法人单位从业人数（按地域划分）

（2006 年底）

单位：人

行　　业	全市	中原区	二七区	管城回族区	金水区	上街区	惠济区	经济开发区	高新开发区	郑东新区	中牟县	巩义市	荥阳市	新密市	新郑市	登封市
总　计	**2149189**	**186005**	**217364**	**90059**	**591275**	**51445**	**53227**	**44827**	**76204**	**2884**	**88071**	**160119**	**110202**	**211912**	**135563**	**130032**
农、林、牧、渔业	10912	382	87	262	1347	24	673	138	206		2174	567	2156	554	1911	431
采矿业	157105	1115	313		17	2654		2	6165		517	13317	5009	71275	2085	54636
制造业	667557	70032	32566	22267	39183	33607	19315	15616	40240	1	47410	102077	53832	88966	75315	27130
电力、煤气及水的生产和供应业	62515	9037	30283		3195	75	521	86	1527		613	1534	2686	2306	1705	8947
建筑业	233851	26465	19289	11452	90173	4856	14936	15547	5568	39	3583	4535	15040	7186	12358	2824
交通运输、仓储及邮政业	70790	5389	23731	7054	13770	1225	1310	679	253	31	1929	3073	1416	1621	6530	2779
信息传输、计算机服务和软件业	68909	443	7347	605	55896	10	63	1347	2888	94	18	103	21	32	16	26
批发和零售业	248271	10140	23707	17021	156460	2237	1672	5292	4153	392	4482	5761	3293	5930	4294	3437
住宿和餐饮业	56092	4395	9655	3062	28295	735	1478	56	84		704	1722	1023	1247	1703	1933
金融业	48699	3178	2206	355	39840	102	168	10	108	6	333	789	290	481	374	459
房地产业	47750	6915	5103	8211	18209	689	1251	1950	1072	1063	402	573	642	592	780	298
租赁和商务服务业	53328	2291	6584	3360	31963	211	984	1316	1255	359	762	593	860	1380	997	413
科学研究、技术服务和地质勘查业	56116	12454	12495	1503	21267	202	360	1289	2735	166	280	463	747	984	1004	167
水利、环境和公共设施管理业	16436	2195	750	785	4526	257	2063	144	935	155	964	696	690	584	712	980
居民服务和其他服务业	10201	830	1341	786	5121	518	217	172	195	9	72	119	158	314	164	185
教育	130909	12248	14930	4681	25043	1340	3495	150	7306	55	8605	8657	8239	12795	11317	12048
卫生、社会保障和社会福利业	47614	3189	9096	2119	13003	379	882	179	214	15	2702	3917	2878	4697	2234	2110
文化、体育和娱乐业	23367	2890	2093	635	14766	79	472	188	30	2	249	469	565	401	174	354
公共管理和社会组织	138767	12417	15788	5901	29201	2245	3367	666	1270	497	12272	11154	10657	10567	11890	10875

2-3 分企事业机关、分行业从业人员人数

（2006年底）

单位：人、%

类 别	合 计	比上年增长	国有	比上年增长	城镇	比上年增长	其他所有制	比上年增长
单位从业人员年末人数	**954373**	**1.95**	**500203**	**0.80**	**54068**	**2.85**	**400102**	**3.30**
一、按企事业机关分								
企业	660226	1.73	221524	-1.01	47612	3.67	391090	3.12
事业	205228	1.46	189760	1.17	6456	-2.83	9012	11.80
机关	88919	4.76	88919	4.76				
二、按行业分								
农、林、牧、渔业	3337	-11.27	2740	-4.23	68	-24.44	529	-34.69
采矿业	67654	0.18	51089	0.96	360		16205	-2.19
制造业	197441	-0.75	36026	-5.57	11664	3.54	149751	0.15
电力、煤气及水的生产和供应业	27661	-4.67	16299	-15.27	130	11.11	11232	16.25
建筑业	151065	-2.25	29518	-15.78	17636	37.17	103911	-2.56
交通运输、仓储和邮政业	32528	5.54	24157	-2.86	1945	4.80	6426	56.88
信息传输、计算机服务和软件业	9545	-1.31	2149	6.81	127	-13.01	7269	-3.26
批发和零售业	53673	7.23	12268	-8.62	5460	-32.37	35945	25.88
住宿和餐饮业	32460	2.33	11940	5.60	2438	-19.56	18082	4.02
金融业	32750	0.10	17730	-0.14	3565	-1.95	11455	1.13
房地产业	14115	5.28	1318	-38.38	137	-75.32	12660	18.17
租赁和商务服务业	16400	-0.46	6652	-6.97	3507	-8.36	6241	13.49
科学研究、技术服务和地质勘查业	31364	1.19	26662	4.10	157	-16.49	4545	-12.50
水利、环境和公共设施业	17714	6.45	16612	4.82	50	733.33	1052	33.84
居民服务和其他服务业	4213	23.88	1228		631	114.63	2354	25.28
教育	104396	1.44	90187	0.88	4740	-3.46	9469	10.05
卫生、社会保障和社会福利业	37375	5.63	33598	4.72	1386	9.74	2391	17.44
文化、体育和娱乐业	22452	75.28	21800	78.64	67	-31.63	585	6.75
公共管理和社会组织	98230	3.02	98230	3.06				

注：2-3表至2-22表范围为中央和地方各类企业、事业和机关的资料，不包括私营企业、个体工商户和乡镇企业。

2-4　分企事业机关、分行业在岗职工人数

（2006 年底）　　　　单位：人、%

类　别	合　计	比上年增长	国有	比上年增长	城镇集体	比上年增长	其他经济类型	比上年增长
在岗职工年末人数	**930172**	**1.94**	**492368**	**1.02**	**52126**	**2.87**	**385678**	**3.03**
按企事业机关分								
企业	641342	1.67	217361	-0.52	45757	3.48	378224	2.75
事业	200502	1.70	186679	1.22	6369	-1.29	7454	19.00
机关	88328	4.55	88328	4.55				
按行业分								
农、林、牧、渔业	3291	-12.01	2696	-5.30	67	-21.18	528	-34.65
采矿业	67627	0.19	51089	0.96	340		16198	-2.16
制造业	189683	-3.84	35775	-6.03	11483	5.69	142425	-3.98
电力、煤气及水的生产和供应业	27481	-4.73	16153	-15.42	130	11.11	11198	16.29
建筑业	146553	0.27	29146	-14.94	16667	37.14	100740	1.00
交通运输、仓储和邮政业	32510	5.82	24145	-2.80	1943	7.47	6422	57.67
信息传输、计算机服务和软件业	9302	0.12	2063	25.64	119	-13.77	7120	-5.21
批发和零售业	52948	7.60	12079	-7.51	5140	-34.22	35729	26.09
住宿和餐饮业	31944	2.96	11726	7.71	2400	-18.51	17818	3.64
金融业	29669	1.60	15466	2.03	3551	-2.10	10652	2.28
房地产业	13926	4.92	1306	-38.66	134	-74.95	12486	17.69
租赁和商务服务业	15841	-1.93	6600	-7.30	3201	-12.97	6040	12.81
科学研究、技术服务和地质勘查业	30816	4.64	26173	3.88	148	-12.43	4495	10.04
水利、环境和公共设施业	17610	6.45	16585	5.27	50	733.33	975	24.68
居民服务和其他服务业	3950	25.92	1227		630	115.02	2093	29.44
教育	101769	1.37	89141	0.43	4740	-1.11	7888	15.22
卫生、社会保障和社会福利业	36603	6.06	32997	5.16	1317	8.93	2289	18.79
文化、体育和娱乐业	21037	89.39	20389	93.98	66	-31.96	582	7.78
公共管理和社会组织	97612	2.85	97612	2.89				

2-5 分企事业机关、分行业在岗职工工资总额

（2006 年底）

单位:千元、%

类　别	合　计	比上年增长	国有	比上年增长	城镇集体	比上年增长	其他经济类型	比上年增长
在岗职工年工资总额	**16960779**	**15.51**	**10288338**	**13.94**	**621793**	**15.11**	**6050648**	**18.30**
按企事业机关分								
企业	11277266	17.31	4863364	16.99	519842	14.96	5894060	17.79
事业	3895987	10.44	3637448	9.26	101951	15.85	156588	41.38
机关	1787526	15.85	1787526	15.85				
按行业分								
农、林、牧、渔业	46581	6.70	39859	13.89	470	23.04	6252	-24.44
采矿业	1139179	25.34	866680	26.98	1693		270806	20.55
制造业	3091252	14.89	725255	2.36	126011	34.02	2239986	18.64
电力、煤气及水的生产和供应业	693748	9.77	455573	-3.07	2195	38.22	235980	47.12
建筑业	2061670	4.94	610338	-3.90	162693	21.46	1288639	7.79
交通运输、仓储和邮政业	543880	16.12	408384	10.00	22173	38.42	113323	39.73
信息传输、计算机服务和软件业	312846	24.61	36968	30.04	874	-18.55	275004	24.13
批发和零售业	824365	19.96	299125	10.01	52705	-29.47	472535	38.76
住宿和餐饮业	380704	14.51	162288	32.58	25778	-2.68	192638	4.94
金融业	1171175	14.83	724299	22.28	77684	16.00	369192	2.36
房地产业	208786	20.22	24949	-34.61	1275	-78.98	182562	41.03
租赁和商务服务业	227395	6.27	108971	1.86	28049	-6.84	90375	17.54
科学研究、技术服务和地质勘查业	729376	15.25	638652	16.23	1901	-8.03	88823	9.21
水利、环境和公共设施业	263704	6.64	247708	4.75	451	750.94	15545	44.38
居民服务和其他服务业	72045	72.06	26801	13.02	20619	652.52	24625	59.71
教育	2045058	12.46	1819561	10.57	78912	19.86	146585	36.83
卫生、社会保障和社会福利业	713980	13.85	664536	12.96	17549	14.66	31895	35.65
文化、体育和娱乐业	460163	132.37	453519	136.47	761	-30.82	5883	4.68
公共管理和社会组织	1974872	14.04	1974872	14.07				

2-6 分企事业机关、分行业在岗职工平均工资

（2006 年）

单位:元、%

类 别	合 计	比上年增长	国有	比上年增长	城镇集体	比上年增长	其他所有制	比上年增长
在岗职工年平均工资	**18861**	**12.98**	**21413**	**13.17**	**12383**	**11.91**	**16417**	**13.49**
按企事业机关分								
企业	18286	14.81	23022	17.98	11829	10.91	16304	13.43
事业	19841	8.58	19871	8.15	16271	18.78	22224	8.88
机关	20746	11.56	20746	11.56				
按行业分								
农、林、牧、渔业	14566	23.46	14884	20.31	7015	56.10	13801	31.10
采矿业	17525	26.97	17877	28.38	5209		16718	22.87
制造业	16648	18.82	20410	8.89	11204	26.36	16127	22.69
电力、煤气及水的生产和供应业	25342	15.02	28333	14.57	17560	29.37	21124	25.94
建筑业	15372	3.39	22097	12.33	10629	-10.68	14131	4.71
交通运输、仓储和邮政业	16996	4.12	17205	13.61	11819	31.03	17740	-47.46
信息传输、计算机服务和软件业	34439	25.46	18346	5.71	7470	-3.92	39558	31.59
批发和零售业	16059	12.22	25654	20.35	10342	5.44	13667	10.95
住宿和餐饮业	12074	9.31	13965	20.43	10895	9.00	10980	1.04
金融业	41303	16.34	47661	21.17	21877	18.13	38425	7.12
房地产业	15614	16.31	19553	8.89	9515	-19.36	15262	21.40
租赁和商务服务业	14612	8.27	16731	9.27	8970	6.81	15261	4.86
科学研究、技术服务和地质勘查业	24201	9.71	24989	12.09	13294	5.47	20014	-4.60
水利、环境和公共设施业	15164	-1.04	15109	-1.76	9020	2.12	16450	15.35
居民服务和其他服务业	18554	36.57	22004	11.25	32729	248.77	12101	24.87
教育	20525	10.13	20801	9.86	16768	21.48	19663	8.23
卫生、社会保障和社会福利业	19843	7.74	20479	7.76	13721	8.30	14150	13.38
文化、体育和娱乐业	22687	25.27	23083	24.59	11530	-49.98	10321	-3.22
公共管理和社会组织	20719	11.54	20719	11.52				

2-7 全市及各县(市)区分企事业、机关从业人员人数

(2006年底)

单位:人

类别	单位从业人员	#女性	#使用的农村劳动力	在岗职工合计	#专业技术人员	#女性	长期职工	其他从业人员	#聘用的离退休人员	#聘用的港澳台和外籍人员	离开本单位仍保留劳动关系的职工	#内部退养职工	#长期病休假职工
总计	**954373**	**343030**	**178945**	**930172**	**269573**	**123022**	**839478**	**24201**	**3355**	**230**	**67909**	**32828**	**2984**
市直	397369	144762	38776	390921	119288	54222	364265	6448	1471	55	45509	23261	1383
中原区	26979	9250	7804	25608	5902	2757	20811	1371	159		393	271	88
二七区	20762	10025	2194	19992	4492	2712	18821	770	139		1569	210	149
管城区	17446	6900	3593	16990	4003	2111	12860	456	111	20	162	70	23
金水区	110108	36844	47626	109720	22775	9168	92475	388	301	26	782	498	24
上街区	31606	11236	1534	31292	7529	3273	30538	314	86		3076	2863	1
惠济区	39545	13951	19054	32962	8199	3027	24687	6583	129	4	1133	512	13
中牟县	36407	13366	3773	35623	15459	7124	32962	784	134	1	2076	902	235
巩义市	58838	20639	7605	58052	15328	8243	57000	786	67		2830	560	346
荥阳市	48310	17314	15379	47700	14688	6777	39393	610	106	2	2179	473	408
新密市	41694	15743	8233	39145	14815	7653	35225	2549	97		1270	377	164
新郑市	54146	20868	13763	53067	18509	8454	46327	1079	252	114	4013	1741	73
登封市	45433	14571	4964	43672	12707	5699	40195	1761	58		2249	616	32
经济技术开发区	12611	3144	1573	12574	2702	742	11927	37	18		440	263	28
高新技术开发区	13119	4417	3074	12854	3177	1060	11992	265	227	8	228	211	17
企业	**660226**	**211983**	**171156**	**641342**	**129426**	**46359**	**558305**	**18884**	**2362**	**100**	**64443**	**31351**	**2722**
市直	272040	92893	37686	268976	60534	22774	245650	3064	933	35	44407	22817	1289
中原区	20178	5377	7747	18864	2724	659	14521	1314	136		367	263	82
二七区	10684	4600	2159	10000	1602	577	9163	684	105		1508	186	147
管城区	11300	3547	3591	10873	1662	564	6947	427	97	20	117	43	5
金水区	96380	28398	44183	96085	18247	5959	78879	295	256	24	721	448	18
上街区	27807	9587	1534	27546	6006	2347	26837	261	82		2922	2717	1
惠济区	30479	9821	18900	24124	4473	930	16102	6355	97	4	1092	510	11
中牟县	17174	5048	3471	16483	3625	1187	14103	691	91	1	1660	642	220
巩义市	39729	12093	7373	39060	7713	3933	38339	669	46		2637	500	335
荥阳市	28529	8305	14209	27970	3408	858	20741	559	74	2	1834	361	355
新密市	22272	6321	8174	19796	4172	1512	16024	2476	78		1076	301	131
新郑市	33358	12112	13464	33157	6564	2543	26898	201	109	6	3806	1677	56
登封市	24766	6450	4032	23177	2965	827	20359	1589	16		1628	412	27
经济技术开发区	12611	3144	1573	12574	2702	742	11927	37	18		440	263	28
高新技术开发区	12919	4287	3060	12657	3029	947	11815	262	224	8	228	211	17

2-7 续表 （2006年底） 单位：人

类别	单位从业人员	#女性	#使用的农村劳动力	在岗职工合计	#专业技术人员	#女性	长期职工	其他从业人员	#聘用的离退休人员	#聘用的港澳台和外籍人员	离开本单位仍保留劳动关系的职工	#内部退养职工	#长期病休假职工
事业	**205228**	**103726**	**6440**	**200502**	**130431**	**72861**	**194865**	**4726**	**904**	**130**	**2747**	**1065**	**171**
市　直	95297	44516	740	92045	57329	30958	89423	3252	501	20	1080	441	87
中原区	5188	3211	57	5160	3141	2082	4800	28	22		8		5
二七区	4608	2761	30	4532	1812	1405	4251	76	24		9		
管城区	3628	2204	2	3618	2302	1523	3497	10	8		26	9	17
金水区	9393	6512	3443	9343	4344	3186	9319	50	44	2	22	13	4
上街区	2048	1117		2044	1296	814	2004	4	3		154	146	
惠济区	6322	3115	57	6251	3683	2082	6160	71	29		36		
中牟县	13942	6811	299	13857	10291	5392	13613	85	40		216	93	6
巩义市	12967	6878	195	12854	7438	4246	12734	113	18		164	48	5
荥阳市	13093	6829	1170	13051	9247	5289	12041	42	31		268	90	
新密市	12780	7275	43	12719	9896	5830	12606	61	19		182	70	27
新郑市	13997	6653	294	13134	10036	5141	12661	863	137	108	152	42	17
登封市	11765	5714	96	11697	9468	4800	11579	68	25		430	113	3
高新技术开发区	200	130	14	197	148	113	177	3	3				
机关	**88919**	**27321**	**1349**	**88328**	**9716**	**3802**	**86308**	**591**	**89**		**719**	**412**	**91**
市　直	30032	7353	350	29900	1425	490	29192	132	37		22	3	7
中原区	1613	662		1584	37	16	1490	29	1		18	8	1
二七区	5470	2664	5	5460	1078	730	5407	10	10		52	24	2
管城区	2518	1149		2499	39	24	2416	19	6		19	18	1
金水区	4335	1934		4292	184	23	4277	43	1		39	37	2
上街区	1751	532		1702	227	112	1697	49	1				
惠济区	2744	1015	97	2587	43	15	2425	157	3		5	2	2
中牟县	5291	1507	3	5283	1543	545	5246	8	3		200	167	9
巩义市	6142	1668	37	6138	177	64	5927	4	3		29	12	6
荥阳市	6688	2180		6679	2033	630	6611	9	1		77	22	53
新密市	6642	2147	16	6630	747	311	6595	12			12	6	6
新郑市	6791	2103	5	6776	1909	770	6768	15	6		55	22	
登封市	8902	2407	836	8798	274	72	8257	104	17		191	91	2

2-8 全市及各县(市)区国有单位分企事业、机关从业人员人数

（2006 年底）

单位：人

类别	单位从业人员	#女性	#使用的农村劳动力	在岗职工合计	#专业技术人员	#女性	长期职工	其他从业人员	#聘用的离退休人员	#聘用的港澳台和外籍人员	离开本单位仍保留劳动关系的职工	#内部退养职工	#长期病休假职工
国有单位	**500203**	**196246**	**35179**	**492368**	**180797**	**90830**	**472181**	**7835**	**1338**	**48**	**43264**	**20990**	**940**
市　直	290424	104522	21909	285593	96944	45551	272658	4831	1028	48	30503	13818	696
中原区	7231	4094	109	7162	3248	2115	6656	69	35		45	27	6
二七区	9840	5275	41	9741	2875	2113	9671	99	19		180	84	4
管城区	5131	2789	2	5110	1385	998	4998	21	8		47	32	1
金水区	13462	8240	3449	13383	4286	3085	13344	79	33		83	69	7
上街区	9737	4264	6	9672	3992	2172	9592	65	4		3010	2836	
惠济区	10810	4737	157	10588	3390	1764	9609	222	24		962	366	13
中牟县	23157	9409	149	23013	12217	6036	22621	144	30		1265	690	16
巩义市	33766	13100	2660	33268	9974	5385	32970	498	14		1225	314	11
荥阳市	24994	10497	3070	24548	11756	6035	23013	446	42		865	323	91
新密市	23369	11040	294	23215	11876	6624	22922	154	15		520	313	29
新郑市	20666	8289	1096	20544	9286	4385	19848	122	25		2943	1353	35
登封市	25850	9471	2125	24786	8965	4326	22557	1064	47		1393	554	19
经济技术开发区	539	200	11	539	188	85	537				1		1
高新技术开发区	1227	319	101	1206	415	156	1185	21	14		222	211	11
企业	**221524**	**73315**	**27926**	**217361**	**51198**	**19963**	**204064**	**4163**	**556**	**28**	**39991**	**19521**	**711**
市　直	166561	53361	20819	164351	38534	14258	154746	2210	490	28	29401	13374	602
中原区	462	232	71	450	81	20	397	12	12		19	19	
二七区	222	79	9	170	32	10	170	52			119	60	2
管城区	112	67		111	26	7	111	1	1		26	12	
金水区	82	40	6	82	33	13	82				22	19	1
上街区	5938	2615	6	5926	2469	1246	5891	12			2856	2690	
惠济区	2728	1105	16	2715	400	98	1979	13	11		921	364	11
中牟县	4930	1550	3	4853	1124	442	4722	77	8		854	431	1
巩义市	16084	5306	2482	15691	3422	1671	15663	393	5		1032	254	
荥阳市	5662	1733	1900	5267	744	273	4810	395	10		520	211	38
新密市	4888	2204	273	4800	2015	977	4655	88	3		342	237	12
新郑市	5344	2194	1030	5344	1189	489	4839				2736	1289	18
登封市	6840	2374	1199	5948	592	271	4369	892	5		920	350	14
经济技术开发区	539	200	11	539	188	85	537				1		1
高新技术开发区	1132	255	101	1114	349	103	1093	18	11		222	211	11

2-8　续表　（2006 年底）　单位：人

类别	单位从业人员	#女性	#使用的农村劳动力	在岗职工合计	#专业技术人员	#女性	长期职工	其他从业人员	#聘用的离退休人员	#聘用的港澳台和外籍人员	离开本单位仍保留劳动关系的职工	#内部退养职工	#长期病休假职工
事业	**189760**	**95610**	**5904**	**186679**	**119883**	**67065**	**181809**	**3081**	**693**	**20**	**2554**	**1057**	**138**
市　直	93831	43808	740	91342	56985	30803	88720	2489	501	20	1080	441	87
中原区	5156	3200	38	5128	3130	2079	4769	28	22		8		5
二七区	4148	2532	27	4111	1765	1373	4094	37	9		9		
管城区	2501	1573	2	2500	1320	967	2471	1	1		2	2	
金水区	9045	6266	3443	9009	4069	3049	8985	36	32		22	13	4
上街区	2048	1117		2044	1296	814	2004	4	3		154	146	
惠济区	5338	2617	44	5286	2947	1651	5205	52	10		36		
中牟县	12936	6352	143	12877	9550	5049	12653	59	19		211	92	6
巩义市	11540	6126	141	11439	6375	3650	11380	101	6		164	48	5
荥阳市	12644	6584	1170	12602	8979	5132	11592	42	31		268	90	
新密市	11839	6689	5	11785	9114	5336	11672	54	12		166	70	11
新郑市	8531	3992	61	8424	6188	3126	8241	107	19		152	42	17
登封市	10108	4690	90	10040	8099	3983	9931	68	25		282	113	3
高新技术开发区	95	64		92	66	53	92	3	3				
机关	**88919**	**27321**	**1349**	**88328**	**9716**	**3802**	**86308**	**591**	**89**		**719**	**412**	**91**
市　直	30032	7353	350	29900	1425	490	29192	132	37		22	3	7
中原区	1613	662		1584	37	16	1490	29	1		18	8	1
二七区	5470	2664	5	5460	1078	730	5407	10	10		52	24	2
管城区	2518	1149		2499	39	24	2416	19	6		19	18	1
金水区	4335	1934		4292	184	23	4277	43	1		39	37	2
上街区	1751	532		1702	227	112	1697	49	1				
惠济区	2744	1015	97	2587	43	15	2425	157	3		5	2	2
中牟县	5291	1507	3	5283	1543	545	5246	8	3		200	167	9
巩义市	6142	1668	37	6138	177	64	5927	4	3		29	12	6
荥阳市	6688	2180		6679	2033	630	6611	9	1		77	22	53
新密市	6642	2147	16	6630	747	311	6595	12			12	6	6
新郑市	6791	2103	5	6776	1909	770	6768	15	6		55	22	
登封市	8902	2407	836	8798	274	72	8257	104	17		191	91	2

2-9 全市及各县(市)区城镇集体单位分企事业从业人员人数

(2006 年底)

单位:人

类别	单位从业人员	#女性	#使用的农村劳动力	在岗职工合计	#专业技术人员	#女性	长期职工	其他从业人员	#聘用的离退休人员	#聘用的港澳台和外籍人员	离开本单位仍保留劳动关系的职工	#内部退养职工	#长期病休假职工
城镇集体	**54068**	**18068**	**16896**	**52126**	**12647**	**5296**	**43552**	**1942**	**293**		**6620**	**1243**	**604**
市　直	8006	3150	1614	7850	1677	683	6689	156	68		1466	698	136
中原区	3498	554	1302	2658	397	92	2551	840	9		12	12	
二七区	4429	1931	1094	4104	674	304	3700	325	70		1083	57	142
管城区	2209	862	34	2197	1052	587	2075	12	10		67	20	17
金水区	5479	1054	2804	5446	520	166	5428	33	33		272	175	
上街区	3744	1590	530	3705	419	198	3277	39	15		12	11	
惠济区	10424	1458	6985	10368	2239	415	5114	56	56		140	115	
中牟县	1296	405	245	1120	315	148	1054	176	6		132	2	
巩义市	2742	1284	116	2628	618	345	2581	114	2		1204	9	268
荥阳市	1874	1163	536	1868	137	66	1832	6	2		550	9	10
新密市	1568	622	430	1568	568	336	1439				285	2	16
新郑市	5056	2338	1042	5036	2654	1235	4537	20	13		610	48	12
登封市	3189	1471	150	3035	1254	651	2824	154	1		748	54	
经济技术开发区	442	116		431	40	10	362	11	8		39	31	3
高新技术开发区	112	70	14	112	83	60	89						
企业	**47612**	**14630**	**16832**	**45757**	**7523**	**2468**	**37594**	**1855**	**250**		**6432**	**1236**	**571**
市　直	7696	2976	1614	7557	1664	673	6396	139	68		1466	698	136
中原区	3473	544	1290	2633	386	89	2527	840	9		12	12	
二七区	3971	1702	1091	3685	627	272	3545	286	55		1083	57	142
管城区	1082	231	34	1079	70	31	1049	3	3		43	13	
金水区	5458	1046	2804	5425	507	161	5407	33	33		272	175	

类别	单位从业人员	#女性	#使用的农村劳动力	在岗职工合计	#专业技术人员	#女性	长期职工	其他从业人员	#聘用的离退休人员	#聘用的港澳台和外籍人员	离开本单位仍保留劳动关系的职工	#内部退养职工	#长期病休假职工
上街区	3744	1590	530	3705	419	198	3277	39	15		12	11	
惠济区	10166	1348	6972	10129	2145	352	4885	37	37		140	115	
中牟县	1190	334	245	1015	263	106	949	175	6		132	2	
巩义市	2381	1060	100	2269	342	167	2237	112			1204	9	268
荥阳市	1821	1149	536	1815	119	62	1779	6	2		550	9	10
新密市	1069	300	430	1069	82	19	940				269	2	
新郑市	2937	1312	1042	2917	557	214	2418	20	13		610	48	12
登封市	2175	918	144	2021	301	114	1819	154	1		600	54	
经济技术开发区	442	116		431	40	10	362	11	8		39	31	3
高新技术开发区	7	4		7	1		4						
事业	**6456**	**3438**	**64**	**6369**	**5124**	**2828**	**5958**	**87**	**43**		**188**	**7**	**33**
市 直	310	174		293	13	10	293	17					
中原区	25	10	12	25	11	3	24						
二七区	458	229	3	419	47	32	155	39	15				
管城区	1127	631		1118	982	556	1026	9	7		24	7	17
金水区	21	8		21	13	5	21						
惠济区	258	110	13	239	94	63	229	19	19				
中牟县	106	71		105	52	42	105	1					
巩义市	361	224	16	359	276	178	344	2	2				
荥阳市	53	14		53	18	4	53						
新密市	499	322		499	486	317	499				16		16
新郑市	2119	1026		2119	2097	1021	2119						
登封市	1014	553	6	1014	953	537	1005				148		
高新技术开发区	105	66	14	105	82	60	85						

2-10 全市及各县(市)区其他单位分企事业从业人员人数

(2006 年底)

单位:人

类别	单位从业人员	#女性	#使用的农村劳动力	在岗职工合计	#专业技术人员	#女性	#长期职工	其他从业人员	#聘用的离退休人员	#聘用的港澳台和外籍人员	离开本单位仍保留劳动关系的职工	#内部退养职工	#长期病休假职工
其他单位	**400102**	**128716**	**126870**	**385678**	**76129**	**26896**	**323745**	**14424**	**1724**	**182**	**18025**	**10595**	**1440**
市　直	98939	37090	15253	97478	20667	7988	84918	1461	375	7	13540	8745	551
中原区	16250	4602	6393	15788	2257	550	11604	462	115		336	232	82
二七区	6493	2819	1059	6147	943	295	5450	346	50		306	69	3
管城区	10106	3249	3557	9683	1566	526	5787	423	93	20	48	18	5
金水区	91167	27550	41373	90891	17969	5917	73703	276	235	26	427	254	17
上街区	18125	5382	998	17915	3118	903	17669	210	67		54	16	1
惠济区	18311	7756	11912	12006	2570	848	9964	6305	49	4	31	31	
中牟县	11954	3552	3379	11490	2927	940	9287	464	98	1	679	210	219
巩义市	22330	6255	4829	22156	4736	2513	21449	174	51		401	237	67
荥阳市	21442	5654	11773	21284	2795	676	14548	158	62	2	764	141	307
新密市	16757	4081	7509	14362	2371	693	10864	2395	82		465	62	119
新郑市	28424	10241	11625	27487	6569	2834	21942	937	214	114	460	340	26
登封市	16394	3629	2689	15851	2488	722	14814	543	10		108	8	13
经济技术开发区	11630	2828	1562	11604	2474	647	11028	26	10		400	232	24
高新技术开发区	11780	4028	2959	11536	2679	844	10718	244	213	8	6		6
企业	**391090**	**124038**	**126398**	**378224**	**70705**	**23928**	**316647**	**12866**	**1556**	**72**	**18020**	**10594**	**1440**
市　直	97783	36556	15253	97068	20336	7843	84508	715	375	7	13540	8745	551
中原区	16243	4601	6386	15781	2257	550	11597	462	115		336	232	82
二七区	6491	2819	1059	6145	943	295	5448	346	50		306	69	3
管城区	10106	3249	3557	9683	1566	526	5787	423	93	20	48	18	5
金水区	90840	27312	41373	90578	17707	5785	73390	262	223	24	427	254	17

类　别	单位从业人员	#女性	#使用的农村劳动力	在岗职工合计	#专业技术人员	#女性	#长期职工	其他从业人员	#聘用的离退休人员	#聘用的港澳台和外籍人员	离开本单位仍保留劳动关系的职工	#内部退养职工	#长期病休假职工
上街区	18125	5382	998	17915	3118	903	17669	210	67		54	16	1
惠济区	17585	7368	11912	11280	1928	480	9238	6305	49	4	31	31	
中牟县	11054	3164	3223	10615	2238	639	8432	439	77	1	674	209	219
巩义市	21264	5727	4791	21100	3949	2095	20439	164	41		401	237	67
荥阳市	21046	5423	11773	20888	2545	523	14152	158	62	2	764	141	307
新密市	16315	3817	7471	13927	2075	516	10429	2388	75		465	62	119
新郑市	25077	8606	11392	24896	4818	1840	19641	181	96	6	460	340	26
登封市	15751	3158	2689	15208	2072	442	14171	543	10		108	8	13
经济技术开发区	11630	2828	1562	11604	2474	647	11028	26	10		400	232	24
高新技术开发区	11780	4028	2959	11536	2679	844	10718	244	213	8	6		6
事业	**9012**	**4678**	**472**	**7454**	**5424**	**2968**	**7098**	**1558**	**168**	**110**	**5**	**1**	
市　直	1156	534		410	331	145	410	746					
中原区	7	1	7	7			7						
二七区	2			2			2						
金水区	327	238		313	262	132	313	14	12	2			
惠济区	726	388		726	642	368	726						
中牟县	900	388	156	875	689	301	855	25	21		5	1	
巩义市	1066	528	38	1056	787	418	1010	10	10				
荥阳市	396	231		396	250	153	396						
新密市	442	264	38	435	296	177	435	7	7				
新郑市	3347	1635	233	2591	1751	994	2301	756	118	108			
登封市	643	471		643	416	280	643						

2-11　全市及各县(市)区分行业从业人员人数

（2006 年底）

单位:人

行　业	单位从业人员	#女性	#使用的农村劳动力	在岗职工合计	#专业技术人员	#女性	#长期职工	其他从业人员	#聘用的离退休人员	#聘用的港澳台和外籍人员	离开本单位仍保留劳动关系的职工	#内部退养职工	#长期病休假职工
农、林、牧、渔业	**3337**	**1126**	**362**	**3291**	**1021**	**325**	**2933**	**46**	**3**		**399**	**27**	**3**
市　直	1166	397	100	1123	538	203	1019	43			26	22	2
二七区	67	8	56	67	14		8						
金水区	349	168	163	348	105	15	266	1	1				
惠济区	217	61	34	215	22	4	215	2	2				
中牟县	927	316		927	207	61	863				348	5	
巩义市	147	35	9	147	29	9	147				1		1
荥阳市	64	24		64	19	3	64						
新密市	88	39		88	58	27	88				17		
新郑市	165	56		165	17	1	122				7		
登封市	147	22		147	12	2	141						
采矿业	**67654**	**12100**	**23895**	**67627**	**5711**	**1809**	**65520**	**27**	**10**		**4261**	**226**	**157**
市　直	39640	7887	16017	39640	3858	1298	39640				3620		
二七区	297	57	241	277	113	48	277	20	3				
金水区	4	1		4	1	1	4						
上街区	2667	749		2667	66	13	2667				2	2	
巩义市	8114	1132	2256	8114	676	341	8114				151	151	
荥阳市	2387	356	1805	2387	91	19	2189				265	1	36
新密市	5982	953	2507	5977	536	67	5090	5	5		186	40	116
新郑市	180	13	155	180	47	12	180						
登封市	8383	952	914	8381	323	10	7359	2	2		37	32	5
制造业	**197441**	**77824**	**45848**	**189683**	**35168**	**13333**	**178056**	**7758**	**882**	**19**	**26515**	**14576**	**1790**
市　直	55646	22490	1274	55402	10308	3812	54620	244	119		16751	9287	673
中原区	8140	3197	3078	8072	847	251	7510	68	67		257	178	79
二七区	5429	2197	1327	5286	912	298	4668	143	70		1029	86	118
管城区	3009	1064	872	2695	686	241	2184	314	51		34	12	4
金水区	13145	7195	7193	13075	2192	839	11815	70	67	2	176	46	12
上街区	19863	7276	1049	19715	4992	2023	19234	148	60		2772	2612	
惠济区	11873	6806	7963	5727	1416	430	5343	6146	22		851	280	
中牟县	5170	1772	334	5102	927	287	4688	68	4	1	409	187	219
巩义市	17525	5567	3338	17503	3575	2276	17327	22	21		1027	217	284
荥阳市	9971	4170	4415	9896	1046	362	8957	75	65	2	804	193	306
新密市	4674	1618	1582	4608	791	199	4282	66	52		69	23	13
新郑市	21222	8320	8956	21112	3229	1096	17886	110	59	6	1846	1020	32
登封市	3069	810	867	3058	207	52	2430	11	4		7		7
经济技术开发区	8520	2234	1420	8483	1628	422	7883	37	18		257	224	28
高新技术开发区	10185	3108	2180	9949	2412	745	9229	236	203	8	226	211	15

2-11 续表1 （2006年底） 单位:人

行业	单位从业人员	#女性	#使用的农村劳动力	在岗职工合计	#专业技术人员	#女性	#长期职工	其他从业人员	#聘用的离退休人员	#聘用的港澳台和外籍人员	离开本单位仍保留劳动关系的职工	#内部退养职工	#长期病休假职工
电力、燃气及水的生产和供应业	**27661**	**9334**	**1034**	**27481**	**7272**	**2508**	**27459**	**180**	**23**		**997**	**958**	**27**
市　直	11541	4039		11524	2684	1058	11524	17	6		468	431	26
中原区	19	6		19			19						
金水区	285	139	9	285	45	17	285						
上街区	76	32		72	7	3	72	4			1		
惠济区	632	205		604	27	8	604	28	15		4	4	
中牟县	454	152		454	78	27	454				118	118	
巩义市	4706	1561		4706	1477	464	4706						
荥阳市	1986	626		1984	224	58	1984	2	2		57	56	1
新密市	2072	840	70	2072	870	345	2052				21	21	
新郑市	1272	561		1272	552	247	1272				199	199	
登封市	4477	1141	898	4348	1279	269	4348	129			129	129	
经济技术开发区	57	21		57	13	4	55						
高新技术开发区	84	11	57	84	16	8	84						
建筑业	**151065**	**17578**	**79354**	**146553**	**24813**	**4968**	**95743**	**4512**	**431**	**2**	**5425**	**2820**	**220**
市　直	50032	7408	17033	49447	10324	2447	34983	585	228		4733	2453	205
中原区	7980	407	4226	6810	991	133	3403	1170	4		21	17	3
二七区	128	24		127	30	10	127	1	1				
管城区	1630	223	1407	1617	186	48	199	13	13		13	13	
金水区	43854	3927	28666	43807	5942	1072	30109	47	41	2	94	94	
上街区	2470	693	96	2391	540	165	2352	79	14		111	67	1
惠济区	14513	1258	10360	14478	2448	302	7748	35	35		49	38	11
中牟县	4164	612	1242	4060	588	188	3958	104	63		56	56	
巩义市	2245	109	1249	2239	392	54	1958	6	6				
荥阳市	11074	1596	7819	10990	1525	194	5106	84	5		5	5	
新密市	4578	308	3389	2725	441	50	490	1853	14		3		
新郑市	4538	584	3104	4513	840	196	2196	25	5		47	38	
登封市	2279	224	763	1769	187	40	1534	510	2		110		
经济技术开发区	1572	203		1572	379	69	1572				183	39	
高新技术开发区	8	2		8			8						
交通运输、仓储和邮政业	**32528**	**12264**	**824**	**32510**	**5635**	**2132**	**30609**	**18**	**18**		**5159**	**2988**	**30**
市　直	20305	8440	24	20292	3336	1517	18851	13	13		3481	2553	23
中原区	107	18	14	107	24	3	93						
二七区	353	79	48	352	7	5	352	1	1		10	10	
管城区	246	38	11	246	12	2	241				2	2	
金水区	647	152	241	645	170	50	645	2	2		22	19	1
上街区	886	111	256	886	85	14	880				1		
惠济区	371	157	2	371	42	11	371				117	117	
中牟县	1988	553	22	1988	720	174	1771				214	61	1

2-11 续表 2　　（2006 年底）　　单位：人

行　业	单位从业人员	#女性	#使用的农村劳动力	在岗职工合计	#专业技术人员	#女性	#长期职工	其他从业人员	#聘用的离退休人员	#聘用的港澳台和外籍人员	离开本单位仍保留劳动关系的职工	#内部退养职工	#长期病休假职工
巩义市	2338	835	11	2338	129	44	2306				157	54	1
荥阳市	925	390		925	82	31	875				150	34	2
新密市	939	307	20	938	123	41	873	1	1		83	43	
新郑市	1675	524	65	1674	613	152	1674	1	1		840	20	1
登封市	1685	653	110	1685	272	84	1627				82	75	1
高新技术开发区	63	7		63	20	4	50						
信息传输、计算机服务和软件业	**9545**	**3438**	**273**	**9302**	**3388**	**1248**	**8718**	**243**	**17**		**797**	**772**	
市　直	5971	2332	2	5884	2772	1059	5378	87	4		680	659	
中原区	42	21		42	28	11	42						
二七区	511	170	67	449	46	13	446	62	9		53	49	
管城区	17	5		17			17						
金水区	666	248		665	214	76	665	1	1				
中牟县	80	26		77	21	10	77	3	3		23	23	
巩义市	405	125	47	315	44	13	312	90			18	18	
荥阳市	107	39		107	32	17	107						
新郑市	447	196	156	447	12	2	447				7	7	
登封市	264	74		264	23	20	264				16	16	
经济技术开发区	746	135	1	746	88	12	746						
高新技术开发区	289	67		289	108	15	217						
批发和零售业	**53673**	**24270**	**3596**	**52948**	**10414**	**4248**	**49553**	**725**	**147**	**12**	**13514**	**4238**	**388**
市　直	22196	10236	583	21936	5257	2103	21368	260	54	1	8423	3395	278
中原区	2011	838	201	1985	306	86	1823	26	22		19	19	
二七区	1565	842	117	1377	139	45	1367	188	8		261	21	29
管城区	2340	846	112	2328	172	68	1697	12	12		32	2	1
金水区	11945	5163	913	11911	2574	1126	10410	34	22	11	179	89	5
上街区	302	172	19	276	32	14	267	26	5				
惠济区	270	90	77	261	58	16	221	9	1		37	37	
中牟县	1567	650	196	1561	348	111	1512	6	3		436	156	
巩义市	2758	1346	118	2640	440	189	2620	118	4		1125	11	39
荥阳市	1140	579	135	1136	57	24	1071	4			570	12	10
新密市	1940	1025	32	1924	390	197	1924	16	6		593	98	
新郑市	1580	626	247	1576	311	114	1520	4	4		731	290	17
登封市	1716	859	87	1698	113	67	1461	18	2		1108	108	9
经济技术开发区	794	184	16	794	92	26	749						
高新技术开发区	1549	814	743	1545	125	62	1543	4	4				
住宿和餐饮业	**32460**	**18068**	**6121**	**31944**	**4003**	**1545**	**26240**	**516**	**146**	**30**	**1500**	**1024**	**56**
市　直	17080	9431	2126	16637	1810	785	13349	443	96	29	1192	942	45
中原区	523	315	110	501	65	7	432	22	22		20	8	
二七区	1268	721	136	1266	66	20	1209	2	2		48	7	

行业	单位从业人员	#女性	#使用的农村劳动力	在岗职工合计	#专业技术人员	#女性	#长期职工	其他从业人员	#聘用的离退休人员	#聘用的港澳台和外籍人员	离开本单位仍保留劳动关系的职工	#内部退养职工	#长期病休假职工
管城区	754	421	52	732	30	9	685	22	2				
金水区	8390	4483	2962	8372	1517	507	8027	18	17	1	2	2	
上街区	436	270	66	436	37	18	267						
惠济区	980	560		979	21	11	279	1	1				
中牟县	505	391	112	503	144	35	350	2	2		19		
巩义市	701	407	162	701	146	79	501				81	9	11
荥阳市	157	96	15	157	4	2	157						
新密市	183	117		183	39	19	146						
新郑市	230	127	101	230	41	18	184				55	55	
登封市	1253	729	279	1247	83	35	654	6	4		83	1	
金融业	**32750**	**16118**	**774**	**29669**	**13312**	**6452**	**28629**	**3081**	**18**		**2409**	**2312**	**5**
市直	22373	10677		21673	9632	4789	20929	700	14		1934	1845	4
二七区	93	51	46	85	50	41	73	8			8	8	
管城区	53	32		53	24	13	35						
金水区	2461	1088	99	2457	1012	372	2457	4	4		9	9	
上街区	286	179		285	100	61	285	1			36	36	
惠济区	144	71	25	144	54	23	114				4	4	
中牟县	892	536		566	393	203	548	326			62	62	
巩义市	1268	711	142	883	381	212	852	385			59	58	1
荥阳市	976	498		599	262	109	513	377			60	60	
新密市	1448	796	249	913	414	169	862	535			86	83	
新郑市	1141	600	213	1141	506	225	1125				48	44	
登封市	1615	879		870	484	235	836	745			103	103	
房地产业	**14115**	**5246**	**2742**	**13926**	**3958**	**1428**	**11976**	**189**	**113**	**10**	**769**	**410**	**4**
市直	2511	936	21	2469	923	365	2396	42	20	5	435	171	4
中原区	806	338	31	802	307	102	684	4	4		36	27	
管城区	955	315		920	262	35	725	35	8		5	4	
金水区	6405	2784	1209	6337	1562	613	6106	68	62	5	226	184	
上街区	86	32	14	86	24	7	86						
惠济区	349	125	15	345	182	66	315	4	4				
中牟县	2125	368	1316	2121	384	119	818	4	4				
巩义市	28	20		28	3	2	28				38		
荥阳市	154	55		139	49	18	139	15			24	24	
新郑市	90	24		89	57	11	89	1			5		
经济技术开发区	481	205	136	481	156	74	481						
高新技术开发区	125	44		109	49	16	109	16	11				
租赁和商务服务业	**16400**	**4646**	**4371**	**15841**	**3207**	**1276**	**13720**	**559**	**111**		**1725**	**475**	**5**
市直	5413	1681	27	5291	1231	475	5046	122	52		1527	399	4

2-11 续表 4 （2006 年底） 单位：人

行业	单位从业人员	#女性	#使用的农村劳动力	在岗职工合计	#专业技术人员	#女性	#长期职工	其他从业人员	#聘用的离退休人员	#聘用的港澳台和外籍人员	离开本单位仍保留劳动关系的职工	#内部退养职工	#长期病休假职工
中原区	321	165		308	59	22	308	13	13		12	12	
二七区	518	226		516	17	9	516	2	2				
管城区	1620	262	1035	1620	119	40	544				33	12	
金水区	4813	1304	1929	4785	1362	575	4715	28	25				
上街区	149	20	3	149	18	9	149						
惠济区	362	107	140	261	3	2	261	101			30	30	
中牟县	612	157	162	437	92	30	383	175	5		104	11	
巩义市	194	84	2	189	34	20	188	5	1				
荥阳市	537	99	273	537	79	34	445				7		
新密市	690	200	309	690	72	27	560				11	11	
新郑市	851	122	450	838	48	13	401	13	11		1		1
登封市	243	191	41	144	45	12	131	99	1				
经济技术开发区	52	17		52	17	5	52						
高新技术开发区	25	11		24	11	3	21	1	1				
科学研究、技术服务和地质勘察业	**31364**	**10798**	**729**	**30816**	**16626**	**6073**	**29334**	**548**	**449**		**1563**	**894**	**31**
市　直	25022	8483	567	24542	14424	5354	23353	480	407		1398	850	29
中原区	198	72	27	185	53	23	180	13	6				
二七区	1999	928	56	1999	69	15	1921						
管城区	65	11		65			65						
金水区	1114	274	1	1098	663	151	1086	16	11		13	5	
上街区	53	10		50	21	3	50	3	3				
惠济区	286	90		260	170	47	260	26	14				
中牟县	139	52		136	58	35	97	3	3		5		
巩义市	195	86		195	41	17	195						
荥阳市	325	110	2	323	144	59	318	2			25		
新密市	252	151		252	129	77	252				7		
新郑市	745	171		745	240	71	616				113	39	
经济技术开发区	379	140		379	324	128	379						
高新技术开发区	592	220	76	587	290	93	562	5	5		2		2
水利、环境和公共设施管理业	**17714**	**8070**	**4776**	**17610**	**2325**	**1030**	**15857**	**104**	**12**	**4**	**257**	**66**	**5**
市　直	6512	2342	243	6495	1297	605	5999	17	6		25	9	
中原区	674	263	12	674	2		446						
二七区	23	11		23	7	4	23						
管城区	523	296		523	1	1	505						
金水区	4214	2825	3431	4213	102	52	4208	1	1				
上街区	122	78		122	12	8	121						
惠济区	1299	462	48	1295	173	76	1295	4		4			
中牟县	834	346	140	828	113	45	652	6			17	17	

2-11 续表5 （2006年底） 单位:人

行业	单位从业人员	#女性	#使用的农村劳动力	在岗职工合计	#专业技术人员	#女性	#长期职工	其他从业人员	#聘用的离退休人员	#聘用的港澳台和外籍人员	离开本单位仍保留劳动关系的职工	#内部退养职工	#长期病休假职工
巩义市	562	187		562	41	13	562						
荥阳市	1421	687	828	1418	160	70	597	3			30		
新密市	639	272	16	637	174	75	637	2	2		16	1	
新郑市	242	108	5	242	158	56	242						
登封市	623	183	49	552	76	22	550	71	3		169	39	5
经济技术开发区	10	5		10	5	2	10						
高新技术开发区	16	5	4	16	4	1	10						
居民服务和其他服务业	**4213**	**1916**	**961**	**3950**	**839**	**352**	**3731**	**263**	**11**	**3**	**121**	**25**	**2**
市直	1199	449	52	1198	195	62	1104	1	1		14	12	2
中原区	97	31	33	97	12	1	91				2	2	
二七区	475	254	65	218	77	32	218	257	9		99	5	
管城区	180	61	22	180	38	6	174						
金水区	1496	947	686	1492	434	241	1490	4	1	3			
上街区	448	32	20	448	58	3	448						
惠济区	138	63	81	138	5		30						
中牟县	37	23		36	4	2	36	1					
巩义市	28	12	2	28	2	2	26						
荥阳市	73	33		73			73						
新密市	6	1		6	2		6				6	6	
登封市	29	9		29	8	2	29						
高新技术开发区	7	1		7	4	1	6						
教育	**104396**	**55706**	**1162**	**101769**	**82583**	**45951**	**100162**	**2627**	**254**	**147**	**772**	**211**	**43**
市直	40357	19288	231	38874	27094	14109	38132	1483	41	17	243	34	28
中原区	2698	2069	53	2675	2381	1644	2595	23	17		2		2
二七区	353	147		353	12	6	119						
管城区	2348	1535	80	2317	1932	1296	2297	31	11	20			
金水区	4519	3329	12	4496	4073	2980	4473	23	17	2	4		4
上街区	1267	686	11	1267	989	597	1229				143	136	
惠济区	3566	1969	27	3548	3058	1766	3488	18			34		
中牟县	8840	4361	245	8781	8058	4075	8747	59	25		16	10	6
巩义市	7740	4530	159	7639	5752	3360	7620	101	6		140	27	3
荥阳市	7813	4335	59	7805	7266	4116	7767	8	4		23		
新密市	7225	4406	38	7185	6563	3939	7169	40	8				
新郑市	10063	5123	234	9248	8003	4270	8957	815	121	108			
登封市	7546	3874	13	7523	7353	3746	7511	23	1		167	4	
高新技术开发区	61	54		58	49	47	58	3	3				
卫生、社会保障和社会福利业	**37375**	**23056**	**409**	**36603**	**27750**	**18831**	**35313**	**772**	**563**		**453**	**147**	**97**
市直	20374	12669	32	20001	15402	10960	19323	373	329		159	48	42
中原区	253	168	17	251	221	157	212	2	2		3		
二七区	784	492	22	716	494	322	682	68	24		9		
管城区	557	358	2	547	372	260	449	10	8		24	7	17

行　业	单位从业人员	#女性	#使用的农村劳动力	在岗职工合计	#专业技术人员	#女性	#长期职工	其他从业人员	#聘用的离退休人员	#聘用的港澳台和外籍人员	离开本单位仍保留劳动关系的职工	#内部退养职工	#长期病休假职工
金水区	621	463	36	593	451	354	592	28	28				
上街区	304	207		301	216	163	301	3	3				
惠济区	742	429	15	698	353	220	688	44	27		2		
中牟县	2124	1270		2105	1564	1082	2105	19	19		16	8	
巩义市	2962	1876	73	2907	1941	1064	2831	55	26		3	2	
荥阳市	1899	1161	28	1868	1429	950	1812	31	29		82	66	
新密市	2103	1367		2087	1809	1190	2036	16	6		76		13
新郑市	2154	1259	70	2067	1602	1071	1896	87	40		56	4	22
登封市	2383	1264	100	2347	1807	973	2291	36	22		23	12	3
高新技术开发区	115	73	14	115	89	65	95						
文化、体育和娱乐业	**22452**	**10215**	**332**	**21037**	**8659**	**4408**	**20440**	**1415**	**41**	**3**	**407**	**149**	**25**
市　直	17437	7215	93	16042	5668	2352	15527	1395	32	3	368	148	9
中原区	25	9		25	5	2	25						
二七区	2379	1799	8	2371	2304	1756	2358	8					
管城区	15	8		15	12	8	14						
金水区	226	102	74	226	90	45	226						
上街区	41	10		41	18	8	41						
惠济区	637	322	157	636	88	24	636	1	1				
中牟县	250	110		250	57	26	249				4	1	
巩义市	283	145		283	48	20	283						
荥阳市	394	184		394	160	71	389						
新密市	318	126		315	95	39	253	3	3		18		16
新郑市	212	87		204	68	31	204	8	5				
登封市	235	98		235	46	26	235				17		
公共管理和社会组织	**98230**	**31257**	**1382**	**97612**	**12889**	**5105**	**95485**	**618**	**106**		**866**	**510**	**96**
市　直	32594	8362	351	32451	2535	869	31724	143	49		32	3	9
中原区	3085	1333	2	3055	601	315	2948	30	2		21	8	4
二七区	4520	2019	5	4510	135	88	4457	10	10		52	24	2
管城区	3134	1425		3115	157	84	3029	19	6		19	18	1
金水区	4954	2252	2	4911	266	82	4896	43	1		57	50	2
上街区	2150	679		2100	314	164	2089	50	1		10	10	
惠济区	3166	1176	110	3002	79	21	2819	164	7		5	2	2
中牟县	5699	1671	4	5691	1703	614	5654	8	3		229	187	9
巩义市	6639	1871	37	6635	177	64	6424	4	3		30	13	6
荥阳市	6907	2276		6898	2059	640	6830	9	1		77	22	53
新密市	8557	3217	21	8545	2309	1192	8505	12			78	51	6
新郑市	7339	2367	7	7324	2165	868	7316	15	6		58	25	
登封市	9486	2609	843	9375	389	104	8794	111	17		198	97	2

2-12 全市及各县(市)区国有单位分行业从业人员人数

(2006年底)

单位:人

行业	单位从业人员	#女性	#使用的农村劳动力	在岗职工合计	#专业技术人员	#女性	#长期职工	其他从业人员	#聘用的离退休人员	#聘用的港澳台和外籍人员	离开本单位仍保留劳动关系的职工	#内部退养职工	#长期病休假职工
农、林、牧、渔业	**2740**	**909**	**113**	**2696**	**887**	**306**	**2483**	**44**	**1**		**395**	**27**	**3**
市　直	1152	388	100	1109	532	201	1005	43			26	22	2
金水区	60	12		60	15	3	60						
惠济区	179	52	4	178	14	2	178	1	1				
中牟县	845	313		845	197	61	785				348	5	
巩义市	56	11	9	56	23	6	56				1		1
荥阳市	64	24		64	19	3	64						
新密市	88	39		88	58	27	88				17		
新郑市	149	48		149	17	1	106				3		
登封市	147	22		147	12	2	141						
采矿业	**51089**	**9441**	**20992**	**51089**	**4329**	**1390**	**49869**				**4073**	**184**	**41**
市　直	39640	7887	16017	39640	3858	1298	39640				3620		
巩义市	6422	851	2256	6422	336	63	6422				151	151	
荥阳市	2387	356	1805	2387	91	19	2189				265	1	36
登封市	2640	347	914	2640	44	10	1618				37	32	5
制造业	**36026**	**13060**	**325**	**35775**	**9642**	**4199**	**35527**	**251**	**50**		**15288**	**7815**	**233**
市　直	23955	7601	70	23803	5550	1979	23729	152	29		9484	4027	209
中原区	59	23		59			59						
二七区	6	3	1	6	1		6				3	1	2
上街区	4084	2025		4084	2066	1110	4084				2748	2598	
惠济区	473	130	12	473	79	20	437				747	201	
中牟县	1339	551		1276	218	86	1276	63					
巩义市	1912	1231	81	1912	788	735	1912				526		
荥阳市	747	265	80	729	178	58	606	18	10		59	56	
新密市	953	323		953	253	61	953				20	10	10
新郑市	1315	614	30	1315	192	59	1315				1478	711	
经济技术开发区	204	70	11	204	30	10	204				1		1
高新技术开发区	979	224	40	961	287	81	946	18	11		222	211	11
电力、燃气及水的生产和供应业	**16299**	**5857**	**57**	**16153**	**4565**	**1737**	**16151**	**146**	**6**		**645**	**635**	**9**
市　直	7660	2697		7643	1712	635	7643	17	6		128	119	9
上街区	42	18		42	3	1	42				1		
中牟县	454	152		454	78	27	454				118	118	
巩义市	4706	1561		4706	1477	464	4706						
荥阳市	555	188		555	84	25	555				56	56	
新密市	1349	619		1349	591	298	1349				14	14	
新郑市	589	282		589	415	212	589				199	199	
登封市	803	308		674	176	63	674	129			129	129	
经济技术开发区	57	21		57	13	4	55						
高新技术开发区	84	11	57	84	16	8	84						
建筑业	**29518**	**5434**	**3464**	**29146**	**6554**	**1667**	**24144**	**372**	**17**		**3265**	**1303**	**192**
市　直	25998	4672	3464	25626	5898	1456	20631	372	17		3114	1181	181
中原区	15			15			15						
上街区	1097	305		1097	225	62	1097				71	56	

行业	单位从业人员	#女性	#使用的农村劳动力	在岗职工合计	#专业技术人员	#女性	#长期职工	其他从业人员	#聘用的离退休人员	#聘用的港澳台和外籍人员	离开本单位仍保留劳动关系的职工	#内部退养职工	#长期病休假职工
惠济区	408	98		408	90	14	408				20	9	11
中牟县	1655	291		1655	296	124	1655				56	56	
荥阳市	164	41		164			164				1	1	
新密市	57	8		57	23	3	50				3		
新郑市	32	19		32	22	8	32						
经济技术开发区	92			92			92						
交通运输、仓储和邮政业	**24157**	**10026**	**236**	**24145**	**3646**	**1476**	**23075**	**12**	**12**		**4536**	**2889**	**29**
市　直	16302	7155	24	16291	2115	1018	15407	11	11		3268	2484	23
中原区	43	6		43	3	2	43						
管城区	33	15		33			32				2	2	
金水区	75	27	6	75	24	10	75				22	19	1
上街区	127	36	6	127	56	7	121				1		
惠济区	304	152		304	42	11	304				117	117	
中牟县	730	318		730	322	106	718				120	47	1
巩义市	2318	827	11	2318	129	44	2286				51	50	1
荥阳市	925	390		925	82	31	875				150	34	2
新密市	886	284	20	885	123	41	820	1	1		83	43	
新郑市	1603	499	65	1603	598	146	1603				649	20	1
登封市	811	317	104	811	152	60	791				73	73	
信息传输、计算机服务和软件业	**2149**	**814**	**166**	**2063**	**437**	**191**	**2057**	**86**	**4**		**141**	**116**	
市　直	1133	438	2	1102	330	138	1096	31	1		42	21	
二七区	112	41	8	60	19	4	60	52			53	49	
中牟县	80	26		77	21	10	77	3	3		23	23	
巩义市	6			6			6						
荥阳市	107	39		107	32	17	107						
新郑市	447	196	156	447	12	2	447				7	7	
登封市	264	74		264	23	20	264				16	16	
批发和零售业	**12268**	**5205**	**164**	**12079**	**3055**	**1173**	**11654**	**189**	**56**		**6455**	**3140**	**141**
市　直	7876	3370	38	7744	2427	945	7542	132	39		4865	2460	115
中原区	158	67		150	46	13	133	8	8		19	19	
二七区	81	25		81	12	6	81				63	10	
上街区	28	9		16			16	12					
惠济区	6			6			6				37	37	
中牟县	609	208	3	607	132	40	606	2	2		241	146	
巩义市	594	248	3	588	84	35	585	6	4		228	10	
荥阳市	347	167		347	17	12	347				6	3	
新密市	692	277	4	680	141	48	680	12	2		101	94	
新郑市	777	287	116	777	178	61	768				304	253	17
登封市	1100	547		1083	18	13	890	17	1		591	108	9

行业	单位从业人员	#女性	#使用的农村劳动力	在岗职工合计	#专业技术人员	#女性	#长期职工	其他从业人员	#聘用的离退休人员	#聘用的港澳台和外籍人员	离开本单位仍保留劳动关系的职工	#内部退养职工	#长期病休假职工
住宿和餐饮业	**11940**	**6639**	**1234**	**11726**	**1150**	**562**	**8704**	**214**	**59**	**28**	**1242**	**924**	**44**
市直	9817	5447	925	9614	1047	526	7690	203	50	28	1062	860	44
中原区	230	142	71	226	35	7	190	4	4				
上街区	62	37		62			38						
惠济区	980	560		979	21	11	279	1	1				
巩义市	55	30	24	55	9	3	31				43	9	
荥阳市	104	58	15	104	4	2	104						
新郑市	9	6		9	1	1	9				55	55	
登封市	683	359	199	677	33	12	363	6	4		82		
金融业	**17730**	**8896**	**577**	**15466**	**8183**	**3765**	**14891**	**2264**	**1**		**1661**	**1652**	**2**
市直	12784	6230		12103	6337	2896	11733	681	1		1265	1263	2
上街区	239	149		239	84	50	239				36	36	
中牟县	277	127		271	219	120	253	6			62	62	
巩义市	845	503	115	460	303	161	460	385			54	54	
荥阳市	727	371		350	262	109	264	377			60	60	
新密市	976	466	249	901	414	169	850	75			86	83	
新郑市	790	440	213	790	285	116	774				48	44	
登封市	1092	610		352	279	144	318	740			50	50	
房地产业	**1318**	**547**	**2**	**1306**	**491**	**197**	**1305**	**12**	**4**		**104**	**31**	**3**
市直	692	247	2	683	220	69	682	9	1		80	7	3
中原区	20	7		18	11	6	18	2	2				
管城区	49	24		48	15	7	48	1	1				
金水区	43	21		43	12	4	43						
上街区	49	18		49	15	4	49						
中牟县	165	74		165	45	21	165						
荥阳市	114	47		114	28	15	114				24	24	
经济技术开发区	186	109		186	145	71	186						
租赁和商务服务业	**6652**	**2123**	**752**	**6600**	**1132**	**459**	**5880**	**52**	**21**		**1467**	**362**	**2**
市直	3827	1244	27	3777	933	381	3636	50	20		1412	328	2
中原区	127	80		127	3	1	127						
二七区	421	200		421	15	8	421						
管城区	63	43		63	11		63				26	12	
金水区	72	43		72	6	6	72						
上街区	128	8		128	1	1	128						
惠济区	63	19		63			63						
中牟县	312	120		312	42	15	264				11	11	
巩义市	84	40	2	82	7	2	81	2	1				
荥阳市	453	66	273	453	43	22	361				7		
新密市	324	160		324	57	21	323				11	11	
新郑市	778	100	450	778	14	2	341						

2-12 续表3 （2006年底） 单位：人

行业	单位从业人员	#女性	#使用的农村劳动力	在岗职工合计	#专业技术人员	#女性	#长期职工	其他从业人员	#聘用的离退休人员	#聘用的港澳台和外籍人员	离开本单位仍保留劳动关系的职工	#内部退养职工	#长期病休假职工
科学研究、技术服务和地质勘察业	**26662**	**9160**	**272**	**26173**	**14948**	**5528**	**25001**	**489**	**409**		**1474**	**838**	**16**
市　直	22948	7678	270	22477	14146	5231	21478	471	399		1324	799	16
二七区	1752	843		1752	1	1	1752						
上街区	9	2		9			9						
惠济区	269	80		256	167	44	256	13	7				
中牟县	139	52		136	58	35	97	3	3		5		
巩义市	195	86		195	41	17	195						
荥阳市	325	110	2	323	144	59	318	2			25		
新密市	203	120		203	99	56	203				7		
新郑市	745	171		745	240	71	616				113	39	
高新技术开发区	77	18		77	52	14	77						
水利、环境和公共设施管理业	**16612**	**7674**	**4615**	**16585**	**2143**	**956**	**14839**	**27**	**7**		**242**	**60**	
市　直	6158	2220	243	6145	1224	565	5649	13	2		21	9	
中原区	662	260		662	2		434						
管城区	523	296		523	1	1	505						
金水区	4037	2752	3400	4036	52	33	4036	1	1				
上街区	122	78		122	12	8	121						
惠济区	1203	430		1203	157	74	1203						
中牟县	834	346	140	828	113	45	652	6			17	17	
巩义市	462	142		462	31	10	462						
荥阳市	1421	687	828	1418	160	70	597	3			30		
新密市	605	252		603	174	75	603	2	2		16	1	
新郑市	198	97		198	145	54	198						
登封市	371	109		369	68	20	369	2	2		158	33	
高新技术开发区	16	5	4	16	4	1	10						
居民服务和其他服务业	**1228**	**459**	**52**	**1227**	**200**	**64**	**1133**	**1**	**1**		**20**	**18**	**2**
市　直	1199	449	52	1198	195	62	1104	1	1		14	12	2
中牟县	3	2		3	3	2	3						
巩义市	20	7		20			20						
新密市	6	1		6	2		6				6	6	
教育	**90187**	**48230**	**463**	**89141**	**72913**	**40667**	**88120**	**1046**	**79**	**17**	**627**	**206**	**43**
市　直	39080	18651	231	38343	26849	13986	37601	737	41	17	239	30	28
中原区	2573	2006	31	2550	2325	1614	2470	23	17		2		2
管城区	1127	853		1127	1056	799	1127						
金水区	3667	2719	5	3658	3505	2632	3635	9	5		4		4
上街区	1255	683		1255	982	594	1217				143	136	
惠济区	2790	1542	27	2772	2410	1398	2712	18			34		
中牟县	7642	3778	2	7608	7149	3622	7608	34			15	9	6
巩义市	6974	4133	114	6873	5135	3028	6855	101	6		140	27	3
荥阳市	7354	4067	39	7348	6964	3932	7317	6	2		23		
新密市	6372	3853		6339	5829	3459	6323	33	1				

行 业	单位从业人员	#女性	#使用的农村劳动力	在岗职工合计	#专业技术人员	#女性	#长期职工	其他从业人员	#聘用的离退休人员	#聘用的港澳台和外籍人员	离开本单位仍保留劳动关系的职工	#内部退养职工	#长期病休假职工
新郑市	4597	2462	1	4538	4155	2255	4537	59	3				
登封市	6695	3429	13	6672	6505	3301	6660	23	1		27	4	
高新技术开发区	61	54		58	49	47	58	3	3				
卫生、社会保障和社会福利业	**33598**	**20646**	**240**	**32997**	**25077**	**17023**	**32043**	**601**	**465**		**392**	**134**	**75**
市 直	20324	12642	32	19951	15402	10960	19273	373	329		159	48	42
中原区	239	162	5	237	217	155	199	2	2		3		
二七区	600	366	19	571	390	250	556	29	9		9		
管城区	187	125	2	186	133	99	180	1	1				
金水区	530	395	36	504	383	297	503	26	26				
上街区	304	207		301	216	163	301	3	3				
惠济区	588	342		563	243	145	563	25	8		2		
中牟县	2124	1270		2105	1564	1082	2105	19	19		16	8	
巩义市	2195	1414	8	2195	1386	733	2186				1		
荥阳市	1899	1161	28	1868	1429	950	1812	31	29		82	66	
新密市	1989	1299		1973	1708	1135	1922	16	6		76		13
新郑市	1086	614	58	1046	779	498	993	40	11		29		17
登封市	1523	642	52	1487	1220	551	1440	36	22		15	12	3
高新技术开发区	10	7		10	7	5	10						
文化、体育和娱乐业	**21800**	**9869**	**73**	**20389**	**8556**	**4365**	**19820**	**1411**	**40**	**3**	**371**	**146**	**9**
市 直	17285	7144	61	15893	5634	2336	15395	1392	32	3	348	145	9
中原区	20	8		20	5	2	20						
二七区	2348	1778	8	2340	2302	1756	2338	8					
管城区	15	8		15	12	8	14						
金水区	24	19		24	23	18	24						
上街区	41	10		41	18	8	41						
惠济区	381	156	4	381	88	24	381						
中牟县	250	110		250	57	26	249				4	1	
巩义市	283	145		283	48	20	283						
荥阳市	394	184		394	160	71	389						
新密市	312	122		309	95	39	247	3	3		2		
新郑市	212	87		204	68	31	204	8	5				
登封市	235	98		235	46	26	235				17		
公共管理和社会组织	**98230**	**31257**	**1382**	**97612**	**12889**	**5105**	**95485**	**618**	**106**		**866**	**510**	**96**
市 直	32594	8362	351	32451	2535	869	31724	143	49		32	3	9
中原区	3085	1333	2	3055	601	315	2948	30	2		21	8	4
二七区	4520	2019	5	4510	135	88	4457	10	10		52	24	2
管城区	3134	1425		3115	157	84	3029	19	6		19	18	1
金水区	4954	2252	2	4911	266	82	4896	43	1		57	50	2
上街区	2150	679		2100	314	164	2089	50	1		10	10	
惠济区	3166	1176	110	3002	79	21	2819	164	7		5	2	2
中牟县	5699	1671	4	5691	1703	614	5654	8	3		229	187	9
巩义市	6639	1871	37	6635	177	64	6424	4	3		30	13	6
荥阳市	6907	2276		6898	2059	640	6830	9	1		77	22	53
新密市	8557	3217	21	8545	2309	1192	8505	12			78	51	6
新郑市	7339	2367	7	7324	2165	868	7316	15	6		58	25	
登封市	9486	2609	843	9375	389	104	8794	111	17		198	97	2

2-13 全市及各县(市)区城镇集体单位分行业从业人员人数

(2006 年底)

单位:人

行业	单位从业人员	#女性	#使用的农村劳动力	在岗职工合计	#专业技术人员	#女性	#长期职工	其他从业人员	#聘用的离退休人员	离开本单位仍保留劳动关系的职工	#内部退养职工	#长期病休假职工
农、林、牧、渔业	**68**	**26**	**30**	**67**	**10**	**3**	**67**	**1**	**1**	**4**		
市 直	10	8		10	2	1	10					
惠济区	38	9	30	37	8	2	37	1	1			
巩义市	4	1		4			4					
新郑市	16	8		16			16			4		
采矿业	**360**	**63**	**241**	**340**	**133**	**51**	**340**	**20**	**3**			
二七区	297	57	241	277	113	48	277	20	3			
巩义市	63	6		63	20	3	63					
制造业	**11664**	**5743**	**3608**	**11483**	**1475**	**633**	**10502**	**181**	**143**	**1839**	**380**	**356**
市 直	883	434	4	840	82	23	836	43	41	323	227	
中原区	905	283	575	895	152	46	865	10	9			
二七区	2147	1002	647	2083	266	107	2009	64	39	892	27	113
管城区	205	78	34	205	11	3	203			1		
金水区	751	427	183	718	94	43	718	33	33	113	43	
上街区	2150	1269	231	2150	261	148	1821					
惠济区	496	212	207	496	192	70	496			77	52	
中牟县	106	38		106	19	8	106					
巩义市	250	52	52	250	61	45	250			228		228
荥阳市	1165	845	521	1163	92	53	1142	2	2	147		
新密市	259	56	96	259	18	5	259					
新郑市	1868	926	1028	1857	185	70	1405	11	11	19		12
登封市	37	5	30	30	2	2	30	7				
经济技术开发区	442	116		431	40	10	362	11	8	39	31	3
电力、燃气及水的生产和供应业	**130**	**45**		**130**			**130**					
惠济区	130	45		130			130					
建筑业	**17636**	**1919**	**9659**	**16667**	**3002**	**458**	**10586**	**969**	**73**	**455**	**316**	**11**
市 直	2406	207	1406	2390	477	88	1706	16	14	151	132	11
中原区	2418	169	700	1588	215	36	1538	830				
二七区	5	4		5			5					
管城区	15	7		12	10	6	12	3	3	13	13	
金水区	2360	259	870	2360	260	51	2360			93	93	
上街区	180	71	26	152	36	16	132	28	14	12	11	
惠济区	9269	1031	6566	9234	1878	253	4020	35	35	29	29	
中牟县	155	47	57	149	17	1	83	6	6			
新郑市	315	98		307	53	7	260	8	1	47	38	
登封市	513	26	34	470	56		470	43		110		
交通运输、仓储和邮政业	**1945**	**429**	**320**	**1943**	**68**	**23**	**1943**	**2**	**2**	**308**	**15**	
二七区	333	69	48	332	7	5	332	1	1	10	10	
管城区	170	6		170	12	2	170					

（2006 年底） 单位:人

行业	单位从业人员	#女性	#使用的农村劳动力	在岗职工合计	#专业技术人员	#女性	#长期职工	其他从业人员	#聘用的离退休人员	离开本单位仍保留劳动关系的职工	#内部退养职工	#长期病休假职工
金水区	7	3		7	3	2	7					
上街区	743	73	250	743	29	7	743					
惠济区	2		2	2			2					
中牟县	137	23	20	137	2	1	137			1	1	
巩义市	20	8		20			20			106	4	
新密市	11	2		11			11					
新郑市	72	25		71	15	6	71	1	1	191		
登封市	450	220		450			450					
信息传输、计算机服务和软件业	**127**	**55**	**23**	**119**	**17**	**6**	**117**	**8**	**7**			
二七区	113	51	23	105	15	4	103	8	7			
金水区	4	2		4	2	2	4					
巩义市	10	2		10			10					
批发和零售业	**5460**	**2157**	**163**	**5140**	**763**	**270**	**5103**	**320**	**6**	**3242**	**304**	**202**
市　直	999	367	3	991	250	101	990	8	2	751	242	124
中原区	18	7	5	18	2		18					
二七区	456	203	25	274	55	8	272	182	2	64		29
管城区	432	46		432	3	2	432			29		
金水区	212	77	1	212	52	25	212			66	39	
上街区	73	38	12	63	4	3	54	10	1			
惠济区	34	17		34	7	4	34					
中牟县	280	74	8	277	49	11	277	3		42	1	
巩义市	1589	749	21	1477	178	69	1477	112		838	1	39
荥阳市	316	120	15	312	27	9	297	4		403	9	10
新密市	470	224	25	470	64	14	470			269	2	
新郑市	230	72	9	230	50	15	230			344	10	
登封市	351	163	39	350	22	9	340	1	1	436		
住宿和餐饮业	**2438**	**1479**	**329**	**2400**	**178**	**49**	**1757**	**38**	**1**	**56**	**9**	**1**
市　直	1339	744	201	1302	86	17	982	37		18	1	1
中原区	75	53	10	75			49					
二七区	213	126	45	212	17	4	188	1	1	10	7	
管城区	78	46		78	8	3	78					
金水区	275	180	73	275	38	15	257					
上街区	150	100		150	15	6	80					
中牟县	2	2		2			2					
巩义市	63	50		63	11	4	57			27		
荥阳市	53	38		53			53					
登封市	190	140		190	3		11			1	1	
金融业	**3565**	**2007**	**98**	**3551**	**1459**	**826**	**3417**	**14**		**179**	**93**	**1**
市　直	1461	943		1461	674	412	1413			109	24	

行业	单位从业人员	#女性	#使用的农村劳动力	在岗职工合计	#专业技术人员	#女性	#长期职工	其他从业人员	#聘用的离退休人员	离开本单位仍保留劳动关系的职工	#内部退养职工	#长期病休假职工
二七区	93	51	46	85	50	41	73	8		8	8	
管城区	53	32		53	24	13	35					
上街区	47	30		46	16	11	46	1				
惠济区	144	71	25	144	54	23	114			4	4	
中牟县	289	139		289	168	80	289					
巩义市	380	192	27	380	72	46	354			5	4	1
荥阳市	249	127		249			249					
新郑市	351	160		351	221	109	351					
登封市	498	262		493	180	91	493	5		53	53	
房地产业	**137**	**66**		**134**	**58**	**24**	**134**	**3**	**3**	**46**	**1**	
市　直	39	23		36	15	7	36	3	3	41	1	
中原区	9	3		9	5	2	9					
金水区	37	24		37	11	6	37					
中牟县	11	4		11	7	4	11					
新郑市	41	12		41	20	5	41			5		
租赁和商务服务业	**3507**	**526**	**2313**	**3201**	**189**	**62**	**2942**	**306**	**2**	**204**	**113**	
市　直	595	257		555	71	22	451	40		73	71	
中原区	31	19		31	11	6	31			12	12	
二七区	90	24		88	1	1	88	2	2			
管城区	74	10		74			64					
金水区	1760	53	1663	1760	19	7	1760					
上街区	3	1		3	3	1	3					
惠济区	169	3	140	169			169			30	30	
中牟县	238	14	160	72	12	3	72	166		89		
荥阳市	53	14		53	18	4	53					
新密市	351	25	309	351	15	6	222					
登封市	136	102	41	38	38	12	25	98				
高新技术开发区	7	4		7	1		4					
科学研究、技术服务和地质勘察业	**157**	**66**	**4**	**148**	**49**	**19**	**122**	**9**	**8**			
市　直	26	11		17	8	3	17	9	8			
二七区	81	39	4	81	20	7	55					
管城区	21	4		21			21					
金水区	29	12		29	21	9	29					
水利、环境和公共设施管理业	**50**	**14**	**5**	**50**	**18**	**5**	**50**					
二七区	6	3		6	5	3	6					
新郑市	44	11	5	44	13	2	44					

行　业	单位从业人员	#女性	#使用的农村劳动力	在岗职工合计	#专业技术人员	#女性	#长期职工	其他从业人员	#聘用的离退休人员	离开本单位仍保留劳动关系的职工	#内部退养职工	#长期病休假职工
居民服务和其他服务业	**631**	**101**	**26**	**630**	**87**	**12**	**630**	**1**		**99**	**5**	
中原区	20	12		20	2		20					
二七区	63	22	12	63	19	2	63			99	5	
管城区	34	2		34	2	2	34					
金水区	25	11	14	25	7	3	25					
上街区	386	5		386	48	3	386					
中牟县	34	21		33	1		33	1				
巩义市	2			2			2					
荥阳市	38	19		38			38					
登封市	29	9		29	8	2	29					
教育	**4740**	**2484**	**11**	**4740**	**4193**	**2224**	**4506**			**140**		
市　直	182	120		182	8	6	182					
中原区	8	2		8	6		8					
二七区	328	135		328	2	2	94					
管城区	778	411		778	764	408	778					
上街区	12	3	11	12	7	3	12					
惠济区	6			6	6		6					
中牟县	44	43		44	40	40	44					
新密市	471	311		471	471	311	471					
新郑市	2119	1026		2119	2097	1021	2119					
登封市	792	433		792	792	433	792			140		
卫生、社会保障和社会福利业	**1386**	**846**	**66**	**1317**	**931**	**625**	**1151**	**69**	**43**	**32**	**7**	**17**
市　直	50	27		50			50					
中原区	14	6	12	14	4	2	13					
二七区	184	126	3	145	104	72	126	39	15			
管城区	349	220		340	218	148	248	9	7	24	7	17
惠济区	130	66	15	111	94	63	101	19	19			
巩义市	361	224	16	359	276	178	344	2	2			
登封市	193	111	6	193	153	102	184			8		
高新技术开发区	105	66	14	105	82	60	85					
文化、体育和娱乐业	**67**	**42**		**66**	**17**	**6**	**55**	**1**	**1**	**16**		**16**
市　直	16	9		16	4	3	16					
二七区	20	19		20			9					
金水区	19	6		19	13	3	19					
惠济区	6	4		5			5	1	1			
新密市	6	4		6			6			16		16

2-14 全市及各县(市)区其他单位分行业从业人员人数

(2006 年底)

单位:人

行业	单位从业人员	#女性	#使用的农村劳动力	在岗职工合计	#专业技术人员	#女性	#长期职工	其他从业人员	#聘用的离退休人员	#聘用的港澳台和外籍人员	离开本单位仍保留劳动关系的职工	#内部退养职工	#长期病休假职工
农、林、牧、渔业	**529**	**191**	**219**	**528**	**124**	**16**	**383**	**1**	**1**				
市 直	4	1		4	4	1	4						
二七区	67	8	56	67	14		8						
金水区	289	156	163	288	90	12	206	1	1				
中牟县	82	3		82	10		78						
巩义市	87	23		87	6	3	87						
采矿业	**16205**	**2596**	**2662**	**16198**	**1249**	**368**	**15311**	**7**	**7**		**188**	**42**	**116**
金水区	4	1		4	1	1	4						
上街区	2667	749		2667	66	13	2667				2	2	
巩义市	1629	275		1629	320	275	1629						
新密市	5982	953	2507	5977	536	67	5090	5	5		186	40	116
新郑市	180	13	155	180	47	12	180						
登封市	5743	605		5741	279		5741	2	2				
制造业	**149751**	**59021**	**41915**	**142425**	**24051**	**8501**	**132027**	**7326**	**689**	**19**	**9388**	**6381**	**1201**
市 直	30808	14455	1200	30759	4676	1810	30055	49	49		6944	5033	464
中原区	7176	2891	2503	7118	695	205	6586	58	58		257	178	79
二七区	3276	1192	679	3197	645	191	2653	79	31		134	58	3
管城区	2804	986	838	2490	675	238	1981	314	51		33	12	4
金水区	12394	6768	7010	12357	2098	796	11097	37	34	2	63	3	12
上街区	13629	3982	818	13481	2665	765	13329	148	60		24	14	
惠济区	10904	6464	7744	4758	1145	340	4410	6146	22		27	27	
中牟县	3725	1183	334	3720	690	193	3306	5	4	1	409	187	219
巩义市	15363	4284	3205	15341	2726	1496	15165	22	21		273	217	56
荥阳市	8059	3060	3814	8004	776	251	7209	55	53	2	598	137	306
新密市	3462	1239	1486	3396	520	133	3070	66	52		49	13	3
新郑市	18039	6780	7898	17940	2852	967	15166	99	48	6	349	309	20
登封市	3032	805	837	3028	205	50	2400	4	4		7		7
经济技术开发区	7874	2048	1409	7848	1558	402	7317	26	10		217	193	24
高新技术开发区	9206	2884	2140	8988	2125	664	8283	218	192	8	4		4
电力、燃气及水的生产和供应业	**11232**	**3432**	**977**	**11198**	**2707**	**771**	**11178**	**34**	**17**		**352**	**323**	**18**
市 直	3881	1342		3881	972	423	3881				340	312	17
中原区	19	6		19			19						
金水区	285	139	9	285	45	17	285						
上街区	34	14		30	4	2	30	4					
惠济区	502	160		474	27	8	474	28	15		4	4	
荥阳市	1431	438		1429	140	33	1429	2	2		1		1
新密市	723	221	70	723	279	47	703				7	7	
新郑市	683	279		683	137	35	683						
登封市	3674	833	898	3674	1103	206	3674						
建筑业	**103911**	**10225**	**66231**	**100740**	**15257**	**2843**	**61013**	**3171**	**341**	**2**	**1705**	**1201**	**17**
市 直	21628	2529	12163	21431	3949	903	12646	197	197		1468	1140	13
中原区	5547	238	3526	5207	776	97	1850	340	4		21	17	3
二七区	123	20		122	30	10	122	1	1				
管城区	1615	216	1407	1605	176	42	187	10	10				
金水区	41494	3668	27796	41447	5682	1021	27749	47	41	2	1	1	
上街区	1193	317	70	1142	279	87	1123	51			28		1

2-14 续表1 （2006年底） 单位：人

行业	单位从业人员	#女性	#使用的农村劳动力	在岗职工合计	#专业技术人员	#女性	#长期职工	其他从业人员	#聘用的离退休人员	#聘用的港澳台和外籍人员	离开本单位仍保留劳动关系的职工	#内部退养职工	#长期病休假职工
惠济区	4836	129	3794	4836	480	35	3320						
中牟县	2354	274	1185	2256	275	63	2220	98	57				
巩义市	2245	109	1249	2239	392	54	1958	6	6				
荥阳市	10910	1555	7819	10826	1525	194	4942	84	5		4	4	
新密市	4521	300	3389	2668	418	47	440	1853	14				
新郑市	4191	467	3104	4174	765	181	1904	17	4				
登封市	1766	198	729	1299	131	40	1064	467	2				
经济技术开发区	1480	203		1480	379	69	1480				183	39	
高新技术开发区	8	2		8			8						
交通运输、仓储和邮政业	**6426**	**1809**	**268**	**6422**	**1921**	**633**	**5591**	**4**	**4**		**315**	**84**	**1**
市　直	4003	1285		4001	1221	499	3444	2	2		213	69	
中原区	64	12	14	64	21	1	50						
二七区	20	10		20			20						
管城区	43	17	11	43			39						
金水区	565	122	235	563	143	38	563	2	2				
上街区	16	2		16			16						
惠济区	65	5		65			65						
中牟县	1121	212	2	1121	396	67	916				93	13	
新密市	42	21		42			42						
登封市	424	116	6	424	120	24	386				9	2	1
高新技术开发区	63	7		63	20	4	50						
信息传输、计算机服务和软件业	**7269**	**2569**	**84**	**7120**	**2934**	**1051**	**6544**	**149**	**6**		**656**	**656**	
市　直	4838	1894		4782	2442	921	4282	56	3		638	638	
中原区	42	21		42	28	11	42						
二七区	286	78	36	284	12	5	283	2	2				
管城区	17	5		17			17						
金水区	662	246		661	212	74	661	1	1				
巩义市	389	123	47	299	44	13	296	90			18	18	
经济技术开发区	746	135	1	746	88	12	746						
高新技术开发区	289	67		289	108	15	217						
批发和零售业	**35945**	**16908**	**3269**	**35729**	**6596**	**2805**	**32796**	**216**	**85**	**12**	**3817**	**794**	**45**
市　直	13321	6499	542	13201	2580	1057	12836	120	13	1	2807	693	39
中原区	1835	764	196	1817	258	73	1672	18	14				
二七区	1028	614	92	1022	72	31	1014	6	6		134	11	
管城区	1908	800	112	1896	169	66	1265	12	12		3	2	1
金水区	11733	5086	912	11699	2522	1101	10198	34	22	11	113	50	5
上街区	201	125	7	197	28	11	197	4	4				
惠济区	230	73	77	221	51	12	181	9	1				
中牟县	678	368	185	677	167	60	629	1	1		153	9	
巩义市	575	349	94	575	178	85	558				59		
荥阳市	477	292	120	477	13	3	427				161		
新密市	778	524	3	774	185	135	774	4	4		223	2	
新郑市	573	267	122	569	83	38	522	4	4		83	27	
登封市	265	149	48	265	73	45	231				81		
经济技术开发区	794	184	16	794	92	26	749						
高新技术开发区	1549	814	743	1545	125	62	1543	4	4				
住宿和餐饮业	**18082**	**9950**	**4558**	**17818**	**2675**	**934**	**15779**	**264**	**86**	**2**	**202**	**91**	**11**
市　直	5924	3240	1000	5721	677	242	4677	203	46	1	112	81	
中原区	218	120	29	200	30		193	18	18		20	8	

2-14　续表 2　　(2006 年底)　　单位:人

行　业	单位从业人员	#女性	#使用的农村劳动力	在岗职工合计	#专业技术人员	#女性	#长期职工	其他从业人员	#聘用的离退休人员	#聘用的港澳台和外籍人员	离开本单位仍保留劳动关系的职工	#内部退养职工	#长期病休假职工
二七区	1055	595	91	1054	49	16	1021	1	1		38		
管城区	676	375	52	654	22	6	607	22	2				
金水区	8115	4303	2889	8097	1479	492	7770	18	17	1	2	2	
上街区	224	133	66	224	22	12	149						
中牟县	503	389	112	501	144	35	348	2	2		19		
巩义市	583	327	138	583	126	72	413				11		11
新密市	183	117		183	39	19	146						
新郑市	221	121	101	221	40	17	175						
登封市	380	230	80	380	47	23	280						
金融业	**11455**	**5215**	**99**	**10652**	**3670**	**1861**	**10321**	**803**	**17**		**569**	**567**	**2**
市　直	8128	3504		8109	2621	1481	7783	19	13		560	558	2
金水区	2461	1088	99	2457	1012	372	2457	4	4		9	9	
中牟县	326	270		6	6	3	6	320					
巩义市	43	16		43	6	5	38						
新密市	472	330		12			12	460					
登封市	25	7		25	25		25						
房地产业	**12660**	**4633**	**2740**	**12486**	**3409**	**1207**	**10537**	**174**	**106**	**10**	**619**	**378**	**1**
市　直	1780	666	19	1750	688	289	1678	30	16	5	314	163	1
中原区	777	328	31	775	291	94	657	2	2		36	27	
管城区	906	291		872	247	28	677	34	7		5	4	
金水区	6325	2739	1209	6257	1539	603	6026	68	62	5	226	184	
上街区	37	14	14	37	9	3	37						
惠济区	349	125	15	345	182	66	315	4	4				
中牟县	1949	290	1316	1945	332	94	642	4	4				
巩义市	28	20		28	3	2	28				38		
荥阳市	40	8		25	21	3	25	15					
新郑市	49	12		48	37	6	48	1					
经济技术开发区	295	96	136	295	11	3	295						
高新技术开发区	125	44		109	49	16	109	16	11				
租赁和商务服务业	**6241**	**1997**	**1306**	**6040**	**1886**	**755**	**4898**	**201**	**88**		**54**		**3**
市　直	991	180		959	227	72	959	32	32		42		2
中原区	163	66		150	45	15	150	13	13				
二七区	7	2		7	1		7						
管城区	1483	209	1035	1483	108	40	417				7		
金水区	2981	1208	266	2953	1337	562	2883	28	25				
上街区	18	11	3	18	14	7	18						
惠济区	130	85		29	3	2	29	101					
中牟县	62	23	2	53	38	12	47	9	5		4		
巩义市	110	44		107	27	18	107	3					
荥阳市	31	19		31	18	8	31						
新密市	15	15		15			15						
新郑市	73	22		60	34	11	60	13	11		1		1
登封市	107	89		106	7		106	1	1				
经济技术开发区	52	17		52	17	5	52						
高新技术开发区	18	7		17	10	3	17	1	1				
科学研究、技术服务和地质勘察业	**4545**	**1572**	**453**	**4495**	**1629**	**526**	**4211**	**50**	**32**		**89**	**56**	**15**
市　直	2048	794	297	2048	270	120	1858				74	51	13
中原区	198	72	27	185	53	23	180	13	6				
二七区	166	46	52	166	48	7	114						
管城区	44	7		44			44						
金水区	1085	262	1	1069	642	142	1057	16	11		13	5	
上街区	44	8		41	21	3	41	3	3				
惠济区	17	10		4	3	3	4	13	7				

行业	单位从业人员	#女性	#使用的农村劳动力	在岗职工合计	#专业技术人员	#女性	#长期职工	其他从业人员	#聘用的离退休人员	#聘用的港澳台和外籍人员	离开本单位仍保留劳动关系的职工	#内部退养职工	#长期病休假职工
荥阳市													
新密市	49	31		49	30	21	49						
经济技术开发区	379	140		379	324	128	379						
高新技术开发区	515	202	76	510	238	79	485	5	5		2		2
水利、环境和公共设施管理业	**1052**	**382**	**156**	**975**	**164**	**69**	**968**	**77**	**5**	**4**	**15**	**6**	**5**
市 直	354	122		350	73	40	350	4	4		4		
中原区	12	3	12	12			12						
二七区	17	8		17	2	1	17						
金水区	177	73	31	177	50	19	172						
惠济区	96	32	48	92	16	2	92	4		4			
巩义市	100	45		100	10	3	100						
新密市	34	20	16	34			34						
登封市	252	74	49	183	8	2	181	69	1		11	6	5
经济技术开发区	10	5		10	5	2	10						
居民服务和其他服务业	**2354**	**1356**	**883**	**2093**	**552**	**276**	**1968**	**261**	**10**	**3**	**2**	**2**	
中原区	77	19	33	77	10	1	71				2	2	
二七区	412	232	53	155	58	30	155	257	9				
管城区	146	59	22	146	36	4	140						
金水区	1471	936	672	1467	427	238	1465	4	1	3			
上街区	62	27	20	62	10		62						
惠济区	138	63	81	138	5		30						
巩义市	6	5	2	6	2	2	4						
荥阳市	35	14		35			35						
高新技术开发区	7	1		7	4	1	6						
教育	**9469**	**4992**	**688**	**7888**	**5477**	**3060**	**7536**	**1581**	**175**	**130**	**5**	**5**	
市 直	1095	517		349	237	117	349	746			4	4	
中原区	117	61	22	117	50	30	117						
二七区	25	12		25	10	4	25						
管城区	443	271	80	412	112	89	392	31	11	20			
金水区	852	610	7	838	568	348	838	14	12	2			
惠济区	770	427		770	642	368	770						
中牟县	1154	540	243	1129	869	413	1095	25	25		1	1	
巩义市	766	397	45	766	617	332	765						
荥阳市	459	268	20	457	302	184	450	2	2				
新密市	382	242	38	375	263	169	375	7	7				
新郑市	3347	1635	233	2591	1751	994	2301	756	118	108			
登封市	59	12		59	56	12	59						
卫生、社会保障和社会福利业	**2391**	**1564**	**103**	**2289**	**1742**	**1183**	**2119**	**102**	**55**		**29**	**6**	**5**
管城区	21	13		21	21	13	21						
金水区	91	68		89	68	57	89	2	2				
惠济区	24	21		24	16	12	24						
巩义市	406	238	49	353	279	153	301	53	24		2	2	
新密市	114	68		114	101	55	114						
新郑市	1068	645	12	1021	823	573	903	47	29		27	4	5
登封市	667	511	42	667	434	320	667						
文化、体育和娱乐业	**585**	**304**	**259**	**582**	**86**	**37**	**565**	**3**			**20**	**3**	
市 直	136	62	32	133	30	13	116	3			20	3	
中原区	5	1		5			5						
二七区	11	2		11	2		11						
金水区	183	77	74	183	54	24	183						
惠济区	250	162	153	250			250						

2-15 全市及各县(市)区分企事业、机关从业人员平均人数及劳动报酬

(2006 年)

类别	单位从业人员平均人数(人)	在岗职工	其他从业人员	#聘用的离退休人员	#聘用的港澳台和外籍人员	离开本单位仍保留劳动关系的职工(人)	#内部退养职工	单位从业人员劳动报酬(千元)	在岗职工工资总额	其他从业人员劳动报酬	#聘用的离退休人员	#聘用的港澳台和外籍人员	离开本单位仍保留劳动关系的职工生活费(千元)	#内部退养职工	在岗职工平均工资(元)
总计	**921359**	**899244**	**22115**	**3011**	**221**	**66539**	**31205**	**17245614**	**16960779**	**284835**	**59695**	**11573**	**432897**	**371899**	**18861**
市直	386506	379785	6721	1410	39	45645	21862	9081844	8991601	90243	31110	4801	292199	256190	23676
中原区	24848	23602	1246	137		352	251	389865	376466	13399	1506		1481	1381	15951
二七区	20146	19394	752	128		1318	205	272557	266055	6502	1391		1916	870	13718
管城区	16839	16342	497	81	20	136	57	263974	259341	4633	955	260	565	565	15870
金水区	104889	104518	371	278	28	666	392	1487871	1481792	6079	3740	1714	2545	2191	14177
上街区	31462	31134	328	78		3067	2823	777766	775076	2690	703		54666	53467	24895
惠济区	36931	31260	5671	106	6	1100	483	494330	434533	59797	6518	60	2866	1753	13901
中牟县	35232	34818	414	88	1	2080	1108	555349	547380	7969	983	79	12447	9994	15721
巩义市	58315	57542	773	43		2112	482	798564	792203	6361	600		5542	3958	13767
荥阳市	45808	45187	621	95	2	2155	438	650956	644211	6745	893	84	4165	4042	14257
新密市	39197	37663	1534	76		1173	383	578270	536246	42024	677		2621	2441	14238
新郑市	51302	50332	970	222	117	3998	1615	751859	736912	14947	4463	3991	39093	24818	14641
登封市	44988	43149	1839	35		2052	598	689486	675175	14311	239		10290	7944	15648
经济技术开发区	12203	12177	26	17		451	284	214145	213766	379	307	24	2440	2230	17555
高新技术开发区	12693	12341	352	217	8	234	224	238778	230022	8756	5610	560	61	55	18639
企业	**633223**	**616718**	**16505**	**2109**	**86**	**63495**	**29984**	**11484086**	**11277266**	**206820**	**39092**	**7596**	**406573**	**353528**	**18286**
市直	263520	260415	3105	904	17	44566	21435	6102411	6064655	37756	16791	3853	278877	245135	23288
中原区	18183	17009	1174	124		333	248	229724	217981	11743	1360		1198	1198	12816
二七区	10267	9600	667	97		1266	188	103818	98664	5154	1152		1126	658	10278
管城区	10832	10371	461	60	20	105	36	129012	124842	4170	757	260	237	237	12038
金水区	91487	91209	278	236	26	624	357	1199234	1194023	5211	3309	1658	1706	1595	13091
上街区	27694	27419	275	77		3050	2813	698670	696249	2421	703		54360	53228	25393
惠济区	28228	22720	5508	85	6	1060	448	307641	250146	57495	6124	60	2824	1711	11010
中牟县	16514	16176	338	46	1	1793	944	294347	287491	6856	327	79	10476	8139	17773
巩义市	39347	38707	640	33		1912	406	486432	480774	5658	487		3365	3223	12421
荥阳市	26615	26060	555	66	2	1839	326	365398	359389	6009	330	84	3506	3424	13791
新密市	20267	18800	1467	57		981	307	313252	272004	41248	483		2185	2121	14468
新郑市	31184	30987	197	83	6	3801	1559	426799	423781	3018	1305	1018	38204	24665	13676
登封市	24388	22923	1465	10		1480	409	378564	367536	11028	129		6008	5909	16034
经济技术开发区	12203	12177	26	17		451	284	214145	213766	379	307	24	2440	2230	17555

2-15 续表 （2006 年）

类别	单位从业人员平均人数（人）	在岗职工	其他从业人员	#聘用的离退休人员	#聘用的港澳台和外籍人员	离开本单位仍保留劳动关系的职工（人）	#内部退养职工	单位从业人员劳动报酬（千元）	在岗职工工资总额	其他从业人员劳动报酬	#聘用的离退休人员	#聘用的港澳台和外籍人员	离开本单位仍保留劳动关系的职工生活费（千元）	#内部退养职工	在岗职工平均工资（元）
高新技术开发区	12494	12145	349	214	8	234	224	234639	225965	8674	5528	560	61	55	18606
事业	**201261**	**196364**	**4897**	**841**	**135**	**2519**	**933**	**3966540**	**3895987**	**70553**	**19791**	**3977**	**20861**	**14236**	**19841**
市　直	93420	89918	3502	479	22	1062	424	2172938	2121490	51448	13928	948	12927	10967	23594
中原区	5068	5028	40	13		8		121523	120437	1086	136		28	9	23953
二七区	4565	4487	78	24		9		63468	62311	1157	136				13887
管城区	3576	3561	15	15		13	3	82992	82828	164	164		6	6	23260
金水区	9249	9199	50	41	2	18	13	170189	169672	517	431	56	460	286	18445
上街区	2024	2020	4			17	10	43864	43826	38			306	239	21696
惠济区	6197	6127	70	21		38	35	130120	129327	793	324				21108
中牟县	13600	13527	73	40		195	90	191232	190157	1075	647		826	826	14058
巩义市	12858	12731	127	8		158	48	201957	201272	685	104		1538	112	15810
荥阳市	12713	12660	53	20		240	90	186797	186153	644	492		390	349	14704
新密市	12645	12590	55	19		180	70	175913	175241	672	194		402	286	13919
新郑市	13452	12694	758	133	111	150	42	228897	217065	11832	3111	2973	768	62	17100
登封市	11695	11626	69	25		431	108	192511	192151	360	42		3210	1094	16528
高新技术开发区	199	196	3	3				4139	4057	82	82				20699
机关	**86875**	**86162**	**713**	**61**		**525**	**288**	**1794988**	**1787526**	**7462**	**812**		**5463**	**4135**	**20746**
市　直	29566	29452	114	27		17	3	806495	805456	1039	391		395	88	27348
中原区	1597	1565	32			11	3	38618	38048	570	10		255	174	24312
二七区	5314	5307	7	7		43	17	105271	105080	191	103		790	212	19800
管城区	2431	2410	21	6		18	18	51970	51671	299	34		322	322	21440
金水区	4153	4110	43	1		24	22	118448	118097	351			379	310	28734
上街区	1744	1695	49	1				35232	35001	231					20650
惠济区	2506	2413	93			2		56569	55060	1509	70		42	42	22818
中牟县	5118	5115	3	2		92	74	69770	69732	38	9		1145	1029	13633
巩义市	6110	6104	6	2		42	28	110175	110157	18	9		639	623	18047
荥阳市	6480	6467	13	9		76	22	98761	98669	92	71		269	269	15257
新密市	6285	6273	12			12	6	89105	89001	104			34	34	14188
新郑市	6666	6651	15	6		47	14	96163	96066	97	47		121	91	14444
登封市	8905	8600	305			141	81	118411	115488	2923	68		1072	941	13429

2-16 全市及各县(市)区国有单位分企事业、机关从业人员平均人数和劳动报酬

（2006 年）

类别	单位从业人员平均人数（人）	在岗职工	其他从业人员	#聘用的离退休人员	#聘用的港澳台和外籍人员	离开本单位仍保留劳动关系的职工（人）	#内部退养职工	单位从业人员劳动报酬（千元）	在岗职工工资总额	其他从业人员劳动报酬	#聘用的离退休人员	#聘用的港澳台和外籍人员	离开本单位仍保留劳动关系的职工生活费（千元）	#内部退养职工	在岗职工平均工资（元）
国有单位	**488640**	**480466**	**8174**	**1226**	**35**	**43318**	**19877**	**10384215**	**10288338**	**95877**	**26699**	**4180**	**332208**	**279574**	**21413**
市　直	282912	277868	5044	982	35	31136	12818	6898142	6833340	64802	23352	4180	207769	176240	24592
中原区	7095	7011	84	21		38	22	167522	165810	1712	202		415	315	23650
二七区	9641	9543	98	16		188	77	166884	165729	1155	209		1253	675	17367
管城区	5015	4992	23	8		46	32	112829	112494	335	70		369	369	22535
金水区	13176	13097	79	30		65	55	286086	285375	711	330		935	686	21789
上街区	9700	9635	65	1		2977	2795	223360	222972	388			54454	53259	23142
惠济区	10372	10214	158	14		921	323	196340	193912	2428	506		2753	1640	18985
中牟县	22567	22431	136	26		1377	803	349087	347616	1471	456		9304	7903	15497
巩义市	33407	32918	489	16		656	269	517305	513422	3883	127		4336	2894	15597
荥阳市	24180	23723	457	35		893	295	359113	354058	5055	563		3622	3499	14925
新密市	22818	22671	147	15		520	317	345501	343322	2179	140		2428	2284	15144
新郑市	20286	20168	118	22		2923	1303	333936	332777	1159	287		37005	22730	16500
登封市	25749	24493	1256	26		1344	544	394314	384186	10128	110		7510	7025	15686
经济技术开发区	516	516				1		11191	11191						21688
高新技术开发区	1206	1186	20	14		233	224	22605	22134	471	347		55	55	18663
企业	**215346**	**211252**	**4094**	**528**	**13**	**40458**	**18658**	**4905968**	**4863364**	**42604**	**9836**	**3232**	**307682**	**261221**	**23022**
市　直	161347	159191	2156	476	13	30057	12391	3950779	3925826	24953	9033	3232	194447	165185	24661
中原区	462	450	12	8		19	19	7632	7576	56	56		132	132	16836
二七区	222	170	52			136	60	3237	3112	125			463	463	18306
管城区	112	111	1	1		26	12	1567	1549	18	18		47	47	13955
金水区	82	82				23	20	992	992				96	90	12098
上街区	5932	5920	12			2960	2785	144264	144145	119			54148	53020	24349
惠济区	2635	2624	11	9		881	288	36667	36270	397	383		2711	1598	13822
中牟县	4850	4764	86	5		1099	640	106010	105429	581	20		7345	6060	22130
巩义市	15850	15467	383	8		456	193	225372	222080	3292	26		2159	2159	14358
荥阳市	5378	4987	391	6		577	183	79094	74775	4319			2963	2881	14994
新密市	4797	4710	87	3		344	241	93926	92434	1492	35		1992	1964	19625
新郑市	5249	5249				2726	1247	114274	114274				36116	22577	21771
登封市	6803	5917	886	1		920	355	110839	103976	6863			5008	4990	17572
经济技术开发区	516	516				1		11191	11191						21688

（2006 年）

类别	单位从业人员平均人数（人）	在岗职工	其他从业人员	#聘用的离退休人员	#聘用的港澳台和外籍人员	离开本单位仍保留劳动关系的职工（人）	#内部退养职工	单位从业人员劳动报酬（千元）	在岗职工工资总额	其他从业人员劳动报酬	#聘用的离退休人员	#聘用的港澳台和外籍人员	离开本单位仍保留劳动关系的职工生活费（千元）	#内部退养职工	在岗职工平均工资（元）
高新技术开发区	1111	1094	17	11		233	224	20124	19735	389	265		55	55	18039
事业	**186419**	**183052**	**3367**	**637**	**22**	**2335**	**931**	**3683259**	**3637448**	**45811**	**16051**	**948**	**19063**	**14218**	**19871**
市　直	91999	89225	2774	479	22	1062	424	2140868	2102058	38810	13928	948	12927	10967	23559
中原区	5036	4996	40	13		8		121272	120186	1086	136		28	9	24056
二七区	4105	4066	39	9		9		58376	57537	839	106				14151
管城区	2472	2471	1	1		2	2	59292	59274	18	18				23988
金水区	8941	8905	36	29		18	13	166646	166286	360	330		460	286	18673
上街区	2024	2020	4			17	10	43864	43826	38			306	239	21696
惠济区	5231	5177	54	5		38	35	103104	102582	522	53				19815
中牟县	12599	12552	47	19		186	89	173307	172455	852	427		814	814	13739
巩义市	11447	11347	100	6		158	48	181758	181185	573	92		1538	112	15968
荥阳市	12322	12269	53	20		240	90	181258	180614	644	492		390	349	14721
新密市	11736	11688	48	12		164	70	162470	161887	583	105		402	286	13851
新郑市	8371	8268	103	16		150	42	123499	122437	1062	240		768	62	14809
登封市	10041	9976	65	25		283	108	165064	164722	342	42		1430	1094	16512
高新技术开发区	95	92	3	3				2481	2399	82	82				26076
机关	**86875**	**86162**	**713**	**61**		**525**	**288**	**1794988**	**1787526**	**7462**	**812**		**5463**	**4135**	**20746**
市　直	29566	29452	114	27		17	3	806495	805456	1039	391		395	88	27348
中原区	1597	1565	32			11	3	38618	38048	570	10		255	174	24312
二七区	5314	5307	7	7		43	17	105271	105080	191	103		790	212	19800
管城区	2431	2410	21	6		18	18	51970	51671	299	34		322	322	21440
金水区	4153	4110	43	1		24	22	118448	118097	351			379	310	28734
上街区	1744	1695	49	1				35232	35001	231					20650
惠济区	2506	2413	93			2		56569	55060	1509	70		42	42	22818
中牟县	5118	5115	3	2		92	74	69770	69732	38	9		1145	1029	13633
巩义市	6110	6104	6	2		42	28	110175	110157	18	9		639	623	18047
荥阳市	6480	6467	13	9		76	22	98761	98669	92	71		269	269	15257
新密市	6285	6273	12			12	6	89105	89001	104			34	34	14188
新郑市	6666	6651	15	6		47	14	96163	96066	97	47		121	91	14444
登封市	8905	8600	305			141	81	118411	115488	2923	68		1072	941	13429

2-17 全市及各县(市)区城镇集体单位分企事业从业人员平均人数和劳动报酬

(2006 年)

类别	单位从业人员平均人数（人）	在岗职工	其他从业人员	#聘用的离退休人员	离开本单位仍保留劳动关系的职工（人）	#内部退养职工	单位从业人员劳动报酬（千元）	在岗职工工资总额	其他从业人员劳动报酬	#聘用的离退休人员	离开本单位仍保留劳动关系的职工生活费（千元）	#内部退养职工	在岗职工平均工资（元）
城镇集体	**52325**	**50212**	**2113**	**286**	**5802**	**1108**	**643474**	**621793**	**21681**	**7474**	**12345**	**8892**	**12383**
市直	7555	7334	221	72	1299	672	123712	122644	1068	364	7368	6131	16723
中原区	2755	2067	688	7	12	12	26516	20617	5899	76			9974
二七区	4289	3969	320	67	812	56	38431	35560	2871	764	452	158	8959
管城区	2180	2163	17	17	55	14	36943	36775	168	168	53	53	17002
金水区	5478	5445	33	27	170	83	61760	61468	292	292	573	573	11289
上街区	3681	3633	48	15	59	12	51550	51379	171	72	48	48	14142
惠济区	10180	10028	152	52	148	129	101316	93484	7832	5395	10	10	9322
中牟县	1278	1111	167	4	88	1	11476	10367	1109	74	2	2	9331
巩义市	2733	2616	117	2	1186	3	21979	21485	494	12	156	32	8213
荥阳市	1854	1826	28	2	515	9	15741	15550	191	36	15	15	8516
新密市	1533	1533			222	2	16778	16778			26	26	10945
新郑市	5006	4987	19	12	599	38	79347	79103	244	155	686	686	15862
登封市	3293	3001	292	1	603	46	41308	40026	1282	6	2593	813	13338
经济技术开发区	399	388	11	8	34	31	14917	14857	60	60	363	345	38291
高新技术开发区	111	111					1700	1700					15315
企业	**45966**	**43946**	**2020**	**239**	**5627**	**1107**	**540680**	**519842**	**20838**	**7015**	**10559**	**8886**	**11829**
市直	7255	7051	204	72	1299	672	119645	118652	993	364	7368	6131	16828
中原区	2730	2042	688	7	12	12	26315	20416	5899	76			9998
二七区	3831	3550	281	52	812	56	33349	30796	2553	734	452	158	8675
管城区	1076	1073	3	3	44	13	13243	13221	22	22	47	47	12322
金水区	5457	5424	33	27	170	83	61422	61130	292	292	573	573	11270
上街区	3681	3633	48	15	59	12	51550	51379	171	72	48	48	14142
惠济区	9940	9804	136	36	148	129	97949	90388	7561	5124	10	10	9220

2-17 续表 （2006 年）

类别	单位从业人员平均人数（人）	在岗职工	其他从业人员	#聘用的离退休人员	离开本单位仍保留劳动关系的职工（人）	#内部退养职工	单位从业人员劳动报酬（千元）	在岗职工工资总额	其他从业人员劳动报酬	#聘用的离退休人员	离开本单位仍保留劳动关系的职工生活费（千元）	#内部退养职工	在岗职工平均工资（元）
中牟县	1172	1006	166	4	88	1	10584	9478	1106	74	2	2	9421
巩义市	2373	2258	115		1186	3	16766	16284	482		156	32	7212
荥阳市	1805	1777	28	2	515	9	14944	14753	191	36	15	15	8302
新密市	1056	1056			206	2	8206	8206			26	26	7771
新郑市	2902	2883	19	12	599	38	46944	46700	244	155	686	686	16198
登封市	2282	1994	288	1	455	46	24804	23540	1264	6	813	813	11805
经济技术开发区	399	388	11	8	34	31	14917	14857	60	60	363	345	38291
高新技术开发区	7	7					42	42					6000
事业	**6359**	**6266**	**93**	**47**	**175**	**1**	**102794**	**101951**	**843**	**459**	**1786**	**6**	**16271**
市　直	300	283	17				4067	3992	75				14106
中原区	25	25					201	201					8040
二七区	458	419	39	15			5082	4764	318	30			11370
管城区	1104	1090	14	14	11	1	23700	23554	146	146	6	6	21609
金水区	21	21					338	338					16095
惠济区	240	224	16	16			3367	3096	271	271			13821
中牟县	106	105	1				892	889	3				8467
巩义市	360	358	2	2			5213	5201	12	12			14528
荥阳市	49	49					797	797					16265
新密市	477	477			16		8572	8572					17971
新郑市	2104	2104					32403	32403					15401
登封市	1011	1007	4		148		16504	16486	18		1780		16371
高新技术开发区	104	104					1658	1658					15942

2-18 全市及各县(市)区其他单位分企事业从业人员平均人数和劳动报酬

(2006 年)

类别	单位从业人员平均人数(人)	在岗职工	其他从业人员	#聘用的离退休人员	#聘用的港澳台和外籍人员	离开本单位仍保留劳动关系的职工(人)	#内部退养职工	单位从业人员劳动报酬(千元)	在岗职工工资总额	其他从业人员劳动报酬	#聘用的离退休人员	#聘用的港澳台和外籍人员	离开本单位仍保留劳动关系的职工生活费(千元)	#内部退养职工	在岗职工平均工资(元)
其他单位	**380394**	**368566**	**11828**	**1499**	**186**	**17419**	**10220**	**6217925**	**6050648**	**167277**	**25522**	**7393**	**88344**	**83433**	**16417**
市　直	96039	94583	1456	356	4	13210	8372	2059990	2035617	24373	7394	621	77062	73819	21522
中原区	14998	14524	474	109		302	217	195827	190039	5788	1228		1066	1066	13084
二七区	6216	5882	334	45		318	72	67242	64766	2476	418		211	37	11011
管城区	9644	9187	457	56	20	35	11	114202	110072	4130	717	260	143	143	11981
金水区	86235	85976	259	221	28	431	254	1140025	1134949	5076	3118	1714	1037	932	13201
上街区	18081	17866	215	62		31	16	502856	500725	2131	631		164	160	28027
惠济区	16379	11018	5361	40	6	31	31	196674	147137	49537	617	60	103	103	13354
中牟县	11387	11276	111	58	1	615	304	194786	189397	5389	453	79	3141	2089	16796
巩义市	22175	22008	167	25		270	210	259280	257296	1984	461		1050	1032	11691
荥阳市	19774	19638	136	58	2	747	134	276102	274603	1499	294	84	528	528	13983
新密市	14846	13459	1387	61		431	64	215991	176146	39845	537		167	131	13088
新郑市	26010	25177	833	188	117	476	274	338576	325032	13544	4021	3991	1402	1402	12910
登封市	15946	15655	291	8		105	8	253864	250963	2901	123		187	106	16031
经济技术开发区	11288	11273	15	9		416	253	188037	187718	319	247	24	2077	1885	16652
高新技术开发区	11376	11044	332	203	8	1		214473	206188	8285	5263	560	6		18670
企业	**371911**	**361520**	**10391**	**1342**	**73**	**17410**	**10219**	**6037438**	**5894060**	**143378**	**22241**	**4364**	**88332**	**83421**	**16304**
市　直	94918	94173	745	356	4	13210	8372	2031987	2020177	11810	7394	621	77062	73819	21452
中原区	14991	14517	474	109		302	217	195777	189989	5788	1228		1066	1066	13087
二七区	6214	5880	334	45		318	72	67232	64756	2476	418		211	37	11013
管城区	9644	9187	457	56	20	35	11	114202	110072	4130	717	260	143	143	11981
金水区	85948	85703	245	209	26	431	254	1136820	1131901	4919	3017	1658	1037	932	13207
上街区	18081	17866	215	62		31	16	502856	500725	2131	631		164	160	28027
惠济区	15653	10292	5361	40	6	31	31	173025	123488	49537	617	60	103	103	11998
中牟县	10492	10406	86	37	1	606	303	177753	172584	5169	233	79	3129	2077	16585
巩义市	21124	20982	142	25		270	210	244294	242410	1884	461		1050	1032	11553
荥阳市	19432	19296	136	58	2	747	134	271360	269861	1499	294	84	528	528	13985
新密市	14414	13034	1380	54		431	64	211120	171364	39756	448		167	131	13147
新郑市	23033	22855	178	71	6	476	274	265581	262807	2774	1150	1018	1402	1402	11499
登封市	15303	15012	291	8		105	8	242921	240020	2901	123		187	106	15989
经济技术开发区	11288	11273	15	9		416	253	188037	187718	319	247	24	2077	1885	16652
高新技术开发区	11376	11044	332	203	8	1		214473	206188	8285	5263	560	6		18670
事业	**8483**	**7046**	**1437**	**157**	**113**	**9**	**1**	**180487**	**156588**	**23899**	**3281**	**3029**	**12**	**12**	**22224**
市　直	1121	410	711					28003	15440	12563					37659
中原区	7	7						50	50						7143
二七区	2	2						10	10						5000
金水区	287	273	14	12	2			3205	3048	157	101	56			11165
惠济区	726	726						23649	23649						32574
中牟县	895	870	25	21		9	1	17033	16813	220	220		12	12	19325
巩义市	1051	1026	25					14986	14886	100					14509
荥阳市	342	342						4742	4742						13865
新密市	432	425	7	7				4871	4782	89	89				11252
新郑市	2977	2322	655	117	111			72995	62225	10770	2871	2973			26798
登封市	643	643						10943	10943						17019

2-19　全市及各县(市)区分行业从业人员平均人数及劳动报酬

(2006 年)

行　业	单位从业人员平均人数(人)	在岗职工	其他从业人员	#聘用的离退休人员	#聘用的港澳台和外籍人员	离开本单位仍保留劳动关系的职工(人)	#内部退养职工	单位从业人员劳动报酬(千元)	在岗职工工资总额	其他从业人员劳动报酬	#聘用的离退休人员	#聘用的港澳台和外籍人员	离开本单位仍保留劳动关系的职工生活费(千元)	#内部退养职工	在岗职工平均工资(元)
农、林、牧、渔业	**3237**	**3198**	**39**	**1**		**397**	**25**	**46918**	**46581**	**337**	**13**		**1484**	**234**	**14566**
市　直	1156	1118	38			25	20	20741	20417	324			229	203	18262
二七区	50	50						740	740						14800
金水区	293	292	1	1				4505	4493	12	12				15387
惠济区	212	212						2730	2729	1	1				12873
中牟县	923	923				348	5	10868	10868				1191	31	11775
巩义市	147	147						1468	1468						9986
荥阳市	64	64						933	933						14578
新密市	88	88				17		1035	1035				64		11761
新郑市	157	157				7		1447	1447						9217
登封市	147	147						2451	2451						16673
采矿业	**65024**	**65002**	**22**	**5**		**4563**	**201**	**1139276**	**1139179**	**97**	**50**		**7455**	**1219**	**17525**
市　直	37362	37362				3894		691650	691650				6143		18512
二七区	282	262	20	3				1299	1243	56	21				4744
金水区	4	4						58	58						14500
上街区	2667	2667				2	2	50307	50307				28	28	18863
巩义市	7930	7930				121	121	126734	126734				946	946	15982
荥阳市	2239	2239				348	1	21378	21378				60	3	9548
新密市	5977	5977				161	40	95703	95691	12			39	3	16010
新郑市	180	180						2800	2800						15556
登封市	8383	8381	2	2		37	37	149347	149318	29	29		239	239	17816
制造业	**192588**	**185681**	**6907**	**781**	**19**	**25681**	**14967**	**3161485**	**3091252**	**70233**	**9911**	**2125**	**209799**	**176481**	**16648**
市　直	55038	54777	261	130		16489	9455	1034654	1033018	1636	540		117809	98546	18859
中原区	7784	7701	83	60		222	160	83375	82729	646	614		763	763	10743
二七区	5173	5036	137	67		773	89	50858	49397	1461	761		160	49	9809
管城区	2956	2650	306	15		23	5	34456	31951	2505	248		106	106	12057
金水区	12786	12719	67	59	2	170	47	170428	169424	1004	622	360	21	9	13321
上街区	19824	19669	155	60		2871	2703	548120	546429	1691	509		53349	52217	27781
惠济区	10528	5341	5187	16		899	313	105850	57080	48770	260		2248	1135	10687
中牟县	5126	5059	67	3	1	593	398	108768	108196	572		79	4380	3322	21387
巩义市	17419	17390	29	19		516	192	191098	190879	219	211		746	746	10976
荥阳市	9806	9719	87	56	2	786	180	113600	112269	1331	178	84	933	920	11551
新密市	4587	4519	68	46		60	25	55235	54854	381	269		132	132	12139
新郑市	20495	20395	100	34	6	1780	936	274852	273110	1742	642	1018	26936	16391	13391
登封市	2974	2970	4	4		1		38252	38178	74	74				12855
经济技术开发区	8278	8252	26	17		264	240	156598	156219	379	307	24	2155	2090	18931
高新技术开发区	9814	9484	330	195	8	234	224	195341	187519	7822	4676	560	61	55	19772
电力、燃气及水的生产和供应业	**27570**	**27375**	**195**	**23**		**1002**	**962**	**697064**	**693748**	**3316**	**385**		**15748**	**15539**	**25342**
市　直	11499	11482	17	6		466	430	406851	406097	754	104		6484	6353	35368
中原区	19	19						248	248						13053
金水区	285	285						2749	2749						9646
上街区	76	72	4					1224	1200	24					16667
惠济区	631	588	43	15		4	4	12130	11670	460	251		49	49	19847
中牟县	426	426				119	119	9876	9876				2243	2165	23183
巩义市	4703	4703						61157	61157						13004

2-19 续表1 （2006年）

行业	单位从业人员平均人数（人）	在岗职工	其他从业人员	#聘用的离退休人员	#聘用的港澳台和外籍人员	离开本单位仍保留劳动关系的职工（人）	#内部退养职工	单位从业人员劳动报酬（千元）	在岗职工工资总额	其他从业人员劳动报酬	#聘用的离退休人员	#聘用的港澳台和外籍人员	离开本单位仍保留劳动关系的职工生活费（千元）	#内部退养职工	在岗职工平均工资（元）
荥阳市	1984	1982	2	2		61	60	39080	39050	30	30		1140	1140	19702
新密市	2058	2058				21	21	42828	42828				191	191	20810
新郑市	1271	1271				199	199	17814	17814				3593	3593	14016
登封市	4477	4348	129			132	129	100901	98853	2048			2048	2048	22735
经济技术开发区	57	57						952	952						16702
高新技术开发区	84	84						1254	1254						14929
建筑业	**137352**	**134122**	**3230**	**345**	**2**	**5783**	**2975**	**2127152**	**2061670**	**65482**	**12682**	**9**	**28530**	**24428**	**15372**
市直	47181	46607	574	204		5109	2688	901663	892600	9063	6016		26165	22214	19152
中原区	6453	5445	1008	4		21	20	91503	81300	10203	69		175	175	14931
二七区	128	127	1	1				6304	6269	35	35				49362
管城区	1434	1421	13	13		13	13	8971	8874	97	97		47	47	6245
金水区	40472	40436	36	30	2	1	1	529389	528532	857	671	9	340	334	13071
上街区	2455	2376	79	14		95	72	44213	43800	413	67		396	396	18434
惠济区	13709	13574	135	35		49	38	142852	135485	7367	5112		64	64	9981
中牟县	4025	3954	71	23		56	56	92868	91790	1078	239		347	347	23214
巩义市	2245	2239	6	6				29881	29788	93	93				13304
荥阳市	9643	9576	67	6		5	5	150326	149834	492	79		25	25	15647
新密市	2772	1924	848	4		3		52692	20258	32434	139				10529
新郑市	3195	3169	26	5		134	38	49035	48767	268	65		686	686	15389
登封市	2064	1698	366			110		17071	13989	3082					8239
经济技术开发区	1568	1568				187	44	10334	10334				285	140	6591
高新技术开发区	8	8						50	50						6250
交通运输、仓储和邮政业	**32020**	**32001**	**19**	**17**		**5171**	**2493**	**544274**	**543880**	**394**	**197**		**34327**	**30527**	**16996**
市直	20212	20198	14	12		3742	2123	403989	403670	319	122		28189	27469	19986
中原区	107	107						1688	1688						15776
二七区	353	352	1	1		10	10	3572	3560	12	12		6	6	10114
管城区	241	241				2	2	3132	3132						12996
金水区	644	642	2	2		23	20	6891	6866	25	25		96	90	10695
上街区	835	835						12758	12758						15279
惠济区	294	294				37	37	5118	5118				300	300	17408
中牟县	1978	1978				194	137	22156	22156				764	735	11201
巩义市	2326	2326				21	20	23820	23820				307	296	10241
荥阳市	742	742				126	11	11337	11337				308	296	15279
新密市	932	931	1	1		84	43	10931	10903	28	28		365	337	11711
新郑市	1634	1633	1	1		855	20	17417	17407	10	10		3258	264	10660
登封市	1659	1659				77	70	19862	19862				734	734	11972
高新技术开发区	63	63						1603	1603						25444
信息传输、计算机服务和软件业	**9300**	**9084**	**216**	**18**		**843**	**812**	**315259**	**312846**	**2413**	**224**		**14428**	**14360**	**34439**
市直	5871	5781	90	5		706	696	267503	266634	869	64		13212	13144	46122
中原区	42	42						524	524						12476
二七区	508	447	61	9		70	49	4732	4458	274	144		263	263	9973
管城区	17	17						229	229						13471
金水区	642	641	1	1				9714	9698	16	16				15129
中牟县	80	77	3	3		26	26	1541	1541				362	362	20013
巩义市	376	315	61			18	18	5289	4035	1254			286	286	12810
荥阳市	107	107						1130	1130						10561

2-19 续表2　　（2006年）

行业	单位从业人员平均人数(人)	在岗职工	其他从业人员	#聘用的离退休人员	#聘用的港澳台和外籍人员	离开本单位仍保留劳动关系的职工(人)	#内部退养职工	单位从业人员劳动报酬(千元)	在岗职工工资总额	其他从业人员劳动报酬	#聘用的离退休人员	#聘用的港澳台和外籍人员	离开本单位仍保留劳动关系职工生活费(千元)	#内部退养职工	在岗职工平均工资(元)
新郑市	433	433				7	7	4835	4835				74	74	11166
登封市	264	264				16	16	3168	3168				231	231	12000
经济技术开发区	692	692						10130	10130						14639
高新技术开发区	268	268						6464	6464						24119
批发和零售业	**52147**	**51332**	**815**	**132**	**11**	**12494**	**3137**	**830616**	**824365**	**6251**	**1579**	**516**	**30922**	**28999**	**16059**
市　直	21493	21196	297	48		7732	2342	460952	459215	1737	486		23675	22127	21665
中原区	1943	1918	25	18		19	19	25652	25284	368	242		132	132	13182
二七区	1533	1347	186	4		262	21	17175	15465	1710	53		446	278	11481
管城区	2271	2259	12	12		32	2	32299	32144	155	155		18	18	14229
金水区	11499	11465	34	22	11	180	89	142852	142056	796	274	516	657	594	12390
上街区	296	263	33	3		46		3563	3305	258	98				12567
惠济区	267	258	9	1		37	22	2577	2533	44	10		155	155	9818
中牟县	1544	1529	15	3		384	163	19014	18874	140	27		564	552	12344
巩义市	2726	2605	121	3		1081	12	21399	20883	516	26		238	124	8017
荥阳市	1032	1027	5			531	9	13260	13232	28	28		18	18	12884
新密市	1933	1917	16	6		524	92	15241	15152	89	47		722	722	7904
新郑市	1569	1565	4	4		695	258	19064	19029	35	35		2831	2831	12159
登封市	1714	1662	52	2		971	108	20395	20112	283	6		1466	1448	12101
经济技术开发区	779	779						20863	20863						26782
高新技术开发区	1548	1542	6	6				16310	16218	92	92				10518
住宿和餐饮业	**32090**	**31532**	**558**	**139**	**14**	**1248**	**776**	**389160**	**380704**	**8456**	**1229**	**3748**	**7244**	**7222**	**12074**
市　直	16957	16481	476	98	13	943	695	228291	220677	7614	837	3568	7129	7107	13390
中原区	523	493	30	21		21	8	5635	5480	155	144		81	81	11116
二七区	1257	1255	2	2		44	6	11516	11490	26	26		13	13	9155
管城区	735	708	27	2				6769	6543	226	24				9242
金水区	8214	8199	15	13	1	2	2	90180	89825	355	175	180	6	6	10956
上街区	436	436						5519	5519						12658
惠济区	980	979	1	1				13632	13620	12	12				13912
中牟县	495	493	2	2		19		4077	4066	11	11				8247
巩义市	695	695				81	9	5810	5810				7	7	8360
荥阳市	157	157						1494	1494						9516
新密市	183	183						2490	2490						13607
新郑市	229	229				55	55	2073	2073						9052
登封市	1229	1224	5			83	1	11674	11617	57			8	8	9491
金融业	**31035**	**28356**	**2679**	**26**		**3056**	**2295**	**1198586**	**1171175**	**27411**	**353**		**41108**	**40012**	**41303**
市　直	21243	20607	636	18		2587	1831	981582	978384	3198	341		34276	33190	47478
二七区	93	85	8			8	8	476	456	20			40	40	5365
管城区	53	53						1419	1419						26774
金水区	2339	2335	4	4		9	9	69793	69781	12	12		108	108	29885
上街区	284	283	1			36	36	10101	10095	6			587	587	35671
惠济区	144	144				4	4	3760	3560	200			8	8	24722
中牟县	572	566	6			63	63	13866	10094	3772			1043	1043	17834
巩义市	1258	883	375	4		55	54	21648	18390	3258			891	881	20827
荥阳市	976	599	377			60	60	15937	11932	4005			1022	1022	19920
新密市	1370	836	534			93	93	31916	23612	8304			710	710	28244
新郑市	1104	1104				46	42	27283	27283				812	812	24713

2-19 续表3 (2006年)

行业	单位从业人员平均人数(人)	在岗职工	其他从业人员	#聘用的离退休人员	#聘用的港澳台和外籍人员	离开本单位仍保留劳动关系的职工(人)	#内部退养职工	单位从业人员劳动报酬(千元)	在岗职工工资总额	其他从业人员劳动报酬	#聘用的离退休人员	#聘用的港澳台和外籍人员	离开本单位仍保留劳动关系的职工生活费(千元)	#内部退养职工	在岗职工平均工资(元)
登封市	1599	861	738			95	95	20805	16169	4636			1611	1611	18779
房地产业	**13593**	**13372**	**221**	**108**	**8**	**576**	**385**	**212055**	**208786**	**3269**	**1548**	**570**	**1191**	**1042**	**15614**
市 直	2431	2386	45	20	4	243	146	59485	58707	778	213	285	711	580	24605
中原区	767	763	4	4		36	27	15737	15726	11	11		47	47	20611
管城区	926	854	72	8		4	4	18126	17338	788	103		19	19	20302
金水区	6194	6128	66	61	4	226	184	75730	74661	1069	775	285	396	396	12184
上街区	86	86						1069	1069						12430
惠济区	340	337	3					5491	5491						16294
中牟县	2069	2065	4	4				21264	21206	58					10269
巩义市	28	28				38		202	202				18		7214
荥阳市	154	139	15			24	24	1639	1531	108					11014
新郑市	90	89	1			5		798	787	11					8843
经济技术开发区	388	388						8998	8998						23191
高新技术开发区	120	109	11	11				3516	3070	446	446				28165
租赁和商务服务业	**16111**	**15562**	**549**	**108**		**1722**	**441**	**231144**	**227395**	**3749**	**1637**		**3125**	**3123**	**14612**
市 直	5343	5227	116	49		1522	365	111344	109870	1474	1104		3013	3013	21020
中原区	321	308	13	13		12	12	5327	5133	194	194				16666
二七区	474	472	2	2				7591	7580	11	11				16059
管城区	1563	1563				33	12	18171	18171				47	47	11626
金水区	4765	4737	28	25				57695	57395	300	270				12116
上街区	149	149						1060	1060						7114
惠济区	359	261	98			30	30	3710	3710						14215
中牟县	598	430	168	5		106	11	4946	3816	1130			18	18	8874
巩义市	192	187	5	1				2145	2134	11					11412
荥阳市	506	506				7		4814	4814				2		9514
新密市	665	665				11	11	5573	5573				45	45	8380
新郑市	851	838	13	11		1		6525	6293	232	42				7510
登封市	248	143	105	1				1668	1281	387	6				8958
经济技术开发区	52	52						276	276						5308
高新技术开发区	25	24	1	1				299	289	10	10				12042
科学研究、技术服务和地质勘察业	**30703**	**30138**	**565**	**438**	**1**	**1490**	**860**	**740546**	**729376**	**11170**	**9191**	**22**	**14920**	**12731**	**24201**
市 直	24484	23980	504	401		1353	816	656507	646868	9639	7922		14092	12673	26975
中原区	193	180	13	6				2608	2431	177	97				13506
二七区	1982	1982						15927	15927						8036
管城区	65	65						932	932						14338
金水区	1101	1085	16	15	1	13	5	14754	14343	411	389	22	82	58	13219
上街区	53	50	3					1008	979	29	29				19580
惠济区	281	257	24	16				6189	5627	562	454				21895
中牟县	127	124	3			5		1304	1259	45					10153
巩义市	185	185						3614	3614						19535
荥阳市	294	292	2					4388	4381	7					15003
新密市	247	247				7		3251	3251				52		13162

2-19 续表4 （2006年）

行业	单位从业人员平均人数（人）	在岗职工	其他从业人员	#聘用的离退休人员	#聘用的港澳台和外籍人员	离开本单位仍保留劳动关系的职工（人）	#内部退养职工	单位从业人员劳动报酬（千元）	在岗职工工资总额	其他从业人员劳动报酬	#聘用的离退休人员	#聘用的港澳台和外籍人员	离开本单位仍保留劳动关系的职工生活费（千元）	#内部退养职工	在岗职工平均工资（元）
新郑市	744	744				112	39	14203	14203				694		19090
经济技术开发区	379	379						5922	5922						15625
高新技术开发区	568	568						9939	9639	300	300				16970
水利、环境和公共设施管理业	**17483**	**17390**	**93**	**8**	**5**	**259**	**66**	**264603**	**263704**	**899**	**84**	**60**	**874**	**698**	**15164**
市　直	6375	6365	10	2		23	9	137181	136943	238	46		105	10	21515
中原区	640	640						11814	11814						18459
二七区	23	23						329	329						14304
管城区	518	518						9623	9623						18577
金水区	4205	4204	1	1				40127	40119	8	8				9543
上街区	122	122						2768	2768						22689
惠济区	1295	1290	5		5			20532	20472	60		60			15870
中牟县	828	822	6			17	17	7268	7129	139			102	102	8673
巩义市	553	553						7398	7398						13378
荥阳市	1408	1405	3			30		9943	9941	2					7075
新密市	633	631	2	2		14	1	7076	7060	16	16		10	10	11189
新郑市	242	242						2472	2472						10215
登封市	618	552	66	3		175	39	7708	7272	436	14		657	576	13174
经济技术开发区	10	10						72	72						7200
高新技术开发区	13	13						292	292						22462
居民服务和其他服务业	**4142**	**3883**	**259**	**12**	**5**	**121**	**23**	**73926**	**72045**	**1881**	**132**	**286**	**419**	**230**	**18554**
市　直	1191	1189	2	2		14	10	26405	26386	19	19		196	196	22192
中原区	97	97				2	2	849	849						8753
二七区	453	204	249	8		99	5	2880	1331	1549	89		198	9	6525
管城区	175	175						1986	1986						11349
金水区	1464	1458	6	1	5			19096	18790	306	20	286			12888
上街区	448	448						18675	18675						41685
惠济区	135	135						1500	1500						11111
中牟县	37	36	1					230	227	3					6306
巩义市	27	27						315	315						11667
荥阳市	73	73						1490	1490						20411
新密市	6	6				6	6	60	60				25	25	10000
登封市	29	29						376	376						12966
高新技术开发区	7	6	1	1				64	60	4	4				10000
教育	**102196**	**99636**	**2560**	**239**	**155**	**623**	**107**	**2081932**	**2045058**	**36874**	**4632**	**4237**	**4518**	**613**	**20525**
市　直	39551	38039	1512	42	22	248	32	974834	952196	22638	738	948	730	448	25032
中原区	2640	2605	35	8		2		62731	62474	257	110		19		23982
二七区	353	353						3573	3573						10122
管城区	2291	2260	31	10	20			52723	52324	399	130	260			23152
金水区	4398	4375	23	14	2	1		102825	102533	292	206	56	26	20	23436
上街区	1244	1244				7		26464	26464				67		21273
惠济区	3497	3470	27			34	34	82034	81784	250					23569
中牟县	8601	8555	46	24		11	10	128213	127657	556	270		73	73	14922
巩义市	7692	7592	100	6		135	27	122161	121588	573	92		1462	47	16015
荥阳市	7661	7646	15	3		19		114487	114388	99	19				14961
新密市	7142	7108	34	8				104159	103869	290	98				14613
新郑市	9578	8864	714	120	111			176264	164953	11311	2878	2973			18609
登封市	7487	7467	20	1		166	4	129796	129669	127	9		2141	25	17366
高新技术开发区	61	58	3	3				1668	1586	82	82				27345

（2006 年）

行业	单位从业人员平均人数（人）	在岗职工	其他从业人员	#聘用的离退休人员	#聘用的港澳台和外籍人员	离开本单位仍保留劳动关系的职工（人）	#内部退养职工	单位从业人员劳动报酬（千元）	在岗职工工资总额	其他从业人员劳动报酬	#聘用的离退休人员	#聘用的港澳台和外籍人员	离开本单位仍保留劳动关系的职工生活费（千元）	#内部退养职工	在岗职工平均工资（元）
卫生、社会保障和社会福利业	**36774**	**35982**	**792**	**491**		**432**	**138**	**731082**	**713980**	**17102**	**14331**		**6108**	**5896**	**19843**
市　直	19977	19608	369	299		155	46	455233	443230	12003	11545		5631	5470	22605
中原区	246	244	2	2		3		3917	3908	9	6				16016
二七区	785	715	70	24		9		12383	11282	1101	136				15779
管城区	543	528	15	15		11	1	9066	8902	164	164		6	6	16860
金水区	607	579	28	28				13587	13322	265	265				23009
上街区	304	301	3					6822	6790	32					22558
惠济区	707	668	39	19		4	1	11334	10873	461	318				16277
中牟县	2087	2068	19	19		14	8	31977	31550	427	427		43	43	15256
巩义市	2926	2856	70	2		3		51851	51432	419	169				18008
荥阳市	1887	1852	35	19		82	66	38172	37621	551	488		388	349	20314
新密市	2091	2075	16	6		76		26629	26289	340	66				12669
新郑市	2120	2032	88	36		52	4	29527	28334	1193	714		26	14	13944
登封市	2380	2342	38	22		23	12	38606	38469	137	33		14	14	16426
高新技术开发区	114	114						1978	1978						17351
文化、体育和娱乐业	**21941**	**20283**	**1658**	**44**	**1**	**405**	**154**	**477172**	**460163**	**17009**	**601**		**3821**	**3262**	**22687**
市　直	17039	15402	1637	35		366	153	395752	378934	16818	533		3810	3251	24603
中原区	24	24						560	560						23333
二七区	2334	2326	8					46860	46804	56					20122
管城区	14	14						355	355						25357
金水区	221	221						2834	2834						12824
上街区	41	41						804	804						19610
惠济区	637	635	2	1	1			9014	8953	61	24				14099
中牟县	200	200				4	1	2804	2804				11	11	14020
巩义市	282	282						3380	3380						11986
荥阳市	385	385						5818	5818						15112
新密市	318	315	3	3		18		3489	3463	26	14				10994
新郑市	211	203	8	5				2005	1957	48	30				9640
登封市	235	235				17		3497	3497						14881
公共管理和社会组织	**96053**	**95315**	**738**	**76**		**673**	**388**	**1983364**	**1974872**	**8492**	**916**		**6876**	**5283**	**20719**
市　直	32103	31980	123	39		28	5	867227	866105	1122	480		600	196	27083
中原区	3049	3016	33	1		14	3	77697	76318	1379	19		264	183	25304
二七区	4365	4358	7	7		43	17	86342	86151	191	103		790	212	19768
管城区	3037	3016	21	6		18	18	65717	65418	299	34		322	322	21690
金水区	4756	4713	43	1		41	35	134664	134313	351			813	576	28498
上街区	2142	2092	50	1		10	10	43291	43054	237			239	239	20580
惠济区	2915	2817	98	2		2		65877	64328	1549	76		42	42	22836
中牟县	5516	5513	3	2		121	94	74309	74271	38	9		1306	1190	13472
巩义市	6605	6599	6	2		43	29	119194	119176	18	9		641	625	18060
荥阳市	6690	6677	13	9		76	22	101730	101638	92	71		269	269	15222
新密市	8195	8183	12			78	51	119962	119858	104			266	266	14647
新郑市	7199	7184	15	6		50	17	103445	103348	97	47		183	153	14386
登封市	9481	9167	314			149	87	123909	120894	3015	68		1141	1010	13188

2-20　全市及各县(市)区国有单位分行业从业人员平均人数及劳动报酬

(2006年)

行　业	单位从业人员平均人数(人)	在岗职工	其他从业人员	#聘用的离退休人员	#聘用的港澳台和外籍人员	离开本单位仍保留劳动关系的职工(人)	#内部退养职工	单位从业人员劳动报酬(千元)	在岗职工工资总额	其他从业人员劳动报酬	#聘用的离退休人员	#聘用的港澳台和外籍人员	离开本单位仍保留劳动关系的职工生活费(千元)	#内部退养职工	在岗职工平均工资(元)
农、林、牧、渔业	**2716**	**2678**	**38**			**393**	**25**	**40184**	**39859**	**325**	**1**		**1484**	**234**	**14884**
市　直	1142	1104	38			25	20	20575	20251	324			229	203	18343
金水区	60	60						1440	1440						24000
惠济区	175	175						2435	2434	1	1				13909
中牟县	843	843				348	5	9329	9329				1191	31	11066
巩义市	56	56						628	628						11214
荥阳市	64	64						933	933						14578
新密市	88	88				17		1035	1035				64		11761
新郑市	141	141				3		1358	1358						9631
登封市	147	147						2451	2451						16673
采矿业	**48479**	**48479**				**4400**	**159**	**866680**	**866680**				**7388**	**1188**	**17877**
市　直	37362	37362				3894		691650	691650				6143		18512
巩义市	6238	6238				121	121	103238	103238				946	946	16550
荥阳市	2239	2239				348	1	21378	21378				60	3	9548
登封市	2640	2640				37	37	50414	50414				239	239	19096
制造业	**35783**	**35534**	**249**	**53**		**15182**	**8627**	**727170**	**725255**	**1915**	**637**		**160887**	**131420**	**20410**
市　直	23759	23604	155	36		9521	4543	462812	461950	862	372		77948	61286	19571
中原区	59	59						355	355						6017
二七区	6	6				3	1	45	45						7500
上街区	4084	4084				2847	2689	116086	116086				53213	52085	28425
惠济区	469	469				787	220	4516	4516				2194	1081	9629
中牟县	1320	1257	63			234	197	19098	18748	350			1339	1333	14915
巩义市	1912	1912						15837	15837						8283
荥阳市	743	729	14	6		57	50	8601	8287	314			416	403	11368
新密市	953	953				20	10	18371	18371				82	82	19277
新郑市	1315	1315				1479	693	60501	60501				25640	15095	46008
经济技术开发区	202	202				1		2939	2939						14550
高新技术开发区	961	944	17	11		233	224	18009	17620	389	265		55	55	18665
电力、燃气及水的生产和供应业	**16225**	**16079**	**146**	**6**		**647**	**643**	**458375**	**455573**	**2802**	**104**		**10466**	**10331**	**28333**
市　直	7626	7609	17	6		126	122	304852	304098	754	104		1317	1260	39966
上街区	42	42						756	756						18000
中牟县	426	426				119	119	9876	9876				2243	2165	23183
巩义市	4703	4703						61157	61157						13004
荥阳市	553	553				60	60	17800	17800				1140	1140	32188
新密市	1343	1343				14	14	30382	30382				125	125	22622
新郑市	588	588				199	199	10001	10001				3593	3593	17009
登封市	803	674	129			129	129	21345	19297	2048			2048	2048	28631
经济技术开发区	57	57						952	952						16702
高新技术开发区	84	84						1254	1254						14929
建筑业	**27959**	**27621**	**338**	**9**		**3452**	**1420**	**613268**	**610338**	**2930**	**284**		**16402**	**12729**	**22097**
市　直	24446	24108	338	9		3295	1294	543923	540993	2930	284		15631	11958	22440
中原区	15	15						146	146						9733
上街区	1093	1093				77	60	11766	11766				348	348	10765

2-20 续表1 （2006年）

行业	单位从业人员平均人数(人)	在岗职工	其他从业人员	#聘用的离退休人员	#聘用的港澳台和外籍人员	离开本单位仍保留劳动关系的职工(人)	#内部退养职工	单位从业人员劳动报酬(千元)	在岗职工工资总额	其他从业人员劳动报酬	#聘用的离退休人员	#聘用的港澳台和外籍人员	离开本单位仍保留劳动关系的职工生活费(千元)	#内部退养职工	在岗职工平均工资(元)
惠济区	407	407				20	9	4186	4186				62	62	10285
中牟县	1655	1655				56	56	50176	50176				347	347	30318
荥阳市	162	162				1	1	1673	1673				14	14	10327
新密市	57	57				3		618	618						10842
新郑市	32	32						160	160						5000
经济技术开发区	92	92						620	620						6739
交通运输、仓储和邮政业	**23751**	**23737**	**14**	**12**		**4809**	**2328**	**408712**	**408384**	**328**	**131**		**33769**	**29969**	**17205**
市　直	16229	16216	13	11		3682	2063	315714	315414	300	103		27677	26957	19451
中原区	43	43						786	786						18279
管城区	33	33				2	2	754	754						22848
金水区	75	75				23	20	1608	1608				96	90	21440
上街区	127	127						2428	2428						19118
惠济区	227	227				37	37	3831	3831				300	300	16877
中牟县	722	722				101	44	10205	10205				740	711	14134
巩义市	2306	2306				21	20	23648	23648				300	289	10255
荥阳市	742	742				126	11	11337	11337				308	296	15279
新密市	881	880	1	1		84	43	10605	10577	28	28		365	337	12019
新郑市	1563	1563				665	20	16829	16829				3258	264	10767
登封市	803	803				68	68	10967	10967				725	725	13658
信息传输、计算机服务和软件业	**2101**	**2015**	**86**	**4**		**153**	**122**	**37103**	**36968**	**135**	**10**		**1134**	**1066**	**18346**
市　直	1099	1068	31	1		34	24	25341	25331	10	10		204	136	23718
二七区	112	60	52			70	49	1018	893	125			263	263	14883
中牟县	80	77	3	3		26	26	1541	1541				362	362	20013
巩义市	6	6						70	70						11667
荥阳市	107	107						1130	1130						10561
新郑市	433	433				7	7	4835	4835				74	74	11166
登封市	264	264				16	16	3168	3168				231	231	12000
批发和零售业	**11860**	**11660**	**200**	**49**		**6425**	**2177**	**300549**	**299125**	**1424**	**414**		**23904**	**22741**	**25654**
市　直	7588	7454	134	33		4850	1535	229097	228150	947	322		17906	16773	30608
中原区	158	150	8	8		19	19	4367	4328	39	39		132	132	28853
二七区	81	81				63	10	1904	1904				200	200	23506
上街区	28	16	12					1190	1071	119					66938
惠济区	6	6				37	22	42	42				155	155	7000
中牟县	597	586	11	2		248	153	11528	11414	114	20		498	486	19478
巩义市	567	561	6	3		240	11	8856	8822	34	26		121	121	15725
荥阳市	275	275				3		7508	7508				3	3	27302
新密市	691	679	12	2		95	88	7464	7415	49	7		684	684	10920
新郑市	769	769				279	231	11530	11530				2739	2739	14993
登封市	1100	1083	17	1		591	108	17063	16941	122			1466	1448	15643
住宿和餐饮业	**11827**	**11621**	**206**	**49**	**13**	**997**	**678**	**167408**	**162288**	**5120**	**551**	**3232**	**7033**	**7011**	**13965**
市　直	9719	9523	196	48	13	817	614	143314	138280	5034	522	3232	7026	7004	14521
中原区	230	226	4					2764	2747	17	17				12155

2-20 续表2 （2006年）

行业	单位从业人员平均人数（人）	在岗职工	其他从业人员	#聘用的离退休人员	#聘用的港澳台和外籍人员	离开本单位仍保留劳动关系的职工（人）	#内部退养职工	单位从业人员劳动报酬（千元）	在岗职工工资总额	其他从业人员劳动报酬	#聘用的离退休人员	#聘用的港澳台和外籍人员	离开本单位仍保留劳动关系的职工生活费（千元）	#内部退养职工	在岗职工平均工资（元）
上街区	62	62						559	559						9016
惠济区	980	979	1	1				13632	13620	12	12				13912
巩义市	55	55				43	9	308	308				7	7	5600
荥阳市	104	104						984	984						9462
新郑市	9	9				55	55	76	76						8444
登封市	668	663	5			82		5771	5714	57					8618
金融业	**17383**	**15197**	**2186**	**9**		**1655**	**1649**	**740751**	**724299**	**16452**	**209**		**32714**	**32684**	**47661**
市　直	12578	11959	619	5		1255	1253	642755	639689	3066	209		26875	26845	53490
上街区	237	237				36	36	8869	8869				587	587	37422
中牟县	277	271	6			63	63	7073	7001	72			1043	1043	25834
巩义市	835	460	375	4		52	52	16265	13007	3258			859	859	28276
荥阳市	727	350	377			60	60	13836	9831	4005			1022	1022	28089
新密市	898	824	74			93	93	24361	22946	1415			710	710	27847
新郑市	753	753				46	42	16486	16486				812	812	21894
登封市	1078	343	735			50	50	11106	6470	4636			806	806	18863
房地产业	**1301**	**1276**	**25**	**4**		**97**	**29**	**25243**	**24949**	**294**	**29**		**223**	**92**	**19553**
市　直	700	678	22	1		73	5	13398	13133	265			223	92	19370
中原区	20	18	2	2				184	173	11	11				9611
管城区	49	48	1	1				1008	990	18	18				20625
金水区	43	43						625	625						14535
上街区	49	49						600	600						12245
中牟县	161	161						1517	1517						9422
荥阳市	114	114				24	24	1231	1231						10798
经济技术开发区	165	165						6680	6680						40485
租赁和商务服务业	**6562**	**6513**	**49**	**21**		**1473**	**328**	**109494**	**108971**	**523**	**228**		**2484**	**2482**	**16731**
市　直	3771	3724	47	20		1418	294	79000	78477	523	228		2372	2372	21073
中原区	127	127						3070	3070						24173
二七区	421	421						7142	7142						16964
管城区	63	63				26	12	559	559				47	47	8873
金水区	72	72						2037	2037						28292
上街区	128	128						861	861						6727
惠济区	63	63						1271	1271						20175
中牟县	305	305				11	11	2556	2556				18	18	8380
巩义市	83	81	2	1				943	943						11642
荥阳市	430	430				7		3509	3509				2		8160
新密市	321	321				11	11	3057	3057				45	45	9523
新郑市	778	778						5489	5489						7055
科学研究、技术服务和地质勘察业	**26067**	**25557**	**510**	**401**		**1464**	**842**	**648713**	**638652**	**10061**	**8241**		**13925**	**11816**	**24989**
市　直	22415	21920	495	393		1340	803	601903	592320	9583	7871		13179	11816	27022

行业	单位从业人员平均人数（人）	在岗职工	其他从业人员	#聘用的离退休人员	#聘用的港澳台和外籍人员	离开本单位仍保留劳动关系的职工（人）	#内部退养职工	单位从业人员劳动报酬（千元）	在岗职工工资总额	其他从业人员劳动报酬	#聘用的离退休人员	#聘用的港澳台和外籍人员	离开本单位仍保留劳动关系的职工生活费（千元）	#内部退养职工	在岗职工平均工资（元）
二七区	1752	1752						13367	13367						7630
上街区	9	9						183	183						20333
惠济区	263	253	10	8				5988	5562	426	370				21984
中牟县	127	124	3			5		1304	1259	45					10153
巩义市	185	185						3614	3614						19535
荥阳市	294	292	2					4388	4381	7					15003
新密市	201	201				7		2701	2701				52		13438
新郑市	744	744				112	39	14203	14203				694		19090
高新技术开发区	77	77						1062	1062						13792
水利、环境和公共设施管理业	**16419**	**16395**	**24**	**7**		**244**	**60**	**248081**	**247708**	**373**	**36**		**696**	**601**	**15109**
市　直	6045	6035	10	2		19	9	129904	129700	204	12		105	10	21491
中原区	628	628						11733	11733						18683
管城区	518	518						9623	9623						18577
金水区	4029	4028	1	1				38183	38175	8	8				9477
上街区	122	122						2768	2768						22689
惠济区	1198	1198						19234	19234						16055
中牟县	828	822	6			17	17	7268	7129	139			102	102	8673
巩义市	462	462						5752	5752						12450
荥阳市	1408	1405	3			30		9943	9941	2					7075
新密市	599	597	2	2		14	1	6719	6703	16	16		10	10	11228
新郑市	198	198						2074	2074						10475
登封市	371	369	2	2		164	33	4588	4584	4			479	479	12423
高新技术开发区	13	13						292	292						22462
居民服务和其他服务业	**1220**	**1218**	**2**	**2**		**20**	**16**	**26820**	**26801**	**19**	**19**		**221**	**221**	**22004**
市　直	1191	1189	2	2		14	10	26405	26386	19	19		196	196	22192
中牟县	3	3						65	65						21667
巩义市	20	20						290	290						14500
新密市	6	6				6	6	60	60				25	25	10000
教育	**88590**	**87475**	**1115**	**67**	**22**	**478**	**102**	**1832168**	**1819561**	**12607**	**1156**	**948**	**2722**	**597**	**20801**
市　直	38316	37515	801	42	22	244	28	952869	942798	10071	738	948	726	444	25131
中原区	2515	2480	35	8		2		62088	61831	257	110		19		24932
管城区	1115	1115						30541	30541						27391
金水区	3592	3583	9	2		1		94231	94096	135	105		26	20	26262
上街区	1232	1232				7		26377	26377				67		21410
惠济区	2722	2696	26			34	34	58020	57770	250					21428
中牟县	7420	7398	22			10	9	108461	108175	286			61	61	14622
巩义市	6930	6830	100	6		135	27	111252	110679	573	92		1462	47	16205
荥阳市	7256	7243	13	1		19		109142	109058	84	4				15057
新密市	6296	6269	27	1				91630	91429	201	9				14584
新郑市	4497	4438	59	3				70866	70325	541	7				15846

行业	单位从业人员平均人数（人）	在岗职工	其他从业人员	#聘用的离退休人员	#聘用的港澳台和外籍人员	离开本单位仍保留劳动关系的职工（人）	#内部退养职工	单位从业人员劳动报酬（千元）	在岗职工工资总额	其他从业人员劳动报酬	#聘用的离退休人员	#聘用的港澳台和外籍人员	离开本单位仍保留劳动关系的职工生活费（千元）	#内部退养职工	在岗职工平均工资（元）
登封市	6638	6618	20	1		26	4	115023	114896	127	9		361	25	17361
高新技术开发区	61	58	3	3				1668	1586	82	82				27345
卫生、社会保障和社会福利业	**33044**	**32449**	**595**	**414**		**387**	**133**	**679698**	**664536**	**15162**	**13156**		**6088**	**5876**	**20479**
市直	19930	19561	369	299		155	46	454265	442262	12003	11545		5631	5470	22609
中原区	232	230	2	2		3		3809	3800	9	6				16522
二七区	601	570	31	9		9		10396	9613	783	106				16865
管城区	186	185	1	1				4272	4254	18	18				22995
金水区	525	499	26	26				12609	12392	217	217				24834
上街区	304	301	3					6822	6790	32					22558
惠济区	566	543	23	3		4	1	9958	9768	190	47				17989
中牟县	2087	2068	19	19		14	8	31977	31550	427	427		43	43	15256
巩义市	2162	2162				1		42873	42873						19830
荥阳市	1887	1852	35	19		82	66	38172	37621	551	488		388	349	20314
新密市	1977	1961	16	6		76		25135	24795	340	66				12644
新郑市	1056	1020	36	8		28		14078	13605	473	203		12		13338
登封市	1521	1487	34	22		15	12	25012	24893	119	33		14	14	16740
高新技术开发区	10	10						320	320						32000
文化、体育和娱乐业	**21300**	**19647**	**1653**	**43**		**369**	**151**	**470434**	**453519**	**16915**	**577**		**3792**	**3233**	**23083**
市直	16893	15259	1634	35		346	150	393138	376353	16785	533		3781	3222	24664
中原区	19	19						523	523						27526
二七区	2303	2295	8					46670	46614	56					20311
管城区	14	14						355	355						25357
金水区	24	24						689	689						28708
上街区	41	41						804	804						19610
惠济区	381	381						7350	7350						19291
中牟县	200	200				4	1	2804	2804				11	11	14020
巩义市	282	282						3380	3380						11986
荥阳市	385	385						5818	5818						15112
新密市	312	309	3	3		2		3401	3375	26	14				10922
新郑市	211	203	8	5				2005	1957	48	30				9640
登封市	235	235				17		3497	3497						14881
公共管理和社会组织	**96053**	**95315**	**738**	**76**		**673**	**388**	**1983364**	**1974872**	**8492**	**916**		**6876**	**5283**	**20719**
市直	32103	31980	123	39		28	5	867227	866105	1122	480		600	196	27083
中原区	3049	3016	33	1		14	3	77697	76318	1379	19		264	183	25304
二七区	4365	4358	7	7		43	17	86342	86151	191	103		790	212	19768
管城区	3037	3016	21	6		18	18	65717	65418	299	34		322	322	21690
金水区	4756	4713	43	1		41	35	134664	134313	351			813	576	28498
上街区	2142	2092	50	1		10	10	43291	43054	237			239	239	20580
惠济区	2915	2817	98	2		2		65877	64328	1549	76		42	42	22836
中牟县	5516	5513	3	2		121	94	74309	74271	38	9		1306	1190	13472
巩义市	6605	6599	6	2		43	29	119194	119176	18	9		641	625	18060
荥阳市	6690	6677	13	9		76	22	101730	101638	92	71		269	269	15222
新密市	8195	8183	12			78	51	119962	119858	104			266	266	14647
新郑市	7199	7184	15	6		50	17	103445	103348	97	47		183	153	14386
登封市	9481	9167	314			149	87	123909	120894	3015	68		1141	1010	13188

2-21 全市及各县(市)区城镇集体单位分行业从业人员平均人数及劳动报酬

(2006 年)

行业	单位从业人员平均人数(人)	在岗职工	其他从业人员	#聘用的离退休人员	离开本单位仍保留劳动关系的职工(人)	#内部退养职工	单位从业人员劳动报酬(千元)	在岗职工工资总额	其他从业人员劳动报酬	#聘用的离退休人员	离开本单位仍保留劳动关系的职工生活费(千元)	#内部退养职工	在岗职工平均工资(元)
农、林、牧、渔业	**67**	**67**			**4**		**470**	**470**					**7015**
市　直	10	10					63	63					6300
惠济区	37	37					295	295					7973
巩义市	4	4					23	23					5750
新郑市	16	16			4		89	89					5563
采矿业	**345**	**325**	**20**	**3**			**1749**	**1693**	**56**	**21**			**5209**
二七区	282	262	20	3			1299	1243	56	21			4744
巩义市	63	63					450	450					7143
制造业	**11432**	**11247**	**185**	**128**	**1695**	**409**	**127764**	**126011**	**1753**	**1207**	**3980**	**3815**	**11204**
市　直	860	820	40	36	362	241	13481	13098	383	99	3465	3423	15973
中原区	873	865	8	7			9109	9028	81	76			10437
二七区	2078	2018	60	38	628	27	17122	16466	656	554	143	38	8160
管城区	204	204			1		2577	2577					12632
金水区	751	718	33	27	104	44	7240	6948	292	292	9	9	9677
上街区	2147	2147					18507	18507					8620
惠济区	473	473			85	66	4466	4466					9442
中牟县	105	105					919	919					8752
巩义市	249	249			315		2048	2048					8225
荥阳市	1160	1137	23	2	148		9526	9363	163	8			8235
新密市	251	251					2307	2307					9191
新郑市	1852	1842	10	10	18		25195	25077	118	118			13614
登封市	30	30					350	350					11667
经济技术开发区	399	388	11	8	34	31	14917	14857	60	60	363	345	38291
电力、燃气及水的生产和供应业	**125**	**125**					**2195**	**2195**					**17560**
惠济区	125	125					2195	2195					17560
建筑业	**16360**	**15307**	**1053**	**70**	**358**	**225**	**177131**	**162693**	**14438**	**5399**	**1725**	**1725**	**10629**
市　直	1945	1930	15	13	144	133	19917	19815	102	97	612	612	10267
中原区	1707	1027	680				15740	9922	5818				9661
二七区	5	5					31	31					6200
管城区	15	12	3	3	13	13	149	127	22	22	47	47	10583
金水区	2360	2360					35645	35645			330	330	15104
上街区	171	143	28	14	13	12	1599	1480	119	67	48	48	10350
惠济区	9067	8932	135	35	29	29	87653	80341	7312	5112	2	2	8995
中牟县	153	149	4	4			2642	2568	74	74			17235
新郑市	297	289	8	1	49	38	7870	7754	116	27	686	686	26830
登封市	640	460	180		110		5885	5010	875				10891
交通运输、仓储和邮政业	**1878**	**1876**	**2**	**2**	**200**	**10**	**22195**	**22173**	**22**	**22**	**13**	**13**	**11819**
二七区	333	332	1	1	10	10	3326	3314	12	12	6	6	9982
管城区	165	165					2000	2000					12121
金水区	7	7					46	46					6571
上街区	692	692					10149	10149					14666

2-21 续表 1　　(2006 年)

行　业	单位从业人员平均人数（人）	在岗职工	其他从业人员	#聘用的离退休人员	离开本单位仍保留劳动关系的职工（人）	#内部退养职工	单位从业人员劳动报酬（千元）	在岗职工工资总额	其他从业人员劳动报酬	#聘用的离退休人员	离开本单位仍保留劳动关系的职工生活费（千元）	#内部退养职工	在岗职工平均工资（元）
惠济区	2	2					10	10					5000
中牟县	137	137					624	624					4555
巩义市	20	20					172	172			7	7	8600
新密市	11	11					101	101					9182
新郑市	71	70	1	1	190		588	578	10	10			8257
登封市	440	440					5179	5179					11770
信息传输、计算机服务和软件业	**124**	**117**	**7**	**7**			**1001**	**874**	**127**	**122**			**7470**
二七区	110	103	7	7			921	794	127	122			7709
金水区	4	4					39	39					9750
巩义市	10	10					41	41					4100
批发和零售业	**5488**	**5096**	**392**	**3**	**2825**	**256**	**55032**	**52705**	**2327**	**62**	**1680**	**1427**	**10342**
市　直	1058	991	67	1	575	204	21713	21626	87	23	1234	1095	21822
中原区	18	18					168	168					9333
二七区	456	274	182		61		5469	3812	1657		52	52	13912
管城区	432	432			30		5066	5066					11727
金水区	212	212			66	39	1819	1819			234	234	8580
上街区	73	54	19	1	46		501	455	46	5			8426
惠济区	34	34					258	258					7588
中牟县	272	269	3		1	1	2076	2057	19		2	2	7647
巩义市	1584	1469	115		841	1	8851	8369	482		117	3	5697
荥阳市	305	300	5		367	9	2090	2062	28	28	15	15	6873
新密市	465	465			206	2	3638	3638			26	26	7824
新郑市	230	230			333		1707	1707					7422
登封市	349	348	1	1	299		1676	1668	8	6			4793
住宿和餐饮业	**2414**	**2366**	**48**	**12**	**48**	**8**	**26117**	**25778**	**339**	**68**	**30**	**30**	**10895**
市　直	1327	1280	47	11	14	1	15457	15132	325	54	9	9	11822
中原区	75	75					637	637					8493
二七区	209	208	1	1	6	6	2509	2495	14	14	13	13	11995
管城区	78	78					692	692					8872
金水区	274	274					2838	2838					10358
上街区	150	150					1299	1299					8660
中牟县	2	2					9	9					4500
巩义市	61	61			27		486	486					7967
荥阳市	53	53					510	510					9623
登封市	185	185			1	1	1680	1680			8	8	9081
金融业	**3563**	**3551**	**12**		**166**	**80**	**77910**	**77684**	**226**		**2286**	**1220**	**21877**
市　直	1461	1461			106	21	41301	41301			1401	345	28269
二七区	93	85	8		8	8	476	456	20		40	40	5365

2-21 续表 2　　（2006 年）

行业	单位从业人员平均人数（人）	在岗职工	其他从业人员	#聘用的离退休人员	离开本单位仍保留劳动关系的职工（人）	#内部退养职工	单位从业人员劳动报酬（千元）	在岗职工工资总额	其他从业人员劳动报酬	#聘用的离退休人员	离开本单位仍保留劳动关系的职工生活费（千元）	#内部退养职工	在岗职工平均工资（元）
管城区	53	53					1419	1419					26774
上街区	47	46	1				1232	1226	6				26652
惠济区	144	144			4	4	3760	3560	200		8	8	24722
中牟县	289	289					2860	2860					9896
巩义市	380	380			3	2	4689	4689			32	22	12339
荥阳市	249	249					2101	2101					8438
新郑市	351	351					10797	10797					30761
登封市	496	493	3		45	45	9275	9275			805	805	18813
房地产业	**137**	**134**	**3**	**3**	**30**	**1**	**1315**	**1275**	**40**	**40**	**6**	**6**	**9515**
市　直	39	36	3	3	25	1	430	390	40	40	6	6	10833
中原区	9	9					205	205					22778
金水区	37	37					236	236					6378
中牟县	11	11					144	144					13091
新郑市	41	41			5		300	300					7317
租赁和商务服务业	**3432**	**3127**	**305**	**2**	**202**	**113**	**29529**	**28049**	**1480**	**11**	**641**	**641**	**8970**
市　直	591	551	40		73	71	8199	8124	75		641	641	14744
中原区	31	31			12	12	143	143					4613
二七区	46	44	2	2			403	392	11	11			8909
管城区	74	74					860	860					11622
金水区	1760	1760					13051	13051					7415
上街区	3	3					19	19					6333
惠济区	169	169			30	30	1216	1216					7195
中牟县	231	72	159		87		1596	583	1013				8097
荥阳市	49	49					797	797					16265
新密市	329	329					2444	2444					7429
登封市	142	38	104				759	378	381				9947
高新技术开发区	7	7					42	42					6000
科学研究、技术服务和地质勘察业	**152**	**143**	**9**	**8**			**1957**	**1901**	**56**	**51**			**13294**
市　直	26	17	9	8			263	207	56	51			12176
二七区	76	76					996	996					13105
管城区	21	21					245	245					11667
金水区	29	29					453	453					15621
水利、环境和公共设施管理业	**50**	**50**					**451**	**451**					**9020**
二七区	6	6					53	53					8833
新郑市	44	44					398	398					9045

2-21 续表3 （2006年）

行业	单位从业人员平均人数（人）	在岗职工	其他从业人员	#聘用的离退休人员	离开本单位仍保留劳动关系的职工（人）	#内部退养职工	单位从业人员劳动报酬（千元）	在岗职工工资总额	其他从业人员劳动报酬	#聘用的离退休人员	离开本单位仍保留劳动关系的职工生活费（千元）	#内部退养职工	在岗职工平均工资（元）
居民服务和其他服务业	**631**	**630**	**1**		**99**	**5**	**20622**	**20619**	**3**		**198**	**9**	**32729**
中原区	20	20					349	349					17450
二七区	63	63			99	5	379	379			198	9	6016
管城区	34	34					235	235					6912
金水区	25	25					238	238					9520
上街区	386	386					18157	18157					47039
中牟县	34	33	1				165	162	3				4909
巩义市	2	2					6	6					3000
荥阳市	38	38					717	717					18868
登封市	29	29					376	376					12966
教育	**4706**	**4706**			**140**		**78912**	**78912**			**1780**		**16768**
市 直	175	175					1654	1654					9451
中原区	8	8					57	57					7125
二七区	328	328					3340	3340					10183
管城区	768	768					19062	19062					24820
上街区	12	12					87	87					7250
惠济区	6	6					97	97					16167
中牟县	44	44					441	441					10023
新密市	471	471					8200	8200					17410
新郑市	2104	2104					32403	32403					15401
登封市	790	790			140		13571	13571			1780		17178
卫生、社会保障和社会福利业	**1354**	**1279**	**75**	**47**	**19**	**1**	**18314**	**17549**	**765**	**459**	**6**	**6**	**13721**
市 直	47	47					968	968					20596
中原区	14	14					108	108					7714
二七区	184	145	39	15			1987	1669	318	30			11510
管城区	336	322	14	14	11	1	4638	4492	146	146	6	6	13950
惠济区	117	101	16	16			1185	914	271	271			9050
巩义市	360	358	2	2			5213	5201	12	12			14528
登封市	192	188	4		8		2557	2539	18				13505
高新技术开发区	104	104					1658	1658					15942
文化、体育和娱乐业	**67**	**66**	**1**	**1**	**16**		**810**	**761**	**49**	**12**			**11530**
市 直	16	16					266	266					16625
二七区	20	20					120	120					6000
金水区	19	19					155	155					8158
惠济区	6	5	1	1			181	132	49	12			26400
新密市	6	6			16		88	88					14667

2-22 全市及各县(市)区其他单位分行业从业人员平均人数及劳动报酬

(2006年)

行业	单位从业人员平均人数(人)	在岗职工	其他从业人员	#聘用的离退休人员	#聘用的港澳台和外籍人员	离开本单位仍保留劳动关系的职工(人)	#内部退养职工	单位从业人员劳动报酬(千元)	在岗职工工资总额	其他从业人员劳动报酬	#聘用的离退休人员	#聘用的港澳台和外籍人员	离开本单位仍保留劳动关系的职工生活费(千元)	#内部退养职工	在岗职工平均工资(元)
农、林、牧、渔业	**454**	**453**	**1**	**1**				**6264**	**6252**	**12**	**12**				**13801**
市　直	4	4						103	103						25750
二七区	50	50						740	740						14800
金水区	233	232	1	1				3065	3053	12	12				13159
中牟县	80	80						1539	1539						19238
巩义市	87	87						817	817						9391
采矿业	**16200**	**16198**	**2**	**2**		**163**	**42**	**270847**	**270806**	**41**	**29**		**67**	**31**	**16718**
金水区	4	4						58	58						14500
上街区	2667	2667				2	2	50307	50307				28	28	18863
巩义市	1629	1629						23046	23046						14147
新密市	5977	5977				161	40	95703	95691	12			39	3	16010
新郑市	180	180						2800	2800						15556
登封市	5743	5741	2	2				98933	98904	29	29				17228
制造业	**145373**	**138900**	**6473**	**600**	**19**	**8804**	**5931**	**2306551**	**2239986**	**66565**	**8067**	**2125**	**44932**	**41246**	**16127**
市　直	30419	30353	66	58		6606	4671	558361	557970	391	69		36396	33837	18383
中原区	6852	6777	75	53		222	160	73911	73346	565	538		763	763	10823
二七区	3089	3012	77	29		142	61	33691	32886	805	207		17	11	10918
管城区	2752	2446	306	15		22	5	31879	29374	2505	248		106	106	12009
金水区	12035	12001	34	32	2	66	3	163188	162476	712	330	360	12		13539
上街区	13593	13438	155	60		24	14	413527	411836	1691	509		136	132	30647
惠济区	9586	4399	5187	16		27	27	96868	48098	48770	260		54	54	10934
中牟县	3701	3697	4	3	1	359	201	88751	88529	222		79	3041	1989	23946
巩义市	15258	15229	29	19		201	192	173213	172994	219	211		746	746	11360
荥阳市	7903	7853	50	48	2	581	130	95473	94619	854	170	84	517	517	12049
新密市	3383	3315	68	46		40	15	34557	34176	381	269		50	50	10310
新郑市	17328	17238	90	24	6	283	243	189156	187532	1624	524	1018	1296	1296	10879
登封市	2944	2940	4	4		1		37902	37828	74	74				12867
经济技术开发区	7677	7662	15	9		229	209	138742	138423	319	247	24	1792	1745	18066
高新技术开发区	8853	8540	313	184	8	1		177332	169899	7433	4411	560	6		19894
电力、燃气及水的生产和供应业	**11220**	**11171**	**49**	**17**		**355**	**319**	**236494**	**235980**	**514**	**281**		**5282**	**5208**	**21124**
市　直	3873	3873				340	308	101999	101999				5167	5093	26336
中原区	19	19						248	248						13053
金水区	285	285						2749	2749						9646
上街区	34	30	4					468	444	24					14800
惠济区	506	463	43	15		4	4	9935	9475	460	251		49	49	20464
荥阳市	1431	1429	2	2		1		21280	21250	30	30				14871
新密市	715	715				7	7	12446	12446				66	66	17407
新郑市	683	683						7813	7813						11439

2-22 续表1 （2006年）

行业	单位从业人员平均人数(人)	在岗职工	其他从业人员	#聘用的离退休人员	#聘用的港澳台和外籍人员	离开本单位仍保留劳动关系的职工(人)	#内部退养职工	单位从业人员劳动报酬(千元)	在岗职工工资总额	其他从业人员劳动报酬	#聘用的离退休人员	#聘用的港澳台和外籍人员	离开本单位仍保留劳动关系的职工生活费(千元)	#内部退养职工	在岗职工平均工资(元)
登封市	3674	3674				3		79556	79556						21654
建筑业	**93033**	**91194**	**1839**	**266**	**2**	**1973**	**1330**	**1336753**	**1288639**	**48114**	**6999**	**9**	**10403**	**9974**	**14131**
市　直	20790	20569	221	182		1670	1261	337823	331792	6031	5635		9922	9644	16131
中原区	4731	4403	328	4		21	20	75617	71232	4385	69		175	175	16178
二七区	123	122	1	1				6273	6238	35	35				51131
管城区	1419	1409	10	10				8822	8747	75	75				6208
金水区	38112	38076	36	30	2	1	1	493744	492887	857	671	9	10	4	12945
上街区	1191	1140	51			5		30848	30554	294					26802
惠济区	4235	4235						51013	50958	55					12033
中牟县	2217	2150	67	19				40050	39046	1004	165				18161
巩义市	2245	2239	6	6				29881	29788	93	93				13304
荥阳市	9481	9414	67	6		4	4	148653	148161	492	79		11	11	15738
新密市	2715	1867	848	4				52074	19640	32434	139				10520
新郑市	2866	2848	18	4		85		41005	40853	152	38				14344
登封市	1424	1238	186					11186	8979	2207					7253
经济技术开发区	1476	1476				187	44	9714	9714				285	140	6581
高新技术开发区	8	8						50	50						6250
交通运输、仓储和邮政业	**6391**	**6388**	**3**	**3**		**162**	**155**	**113367**	**113323**	**44**	**44**		**545**	**545**	**17740**
市　直	3983	3982	1	1		60	60	88275	88256	19	19		512	512	22164
中原区	64	64						902	902						14094
二七区	20	20						246	246						12300
管城区	43	43						378	378						8791
金水区	562	560	2	2				5237	5212	25	25				9307
上街区	16	16						181	181						11313
惠济区	65	65						1277	1277						19646
中牟县	1119	1119				93	93	11327	11327				24	24	10122
新密市	40	40						225	225						5625
登封市	416	416				9	2	3716	3716				9	9	8933
高新技术开发区	63	63						1603	1603						25444
信息传输、计算机服务和软件业	**7075**	**6952**	**123**	**7**		**690**	**690**	**277155**	**275004**	**2151**	**92**		**13294**	**13294**	**39558**
市　直	4772	4713	59	4		672	672	242162	241303	859	54		13008	13008	51199
中原区	42	42						524	524						12476
二七区	286	284	2	2				2793	2771	22	22				9757
管城区	17	17						229	229						13471
金水区	638	637	1	1				9675	9659	16	16				15163
巩义市	360	299	61			18	18	5178	3924	1254			286	286	13124

2-22 续表2 （2006年）

行业	单位从业人员平均人数（人）	在岗职工	其他从业人员	#聘用的离退休人员	#聘用的港澳台和外籍人员	离开本单位仍保留劳动关系的职工（人）	#内部退养职工	单位从业人员劳动报酬（千元）	在岗职工工资总额	其他从业人员劳动报酬	#聘用的离退休人员	#聘用的港澳台和外籍人员	离开本单位仍保留劳动关系的职工生活费（千元）	#内部退养职工	在岗职工平均工资（元）
经济技术开发区	692	692						10130	10130						14639
高新技术开发区	268	268						6464	6464						24119
批发和零售业	**34799**	**34576**	**223**	**80**	**11**	**3244**	**704**	**475035**	**472535**	**2500**	**1103**	**516**	**5338**	**4831**	**13667**
市 直	12847	12751	96	14		2307	603	210142	209439	703	141		4535	4259	16425
中原区	1767	1750	17	10				21117	20788	329	203				11879
二七区	996	992	4	4		138	11	9802	9749	53	53		194	26	9828
管城区	1839	1827	12	12		2	2	27233	27078	155	155		18	18	14821
金水区	11287	11253	34	22	11	114	50	141033	140237	796	274	516	423	360	12462
上街区	195	193	2	2				1872	1779	93	93				9218
惠济区	227	218	9	1				2277	2233	44	10				10243
中牟县	675	674	1	1		135	9	5410	5403	7	7		64	64	8016
巩义市	575	575						3692	3692						6421
荥阳市	452	452				161		3662	3662						8102
新密市	777	773	4	4		223	2	4139	4099	40	40		12	12	5303
新郑市	570	566	4	4		83	27	5827	5792	35	35		92	92	10233
登封市	265	231	34			81		1656	1503	153					6506
经济技术开发区	779	779						20863	20863						26782
高新技术开发区	1548	1542	6	6				16310	16218	92	92				10518
住宿和餐饮业	**17849**	**17545**	**304**	**78**	**1**	**203**	**90**	**195635**	**192638**	**2997**	**610**	**516**	**181**	**181**	**10980**
市 直	5911	5678	233	39		112	80	69520	67265	2255	261	336	94	94	11847
中原区	218	192	26	21		21	8	2234	2096	138	127		81	81	10917
二七区	1048	1047	1	1		38		9007	8995	12	12				8591
管城区	657	630	27	2				6077	5851	226	24				9287
金水区	7940	7925	15	13	1	2	2	87342	86987	355	175	180	6	6	10976
上街区	224	224						3661	3661						16344
中牟县	493	491	2	2		19		4068	4057	11	11				8263
巩义市	579	579				11		5016	5016						8663
新密市	183	183						2490	2490						13607
新郑市	220	220						1997	1997						9077
登封市	376	376						4223	4223						11231
金融业	**10089**	**9608**	**481**	**17**		**1235**	**566**	**379925**	**369192**	**10733**	**144**		**6108**	**6108**	**38425**
市 直	7204	7187	17	13		1226	557	297526	297394	132	132		6000	6000	41379
金水区	2339	2335	4	4		9	9	69793	69781	12	12		108	108	29885
中牟县	6	6						3933	233	3700					38833
巩义市	43	43						694	694						16140
新密市	472	12	460					7555	666	6889					55500
登封市	25	25						424	424						16960
房地产业	**12155**	**11962**	**193**	**101**	**8**	**449**	**355**	**185497**	**182562**	**2935**	**1479**	**570**	**962**	**944**	**15262**
市 直	1692	1672	20	16	4	145	140	45657	45184	473	173	285	482	482	27024

2-22 续表3 （2006年）

行业	单位从业人员平均人数（人）	在岗职工	其他从业人员	#聘用的离退休人员	#聘用的港澳台和外籍人员	离开本单位仍保留劳动关系的职工（人）	#内部退养职工	单位从业人员劳动报酬（千元）	在岗职工工资总额	其他从业人员劳动报酬	#聘用的离退休人员	#聘用的港澳台和外籍人员	离开本单位仍保留劳动关系的职工生活费（千元）	#内部退养职工	在岗职工平均工资（元）
中原区	738	736	2	2		36	27	15348	15348				47	47	20853
管城区	877	806	71	7		4	4	17118	16348	770	85		19	19	20283
金水区	6114	6048	66	61	4	226	184	74869	73800	1069	775	285	396	396	12202
上街区	37	37						469	469						12676
惠济区	340	337	3					5491	5491						16294
中牟县	1897	1893	4	4				19603	19545	58					10325
巩义市	28	28				38		202	202				18		7214
荥阳市	40	25	15					408	300	108					12000
新郑市	49	48	1					498	487	11					10146
经济技术开发区	223	223						2318	2318						10395
高新技术开发区	120	109	11	11				3516	3070	446	446				28165
租赁和商务服务业	**6117**	**5922**	**195**	**85**		**47**		**92121**	**90375**	**1746**	**1398**				**15261**
市　直	981	952	29	29		31		24145	23269	876	876				24442
中原区	163	150	13	13				2114	1920	194	194				12800
二七区	7	7						46	46						6571
管城区	1426	1426				7		16752	16752						11748
金水区	2933	2905	28	25				42607	42307	300	270				14564
上街区	18	18						180	180						10000
惠济区	127	29	98					1223	1223						42172
中牟县	62	53	9	5		8		794	677	117					12774
巩义市	109	106	3					1202	1191	11					11236
荥阳市	27	27						508	508						18815
新密市	15	15						72	72						4800
新郑市	73	60	13	11		1		1036	804	232	42				13400
登封市	106	105	1	1				909	903	6	6				8600
经济技术开发区	52	52						276	276						5308
高新技术开发区	18	17	1	1				257	247	10	10				14529
科学研究、技术服务和地质勘察业	**4484**	**4438**	**46**	**29**	**1**	**26**	**18**	**89876**	**88823**	**1053**	**899**	**22**	**995**	**915**	**20014**
市　直	2043	2043				13	13	54341	54341				913	857	26599
中原区	193	180	13	6				2608	2431	177	97				13506
二七区	154	154						1564	1564						10156
管城区	44	44						687	687						15614
金水区	1072	1056	16	15	1	13	5	14301	13890	411	389	22	82	58	13153
上街区	44	41	3					825	796	29	29				19415
惠济区	18	4	14	8				201	65	136	84				16250
新密市	46	46						550	550						11957
经济技术开发区	379	379						5922	5922						15625
高新技术开发区	491	491						8877	8577	300	300				17468
水利、环境和公共设施管理业	**1014**	**945**	**69**	**1**	**5**	**15**	**6**	**16071**	**15545**	**526**	**48**	**60**	**178**	**97**	**16450**
市　直	330	330				4		7277	7243	34	34				21948
中原区	12	12						81	81						6750
二七区	17	17						276	276						16235
金水区	176	176						1944	1944						11045

（2006 年）

行　业	单位从业人员平均人数（人）	在岗职工	其他从业人员	#聘用的离退休人员	#聘用的港澳台和外籍人员	离开单位仍保留劳动关系的职工（人）	#内部退养职工	单位从业人员劳动报酬（千元）	在岗职工工资总额	其他从业人员劳动报酬	#聘用的离退休人员	#聘用的港澳台和外籍人员	离开单位仍保留劳动关系的职工生活费（千元）	#内部退养职工	在岗职工平均工资（元）
惠济区	97	92	5		5			1298	1238	60		60			13457
巩义市	91	91						1646	1646						18088
新密市	34	34						357	357						10500
登封市	247	183	64	1		11	6	3120	2688	432	14		178	97	14689
经济技术开发区	10	10						72	72						7200
居民服务和其他服务业	**2291**	**2035**	**256**	**10**	**5**	**2**	**2**	**26484**	**24625**	**1859**	**113**	**286**			**12101**
中原区	77	77				2	2	500	500						6494
二七区	390	141	249	8				2501	952	1549	89				6752
管城区	141	141						1751	1751						12418
金水区	1439	1433	6	1	5			18858	18552	306	20	286			12946
上街区	62	62						518	518						8355
惠济区	135	135						1500	1500						11111
巩义市	5	5						19	19						3800
荥阳市	35	35						773	773						22086
高新技术开发区	7	6	1	1				64	60	4	4				10000
教育	**8900**	**7455**	**1445**	**172**	**133**	**5**	**5**	**170852**	**146585**	**24267**	**3476**	**3289**	**16**	**16**	**19663**
市　直	1060	349	711			4	4	20311	7744	12567			4	4	22189
中原区	117	117						586	586						5009
二七区	25	25						233	233						9320
管城区	408	377	31	10	20			3120	2721	399	130	260			7218
金水区	806	792	14	12	2			8594	8437	157	101	56			10653
惠济区	769	768	1					23917	23917						31142
中牟县	1137	1113	24	24		1	1	19311	19041	270	270		12	12	17108
巩义市	762	762						10909	10909						14316
荥阳市	405	403	2	2				5345	5330	15	15				13226
新密市	375	368	7	7				4329	4240	89	89				11522
新郑市	2977	2322	655	117	111			72995	62225	10770	2871	2973			26798
登封市	59	59						1202	1202						20373
卫生、社会保障和社会福利业	**2376**	**2254**	**122**	**30**		**26**	**4**	**33070**	**31895**	**1175**	**716**		**14**	**14**	**14150**
管城区	21	21						156	156						7429
金水区	82	80	2	2				978	930	48	48				11625
惠济区	24	24						191	191						7958
巩义市	404	336	68			2		3765	3358	407	157				9994
新密市	114	114						1494	1494						13105
新郑市	1064	1012	52	28		24	4	15449	14729	720	511		14	14	14554
登封市	667	667						11037	11037						16547
文化、体育和娱乐业	**574**	**570**	**4**		**1**	**20**	**3**	**5928**	**5883**	**45**	**12**		**29**	**29**	**10321**
市　直	130	127	3			20	3	2348	2315	33			29	29	18228
中原区	5	5						37	37						7400
二七区	11	11						70	70						6364
金水区	178	178						1990	1990						11180
惠济区	250	249	1		1			1483	1471	12	12				5908

主要统计指标解释

从业人员 指从事一定社会劳动并取得劳动报酬或经营收入的全部劳动力。包括:1. 全部职工;2. 再就业的离退休人员;3. 私营业主;4. 个体户主;5. 私营和个体从业人员;6. 乡镇企业从业人员;7. 农村从业人员;8. 其他从业人员(包括民办教师、宗教职业者、现役军人等)这一指标反映了一定时期内全部劳动力资源的实际利用情况,是研究我国基本国情国力的重要指标。各单位的从业人员是指在各级国家机关、政党机关、社会团体及企业、事业单位中工作,并取得劳动报酬的全部人员。包括职工、再就业的离退休人员、民办教师以及在各单位中工作的外方人员和港、澳、台方人员。各单位的从业人员反映了各单位实际参加生产或工作的全部劳动力。

在岗职工 指在本单位工作并由单位支付工资的人员,以及有工作岗位,但由于学习、病伤产假等原因暂未工作,仍由单位支付工资的人员。

离岗职工 指由于各种原因,已经离开本人的生产和工作岗位,并不在本单位从事其他工作,但仍与用人单位保留劳动关系的职工。新指标比原来统计指标中的“下岗职工”范围大。即只要符合“离开本单位仍保留劳动关系的职工”就统计为离岗职工。

离开本单位仍保留劳动关系职工的生活费 指离岗职工在离开本单位仍保留劳动关系期间从本单位领取的生活费用。

合同制职工 指各单位根据国务院国发(1986)77号文件和国务院令第99号的规定,通过签订有固定期限劳动合同、无固定期限劳动合同和以完成一项工作为期限劳动合同所使用的职工。包括实行全员劳动合同制单位的全部职工。

城镇集体经济单位职工 指在城镇集体经济单位及其管理部门工作,并由其支付工资的各类人员。

其他经济单位职工 指在联营经济、股份制经济、外商投资经济、港、澳、台投资经济单位工作,并由其支付工资的各类人员。

职工工资总额 指各单位在一定时期内直接支付给本单位全部职工的劳动报酬总额。工资总额的计算原则应以直接支付给职工的全部劳动报酬为根据。各单位支付给职工的劳动报酬以及其他根据有关规定支付的工资,不论是计入成本的还是不计入成本的,不论是按国家规定列入计征奖金税项目的,还是未列入计征奖金税项目的,不论是以货币形式支付的还是以实物形式支付的,均包括在工资总额内。

城镇失业人员 指具有本市城镇户口,男年满十六周岁、不满六十周岁,女年满十六周岁、不满五十周岁,有劳动能力,没有职业或者没有经济收入,并要求寻找职业并在当地就业服务机构进行失业登记的人员。主要包括:

1. 初中以上各类学校毕(结)业生未继续升学或者就业的人员;
2. 经教育行政部门批准退学,且没有就业的人员;
3. 与用人单位终止、解除劳动(聘用)合同或者工作关系的人员;
4. 被用人单位辞退或者开除;
5. 解除劳动教养和刑满释放的人员;
6. 符合失业人员定义的其他失业人员。

城镇失业率 是城镇失业人数同城镇在业人数加城镇失业人数之比。计算公式为:

$$\text{城镇失业率}=\frac{\text{城镇失业人数}}{\text{城镇在业人数}+\text{城镇失业人数}}\times 100\%$$

职工平均工资 指企业、事业、机关单位的职工在一定时期内平均每人所得的货币工资额。它表明一定时期职工工资收入的高低程度,是反映职工工资水平的主要指标。计算公式为:

$$\text{职工平均工资}=\frac{\text{报告期实际支付的全部职工工资总额}}{\text{报告期全部职工平均人数}}$$

离休、退休、退职人员 指正式办理了离休、退休、退职手续,并享受相应的离休、退休、退职待遇的人员。

保险福利费用 指企业、事业、机关单位在工资以外实际支付给职工和离休、退休、退职人员个人以及用于集体的劳动保险和福利费用。

专业技术人员 指从事专业技术工作的人员以及从事专业技术管理工作且已在1983年以前评定了专业技术职称或在1984年以后聘任了专业技术职务的人员。

专业技术人员具体指工程技术人员、农业技术人员、科研人员(自然科学研究、社会科学研究及实验技术人员)、卫生技术人员、教学人员(含高等院校、中等专业学校、技工学校、中学、小学)、民用航空飞行技术人员、船舶技术人员、经济人员、会计人员、统计人员、翻译人员、图书资料、档案、文博人员、新闻、出版人员、律师、公证人员、广播电视播音人员、工艺美术人员、体育人员、艺术人员及政工人员。

专业技术管理人员具体指企业、事业单位的领导;企业、事业单位下设的职能机构、企业的生产车间和辅助车间(或附属辅助生产单位)中从事生产、技术、经济管理和政治工作人员。

按照公务员管理或参照公务员管理的人员不统计为专业技术人员。

三、固定资产投资

3-1 全社会固定资产投资

（2006 年）

单位：万元、万平方米

指　　标	总　计	城镇投资	房地产开发	农村投资	农户投资	非农户投资
总　　计	**10319917**	**8399341**	**2298933**	**1920576**	**644071**	**1276505**
#住宅投资	2638465	2117397	1771793	521068	383246	137822
按经济类型分						
内资	**8812877**	**7583263**	**1901158**	**1229614**		**1229614**
国有经济	2261959	2090448	97613	171511		171511
集体经济	737194	443977	29185	293217		293217
股份合作	93774	84592		9182		9182
国有联营	100037	100037				
集体联营	2500	2500				
国有与集体联营	978	978				
其他联营	6754			6754		6754
国有独资	60765	59247	26626	1518		1518
其他有限责任公司	2167434	2005267	1064836	162167		162167
股份有限公司	1006563	908328	85337	98235		98235
私营	1771290	1427963	573077	343327		343327
其他内资	603629	459926	24484	143703		143703
港澳台商投资	**254601**	**250503**	**74062**	**4098**		**4098**
合资经营	178481	175218	43850	3263		3263
合作经营	15502	15502	15502			
独　资	58484	57649	14710	835		835
股份有限	2134	2134				
外商投资	**540884**	**536634**	**323713**	**4250**		**4250**
合资经营	283495	279245	173031	4250		4250
合作经营	200	200				
独　资	225268	225268	139682			
股份有限	31921	31921	11000			
个体经营	**711555**	**28941**		**682614**	**644071**	**38543**
本年新增固定资产	**6633107**	**4905665**	**881119**	**1727442**	**636306**	**1091136**
本年施工房屋面积	**6308.4**	**4667.2**	**2665.3**	**1641.2**	**1148**	**493.2**
#住宅	3739.2	2464.2	2066.5	1275	1086	189.1
本年竣工房屋面积	**2436.8**	**1169.2**	**486.6**	**1267.6**	**1042**	**225.6**
#住宅	1622.6	571.6	411.8	1051	997	54
本年竣工房屋价值	**1818713**	**1352292**	**675246**	**466421**	**342063**	**124358**
#住宅	1063357	707697	557125	355660	327290	28370

3-2 分县(市)区全社会固定资产投资

(2006 年)

单位:万元

县(市)区	总　计	城镇投资	房地产开发	农村投资	农户投资	非农户投资
总　计	**10319917**	**8399341**	**2298933**	**1920576**	**644071**	**1276505**
各区小计	**3585385**	**3198445**	**1427053**	**386940**	**142261**	**244679**
中原区	191161	179866	95303	11295	859	10436
二七区	433250	353028	120011	80222	26076	54146
管城区	348119	300676	144496	47443	13837	33606
金水区	800847	634539	507154	166308	52812	113496
上街区	213207	203913	20581	9294	1191	8103
惠济区	262562	203130	60508	59432	42376	17056
高新开发区	438117	427469	49514	10648	3679	6969
经济开发区	195359	193061	28803	2298	1431	867
郑东新区	702763	702763	400683			
各县(市)小计	**5673897**	**4140261**	**275616**	**1533636**	**501810**	**1031826**
中牟县	780175	578544	32636	201631	140438	61193
巩义市	974010	828368	106110	145642	42839	102803
荥阳市	1039141	747692	20732	291449	84120	207329
新密市	981045	690701	30149	290344	62370	227974
新郑市	1042541	723800	78983	318741	91244	227497
登封市	856985	571156	7006	285829	80799	205030

3-3 分产业及行业全社会固定资产投资

（2006 年）

单位:万元

指标	总计	城镇投资	房地产开发	农村投资	农户投资	非农户投资
合计	**10319917**	**8399341**	**2298933**	**1920576**	**644071**	**1276505**
按产业及国民经济行业分						
第一产业	**250549**	**46418**		**204131**	**162183**	**41948**
农林牧渔业服务业	250549	46418		204131	162183	41948
第二产业	**4110759**	**3296333**		**814426**	**27076**	**787350**
工业	4071241	3262608		808633	22293	786340
采矿业	727149	481604		245545	398	245147
制造业	2684293	2129883		554410	21895	532515
电力煤气及水的生产和供应业	659799	651121		8678		8678
建筑业	39517	33725		5792	4783	1009
第三产业	**5958609**	**5056590**	**2298933**	**902019**	**454812**	**447207**
交通运输、仓储和邮政业	726955	561983		164972	70752	94220
信息传输、计算机服务和软件业	39732	39481		251	251	
批发和零售业	354937	297332		57605	1053	56552
住宿和餐饮业	65935	53972		11963	8313	3650
金融业	2470	2470				
房地产业	3355216	2824390	2298933	530826	363857	166969
租赁和商务服务业	52374	40126		12248	478	11770
科学研究、技术服务和地质勘查业	82428	81510		918		918
水利、环境和公共设施管理业	509409	452571		56838	544	56294
居民服务和其他服务业	24177	14746		9431	9355	76
教育	406263	386555		19708		19708
卫生、社会保障和社会福利业	74445	68279		6166	207	5959
文化、体育和娱乐业	83037	75433		7604		7604
公共管理和社会组织	181141	157742		23399		23399

3-4 分县(市)区

(2006年)

指标	全市	市直	中原区	二七区	管城区	金水区	上街区
总计	**6100408**	**524649**	**84563**	**233017**	**156180**	**127385**	**183332**
按登记注册类型分							
内资	5682105	407136	83863	208273	156180	100605	183332
国有单位投资	2125493	226597	35010	83947	82308	42220	40504
港澳台投资	176441	98584				14780	
外商投资	212921	18929		24564		12000	
个体经营	28941		700	180			
按行业分							
农、林、牧、渔业	46418		100	10382			
采矿业	481604	49274					4869
制造业	2129883	44044	34212	38687	13700	21980	76242
电力、燃气及水的生产和供应业	651121	122343				5006	47227
建筑业	33725		1180				360
交通运输、仓储和邮政业	561983	189725		14580	11228		1300
信息传输、计算机服务和软件业	39481	23361		240			
批发和零售业	297332		18591	33970	42260	31755	6760
住宿和餐饮业	53972		2200	15873	3480	7500	450
金融业	2470	1220					
房地产业	525457	10863	2225	36070	43578	12080	16494
租赁和商务服务业	40126				2162	13560	1000
科学研究、技术服务和地质勘查业	81510	1037	1000	22055	5030		
水利、环境和公共设施管理业	452571	45005		2739	13692	10500	15258
居民服务和其他服务业	14746				5200		
教育	386555	11210	2760	18675	2900	7949	9260
卫生、社会保障和社会福利业	68279	18971	7925	12386		7238	
文化、体育和娱乐业	75433	175		16560	9300	3200	
公共管理和社会组织	157742	7421	14370	10800	3650	6617	4112
按隶属关系分							
中央	296179	23063					72374
地方	5804229	501586	84563	233017	156180	127385	110958
省	773438	253022	1180	12740	14810	3400	9000
地市县属	5030791	248564	83383	220277	141370	123985	101958
地区	338088	123684	24038	40715	21338	11356	
县	1183601		370	25996	67222	56294	29650
其他	3509102	124880	58975	153566	52810	56335	72308
按建设性质分							
新建	4236134	202105	73433	127610	129558	102995	145650
扩建	1090669	245176		41560	3760	6200	1610
改建和技术改造	549670	54264	4010	36619	22862	13260	23132
单纯建造生活设施	38284	11798		19828			400
迁建	61037		7120	800		4930	1050
恢复	3041						2680
单纯购置	121573	11306		6600			8810
按建设阶段分							
筹建	7000				7000		
本年正式施工	5899596	513343	81063	226417	134940	120710	165313
本年收尾	61454		3500		14240	6675	9209
全部停缓建	10785						
单纯购置	121573	11306		6600			8810
按构成分							
建筑工程	3369861	291492	65933	131587	87959	95414	81450
安装工程	308060	34717	270	11824	2360	6876	18809
设备工器具购置	1669294	127441	10697	55549	10412	13992	59804
其他费用	753193	70999	7663	34057	55449	11103	23269

注:此表不包含房地产投资、农村投资。

固定资产投资

单位:万元

惠济区	中牟县	巩义市	荥阳市	新密市	新郑市	登封市	东开发区	西开发区	郑东新区
142622	**534904**	**722258**	**726960**	**626511**	**644817**	**548917**	**164258**	**377955**	**302080**
137962	525122	636448	695741	610704	619566	535538	141988	337567	302080
62504	229959	61228	180224	38993	127803	312241	123327	219876	258752
4460	1600	10810	10950	2647	16500	200	14197	1713	
200	8182	69400	5592	8430	8751	10125	8073	38675	
		5600	14677	4730		3054			
	9395		12790	3945	7680	2126			
	190	97710	12406	159792	41946	115417			
47909	217325	399695	310213	177062	385131	157930	82169	123584	
12537	52218	84355	2480	158533	7860	41930	165	116467	
2346	7200				12718	2400	1906	4700	915
10673	111013	13116	67471	17310	21752	95044	7804	499	468
	5250	600			1200	1810		1420	5600
19727	16317	24470	54415	6582	800	12370	7440	4696	17179
4400	1300	2300		12360		200	358	45	3506
				288					962
9229	65781	47620	106010	67969		69810	679	37049	
1960	2700		4900			7060		4300	2484
1800	3000					1290	2392	16547	27359
6498	9113	24160	119999	7558	64409	14671	7707	12449	98813
728	1580	2400	2788	2050					
17034	16453	8330	8142	7497	93591	15595	9349	54594	103216
	1280	9530	4842	1308	3650	229			920
7781	4610	3370	1280	752		8983		500	18922
	10179	4602	19224	3505	4080	2052	44289	1105	21736
9000	6950				800		46154	120766	17072
133622	527954	722258	726960	626511	644017	548917	118104	257189	285008
21231	110500	2000	3085	1915	83620	53197	7977	87503	108258
112391	417454	720258	723875	624596	560397	495720	110127	169686	176750
34288	1683			5967	26164	1000	6380	1529	39946
6454	74011	154348	196640	41280	30431	287882	78903	33500	100620
71649	341760	565910	527235	577349	503802	206838	24844	134657	36184
132799	484405	398988	529840	286139	478677	364796	157961	346046	275132
1938	16904	233385	181412	141782	98933	109941	100	7873	95
200	8215	80885	15246	187247	25321	66518		11891	
		1650		4558		50			
		1600	300	1690	7278	701		8715	26853
				361					
7685	25380	5750	162	4734	34608	6911	6197	3430	
134937	509224	714358	726798	614747	581479	542006	158061	374525	301675
	300				27530				
		2150		7030	1200				405
7685	25380	5750	162	4734	34608	6911	6197	3430	
85383	397287	318157	380480	278405	326805	319820	99972	177325	232392
6954	10037	55136	15261	63613	14561	45647	535	19024	2436
34008	101012	305594	169786	195574	251204	150261	48324	129372	6264
16277	26568	43371	161433	88919	52247	33189	15427	52234	60988

3-5 分县(市)区

(2006 年)

指标	全 市	市 直	中原区	二七区	管城区	金水区	上街区
总 计	**2720060**	**479536**	**37190**	**96947**	**82308**	**42220**	**108889**
按登记注册类型分							
内资	2615975	380952	37190	96947	82308	42220	108889
国有单位投资	2125493	226597	35010	83947	82308	42220	40504
国有	1992835	224717	34827	83947	82308	42220	40504
联营	100515	191					
国有联营	100037						
有限责任公司	263707	6312	1363	4500			1685
国有独资公司	32621	1880	183				
其他有限责任公司	231086	4432	1180	4500			1685
股份有限公司	229349	149732	1000				66700
其他内资	29569			8500			
港澳台投资	103885	98584					
外商投资	200						
按行业分							
农、林、牧、渔业	20376			10382			
采矿业	119726	49274					4869
制造业	283159	17860	9380	2500	5700		26963
电力、燃气及水的生产和供应业	520276	122343				5006	47227
建筑业	13560		1180				
交通运输、仓储和邮政业	498237	189725		10980	9678		
信息传输、计算机服务和软件业	13647	4432					
批发和零售业	29847				5960		
住宿和餐饮业	3895						
金融业	2182	1220					
房地产业	196153	10863	1575	7170	28798	5350	1200
租赁和商务服务业	3944					260	
科学研究、技术服务和地质勘查业	72168	1037		22055	5030		
水利、环境和公共设施管理业	362076	45005		2739	13692	10500	15258
居民服务和其他服务业	2700						
教育	318719	11210	2760	15055	500	5949	9260
卫生、社会保障和社会福利业	51933	18971	7925	6106		7238	
文化、体育和娱乐业	59250	175		9760	9300	3200	
公共管理和社会组织	148212	7421	14370	10200	3650	4717	4112
按计划管理渠道							
建筑工程	1711328	280799	28825	60868	51068	34759	44201
安装工程	140440	34717		3060		5076	14391
设备工器具购置	519378	103754	702	15329		1030	36467
其他费用	348914	60266	7663	17690	31240	1355	13830

注:此表不包含房地产投资、农村投资。

固定资产投资（国有控股）

单位:万元

惠济区	中牟县	巩义市	荥阳市	新密市	新郑市	登封市	东开发区	西开发区	郑东新区
70335	**230939**	**63728**	**180224**	**182653**	**165902**	**332939**	**129317**	**243343**	**273590**
70135	230939	63728	180224	182653	165902	332939	124016	243343	273590
62504	229959	61228	180224	38993	127803	312241	123327	219876	258752
62504	229459	61228	180224	38993	115803	312241	122798	119339	241723
				287				100037	
								100037	
4931	980			143373	35700	14878	1218	17862	30905
	500				12000		529	500	17029
4931	480			143373	23700	14878	689	17362	13876
2700	500				1500	150		6105	962
		2500			12899	5670			
							5301		
200									
	7395		2273			326			
		6000	4556	900	23700	30427			
14400	663	2160			29111	105219	55333	13870	
12537	51718	5700	2480	146933	4200	21930	165	100037	
					4550	1800	1330	4700	
3473	107783	8116	54898	15021	122	92294	5180	499	468
					1200	1810		605	5600
		970		394		6370	5281	2058	8814
2950		900						45	
									962
5662	25631	16370	3450	5000		47506	529	37049	
	1200								2484
	3000						154	16412	24480
6498	9113	8060	89099	4043	25569	13531	7707	12449	98813
	900	1800							
17034	7867	4830	472	6333	71600	8645	9349	54014	93841
	880	1700	4842	272	2850	229			920
7781	4610	2670	1280	252		800		500	18922
	10179	4452	16874	3505	3000	2052	44289	1105	18286
52611	191027	51251	120284	60112	120016	195114	76083	128317	215993
3450	4783	3577	656	31501	2746	22514	110	11951	1908
9658	28543	1200	5789	69329	30470	96925	41681	73504	4997
4616	6586	7700	53495	21711	12670	18386	11443	29571	50692

3-6 分行业固定资产投资

（2006 年）

单位:万元

指标	建筑工程	安装工程	设备工器具购置	其他费用
总　　计	**3369861**	**308060**	**1669294**	**753193**
农、林、牧、渔业	**30428**	**238**	**4770**	**10982**
农业	360	40		3905
林业	10912			5783
畜牧业	8323	160	2460	785
渔业	6600		1500	
农、林、牧、渔服务业	4233	38	810	509
采矿业	**261030**	**39079**	**132571**	**48924**
煤炭开采和洗选业	248858	37177	120845	47486
黑色金属矿采选业	800			
有色金属矿采选业	8888	1220	5631	330
非金属矿采选业	2484	682	6095	1108
制造业	**771532**	**110969**	**1033073**	**214309**
农副食品加工业	24712	1207	15508	6126
食品制造业	35807	4520	46109	5458
饮料制造业	20979	2810	43759	13020
烟草制品业	11528		15576	980
纺织业	18840	545	9141	3260
纺织服装、鞋、帽制造业	8729	851	5104	1721
皮革、毛皮、羽毛(绒)及其制品业	7167	80	3770	1330
木材加工及木、竹、藤、棕、草制	4456	266	2380	700
家具制造业	13968	103	1421	750
造纸及纸制品业	6323	1524	22263	3483
印刷业和记录媒介的复制	8494	386	15363	4638
文教体育用品制造业	2313	368	2228	959
石油加工、炼焦及核燃料加工业	4853	1857	13124	316
化学原料及化学制品制造业	38082	5415	40896	10579
医药制造业	28887	5703	58675	17451
化学纤维制造业	686	142	500	287
橡胶制品业	3353	277	5372	485
塑料制品业	25897	1526	19310	3190
非金属矿物制品业	151352	30628	228663	48735

注:此表不含房地产投资、农村投资。

3-6 续表 1

（2006 年）　　单位：万元

指标	建筑工程	安装工程	设备工器具购置	其他费用
黑色金属冶炼及压延加工业	34268	10611	88804	9056
有色金属冶炼及压延加工业	66726	16985	155169	15882
金属制品业	31415	2748	29668	2578
通用设备制造业	50913	3372	35531	13519
专用设备制造业	65169	10427	66312	18549
交通运输设备制造业	46471	3916	51162	20017
电气机械及器材制造业	41889	3339	43655	8037
通信设备、计算机及其他电子设备	6564	60	3093	2693
仪器仪表及文化、办公用机械制造	1065	100	410	404
工艺品及其他制造业	10626	1203	10107	106
电力、燃气及水的生产和供应业	**172285**	**104164**	**305237**	**69435**
电力、热力的生产和供应业	127869	96758	297265	66920
燃气生产和供应业	12065	1560	3682	1255
水的生产和供应业	32351	5846	4290	1260
建筑业	**15600**	**1052**	**12240**	**4833**
房屋和土木工程建筑业	11271	63	9483	3904
建筑安装业	3001	169	247	109
建筑装饰业	360	150	50	
其他建筑业	968	670	2460	820
交通运输、仓储和邮政业	**433122**	**19741**	**30373**	**78747**
铁路运输业	15378	100	800	200
道路运输业	374442	2361	10002	64897
城市公共交通业	6674	470	4215	615
航空运输业	20265	15980	11632	3712
装卸搬运和其他运输服务业	1235			50
仓储业	15128	830	3724	9273
信息传输、计算机服务和软件业	**10052**	**252**	**29118**	**59**
电信和其他信息传输服务业	10052	252	26663	59
计算机服务业			1640	
软件业			815	
批发和零售业	**193183**	**7967**	**32494**	**63688**
批发业	94712	4589	22484	21288
零售业	98471	3378	10010	42400
住宿和餐饮业	**41381**	**2210**	**2450**	**7931**
住宿业	17071	1430		1710

3-6　续表2

（2006年）　　　　单位：万元

指标	建筑工程	安装工程	设备工器具购置	其他费用
餐饮业	24310	780	2450	6221
金融业	**1**		**1508**	**961**
银行业	1		1508	961
房地产业	**443215**	**7080**	**6897**	**68265**
房地产业	443215	7080	6897	68265
租赁和商务服务业	**30853**	**100**	**2237**	**6936**
租赁业	1800		1070	130
商务服务业	29053	100	1167	6806
科学研究、技术服务和地质勘查业	**51602**	**1482**	**8233**	**20193**
研究与试验发展	25031	1020	6959	12713
专业技术服务业	10396	232	854	5521
科技交流和推广服务业	6449			1300
地质勘查业	9726	230	420	659
水利、环境和公共设施管理业	**381398**	**2072**	**10331**	**58770**
水利管理业	17331	157		19300
环境管理业	10532	129	2853	1076
公共设施管理业	353535	1786	7478	38394
居民服务和其他服务业	**9183**	**687**	**2095**	**2781**
居民服务业	7849	655	1510	2682
其他服务业	1334	32	585	99
教育	**315040**	**3735**	**13103**	**54677**
教育	315040	3735	13103	54677
卫生、社会保障和社会福利业	**44174**	**1516**	**17153**	**5436**
卫生	34530	1266	17153	3855
社会福利业	9644	250		1581
文化、体育和娱乐业	**50247**	**5324**	**10019**	**9843**
新闻出版业	7994	520	446	276
广播、电视、电影和音像业	12034	500	1608	1786
文化艺术业	21779	2954	3463	7313
体育	5790	130	1022	18
娱乐业	2650	1220	3480	450
公共管理和社会组织	**115535**	**392**	**15392**	**26423**
国家机构	100299	391	14843	24637
群众团体、社会团体和宗教组织	10820	1	549	435
基层群众自治组织	4416			1351

3-7 房地产开发企业财务状况(一)

(2006 年)

单位:万元

指 标	总 计	按资质等级分					
		一级	二级	三级	四级	暂定	其他
实收资本合计	**1135401**	**63700**	**220913**	**293748**	**48330**	**507210**	**1500**
#国家资本	45032		10645	14919	660	18208	600
年末资产负债情况							
资产总计	6331269	388800	1504885	1782996	210888	2429429	14271
固定资产累计折旧	91126	8512	46906	24682	3160	7814	52
#本年折旧	16051	1557	6294	4882	747	2566	5
负债合计	4880596	268299	1203259	1423866	148866	1832330	3976
所有者权益合计	1450673	120501	301626	359130	62022	597099	10295
损益情况							
主营业务收入	1826798	171602	505986	577921	68030	502094	1165
土地转让收入	3559		1289	1970	300		
商品房屋销售收入	1794954	170994	495508	564550	66950	496322	630
房屋出租收入	16411	608	7938	6398	458	537	472
其他收入	11874		1251	5003	322	5235	63
主营业务成本	1325810	122808	347272	417642	43029	394333	726
主营业务税金及附加	127206	11479	37118	37847	4290	36395	77
主营业务利润	294453	28267	101833	104197	18765	41042	349
其他业务收入	9448	1294	2172	3079	427	2476	
其他业务利润	7095	-315	2920	1689	351	2450	
销售费用	79329	9048	19763	18235	1946	30324	13
管理费用	112964	7440	32715	31617	3518	37452	222
财务费用	30938	3972	9659	10344	285	6680	-2
营业利润	157646	16540	62379	63925	15313	-640	129
投资收益	8289	275	3219	632		4174	-11
营业外收入	2778	785	468	920	43	518	44
营业外支出	6040	638	1120	2676	45	1560	1
利润总额	**162673**	**16962**	**64946**	**62801**	**15311**	**2492**	**161**

3-8 房地产开发

(2006年)

指　　标	总 计	内资合计	国有企业	集体企业	国有独资公司	其他有限责任公司
		按　登　记　注				
实收资本合计	**1135401**	**888821**	**29480**	**4692**	**5000**	**530028**
#国家资本	45032	42379	21150		2000	19229
年末资产负债情况						
资产总计	6331269	4710195	257773	47493	19758	2562245
固定资产累计折旧	91126	41067	3119	26	223	17984
#本年折旧	16051	9310	311	10	46	4847
负债总计	4880596	3569765	223974	43079	15357	1901638
所有者权益合计	1450673	1140430	33799	4414	4401	660607
损益情况						
主营业务收入	1826798	1478026	64324	3159	6467	762486
土地转让收入	3559	2270				2270
商品房屋销售收入	1794954	1460314	62951	3154	6467	752138
房屋出租收入	16411	5161				3933
其他收入	11874	10281	1373	5		4145
主营业务成本	1325810	1065379	49423	2093	4992	525376
主营业务税金及附加	127206	101507	4932	377	356	51805
主营业务利润	294453	254860	6235	620	1084	155710
其他业务收入	9448	5667	1743			3396
其他业务利润	7095	5855	1351	5		3580
销售费用	79329	56280	3734	69	35	29595
管理费用	112964	84867	3938	406	397	43678
财务费用	30938	18584	136	-44	95	9216
营业利润	157646	157264	3512	263	592	106396
投资收益	8289	3712				-234
营业外收入	2778	1431	70		2	934
营业外支出	6040	4470	140	2		2362
利润总额	**162673**	**157937**	**3442**	**261**	**594**	**104734**

企业财务状况(二)

单位:万元

册　类　型　分												
股份有限公司	私营独资企业	私营有限责任公司	私营股份有限公司	其他内资	港、澳、台商投资合计	合资经营	合作经营	独资经营	外商投资合计	合资经营	独资经营	股份有限公司
47831	**3000**	**260550**	**2800**	**5440**	**122169**	**36882**	**16500**	**68787**	**124411**	**70671**	**52040**	**1700**
					2500	2500			153	153		
235627	27624	1454461	8232	96982	759268	277440	89216	392612	861806	521618	336188	4000
5402	83	12761	740	729	39139	4804	25419	8916	10920	3335	7555	30
756	27	2953	111	249	5165	664	2674	1827	1576	614	947	15
163710	25930	1094513	6287	95277	617641	255681	68607	293353	693190	453662	237428	2100
71917	1694	359948	1945	1705	141627	21759	20609	99259	168616	67956	98760	1900
77592		562211	1111	676	215105	39766	25838	149501	133667	68066	61501	4100
									1289		1289	
76837		557278	813	676	204846	38897	18019	147930	129794	66628	59066	4100
407		821			10090	785	7819	1486	1160	295	865	
348		4112	298		169	84		85	1424	1143	281	
56993		425588	577	337	151597	27699	15274	108624	108834	46597	59537	2700
5508		38414	99	16	14075	2823	1407	9845	11624	7580	3582	462
10933	-49	80642	435	-750	36989	6883	7444	22662	2604	6860	-5044	788
235		273		20	2452	376		2076	1329	1213	116	
247		653		19	-581	339	-1104	184	1821	1128	693	
4158	49	17567		1073	12444	2361	1713	8370	10605	7029	3426	150
6810	472	27691	382	1093	15947	4158	3815	7974	12150	6786	5194	170
774	-4	7949	198	264	7314	2129	1600	3585	5040	1743	2987	310
3596	-517	45655	-145	-2088	13147	935	925	11287	-12765	-541	-12532	308
1128		2776		42	248	-8		256	4329	4296	33	
33	60	302		30	916	132		784	431	396	35	
429	22	1413	1	101	704	230	34	440	866	674	192	
4328	**-479**	**47320**	**-146**	**-2117**	**13607**	**829**	**891**	**11887**	**-8871**	**3477**	**-12656**	**308**

3-9 农村固定

（2006 年）

指 标	全市	中原区	二七区	管城区	金水区	上街区
固定资产投资完成额	**644071**	**859**	**26076**	**13837**	**52812**	**1191**
按投资来源成分						
国内贷款	1960					
自筹资金	639847	859	26076	13837	52812	1191
其他资金	2265					
按投资构成分						
建筑工程	402407		22326	13837	50107	976
安装工程	812					
设备工器具购置	186800	859	3206		2408	215
其它	54053		544		298	
按投资方向分						
农林牧渔业	162183	33			115	215
采矿业	398					
制造业	21895					
建筑业	4783				4586	
交通运输仓储和邮政业	70752	826	3091			
信息传输、计算机服务和软件业	251					
批发和零售业	1053					
住宿和餐饮业	8313				8313	
房地产业	363857		22326	13837	30557	976
租赁和商务服务业	478					
水利环境和公共设施管理业	544		544			
居民服务和其他服务业	9355		114		9241	
卫生、社会保障和社会福利业	207					
本年施工房屋面积	**1148**		**55**	**40**	**160**	**3**
#住宅	1086		55	40	160	3
本年竣工房屋面积	**1045**		**55**	**40**	**160**	**3**
#住宅	997		55	40	160	3
本年竣工房屋价值	**342063**		**18891**	**13837**	**50107**	**976**
#住宅	338279		18891	13837	50107	

资产投资

单位:万元、万平方米

惠济区	中牟县	巩义市	荥阳市	新密市	新郑市	登封市	东开发区	西开发区
42376	**140438**	**42839**	**84120**	**62370**	**91244**	**80799**	**1431**	**3679**
					562	1398		
42376	140438	42680	84120	62370	88576	79402	1431	3679
		159			2106			
39832	58115	38677	44466	30209	89015	13416	1431	
			460		352			
2544	60030	3504	39194	25168	1877	47795		
	22293	658		6992		19589		3679
311	76169	2777	6615	7293	8214	56762		3679
		398						
			7173	14722				
					197			
2233	7025	1386	25919	17045	2606	10621		
	251							
		366		687				
39832	56786	37434	44413	22622	80227	13416	1431	
		478						
	207							
102	**195**	**75**	**106**	**20**	**346**	**42**	**4**	
102	195	75	106	51	253	42	4	
102	**195**	**75**	**17**	**20**	**332**	**42**	**4**	
102	195	75	17	51	253	42	4	
39832	**56786**	**37434**	**6207**	**19981**	**87316**	**9265**	**1431**	
39832	56786	37434	6207	19981	84508	9265	1431	

3-10 分县(市)区

(2006 年)

项　目	全 市	市 直	中原区	二七区	管城区	金水区	上街区
计划总投资	**9095107**	**2480439**	**416863**	**278112**	**676500**	**2552106**	**61510**
自开始建设累计完成投资	5140781	1728463	260895	182240	315112	1032607	24240
本年完成投资	2298933	650810	95303	108210	144496	464409	20581
#商品房建设投资额	1759983	578892	62420	83827	135709	227003	17540
#土地开发投资额	4357	1921	248			948	13
按构成分							
建筑工程	1549266	475684	76778	56094	84476	281530	10903
安装工程	83380	20082	9987	11571	6604	27105	408
设备工器具购置	30592	14231	960	900	3800	4800	
其他费用	635695	140813	7578	39645	49616	150974	9270
#土地购置费	422548	74605	3576	36672	25072	73217	9270
按用途分							
住宅投资	1771793	543612	84488	95215	95465	346099	11381
办公楼	139832	19978		330	3030	43175	
商业营业用房	272432	48053	8357	11964	41162	57213	4800
其他	114876	39167	2458	701	4839	17922	4400
本年新增固定资产	**881119**	**502580**	**4870**	**25360**	**14398**	**66749**	
本年完成开发土地面积	3100917	1491561	130000			144669	41735
房屋施工面积	26652878	9441029	1311319	608016	1329684	4937025	381868
#住宅施工面积	20665411	7607329	1299694	540559	793387	3949138	339111
本年新开工面积	11761776	4360643	548714	216861	571419	1353620	311082
#新开工住宅面积	9185606	3627746	537089	170582	440996	1013341	268325
房屋竣工面积	4866008	3118156	19637	100772	55174	363877	
#住宅竣工面积	4118134	2530182	19637	77772	55174	311844	
竣工房屋价值	675246	428233	4870	8283	13241	51389	
#住宅竣工价值	557125	334044	4870	5983	13241	47356	
商品房销售面积	8008225	3206865	699971	206826	378625	910045	77938
#住宅销售面积	7539298	3033314	699971	184288	323975	889355	77938
商品房销售额	2313062	937796	180403	53570	180572	271243	12498
#住宅销售额	2028594	848627	180403	50936	120181	261018	12498
空置面积	761732	388689	43640	22330	105286	72918	31921

房地产开发投资

单位:万元、平方米

惠济区	中牟县	巩义市	荥阳市	新密市	新郑市	登封市	东开发区	西开发区	郑东新区
327213	**171973**	**158800**	**52282**	**86600**	**188114**	**8428**	**108410**	**156450**	**1371307**
184617	36253	149660	25682	33211	202718	7006	87783	92082	778212
60508	32636	106110	20732	30149	78983	7006	28803	49514	400683
60508	25075	78010	13882	8845	8249	2631	17452	49284	390656
			15	87	118	215	196	30	566
43184	26351	103680	13652	21683	72309	4091	24559	30301	223991
1363	1200		230		650				4180
					1440				4461
15961	5085	2430	6850	8466	4584	2915	4244	19213	168051
9186	2850	2430	5400	3600	3551	2915	4244	17542	148418
58644	27521	83740	13497	13456	74762	5021	25152	39529	254211
							1950	5959	65410
1864	100	22370	685	8255	368		1157	3748	62336
	5015		6550	8438	3853	1985	544	278	18726
24158	**9970**	**29050**		**7331**	**16255**	**6216**	**16545**	**32980**	**124657**
			13320	77706	93842	150649	153785	58029	745621
658454	628428	857000	134741	385727	441344	120068	387681	784704	4245790
629179	607928	718000	102618	287603	438779	120068	340691	616536	2274791
225884	247358	619000	84587	308124	255252	108068	206101	329029	2016034
210691	226858	495000	71087	210000	252687	108068	196985	255061	1101090
129531	90108	22000		53540	163722	46313	71608	292920	338650
129531	90108	20000		53540	161157	46313	59706	261721	301449
24158	9970	3150		7131	10772	4370	15145	30980	63554
24158	9970	2400		7131	10377	4370	13608	24175	55442
258966	170593	373609	46589	54811	240017	39962	113493	384381	845534
258966	170593	311109	37624	49146	239235	39962	107752	371374	744696
70367	22793	81612	8294	9394	32910	4557	29731	63742	353580
70367	22793	49093	5210	6303	32654	4557	28040	58571	277343
31632			5000		1139		3429	18092	37656

3-11 房地产

（2006 年）

（按登记注

项　目	总　计	内资	国有	集体	有限责任公司	国有独资公司	其他有限责任公司
计划总投资	**9095107**	**6687405**	**310823**	**65939**	**3815039**	**66500**	**3748539**
自开始建设累计完成投资	5140781	4008154	174678	61958	2341222	40845	2300377
本年完成投资	2298933	1901158	97613	29185	1091462	26626	1064836
#商品房建设投资额	1759983	1429340	64251	29120	845542	25982	819560
土地开发投资额	4357	3097	47		1118	70	1048
按构成分							
建筑工程	1549266	1277620	62366	19816	726657	17868	708789
安装工程	83380	75525	2103	4271	52132	1126	51006
设备工器具购置	30592	27042	3754	60	13199		13199
其他费用	635695	520971	29390	5038	299474	7632	291842
按用途分							
住宅投资	1771793	1458217	71715	19003	824080	12815	811265
#90 平米住房	225055	192631	3196	100	111486		111486
#经济适用房	114700	109688	20548		73135	2499	70636
办公楼	139832	119159			81853	11790	70063
商业营业用房	272432	223431	18548	5146	142349	222	142127
其他	114876	100351	7350	5036	43180	1799	41381
本年新增固定资产	**881119**	**667392**	**33806**	**3419**	**385972**	**8780**	**377192**
土地开发							
本年完成开发土地面积	3100917	2639721	80917		1051705	87044	964661
待开发土地面积	1676623	1353310	19980		853193		853193
本年购置土地面积	3081568	2557819	104669		1535118	87044	1448074
本年土地成交价款	339995	281698	8439		177441	3993	173448
本年资金来源合计	**3428087**	**2876194**	**101643**	**15551**	**1692245**	**30433**	**1661812**
上年末结余资金	397636	345937	9465	8224	215081	3234	211847
本年资金来源小计	3030451	2530257	92178	7327	1477164	27199	1449965
国内贷款	396333	361928			228825		228825
利用外资	26160						
#外商直接投资	24547						
自筹资金	1035893	923164	55162	4692	577807	24277	553530
#企事业单位自有资金	476304	394266	9980		233348		233348
其他资金来源	1572065	1245165	37016	2635	670532	2922	667610
房屋施工面积	**26652878**	**21810333**	**881858**	**332756**	**12293964**	**297291**	**11996673**
住宅	20665411	16915106	687679	243840	9479196	177966	9301230
#90 平米住房	2504313	2212065	34329	1363	1256203		1256203
#经济适用房	1535204	1480440	334758		918388	72119	846269
别墅、高档公寓	1318933	1027535	5430		889417		889417
办公楼	1633519	1347332			859922	95394	764528
商业营业用房	3355178	2673933	187279	46021	1459473	4803	1454670
其他房屋	998770	873962	6900	42895	495373	19128	476245

开发与经营(一)

单位:万元、平方米

册类型分)

股份有限公司	私营	独资	有限责任公司	股份有限公司	其他内资	港澳台投资	合资经营	合作经营	独资	外商投资	合资经营	独资	股份有限
300554	**2060050**	**21900**	**2035150**	**3000**	**135000**	**547144**	**357563**	**99800**	**89781**	**1860558**	**718711**	**1123847**	**18000**
201279	1171291	21900	1147091	2300	57726	306688	211519	55777	39392	825939	361785	446954	17200
85337	573077	13000	557777	2300	24484	74062	43850	15502	14710	323713	173031	139682	11000
49076	421609	9180	410249	2180	19742	67547	37935	14902	14710	263096	161736	90360	11000
25	1907	100	1801	6		30	30			1230	305	925	
68174	392622	6426	384046	2150	7985	68026	39553	14902	13571	203620	121732	70888	11000
675	16344	1530	14784	30		1202	63		1139	6653	5667	986	
4699	5330	1224	4106							3550	3550		
11789	158781	3820	154841	120	16499	4834	4234	600		109890	42082	67808	
70737	450062	8180	440082	1800	22620	68495	40841	15501	12153	245081	121539	114542	9000
10208	67641		67061	580		9854	5084		4770	22570	16050	6520	
	16005	8180	7825			5012	5012						
5500	31806		31806			745	1	1	743	19928	11527	8401	
7176	48348	1000	46848	500	1864	4372	3008		1364	44629	30742	11887	2000
1924	42861	3820	39041			450			450	14075	9223	4852	
31932	**206151**	**8945**	**196606**	**600**	**6112**	**41035**	**33635**	**7400**		**172692**	**80799**	**82893**	**9000**
54051	1453048	70000	1378457	4591		24156	24156			437040	355241	81799	
	450629		448029	2600	29508	112329	112329			210984	123865	87119	
51758	789356		786756	2600	76918	5483	5483			518266	390884	127382	
5800	81268		81148	120	8750	1600	1600			56697	25110	31587	
124470	**904513**	**26102**	**874111**	**4300**	**37772**	**118019**	**71951**	**23513**	**22555**	**433874**	**211061**	**211813**	**11000**
13849	95519	2673	92731	115	3799	8332	5776	993	1563	43367	29858	13509	
110621	808994	23429	781380	4185	33973	109687	66175	22520	20992	390507	181203	198304	11000
13608	116910		114410	2500	2585	850			850	33555	11055	22500	
						970			970	25190	1700	23490	
						970			970	23577	1700	21877	
51075	225542		224649	893	8886	26973	12053	8420	6500	85756	45395	29361	11000
38582	103470		103085	385	8886	19307	8387	8420	2500	62731	34946	27785	
45938	466542	23429	442321	792	22502	80894	54122	14100	12672	246006	123053	122953	
951165	**7189897**	**153158**	**6971824**	**64915**	**160693**	**1542013**	**987954**	**212500**	**341559**	**3300532**	**1775270**	**1373262**	**152000**
697440	5675533	140968	5487650	46915	131418	1250556	829384	195700	225472	2499749	1201194	1158555	140000
55053	865117		865117			89696	46894		42802	202552	188611	13941	
	227294	140968	86326			54764	54764						
61288	1400		1400		70000	100240	100240			191158	13000	178158	
51262	436148		436148			55244	20624	16800	17820	230943	118969	111974	
167353	784532	6156	760376	18000	29275	214457	137946		76511	466788	400273	54515	12000
35110	293684	6034	287650			21756			21756	103052	54834	48218	

项　　目	总　计	（按登记注					
		内资	国有	集体	有限责任公司	国有独资公司	其他有限责任公司
本年新开工面积	**11761776**	**9935401**	**387702**		**4995898**	**79351**	**4916547**
住宅	9185606	7963992	345271		3965531	60223	3905308
#90 平米住房	1269020	1183674	28899		571071		571071
#经济适用房	630328	575564	187784		279414		279414
别墅、高档公寓	612413	508537			438537		438537
办公楼	632128	439079			242251		242251
商业营业用房	1331412	951943	35531		436465		436465
其他房屋	612630	580387	6900		351651	19128	332523
房屋竣工面积	**4866008**	**3818407**	**271220**	**51609**	**2098559**	**80185**	**2018374**
住宅	4118134	3262219	271220	48681	1763419	75382	1688037
#90 平米住房	533626	452134	5430	1363	312058		312058
#经济适用房	663891	609127	155786		258577	72119	186458
别墅、高档公寓	135910	135910	5430		99037		99037
办公楼	125678	88254			46686		46686
商业营业用房	455390	359350		2928	207070	4803	202267
其他房屋	166806	108584			81384		81384
商品住宅竣工套数							
住宅	33417	26163	2026	347	13142	508	12634
#90 平米住房	6868	5328	208	16	2735		2735
#经济适用房	5198	4688	1060		2068	492	1576
别墅、高档公寓	1208	1208	208		481		481
竣工房屋价值	**675246**	**508474**	**33806**	**3419**	**272025**	**6094**	**265931**
住宅	557125	417744	33806	3097	223685	5729	217956
#90 平米住房	79096	62208	371	150	45855		45855
#经济适用房	61072	55596	19135		22418	5481	16937
别墅、高档公寓	22651	22651	371		13517		13517
办公楼	20188	11188			6688		6688
商业营业用房	74260	61699		322	28969	365	28604
其他房屋	23673	17843			12683		12683
出租房屋面积	**200145**	**77686**			**41693**		**41693**
住宅	26325	12534			12534		12534
#90 平米以下	13791						
办公楼	63702	23400			3000		3000
商业营业用房	110118	41752			26159		26159
其他房屋							
商品房销售面积	**8008225**	**6539794**	**270421**	**181301**	**3518972**	**45922**	**3473050**
住宅	7539298	6204040	222481	178373	3322950	45922	3277028
#90 平米住房	811977	713423	31887	1363	341531		341531
#经济适用房	728399	673635	90905		410228	44614	365614
别墅、高档公寓	449181	355850	4781		238239		238239

单位:万元、平方米

册类型分）

股份有限公司	私营	独资	有限责任公司	股份有限公司	其他内资	港澳台投资	合资经营	合作经营	独资	外商投资	合资经营	独资	股份有限
297371	**4156430**	**83373**	**4016102**	**56955**	**98000**	**407795**	**308740**		**99055**	**1418580**	**832633**	**503947**	**82000**
198914	3371469	75836	3256678	38955	82807	392603	293548		99055	829011	390144	365867	73000
31171	552533		552533			8497	8497			76849	74849	2000	
	108366	75836	32530			54764	54764						
					70000					103876	13000	90876	
51262	145566		145566							193049	83049	110000	
23287	441467	3998	419469	18000	15193	15192	15192			364277	341101	14176	9000
23908	197928	3539	194389							32243	18339	13904	
141916	**1215922**	**153158**	**1054804**	**7960**	**39181**	**345269**	**298469**	**46800**		**702332**	**318976**	**383356**	
88329	1051389	140968	902461	7960	39181	287488	257488	30000		568427	247943	320484	
23882	109401		109401			16789	16789			64703	50762	13941	
	194764	140968	53796			54764	54764						
30043	1400		1400										
	41568		41568			37424	20624	16800					
42385	106967	6156	100811			20357	20357			75683	44538	31145	
11202	15998	6034	9964							58222	26495	31727	
1379	8889	1102	7717	70	380	3144	2952	192		4110	2012	2098	
663	1706		1706			688	688			852	613	239	
	1560	1102	458			510	510						
513	6		6										
31879	**161233**	**8945**	**151771**	**517**	**6112**	**41035**	**33635**	**7400**		**125737**	**62788**	**62949**	
16678	134366	7698	126151	517	6112	29125	24525	4600		110256	53746	56510	
4776	11056		11056			3925	3925			12963	9473	3490	
	14043	7698	6345			5476	5476						
8644	119		119										
	4500		4500			9000	6200	2800					
12107	20301	738	19563			2910	2910			9651	5100	4551	
3094	2066	509	1557							5830	3942	1888	
20400	**15593**		**15593**			**71924**	**32553**		**39371**	**50535**	**5000**	**45535**	
						13791	13791						
						13791	13791						
20400						35302	18762		16540	5000	5000		
	15593		15593			22831			22831	45535		45535	
231981	**2296069**	**145208**	**2136381**	**14480**	**41050**	**389838**	**292703**	**33998**	**63137**	**1078593**	**561369**	**383725**	**133499**
220878	2218308	140968	2062860	14480	41050	374226	279629	33998	60599	961032	471909	362124	126999
29366	309276		309276			16216	16216			82338	70384	11954	
	172502	140968	31534			54764	54764						
68920	10478		10478		33432	71610	60000		11610	21721	6301	15420	

项 目	总 计	（按登记注					
		内资	国有	集体	有限责任公司	国有独资公司	其他有限责任公司
办公楼	73891	62297			51629		51629
商业营业用房	351552	256073	45547	2928	134138		134138
其他房屋	43484	17384	2393		10255		10255
现房销售面积	**1643974**	**1320675**	**95686**	**6697**	**850011**		**850011**
住宅	1527884	1257135	95686	6697	807139		807139
#90平米住房	103710	71756	4781		28961		28961
#经济适用房	158812	158812	90905		67137		67137
别墅、高档公寓	69785	57206	4781		36327		36327
办公楼	11131	5595			5595		5595
商业营业用房	80134	53920			36486		36486
其他房屋	24825	4025			791		791
期房销售面积	**6364251**	**5219119**	**174735**	**174604**	**2668961**	**45922**	**2623039**
住宅	6011414	4946905	126795	171676	2515811	45922	2469889
#90平米住房	708267	641667	27106	1363	312570		312570
#经济适用房	569587	514823			343091	44614	298477
别墅、高档公寓	379396	298644			201912		201912
办公楼	62760	56702			46034		46034
商业营业用房	271418	202153	45547	2928	97652		97652
其他房屋	18659	13359	2393		9464		9464
商品房销售额	**2313062**	**1829435**	**96017**	**37097**	**983905**	**7198**	**976707**
住宅	2028594	1629419	46342	36225	881891	7198	874693
#90平米住房	230585	205532	10943	243	98854		98854
#经济适用房	118163	108919	12772		70308	6871	63437
别墅、高档公寓	184177	145341	1490		97785		97785
办公楼	36688	30987			26689		26689
商业营业用房	238361	162975	49470	872	70148		70148
其他房屋	9419	6054	205		5177		5177
现房销售额	**381985**	**282517**	**14262**	**720**	**170522**		**170522**
住宅	324738	254283	14262	720	151488		151488
#90平米住房	24068	16886	1490		6201		6201
#经济适用房	24606	24606	12772		11716		11716
别墅、高档公寓	25561	20395	1490		13002		13002
办公楼	4424	2138			2138		2138
商业营业用房	49192	25289			16521		16521
其他房屋	3631	807			375		375
期房销售额	**1931077**	**1546918**	**81755**	**36377**	**813383**	**7198**	**806185**
住宅	1703856	1375136	32080	35505	730403	7198	723205
#90平米住房	206517	188646	9453	243	92653		92653
#经济适用房	93557	84313			58592	6871	51721
别墅、高档公寓	158616	124946			84783		84783

册类型分）

单位:万元、平方米

股份有限公司	私营	独资	有限责任公司	股份有限公司	其他内资	港澳台投资	合资经营	合作经营	独资	外商投资	合资经营	独资	股份有限
	10668		10668			5536	5536			6058	6058		
11103	62357	4240	58117			10076	7538		2538	85403	75634	3269	6500
	4736		4736							26100	7768	18332	
44152	**320108**		**312148**	**7960**	**4021**	**89625**	**66705**	**10500**	**12420**	**233674**	**52517**	**123357**	**57800**
43438	300154		292194	7960	4021	84089	61169	10500	12420	186660	30104	101756	54800
	38014		38014							31954	20000	11954	
	770		770										
1599	10478		10478		4021	11610			11610	969	969		
						5536	5536						
714	16720		16720							26214	19945	3269	3000
	3234		3234							20800	2468	18332	
187829	**1975961**	**145208**	**1824233**	**6520**	**37029**	**300213**	**225998**	**23498**	**50717**	**844919**	**508852**	**260368**	**75699**
177440	1918154	140968	1770666	6520	37029	290137	218460	23498	48179	774372	441805	260368	72199
29366	271262		271262			16216	16216			50384	50384		
	171732	140968	30764			54764	54764						
67321					29411	60000	60000			20752	5332	15420	
	10668		10668							6058	6058		
10389	45637	4240	41397			10076	7538		2538	59189	55689		3500
	1502		1502							5300	5300		
72380	**622801**	**23129**	**598380**	**1292**	**17235**	**112677**	**74179**	**13987**	**24511**	**370950**	**214218**	**134107**	**22625**
68525	579201	20796	557113	1292	17235	105917	68133	13987	23797	293258	145819	128389	19050
9900	85592		85592			5282	5282			19771	14989	4782	
	25839	20796	5043			9244	9244						
29229	1961		1961		14876	27914	23000		4914	10922	3152	7770	
	4298		4298			2286	2286			3415	3415		
3855	38630	2333	36297			4474	3760		714	70912	64283	3054	3575
	672		672							3365	701	2664	
9105	**84877**		**84187**	**690**	**3031**	**20663**	**12330**	**3200**	**5133**	**78805**	**24676**	**44259**	**9870**
8867	75915		75225	690	3031	18377	10044	3200	5133	52078	5317	38541	8220
	9195		9195							7182	2400	4782	
	118		118										
911	1961		1961		3031	4914			4914	252	252		
						2286	2286						
238	8530		8530							23903	19199	3054	1650
	432		432							2824	160	2664	
63275	**537924**	**23129**	**514193**	**602**	**14204**	**92014**	**61849**	**10787**	**19378**	**292145**	**189542**	**89848**	**12755**
59658	503286	20796	481888	602	14204	87540	58089	10787	18664	241180	140502	89848	10830
9900	76397		76397			5282	5282			12589	12589		
	25721	20796	4925			9244	9244						
28318					11845	23000	23000			10670	2900	7770	

3-11 续表 3 （2006 年）

项　目	总　计	（按登记注					
		内资	国有	集体	有限责任公司	国有独资公司	其他有限责任公司
办公楼	32264	28849			24551		24551
商业营业用房	189169	137686	49470	872	53627		53627
其他房屋	5788	5247	205		4802		4802
商品住宅销售套数							
住宅	65999	55153	2749	1184	28371	316	28055
#90 平米住房	12145	10909	718	16	4962		4962
#经济适用房	5822	5333	732		3238	309	2929
别墅、高档公寓	2914	2278	180		1337		1337
现房销售套数							
住宅	12257	10017	912	76	6120		6120
#90 平米住房	1279	898	180		384		384
#经济适用房	1228	1228	732		490		490
别墅、高档公寓	475	422	180		184		184
期房销售套数							
住宅	53742	45136	1837	1108	22251	316	21935
#90 平米住房	10866	10011	538	16	4578		4578
#经济适用房	4594	4105			2748	309	2439
别墅、高档公寓	2439	1856			1153		1153
空置面积	**761732**	**491701**	**157**		**250122**		**250122**
住宅	378069	267636	157		122028		122028
#90 平米以下	5407	4090	157		3933		3933
别墅、高档公寓	60733	34954			5569		5569
办公楼	61498	20703			11839		11839
商业营业用房	247782	172115			97551		97551
其他房屋	74383	31247			18704		18704
空置 1—3 年面积	**545379**	**327702**	**157**		**181027**		**181027**
住宅	276760	182236	157		73127		73127
#90 平米以下	1963	646	157		489		489
别墅、高档公寓	37580	23132			5569		5569
办公楼	30921	13669			8740		8740
商业营业用房	169356	103843			83749		83749
其他房屋	68342	27954			15411		15411
空置 3 年以上面积	**61875**	**37255**			**16887**		**16887**
住宅	29547	14418			12671		12671
#90 平米以下							
别墅、高档公寓	11331						
办公楼	10678	3935					
商业营业用房	16162	16162			1476		1476
其他房屋	5488	2740			2740		2740

单位:万元、平方米

册类型分)

股份有限公司	私营	独资	有限责任公司	股份有限公司	其他内资	港澳台投资	合资经营	合作经营	独资	外商投资	合资经营	独资	股份有限
	4298		4298							3415	3415		
3617	30100	2333	27767			4474	3760		714	47009	45084		1925
	240		240							541	541		
2522	19990	1102	18733	155	337	3019	2492	176	351	7827	4072	2828	927
707	4506		4506			256	256			980	765	215	
	1363	1102	261			489	489						
496	43		43		222	447	398		49	189	128	61	
539	2363		2293	70	7	781	656	71	54	1459	240	819	400
	334		334							381	166	215	
	6		6										
8	43		43		7	49			49	4	4		
1983	17627	1102	16440	85	330	2238	1836	105	297	6368	3832	2009	527
707	4172		4172			256	256			599	599		
	1357	1102	255			489	489						
488					215	398	398			185	124	61	
20710	**211641**		**211641**		**9071**	**112774**	**35697**	**17580**	**59497**	**157257**	**56614**	**100643**	
14210	122170		122170		9071	64883	11349	780	52754	45550	19170	26380	
										1317		1317	
130	20184		20184		9071	21100			21100	4679	4345	334	
6500	2364		2364			33729	12586	16800	4343	7066	7066		
	74564		74564			9214	9214			66453	29716	36737	
	12543		12543			4948	2548		2400	38188	662	37526	
15277	**122170**		**122170**		**9071**	**66681**	**22896**		**43785**	**150996**	**51890**	**99106**	
11377	88504		88504		9071	51835	10250		41585	42689	16846	25843	
										1317		1317	
130	8362		8362		9071	11185			11185	3263	2929	334	
3900	1029		1029			12586	12586			4666	4666		
	20094		20094			60	60			65453	29716	35737	
	12543		12543			2200			2200	38188	662	37526	
3603	**16765**		**16765**			**19359**	**3647**		**15712**	**5261**	**4724**	**537**	
1003	744		744			12268	1099		11169	2861	2324	537	
						9915			9915	1416	1416		
2600	1335		1335			4343			4343	2400	2400		
	14686		14686										
						2748	2548		200				

3-12 房地产

（2006年）

指　　标	总　计	按隶属关系			
		中央	省	市	县(市)
计划总投资	**9095107**	**43026**	**410937**	**1176212**	**257410**
本年完成投资	**2298933**	**23165**	**105489**	**222617**	**131242**
#商品房建设投资额	1759983	23165	101667	190716	91623
土地开发投资额	4357	20	238	65	281
配套工程投资	25637		1221	4140	
按构成分					
建筑工程	1549266	18854	74205	178428	95388
安装工程	83380	200	4506	6321	1666
设备工器具购置	30592	54	1224	5835	
其他费用	635695	4057	25554	32033	34188
按工程用途分					
住宅投资	1771793	20865	76972	157726	88605
#90平方米下	225055	1000	7218	4817	2775
#经济适用房	114700	4355	16954	5793	
别墅、高档公寓	127645		5491	26626	3438
办公楼	139832		23265	18779	13740
商业营业用房	272432	1500	4995	42032	20634
其他	114876	800	257	4080	8263
本年新增固定资产	**881119**	**14300**	**72677**	**54965**	**19739**
土地开发					
本年完成开发土地面积	3100917	41866	95475	77307	254149
待开发土地面积	1676623		22444	17263	109980
本年购置土地面积	3081568	41866	65196	80994	306810
本年土地成交价款	339995	2700	6139	7910	13993
本年资金来源合计	**3428087**	**28339**	**193151**	**262464**	**135012**
上年末结余资金	397636	7229	27173	17638	5365
本年资金来源小计	3030451	21110	165978	244826	129647
国内贷款	396333		35340	22190	
#银行贷款	365243		35300	18990	
利用外资	26160			7490	
#外商直接投资	24547			5877	
自筹资金	1035893	13200	43455	73502	107837
#企事业单位自有资金	476304	3200	12350	30475	1500
其他资金来源	1572065	7910	87183	141644	21810
#定金及预付款	1012635	7848	62269	62482	14519
个人按揭贷款	354485	62	12857	24175	3991
本年各项应付款合计	**246495**	**6145**	**7923**	**19753**	**7973**
#工程款	129491	118	3555	7233	1973
房屋施工面积	**26652878**	**255097**	**1794961**	**2705853**	**1098881**
商品住宅	20665411	241697	1464331	1631715	834782
#90平方米以下	2504313	8000	107836	110167	157315
#经济适用房	1535204	42093	241481	65754	
别墅、高档公寓	1318933		220359	178158	24542
办公楼	1633519		234732	255164	118621
商业营业用房	3355178	6500	69934	751653	136128
其他	998770	6900	25964	67321	9350
本年新开工面积	**11761776**	**103000**	**755364**	**1062269**	**555123**
商品住宅	9185606	89600	609773	764422	427845
#90平方米以下	1269020	8000	21136	63751	93315
#经济适用房	630328		77179	65754	
别墅、高档公寓	612413			90876	4542
办公楼	632128		105137	187300	
商业营业用房	1331412	6500	14916	70031	117928
其他	612630	6900	25538	40516	9350

开发与经营(二)

单位:万元、平方米

分		按资质等级分					
乡(镇)	其他	一级	二级	三级	四级	暂定	其他
32000	**7175522**	**234089**	**1744065**	**2320497**	**278045**	**4497511**	**20900**
450	**1815970**	**41459**	**428645**	**563177**	**120520**	**1144105**	**1027**
450	1352362	20159	388715	382511	86148	881423	1027
	3753	216	853	916	84	2288	
	20276		12483	6303	3663	3188	
450	1181941	24607	313895	400517	88926	721321	
	70687	2287	10583	23325	10397	36788	
	23479	1765	10858	6719	519	10731	
	539863	12800	93309	132616	20678	375265	1027
449	1427176	24880	366120	439995	103734	836038	1026
	209245	3210	54258	67581	4769	95237	
	87598		37786	22879	2161	51874	
	92090		16856	48577	9409	52803	
	84048		4895	23578	530	110828	1
1	203270	3779	39485	65566	10793	152809	
	101476	12800	18145	34038	5463	44430	
1500	**717938**	**19737**	**376354**	**209890**	**35922**	**233016**	**6200**
	2632120	140000	780206	663577	55546	1461588	
	1526936		365078	592460	11163	707922	
	2586702	140000	497352	531217	39648	1867868	5483
	309253	12800	51118	41787	7537	225153	1600
10949	**2798172**	**70392**	**831774**	**877956**	**123167**	**1521066**	**3732**
3000	337231	12360	103951	81517	20018	179724	66
7949	2460941	58032	727823	796439	103149	1341342	3666
4500	334303	22150	99558	112365	20000	142260	
4500	306453	22150	99558	107915	5000	130620	
	18670			970		25190	
	18670			970		23577	
	797899	11113	95830	259113	52497	613674	3666
	428779	11113	41958	100956	30925	291352	
3449	1310069	24769	532435	423991	30652	560218	
3449	862068	24769	400575	282982	18489	285820	
	313400		108398	106527	5529	134031	
450	**204251**	**-95**	**78914**	**62831**	**25276**	**79569**	
450	116162	-95	52221	30858	11325	35182	
11985	**20786101**	**488891**	**6200073**	**7583355**	**1226200**	**11110735**	**43624**
8616	16484270	349124	5199787	5937915	947156	8208429	23000
	2120995	57912	614507	989480	45556	796858	
	1185876		754697	236216	39389	504902	
	895874		81288	733396	52282	451967	
	1025002		119643	589170	4540	899542	20624
3369	2387594	111181	623463	763741	180971	1675822	
	889235	28586	257180	292529	93533	326942	
	9286020	**335686**	**2472446**	**3488563**	**363559**	**5078522**	**23000**
	7293966	257268	2038288	2732894	279590	3854566	23000
	1082818	25978	240632	521138	31487	449785	
	487395		318384	149768	12490	149686	
	516995			404437		207976	
	339691		86551	189018	3800	352759	
	1122037	49832	254597	346535	47550	632898	
	530326	28586	93010	220116	32619	238299	

指　　标	总　计	按隶属关系			
		中央	省	市	县(市)
房屋竣工面积	**4866008**	**110004**	**515264**	**360527**	**36326**
商品住宅	4118134	110004	465194	321257	36326
#90平方米以下	533626		10049	9469	
#经济适用房	663891		124302	54764	
别墅、高档公寓	135910		27998		
办公楼	125678		25415		
商业营业用房	455390		24655	20886	
其他	166806			18384	
商品住宅竣工套数					
商品住宅	33417	758	3204	3088	255
#90平方米以下	6868		264	119	
#经济适用房	5198		852	510	
别墅、高档公寓	1208		308		
竣工房屋价值	**675246**	**14300**	**51344**	**40662**	**1739**
商品住宅	557125	14300	45091	35498	1739
#90平方米以下	79096		750	582	
#经济适用房	61072		12227	5476	
别墅、高档公寓	22651		2171		
办公楼	20188		3616		
商业营业用房	74260		2637	2871	
其他	23673			2293	
商品房销售面积	**8008225**	**119354**	**522651**	**799393**	**346400**
商品住宅	7539298	106801	474583	720476	284842
#90平方米以下	811977	7112	47234	57435	33054
#经济适用房	728399		46685	54764	
别墅、高档公寓	449181		17255	22810	7002
办公楼	73891		38928	4526	
商业营业用房	351552	10160	8700	74391	61558
其他	43484	2393	440		
现房销售面积	**1643974**		**240905**	**92171**	**62412**
商品住宅	1527884		228857	67490	59412
#90平方米以下	103710		4781	13609	
#经济适用房	158812		42240		
别墅、高档公寓	69785		5509		1326
办公楼	11131		3348	1467	
商业营业用房	80134		8700	23214	3000
其他	24825				
期房销售面积	**6364251**	**119354**	**281746**	**707222**	**283988**
商品住宅	6011414	106801	245726	652986	225430
#90平方米以下	708267	7112	42453	43826	33054
#经济适用房	569587		4445	54764	
别墅、高档公寓	379396		11746	22810	5676
办公楼	62760		35580	3059	
商业营业用房	271418	10160		51177	58558
其他	18659	2393	440		
商品房销售额	**2313062**	**28434**	**133408**	**242846**	**83460**
商品住宅	2028594	24081	109937	176536	51027
#90平方米以下	230585	1454	16619	15805	7252
#经济适用房	118163		7914	9244	
别墅、高档公寓	184177		6012	12696	6739
办公楼	36688		20808	2621	
商业营业用房	238361	4148	2610	63689	32433
其他	9419	205	53		

单位:万元、平方米

分		按资质等级分					
乡(镇)	其他	一级	二级	三级	四级	暂定	其他
11985	**3831902**	**153205**	**2226196**	**1146162**	**329471**	**990350**	**20624**
8616	3176737	92273	1941911	891170	267595	925185	
	514108	31934	258890	98033	1769	143000	
	484825		615725	16666	1500	30000	
	107912		30043	29398		76469	
	100263			104554	500		20624
3369	406480	60932	195063	115523	43357	40515	
	148422		89222	34915	18019	24650	
54	26058	1005	16334	6479	1916	7683	
	6485	538	2915	1153	83	2179	
	3836		4783	97	70	248	
	900		513	314		381	
1200	**566001**	**19734**	**308865**	**163034**	**31439**	**145974**	**6200**
863	459634	11146	266775	123147	24059	131998	
	77764	5241	45560	10188	180	17927	
	43369		54592	2330	150	4000	
	20480		8644	2290		11717	
	16572			13938	50		6200
337	68415	8588	31158	19979	5064	9471	
	21380		10932	5970	2266	4505	
11256	**6200583**	**96533**	**2271443**	**2011263**	**531156**	**3096077**	**1753**
9945	5934063	93006	2133071	1922020	501536	2889665	
	667142	23971	180260	335357	22469	249920	
	626950		409774	156531	19227	142867	
1300	400814		83409	191057	21903	152812	
	30437		1888	27588	500	42162	1753
1311	195432	3527	100778	56796	29006	161445	
	40651		35706	4859	114	2805	
5838	**1234060**	**81342**	**473819**	**350041**	**222742**	**514277**	**1753**
4527	1159010	77815	410694	334131	212428	492816	
	85320	16375	25345	35815	6175	20000	
	116572		91675	58776	5280	3081	
1300	61650		10412	29922	21903	7548	
	6316		1888	6779	500	211	1753
1311	43909	3527	40559	7903	9700	18445	
	24825		20678	1228	114	2805	
5418	**4966523**	**15191**	**1797624**	**1661222**	**308414**	**2581800**	
5418	4775053	15191	1722377	1587889	289108	2396849	
	581822	7596	154915	299542	16294	229920	
	510378		318099	97755	13947	139786	
	339164		72997	161135		145264	
	24121			20809		41951	
	151523		60219	48893	19306	143000	
	15826		15028	3631			
3415	**1819330**	**24209**	**690562**	**571228**	**103986**	**922447**	**630**
2824	1662020	22249	611665	519898	99202	775580	
	189455	6782	56025	89835	7211	70732	
	101005		61770	25978	3992	26423	
673	158057		39588	68809	7047	68733	
	13259		805	13135	220	21898	630
591	134890	1960	69701	37549	4548	124603	
	9161		8391	646	16	366	

3-12　续表 2　　(2006 年)

指　标	总　计	按隶属关系			
		中央	省	市	县(市)
现房销售额	**381985**		**33558**	**25034**	**10829**
商品住宅	324738		29902	14988	9179
#90 平方米以下	24068		1490	2432	
#经济适用房	24606		7226		
别墅、高档公寓	25561		1740		651
办公楼	4424		1046	600	
商业营业用房	49192		2610	9446	1650
其他	3631				
期房销售额	**1931077**	**28434**	**99850**	**217812**	**72631**
商品住宅	1703856	24081	80035	161548	41848
#90 平方米以下	206517	1454	15129	13373	7252
#经济适用房	93557		688	9244	
别墅、高档公寓	158616		4272	12696	6088
办公楼	32264		19762	2021	
商业营业用房	189169	4148		54243	30783
其他	5788	205	53		
商品住宅销售套数(套)					
商品住宅	65999	1384	4217	6177	2144
#90 平方米以下	12145	85	1045	949	321
#经济适用房	5822		329	489	
别墅、高档公寓	2914		233	103	24
现房销售套数(套)					
商品住宅	12257		1708	499	430
#90 平方米以下	1279		180	126	
#经济适用房	1228		282		
别墅、高档公寓	475		183		4
期房销售套数(套)					
商品住宅	53742	1384	2509	5678	1714
#90 平方米以下	10866	85	865	823	321
#经济适用房	4594		47	489	
别墅、高档公寓	2439		50	103	20
空置面积	**761732**		**49315**	**91564**	**830**
商品住宅	378069		38968	31391	830
#90 平方米以下	5407			3400	
#经济适用房	19629		19629		
别墅、高档公寓	60733				
办公楼	61498		4200		
商业营业用房	247782		6147	58538	
其他	74383			1635	
空置 1—3 年面积	**545379**		**27132**	**44247**	
商品住宅	276760		18085	23443	
#90 平方米以下	1963				
别墅、高档公寓	37580				
办公楼	30921		4200		
商业营业用房	169356		4847	19169	
其他	68342			1635	
空置 3 年以上面积	**61875**		**1254**	**15430**	
商品住宅	29547		1254	744	
别墅、高档公寓	11331				
办公楼	10678				
商业营业用房	16162			14686	
其他	5488				

单位:万元、平方米

分		按资质等级分					
乡(镇)	其他	一级	二级	三级	四级	暂定	其他
1976	**308419**	**19476**	**142149**	**88819**	**33176**	**97735**	**630**
1385	267115	17516	109119	79429	30140	88534	
	20146	4416	7130	7752	2370	2400	
	17380		12890	9889	1342	485	
673	22497		5182	9910	7047	3422	
	2778		805	2696	220	73	630
591	34895	1960	29268	6402	2800	8762	
	3631		2957	292	16	366	
1439	**1510911**	**4733**	**548413**	**482409**	**70810**	**824712**	
1439	1394905	4733	502546	440469	69062	687046	
	169309	2366	48895	82083	4841	68332	
	83625		48880	16089	2650	25938	
	135560		34406	58899		65311	
	10481			10439		21825	
	99995		40433	31147	1748	115841	
	5530		5434	354			
53	51962	730	18846	18399	3905	24119	
	9745	249	3240	4912	400	3344	
	5004		3226	1202	210	1184	
5	2549		543	1342	120	909	
19	9539	485	3164	2932	1602	4074	
	973	126	338	458	191	166	
	946		738	379	81	30	
5	283		35	290	120	30	
34	42423	245	15682	15467	2303	20045	
	8772	123	2902	4454	209	3178	
	4058		2488	823	129	1154	
	2266		508	1052		879	
	612972	**8910**	**243402**	**350420**	**27826**	**131174**	
	299829	968	109197	178800	14306	74798	
	2007		1474	3933			
				19629			
	60733		23019	23783		13931	
	57298			47233	6500	7765	
	183097	7942	82000	106538	4274	47028	
	72748		52205	17849	2746	1583	
	466949	**8910**	**216798**	**185501**	**22379**	**111791**	
	228181	968	98306	89882	13207	74397	
	1963		1474	489			
	37580		13104	10545		13931	
	26721			22355	3900	4666	
	145340	7942	66287	61008	2974	31145	
	66707		52205	12256	2298	1583	
	45191		**10891**	**46436**	**4147**	**401**	
	27549		10891	17156	1099	401	
	11331		9915	1416			
	10678			8078	2600		
	1476			16162			
	5488			5040	448		

主要统计指标解释

全社会固定资产投资 固定资产投资是社会固定资产再生产的主要手段。通过建造和购置固定资产的活动,国民经济不断采用先进技术装备,建立新兴部门,进一步调整经济结构和生产力的地区分布,增强经济实力,为改善人民物质文化生活创造物质条件。这对我国的社会主义现代化建设具有重要意义。

固定资产投资额 是以货币表现的建造和购置固定资产活动的工作量,它是反映固定资产投资规模、速度、比例关系和使用方向的综合性指标。全社会固定资产投资包括国有经济单位投资、城乡集体经济单位投资、各种经济类型的单位的投资和城乡居民个人投资。按照我国现行计划管理体制,国有经济单位固定资产投资总额分为基本建设、更新改造、商品房屋建设投资和其他固定资产投资四个部分;城乡集体经济单位投资包括城镇集体所有制单位投资和农村集体所有制单位投资;各种经济类型的单位投资包括联营经济、股份制经济、中外合资经营、中外合作经营、外资、与大陆合资经营、与大陆合作经营、港澳台独资及其他经济类型的单位投资。城镇居民个人投资包括城市、县城、镇、工矿区所辖范围内的个人建房和农村个人建房及购买生产性固定资产的投资。

固定资产投资的资金来源 根据固定资产投资的资金来源不同,分为国家预算内资金、国内贷款、利用外资、自筹资金和其他资金来源。

1. 国家预算内资金 指中央财政和地方财政中由国家统筹安排的基本建设拨款和更新改造拨款,以及中央财政安排的专项拨款中用于基本建设的资金和基本建设拨款改贷款的资金等。

2. 国内贷款 指报告期内企、事业单位向银行及非银行金融机构借入的用于固定资产投资的各种国内贷款。包括银行利用自有资金及吸收的存款发放的贷款、上级主管部门拨入的国内贷款、国家专项贷款(包括煤代油贷款、劳改煤矿专项贷款等)、地方财政专项资金安排的贷款、国内储备贷款、周转贷款等。

3. 利用外资 指报告期内收到的用于固定资产投资的国外资金,包括统借统还、自借自还的国外贷款,中外合资项目中的外资,以及对外发行债券和股票等。国家统借统还的外资指由我国政府出面同外国政府、团体或金融组织签订贷款协议、并负责偿还本息的国外贷款。

4. 自筹资金 指建设单位报告期内收到的,用于进行固定资产投资的上级主管部门、地方和企、事业单位自筹资金。

5. 其他资金来源 指报告期内收到的除以上各种拨款、借款、自筹资金以外,其他用于固定资产投资的资金。

固定资产投资按国民经济行业分 建设项目归哪个行业,按其建成投产后的主要产品或主要用途及社会经济活动性质来确定。基本建设按建设项目划分国民经济行业,更新改造、国有经济单位其他固定资产投资及城镇集体投资根据整个企业、事业单位所属的行业来划分。一般情况下,一个建设项目或一个企业、事业单位只能属于一种国民经济行业。为了更准确地反映国民经济各行业之间的比例关系,联合企业(总厂)所属分厂属于不同行业的,原则上按分厂划分行业。

固定资产投资按建设性质分 建设项目的性质一般分为新建、扩建、改建、迁建、恢复。基本建设按建设项目划分建设性质,更新改造、国有经济单位其他固定资产投资及城镇集体投资按整个企业、事业单位的建设情况确定建设性质。目前基本建设和更新改造是根据我国现行的计划管理体制区分的,所以基本建设和更新改造都可以分别按新建、扩建等划分。

固定资产投资按用途分 固定资产投资按工程的经济用途分为用于为农林牧渔业用、工业建筑业用商业、运输邮电业用、其他五部分的建设,是研究不同用途的固定资产投资之间比例关系的重要指标。基本建设投资、国有经济单位其他固定资产投资及城镇集体投资的用途按单项工程确定,现有企业、事业单位更新改造投资的用途按更新改造项目确定。

固定资产投资按构成分 固定资产投资活动按其工作内容和实现方式分为建筑安装工程,设备、工具、器具购置,其他费用三个部分。

1. 建筑安装工程(建筑工作量)指各种房屋、建筑物的建造工程和各种设备、装置的安装工程。包括各种房屋建造工程,各种用途设备基础和各种工业窑炉的砌筑工程;为施工而进行的各种准备工作和临时工程以及完工后的清理工作等;铁路、道路的铺设,矿井的开凿及石油管道的架设等;水利工程;防空地下建筑等特殊工程;以及各种机械设备的安装工程;为测定安装工程质量,对设备进行的试行工作。在安装工程中,不包括被安装设备本身价值。

2. 设备、工具、器具购置指购置或自制达到固定资产标准的设备、工具、器具的价值,固定资产的标准按财务部门规定。新建单位、扩建单位的新建车间按照设计和计划要求购置或自制的全部设备、工具、器具,不论是否达到固定资产标准均计入"设备、工具、器具购置"中。

3. 其他费用指除建筑安装工程和设备、工具、器具购置以外的投资完成额。它包括两种性质的费用,一种是属于增加固定资产的费用,主要有:建设单位管理费,土地、青苗等补偿费和安置补助费、勘察设计费、研究实验费、农林单位牲畜购置费、各种经济林木的营造费、办公和生活家具、器具购置费、引进技术和进口设备项目的其他费用、联合试运转费等;一种是属于不增加固定资产的费用,主要有:施工机械转移费、生产职工培训费、农业开荒费用及报废工程损失费等。

基本建设项目按大中小型划分 基本建设划分大中小型项目原则上应按照上级批准的设计任务书或初步设计所确定的总规模或总投资划分,没有正式批准设计任务书或初步设计的,按国家或省、自治区、直辖市年度基本建设投资计划中所列的总规模或总投资划分。上述两条均不具备的,按本年计划施工工程的建设总规模或总投资划分。生产单一产品的工业项目,按产品的设计能力划分;生产多种产品的工业项目,按其主要产品的设计能力划分。品种繁多,难以按生产能力划分的,按全部计划投资额划分。划分标准以国家颁发的《大中小型建设项目划分标准》依据。国家曾在 1958 年、1962 年、1977 和 1979 年先后五次修订《大中小型建设项目划分标准》,因此各历史时期的大中型项目数不完全可比。

建筑业统计单位 指从事房屋、构筑物建造和设备安装活动的法人企业。建筑业法人企业应具有建筑业资质并能够独立核算,同时其应具备以下条件:1. 依法成立,有自己的名称、组织机构和场所,能够承担民事责任;2. 独立拥有和使用资产,承担负债,有权与其他单位签订合同;3. 独立核算盈亏,能够编制资产负债表。

施工项目 指报告期内曾进行建筑或安装工程施工活动的建设项目。包括报告期内新开工项目,报告期以前开工跨入报告期继续施工的项目以及报告期施过工并在报告期内全部建设投产或停缓建的项目。

全部建成投产项目工业项目 是指设计文件规定形成生产能力的主体工程及其相应配套的辅助设施全部建成,经负荷试运转,证明具备生产设计规定合格产品的条件,并经过验收鉴定合格或达到竣工验收标准,与生产性工程配套的生产福利设施可以满足近期正常生产的需要,正式移交生产的建设项目。

非工业项目 是指设计文件规定的主体工程和相应的配套工程全部建成,能够发挥设计规定的全部效益,经验收鉴定合格或达到竣工验收标准,正式移交使用的建设项目。

施工和竣工房屋建筑面积 房屋建筑面积是从房屋外墙线算起的各层平面面积的总和,包括房屋结构(如柱、墙)占用的面积和地下室面积。多层建筑按各自然层面积总和计算,包括房屋内的楼隔层,突出墙面的眺望间、门斗、有柱雨罩的面积。不包括突出墙面结构的构件、艺术装饰等所占的面积,如台阶等。凹阳台、挑阳台按其水平投影面积一半计算建筑面积。

住宅建筑面积 指施工和竣工房屋建筑面积中供居住用的施工和竣工房屋建筑面积。

竣工面积 指在报告期内房屋建筑按照设计要求已全部完工,达到住人和使用条件,经验收鉴定合格,正式移交使用单位的建筑面积。

房屋建筑面积竣工率 指一定时期内房屋竣工面积占同期房屋施工面积的比率。它是从房屋建筑施工速度的角度反映投资效果和建筑业经济效益的指标。

新增固定资产 指通过投资活动所形成的新的固定资产价值。包括已经建成投入生产或交付使用的工程价值和达到固定资产标准的设备、工具、器具的价值及有关应摊入的费用。它是以价值形式表示的固定资产投资成果的综合性指标,可以综合反映不同时期、不同部门、不同地区的固定资产投资成果。

建设项目投产率 指一定时期内全部建成投入生产项目个数占同期正式施工项目个数的比率。它是从项目建设速度的角度反映投资效果的指标。

固定资产交付使用率 指一定时期新增固定资产与同期完成投资额的比率。它是反映各个时期固定资产动用速度,衡量建设过程中投资效果的一个综合性指标。未完工程占用率指年末未完工程累计完成投资额占全年实际完成投资额的比率。它反映未完工程的相对规模,并可从资金占用的角度反映固定资产投资效果。由于未完工程是指已经开工,但尚未建成交付使用的工程,有个跨年度问题,因此未完工程占用率会出现大于 1 的情况。

四、价　格

4-1 市区居民消费价格指数

（以上年价格为100）

类别	年度	月份											
		一	二	三	四	五	六	七	八	九	十	十一	十二
居民消费价格总指数	**101.4**	**103.1**	**101.1**	**101.0**	**101.3**	**101.4**	**101.4**	**100.5**	**100.9**	**101.5**	**100.8**	**101.1**	**103.1**
非食品价格指数	**101.1**	**101.0**	**101.1**	**101.1**	**101.1**	**101.1**	**100.9**	**101.1**	**101.2**	**101.4**	**101.3**	**101.2**	**101.1**
服务项目价格指数	**102.5**	**101.7**	**102.0**	**102.0**	**102.1**	**102.1**	**102.3**	**102.3**	**103.0**	**103.2**	**103.3**	**102.9**	**102.4**
工业品价格指数	**100.4**	**100.6**	**100.6**	**100.6**	**100.5**	**100.5**	**100.1**	**100.3**	**100.2**	**100.4**	**100.1**	**100.3**	**100.3**
扣除食品和能源价格指数	**100.9**	**100.7**	**100.9**	**100.9**	**100.8**	**100.8**	**100.7**	**100.9**	**101.0**	**101.2**	**101.2**	**101.3**	**101.1**
扣除鲜菜鲜果总指数	**100.8**	**100.5**	**100.3**	**100.0**	**100.0**	**99.9**	**99.9**	**100.2**	**100.8**	**101.2**	**101.5**	**102.1**	**103.4**
消费品价格指数	**101.1**	**103.6**	**100.8**	**100.7**	**101.0**	**101.2**	**101.0**	**99.9**	**100.2**	**101.0**	**100.0**	**100.6**	**103.4**
食品	**102.1**	**107.6**	**101.0**	**100.8**	**101.5**	**102.0**	**102.3**	**99.4**	**100.3**	**101.8**	**99.9**	**100.9**	**107.3**
粮食	101.4	100.6	100.5	100.0	100.1	99.8	100.0	100.0	100.2	101.1	102.6	103.5	109.0
大米	101.6	100.7	100.7	99.9	99.5	99.9	99.9	99.9	100.5	101.3	103.9	105.6	107.7
面粉	97.3	97.3	96.3	95.1	95.9	94.2	95.0	94.6	94.7	96.2	99.5	101.9	107.6
粮食制品	102.2	101.7	101.7	101.2	101.2	101.2	101.2	101.2	101.2	102.1	102.1	101.9	109.7
其他	114.7	105.1	107.9	113.2	114.5	113.6	114.6	117.3	117.3	117.3	117.3	117.3	121.3
淀粉	103.2	102.7	102.4	101.9	101.0	101.0	101.0	101.0	101.0	101.0	105.6	105.6	114.0
淀粉	103.2	102.7	102.4	101.9	101.0	101.0	101.0	101.0	101.0	101.0	105.6	105.6	114.0
干豆类及豆制品	96.6	95.6	95.4	94.7	94.7	96.2	96.9	97.6	97.1	97.0	97.2	96.8	100.6
干豆	105.0	99.1	99.1	100.2	101.3	106.1	106.8	110.4	109.4	108.9	106.8	105.1	106.2
豆制品	94.4	94.6	94.4	93.3	93.0	93.6	94.3	94.2	93.8	93.8	94.6	94.6	99.1
油脂	99.3	95.0	95.1	95.1	95.4	95.7	96.4	96.8	98.6	100.2	101.5	105.5	116.8
食用植物油	99.4	93.8	94.0	93.9	94.5	95.2	96.6	97.3	97.5	100.7	103.4	110.0	117.3
植物油制品	99.4	96.5	96.5	96.6	96.6	96.6	96.6	96.6	100.0	100.0	100.0	101.0	116.3
其他	74.1	70.9	72.7	66.9	64.8	65.7	66.2	66.7	68.0	67.6	74.8	96.9	123.9
肉禽及其制品	98.1	97.2	94.9	91.9	91.2	91.0	91.3	93.3	97.9	100.3	102.2	109.1	118.7
食用畜肉及副产品	96.6	95.8	93.5	89.3	88.7	88.3	88.1	90.1	96.1	98.9	100.9	109.8	122.4
猪肉	93.4	92.7	89.7	84.5	83.4	82.7	82.5	84.9	92.8	96.8	99.2	110.6	126.3
牛肉	107.7	113.8	109.9	110.9	110.0	106.4	106.9	106.9	106.5	105.1	105.1	105.2	105.8
羊肉	110.7	107.7	110.3	108.2	110.5	112.0	111.9	112.4	111.2	108.9	109.9	111.0	114.3
畜肉副产品	99.0	99.2	97.3	98.5	98.2	98.8	98.4	98.3	98.0	98.3	98.3	100.0	104.4
其他	103.4	109.9	102.5	104.9	93.5	97.7	100.0	97.7	107.9	104.8	105.6	107.9	109.5
禽	98.4	95.6	88.6	85.7	84.6	86.5	89.2	95.3	101.7	105.3	110.4	118.9	128.6
鸡	98.4	95.1	87.6	84.3	83.6	85.9	88.5	95.3	102.4	106.1	111.3	119.8	130.2
鸭	94.4	96.0	94.3	96.9	89.0	84.5	90.1	87.1	88.0	91.4	96.4	108.6	115.2
其他	109.4	110.1	106.5	106.5	107.6	108.7	108.7	111.6	108.7	110.6	110.6	112.8	110.4

4-1 续表1

类别	年度	月份											
		一	二	三	四	五	六	七	八	九	十	十一	十二
加工肉禽	102.1	102.4	102.6	103.1	102.2	101.4	101.2	101.1	101.1	101.6	101.6	102.4	104.2
畜肉制品	102.2	103.4	103.8	104.5	103.0	101.5	101.5	101.2	101.2	101.5	101.5	101.3	102.2
禽制品	101.9	101.3	101.2	101.5	101.2	101.2	100.9	100.9	100.9	101.6	101.7	103.7	106.6
蛋	92.5	92.7	86.3	84.7	84.9	81.0	80.8	83.2	93.9	98.5	104.3	108.6	112.8
鲜蛋	91.6	91.8	84.8	82.9	83.2	79.1	78.9	81.6	93.3	98.4	104.6	108.9	113.1
蛋制品	102.1	102.1	101.8	101.8	101.8	101.8	101.8	100.0	100.0	98.8	101.2	104.9	109.3
水产品	101.6	104.9	99.4	100.2	100.5	100.7	102.2	104.1	103.9	102.1	101.1	100.0	100.5
鱼	97.3	97.4	91.6	93.2	94.3	95.3	98.1	101.2	102.0	100.7	99.7	98.0	97.4
淡水鱼	95.4	96.5	88.9	86.3	87.9	92.1	96.0	101.4	104.0	101.2	99.7	97.9	95.9
海水鱼	99.3	98.4	94.4	100.9	101.2	98.7	100.3	101.0	100.1	100.2	99.6	98.2	98.9
其他水产品	108.4	117.1	112.7	112.3	111.0	109.3	108.5	108.6	106.8	104.3	103.3	103.0	105.2
虾蟹类	116.3	130.9	120.8	115.9	117.7	120.5	121.0	119.2	115.4	109.8	107.4	106.6	111.3
其他	102.0	105.9	105.9	109.1	105.3	100.3	98.6	100.0	100.0	100.0	100.0	100.0	100.0
菜	111.1	154.9	112.5	116.0	114.2	119.9	116.9	96.3	97.6	116.3	94.1	88.5	104.2
鲜菜	111.3	157.8	112.6	116.0	114.1	120.4	118.8	95.5	97.4	117.8	93.4	86.9	103.3
干菜及菜制品	103.0	101.0	101.0	101.5	101.0	100.7	100.2	100.2	100.2	100.9	101.0	107.1	121.2
薯类	113.2	130.0	121.9	129.8	129.5	124.8	100.1	108.8	98.5	99.6	103.0	109.9	113.2
调味品	102.7	100.4	100.4	100.2	99.5	99.2	99.2	99.2	100.0	103.2	109.1	109.1	113.6
盐	107.9	100.5	100.5	100.5	97.7	97.7	97.7	97.7	100.0	110.2	128.5	128.5	135.6
酱油	99.7	97.4	97.4	97.9	100.0	100.0	100.0	100.0	100.0	100.0	100.0	100.0	103.8
醋	100.6	101.3	101.3	99.9	100.0	100.0	100.0	100.0	100.0	100.0	100.0	100.0	105.3
味精	100.0	99.5	99.5	99.5	99.5	99.5	99.5	99.5	100.0	100.0	100.0	100.0	103.2
其他	100.8	102.6	102.6	102.6	101.6	100.0	100.0	100.0	100.0	100.0	100.0	100.0	100.3
糖	107.8	99.9	104.2	104.3	104.4	104.4	109.9	109.9	109.9	109.9	109.9	109.9	117.2
食糖	126.6	100.1	115.3	115.3	115.8	115.8	135.3	135.3	135.3	135.3	135.3	135.3	145.6
糖果	100.9	100.0	99.9	99.9	99.9	99.9	100.0	100.0	100.0	100.0	100.0	100.0	110.8
巧克力制品	99.6	99.4	99.4	100.0	100.0	100.0	100.0	100.0	100.0	100.0	100.0	100.0	96.4
糖类小食品	100.0	100.0	100.0	100.0	100.0	100.0	100.0	100.0	100.0	100.0	100.0	100.0	100.0
茶及饮料	100.1	98.5	98.5	99.4	99.5	99.6	99.6	99.6	101.3	101.3	101.3	101.3	101.6
茶叶	99.6	96.4	96.4	99.9	99.9	99.9	99.9	99.9	99.9	99.9	99.9	100.0	104.0
茶叶	99.6	96.4	96.4	99.9	99.9	99.9	99.9	99.9	99.9	99.9	99.9	100.0	104.0
饮料	100.3	99.3	99.3	99.2	99.3	99.4	99.5	99.5	101.9	101.9	101.9	101.9	100.7
固体饮料	100.2	100.0	100.0	100.0	100.0	100.0	100.0	100.0	100.0	100.0	100.0	100.0	101.9
液体饮料	100.4	98.8	98.8	98.6	98.9	99.1	99.2	99.2	103.1	103.1	103.1	103.1	100.6
冷冻饮品	100.0	100.0	100.0	100.0	100.0	100.0	100.0	100.0	100.0	100.0	100.0	100.0	100.0

4-1 续表2

类别	年度	月份											
		一	二	三	四	五	六	七	八	九	十	十一	十二
干鲜瓜果	110.0	115.8	107.0	109.5	122.1	123.0	135.7	121.2	110.9	93.9	93.3	95.4	98.5
鲜瓜果	109.7	118.1	107.2	110.1	125.1	127.1	144.3	124.7	111.0	90.6	87.6	89.1	92.1
干(坚)果	111.2	106.4	106.3	106.7	108.9	106.2	106.3	109.3	110.8	106.3	118.3	122.1	125.8
糕点饼干	98.7	99.0	99.0	97.5	97.5	97.5	97.5	97.6	100.0	100.0	100.0	100.0	99.5
糕点	101.0	105.9	105.9	100.0	100.0	100.0	100.0	100.0	100.0	100.0	100.0	100.0	100.3
饼干	99.6	99.6	99.6	99.7	99.6	99.6	99.6	99.9	99.9	99.9	99.9	99.9	98.1
面包	96.3	93.8	93.8	93.8	93.8	93.8	93.8	93.8	100.0	100.0	100.0	100.0	100.3
液体乳及乳制品	100.0	100.0	100.0	100.0	100.0	100.0	100.0	100.0	100.0	100.0	100.0	99.7	99.9
巴氏杀菌奶或消毒奶	99.9	100.0	100.0	100.0	100.0	100.0	100.0	100.0	100.0	100.0	100.0	99.5	99.5
酸奶	100.0	100.0	100.0	100.0	100.0	100.0	100.0	100.0	100.0	100.0	100.0	100.0	100.0
奶粉	100.2	100.2	100.2	100.2	100.2	100.2	100.2	100.2	100.0	100.0	100.0	100.0	101.1
其他	100.0	100.0	100.0	100.0	100.0	100.0	100.0	100.0	100.0	100.0	100.0	100.0	100.0
在外用膳食品	100.3	100.0	100.0	100.0	100.0	100.0	100.0	100.0	100.0	100.0	100.0	100.0	104.1
主食	101.0	100.0	100.0	100.0	100.0	100.0	100.0	100.0	100.0	100.0	100.0	100.0	112.3
炒菜	100.0	100.0	100.0	100.0	100.0	100.0	100.0	100.0	100.0	100.0	100.0	100.0	100.0
地方小吃	100.3	100.0	100.0	100.0	100.0	100.0	100.0	100.0	100.0	100.0	100.0	100.0	103.2
其他食品	100.9	101.5	101.5	101.5	101.5	101.5	101.5	101.5	100.0	100.0	100.0	100.0	100.2
其他食品	100.9	101.5	101.5	101.5	101.5	101.5	101.5	101.5	100.0	100.0	100.0	100.0	100.2
烟酒及用品	**100.9**	**100.9**	**100.9**	**100.5**	**100.5**	**100.5**	**100.5**	**100.5**	**100.3**	**100.3**	**100.3**	**100.3**	**105.0**
烟草	100.3	100.9	100.9	100.2	100.2	100.2	100.2	100.2	100.0	100.0	100.0	100.0	100.2
国产卷烟	100.4	101.2	101.2	100.3	100.3	100.3	100.3	100.3	100.0	100.0	100.0	100.0	100.6
进口卷烟	99.9	100.0	100.0	100.0	100.0	100.0	100.0	100.0	100.0	100.0	100.0	100.0	99.2
其他	100.0	100.0	100.0	100.0	100.0	100.0	100.0	100.0	100.0	100.0	100.0	100.0	100.0
酒	101.8	101.0	101.0	101.0	100.9	100.9	100.9	100.9	100.7	100.7	100.7	100.7	112.2
白酒	102.2	100.9	100.9	100.9	100.7	100.7	100.7	100.7	101.0	101.0	101.0	101.0	116.8
葡萄酒	99.8	100.1	100.1	100.1	100.1	100.1	100.3	100.3	100.0	100.0	100.0	100.0	96.7
啤酒	101.1	102.1	102.1	102.1	102.1	102.1	102.1	102.1	99.8	100.0	100.0	100.0	99.2
其他	100.0	100.0	100.0	100.0	100.0	100.0	100.0	100.0	100.0	100.0	100.0	100.0	100.0
吸烟、饮酒用品	100.0	100.0	100.0	100.0	100.0	100.0	100.0	100.0	100.0	100.0	100.0	100.0	100.0
吸烟用品	100.0	100.0	100.0	100.0	100.0	100.0	100.0	100.0	100.0	100.0	100.0	100.0	100.0
饮酒用品	100.0	100.0	100.0	100.0	100.0	100.0	100.0	100.0	100.0	100.0	100.0	100.0	100.0
衣着	**100.1**	**100.1**	**100.1**	**100.1**	**100.1**	**100.1**	**100.1**	**100.1**	**100.1**	**100.1**	**100.1**	**100.3**	**100.2**
服装	100.0	100.0	100.0	100.0	100.0	100.0	100.0	100.0	100.0	100.0	100.0	100.0	100.0
男式服装	100.0	100.1	100.1	100.0	100.0	100.0	100.0	100.0	100.0	100.0	100.0	100.0	100.0
大衣	100.0	100.0	100.0	100.0	100.0	100.0	100.0	100.0	100.0	100.0	100.0	100.0	100.0
毛线衣	100.0	100.0	100.0	100.0	100.0	100.0	100.0	100.0	100.0	100.0	100.0	100.0	100.0

4-1　续表3

类　别	年　度	月					份						
		一	二	三	四	五	六	七	八	九	十	十一	十二
夹克衫	100.0	100.0	100.0	100.0	100.0	100.0	100.0	100.0	100.0	100.0	100.0	100.0	100.0
衬衫	100.0	100.0	100.0	100.0	100.0	100.0	100.0	100.0	100.0	100.0	100.0	100.0	100.0
T恤衫	100.0	100.0	100.0	100.0	100.0	100.0	100.0	100.0	100.0	100.0	100.0	100.0	100.0
裤子	100.0	100.0	100.0	100.0	100.0	100.0	100.0	100.0	100.0	100.0	100.0	100.0	100.0
西服	100.1	100.3	100.3	100.0	100.0	100.0	100.0	100.0	100.0	100.0	100.0	100.0	100.0
运动衫裤	100.0	100.0	100.0	100.0	100.0	100.0	100.0	100.0	100.0	100.0	100.0	100.0	100.0
内衣	100.0	100.0	100.0	100.0	100.0	100.0	100.0	100.0	100.0	100.0	100.0	100.0	100.0
羽绒衣	100.0	100.0	100.0	100.0	100.0	100.0	100.0	100.0	100.0	100.0	100.0	100.0	100.0
其他	100.0	100.0	100.0	100.0	100.0	100.0	100.0	100.0	100.0	100.0	100.0	100.0	100.0
女式服装	100.0	100.0	100.0	100.0	100.0	100.0	100.0	100.0	100.0	100.0	100.0	100.0	100.0
大衣	100.0	100.0	100.0	100.0	100.0	100.0	100.0	100.0	100.0	100.0	100.0	100.0	100.0
毛线衣	100.0	100.0	100.0	100.0	100.0	100.0	100.0	100.0	100.0	100.0	100.0	100.1	100.1
羽绒衣	100.0	100.0	100.0	100.0	100.0	100.0	100.0	100.0	100.0	100.0	100.0	100.0	100.0
套装	100.0	100.0	100.0	100.0	100.0	100.0	100.0	100.0	100.0	100.0	100.0	100.0	100.0
衬衫	100.0	100.0	100.0	100.0	100.0	100.0	100.0	100.0	100.0	100.0	100.0	100.0	100.0
T恤衫	100.0	100.0	100.0	100.0	100.0	100.0	100.0	100.0	100.0	100.0	100.0	100.0	100.0
裙子	100.0	100.0	100.0	100.0	100.0	100.0	100.0	100.0	100.0	100.0	100.0	100.0	100.0
裤子	100.0	100.0	100.0	100.0	100.0	100.0	100.0	100.0	100.0	100.0	100.0	100.0	100.0
运动衫裤	100.0	100.0	100.0	100.0	100.0	100.0	100.0	100.0	100.0	100.0	100.0	100.0	100.0
内衣	100.0	100.0	100.0	100.0	100.0	100.0	100.0	100.0	100.0	100.0	100.0	100.0	100.0
其他	100.0	100.0	100.0	100.0	100.0	100.0	100.0	100.0	100.0	100.0	100.0	100.0	100.0
儿童服装	100.0	100.0	100.0	100.0	100.0	100.0	100.0	100.0	100.0	100.0	100.0	100.0	100.0
套装	100.0	100.0	100.0	100.0	100.0	100.0	100.0	100.0	100.0	100.0	100.0	100.0	100.0
裤子	100.0	100.0	100.0	100.0	100.0	100.0	100.0	100.0	100.0	100.0	100.0	100.0	100.0
裙子	100.0	100.0	100.0	100.0	100.0	100.0	100.0	100.0	100.0	100.0	100.0	100.0	100.0
其他	100.0	100.0	100.0	100.0	100.0	100.0	100.0	100.0	100.0	100.0	100.0	100.0	100.0
衣着材料	100.0	100.0	100.0	100.0	100.0	100.0	100.0	100.0	100.0	100.0	100.0	100.0	100.4
棉布	100.0	100.0	100.0	100.0	100.0	100.0	100.0	100.0	100.0	100.0	100.0	100.0	100.0
棉混纺布	100.0	100.0	100.0	100.0	100.0	100.0	100.0	100.0	100.0	100.0	100.0	100.0	100.0
化纤布	100.0	100.0	100.0	100.0	100.0	100.0	100.0	100.0	100.0	100.0	100.0	100.0	100.0
毛线	100.1	100.0	100.0	100.0	100.0	100.0	100.0	100.0	100.0	100.0	100.0	100.0	101.5
鞋袜帽	100.1	100.0	100.0	100.0	100.0	100.0	100.0	100.0	100.0	100.0	100.0	100.8	100.8
鞋	100.2	100.0	100.0	100.0	100.0	100.0	100.0	100.0	100.0	100.0	100.0	100.9	100.9
男鞋	100.0	100.0	100.0	100.0	100.0	100.0	100.0	100.0	100.0	100.0	100.0	100.0	100.0
女鞋	100.3	100.0	100.0	100.0	100.0	100.0	100.0	100.0	100.0	100.0	100.0	101.9	101.9

4-1 续表4

类　别	年 度	月份 一	二	三	四	五	六	七	八	九	十	十一	十二
童鞋	100.0	100.0	100.0	100.0	100.0	100.0	100.0	100.0	100.0	100.0	100.0	100.0	100.0
袜子	100.0	100.0	100.0	100.0	100.0	100.0	100.0	100.0	100.0	100.0	100.0	100.0	100.0
男袜	100.0	100.0	100.0	100.0	100.0	100.0	100.0	100.0	100.0	100.0	100.0	100.0	100.0
女袜	100.0	100.0	100.0	100.0	100.0	100.0	100.0	100.0	100.0	100.0	100.0	100.0	100.0
帽子	100.0	100.0	100.0	100.0	100.0	100.0	100.0	100.0	100.0	100.0	100.0	100.0	100.0
男帽	100.0	100.0	100.0	100.0	100.0	100.0	100.0	100.0	100.0	100.0	100.0	100.0	100.0
女帽	100.0	100.0	100.0	100.0	100.0	100.0	100.0	100.0	100.0	100.0	100.0	100.0	100.0
衣着加工服务费	107.3	108.0	108.0	108.0	108.0	108.0	108.0	108.0	108.0	106.8	106.8	106.8	103.9
缝纫	118.3	120.1	120.1	120.1	120.1	120.1	120.1	120.1	120.1	116.8	116.8	116.8	109.3
清洗	100.0	100.0	100.0	100.0	100.0	100.0	100.0	100.0	100.0	100.0	100.0	100.0	100.0
家庭设备用品及维修服务	**102.0**	**101.0**	**101.0**	**101.4**	**101.2**	**101.5**	**102.2**	**102.5**	**102.5**	**102.8**	**102.8**	**102.9**	**102.5**
耐用消费品	101.5	100.0	99.9	100.6	100.4	100.5	101.8	101.9	101.9	102.5	102.5	102.6	103.2
家具	100.1	100.0	100.0	100.0	100.0	100.0	100.0	100.0	100.0	100.0	100.0	100.0	101.0
柜	100.0	100.0	100.0	100.0	100.0	100.0	100.0	100.0	100.0	100.0	100.0	100.0	100.0
床	100.0	100.0	100.0	100.0	100.0	100.0	100.0	100.0	100.0	100.0	100.0	100.0	100.0
桌	100.0	100.0	100.0	100.0	100.0	100.0	100.0	100.0	100.0	100.0	100.0	100.0	100.0
椅	100.6	100.0	100.0	100.0	100.0	100.0	100.0	100.0	100.0	100.0	100.0	100.0	107.7
沙发	100.0	100.0	100.0	100.0	100.0	100.0	100.0	100.0	100.0	100.0	100.0	100.0	100.0
其他	100.4	100.0	100.0	100.0	100.0	100.0	100.0	100.0	100.0	100.0	100.0	100.0	104.3
家庭设备	102.2	100.0	99.8	101.0	100.6	100.7	102.7	103.0	103.0	103.8	103.9	104.0	104.4
洗衣机	99.1	97.8	97.8	97.8	99.2	99.2	99.2	99.2	99.2	100.0	100.0	100.0	100.0
电风扇	100.0	100.0	100.0	100.0	100.0	100.0	100.0	100.0	100.0	100.0	100.0	100.0	100.0
电冰箱(柜)	99.6	97.0	97.4	97.4	98.2	99.0	99.0	98.7	99.0	102.0	102.6	102.6	102.6
吸排油烟机	100.3	101.0	101.0	101.0	100.0	100.0	100.0	100.0	100.0	100.0	100.0	100.0	100.0
空调器	105.9	102.4	101.7	104.6	103.1	102.9	107.6	107.4	107.4	108.2	108.2	108.2	109.0
热水器	101.4	99.5	99.5	99.5	99.5	99.5	99.5	103.1	103.1	103.1	103.1	103.1	103.7
微波炉	98.6	99.8	99.8	99.8	99.1	99.1	99.1	99.1	98.8	96.6	96.6	97.8	97.8
电炊具	95.7	96.0	96.0	96.0	96.0	96.0	96.0	95.8	95.8	95.1	95.1	95.1	95.1
室内装饰品	100.0	100.0	100.0	100.0	100.0	100.0	100.0	100.0	100.0	100.0	100.0	100.0	100.0
纺织装饰品	100.0	100.0	100.0	100.0	100.0	100.0	100.0	100.0	100.0	100.0	100.0	100.0	100.0
装饰灯具	100.0	100.0	100.0	100.0	100.0	100.0	100.0	100.0	100.0	100.0	100.0	100.0	100.0
其他	100.0	100.0	100.0	100.0	100.0	100.0	100.0	100.0	100.0	100.0	100.0	100.0	100.0
床上用品	100.0	100.0	100.0	100.0	100.0	100.0	100.0	100.0	100.0	100.0	100.0	100.0	100.0
毛毯	100.0	100.0	100.0	100.0	100.0	100.0	100.0	100.0	100.0	100.0	100.0	100.0	100.0
被子	100.0	100.0	100.0	100.0	100.0	100.0	100.0	100.0	100.0	100.0	100.0	100.0	100.0
床上套件	100.0	100.0	100.0	100.0	100.0	100.0	100.0	100.0	100.0	100.0	100.0	100.0	100.0

类　别	年度	月份											
		一	二	三	四	五	六	七	八	九	十	十一	十二
其他	100.0	100.0	100.0	100.0	100.0	100.0	100.0	100.0	100.0	100.0	100.0	100.0	100.0
家庭日用杂品	100.4	100.7	100.7	100.5	100.5	100.5	100.3	100.3	100.3	100.3	100.3	100.3	100.0
茶具	100.0	100.0	100.0	100.0	100.0	100.0	100.0	100.0	100.0	100.0	100.0	100.0	100.0
餐具	100.0	100.0	100.0	100.0	100.0	100.0	100.0	100.0	100.0	100.0	100.0	100.0	100.0
厨具	99.8	99.4	99.4	98.8	100.0	100.0	100.0	100.0	100.0	100.0	100.0	100.0	100.0
家用手工工具	100.1	100.0	100.0	100.0	100.0	100.0	100.0	100.0	100.0	100.0	100.0	100.8	100.8
洗涤用品	101.4	102.8	102.8	102.8	101.6	101.6	100.9	100.9	100.9	100.9	100.9	100.9	100.0
其他	100.0	100.0	100.0	100.0	100.0	100.0	100.0	100.0	100.0	100.0	100.0	100.0	100.0
家庭服务及加工维修服务	110.7	109.0	109.0	109.0	109.0	110.9	110.9	113.0	113.0	113.0	113.0	113.0	106.4
家庭服务	117.9	115.0	115.0	115.0	115.0	118.2	118.2	121.8	121.8	121.8	121.8	121.8	110.3
加工维修服务	100.0	100.0	100.0	100.0	100.0	100.0	100.0	100.0	100.0	100.0	100.0	100.0	100.0
医疗保健和个人用品	**99.3**	**97.4**	**97.5**	**97.8**	**97.8**	**98.2**	**99.4**	**100.9**	**101.0**	**101.1**	**100.6**	**100.6**	**99.1**
医疗保健	97.4	95.7	95.6	95.8	95.7	95.4	97.3	99.4	99.6	99.7	99.0	98.9	97.2
医疗器具及用品	78.3	84.3	84.3	78.3	71.1	71.1	71.1	71.1	84.3	84.3	84.3	84.3	73.7
医疗器具及用品	78.3	84.3	84.3	78.3	71.1	71.1	71.1	71.1	84.3	84.3	84.3	84.3	73.7
中药材及中成药	98.5	99.0	98.8	99.9	99.9	98.6	99.9	100.3	99.7	99.7	98.0	97.2	90.9
中药材	92.7	90.3	89.6	91.6	91.6	87.3	89.2	93.6	97.8	97.8	97.8	95.1	92.7
中成药	101.0	103.0	103.0	103.7	103.7	103.7	104.7	103.1	100.5	100.5	98.1	98.1	90.2
西药	95.7	91.6	91.6	91.6	91.6	91.6	95.2	99.8	100.4	100.2	99.2	99.1	99.1
抗微生物药	100.6	101.0	101.0	101.0	101.0	101.0	101.0	99.7	99.7	99.7	99.7	99.7	102.2
消化系统用药	95.9	94.0	94.0	94.0	94.0	94.0	94.0	99.4	98.1	98.1	98.1	98.1	96.1
呼吸系统用药	99.5	100.0	100.0	100.0	100.0	100.0	100.0	100.0	100.0	100.0	100.0	100.0	94.6
解热镇痛及非甾体抗炎药	78.4	62.8	62.8	62.8	62.8	62.8	75.2	100.0	100.0	100.0	100.0	100.0	100.0
抗肿瘤药	100.5	100.0	100.0	100.0	100.0	100.0	100.0	100.0	100.0	100.0	100.0	100.0	106.3
激素及调节内分泌功能药	100.4	101.7	101.7	101.7	101.7	101.7	101.7	99.9	99.9	99.9	99.9	98.3	97.2
循环系统用药	97.4	97.5	97.5	97.5	97.5	97.5	100.0	98.8	99.0	99.0	94.9	94.9	94.9
神经系统用药	95.4	100.0	100.0	100.0	100.0	100.0	100.0	97.4	97.4	97.4	84.1	84.1	84.1
专科用药	108.7	104.4	104.4	104.4	104.4	104.4	104.4	103.4	117.8	113.9	113.9	113.9	113.9
其他	98.5	100.0	100.0	100.0	100.0	100.0	100.0	97.1	97.1	97.1	9.1	97.1	97.1
保健器具及用品	97.7	97.7	97.4	97.4	97.4	97.4	98.2	99.2	97.6	97.6	97.6	97.6	97.2
保健器具	100.1	101.4	100.0	100.0	100.0	100.0	100.0	100.0	100.0	100.0	100.0	100.0	100.0
滋补保健用品	97.1	96.8	96.8	96.8	96.8	96.8	97.8	99.0	97.0	97.0	97.0	97.0	96.4
医疗保健服务	99.9	99.5	99.5	99.5	99.5	99.5	99.5	99.5	99.4	100.3	100.7	100.9	100.9
挂号费	104.4	107.8	107.8	107.8	107.8	107.8	107.8	107.8	100.0	100.0	100.0	100.0	100.0
注射费	100.0	100.0	100.0	100.0	100.0	100.0	100.0	100.0	100.0	100.0	100.0	100.0	100.0
检查费	100.0	100.0	100.0	100.0	100.0	100.0	100.0	100.0	100.0	100.0	100.0	100.0	100.0

4-1 续表6

类别	年度	月份											
		一	二	三	四	五	六	七	八	九	十	十一	十二
手术费	100.0	100.0	100.0	100.0	100.0	100.0	100.0	100.0	100.0	100.0	100.0	100.0	100.0
住院费	99.0	98.7	98.7	98.7	98.7	98.7	98.7	98.7	98.7	98.7	100.0	100.0	100.0
理疗费	100.0	100.0	100.0	100.0	100.0	100.0	100.0	100.0	100.0	100.0	100.0	100.0	100.0
化验费	98.4	98.0	98.0	98.0	98.0	98.0	98.0	98.0	98.0	98.0	98.6	100.0	100.0
其他	106.2	100.0	100.0	100.0	100.0	100.0	100.0	100.0	100.0	118.7	118.7	118.7	118.7
个人用品及服务	103.7	101.5	102.2	102.7	103.0	105.1	104.4	104.5	104.5	104.4	104.3	104.7	103.5
化妆美容用品	99.9	99.7	99.7	99.7	99.7	99.7	99.7	99.7	99.7	100.0	100.0	100.0	100.3
化妆美容器具	100.0	100.0	100.0	100.0	100.0	100.0	100.0	100.0	100.0	100.0	100.0	100.0	100.0
美容化妆品	98.4	99.4	99.4	99.4	99.4	99.4	99.4	99.4	99.4	96.2	96.2	96.2	96.8
护肤品	100.0	100.0	100.0	100.0	100.0	100.0	100.0	100.0	100.0	100.0	100.0	100.0	100.0
护发美容品	102.7	100.0	100.0	100.0	100.0	100.0	100.0	100.0	100.0	108.2	108.2	108.2	108.2
清洁化妆用品	100.0	100.1	100.1	100.1	100.1	100.1	99.7	99.7	99.7	100.1	100.1	100.5	100.4
洗发用品	100.1	100.0	100.0	100.0	100.0	100.0	100.0	100.0	100.0	100.0	100.0	100.7	100.6
洗浴用品	100.0	100.2	100.2	100.2	100.2	100.2	99.1	99.1	99.1	100.2	100.2	100.4	100.2
其他	100.0	100.0	100.0	100.0	100.0	100.0	100.0	100.0	100.0	100.0	100.0	100.0	100.0
个人饰品	115.6	103.7	108.7	108.7	110.9	124.6	119.6	119.7	119.9	119.0	118.7	118.8	114.6
首饰	124.3	105.8	113.6	113.6	117.1	138.5	130.6	130.9	131.2	129.7	129.3	129.3	122.3
皮件	100.0	100.0	100.0	100.0	100.0	100.0	100.0	100.0	100.0	100.0	100.0	100.0	100.0
手表	100.5	100.0	100.0	100.0	100.0	100.0	100.0	100.0	100.0	100.0	100.0	103.1	103.1
领带	100.0	100.0	100.0	100.0	100.0	100.0	100.0	100.0	100.0	100.0	100.0	100.0	100.0
其他	100.0	100.0	100.0	100.0	100.0	100.0	100.0	100.0	100.0	100.0	100.0	100.0	100.0
个人服务	104.7	103.3	103.3	104.7	104.7	104.7	105.4	105.4	105.4	104.9	104.9	105.6	103.5
美容	106.5	103.3	103.3	105.7	105.7	105.7	108.0	108.0	108.0	108.0	108.0	108.0	106.3
理(烫)发	104.0	103.4	103.4	104.7	104.7	104.7	104.7	104.7	104.7	103.9	103.9	103.9	101.2
洗浴	101.1	100.0	100.0	100.0	100.0	100.0	100.0	100.0	100.0	100.0	100.0	106.6	106.6
其他	107.9	108.1	108.1	108.1	108.1	108.1	108.1	108.1	108.1	108.1	108.1	108.1	105.3
交通和通信	**99.1**	**99.0**	**99.0**	**98.7**	**99.3**	**99.4**	**99.5**	**99.8**	**99.0**	**99.1**	**99.1**	**99.3**	**98.2**
交通	103.0	103.5	103.1	102.5	102.6	103.3	103.8	103.1	102.5	102.9	102.8	103.3	102.9
交通工具	98.1	98.7	98.7	98.7	97.3	97.3	97.3	98.6	98.2	98.5	98.5	98.5	97.3
摩托车	99.6	100.0	100.0	100.0	100.0	100.0	100.0	100.0	100.0	100.0	100.0	100.0	95.7
自行车	100.0	100.0	100.0	100.0	100.0	100.0	100.0	100.0	100.0	100.0	100.0	100.0	100.0
轿车	90.6	92.7	92.7	92.7	87.1	87.1	87.1	91.7	90.3	91.4	91.4	91.4	91.4
其他	111.0	112.1	112.1	112.1	112.1	112.1	112.1	112.1	112.1	112.1	112.1	112.1	100.0
车用燃料及零配件	109.5	105.1	105.0	103.8	104.8	107.3	115.8	112.7	110.1	110.1	110.1	114.3	114.3
汽油	118.4	118.0	118.0	114.8	116.3	120.4	128.8	122.0	116.7	116.7	116.7	116.7	116.7

类 别	年 度	月份 一	二	三	四	五	六	七	八	九	十	十一	十二
柴油	120.4	116.6	115.7	116.1	117.6	123.9	126.3	123.5	120.9	120.9	120.9	120.9	120.9
零配件	97.2	88.9	88.9	88.9	88.9	88.9	100.0	100.0	100.0	100.0	100.0	111.1	111.1
其他	100.0	100.0	100.0	100.0	100.0	100.0	100.0	100.0	100.0	100.0	100.0	100.0	100.0
车辆使用及维修费	99.0	101.5	101.5	101.9	101.8	101.7	97.9	96.6	97.3	97.6	96.8	96.8	96.8
驾驶证	103.1	100.0	100.0	102.3	102.3	102.3	102.3	102.3	106.7	108.3	103.8	103.8	103.8
保险费	95.4	103.9	103.9	103.9	103.9	103.9	92.5	89.1	89.1	89.1	89.1	89.1	89.1
停车费	100.0	100.0	100.0	100.0	100.0	100.0	100.0	100.0	100.0	100.0	100.0	100.0	100.0
车辆修理服务费	100.0	100.0	100.0	100.0	100.0	100.0	100.0	100.0	100.0	100.0	100.0	100.0	100.0
其他	101.4	104.9	104.9	104.9	102.4	100.0	100.0	100.0	100.0	100.0	100.0	100.0	100.0
市区公共交通费	108.9	111.0	111.0	111.0	111.0	111.0	111.0	108.2	106.9	106.9	106.9	106.9	106.9
公共汽车票	109.1	119.5	119.5	119.5	119.5	119.5	119.5	102.0	100.0	100.0	100.0	100.0	100.0
出租汽车	109.3	100.0	100.0	100.0	100.0	100.0	100.0	118.6	118.6	118.6	118.6	118.6	118.6
其他	100.0	100.0	100.0	100.0	100.0	100.0	100.0	100.0	100.0	100.0	100.0	100.0	100.0
城市间交通费	101.2	101.5	99.8	97.3	99.6	101.5	101.5	101.5	101.5	102.8	102.8	102.8	102.8
飞机票	102.6	100.0	100.0	100.0	100.0	100.0	100.0	100.0	100.0	107.9	107.9	107.9	107.9
火车票	99.7	100.0	99.7	96.5	100.0	100.0	100.0	100.0	100.0	100.0	100.0	100.0	100.0
长途汽车	104.8	106.5	100.0	98.2	98.2	105.9	105.9	105.9	105.9	107.7	107.7	107.7	107.7
其他	100.0	100.0	100.0	100.0	100.0	100.0	100.0	100.0	100.0	100.0	100.0	100.0	100.0
通信	98.0	97.8	97.8	97.6	98.3	98.3	98.3	98.8	98.0	98.0	98.0	98.1	96.8
通信工具	83.7	84.1	84.1	82.7	86.1	86.1	86.1	89.6	83.3	83.3	83.3	83.3	71.8
固定电话机	100.0	100.0	100.0	100.0	100.0	100.0	100.0	100.0	100.0	100.0	100.0	100.0	100.0
移动电话机	83.2	83.6	83.6	82.2	85.7	85.7	85.7	89.3	82.8	82.8	82.8	82.8	70.9
其他	100.0	100.0	100.0	100.0	100.0	100.0	100.0	100.0	100.0	100.0	100.0	100.0	100.0
通信服务	100.0	100.0	100.0	100.0	100.0	100.0	100.0	100.0	100.0	100.0	100.0	100.1	100.2
移动通信费	100.0	100.0	100.0	100.0	100.0	100.0	100.0	100.0	100.0	100.0	100.0	100.0	100.0
市内电话费	100.0	100.0	100.0	100.0	100.0	100.0	100.0	100.0	100.0	100.0	100.0	100.0	100.0
长途电话费	100.0	100.0	100.0	100.0	100.0	100.0	100.0	100.0	100.0	100.0	100.0	100.0	100.0
月租费	100.0	100.0	100.0	100.0	100.0	100.0	100.0	100.0	100.0	100.0	100.0	100.0	100.0
上网费	100.0	100.0	100.0	100.0	100.0	100.0	100.0	100.0	100.0	100.0	100.0	100.0	100.0
信件邮寄	106.4	100.0	100.0	100.0	100.0	100.0	100.0	100.0	100.0	100.0	100.0	126.3	150.0
包裹邮寄	100.0	100.0	100.0	100.0	100.0	100.0	100.0	100.0	100.0	100.0	100.0	100.0	100.0
其他	100.0	100.0	100.0	100.0	100.0	100.0	100.0	100.0	100.0	100.0	100.0	100.0	100.0
娱乐教育文化用品及服务	**100.1**	**99.5**	**100.2**	**100.6**	**100.5**	**100.1**	**100.5**	**100.5**	**100.7**	**99.6**	**99.6**	**99.4**	**99.6**
文娱用耐用消费品及服务	96.7	95.6	95.7	95.7	97.0	97.1	96.8	97.0	97.0	97.0	96.9	97.0	97.6
电视机	91.1	87.5	87.7	87.8	91.2	91.9	91.8	92.3	92.3	92.3	92.3	92.6	93.6
激光视盘机	97.8	92.6	92.6	92.6	99.7	99.7	99.7	99.5	99.5	99.5	99.5	99.7	99.7

4-1 续表8

类别	年度	月份											
		一	二	三	四	五	六	七	八	九	十	十一	十二
摄像机	99.6	97.6	98.6	98.6	100.0	100.0	100.0	100.0	100.0	100.0	100.0	100.0	100.0
照相机	99.3	99.2	99.2	99.2	100.3	99.3	99.1	99.3	99.3	99.3	99.0	99.0	99.0
家用音响	100.0	100.0	100.0	100.0	100.0	100.0	100.0	100.0	100.0	100.0	100.0	100.0	100.0
便携式音响	100.4	100.0	100.0	100.0	100.0	102.0	100.4	100.4	100.4	100.4	100.4	100.4	100.4
电脑	98.8	99.4	99.4	99.4	99.4	98.5	98.5	98.5	98.5	98.5	98.5	98.5	98.5
修理服务	100.0	100.0	100.0	100.0	100.0	100.0	100.0	100.0	100.0	100.0	100.0	100.0	100.0
其他	83.7	83.2	83.2	83.2	83.2	83.2	83.2	83.2	83.2	83.2	83.2	83.2	90.6
教育	99.6	100.1	100.1	100.1	100.1	100.1	100.1	100.1	100.1	98.7	98.7	98.7	98.7
教材及参考书	99.7	101.3	101.3	101.3	101.3	101.3	101.3	101.3	100.9	96.7	96.7	96.7	96.7
工具书	102.7	104.8	104.8	104.8	104.8	104.8	104.8	104.8	100.0	100.0	100.0	100.0	100.0
教材	98.8	102.2	102.2	102.2	102.2	102.2	102.2	102.2	102.2	92.0	92.0	92.0	92.0
参考书	100.0	100.0	100.0	100.0	100.0	100.0	100.0	100.0	100.0	100.0	100.0	100.0	100.0
教育软件	100.0	100.0	100.0	100.0	100.0	100.0	100.0	100.0	100.0	100.0	100.0	100.0	100.0
学杂托幼费	99.6	100.0	100.0	100.0	100.0	100.0	100.0	100.0	100.0	98.9	98.9	98.9	98.9
义务教育杂费	100.0	100.0	100.0	100.0	100.0	100.0	100.0	100.0	100.0	100.0	100.0	100.0	100.0
非义务教育学杂费	100.0	100.0	100.0	100.0	100.0	100.0	100.0	100.0	100.0	100.0	100.0	100.0	100.0
技能培训学费	100.0	100.0	100.0	100.0	100.0	100.0	100.0	100.0	100.0	100.0	100.0	100.0	100.0
托幼费	100.0	100.0	100.0	100.0	100.0	100.0	100.0	100.0	100.0	100.0	100.0	100.0	100.0
其他	96.7	100.0	100.0	100.0	100.0	100.0	100.0	100.0	100.0	90.0	90.0	90.0	90.0
文化娱乐类	100.1	102.1	102.1	102.1	102.1	100.7	99.0	98.7	98.7	98.7	98.7	98.7	99.7
文化娱乐用品	99.9	100.0	100.0	100.0	100.0	100.0	100.0	100.0	99.8	99.8	99.8	99.9	99.9
乐器	100.0	100.0	100.0	100.0	100.0	100.0	100.0	100.0	100.0	100.0	100.0	100.0	100.0
音响光盘和磁带	100.0	100.0	100.0	100.0	100.0	100.0	100.0	100.0	100.0	100.0	100.0	100.0	100.0
照相胶卷和存储卡	99.6	100.0	100.0	100.0	100.0	100.0	100.0	100.0	99.0	99.0	99.0	99.0	99.0
录像磁带和视盘	100.0	100.0	100.0	100.0	100.0	100.0	100.0	100.0	100.0	100.0	100.0	100.0	100.0
儿童玩具	100.0	100.0	100.0	100.0	100.0	100.0	100.0	100.0	100.0	100.0	100.0	100.0	100.0
纸张本册	100.0	100.0	100.0	100.0	100.0	100.0	100.0	100.0	100.0	100.0	100.0	100.0	100.0
文具	100.3	100.0	100.0	100.0	100.0	100.0	100.0	100.0	100.0	100.0	100.0	101.8	101.8
体育用品	100.0	100.0	100.0	100.0	100.0	100.0	100.0	100.0	100.0	100.0	100.0	100.0	100.0
其他	100.0	100.0	100.0	100.0	100.0	100.0	100.0	100.0	100.0	100.0	100.0	100.0	100.0
书报杂志	99.6	100.0	100.0	100.0	100.0	100.0	100.0	99.2	99.2	99.2	99.2	99.2	99.2
书籍	98.8	100.0	100.0	100.0	100.0	100.0	100.0	97.6	97.6	97.6	97.6	97.6	97.6
报纸	100.0	100.0	100.0	100.0	100.0	100.0	100.0	100.0	100.0	100.0	100.0	100.0	100.0
杂志	100.0	100.0	100.0	100.0	100.0	100.0	100.0	100.0	100.0	100.0	100.0	100.0	100.0
文娱费	100.7	107.4	107.4	107.4	107.4	102.2	96.6	96.6	96.6	96.6	96.6	96.6	99.8
电影票	98.8	100.0	100.0	100.0	100.0	98.3	98.3	98.3	98.3	98.3	98.3	98.3	98.3

4-1　续表9

类　　别	年 度	月					份						
		一	二	三	四	五	六	七	八	九	十	十一	十二
景点门票	100.0	100.0	100.0	100.0	100.0	100.0	100.0	100.0	100.0	100.0	100.0	100.0	100.0
有线电视	100.0	100.0	100.0	100.0	100.0	100.0	100.0	100.0	100.0	100.0	100.0	100.0	100.0
健身活动	103.0	131.6	131.6	131.6	131.6	108.8	89.6	89.6	89.6	89.6	89.6	89.6	100.0
其他	100.0	100.0	100.0	100.0	100.0	100.0	100.0	100.0	100.0	100.0	100.0	100.0	100.0
旅游	107.0	100.5	105.6	109.3	106.3	103.5	109.3	109.3	111.3	108.3	108.2	106.7	106.7
旅行社收费	108.3	100.6	106.5	111.0	107.4	104.1	111.0	111.0	113.4	109.7	109.6	107.9	107.9
宾馆住宿	100.0	100.0	100.0	100.0	100.0	100.0	100.0	100.0	100.0	100.0	100.0	100.0	100.0
其他住宿	100.0	100.0	100.0	100.0	100.0	100.0	100.0	100.0	100.0	100.0	100.0	100.0	100.0
居住	**105.8**	**107.9**	**107.8**	**107.3**	**106.9**	**106.8**	**103.9**	**103.1**	**104.1**	**106.0**	**105.6**	**105.4**	**105.1**
建房及装修材料	103.8	103.2	103.4	103.1	104.8	103.7	101.6	101.0	101.4	102.5	104.2	108.0	108.2
木材	103.5	112.3	112.3	111.6	111.6	106.2	95.3	92.3	94.3	97.0	100.2	104.8	104.8
木地板	105.1	98.4	98.4	98.4	107.1	107.1	107.1	107.1	107.1	107.1	107.1	108.2	108.2
砖	101.6	100.0	100.0	100.0	100.0	100.0	100.0	100.0	100.0	97.8	104.2	108.4	108.4
水泥	101.5	101.1	101.1	100.2	100.2	100.2	100.2	100.2	100.2	97.5	97.5	109.7	110.7
涂料	105.4	105.4	105.4	105.4	105.4	105.4	105.4	105.4	105.4	105.4	105.4	105.4	105.4
胶合板	107.5	103.4	103.4	103.4	103.4	103.4	103.4	103.4	103.4	115.7	115.7	115.7	115.7
玻璃	97.4	94.6	94.6	94.6	95.9	95.9	98.4	99.3	99.3	99.3	99.3	99.3	99.3
粘胶	104.0	105.1	105.1	105.1	105.1	105.1	105.1	105.1	105.1	105.1	100.7	100.7	100.7
油漆	107.9	104.0	109.4	109.4	109.4	109.4	109.4	109.4	109.4	109.4	105.1	105.1	105.1
其他	99.0	100.0	100.0	100.0	100.0	100.0	100.0	100.0	100.0	97.1	97.1	97.1	97.1
租房	106.8	100.0	100.0	100.0	109.1	109.1	109.1	109.1	109.1	109.1	109.1	109.1	109.1
公房房租	100.0	100.0	100.0	100.0	100.0	100.0	100.0	100.0	100.0	100.0	100.0	100.0	100.0
私房房租	108.5	100.0	100.0	100.0	111.4	111.4	111.4	111.4	111.4	111.4	111.4	111.4	111.4
其他费用	100.0	100.0	100.0	100.0	100.0	100.0	100.0	100.0	100.0	100.0	100.0	100.0	100.0
自有住房	108.0	106.3	106.3	104.6	104.6	105.9	105.3	105.3	109.0	113.9	113.9	111.6	109.3
房屋贷款利率	106.7	102.7	102.7	100.4	100.4	102.4	102.4	102.4	107.6	114.6	114.6	114.6	114.6
物业管理费用	97.3	100.0	100.0	100.0	100.0	100.0	95.3	95.3	95.3	95.3	95.3	95.3	95.3
维护修理费用	100.0	100.0	100.0	100.0	100.0	100.0	100.0	100.0	100.0	100.0	100.0	100.0	100.0
其他	125.9	130.8	130.8	130.8	130.8	130.8	130.8	130.8	130.8	130.8	130.8	113.3	100.0
水、电、燃料	105.3	112.7	112.4	112.6	109.2	108.7	103.5	101.9	101.9	102.7	101.0	99.8	100.4
水	108.5	133.3	133.3	133.3	106.7	106.7	106.7	100.0	100.0	100.0	100.0	100.0	100.0
电	103.9	109.8	109.8	109.8	109.8	109.8	100.0	100.0	100.0	100.0	100.0	100.0	100.0
液化石油气	111.8	121.3	118.8	121.0	123.0	118.4	114.9	109.5	110.1	117.0	104.5	95.6	98.2
管道燃气	100.0	100.0	100.0	100.0	100.0	100.0	100.0	100.0	100.0	100.0	100.0	100.0	100.0
其他燃料	112.0	115.0	115.0	115.0	115.0	113.8	113.8	113.8	111.3	111.3	106.0	106.0	109.5

4-2　市区商品零售价格指数

（以上年价格为100）

类　别	年　度	月份 一	二	三	四	五	六	七	八	九	十	十一	十二
商品零售价格指数	**100.9**	**101.4**	**100.1**	**100.0**	**100.3**	**100.8**	**101.2**	**100.7**	**100.7**	**101.1**	**100.7**	**101.1**	**102.3**
食品类	**101.9**	**106.5**	**100.7**	**100.4**	**101.2**	**101.5**	**102.0**	**99.5**	**100.3**	**101.4**	**100.1**	**101.4**	**107.4**
粮食	100.9	100.1	99.8	99.2	99.4	98.9	99.2	99.2	99.5	100.5	102.5	103.9	108.6
大米	101.6	100.7	100.7	99.9	99.5	99.9	99.9	99.9	100.5	101.3	103.9	105.6	107.7
面粉	97.3	97.3	96.3	95.1	95.9	94.2	95.0	94.6	94.7	96.2	99.5	101.9	107.6
粮食制品	102.2	101.7	101.7	101.2	101.2	101.2	101.2	101.2	101.2	102.1	102.1	101.9	109.7
其他	114.7	105.1	107.9	113.2	114.5	113.6	114.6	117.3	117.3	117.3	117.3	117.3	121.3
淀粉	103.2	102.7	102.4	101.9	101.0	101.0	101.0	101.0	101.0	101.0	105.6	105.6	114.0
干豆类及豆制品	96.6	95.6	95.4	94.7	94.7	96.2	96.9	97.6	97.1	97.0	97.2	96.8	100.6
油脂	98.6	94.4	94.5	94.3	94.5	94.9	95.6	96.0	97.8	99.3	100.8	105.3	117.0
肉禽及其制品	98.6	98.0	95.6	92.8	92.0	91.8	92.1	94.0	98.5	100.6	102.4	108.9	117.9
蛋	92.5	92.7	86.3	84.7	84.9	81.0	80.8	83.2	93.9	98.5	104.3	108.6	112.8
水产品	101.5	104.8	99.2	99.8	100.2	100.5	102.1	104.1	104.0	102.1	101.1	100.0	100.5
菜	110.2	149.1	111.6	114.7	113.0	117.9	114.7	96.8	97.9	114.4	94.9	90.5	105.9
鲜菜	111.3	157.8	112.6	116.0	114.1	120.4	118.8	95.5	97.4	117.8	93.4	86.9	103.3
调味品	102.7	100.4	100.4	100.2	99.5	99.2	99.2	99.2	100.0	103.2	109.1	109.1	113.6
盐	107.9	100.5	100.5	100.5	97.7	97.7	97.7	97.7	100.0	110.2	128.5	128.5	135.6
酱油	99.7	97.4	97.4	97.9	100.0	100.0	100.0	100.0	100.0	100.0	100.0	100.0	103.8
醋	100.6	101.3	101.3	99.9	100.0	100.0	100.0	100.0	100.0	100.0	100.0	100.0	105.3
味精	100.0	99.5	99.5	99.5	99.5	99.5	99.5	99.5	100.0	100.0	100.0	100.0	103.2
其它	100.8	102.6	102.6	102.6	101.6	100.0	100.0	100.0	100.0	100.0	100.0	100.0	100.3
糖	107.8	99.9	104.2	104.3	104.4	104.4	109.9	109.9	109.9	109.9	109.9	109.9	117.2
干鲜瓜果	110.0	115.8	107.0	109.5	122.1	123.0	135.7	121.2	110.9	93.9	93.3	95.4	98.5
糕点饼干面包	98.7	99.0	99.0	97.5	97.5	97.5	97.5	97.6	100.0	100.0	100.0	100.0	99.5
液体乳及乳制品	100.0	100.0	100.0	100.0	100.0	100.0	100.0	100.0	100.0	100.0	100.0	99.7	99.9
在外用膳食品	100.2	100.0	100.0	100.0	100.0	100.0	100.0	100.0	100.0	100.0	100.0	100.0	102.9
其它食品	100.9	101.5	101.5	101.5	101.5	101.5	101.5	101.5	100.0	100.0	100.0	100.0	100.2
饮料烟酒类	**100.7**	**100.4**	**100.4**	**100.3**	**100.3**	**100.3**	**100.3**	**100.3**	**100.5**	**100.5**	**100.5**	**100.5**	**104.1**
茶及饮料	100.1	98.4	98.4	99.4	99.5	99.6	99.6	99.6	101.3	101.3	101.3	101.4	101.6
烟草	100.3	100.9	100.9	100.2	100.2	100.2	100.2	100.2	100.0	100.0	100.0	100.0	100.2
酒	101.7	101.0	101.0	101.0	100.9	100.9	100.9	100.9	100.6	100.7	100.7	100.7	110.6

4-2 续表

类别	年度	月份											
		一	二	三	四	五	六	七	八	九	十	十一	十二
服装鞋帽类	**100.0**	**100.0**	**100.0**	**100.0**	**100.0**	**100.0**	**100.0**	**100.0**	**100.0**	**100.0**	**100.0**	**100.3**	**100.3**
服装	100.0	100.0	100.0	100.0	100.0	100.0	100.0	100.0	100.0	100.0	100.0	100.0	100.0
鞋袜帽	100.1	100.0	100.0	100.0	100.0	100.0	100.0	100.0	100.0	100.0	100.0	100.8	100.8
其它	100.0	100.0	100.0	100.0	100.0	100.0	100.0	100.0	100.0	100.0	100.0	100.0	100.0
纺织品类	**100.0**	**100.0**	**100.0**	**100.0**	**100.0**	**100.0**	**100.0**	**100.0**	**100.0**	**100.0**	**100.0**	**100.0**	**100.1**
衣着材料	100.0	100.0	100.0	100.0	100.0	100.0	100.0	100.0	100.0	100.0	100.0	100.0	100.4
床上用品	100.0	100.0	100.0	100.0	100.0	100.0	100.0	100.0	100.0	100.0	100.0	100.0	100.0
家用电器及音像器材类	**98.9**	**96.5**	**96.6**	**97.1**	**98.2**	**98.6**	**99.4**	**99.6**	**99.6**	**100.1**	**100.1**	**100.3**	**100.6**
家庭设备	101.8	99.7	99.5	100.6	100.3	100.4	102.1	102.4	102.4	103.3	103.4	103.5	103.8
文娱用耐用消费品	95.5	92.9	93.1	93.2	95.8	96.4	96.1	96.3	96.3	96.3	96.3	96.4	96.9
音像器材	100.0	100.0	100.0	100.0	100.0	100.0	100.0	100.0	100.0	100.0	100.0	100.0	100.0
文化办公用品类	**99.3**	**99.8**	**99.7**	**99.7**	**99.7**	**99.4**	**99.4**	**99.4**	**99.4**	**99.4**	**99.4**	**98.2**	**98.2**
日用品	**100.2**	**100.3**	**100.3**	**100.3**	**100.3**	**100.1**	**100.0**	**100.0**	**100.0**	**100.0**	**100.0**	**100.3**	**100.3**
体育娱乐用品	**100.0**	**99.8**	**99.8**	**99.8**	**99.8**	**102.2**	**99.8**	**99.8**	**99.8**	**99.8**	**99.8**	**99.8**	**99.8**
体育用品	99.9	99.7	99.7	99.7	99.7	92.0	100.0	100.0	100.0	100.0	100.0	100.0	100.0
娱乐用品	100.2	100.0	100.0	100.0	100.0	100.0	99.6	99.6	99.6	99.6	99.6	99.6	99.6
交通、通信用品类	**92.3**	**93.3**	**93.3**	**92.9**	**92.0**	**92.0**	**92.0**	**92.8**	**92.5**	**92.5**	**92.5**	**92.5**	**89.6**
交通运输机械	94.9	96.3	96.3	96.3	93.5	93.5	93.5	93.5	95.2	95.2	95.2	95.2	94.9
通信器材	86.4	86.8	86.8	85.5	88.4	88.4	88.4	91.3	86.2	86.2	86.2	86.2	76.8
家具类	**100.1**	**100.0**	**100.0**	**100.0**	**100.0**	**100.0**	**100.0**	**100.0**	**100.0**	**100.0**	**100.0**	**100.0**	**101.3**
化妆品类	**100.0**	**99.8**	**99.8**	**99.8**	**99.8**	**99.8**	**99.8**	**99.8**	**99.8**	**100.5**	**100.5**	**100.5**	**100.5**
金银珠宝类	**125.2**	**113.1**	**117.7**	**118.1**	**119.9**	**132.6**	**129.0**	**129.1**	**129.2**	**128.5**	**128.3**	**128.3**	**128.3**
中西药品及医疗保健用品类	**96.5**	**94.4**	**94.3**	**94.5**	**94.4**	**94.0**	**96.5**	**99.3**	**99.6**	**99.5**	**98.4**	**98.1**	**95.8**
书报杂志及电子出版物类	**99.8**	**100.9**	**100.9**	**100.9**	**100.9**	**100.9**	**100.9**	**100.5**	**100.1**	**97.8**	**97.8**	**97.8**	**97.8**
燃料类	**112.3**	**112.2**	**111.8**	**111.1**	**112.0**	**113.8**	**116.6**	**113.8**	**111.8**	**112.3**	**111.2**	**110.3**	**110.7**
建筑材料及五金电料类	**101.4**	**99.8**	**99.9**	**99.8**	**100.6**	**100.1**	**100.5**	**100.5**	**100.5**	**101.9**	**103.2**	**104.9**	**105.0**

4-3 市区居民消费及零售商品平均价格

品 名	规 格	单位	本年平均价格（元）	品 名	规 格	单位	本年平均价格（元）
大米	郑州市一等信阳米散装	千克	2.50	其它	郑州猪板油一级	千克	7.45
大米	郑州市一等粳米散装	千克	3.13	猪肉	郑州去骨五花猪肉	千克	12.39
面粉	郑州神象高筋富强粉袋装	千克	2.62	猪肉	郑州去骨后腿猪肉	千克	13.16
面粉	郑州金苑精制粉袋装	千克	1.82	牛肉	郑州去骨腿肉	千克	18.17
粮食制品	郑州展翔牌精粉挂面 450 克	把	1.20	羊肉	郑州去骨统肉	千克	20.55
粮食制品	郑州三全凌汤圆(黑芝麻)15 个	袋	5.40	畜肉副产品	郑州猪肝	千克	7.82
粮食制品	康师傅红烧牛肉面	包	1.72	畜肉副产品	郑州猪肚	千克	15.30
粮食制品	馒头二两一个	千克	2.02	其它	郑州兔肉	千克	11.15
其它	郑州一等小米散装	千克	3.45	鸡	郑州活公鸡上等	千克	13.66
淀粉及薯类	郑州薯类淀粉	千克	4.03	鸡	郑州白条鸡上等	千克	9.72
淀粉及薯类	禹州红薯粉条	千克	5.05	鸭	郑州活鸭上等	千克	12.02
干豆	郑州一等黄豆散装	千克	3.56	其它	郑州活鸽子上等	只	10.13
干豆	郑州一等绿豆散装	千克	6.83	畜肉制品	郑州五香熟牛肉	千克	32.92
豆制品	郑州水豆腐	千克	1.89	畜肉制品	郑州熟猪头肉	千克	18.03
豆制品	郑州豆腐皮	千克	4.14	禽制品	郑州烧鸡	千克	18.10
豆制品	郑州豆腐干	千克	3.65	禽制品	郑州鸡爪	千克	18.32
植物油脂	郑州小磨油	千克	27.20	禽制品	郑州鸡翅	千克	32.48
植物油脂	郑州菜籽油(一级)	千克	6.34	鲜蛋	郑州新鲜完整鸡蛋	千克	5.15
植物油制品	青岛金龙鱼 5 升色拉油	桶	39.73	鲜蛋	郑州新鲜完整鸭蛋	千克	7.90
植物油制品	青岛金龙鱼 5 升调和油	桶	46.61	蛋制品	郑州变鸡蛋	十个	4.08

4-3　续表1

品　名	规　格	单位	本年平均价格（元）	品　名	规　格	单位	本年平均价格（元）
蛋制品	郑州松花蛋	十个	5.85	鲜菜	郑州西红柿一等	千克	2.99
淡水鱼	郑州鲤鱼0.5千克以上	千克	6.78	鲜菜	郑州茄子一等	千克	2.96
淡水鱼	郑州鲢鱼0.5千克以上	千克	6.84	鲜菜	郑州罗卜一等	千克	1.41
淡水鱼	郑州草鱼0.5千克以上	千克	8.11	鲜菜	郑州胡罗卜一等	千克	2.32
海水鱼	浙江带鱼0.5千克以上	千克	10.46	鲜菜	郑州菜椒一等	千克	3.20
海水鱼	浙江扒皮鱼中等	千克	9.31	鲜菜	郑州生姜一等	千克	5.04
海水鱼	黄花鱼	千克	16.91	鲜菜	郑州豆角一等	千克	3.64
其它水产品	浙江鱿鱼一等水发	千克	12.00	鲜菜	郑州洋葱头一等	千克	1.97
其它水产品	浙江冷冻虾散装	千克	28.66	鲜菜	郑州大葱一等	千克	2.28
鲜菜	郑州大白菜一等	千克	1.33	鲜菜	郑州尖辣椒一等	千克	2.80
鲜菜	郑州洋白菜一等	千克	1.35	鲜菜	郑州蒜苔一等	千克	4.10
鲜菜	郑州菠菜一等	千克	2.03	鲜菜	郑州莲藕一等	千克	4.08
鲜菜	郑州油菜一等	千克	2.13	鲜菜	郑州绿豆芽一等	千克	1.28
鲜菜	郑州芹菜一等	千克	1.93	鲜菜	郑州西葫芦一等	千克	2.33
鲜菜	郑州韭菜一等	千克	2.32	干菜及菜制品	淮阳甲级黄花菜	千克	13.32
鲜菜	郑州菜花一等	千克	2.84	干菜及菜制品	柘城甲级干辣椒	千克	13.68
鲜菜	郑州生笋一等	千克	2.48	干菜及菜制品	郑州甲级五香大头菜	千克	2.52
鲜菜	郑州黄瓜一等	千克	2.88	干菜及菜制品	四川甲级乌江牌榨菜	千克	3.00
鲜菜	郑州冬瓜一等	千克	1.75	盐	郑州500克加碘精盐	千克	0.77
鲜菜	郑州丝瓜一等	千克	4.21	酱油	郑州双收牌瓶装酱油	瓶	1.80

4-3　续表 2

品　名	规　格	单位	本年平均价格（元）	品　名	规　格	单位	本年平均价格（元）
酱油	郑州海天瓶装老抽	瓶	5.17	冷冻饮品	天津小神童冰激淋	个	1.00
醋	郑州双收牌品瓶装五香醋	瓶	1.83	冷冻饮品	内蒙伊犁火炬冰激淋	个	1.50
醋	江苏镇江姜汁瓶装香醋	瓶	2.82	鲜果	郑州苹果一级	千克	4.84
味精	周口连花牌含麸酸纳 99% 500 克袋装	袋	6.62	鲜果	郑州梨一级	千克	2.36
味精	杭州西湖牌含麸纳 80% 454 克袋装	袋	6.40	鲜果	郑州桔子一级	千克	2.99
其它	阿香婆麻辣酱	瓶	6.26	鲜果	郑州桃子一级	千克	3.75
食糖	广西白沙糖一级	千克	5.94	鲜果	郑州西瓜一级	千克	2.40
食糖	广西红糖一级	千克	4.13	鲜果	两广香蕉一级	千克	3.21
糖果	上海大白兔软糖	千克	22.24	鲜果	郑州葡萄一级	千克	5.70
糖果	上海话梅硬糖	千克	20.73	鲜果	郑州猕猴桃一级	千克	3.98
巧克力制品	北京德芙牌巧克力板糖 80 克	袋	9.39	干（坚）果及瓜果制品	新郑干红枣一级	千克	16.14
糖制小食品	郑州芝麻糖 350 克	袋	3.80		郑州生花生米一级	千克	6.76
糖制小食品	郑州花生片糖 400 克	袋	5.90	干（坚）果及瓜果制品	郑州核桃一级	千克	18.44
茶叶	信阳绿茶一级	千克	48.83	糕点	郑州鸡蛋糕方型	千克	11.33
茶叶	湖南长沙猴王牌花茶一级	千克	63.00	糕点	郑州芋头酥	千克	11.15
固体饮料	雀巢咖啡 150 克	瓶	41.74	糕点	郑州大麻饼	千克	11.41
固体饮料	上海生牌菊花精 400 克袋装	瓶	8.52	饼干	深圳太平梳打饼干 450 克	袋	9.27
液体饮料	河北承德露露 240 克罐装	瓶	2.05	饼干	天津康师傅饼干 800 克	袋	22.33
液体饮料	广东健力宝 330 克罐装	瓶	1.87	饼干	广东嘉士力 800 克	袋	13.00
液体饮料	郑州太古雪碧 1.25 升瓶装	瓶	4.58	面包	郑州那多切片面包 760 克	袋	6.19

4-3 续表3

品 名	规 格	单位	本年平均价格（元）	品 名	规 格	单位	本年平均价格（元）
面包	郑州圆型普通精粉面包100克	袋	2.20	地方小吃	炒凉粉	份	2.00
鲜奶	蒙牛鲜奶	袋	2.02	地方小吃	胡辣汤	碗	0.50
鲜奶	郑州花花牛消毒鲜牛奶227克	袋	0.80	地方小吃	豆腐脑	碗	0.50
奶粉	伊利全脂无糖400克奶粉	袋	11.50	国产卷烟	云南玉溪阿诗玛硬盒20支	盒	7.83
奶粉	黑龙江双城力多精婴儿奶粉450克	袋	26.91	国产卷烟	郑州散花	盒	2.73
其它	花花牛酸奶	袋	1.00	国产卷烟	许昌帝豪	盒	9.93
主食	大米饭二两一碗	碗	1.00	进口卷烟	英国三五牌硬盒20支	盒	14.85
主食	油条一两一根	千克	6.05	进口卷烟	美国希尔顿硬盒20支	盒	5.33
主食	大肉包子一两一个	个	6.05	白酒	四川宜宾五粮液52度斤装	瓶	383.48
主食	烩面	碗	5.58	白酒	河南渑池三星仰绍45度斤装	瓶	19.11
炒菜	水煮肉片	份	13.00	白酒	四川全兴52度斤装	瓶	40.03
炒菜	紫玉大拉皮	份	5.50	果酒	吉林通化红葡萄酒750毫升	瓶	11.28
炒菜	熬炒菜	份	19.00	果酒	甘肃张裕干红葡萄酒750毫升	瓶	37.61
炒菜	蒜苔炒腊肠	份	21.50	啤酒	郑州百威啤酒听装355毫升	听	5.65
炒菜	脆皮炸乳鸽	份	16.50	啤酒	青岛啤酒355毫升听装	听	3.09
炒菜	风味炒鳝片	份	28.00	其它	浙江绍兴加饭黄酒斤装	瓶	2.50
炒菜	避风塘炒茄子	份	28.00	大衣	北京龙雪鸣	件	2131.33
炒菜	熬炒鸡	份	18.00	大衣	宁波杉杉羊绒大衣	件	1370.00
炒菜	梅菜扣肉	份	14.00	毛线衣	上海恒源祥毛衣(男)	件	398.00
炒菜	桂鱼	份/斤	52.00	毛线衣	皮尔卡丹羊绒衫(全毛)	件	1393.00

4-3 续表4

品 名	规 格	单位	本年平均价格（元）	品 名	规 格	单位	本年平均价格（元）
夹克衫	江苏红豆夹克衫(男)	件	155.00	羽绒衣	常熟波斯登女羽绒服	件	335.25
夹克衫	福建九牧王夹克衫	件	361.25	套装	上海罗蒙四件套(女)西服	套	1511.33
衬衫	宁波雅戈尔男衬衫	件	240.67	套装	宁波杉杉三件套(女)西服	套	1375.00
衬衫	扬州虎豹男衬衫	件	159.67	衬衫	扬州虎豹女衬衫	件	172.50
裤子	泉州虎都男裤	条	275.00	衬衫	宁波雅戈尔女衬衫	件	202.50
裤子	福建九牧王男裤	条	244.67	裙子	上海化纤套裙	条	190.67
西服	上海罗蒙男西服	套	1850.00	裙子	武汉连衣裙	条	179.50
西服	宁波雅戈尔男西服	套	2375.00	裤子	上海艾格女裤	条	211.33
运动衫裤	广东李宁男运动衫裤	套	326.50	裤子	香港米克伦女裤	条	188.50
运动衫裤	青岛耐克男运动衫裤	套	464.00	运动衫裤	广东李宁女运动服	套	275.00
内衣	青岛豪门内衣(套)	套	94.33	运动衫裤	青岛耐克运动服	套	398.00
内衣	上海宜尔爽高领男内衣	套	78.00	内衣	上海宜尔爽女内衣	套	88.33
羽绒衣	江西鸭鸭男羽绒服	件	256.00	内衣	青岛豪门低领女内衣	套	92.33
羽绒衣	江苏波斯登男羽绒服	件	366.00	其它	上海艾格女风衣	件	493.50
其它	上海宜尔爽背心	件	23.50	套装	浙江一休儿童套装	套	144.67
大衣	北京圣尼女皮衣	件	2046.67	套装	广东米奇儿童套装	套	191.00
大衣	上海斯尔丽 K291(女)	件	1419.67	裤子	北京派克兰蒂	条	134.00
毛线衣	上海恒源祥女毛线衣	件	327.75	裤子	上海巴布豆童裤	条	172.00
毛线衣	上海春竹女毛线衣	件	362.17	裙子	北京派克兰蒂单裙	条	94.33
羽绒衣	江西鸭鸭女羽绒衣	件	259.33	裙子	北京派克兰蒂棉裙	条	171.67

4-3　续表5

品　名	规　格	单位	本年平均价格（元）	品　名	规　格	单位	本年平均价格（元）
其它	上海童大衣	件	263.67	女袜	皮尔卡丹女袜(厚)	双	14.50
棉布	新疆白棉布90CM	米	3.50	女袜	上海浪沙(单长)	双	11.50
棉布	山东床单布160CM	米	8.00	男帽	郑州华达呢鸭舌男帽	顶	19.50
棉花化纤混纺布	郑州白涤棉90CM	米	2.80	女帽	郑州平绒太太帽	顶	20.00
棉花化纤混纺布	山东装饰布160CM	米	15.00	女帽	时装女帽	顶	98.00
化纤布	绍兴化纤布(厚)	米	30.00	缝纫	男西服缝纫费	套	400.00
化纤布	绍兴化纤布144cm(薄)	米	17.00	缝纫	毛料女裤缝纫费	条	130.00
毛线	上海恒源祥100%纯毛中粗团线	千克	107.47	清洗	男毛料西服干洗费(深色)	套/次	9.50
毛线	上海恒源祥100%混纺丝光细线	千克	128.40	清洗	国产短皮大衣上光(黑)	条/次	70.00
男鞋	花花公子男皮鞋	双	454.00	成套家具	四门广东中山实木书柜	个	1725.00
男鞋	安踏旅游鞋	双	175.50	成套家具	华日五门实木衣柜	个	4000.00
男鞋	双星运动鞋	双	24.00	床	一家实木双人床1.50＊200＊450	张	2000.00
女鞋	百丽女皮鞋	双	360.75	床	一家实木双人单人床200＊150	张	1500.00
女鞋	江苏森达女皮凉鞋	双	341.33	桌	北京天坛方桌(钢木一等)90＊90	张	400.00
女鞋	安踏旅游鞋	双	176.33	桌	广东盛泰老板台	张	2700.00
童鞋	上海斯乃那皮童鞋	双	88.00	椅	北京天坛折叠(单面)椅45＊45＊79一等	把	130.00
童鞋	巴布豆	双	153.00	椅	森海实木椅43＊40＊75一等	把	126.67
童鞋	巴布豆布鞋	双	63.00	沙发	广东顺德卓越牛皮沙发(一一三)	套	5500.00
男袜	皮尔卡丹袜子(厚)	双	19.67	沙发	伊春光明单人木沙发335＊72＊88一等	套	2000.00
男袜	北京赛可赛思男袜(单)	双	15.00	其它	成都金茂110＊55玻璃茶几	件	351.25

4-3 续表6

品 名	规 格	单位	本年平均价格（元）	品 名	规 格	单位	本年平均价格（元）
洗衣机	青岛海尔 XQ1350－10A 波轮	台	1577.00	钟表眼镜及配件	广东天王闹钟	个	88.33
洗衣机	青岛海尔 XQG52－D608 滚筒	台	2333.50	钟表眼镜及配件	厦门圣泰保罗眼镜	副	250.00
洗衣机	济南小鸭圣吉奥全自动洗衣机 XQ1350－218G	台	1385.00	钟表眼镜及配件	广州狄斯镜架	副	175.50
电风扇	广东美的台扇 FT40－B2	台	138.80	钟表眼镜及配件	老花镜	副	86.50
电风扇	广东格力落地 400MM	台	385.33	纺织装饰品	郑州化纤窗帘 36.＊2.5	付	175.00
电冰箱(柜)	顺德容声电冰箱 BCD－197C/HC(无氟)	台	1838.50	纺织装饰品	上海台布 180＊200	件	138.00
电冰箱(柜)	新乡新飞电冰箱 BCD181	台	1799.00	装饰灯具	广东 6＋1 吸顶灯	个	130.00
电冰箱(柜)	青岛海尔电冰柜 FCD－165SG	台	1282.33	装饰灯具	广东 8141 吊灯	个	196.00
抽排油烟机	宁波帅康抽油烟机 CXW－180－S328	台	687.00	其它	广东花瓶(陶瓷)	个	51.40
抽排油烟机	浙江老板抽油烟机 CXW－180－305	台	965.00	毛毯	上海兴洋 5 公斤	条	1085.00
空调器	江苏春兰空调器挂机 KFR－23GW/H(单冷)	台	1389.00	毛毯	上海海欣 5 公斤	条	1133.00
空调器	广东美的空调 KFR－32GW/Y－TⅡ	台	1872.42	被子	馨亭七孔双人被	条	248.00
空调器	青岛海尔单冷空调 KFR－23GW/D	台	1494.63	被子	梦洁七空双人被	条	248.00
热水器	阿里斯顿电热水器 Y558HE1.5	台	1199.00	床罩	馨亭 2.5m＊2.3m4 件套	套	398.50
热水器	广东万和热水器 JSQ16－8B 燃气	台	719.00	床罩	红缘坊 2.5m＊2.5m 印花四件套	套	398.00
微波炉	顺德格兰仕微波炉 WG900YCSL23－KB	台	1146.67	其它	良基伟业毛巾被	个	180.00
微波炉	青岛海尔 MP－2480EGS	台	898.00	茶具	南京玻璃杯	个	6.75
电炊具	顺德美的电饭煲 YJ502 650W	个	184.42	茶具	泰国玻璃杯	个	6.50
电炊具	珠海飞利蒲电烤箱	个	389.00	餐具	湖南瓷碗	只	6.25
钟表眼镜及配件	深圳霸王挂钟 9851S	个	131.67	餐具	广西建城铁木筷子(把)	把	11.50

4-3 续表7

品　名	规　格	单位	本年平均价格（元）	品　名	规　格	单位	本年平均价格（元）
厨具	广东阳江十八字菜刀	把	52.67	中成药	广东白云山板兰根冲剂（20袋）	袋	6.86
厨具	上海不锈钢铲子	把	13.20	中成药	禹州霍香正气丸(10丸)	盒	3.15
家用工具	河南卫辉虎头牌钳子200MM	把	9.79	中成药	广西中华跌打丸(6丸)	盒	4.38
家用工具	天津木柄大号罗丝刀	把	2.73	抗微生物药	头孢拉定胶囊 广州白云山1.25*10	合	16.30
洗涤用品	上海白猫洗涤剂500G	瓶	2.80	抗微生物药	罗红霉素片广东	合	6.25
洗涤用品	广东汰渍洗衣粉400克	袋	2.80	消化系统用药	雷尼替丁胶囊杭州105mg*30	瓶	2.58
其它	28CM不锈纲盆	个	31.00	消化系统用药	利珠得乐胶囊广东0.3g*10	盒	11.45
其它	新乡金鸡5磅暖水瓶	个	22.50	呼吸系统用药	化痰片广东0.25*12g	瓶	1.64
家庭服务	保姆费(看小孩)	月	462.50	呼吸系统用药	氨茶碱天津100*100	瓶	2.10
加工维修服务费	配门琐铜钥匙	把	1.00	解热镇痛及非甾体抗炎药	必理通天津史克500mg*10	合	4.50
医疗器具及用品	上海体温计5毫升	个	3.40	解热镇痛及非甾体抗炎药	双卤灭痛片广东鸣兴25mg*20	板	1.20
医疗器具及用品	医用胶布1CM100CM(小合)	合	1.67	抗肿瘤药	甲氨蝶令上海2.5mg*100	瓶	19.67
医疗器具及用品	平顶山注射器	个	0.55	抗肿瘤药	环磷酰胺针江苏恒瑞0.2g	支	3.99
中药材	甘草一级	千克	29.29	激素及调节内分泌功能药	强的松天津力生50g*100	瓶	2.87
中药材	银花一级	千克	106.36	激素及调节内分泌功能药	二甲双胍片上海0.25g*48	瓶	3.03
中药材	菊花一级	千克	31.73	循环系统用药	复方降压片江苏100	瓶	3.30
中药材	陈皮一级	千克	6.74	循环系统用药	长效心痛片青岛20mg*30	瓶	17.46
中药材	黄连一级	千克	190.00	神经系统用药	尼莫地平郑州20mg*50	瓶	2.63
中成药	郑州牛黄解毒片(24)	袋	0.65	神经系统用药	硝酸甘油片北京0.5mg*50	瓶	1.88
中成药	河南银翘解毒丸	盒	3.69	保健器具	深圳周林频普仪WC－301C	件	480.00

4-3 续表 8

品 名	规 格	单位	本年平均价格（元）	品 名	规 格	单位	本年平均价格（元）
保健器具	伦世打按摩器	件	180.00	化妆美容器具	广州眉夹	个	11.67
保健器具	上海健身球	对	30.50	化妆美容器具	珠海飞利蒲剃须刀 HQ402	件	182.00
滋补保健用品	上海人参蜂王浆 10 支	盒	9.00	美容化妆品	广州玉兰油美白滋润霜 50g	瓶	63.00
滋补保健用品	深圳太太静心口服液 10 支	盒	32.71	美容化妆品	上海梦巴黎香水 50ML	瓶	42.50
滋补保健用品	哈尔滨葡萄糖酸钙口服液 10ML * 10	盒	9.90	美容化妆品	天津美宝莲口红	支	49.00
挂号费	主治医师挂号费	次	2.75	洗发用品	上海海欧洗发膏 340 克	瓶	6.38
挂号费	付主任医师挂号费	次	4.75	洗发用品	上海夏士莲黑芝麻洗发露 400ML	瓶	22.27
注射费	肌肉注射费	次	2.50	洗发用品	广州飘柔洗发水 400ML	瓶	26.71
注射费	静脉注射费	次	4.00	洗浴用品	上海力士 100 克香皂	块	3.12
检查费	检查费(螺旋 CT)	次	220.00	洗浴用品	上海力士浴液 300ML	瓶	17.00
检查费	检查费(B 超黑白)	次	25.00	洗浴用品	洗澡巾	块	1.50
手术费	阑尾手术费	次	540.00	其它	北京舒尔美卫生巾 10 * 1 片	包	6.50
手术费	剖腹产手术费	次	585.33	首饰	金饰品 24k 千足	克	198.98
住院费	普通病房住院费(四人间)	天	6.33	首饰	白金饰品 PT950	克	372.08
住院费	干部病房住院费(两人间)	天	25.00	皮件	广州苹果牌男士皮带	件	131.00
理疗费	理疗费(超短波治疗)	次	9.33	皮件	广东万里马男士公文包	件	419.00
理疗费	针灸(体针)	次	18.00	皮件	天津男士皮手套(李宁)	双	139.00
化验费	尿常规	次	8.00	手表	上海精达石英表(男士)	块	148.00
化验费	血脂全项	次	95.50	手表	瑞士梅花机械女表	块	2506.25
化妆美容器具	珠海飞利蒲电吹风 HP481	件	151.00	手表	上海飞亚达机械男表	块	438.83

4-3 续表9

品名	规格	单位	本年平均价格（元）	品名	规格	单位	本年平均价格（元）
领带	金利来	条	259.00	柴油	-10柴油	升	4.69
领带	浙江罗蒙	条	188.00	零配件	许昌26型自行车内胎	条	8.75
其它	发夹	个	18.00	其它	北京3.5公升机油(润化油)	桶	10.00
美容	皮肤护理	次	34.13	驾驶证	大货车B证	个	2266.67
美容	绣眉	次	248.00	驾驶证	小汽车C证	个	1766.67
理(烫)发	男理全活	次	12.20	保险费	盗抢险费25万一年以内轿车	年	1998.25
理(烫)发	女短烫发	次	40.83	保险费	车损险费25万轿车	年	2779.83
其它	男染发(中等进口药)	次	40.00	停车费	小汽车路边停车(咪表刷卡)	辆/小时	3.00
摩托车	轻骑铃木QS150-B	辆	11916.67	停车费	摩托车停车	次	1.00
摩托车	新大州SOH50QT-16	辆	3600.00	车辆修理服务	补内胎小孔(自行车)	孔	1.00
自行车	上海凤凰26型男车	辆	350.00	车辆修理服务	桑塔纳2000型换三芯机油(中等)	次	156.67
自行车	安阳三枪26型女车	辆	240.00	其它	小汽车清洗	次	11.00
自行车	天津飞鸽26型女车	辆	320.00	公共汽车票	九路车单程票	张	1.00
轿车	武汉神龙富康1.4IRP+型	辆	72300.00	公共汽车票	成人月票	月	50.00
轿车	桑塔娜3000	辆	121100.00	出租汽车	富康出租车起步价	次	8.50
轿车	红旗	辆	134800.00	出租汽车	桑塔纳出租车	车公里	1.35
其它	安阳三枪三轮车(60*90CM)	辆	370.00	其它	机动三轮车运费	车公里	1.00
汽油	97#乙醇	升	4.87	飞机票	郑州-北京(687公里)	人公里	1.03
汽油	93#乙醇	升	4.60	飞机票	郑州-广州(1316公里)	人公里	1.05
柴油	0#柴油	升	4.51	火车票	郑州-北京西180次快速空调(689公里)	人公里	0.14

4-3 续表10

品　名	规　格	单位	本年平均价格（元）	品　名	规　格	单位	本年平均价格（元）
长途汽车	郑州－北京豪华车（座）695公里	人公里	0.25	摄像机	南京夏普Z3（日本）摄像机	台	5490.00
长途汽车	郑州－北京豪华车（卧）37铺	人公里	0.29	摄像机	上海索尼JDV－105E摄像机	台	7130.00
固定电话机	广东TCL牌HA868（3）P/TSD	部	137.67	照相机	日本理光RR30照像机	台	3090.00
固定电话机	深圳步步高HW007	部	393.00	照相机	索尼DSC－V3	台	5113.33
移动电话机	天津摩托罗拉V360	部	1590.83	音响	影院套装乐富豪英国PI10PI40	台	1200.00
移动电话机	天津三星X668	部	1715.83	音响	影院套装JBL带公放	台	7600.00
移动电话机	波导M10	部	1299.00	电脑	联想家悦C1066E	台	5125.00
其它	松下传真机	部	2810.00	电脑	联想天骄E5010	台	7800.00
市内电话通话费	住宅电话三分钟后	分钟	0.11	修理服务费	照相机检验费（理光30SD）	次	30.00
长途电话通话费	郑州－北京长途电话	分钟	0.70	修理服务费	25寸彩电带摇控检修费	次	50.00
月租费	民用住宅电话	月	20.00	其它	新科便携式DVD5820	台	1575.00
信件邮寄	外阜（20g以内）	封	0.85	工具书	现代汉语词典32开	本	69.00
包裹邮寄	郑州－洛阳投递区（包裹邮寄）不含保价费	千克	3.60	工具书	牛津高阶双解英汉词典	本	99.00
其它	网吧上网	小时	2.00	工具书	辞海16开（上海）	本	480.00
电视机	广东王牌AT29189纯平彩电	台	1639.50	教材	高一语文32开（人民教育）普通班	本	7.12
电视机	青岛海尔29F7A－T彩电	台	1789.50	教材	初一语文（人民教育）普通班	本	4.64
电视机	索尼KV－HR32M	台	8119.67	教材	小学一年级语文（人民教育）普通班	本	5.50
电视机	创维51P88HDJ	台	6499.00	参考书	中国小学生新优秀作文大全	本	15.00
影碟机	深圳新科DVD826PD影碟机	台	598.00	参考书	中国初中生新优秀作文大全	本	15.00
影碟机	广东金正DVD－N695影碟机	台	580.50	参考书	中国高中生新优秀作文大全	本	19.00

4-3 续表 11

品　名	规　格	单位	本年平均价格（元）	品　名	规　格	单位	本年平均价格（元）
义务教育杂费	小学一年级（学杂费）只包括杂费	学期	70.00	纸张本册	英语本	张	0.93
义务教育杂费	初中一年级只包括杂费	学期	90.00	纸张本册	小学六年级语文一课一练	张	6.33
非义务教育学杂费	高中一年级学杂费	学期	200.00	纸张本册	稿纸	本	2.50
非义务教育学杂费	大学本科一年级学杂费	学年	3700.00	文具	上海英雄墨水	瓶	2.24
非义务教育学杂费	大学专科一年级学杂费	学年	3600.00	文具	上海永生 862　12 色彩笔	盒	11.00
托幼费	公立托幼费	月	350.00	文具	上海英雄 616 依金笔	支	8.67
托幼费	私立托幼费	月	310.00	体育用品	天津全兴成人篮球	个	137.00
乐器	广州红棉吉它 917	件	222.50	体育用品	天津红双喜足球	个	113.25
乐器	珠江 118K1 钢琴	件	11500.00	体育用品	上海威士羽毛球拍	付	88.00
乐器	天津雅马哈电子琴 KB220　61 键	件	3000.00	其它	石狮强力拉力器	个	57.00
音响光盘和磁带	上海音响光盘 CD（单）	片	21.50	书籍	水浒全传（人民文学出版）	本	46.00
音响光盘和磁带	广东四海空白带	盒	6.00	书籍	365 夜故事	本	32.00
照相胶卷	索尼 MSH－M128A	个	515.83	书籍	WINDOWS2000 编程利器（北京希望出版）	本	31.50
照相胶卷	日本富士 135 胶卷	卷	20.40	书籍	十万个为什么 32 开	本	168.00
录像磁带和视盘	广东画王录像空白带 180 分	盒	30.50	报纸	大河报	份	0.50
录像磁带和视盘	上海单面 VCD	盒	18.00	报纸	郑州晚报	份	0.50
录像磁带和视盘	广东歌碟 DVD	盒	15.00	报纸	人民日报	份	0.90
儿童玩具	上海积木	件	16.50	杂志	读者	本	3.00
儿童玩具	广东电动小狗	件	36.00	杂志	家庭医生	本	3.90
儿童玩具	上海环球小汽车	件	98.00	杂志	女友	本	6.00

4-3 续表12

品　名	规　格	单位	本年平均价格（元）	品　名	规　格	单位	本年平均价格（元）
电影票	进口片	张	30.00	涂料	郑州888涂料（千克）	千克	1.00
电影票	国产片	张	28.00	涂料	郑州106涂料	千克	0.65
公园门票	动物园	张	10.00	胶合板	三合板1.22m＊2.44	张	16.00
公园门票	世纪欢乐园	张	80.00	胶合板	五合板1.22m＊2.44	张	25.89
有线电视	河南有线电视费	月	13.00	玻璃	洛阳玻璃3MM	平方米	12.33
有线电视	郑州有线电视费	月	13.00	玻璃	洛阳玻璃5MM	平方米	23.33
健身活动	游泳	次	45.00	粘胶	北京华表牌白乳胶	瓶	7.00
健身活动	舞票夜场	次	5.33	粘胶	万能胶	瓶	13.17
健身活动	健身	月	247.20	油漆	郑州调和漆	千克	10.42
其他	戏曲票	张	50.00	油漆	顺德聚脂漆	千克	32.67
旅行社收费	郑州－黄山（标准等、双卧）	次/人	793.58	其它	江西中挡瓷片150＊150MM	平方米	11.22
旅行社收费	郑州－桂林（标准等、双卧）	次/人	1150.15	房租	一级砖混楼房	平方米	1.70
宾馆住宿	三星级宾馆标准间	天、间	298.00	私房房租	砖混楼房	平方米	7.98
宾馆住宿	普通宾馆标准间	天、套	130.00	房屋贷款利率	6－30年住房公积金贷款利率%	年	4.53
其它住宿	普通招待所两人间	天、床	35.00	房屋贷款利率	5年房屋贷款利率%	年	5.79
其它住宿	招待所两人间	天、床	40.00	房屋贷款利率	20年房屋贷款利率%	年	6.07
木材	东北红松板材 4米＊4公分（立方米）	立方米	1679.17	维护修理费用	疏通下水道	次	33.33
木材	东北白松原木 6米＊30公分（立方米）	立方米	1262.50	水	居民用水	吨	2.40
砖	民用砖	块	0.24	电	居民生活用电	度	0.56
砖	地板砖300＊300	块	3.33	液化石油气	液化气	千克	5.68
砖	地板砖500＊500	块	14.83	管道燃气	天燃气	立方米	1.60
水泥	水泥500号	袋	14.00	其它燃料	蜂窝煤	块	0.23
水泥	水泥400号	袋	12.02				

主要统计指标解释

零售价格指数 是反映城乡商品零售价格变动趋势的一种经济指数。零售物价的调整变动直接影响到城乡居民的生活支出和国家的财政收入,影响居民购买力和市场供需平衡,影响消费与积累的比例。因此,计算零售价格指数,可以从一个侧面对上述经济活动进行观察和分析。

零售价格指数采用加权算术平均公式计算。每年根据住户调查资料调整一次权数。1992年全国有146个市、80个县城作为基层填报单位。城市指数所选商品352种左右,县城指数所选商品404种左右。每种商品的指数采用代表规格品的平均价格计算。

2003年采用链式拉氏公式计算,以2002年价格为基期计算定基指数。所选商品代表规格品增加至520种左右。

居民消费价格总指数 是反映一定时期内城乡居民所购买的生活消费品价格和服务项目价格变动趋势和程度的相对数。是综合了城市居民消费价格指数和农民消费价格指数计算取得。利用居民消费价格指数,可以观察和分析消费品的零售价格和服务价格变动对城乡居民实际生活费支出的影响程度。

1952年以前采用固定数量加权综合法(即总值法)计算,1953年到1956年采用加权算术平均公式计算,1957年以后根据消费品零售价格指数与服务项目价格指数汇编居民生活费用价格指数。1993年计算指数所选商品和服务项目为382种。

2001年采用链式拉氏公式计算,以2000年价格为基期计算定基指数。所选商品和服务项目代表规格品增加至604种左右。

城市居民消费价格指数 是反映城市职工及家庭所购买 的生活消费品和服务项目价格变动趋势及其程度的相对数。编制城市居民消费价格指数,可以观察和分析消费品的零售价格和服务项目价格变动对职工货币工资的影响,作为研究职工生活和确定工资政策的依据。

五、人民生活

5-1 全市及县(市)城镇居民家庭基本情况

(2006 年)

项目	单位	全市	市区	中牟县	巩义市	荥阳市	新密市	新郑市	登封市
调查户数	**户**	**700.00**	**400.00**	**50.00**	**50.00**	**50.00**	**50.00**	**50.00**	**50.00**
平均每户家庭人口数	**人**	**2.96**	**2.92**	**3.18**	**3.16**	**3.11**	**3.25**	**3.34**	**3.72**
平均每户就业人口数	**人**	**1.43**	**1.39**	**1.51**	**1.77**	**1.96**	**1.75**	**1.91**	**1.68**
平均每一就业者负担人数	**人**	**2.07**	**2.10**	**2.11**	**1.79**	**1.59**	**1.86**	**1.75**	**2.22**
平均每人全年家庭总收入	元	12459.37	12839.50	8615.12	10451.86	10547.78	10187.45	10384.24	8738.76
#可支配收入	**元**	**11822.08**	**12186.85**	**8051.78**	**9883.97**	**9801.88**	**9729.08**	**9756.42**	**8505.99**
平均每人全年家庭总支出	元	9361.83	9412.75	10297.50	7579.88	10580.76	8467.59	9776.37	8134.89
#消费性支出	**元**	**7618.75**	**7731.00**	**6391.20**	**6370.86**	**7810.84**	**6924.41**	**7422.93**	**6403.28**
#服务性消费支出	元	1759.48	1760.30	1555.93	1768.95	2106.33	1892.88	1797.19	1386.01
#通过互联网购买商品或服务	元	0.36	0.39	1.48					
恩格尔系数	**%**	**33.90**	**34.30**	**29.38**	**33.36**	**28.91**	**27.63**	**32.53**	**32.61**
旅游人次	次/百人	25.20	25.44	45.24	25.92	30.24	11.04	16.20	15.00
旅游花费	元/百人	11760.24	11198.88	23105.28	23284.92	15826.92	7795.20	8889.00	13709.88
现住房总建筑面积	平方米/人	29.14	27.02	33.15	30.77	46.64	45.87	57.93	51.00
现住房屋总使用面积	平方米/人	22.69	21.13	24.83	24.11	35.20	35.12	43.90	39.72

注:可支配收入 = 家庭总收入 - 个人所得税 - 个人交纳的社会保障支出 - 记账补贴。

5-2　全市及县(市)城镇居民家庭人口就业情况

(2006 年)

项　　目	单位	全市	市区	中牟县	巩义市	荥阳市	新密市	新郑市	登封市
家庭类型(世代层次)(合计)	%	**100.00**	**100.00**	**100.00**	**100.00**	**100.00**	**100.00**	**100.00**	**100.00**
单身户	%	1.51	1.67						2.00
一对夫妇户	%	24.75	26.46	16.83	6.00	12.00	18.00	12.00	6.67
两代人单亲	%	3.13	3.13		4.00		4.00	4.00	6.50
两代人一个小孩	%	46.68	46.10	51.17	65.83	66.00	47.33	39.50	29.17
两代人两个小孩	%	6.88	5.32	13.50	12.17	13.50	20.00	27.17	29.33
两代人多个小孩	%	0.76	0.49		2.00		4.67	7.33	2.17
与父母	%	1.25	1.21	2.00	2.00	2.00		2.00	1.50
三代人	%	10.71	11.07	8.50	6.00	4.50	6.00	4.00	22.67
其他	%	4.32	4.55	8.00	2.00	2.00		4.00	
家庭人口数	**人/户**	**2.96**	**2.92**	**3.18**	**3.16**	**3.11**	**3.25**	**3.34**	**3.72**
有收入者人数	人/户	2.18	2.19	1.93	1.96	2.11	2.12	2.19	2.13
就业人口数	人/户	1.43	1.39	1.51	1.77	1.96	1.75	1.91	1.68
国有经济单位职工人数	人/户	0.86	0.85	1.09	1.02	1.26	0.90	0.76	0.48
城镇集体经济单位职工人数	人/户	0.07	0.06	0.12	0.08	0.14	0.18	0.19	0.19
其他各种经济类型单位职工	人/户	0.14	0.12	0.05	0.34	0.32	0.13	0.29	0.32
城镇个体经营者人员数	人/户	0.10	0.08	0.08	0.18	0.19	0.15	0.28	0.30
城镇个体被雇人员数	人/户	0.10	0.10	0.07	0.13	0.01	0.14	0.37	0.25
离退休再就业人员数	人/户	0.09	0.10	0.04	0.03	0.04	0.02		0.01
其他就业人员数	人/户	0.09	0.09	0.07			0.22	0.02	0.13
离退休人数	人/户	0.72	0.78	0.36	0.16	0.15	0.22	0.28	0.43
其他有收入者人数	人/户	0.03	0.02	0.07	0.04		0.15		0.03
无收入者人数	人/户	0.79	0.73	1.25	1.21	1.00	1.14	1.15	1.59
期末家庭人口数	**人/户**	**2.95**	**2.91**	**3.18**	**3.16**	**3.10**	**3.28**	**3.28**	**3.56**
非家庭人口在家用餐人次数	**人次/户月**	**4.28**	**4.12**	**7.96**	**4.28**	**9.26**		**0.54**	**14.52**
家庭人口在外用餐人次数	**人次/户月**	**5.05**	**3.88**	**13.16**	**18.26**	**17.56**	**13.52**	**3.45**	**17.55**

5-3　全市及县(市)城镇居民家庭每人全年现金收入情况

(2006 年)　　　　单位:元

项　　目	全市	市区	中牟县	巩义市	荥阳市	新密市	新郑市	登封市
期初手存现金	479.20	356.24	410.42	1364.41	585.84	661.08	1064.73	3777.10
家庭总收入	12459.37	12839.50	8615.12	10451.86	10547.78	10187.45	10384.24	8738.76
#可支配收入	11822.08	12186.85	8051.78	9883.97	9801.88	9729.08	9756.42	8505.99
工薪收入	7554.83	7700.41	6080.78	7428.05	7889.35	6701.51	6698.95	4256.92
工资及补贴收入	7264.20	7417.47	5894.11	7307.93	7769.24	5558.04	6450.26	4076.98
其他劳动收入	290.63	282.94	186.67	120.12	120.12	1143.47	248.69	179.94
经营收入	678.50	579.84	656.82	1734.81	1169.79	1156.08	1767.73	1396.42
财产性收入	180.31	132.64	126.51	82.08	243.75	965.56	382.51	1325.72
利息收入	33.35	29.63	25.65	63.10	54.44	129.51	15.50	53.89
股息与红利收入	35.48	35.95	32.69	6.33	125.72	48.30		
保险收益	6.43	6.96	18.86					
其它投资收入	0.68		17.60		19.27			
出租房屋收入	104.10	60.10	30.68	12.65	44.33	787.75	355.03	1271.83
其他财产性收入	0.28		1.04				11.98	
转移性收入	4045.72	4426.61	1751.01	1206.93	1244.89	1364.31	1535.05	1759.70
养老金或离退休金	3588.95	3963.75	1577.95	601.89	687.92	942.85	1186.75	1437.61
社会救济收入	9.12	10.19	1.26					11.28
辞退金	2.01	2.31						
赔偿收入	0.02			0.76				
保险收入	16.79	17.85	7.34	26.72		1.57		16.89
#失业保险金	16.69	17.85	7.34	26.72		1.57		11.28
赡养收入	176.54	196.95	10.44	9.49	40.47	26.13	49.43	105.28
捐赠收入	207.19	195.09	103.17	441.98	437.03	338.24	225.55	132.57
亲友搭伙费	0.05		2.51					
记帐补贴	43.94	39.80	48.34	125.69	67.07	49.06	73.33	49.08
其他转移性收入	1.10	0.68		0.40	12.40	6.45		6.98
出售财物收入	24.88	4.89	486.20	226.77	131.36	87.29	27.82	8.27
出售住房收入	11.17		471.45		122.06	0.31		
出售其他物品收入	13.71	4.89	14.75	226.77	9.30	86.98	27.82	8.27
借贷收入	1101.66	1036.22	3632.34	599.68	2705.01	480.74	1826.34	695.90
提取储蓄存款	1042.01	1016.13	1861.58	599.68	2374.46	388.53	1826.34	675.49
借入款	26.82	9.71	912.09		32.12			20.41
收回借出款	8.52	5.00	41.49		154.18	27.66		
收回投资本金	2.21				124.02			
住房贷款	19.09	4.03	817.17					
其他贷款	2.65	1.36				64.55		
其他借贷收入	0.36				20.24			

5-4 全市及县(市)城镇居民家庭每人全年现金支出情况

（2006 年）

单位:元

项　　目	全市	市区	中牟县	巩义市	荥阳市	新密市	新郑市	登封市
家庭总支出	9361.83	9412.75	10297.50	7579.88	10580.76	8467.59	9776.37	8134.89
消费支出	7618.75	7731.00	6391.20	6370.86	7810.84	6924.41	7422.93	6403.28
#服务性消费支出	1759.48	1760.30	1555.93	1768.95	2106.33	1892.88	1797.19	1386.01
#通过互联网购买商品或服务	0.36	0.39	1.48					
食品	2582.66	2651.80	1877.78	2125.61	2257.79	1913.41	2414.57	2088.28
衣着	998.51	983.18	785.25	1201.45	1225.50	1220.42	964.04	1183.40
家庭设备用品及服务	488.67	500.40	427.54	349.25	387.83	416.97	487.52	396.70
医疗保健	613.60	637.97	591.01	257.12	494.41	645.41	377.61	383.75
交通和通信	863.75	852.82	885.34	691.43	1187.57	721.14	1361.52	884.44
教育文化娱乐服务	973.13	979.41	917.21	961.22	1222.77	928.42	942.25	615.23
居住	845.52	874.50	765.10	550.04	661.76	678.86	663.47	610.33
杂项商品和服务	252.92	250.92	141.97	234.74	373.21	399.77	211.96	241.14
购房与建房支出	83.23	49.79	1844.93				44.93	192.30
购房	75.64	46.45	1791.50				44.93	
建房	7.59	3.34	53.43					192.30
转移性支出	1092.09	1046.56	1544.73	780.92	2098.89	1134.25	1802.98	1359.53
交纳的个人收入税	33.35	35.92	10.93	14.10	7.80	0.70	48.96	10.77
捐赠支出	544.20	502.22	826.32	341.28	1163.06	704.99	1139.07	1017.83
购买彩票	11.05	11.77	1.07	8.01	2.96	1.48	7.80	15.49
赡养支出	455.23	448.33	672.32	399.30	852.25	324.30	569.89	287.92
#在外就学子女费用	307.63	303.30	493.07	269.54	372.60	260.92	415.31	246.02
各种非储蓄性保险支出	11.03	9.60	24.87	0.57	30.55	50.33	20.73	0.94
#车辆保险支出	3.91	3.71	16.34	0.32	20.24			
其他转移性支出	37.23	38.72	9.22	17.66	42.28	52.44	16.54	26.59
财产性支出	7.76	8.47	12.57			0.31		6.85
社会保障支出	560.00	576.93	504.07	428.10	671.03	408.62	505.53	172.92
个人交纳的养老基金	259.38	266.00	255.12	238.17	285.12	257.80	148.85	96.97
个人交纳的住房公积金	210.09	219.89	169.00	146.04	204.03	28.40	290.12	26.48
个人交纳的医疗基金	75.89	75.38	62.42	43.06	157.66	121.94	58.89	48.57
个人交纳的失业基金	14.27	15.39	17.02	0.82	24.22	0.48	2.28	0.82
其他社会保障支出	0.36	0.27	0.50				5.39	0.09
借贷支出	3460.88	3617.67	2497.26	3293.37	2607.95	1085.81	2278.71	2507.56
存入储蓄款	3292.80	3452.18	2017.16	3129.92	2337.76	989.73	2278.71	2340.93
借出款	10.62	8.98		12.65	33.41	18.44		74.93
归还借款	7.41	0.95	218.44	41.12		46.11		11.92
储蓄性保险支出	62.78	58.65	170.02	109.30	179.38	31.53		78.69
其它投资支出	25.29	29.01						
归还住房贷款	0.72		31.43	0.38	6.42			
归还其他贷款	59.45	66.88	60.21					
其他借贷支出	1.82	1.02			50.98			1.07
期末手存现金	1209.04	1189.31	360.68	1778.32	789.68	1786.11	1269.84	1784.61

5-5　全市及县(市)城镇居民家庭年人均消费支出(一)

(2006 年)

项　　目	单位	全市	市区	中牟县	巩义市	荥阳市	新密市	新郑市	登封市
消费支出	元	**7618.75**	**7731.00**	**6391.20**	**6370.86**	**7810.84**	**6924.41**	**7422.93**	**6403.28**
#服务性消费支出	元	**1759.48**	**1760.30**	**1555.93**	**1768.95**	**2106.33**	**1892.88**	**1797.19**	**1386.01**
食品	元	**2582.66**	**2651.80**	**1877.78**	**2125.61**	**2257.79**	**1913.41**	**2414.57**	**2088.28**
粮油类	元	450.22	463.27	346.58	320.31	244.88	353.36	501.54	394.16
粮食	千克	103.29	105.68	81.69	70.83	51.84	88.10	127.08	101.22
	元	310.41	319.95	249.28	241.55	152.97	215.60	336.76	265.31
大米	千克	22.08	23.72	12.86	9.51	3.60	14.38	12.12	12.86
	元	70.73	75.88	39.58	34.03	12.24	46.99	41.61	35.88
面粉	千克	19.82	19.39	17.48	13.45	5.77	28.33	34.53	36.82
	元	45.33	45.28	35.07	27.50	11.79	59.91	65.02	74.86
其他粮食	千克	4.27	4.12	9.51	3.43	1.96	8.02	4.39	4.71
	元	12.92	12.88	17.58	11.85	5.89	16.23	12.95	14.34
粮食制品	千克	57.12	58.46	41.84	44.44	40.50	37.37	76.04	46.84
	元	181.44	185.91	157.05	168.17	123.05	92.48	217.18	140.23
淀粉及薯类	千克	9.48	9.50	8.62	8.58	8.25	7.98	11.97	10.86
	元	23.78	23.97	19.02	20.48	16.58	20.17	31.28	26.94
干豆类及豆制品	元	33.71	33.82	25.81	25.53	35.33	33.93	42.27	36.89
油脂类	千克	8.37	8.65	4.87	3.99	4.37	9.52	8.83	7.10
	元	82.33	85.53	52.48	32.75	39.99	83.67	91.25	65.03
食用植物油	千克	8.35	8.63	4.82	3.99	4.37	9.52	8.83	7.10
	元	82.18	85.37	52.12	32.75	39.99	83.67	91.25	65.03
食用动物油	千克	0.01	0.02	0.05					
	元	0.15	0.17	0.36					
肉禽蛋水产品类	元	573.21	601.09	416.98	363.33	350.96	283.91	506.85	389.08
肉类	千克	22.20	23.15	14.58	13.69	13.96	11.85	23.68	17.19
	元	338.04	351.66	228.78	236.84	213.02	183.99	343.34	266.29
猪肉	千克	14.82	15.39	9.57	8.68	10.58	7.83	17.43	12.14
	元	194.72	202.60	122.18	111.88	140.46	102.93	220.62	157.57
牛肉	千克	1.15	1.31	0.11	0.24	0.09		0.01	0.19
	元	19.60	22.20	1.89	4.48	1.54		0.18	3.22
羊肉	千克	2.04	2.21	0.78	0.85	0.75	0.56	0.97	1.59
	元	35.80	38.47	15.73	17.48	14.10	9.64	21.77	28.02
其他肉	千克	0.10	0.11					0.04	0.07
	元	1.35	1.52		0.04	0.08		0.26	0.78
肉制品	千克	4.09	4.14	4.12	3.92	2.54	3.46	5.23	3.20
	元	86.58	86.87	88.98	102.96	56.84	71.42	100.51	76.70
禽类	千克	6.02	6.41	5.31	2.44	3.17	2.24	5.21	2.13
	元	84.13	88.58	86.38	49.03	55.07	37.65	61.99	37.83
鸡	千克	3.02	3.28	2.01	0.79	1.31	0.01	2.59	0.79
	元	31.96	34.89	19.95	10.35	13.46	0.17	21.88	8.28
鸭	千克	0.47	0.53	0.11	0.03	0.12	0.20	0.01	0.12
	元	3.73	4.12	1.09	0.06	0.96	3.40	0.07	1.38

5-5 续表1 （2006年）

项　目	单位	全市	市区	中牟县	巩义市	荥阳市	新密市	新郑市	登封市
其他禽类	千克	0.01	0.01						
	元	0.15	0.17						
禽制品	千克	2.52	2.59	3.18	1.62	1.73	2.03	2.61	1.22
	元	48.29	49.40	65.34	38.62	40.66	34.08	40.03	28.17
蛋类	千克	13.09	13.36	12.37	10.04	11.89	9.36	12.81	11.42
	元	69.89	71.47	65.02	54.70	61.74	48.14	67.48	61.03
鲜蛋	千克	12.46	12.69	12.04	9.71	11.60	9.15	12.42	10.95
	元	64.82	66.05	62.28	51.92	59.11	46.75	64.95	56.74
蛋制品	千克	0.63	0.67	0.33	0.33	0.29	0.21	0.38	0.47
	元	5.07	5.42	2.74	2.77	2.62	1.39	2.53	4.29
水产品类	元	81.14	89.38	36.79	22.77	21.13	14.13	34.04	23.93
鱼	千克	4.72	5.12	2.33	1.64	1.58	1.67	3.14	1.67
	元	47.58	52.13	18.85	13.49	13.10	13.55	25.98	15.48
虾	千克	0.76	0.85	0.24	0.13	0.10	0.01	0.03	0.10
	元	19.98	22.54	6.27	2.92	3.17	0.40	0.74	2.65
其他水产品	千克	0.72	0.75	0.51	0.36	0.92		0.52	1.01
	元	9.09	9.90	7.33	2.86	3.37		2.91	5.74
水产制品	元	4.50	4.81	4.34	3.50	1.51	0.18	4.42	0.06
蔬菜类	元	311.83	319.61	210.21	247.26	227.83	274.72	294.34	294.79
鲜菜	千克	146.20	148.22	122.68	122.89	119.39	125.05	153.92	153.15
	元	292.05	298.48	201.73	235.99	222.24	265.92	277.12	283.93
干菜	千克	0.41	0.43	0.09	0.31	0.08	0.32	0.52	0.15
	元	14.75	15.84	3.70	8.77	3.13	7.30	11.69	7.85
菜制品	元	5.02	5.28	4.78	2.50	2.46	1.51	5.53	3.00
调味品	元	44.49	45.95	22.23	26.78	28.49	37.25	46.29	47.26
糖烟酒饮料类	元	362.07	378.56	195.39	182.56	169.21	246.40	406.73	301.55
糖类	元	22.49	22.54	16.29	28.56	11.80	24.35	26.91	20.64
烟草类	元	148.62	153.69	61.83	64.24	65.71	134.66	217.19	140.53
酒类	千克	7.16	7.52	6.17	3.93	3.06	2.61	6.42	6.67
	元	111.52	119.55	71.41	46.46	32.90	30.56	89.41	74.52
白酒	千克	2.81	2.99	2.28	1.24	0.89	0.76	2.20	2.29
	元	90.66	97.74	55.98	32.35	23.39	23.71	72.06	50.15
果酒	千克	0.29	0.30	0.11	0.18	0.28	0.05		0.47
	元	7.02	7.52	3.19	4.95	3.40	1.01		9.34
啤酒	千克	3.93	4.07	3.77	2.51	1.87	1.80	4.02	3.90
	元	12.94	13.29	12.18	9.16	5.98	5.84	15.52	14.99
其他酒	千克	0.13	0.15	0.01		0.02		0.20	0.01
	元	0.91	1.00	0.06		0.13		1.84	0.04
饮料	元	79.44	82.78	45.86	43.30	58.80	56.83	73.22	65.85
碳酸饮料	千克	5.40	5.78	2.95	4.29	3.35	2.51	0.27	3.21
	元	26.73	28.57	15.88	16.99	16.27	15.87	1.37	19.61

5-5 续表2　　(2006年)

项　　目	单位	全市	市区	中牟县	巩义市	荥阳市	新密市	新郑市	登封市
果蔬饮料	千克	2.42	2.50	2.36	3.10	3.84	0.22		2.17
	元	13.88	14.24	15.81	16.08	21.89	1.62		15.54
瓶装饮用水	千克	10.20	10.34	5.76	7.79	8.04	12.38	13.80	6.75
	元	5.82	6.01	3.26	4.21	5.14	4.59	4.50	5.54
茶叶	千克	0.25	0.28	0.02	0.06	0.07	0.10	0.11	0.13
	元	23.70	26.06	2.31	4.05	7.59	7.03	13.45	12.70
咖啡可可粉	千克	0.01	0.02						
	元	1.54	1.73		0.23	0.39		0.75	
其他饮料	元	7.76	6.17	8.61	1.73	7.52	27.72	53.15	12.46
干鲜瓜果类	元	208.14	212.67	150.45	194.32	205.61	148.57	196.98	164.97
鲜果	千克	37.47	37.39	35.44	35.40	41.61	38.98	45.90	30.95
	元	123.86	126.08	102.76	102.32	130.71	102.29	119.18	99.30
鲜瓜	千克	31.83	32.28	24.00	22.09	31.92	25.89	42.38	27.98
	元	34.25	34.92	21.86	28.98	33.30	21.75	38.25	35.04
干果	千克	0.69	0.73	0.05	0.86	0.33	0.17	0.50	0.12
	元	11.25	12.19	0.86	11.63	4.79	1.78	5.96	1.51
瓜果制品	千克	0.43	0.44	0.29	0.61	0.63	0.04	0.03	0.29
	元	4.36	4.53	2.90	6.74	6.14	0.31	0.47	2.46
坚果及果仁	千克	3.03	3.08	2.10	3.60	2.81	2.46	2.73	2.10
	元	34.41	34.95	22.07	44.66	30.66	22.44	33.12	26.65
糕点、奶及奶制品	元	210.82	214.41	175.66	222.32	237.46	103.06	180.13	205.04
糕点	千克	4.79	4.93	4.13	3.09	6.19	3.40	2.82	3.96
	元	60.91	63.14	50.90	49.85	64.17	31.62	33.62	48.91
奶及奶制品	元	149.91	151.28	124.76	172.47	173.29	71.44	146.50	156.12
鲜乳品	千克	16.33	17.29	10.82	14.91	14.83	0.04	10.25	8.03
	元	80.29	84.86	49.17	70.62	59.63	0.21	67.05	46.89
奶粉	千克	0.69	0.70	0.37	0.62	1.18	0.59	0.36	0.68
	元	26.81	26.31	14.55	25.48	59.43	26.10	18.82	43.53
酸奶	千克	5.86	5.65	9.57	14.22	8.37	0.63	1.89	8.24
	元	30.10	28.91	56.42	66.47	48.41	4.11	11.21	41.92
其他奶制品	元	12.71	11.20	4.62	9.90	5.81	41.01	49.42	23.79
其他食品	元	61.00	63.85	86.84	20.67	31.17	57.17	24.01	38.06
#半成品	元	16.22	17.80	4.56	7.80	12.57		3.66	5.30
饮食服务	元	360.87	352.37	273.43	548.06	762.18	408.96	257.71	253.38
食品加工服务费	元	0.39	0.39	0.90	0.06	0.18	0.40	0.03	0.50
在外饮食	元	360.48	351.97	272.53	548.00	762.01	408.56	257.68	252.88
购自食堂	元	52.16	35.53	78.54	139.74	313.97	290.95	160.07	4.30
购自饮食业	元	305.15	312.80	193.99	408.26	448.03	117.61	97.61	248.58
在亲友家搭伙支出	元	3.18	3.65						

5-5 续表 3 （2006 年）

项　　目	单位	全市	市区	中牟县	巩义市	荥阳市	新密市	新郑市	登封市
非食品类	元	**5036.09**	**5079.20**	**4513.43**	**4245.26**	**5553.05**	**5011.00**	**5008.36**	**4315.00**
衣着	元	**998.51**	**983.18**	**785.25**	**1201.45**	**1225.50**	**1220.42**	**964.04**	**1183.40**
服装	件	7.58	7.37	7.05	9.42	12.71	8.89	6.81	9.76
	元	717.15	703.68	559.44	928.04	939.67	895.98	655.60	836.15
男士服装	件	3.22	3.21	3.34	2.57	4.09	3.93	2.50	3.58
	元	322.96	321.62	294.34	259.02	375.93	435.27	275.52	376.75
女士服装	件	3.54	3.42	2.08	5.12	6.16	4.36	3.62	4.42
	元	359.34	350.69	203.14	579.80	495.18	426.09	350.36	396.72
童装	件	0.83	0.74	1.62	1.72	2.47	0.60	0.69	1.77
	元	34.84	31.37	61.96	89.22	68.56	34.62	29.72	62.68
衣着材料	元	9.93	10.89	9.70	2.19	4.59	1.68		3.78
鞋类	双	2.98	2.88	2.98	3.66	3.70	4.44	3.28	3.73
	元	235.14	232.09	182.10	244.17	239.77	308.45	257.22	297.22
其他衣着用品	元	31.00	31.76	28.93	19.75	32.55	11.44	28.10	39.88
衣着加工服务费	元	5.30	4.76	5.09	7.30	8.91	2.87	23.13	6.38
家庭设备用品及服务	元	**488.67**	**500.40**	**427.54**	**349.25**	**387.83**	**416.97**	**487.52**	**396.70**
耐用消费品	元	233.60	241.05	236.53	152.36	186.85	131.98	271.03	129.08
家具	元	60.18	60.63	71.53	54.78	45.20	7.68	149.42	9.52
成套家具	元	17.06	15.63			25.70	3.38	131.20	
其他家具	元	43.13	45.00	71.53	54.78	19.50	4.30	18.21	9.52
家庭设备	元	173.41	180.42	164.99	97.58	141.65	124.30	121.61	119.56
洗衣机	台/百户	4.80	4.80	3.96	8.04	3.96		6.00	6.00
	元	22.96	23.52	12.76	43.38	15.16		27.08	7.84
电风扇	台/百户	7.32	7.56	6.00		6.00	2.04	15.96	8.04
	元	4.39	4.60	2.86		2.73	0.83	8.14	4.18
电冰箱	台/百户	1.92	2.04		2.04			2.04	2.04
	元	14.85	16.22		4.43			16.18	12.25
微波炉	台/百户	1.56	1.32	3.96		6.00	8.04		2.04
	元	3.57	3.16	7.86		15.65	15.10		2.04
空调器	台/百户	6.36	6.48	3.96	2.04	6.00	6.00	6.00	9.96
	元	52.92	54.44	46.39	14.87	46.63	41.80	51.82	65.53
电炊具	台/百户	8.16	8.04	9.96	9.96	24.00	3.96		12.00
	元	8.34	8.08	13.18	16.69	20.38	3.40		7.91
淋浴热水器	台/百户	5.16	5.40	8.04	2.04	6.00	6.00		
	元	16.24	16.45	40.10	3.04	19.98	30.74		
排油烟机	台/百户	2.40	2.40	6.00	3.96		3.96		
	元	4.14	4.17	9.02	7.59		5.53		

5-5 续表4 （2006 年）

项 目	单位	全市	市区	中牟县	巩义市	荥阳市	新密市	新郑市	登封市
洗碗机	台/百户	0.24	0.24						
	元	0.32	0.37						
饮水机	台/百户	1.68	1.56	2.04		3.96	6.00		6.00
	元	1.42	1.24	3.78		4.05	4.49		4.94
取暖器	台/百户	19.80	21.36	3.96	2.04	9.96	12.00	9.96	9.96
	元	28.15	31.53	1.13	3.80	6.42	8.19	5.78	6.12
其他	元	16.06	16.65	27.91	3.80	10.65	12.01	12.61	8.74
室内装饰品	元	24.90	27.10	4.15	23.86	7.40	6.87	2.34	10.87
纺织装饰品	元	8.96	9.74	4.15	5.67	2.54	1.48	1.80	6.24
装饰灯具	元	10.17	11.55				3.09		1.46
其他装饰品	元	5.78	5.81		18.19	4.86	2.31	0.54	3.17
床上用品	元	46.21	45.82	57.25	31.21	59.34	32.07	61.89	61.16
家庭日用杂品	元	155.53	155.92	117.13	128.41	124.78	235.36	140.33	166.25
厨、餐、茶具	元	26.37	27.23	22.48	11.48	20.16	18.21	35.60	17.40
家用工具	元	2.64	2.92	1.58		0.22	2.64	0.07	0.03
家居清洁用品	元	24.24	20.99	25.83	10.46	17.73	132.71	35.55	54.56
其他日用杂品	元	102.27	104.77	67.24	106.46	86.66	81.81	69.11	94.26
家具材料	元	6.78	7.77						0.43
家庭服务	元	21.65	22.74	12.49	13.41	9.47	10.68	11.93	28.91
家政服务	元	8.09	9.00	2.92	0.67	6.06	0.28	0.75	2.16
加工维修服务费	元	13.56	13.74	9.57	12.74	3.40	10.40	11.18	26.75
医疗保健	**元**	**613.60**	**637.97**	**591.01**	**257.12**	**494.41**	**645.41**	**377.61**	**383.75**
医疗器具	元	9.50	9.74	3.58	1.16	16.44	16.01	0.36	12.55
保健器具	元	16.42	18.62		0.04	3.62		2.40	3.63
药品费	元	386.20	402.41	381.50	136.74	337.97	384.66	190.21	284.24
滋补保健品	元	42.92	44.10	76.11	19.45	25.93	76.49	8.68	4.97
医疗费	元	154.84	159.02	124.32	99.62	110.38	167.36	175.45	76.80
其他	元	3.72	4.08	5.50	0.11	0.06	0.89	0.51	1.56
交通和通讯	**元**	**863.75**	**852.82**	**885.34**	**691.43**	**1187.57**	**721.14**	**1361.52**	**884.44**
交通	元	280.88	272.76	411.12	127.42	506.63	154.89	636.46	273.01
家庭交通工具	元	160.44	160.21	283.97	12.21	252.34		430.10	55.73
自行车	辆/百户	13.08	13.92	9.96	2.04	9.96		9.96	9.96
	元	15.61	17.02	7.39	3.04	8.48		8.03	11.41
助力车	辆/百户	8.40	8.76	9.96	2.04	6.00		14.04	6.00
	元	59.81	62.67	75.43	9.17	41.43		86.57	44.32
家用汽车	辆/百户	0.36	0.24	2.04		2.04		2.04	
	元	82.26	77.35	201.15		202.36		335.50	
其他交通工具	元	2.76	3.16			0.06			

5-5 续表5 （2006年）

项　目	单位	全市	市区	中牟县	巩义市	荥阳市	新密市	新郑市	登封市
车辆用燃料及零配件	元	24.29	21.03	42.06	8.47	80.78	15.47	70.84	82.85
燃料	元	18.33	14.57	37.74	8.47	76.74	13.36	65.27	81.99
零配件	元	5.57	6.10	4.32		3.65	1.28	2.73	0.86
其他	元	0.40	0.36			0.39	0.83	2.84	
交通工具服务支出	元	14.64	11.19	27.19	6.68	72.11	2.46	81.11	55.04
维修费	元	8.20	7.47	19.63	2.91	21.15	1.57	20.19	19.81
车辆使用税费	元	4.24	1.93	5.66	0.47	41.52	0.12	47.32	34.34
其它车辆使用费用	元	2.19	1.79	1.90	3.30	9.44	0.77	13.60	0.89
交通费	元	81.52	80.33	57.90	100.05	101.40	136.96	54.41	79.39
飞机	元	0.18				0.72	7.38		
火车	元	23.46	25.19	5.71	14.72	24.33	7.22	8.25	10.97
长途汽车	元	11.09	9.24	39.12	27.00	30.03	4.24	14.50	31.29
市内公共交通	元	24.43	25.07	0.30	33.12	15.35	47.02	0.30	15.90
出租汽车费	元	21.88	20.43	11.38	25.03	30.93	69.74	29.99	19.03
其他交通费	元	0.48	0.39	1.38	0.18	0.03	1.35	1.37	2.20
通信	元	582.87	580.07	474.22	564.02	680.94	566.25	725.06	611.44
通信工具	元	94.63	90.75	86.07	110.26	249.67	73.03	158.22	65.52
电话机	部/百户	3.72	3.84	3.96	2.04		3.96		6.00
	元	3.54	3.98	1.04	0.25		0.58		1.65
移动电话	部/百户	17.16	15.36	27.96	30.00	54.00	24.00	27.96	21.96
	元	90.05	85.68	85.04	110.00	245.95	72.45	158.22	62.74
传真机	部	0.24	0.24						
	元	0.64	0.74						
其他通信工具	元	0.39	0.35			3.72			1.13
通信服务	元	488.24	489.32	388.14	453.76	431.27	493.22	566.83	545.91
电信费	元	481.56	482.43	386.23	443.25	422.63	485.44	566.83	544.98
邮费	元	1.82	2.04	0.03	0.45	0.48	0.84		0.38
其他	元	4.85	4.85	1.89	10.06	8.16	6.95		0.55
教育文化娱乐服务	**元**	**973.13**	**979.41**	**917.21**	**961.22**	**1222.77**	**928.42**	**942.25**	**615.23**
文化娱乐用品	元	258.39	266.84	129.80	198.88	232.05	196.58	243.34	203.17
彩色电视机	台/百户	3.60	3.36	2.04	3.96	3.96	6.00	9.96	2.04
	元	27.27	26.96	8.17	44.65	12.59	19.36	74.70	3.76
影碟机	台/百户	2.88	3.12		2.04	6.00			
	元	5.15	5.61		3.04	9.96			
家用电脑	元	70.04	69.91	41.55	58.80	86.28	39.30	102.45	104.72
整机电脑	台/百户	3.72	3.72	2.04	3.96	6.00	2.04	6.00	8.04
	元	63.30	62.69	31.37	55.67	84.15	34.43	102.45	104.37

5-5 续表6 （2006年）

项 目	单位	全市	市区	中牟县	巩义市	荥阳市	新密市	新郑市	登封市
计算机外部设备	元	3.66	4.01	1.70	2.66		2.46		
各种零配件及耗材	元	3.07	3.21	8.49	0.48	2.12	2.41		0.35
组合音响	台/百户	0.24	0.24				2.04		
	元	1.69	1.91				1.23		
录音机	台/百户	3.60	3.84		3.96	2.04			
	元	4.41	4.95		2.83	0.89			
摄像机	架	0.60	0.60				2.04		
	元	18.70	21.13				12.30		
照相机	架	4.08	4.32		6.00	3.96		2.04	2.04
	元	34.15	37.49		34.92	8.82		7.19	10.21
其他中高档乐器	件	0.84	0.84	3.96		2.04	2.04		
	元	3.03	2.83	16.34		11.56	2.15		
电子辞典	部/百户			0.01	0.01	0.01			
	元	2.63	2.40	7.80	1.77	19.27			
音像制品及软件	元	2.04	1.98	1.58	4.33	3.06	2.24	0.74	2.49
体育用品	元	1.33	1.39	0.28	0.68	3.14	1.48		0.23
书报杂志	元	31.15	31.57	12.94	11.54	16.35	99.96	10.72	13.86
纸张文具	元	7.42	6.96	9.95	8.54	14.90	17.87	3.58	9.39
其他文娱用品	元	49.38	51.76	31.19	27.78	45.22	0.69	43.96	58.52
文化娱乐服务	元	167.61	159.77	276.31	298.30	154.88	229.61	165.83	168.55
参观游览	元	22.67	22.19	42.47	4.22	15.21	88.05		6.60
健身活动	元	7.88	8.82		0.23	5.02		4.36	
团体旅游	元	89.23	83.47	189.85	244.43	102.66		132.76	71.76
其它文娱活动	元	44.72	42.34	40.93	43.99	31.21	135.72	24.99	85.30
文娱用品修理服务费	元	3.10	2.95	3.06	5.43	0.77	5.83	3.71	4.89
教育	元	547.12	552.81	511.10	464.04	835.85	502.23	533.09	243.51
教材	元	52.07	46.36	131.85	87.62	171.38	29.85	91.20	51.71
课本及参考书	元	51.28	45.73	123.03	87.62	169.19	29.72	91.16	50.35
教育软件	元	0.33	0.17	8.17		1.27	0.14		
其它教材	元	0.45	0.46	0.66		0.92		0.04	1.36
教育费用	元	495.06	506.45	379.25	376.42	664.47	472.38	441.89	191.79
非义务教育学杂费	元	125.35	126.17	36.04	39.66	125.96	209.41	237.39	70.26
义务教育学杂费	元	47.57	46.83	29.31	14.60	29.05	154.87	55.44	27.14
托幼费	元	73.78	76.37	68.84	81.94	102.27	23.55	32.39	29.68
成人教育费	元	53.36	55.74	98.93	12.57	118.02	0.49	7.91	13.08
家教费	元	29.37	31.97	16.22	20.88	24.35	0.61	6.41	1.34
培训班	元	111.98	115.31	111.03	154.04	92.87	80.32	57.48	18.95
学校住宿费	元	12.44	12.32	13.83	6.33	57.52	3.14		9.13
其他	元	41.21	41.74	5.05	46.41	114.43		44.87	22.21

5-5　续表 7　　（2006 年）

项　　目	单位	全市	市区	中牟县	巩义市	荥阳市	新密市	新郑市	登封市
居住	元	**845.52**	**874.50**	**765.10**	**550.04**	**661.76**	**678.86**	**663.47**	**610.33**
住房	元	126.33	124.49	306.42	93.90	113.94	117.37	181.56	35.73
租赁房房租	元	8.29	8.58		2.94	7.07	25.20	0.90	0.13
住房装潢支出	元	79.95	78.62	201.53	90.33		87.38	120.55	23.09
维修用建筑材料	元	36.59	36.69	73.18	0.38	106.87	4.78	42.97	12.51
其他	元	1.51	0.59	31.71	0.25			17.13	
水电燃料及其他	元	678.74	707.26	432.97	432.74	503.73	540.53	465.61	552.24
水	吨	35.09	36.22	31.00	28.19	21.64	29.44	30.34	22.18
	元	82.00	86.08	53.39	39.48	55.57	79.49	65.56	32.04
电	度	507.11	522.13	287.30	409.10	336.56	475.65	382.40	524.26
	元	284.18	291.97	167.23	233.93	199.97	267.29	214.54	297.35
燃料	元	160.53	158.16	165.80	146.61	184.34	190.72	163.64	222.21
煤炭	千克	52.56	40.67	70.17	158.81	136.41	91.69	101.26	244.22
	元	17.82	13.68	23.02	49.02	56.80	31.07	30.57	90.20
液化石油气	千克	9.12	7.78	12.67	7.01	16.39	29.86	20.98	24.40
	元	38.88	29.94	70.33	40.06	81.53	159.65	123.92	132.01
管道煤气	立方米	65.74	71.53	45.61	57.54	45.73		5.54	
	元	103.41	114.07	72.45	57.54	46.00		9.15	
其他燃料	元	0.41	0.47						
其他	元	152.03	171.05	46.54	12.71	63.86	3.03	21.87	0.64
居住服务费	元	40.45	42.76	25.71	23.41	44.09	20.96	16.30	22.37
物业管理费	元	1.98	2.06			10.37			
维修服务费	元	6.14	6.25	7.22	3.66	12.05	2.64	3.30	5.88
其它	元	32.33	34.45	18.49	19.74	21.67	18.32	12.99	16.49
杂项商品和服务	元	**252.92**	**250.92**	**141.97**	**234.74**	**373.21**	**399.77**	**211.96**	**241.14**
杂项商品	元	183.63	183.35	100.21	157.86	252.11	308.23	129.63	166.58
金银珠宝饰品	元	31.68	33.72	12.78		48.52	5.75	17.03	35.33
手表	只	0.02	0.02	0.02	0.01	0.05	0.01	0.03	
	元	5.97	6.78	0.84	0.35	1.30	0.31	0.48	
理发美容用具	元	1.46	1.48	1.32	1.35	3.87	0.18	1.61	0.01
化妆品	元	76.50	75.85	50.35	81.40	139.44	74.57	68.61	78.06
其他杂品	元	68.01	65.52	34.92	74.76	58.97	227.42	41.90	53.18
服务	元	69.28	67.56	41.76	76.87	121.10	91.54	82.33	74.56
旅馆住宿费	元	1.45	1.33		5.06	7.52		0.72	
理发洗澡费	元	31.39	27.03	31.68	34.98	85.41	90.18	65.85	64.64
美容费	元	13.26	13.78	2.51	26.78	20.30	1.35	1.93	1.13
其他服务	元	23.19	25.41	7.56	10.06	7.87		13.83	8.79

5-6 全市及县(市)城镇居民家庭年人均实物收入

(2006年)

单位:元

项目	全市	市区	中牟县	巩义市	荥阳市	新密市	新郑市	登封市
非现金(实物与服务)收入总计	**226.00**	**219.16**	**337.18**	**313.18**	**585.76**	**38.16**	**157.45**	**269.90**
食品	**115.69**	**106.47**	**216.40**	**156.60**	**383.05**	**35.07**	**112.85**	**227.73**
粮油类	33.58	28.84	60.73	60.86	173.32	14.51	25.38	85.34
粮食	14.40	11.03	33.32	40.05	102.62	7.03	11.05	43.04
淀粉及薯类	0.94	0.72	3.01	1.25	3.36	0.25	0.33	7.68
干豆类及豆制品	0.19	0.12	0.37	0.37	1.24		0.93	1.44
油脂类	18.04	16.97	24.03	19.20	66.10	7.24	13.07	33.18
肉禽蛋水产品类	16.67	16.16	35.34	11.00	48.19	3.26	4.90	29.54
肉类	5.95	5.44	13.20	5.44	20.46	2.28	2.96	16.83
禽类	1.86	2.00	2.60	0.74	1.70	0.12	0.03	0.80
蛋类	5.14	4.75	14.32	4.22	18.94	0.68	1.43	11.81
水产品类	3.72	3.97	5.22	0.60	7.09	0.18	0.48	0.10
蔬菜类	6.26	6.36	7.68	2.81	19.87	0.11	1.40	5.58
调味品	0.21	0.20	0.04	0.21	1.04			0.40
糖烟酒饮料类	16.90	16.05	45.03	15.48	36.78	10.04	17.48	19.06
糖类	0.43	0.31	1.26	2.64	0.86	0.28	0.27	1.73
烟草类	3.31	3.37	5.22	5.57	1.22	0.49	0.90	3.33
酒类	6.51	6.30	21.75	4.05	13.94	2.83	4.38	4.74
饮料类	6.66	6.07	16.81	3.23	20.76	6.44	11.93	9.25
干鲜瓜果类	13.50	12.23	25.46	14.62	37.56	3.33	17.30	43.21
糕点、奶及奶制品	22.18	20.80	34.99	25.28	56.68	2.22	41.37	37.36
糕点	10.57	10.67	9.20	10.33	26.91	0.92	3.98	11.40
奶及奶制品	11.61	10.13	25.79	14.95	29.77	1.30	37.38	25.96
其他食品	4.98	5.14	7.05	3.47	3.67	1.60	1.28	7.00
饮食服务	1.43	0.69	0.06	22.88	5.93		3.75	0.25
在外饮食	1.43	0.69	0.06	22.88	5.93		3.70	0.25
衣着	**8.80**	**7.82**	**10.59**	**17.79**	**41.78**	**0.55**	**13.56**	**12.57**
服装	7.28	6.31	8.77	15.78	39.18	0.55	13.21	9.18
衣着材料	0.01				0.32			
鞋类	1.36	1.35	1.82	2.01	2.06			3.16

5-6 续表 （2006 年） 单位:元

项　　目	全市	市区	中牟县	巩义市	荥阳市	新密市	新郑市	登封市
其他衣着用品	0.16	0.17			0.21		0.30	0.23
家庭设备用品及服务	**6.20**	**5.75**	**17.61**	**7.54**	**27.56**		**1.74**	**6.18**
耐用消费品	1.41	1.52	2.51				0.66	1.13
室内装饰品	0.18	0.21						
床上用品	1.41	1.16		0.95	18.65			2.47
家庭日用杂品	3.19	2.86	15.10	6.59	8.91		1.08	2.58
医疗保健	**76.50**	**80.49**	**73.34**	**88.22**	**91.25**	**2.53**	**27.51**	**11.76**
保健用品	0.48	0.55						
药品费	56.79	59.50	72.14	55.03	90.63	0.36	17.92	0.89
滋补保健品	0.49	0.28	1.19		0.62		9.59	
医疗费	9.56	10.12		26.76				
其他	9.19	10.04		6.43		2.18		10.88
#医疗基金	5.56	5.88		6.43		2.18		10.88
交通和通讯	**5.14**	**5.25**	**3.82**	**15.37**	**0.64**		**1.80**	**0.97**
交通	1.82	1.89	0.67	5.23	0.64			0.16
通信	3.32	3.36	3.14	10.14			1.80	0.81
教育文化娱乐服务	**4.91**	**4.38**	**14.07**	**13.32**	**21.20**			**4.60**
文化娱乐用品	0.81	0.39	12.40	0.51	6.94			4.60
文化娱乐服务	4.11	3.98	1.67	12.81	14.00			
教育					0.26			
居住	**6.32**	**7.15**		**1.26**				**2.58**
水电燃料及其他	6.26	7.09		1.26				2.58
居住服务费	0.05	0.06						
杂项商品和服务	**2.42**	**1.85**	**1.35**	**13.07**	**20.27**			**3.51**
杂项商品	2.09	1.82	1.09	13.07	6.54			0.24
服务	0.33	0.02	0.26		13.73			3.28

5-7 全市及县(市)城镇居民家庭每百户年末主要耐用消费品拥有量

(2006年)

项　目	单位	全市	市区	中牟县	巩义市	荥阳市	新密市	新郑市	登封市
成套家具	套	89.87	88.79	92.00	98.00	96.00	102.00	86.00	118.00
摩托车	辆	15.55	11.77	28.00	34.00	50.00	24.00	56.00	88.00
自行车	辆	159.44	167.56	160.00	60.00	144.00	20.00	156.00	68.00
助力车	辆	24.34	25.57	16.00	10.00	26.00	2.00	32.00	6.00
家用汽车	辆	2.96	2.62	4.00	2.00	8.00	2.00	10.00	10.00
洗衣机	台	102.12	101.83	98.00	104.00	106.00	108.00	104.00	106.00
电冰箱	台	97.53	98.86	80.00	92.00	84.00	86.00	92.00	88.00
冰柜	台	10.31	10.10	14.00	6.00	18.00	8.00	4.00	28.00
彩色电视机	台	132.99	130.87	114.00	142.00	142.00	166.00	156.00	178.00
影碟机	台	66.82	64.94	72.00	80.00	90.00	94.00	66.00	86.00
录音机	台	38.17	39.34	28.00	24.00	46.00	32.00	24.00	24.00
录放像机	台	11.72	12.30	10.00	4.00	6.00	10.00	10.00	4.00
家用电脑	台	47.92	47.97	38.00	60.00	48.00	46.00	44.00	44.00
组合音响	套	23.98	23.40	36.00	28.00	26.00	36.00	26.00	16.00
摄像机	架	5.04	5.03	2.00		2.00	8.00	12.00	8.00
照相机	架	50.55	51.63	38.00	42.00	54.00	44.00	38.00	38.00
钢琴	架	2.27	2.40	2.00		2.00	2.00	2.00	
其他中高档乐器	件	7.21	6.88	8.00	8.00	18.00	16.00	4.00	4.00
微波炉	台	56.67	59.47	34.00	38.00	46.00	36.00	32.00	24.00
空调器	台	127.38	127.89	98.00	154.00	136.00	114.00	122.00	102.00
取暖器	台	43.40	41.06	30.00	40.00	94.00	104.00	60.00	40.00
电炊具	台	78.53	78.58	90.00	80.00	124.00	60.00	66.00	50.00
淋浴热水器	台	72.07	75.25	40.00	38.00	64.00	50.00	56.00	42.00
排油烟机	台	71.04	73.97	62.00	44.00	54.00	52.00	54.00	24.00
消毒碗柜	台	12.59	12.86	4.00	6.00	14.00	20.00	8.00	12.00
洗碗机	台	0.90	0.94					2.00	2.00
饮水机	台	52.68	51.13	52.00	74.00	56.00	72.00	52.00	78.00
吸尘器	台	9.95	10.38	4.00	4.00	6.00	10.00	12.00	4.00
健身器材	套	3.87	3.84		4.00	6.00	6.00	4.00	4.00
普通电话	部	96.08	97.26	96.00	84.00	54.00	90.00	100.00	98.00
移动电话	部	136.15	128.99	170.00	196.00	208.00	172.00	186.00	218.00
传真机	部	1.13	1.19				2.00	2.00	

5-8 全市及县(市)城镇居民家庭住房情况

(2006年)

项目	单位	全市	市区	中牟县	巩义市	荥阳市	新密市	新郑市	登封市
家庭人口	人/户	2.95	2.91	3.18	3.16	3.10	3.28	3.28	3.56
现住房总建筑面积	平方米/人	29.14	27.02	33.15	30.77	46.64	45.87	57.93	51.00
现住房屋总使用面积	平方米/人	22.69	21.13	24.83	24.11	35.20	35.12	43.90	39.72
房屋产权(合计)	%	100.00	100.00	100.00	100.00	100.00	100.00	100.00	100.00
租赁公房	%	4.17	4.43		6.00	6.00			
租赁私房	%	1.23	1.39						
原有私房	%	6.83	3.76	2.00	8.00	8.00	26.00	64.00	88.00
房改私房	%	71.69	78.21	50.00	40.00	10.00		22.00	2.00
商品房	%	15.33	11.75	40.00	38.00	76.00	74.00	14.00	10.00
其他	%	0.75	0.45	8.00	8.00				
住宅建筑式样(合计)	%	100.00	100.00	100.00	100.00	100.00	100.00	100.00	100.00
四居室	%	6.21	3.07	24.00	12.00	26.00	48.00	66.00	2.00
三居室	%	42.11	42.09	60.00	62.00	66.00	36.00	14.00	6.00
二居室	%	46.10	50.95	12.00	8.00	8.00	10.00	14.00	2.00
一居室	%	1.18	1.28		2.00				
普通楼房	%	3.64	2.17		10.00		6.00	2.00	86.00
平房及其他	%	0.76	0.45	4.00	6.00			4.00	4.00
装修状况(合计)	%	100.00	100.00	100.00	100.00	100.00	100.00	100.00	100.00
有装修	%	55.35	57.46	42.00	46.00	46.00	32.00	42.00	24.00
未装修	%	44.65	42.55	58.00	54.00	54.00	68.00	58.00	76.00
如果装修过,最近一次装修花费	元/户	11277.51	11811.60	4860.00	8996.00	12080.00	4220.00	6166.80	6920.00
现有住房按市场价估计值	元/户	104159.25	102945.80	59480.00	83000.00	80920.00	74560.00	171445.76	243200.00
租赁房房租	元/户	8.74	9.62		1.60	3.06	21.80		20.00
自有房房租折算	元/户	119.52	102.26	156.20	210.00	163.13	296.00	436.50	228.61
购房总金额	元/户	44430.14	42250.13	51636.00	48534.86	59390.00	60360.00	98898.00	47180.00
购房实际支出金额	元/户	40683.73	38229.89	50236.00	46424.86	59150.00	59520.00	94206.00	47180.00
饮水情况(合计)	%	100.00	100.00	100.00	100.00	100.00	100.00	100.00	100.00
自来水	%	47.25	48.58	52.00	26.00	48.00	38.00	52.00	6.00
矿泉水	%	24.91	27.57		2.00	8.00	2.00	16.00	
纯净水	%	27.23	23.85	48.00	72.00	42.00	60.00	32.00	56.00
井、河水	%	0.61				2.00			38.00

5-8 续表 （2006 年）

项 目	单位	全市	市区	中牟县	巩义市	荥阳市	新密市	新郑市	登封市
用水情况(合计)	%	100.00	100.00	100.00	100.00	100.00	100.00	100.00	100.00
独用自来水	%	93.12	95.29	100.00	86.00	90.00	58.00	98.00	16.00
公用自来水	%	5.66	4.71		14.00	8.00	42.00	2.00	6.00
井、河水	%	1.21				2.00			78.00
卫生设备(合计)	%	100.00	100.00	100.00	100.00	100.00	100.00	100.00	100.00
有厕所浴室	%	76.37	77.68	90.00	42.00	86.00	38.00	80.00	80.00
有厕所无浴室	%	22.35	21.37	8.00	44.00	12.00	62.00	20.00	20.00
公用	%	1.27	0.95	2.00	14.00	2.00			
取暖设备(合计)	%	100.00	100.00	100.00	100.00	100.00	100.00	100.00	100.00
空调设备	%	20.92	20.76	4.00	16.00	30.00	20.00	42.00	22.00
暖气	%	44.21	47.90	22.00	18.00	14.00	20.00	14.00	6.00
其他	%	34.87	31.34	74.00	66.00	56.00	60.00	44.00	72.00
炊用燃料使用情况(合计)	%	100.00	100.00	100.00	100.00	100.00	100.00	100.00	100.00
管道煤气	%	63.46	69.49	26.00	34.00	34.00		6.00	
液化石油气	%	31.53	28.09	42.00	26.00	60.00	92.00	94.00	34.00
煤	%	4.70	2.42	32.00	28.00	6.00	8.00		66.00
其他	%	0.31			12.00				
通信设备使用情况	-	--	--	--	--	--	--	--	--
无电话(合计)	%	100.00	100.00	100.00	100.00	100.00	100.00	100.00	100.00
是	%	0.78	0.79		2.00	2.00			
否	%	99.22	99.21	100.00	98.00	98.00	100.00	100.00	100.00
固定电话	部/百户	96.08	97.26	96.00	84.00	54.00	90.00	100.00	98.00
移动电话	部/百户	136.15	128.99	170.00	196.00	208.00	172.00	186.00	218.00
使用互联网	条/百户	26.30	25.99	16.00	26.00	30.00	30.00	40.00	30.00
除了现住房,还有几处其他住房	套/户	0.08	0.07	0.08	0.08	0.18	0.22	0.18	0.34
出租房	套/户	0.06	0.05	0.06	0.02	0.06	0.14	0.14	0.34
使用面积	平方米/户	3.98	3.00	4.18	1.78	2.94	12.06	15.84	39.56
偶尔居住房	套/户	0.02	0.02	0.02	0.04	0.10	0.08	0.02	
使用面积	平方米/户	1.40	0.98	2.00	3.20	10.20	9.78	1.80	
其它用途房	套/户	0.01	0.01		0.02	0.02		0.02	
使用面积	平方米/户	0.60	0.54		1.40	1.80		3.20	

5-9 全市按相对收入分的城镇居民家庭生活基本情况

（2006 年）

项　　目	单位	合计	最低10%	更低5%	低10%	较低20%	中间20%	较高20%	高10%	最高10%	更高5%
可支配收入	元	11822.08	4371.32	3397.23	6357.38	7994.86	10195.75	13299.21	16795.50	24390.08	27410.53
家庭总支出	元	9361.83	4679.81	3477.53	6040.78	7344.15	8715.12	11194.85	11549.55	15154.52	16174.41
#消费支出	元	7618.75	4036.91	3087.75	4821.79	6230.20	7174.44	9185.53	9349.54	11589.89	11417.99
#服务性消费支出	元	1759.48	1049.28	669.40	1130.86	1467.95	1547.76	2150.39	2168.71	2644.29	2637.22
旅游人次	次/百人	25.20	24.24	15.00	18.00	18.84	20.64	35.40	35.40	21.84	28.20
旅游花费	元/百人	11760.24	6080.04	3346.20	3669.72	6844.32	6080.76	20369.76	16526.52	21168.48	25042.80
家庭类型(世代层次)(合计)	%	100.00	100.00	100.00	100.00	100.00	100.00	100.00	100.00	100.00	100.00
单身户	%	1.51				0.44	1.57		2.80	5.71	3.97
一对夫妇户	%	24.75	0.79	0.38	5.93	11.70	20.34	26.61	40.67	55.25	63.26
两代人单亲	%	3.13	6.36	5.07	0.12	1.72	1.35	6.24	3.53	2.02	
两代人一个小孩	%	46.68	52.85	70.74	50.47	57.00	52.32	49.97	39.20	22.24	17.83
两代人两个小孩	%	6.88	13.01	8.81	18.86	5.83	4.37	6.71	1.95	5.10	3.44
两代人多个小孩	%	0.76	0.75	0.58	0.41	0.56	0.42	2.31			
与父母	%	1.25	0.89			0.37	1.42		3.91	2.56	4.83
三代人	%	10.71	18.46	7.13	21.03	14.38	15.78	2.43	5.96	5.37	6.67
其他	%	4.32	6.90	7.29	3.18	8.00	2.43	5.74	1.97	1.74	
家庭人口数	人/户	2.96	3.40	3.05	3.47	3.23	3.06	2.86	2.61	2.42	2.42
有收入者人数	人/户	2.18	1.82	1.40	2.16	2.09	2.30	2.25	2.19	2.21	2.24
就业人口数	人/户	1.43	1.28	1.12	1.64	1.45	1.38	1.56	1.28	1.37	1.28
国有经济单位职工人数	人/户	0.86	0.45	0.21	0.72	0.83	0.81	1.01	0.95	0.96	0.96
城镇集体经济单位职工人数	人/户	0.07	0.08	0.03	0.19	0.10	0.08	0.06	0.01		
其他各种经济类型单位职工	人/户	0.14	0.22	0.10	0.17	0.16	0.17	0.13	0.08	0.06	
城镇个体经营者人员数	人/户	0.10	0.14	0.26	0.14	0.05	0.09	0.12	0.07	0.08	0.07
城镇个体被雇人员数	人/户	0.10	0.17	0.21	0.17	0.16	0.07	0.12	0.02	0.05	0.06
离退休再就业人员数	人/户	0.09				0.05	0.11	0.07	0.12	0.20	0.17
其他就业人员数	人/户	0.09	0.22	0.30	0.25	0.11	0.06	0.04	0.02	0.03	0.02
离退休人数	人/户	0.72	0.36	0.17	0.51	0.62	0.90	0.66	0.91	0.83	0.96
其他有收入者人数	人/户	0.03	0.17	0.12	0.01	0.02	0.01	0.02	0.01		
无收入者人数	人/户	0.79	1.59	1.65	1.31	1.14	0.76	0.60	0.43	0.21	0.18
期末家庭人口数	人/户	2.95	3.39	3.03	3.47	3.18	3.04	2.85	2.62	2.40	2.40
非家庭人口在家用餐人次数	人次/户月	4.28	2.30	1.86	3.92	4.00	3.02	4.19	8.33	4.17	4.53
家庭人口在外用餐人次数	人次/户月	5.05	6.41	9.27	6.36	5.68	4.99	5.24	3.52	3.83	2.32

5-10 全市按相对收入分的城镇居民家庭年人均收入情况

（2006 年）

单位：元

项目	合计	最低10%	更低5%	低10%	较低20%	中间20%	较高20%	高10%	最高10%	更高5%
期初手存现金	479.20	417.79	361.06	277.57	461.52	359.76	567.69	720.90	624.09	863.77
家庭总收入	12459.37	4770.99	3614.11	6826.94	8393.11	10767.94	14090.12	17635.29	25390.94	28600.63
#可支配收入	11822.08	4371.32	3397.23	6357.38	7994.86	10195.75	13299.21	16795.50	24390.08	27410.53
工薪收入	7554.83	2956.53	1941.83	4672.13	5446.10	5967.15	9281.65	10352.81	14261.81	15047.20
工资及补贴收入	7264.20	2643.13	1841.55	4521.34	5299.56	5677.98	9006.46	9974.34	13691.10	14266.08
其他劳动收入	290.63	313.39	100.28	150.79	146.54	289.17	275.18	378.47	570.71	781.12
经营性收入	678.50	346.20	662.77	567.23	244.71	523.59	1071.43	653.53	1325.48	1470.56
财产性收入	180.31	80.39	12.96	53.44	169.29	87.52	178.85	140.40	605.17	653.88
利息收入	33.35	11.62	0.54	13.68	20.31	28.87	66.96	19.11	50.78	80.22
股息与红利收入	35.48			2.83	6.21	0.15	24.20	5.57	254.95	465.64
保险收益	6.43						1.75		54.36	102.16
其它投资收入	0.68				3.84					
出租房屋收入	104.10	68.56	11.94	34.35	138.94	58.49	85.94	115.72	245.08	5.87
其他财产性收入	0.28	0.21	0.49	2.59						
转移性收入	4045.72	1387.87	996.56	1534.13	2533.02	4189.68	3558.20	6488.56	9198.49	11428.99
养老金或离退休金	3588.95	1056.70	545.96	1263.98	2238.90	3884.16	3149.48	6094.74	7787.98	9697.28
社会救济收入	9.12	92.41	195.15		1.59	0.34				
辞退金	2.01								18.00	
赔偿收入	0.02	0.22								
保险收入	16.79	110.72	156.32	7.77	15.63	5.12	7.39	1.49	0.24	0.45
#失业保险金	16.69	109.64	156.32	7.77	15.60	5.12	7.39	1.49	0.24	0.45
赡养收入	176.54	2.03	0.60	105.79	34.99	138.66	137.97	224.16	704.25	957.37
捐赠收入	207.19	96.56	67.02	115.72	192.96	114.70	218.46	119.91	637.35	725.21
亲友搭伙费	0.05			0.47						
记帐补贴	43.94	29.24	31.53	38.82	48.64	46.04	42.23	46.50	50.58	48.53
其他转移性收入	1.10			1.58	0.32	0.66	2.67	1.76	0.08	0.14
出售财物收入	24.88	6.09	7.34	2.15	55.30	50.33	17.67	3.71	3.09	3.17
出售住房收入	11.17	0.07			12.28	45.69				
出售其他物品收入	13.71	6.02	7.34	2.15	43.02	4.64	17.67	3.71	3.09	3.17
借贷收入	1101.66	532.95	396.55	766.22	717.11	789.42	1566.62	1092.61	2205.46	2777.64
提取储蓄存款	1042.01	504.55	396.55	627.73	701.61	765.35	1426.19	1077.72	2162.48	2743.27
借入款	26.82	28.40		62.86	10.93	2.41	73.39	1.83		
收回借出款	8.52			1.17	4.18	15.32	11.48		20.50	
收回投资本金	2.21			2.24		3.08	6.68			
住房贷款	19.09			72.21			44.78		22.49	34.37
其他贷款	2.65				0.40	1.43	4.09	13.07		
其他借贷收入	0.36					1.83				

5-11 全市按相对收入分的城镇居民家庭年人均支出情况

（2006 年）

单位：元

项 目	合计	最低10%	更低5%	低10%	较低20%	中间20%	较高20%	高10%	最高10%	更高5%
家庭总支出	9361.83	4679.81	3477.53	6040.78	7344.15	8715.12	11194.85	11549.55	15154.52	16174.41
消费支出	7618.75	4036.91	3087.75	4821.79	6230.20	7174.44	9185.53	9349.54	11589.89	11417.99
#服务性消费支出	1759.48	1049.28	669.40	1130.86	1467.95	1547.76	2150.39	2168.71	2644.29	2637.22
食品	2582.66	1549.03	1387.14	1724.34	2313.61	2583.55	2931.45	3110.84	3500.65	3468.66
衣着	998.51	371.82	283.12	628.99	798.64	853.71	1200.61	1352.92	1714.45	1255.31
家庭设备用品及服务	488.67	122.26	108.82	247.00	324.39	523.44	583.58	601.57	932.69	1121.10
医疗保健	613.60	452.52	102.47	268.76	419.05	571.06	862.99	833.28	770.17	852.06
交通和通信	863.75	338.08	254.62	600.64	610.01	839.55	1167.38	965.40	1335.71	1160.51
教育文化娱乐服务	973.13	585.64	343.61	721.02	889.17	797.75	1107.21	1146.46	1555.05	1719.74
居住	845.52	542.31	562.44	514.37	687.73	801.31	1071.90	992.52	1170.42	1219.76
杂项商品和服务	252.92	75.24	45.53	116.68	187.59	204.07	260.40	346.55	610.75	620.85
购房与建房支出	83.23			138.27		19.49	199.64	5.35	211.71	397.87
购房	75.64			128.29		19.49	167.68	5.35	211.71	397.87
建房	7.59			9.98			31.96			
转移性支出	1092.09	276.69	204.64	654.56	766.39	1010.43	1098.16	1477.64	2448.78	3263.18
交纳的个人收入税	33.35	4.22	0.22	5.85	3.43	15.43	37.16	76.31	112.24	170.41
捐赠支出	544.20	177.72	104.47	256.89	450.39	516.32	516.36	661.76	1250.10	1601.40
购买彩票	11.05	4.37	4.05	15.11	5.08	11.50	19.43	9.62	7.74	6.31
赡养支出	455.23	84.12	91.77	363.61	272.62	438.16	428.23	686.46	992.37	1378.01
#在外就学子女费用	307.63	45.81	68.02	294.99	171.33	305.11	301.86	473.88	606.48	915.18
各种非储蓄性保险支出	11.03	1.65	0.11	2.41	8.64	10.49	16.17	4.07	29.11	25.77
#车辆保险支出	3.91			0.09		3.42	8.55		13.20	12.41
其他转移性支出	37.23	4.62	4.02	10.69	26.23	18.52	80.81	39.43	57.23	81.28
财产性支出	7.76			1.28	1.38	0.04		0.03	66.09	124.21
社会保障支出	560.00	366.21	185.13	424.90	346.18	510.72	711.51	716.98	838.05	971.16
个人交纳的养老基金	259.38	259.67	153.94	256.43	156.44	240.07	338.89	289.34	282.66	344.92
个人交纳的住房公积金	210.09	69.27	4.91	84.18	121.65	178.52	272.48	328.20	407.73	454.06
个人交纳的医疗基金	75.89	25.46	8.54	74.45	62.92	80.68	81.50	77.08	120.75	131.85
个人交纳的失业基金	14.27	10.56	17.75	9.17	5.18	11.10	18.13	22.36	26.91	40.33
其他社会保障支出	0.36	1.25		0.66		0.36	0.51			
借贷支出	3460.88	292.04	225.12	883.34	1448.28	1904.56	3604.81	5863.78	11775.44	14695.35
存入储蓄款	3292.80	277.73	225.12	853.66	1350.90	1861.04	3381.66	5746.32	11068.90	13600.70
借出款	10.62			3.00	0.36	14.65	6.98		53.11	96.93
归还借款	7.41			2.56	17.28	10.03	2.41	14.46		
储蓄性保险支出	62.78	14.30		10.88	8.32	18.48	113.94	26.20	258.44	335.19
购买有价证券	25.29								226.50	425.66
其它投资支出	0.72			5.87		0.05			1.02	
归还住房贷款	59.45			7.16	71.41	0.30	93.35	76.81	163.26	236.88
其他借贷支出	1.82			0.20			6.46		4.20	
期末手存现金	1209.04	629.97	606.41	906.55	961.18	1150.04	1360.67	1813.68	1689.27	1531.38

5-12　全市按相对收入分的城镇居民家庭年人均消费情况

（2006年）

项　　目	单位	合计	最低10%	更低5%	低10%	较低20%	中间20%	较高20%	高10%	最高10%	更高5%
消费支出	**元**	**7618.75**	**4036.91**	**3087.75**	**4821.79**	**6230.20**	**7174.44**	**9185.53**	**9349.54**	**11589.89**	**11417.99**
#服务性消费支出	元	1759.48	1049.28	669.40	1130.86	1467.95	1547.76	2150.39	2168.71	2644.29	2637.22
食品	**元**	**2582.66**	**1549.03**	**1387.14**	**1724.34**	**2313.61**	**2583.55**	**2931.45**	**3110.84**	**3500.65**	**3468.66**
粮油类	元	450.22	364.00	329.45	358.57	456.11	439.83	493.64	498.76	487.86	450.17
粮食	千克	103.29	87.37	81.28	86.54	106.47	99.66	114.94	110.55	104.77	101.00
	元	310.41	250.94	235.26	249.82	313.01	296.57	342.90	348.91	338.29	308.48
淀粉及薯类	千克	9.48	7.90	5.35	9.06	8.41	10.05	10.23	8.37	11.63	12.71
	元	23.78	18.81	13.65	22.46	21.55	24.63	25.84	23.33	27.90	29.04
干豆类及豆制品	元	33.71	26.58	25.91	27.94	32.75	33.87	37.70	32.06	40.59	42.29
油脂类	千克	8.37	7.44	6.67	6.54	9.29	8.74	8.51	9.07	7.73	7.21
	元	82.33	67.68	54.63	58.35	88.80	84.75	87.19	94.47	81.08	70.37
肉禽蛋水产品类	元	573.21	338.18	324.89	403.53	561.48	600.17	612.61	700.68	699.17	719.28
肉类	千克	22.20	14.93	14.38	16.78	21.38	24.00	22.97	27.56	24.70	26.48
	元	338.04	210.79	202.13	243.13	329.07	355.04	361.67	421.26	390.48	407.19
禽类	千克	6.02	4.66	4.44	4.60	6.01	6.25	5.74	7.25	7.35	7.31
	元	84.13	51.35	56.00	60.91	83.55	83.72	88.31	100.78	110.53	106.13
蛋类	千克	13.09	8.48	7.92	10.68	14.62	14.45	13.37	13.08	13.85	14.61
	元	69.89	43.70	41.46	55.57	77.93	76.56	72.03	71.18	75.54	79.77
水产品类	元	81.14	32.33	25.30	43.92	70.92	84.85	90.60	107.46	122.62	126.20
蔬菜类	元	311.83	221.95	203.45	260.99	296.16	290.83	348.26	387.23	354.04	331.69
鲜菜	千克	146.20	118.01	109.38	126.03	146.28	136.25	161.26	166.99	157.53	156.73
	元	292.05	213.88	195.68	244.71	284.59	266.29	326.89	363.76	323.12	312.57
干菜	千克	0.41	0.17	0.15	0.36	0.25	0.47	0.42	0.51	0.66	0.47
	元	14.75	5.63	5.93	12.67	8.52	17.43	15.29	20.21	23.11	14.56
菜制品	元	5.02	2.44	1.83	3.61	3.05	7.11	6.08	3.25	7.80	4.57
调味品	元	44.49	27.14	23.26	31.81	42.22	47.60	49.79	48.13	55.60	51.55
糖烟酒饮料类	元	362.07	219.42	156.91	198.47	284.36	339.89	476.09	446.53	500.81	494.39
糖类	元	22.49	10.90	7.65	16.52	20.81	21.89	28.62	26.73	26.01	28.78
烟草类	元	148.62	139.30	93.27	84.58	113.69	154.88	191.28	159.39	170.16	175.14
酒类	千克	7.16	4.20	4.42	6.26	8.41	5.52	8.35	8.45	7.90	10.18
	元	111.52	38.52	36.16	56.52	89.06	85.16	146.73	152.32	200.29	221.71

5-12 续表1 (2006年)

项目	单位	合计	最低10%	#更低5%	低10%	较低20%	中间20%	较高20%	高10%	最高10%	#更高5%
饮料	元	79.44	30.69	19.83	40.85	60.80	77.96	109.46	108.09	104.35	68.77
干鲜瓜果类	元	208.14	95.51	80.87	135.14	201.83	203.58	225.92	278.34	285.62	272.53
鲜果	千克	37.47	19.52	14.82	26.81	36.08	38.01	41.12	48.07	46.44	44.59
	元	123.86	58.24	44.33	80.31	113.44	119.04	137.24	177.37	166.23	158.09
鲜瓜	千克	31.83	21.13	19.65	24.96	36.48	30.93	31.58	32.73	41.00	37.79
	元	34.25	20.20	20.41	23.82	36.45	31.86	35.05	39.81	49.41	42.05
干果	千克	0.69	0.16	0.27	0.42	0.60	0.75	0.88	0.91	0.83	0.83
	元	11.25	1.78	2.34	5.14	8.03	11.97	13.73	18.34	17.07	16.11
瓜果制品	千克	0.43	0.17	0.16	0.34	0.41	0.42	0.42	0.44	0.78	0.84
	元	4.36	1.59	1.63	3.02	4.09	3.99	4.37	5.67	7.75	7.42
坚果及果仁	千克	3.03	1.41	1.37	2.37	3.22	3.29	3.11	3.04	4.06	4.37
	元	34.41	13.71	12.17	22.85	39.81	36.73	35.53	37.15	45.16	48.86
糕点、奶及奶制品	元	210.82	112.21	89.18	140.90	197.34	209.94	246.02	228.39	299.23	277.00
糕点	千克	4.79	3.26	2.46	3.70	4.52	5.20	5.00	5.97	5.20	4.35
	元	60.91	32.90	23.66	44.94	54.59	61.71	64.83	89.38	72.25	53.64
奶及奶制品	元	149.91	79.30	65.53	95.96	142.75	148.23	181.19	139.00	226.98	223.36
其他食品	元	61.00	27.27	24.37	30.31	51.21	60.66	82.71	67.64	87.24	101.11
#半成品	元	16.22	4.67	3.78	6.47	16.93	15.26	21.79	12.52	28.99	27.53
饮食服务	元	360.87	143.35	154.77	164.61	222.91	391.06	396.41	455.15	731.09	770.92
食品加工服务费	元	0.39	0.07	0.15	0.67	0.16	1.07	0.20	0.13	0.16	0.04
在外饮食	元	360.48	143.28	154.62	163.94	222.75	389.99	396.21	455.02	730.93	770.88
非食品类	**元**	**5036.09**	**2487.87**	**1700.61**	**3097.45**	**3916.58**	**4590.89**	**6254.08**	**6238.70**	**8089.24**	**7949.33**
衣着	**元**	**998.51**	**371.82**	**283.12**	**628.99**	**798.64**	**853.71**	**1200.61**	**1352.92**	**1714.45**	**1255.31**
服装	件	7.58	3.92	3.26	6.36	6.96	7.32	8.92	8.50	9.84	7.78
	元	717.15	242.48	173.97	436.19	572.45	611.33	866.52	1000.32	1235.02	861.72
男士服装	件	3.22	1.97	1.70	2.98	2.80	3.09	3.74	3.31	4.32	3.59
	元	322.96	126.95	90.81	222.95	245.51	278.10	362.54	434.89	598.02	373.84
女士服装	件	3.54	1.39	1.05	2.54	3.14	3.57	4.20	4.38	4.74	3.47
	元	359.34	97.54	65.84	185.13	284.10	304.64	462.43	527.36	598.93	452.92
童装	件	0.83	0.56	0.52	0.84	1.02	0.66	0.98	0.81	0.78	0.72
	元	34.84	17.99	17.32	28.11	42.84	28.59	41.55	38.07	38.07	34.97

5-12 续表2 （2006年）

项　　目	单位	合计	最低10%	#更低5%	低10%	较低20%	中间20%	较高20%	高10%	最高10%	#更高5%
衣着材料	元	9.93	3.39	3.40	6.99	9.45	8.79	9.47	15.82	15.91	15.39
鞋类	双	2.98	1.96	1.77	2.70	2.85	2.83	3.39	3.10	3.70	3.51
	元	235.14	111.12	94.87	157.79	189.73	192.50	284.98	296.45	405.32	328.51
其他衣着用品	元	31.00	13.50	9.18	24.32	23.23	35.07	31.92	36.15	50.30	42.51
衣着加工服务费	元	5.30	1.34	1.69	3.71	3.79	6.03	7.72	4.18	7.89	7.17
家庭设备用品及服务	**元**	**488.67**	**122.26**	**108.82**	**247.00**	**324.39**	**523.44**	**583.58**	**601.57**	**932.69**	**1121.10**
耐用消费品	元	233.60	28.38	38.18	108.23	123.88	267.29	241.08	318.50	538.57	699.04
家具	元	60.18	2.94	3.55	14.65	20.66	17.08	35.90	107.71	286.25	457.23
家庭设备	元	173.41	25.44	34.63	93.59	103.23	250.20	205.18	210.79	252.32	241.80
室内装饰品	元	24.90	0.65	0.13	1.52	8.98	24.29	53.78	16.04	48.97	68.39
纺织装饰品	元	8.96	0.20		0.26	1.55	12.99	17.16	0.75	22.14	40.48
装饰灯具	元	10.17	0.40	0.03	0.39	1.28	8.25	25.91	8.65	17.42	16.97
其他装饰品	元	5.78	0.04	0.10	0.87	6.16	3.05	10.71	6.64	9.41	10.95
床上用品	元	46.21	12.53	7.80	18.81	27.66	33.89	60.89	84.56	85.53	80.27
家庭日用杂品	元	155.53	76.81	60.58	109.72	144.64	159.40	192.94	147.71	213.81	193.94
厨、餐、茶具	元	26.37	9.55	8.68	13.57	18.61	21.05	43.58	23.25	45.52	46.95
家用工具	元	2.64	0.26	0.18	2.87	6.04	4.25	1.05	0.57	1.27	1.72
家居清洁用品	元	24.24	16.03	11.46	18.42	25.43	25.53	26.01	22.15	31.25	25.35
其他日用杂品	元	102.27	50.96	40.26	74.87	94.56	108.56	122.30	101.73	135.77	119.92
家具材料	元	6.78	0.05	0.13	0.23	0.01	9.33	11.24	0.04	23.26	43.71
家庭服务	元	21.65	3.83	2.00	8.49	19.21	29.25	23.65	34.72	22.55	35.74
家政服务	元	8.09	0.05	0.12	0.15	1.47	19.14	4.10	20.75	7.87	12.96
加工维修服务费	元	13.56	3.78	1.88	8.34	17.75	10.11	19.55	13.97	14.67	22.77
医疗保健	**元**	**613.60**	**452.52**	**102.47**	**268.76**	**419.05**	**571.06**	**862.99**	**833.28**	**770.17**	**852.06**
医疗器具	元	9.50	6.46	1.18	2.04	10.68	8.77	10.68	15.10	10.53	13.67
保健器具	元	16.42			0.49	0.93	3.03	31.05	59.27	23.24	43.52
药品费	元	386.20	296.12	79.81	209.70	287.29	400.40	551.25	393.87	444.53	437.49
滋补保健品	元	42.92	1.40	0.75	6.89	30.45	30.37	44.44	74.73	118.38	163.94
医疗费	元	154.84	148.52	20.73	34.83	85.47	127.16	222.88	290.13	167.89	193.39

5-12 续表3 （2006年）

项目	单位	合计	最低10%	#更低5%	低10%	较低20%	中间20%	较高20%	高10%	最高10%	#更高5%
其他	元	3.72	0.02	0.01	14.80	4.24	1.34	2.69	0.18	5.60	0.05
交通和通讯	**元**	**863.75**	**338.08**	**254.62**	**600.64**	**610.01**	**839.55**	**1167.38**	**965.40**	**1335.71**	**1160.51**
交通	元	280.88	68.30	50.84	149.57	141.90	256.87	541.16	255.90	390.35	380.66
家庭交通工具	元	160.44	23.54		65.59	65.73	160.50	400.39	121.23	111.18	135.18
车辆用燃料及零配件	元	24.29	9.01	15.45	28.18	8.14	17.85	27.31	11.39	78.09	70.48
交通工具服务支出	元	14.64	5.18	8.45	13.18	7.03	13.60	13.75	14.75	39.42	10.65
交通费	元	81.52	30.58	26.93	42.62	61.01	64.92	99.70	108.53	161.66	164.36
通信	元	582.87	269.78	203.78	451.07	468.11	582.68	626.23	709.50	945.36	779.85
通信工具	元	94.63	18.04	2.59	86.88	88.23	95.79	72.57	107.14	203.08	143.38
通信服务	元	488.24	251.74	201.20	364.19	379.88	486.89	553.66	602.36	742.28	636.47
教育文化娱乐服务	**元**	**973.13**	**585.64**	**343.61**	**721.02**	**889.17**	**797.75**	**1107.21**	**1146.46**	**1555.05**	**1719.74**
文化娱乐用品	元	258.39	59.70	47.53	141.55	156.88	259.31	274.67	318.83	603.11	747.55
#体育用品	元	1.33	0.28		1.24	1.96	2.31	0.35	1.64	1.12	2.11
书报杂志	元	31.15	16.14	23.83	29.32	22.65	33.98	19.02	41.74	65.80	76.68
纸张文具	元	7.42	6.20	5.21	10.83	6.45	8.66	6.70	6.71	6.76	4.64
其他文娱用品	元	49.38	13.86	6.31	34.17	36.72	42.17	59.17	60.92	96.66	104.98
文化娱乐服务	元	167.61	63.13	29.57	54.35	126.64	100.14	220.59	226.99	386.97	540.12
参观游览	元	22.67	12.19	3.23	10.54	17.65	21.11	26.06	50.31	19.43	12.75
健身活动	元	7.88	0.05		1.41	16.51	1.77	5.42	7.91	22.07	33.87
团体旅游	元	89.23	29.25	1.27	16.14	60.31	33.75	150.89	123.33	203.08	270.03
其它文娱活动	元	44.72	19.68	21.78	24.86	28.61	38.37	34.66	43.81	140.41	222.29
文娱用品修理服务费	元	3.10	1.96	3.28	1.40	3.55	5.14	3.55	1.63	1.98	1.18
教育	元	547.12	462.81	266.52	525.12	605.65	438.30	611.96	600.65	564.98	432.07
教材	元	52.07	60.95	56.30	65.89	58.68	49.04	42.13	53.45	43.61	23.49
教育费用	元	495.06	401.85	210.22	459.22	546.97	389.26	569.83	547.19	521.37	408.58
居住	**元**	**845.52**	**542.31**	**562.44**	**514.37**	**687.73**	**801.31**	**1071.90**	**992.52**	**1170.42**	**1219.76**
住房	元	126.33	35.33	60.69	27.58	75.26	89.16	275.89	136.00	155.52	243.70
租赁房房租	元	8.29	21.30	50.28	1.52	4.28	2.23	20.54	0.23	5.95	0.98
住房装潢支出	元	79.95	7.40		5.87	24.81	53.94	233.99	89.45	49.58	71.89
维修用建筑材料	元	36.59	6.25	10.40	16.12	45.82	31.67	19.17	45.46	98.33	169.91
其他	元	1.51	0.38		4.08	0.35	1.32	2.19	0.86	1.67	0.91

5-12 续表4 （2006年）

项　　目	单位	合计	最低10%	#更低5%	低10%	较低20%	中间20%	较高20%	高10%	最高10%	#更高5%
水电燃料及其他	元	678.74	488.79	479.28	450.76	575.93	676.09	744.09	825.26	949.41	912.71
水	吨	35.09	25.84	24.60	25.61	28.21	32.57	42.08	45.89	43.26	39.21
	元	82.00	60.86	56.85	58.79	64.91	77.47	97.07	108.17	102.32	92.99
电	度	507.11	378.69	378.20	322.67	436.92	493.36	603.54	550.24	699.90	575.32
	元	284.18	213.32	214.15	181.99	244.91	276.99	338.39	305.78	391.44	321.79
燃料	元	160.53	121.48	151.28	140.47	153.81	180.92	173.44	175.41	148.11	122.74
煤炭	千克	52.56	53.00	85.37	28.21	60.40	82.47	53.53	36.24	23.94	30.06
	元	17.82	17.23	27.18	10.50	21.70	27.43	17.60	11.68	8.50	9.92
液化石油气	千克	9.12	9.33	15.42	9.11	9.18	7.36	9.20	17.87	3.02	2.29
	元	38.88	41.12	68.07	44.65	43.06	31.80	38.48	66.48	10.63	5.42
管道煤气	m^3	65.74	39.34	34.11	53.24	57.33	77.08	74.41	60.81	82.01	67.38
	元	103.41	62.39	54.30	82.06	89.04	121.65	117.37	97.26	128.98	107.41
其他燃料	元	0.41	0.73	1.73	3.26		0.04				
其他	元	152.03	93.13	56.99	69.51	112.30	140.71	135.18	235.90	307.55	375.18
居住服务费	元	40.45	18.18	22.47	36.03	36.54	36.06	51.92	31.25	65.49	63.36
物业管理费	元	1.98			0.38	1.30	2.50	2.71	1.27	4.67	3.77
维修服务费	元	6.14	0.11	0.07	13.23	7.15	9.77	1.63	0.21	11.06	18.30
其它	元	32.33	18.07	22.40	22.41	28.09	23.79	47.58	29.77	49.76	41.29
杂项商品和服务	**元**	**252.92**	**75.24**	**45.53**	**116.68**	**187.59**	**204.07**	**260.40**	**346.55**	**610.75**	**620.85**
杂项商品	元	183.63	46.31	27.12	88.95	111.91	129.47	186.16	301.58	473.39	458.69
金银珠宝饰品	元	31.68	2.52	1.38	0.48	4.33	2.24	33.71	80.72	127.39	143.15
手表	元	5.97	0.16	0.07	0.80	0.42	0.31	1.71	33.74	14.47	5.96
理发美容用具	元	1.46	1.25	0.07	0.96	1.80	1.34	1.65	2.44	0.42	0.53
化妆品	元	76.50	19.82	11.20	42.46	60.17	70.16	83.30	106.23	150.64	86.76
其他杂品	元	68.01	22.56	14.40	44.25	45.18	55.43	65.78	78.45	180.47	222.29
服务	元	69.28	28.94	18.40	27.73	75.68	74.59	74.24	44.97	137.37	162.16
旅馆住宿费	元	1.45			0.17	0.51	0.71	0.21		10.40	2.55
理发洗澡费	元	31.39	15.62	8.03	19.13	40.66	31.58	31.30	24.27	48.31	55.89
美容费	元	13.26	5.03		1.02	23.10	2.05	15.66	3.78	40.65	58.29
其他服务	元	23.19	8.28	10.37	7.41	11.42	40.26	27.07	16.91	38.01	45.44

5-13 全市按人均可支配收入分

（2006年）

项 目	单 位	合计	200元以下	200—400元	400—600元	600—800元
调查户数	户月	8400.00	48.00	462.00	1308.00	1951.00
可支配收入	元/人	11822.08	1922.00	3670.37	6078.56	8331.22
家庭总支出	元/人	9361.83	2239.34	3869.85	5929.18	7561.41
消费支出	元/人	7618.75	1924.38	3324.19	4929.98	6327.25
#服务性消费支出	元/人	1759.48	618.27	708.16	1230.51	1484.39
旅游人次	次/百人	25.20		15.12	21.24	20.40
旅游花费	元/百人	11760.24		3787.32	4878.72	7273.56
家庭人口数	人/户	2.96	3.12	3.07	3.57	3.23
有收入者人数	人/户	2.18	1.34	1.48	2.15	2.15
就业人口数	人/户	1.43	0.61	1.20	1.51	1.47
国有经济单位职工人数	人/户	0.86	0.11	0.34	0.68	0.82
城镇集体经济单位职工人数	人/户	0.07	0.11	0.03	0.16	0.11
其他各种经济类型单位职工	人/户	0.14	0.11	0.10	0.21	0.17
城镇个体经营者人员数	人/户	0.10		0.25	0.10	0.04
城镇个体被雇人员数	人/户	0.10	0.16	0.20	0.15	0.15
离退休再就业人员数	人/户	0.09				0.08
其他就业人员数	人/户	0.09	0.12	0.28	0.21	0.09
离退休人数	人/户	0.72		0.17	0.59	0.66
其他有收入者人数	人/户	0.03	0.72	0.11	0.06	0.02
无收入者人数	人/户	0.79	1.78	1.59	1.42	1.08
期末家庭人口数	人/户	2.95	3.12	3.05	3.57	3.19
非家庭人口在家用餐人次数	人次/户月	4.28	3.41	1.72	3.41	4.09
家庭人口在外用餐人次数	人次/户月	5.05	20.17	7.66	5.55	5.98

组的城市居民家庭基本情况

800—1 千元	1 千—1500 元	1500—2 千元	2 千—2500 元	2500—3 千元	3 千—4 千元	4 千—5 千元
1576.00	2110.00	578.00	290.00	39.00	26.00	12.00
10744.79	14635.37	20487.63	26095.81	31794.14	43284.15	54033.99
9165.81	11342.94	14683.11	14749.34	15628.89	18812.39	28108.08
7580.17	9209.77	11853.22	11108.16	9113.58	15177.03	16873.53
1621.74	2185.32	2614.25	2473.50	1802.58	3993.33	7290.55
22.20	36.48	20.16	18.84	43.44	51.72	250.08
6880.68	20680.20	16324.56	12361.20	66902.40	61664.52	220000.08
2.94	2.77	2.42	2.58	2.00	2.07	2.00
2.31	2.21	2.17	2.37	2.00	1.71	2.00
1.41	1.45	1.50	1.45		1.71	2.00
0.83	1.01	0.94	1.08		1.36	2.00
0.06	0.05					
0.17	0.09	0.14	0.01			
0.12	0.09	0.10	0.08		0.36	
0.08	0.08	0.03	0.08			
0.08	0.09	0.26	0.18			
0.07	0.04	0.03	0.03			
0.89	0.74	0.67	0.92	2.00		
0.01	0.02	0.01				
0.63	0.57	0.25	0.21		0.36	
2.91	2.77	2.41	2.57	2.00	2.50	2.00
3.19	6.09	3.78	1.64	23.30		2.67
5.06	4.29	4.99	2.49	1.38	5.70	0.83

5-14 全市按人均可支配收入

（2006 年）

项　目	合计	200 元以下	200—400 元	400—600 元	600—800 元
期初手存现金	479.20	427.20	420.52	350.80	447.95
家庭总收入	12459.37	2252.15	4006.30	6511.43	8797.19
#可支配收入	11822.08	1922.00	3670.37	6078.56	8331.22
工薪收入	7554.83	923.02	2417.49	4138.55	5674.30
工资及补贴收入	7264.20	543.30	2340.05	3892.12	5522.80
其他劳动收入	290.63	379.72	77.44	246.43	151.50
经营净收入	678.50		624.28	394.72	215.22
财产性收入	180.31		14.72	85.87	156.54
利息收入	33.35		0.50	15.21	19.93
股息与红利收入	35.48			1.73	5.37
保险收益	6.43				
其它投资收入	0.68			0.14	3.16
出租房屋收入	104.10		13.76	67.20	128.09
其他财产性收入	0.28		0.46	1.59	
转移性收入	4045.72	1329.12	949.81	1892.29	2751.11
养老金或离退休金	3588.95		532.80	1636.75	2485.98
社会救济收入	9.12	750.50	127.05	5.54	1.35
辞退金	2.01				
赔偿收入	0.02			0.12	
保险收入	16.79	465.94	197.65	8.00	13.34
#失业保险金	16.69	465.94	197.65	7.39	13.31
赡养收入	176.54		0.56	65.80	31.21
捐赠收入	207.19	49.20	63.10	138.48	169.25
亲友搭伙费	0.05			0.29	
记帐补贴	43.94	63.48	28.66	36.35	49.71
其他转移性收入	1.10			0.96	0.28
出售财物收入	24.88		6.88	3.32	47.75
出售住房收入	11.17			0.04	10.48
出售其他物品收入	13.71		6.88	3.27	37.27
借贷收入	1101.66	5.59	424.14	728.93	710.35
提取储蓄存款	1042.01	5.59	424.14	626.50	691.81
借入款	26.82			56.11	8.17
收回借出款	8.52			0.72	10.03
收回投资本金	2.21			1.37	
住房贷款	19.09			44.22	
其他贷款	2.65				0.34
其他借贷收入	0.36				

分组的年人均现金收入情况

单位:元

800—1 千元	1 千—1500 元	1500—2 千元	2 千—2500 元	2500—3 千元	3 千—4 千元	4 千—5 千元
329.79	627.60	735.30	607.85	1052.79	700.06	727.11
11335.51	15409.76	21524.37	27231.41	31855.88	44610.43	58453.64
10744.79	14635.37	20487.63	26095.81	31794.14	43284.15	54033.99
6323.61	9790.65	13309.71	15432.82	376.63	14410.35	58393.64
6022.45	9453.70	13007.80	14881.03		14005.57	45643.64
301.16	336.95	301.91	551.79	376.63	404.78	12750.00
729.77	892.88	1127.66	1349.29		21358.63	
74.99	192.99	407.80	729.08	443.64	413.39	
28.20	59.15	19.86	36.78	443.64	68.90	
4.82	17.72	11.16	567.74			
	1.35		124.56			
41.97	114.77	376.78			344.49	
4207.14	4533.25	6679.18	9720.23	31035.61	8428.05	60.00
3879.04	4103.29	5760.26	7991.62	30482.24		
0.36						
		28.02				
5.45	6.32		0.55			
5.45	6.32		0.55			
174.30	172.49	350.55	1143.39			
99.08	207.09	488.65	543.47	502.18	8267.86	
45.24	43.32	51.71	41.02	51.19	160.19	60.00
3.67	0.74		0.17			
57.27	11.97	2.29	3.71	1.41		
48.61						
8.65	11.97	2.29	3.71	1.41		
900.53	1479.08	2063.34	1564.29	3374.00	3272.69	6000.00
875.75	1368.99	1996.45	1564.29	3374.00	3272.69	6000.00
3.80	56.50					
9.06	8.85	31.90				
3.28	5.15					
4.41	31.47	34.99				
2.28	8.12					
1.95						

5-15 全市按人均可支配

（2006 年）

项　目	合计	200 元以下	200—400 元	400—600 元	600—800 元
家庭总支出	9361.83	2239.34	3869.85	5929.18	7561.41
消费支出	7618.75	1924.38	3324.19	4929.98	6327.25
#服务性消费支出	1759.48	618.27	708.16	1230.51	1484.39
食品	2582.66	565.79	1516.18	1726.08	2352.76
衣着	998.51	113.62	307.56	589.69	838.39
家庭设备用品及服务	488.67	33.91	114.69	226.50	342.98
医疗保健	613.60	59.43	127.94	449.26	383.67
交通和通信	863.75	161.19	288.02	535.41	670.23
教育文化娱乐服务	973.13	505.32	337.89	740.93	859.55
居住	845.52	461.09	574.50	515.83	718.93
杂项商品和服务	252.92	24.03	57.43	146.26	160.74
购房与建房支出	83.23			84.68	
购房	75.64			78.57	
建房	7.59			6.11	
转移性支出	1092.09	48.29	238.98	522.38	823.12
交纳的个人收入税	33.35		0.60	6.27	5.49
捐赠支出	544.20	30.87	122.60	239.09	472.66
购买彩票	11.05		3.79	10.82	5.93
赡养支出	455.23	17.22	107.20	255.75	299.68
#在外就学子女费用	307.63	8.26	74.87	193.59	201.08
各种非储蓄性保险支出	11.03		0.11	2.39	11.00
#车辆保险支出	3.91			0.05	
其他转移性支出	37.23	0.20	4.69	8.06	28.36
财产性支出	7.76			1.89	0.28
社会保障支出	560.00	266.67	306.68	390.25	410.77
个人交纳的养老基金	259.38	247.05	186.92	254.67	185.40
个人交纳的住房公积金	210.09		68.55	75.26	139.16
个人交纳的医疗基金	75.89	2.11	32.63	52.29	76.89
个人交纳的失业基金	14.27	17.50	15.81	7.63	9.32
其他社会保障支出	0.36		2.77	0.40	
借贷支出	3460.88	104.94	240.54	813.99	1532.08
存入储蓄款	3292.80	104.94	234.47	786.03	1441.01
借出款	10.62			1.84	6.77
归还借款	7.41			4.08	12.88
储蓄性保险支出	62.78		6.06	13.94	10.42
购买有价证券	25.29				
其它投资支出	0.72			3.59	0.05
归还住房贷款	59.45			4.39	60.95
其他借贷支出	1.82			0.12	
期末手存现金	1209.04	340.78	655.72	939.95	1007.84

收入分组的年人均现金支出情况

单位:元

800—1 千元	1 千—1500 元	1500—2 千元	2 千—2500 元	2500—3 千元	3 千—4 千元	4 千—5 千元
9165.81	11342.94	14683.11	14749.34	15628.89	18812.39	28108.08
7580.17	9209.77	11853.22	11108.16	9113.58	15177.03	16873.53
1621.74	2185.32	2614.25	2473.50	1802.58	3993.33	7290.55
2670.51	2993.61	3520.37	3505.48	3312.48	2930.55	2932.89
831.22	1285.46	2001.83	1366.88	328.04	2298.50	1508.45
556.82	562.08	799.56	1222.86	554.00	1811.19	123.40
741.99	800.24	880.57	747.78	330.68	206.05	960.00
810.62	1163.14	1365.13	1150.04	528.00	818.25	3701.80
795.57	1201.98	1248.54	1748.61	859.47	2410.77	4329.50
953.13	950.94	1237.35	944.26	2646.18	4152.99	969.94
220.33	252.32	799.87	422.23	554.74	548.73	2347.55
20.74	156.19	329.44				
20.74	131.55	329.44				
	24.64					
1034.15	1290.52	1541.02	2716.99	6109.12	2639.77	7579.61
14.78	44.63	98.03	170.40	10.55	170.50	704.70
569.85	560.32	748.54	1166.90	5377.36	2451.53	3180.00
19.67	12.18	8.36	7.69			
402.05	588.84	620.42	1302.73	455.48		3000.00
265.11	423.47	317.85	848.04	313.86		2000.00
10.00	11.81	26.00	29.29	9.38		
3.63	6.59	10.27	15.13			
17.80	72.74	39.68	39.97	256.35	17.74	694.90
0.04	0.01	72.44		406.19		
530.71	686.44	887.00	924.19		995.59	3654.95
276.27	295.76	301.87	360.92		447.72	11.11
176.90	287.21	464.03	394.00		374.69	2682.50
69.42	82.68	103.21	131.23		173.17	718.49
7.74	20.40	17.89	38.04			242.85
0.38	0.39					
2005.14	4569.36	7947.35	13500.76	18929.21	27659.60	37473.31
1934.24	4373.24	7489.84	13143.36	13597.56	27656.16	37473.31
8.96	4.95	2.39	49.42	623.74		
10.51	7.93					
24.56	92.45	246.99	228.40		3.45	
				4707.91		
		1.59				
26.88	85.81	199.99	79.58			
	4.98	6.54				
1302.18	1548.56	1645.27	1473.09	2012.86	1913.33	375.64

5-16　市区按相对收入分的城镇居民家庭生活基本情况

（2006 年）

项　目	单 位	合计	最低 10%	#更低 5%	低 10%	较低 20%	中间 20%	较高 20%	高 10%	最高 10%	#更高 5%
可支配收入	元	12186.85	4695.05	3857.99	6830.07	8936.01	11695.59	14909.13	19146.46	26385.02	28908.85
家庭总支出	元	9412.75	5027.19	3894.99	6158.87	7728.99	9247.23	11964.04	11656.83	16872.12	16479.08
#消费支出	元	7731.00	4269.90	3450.48	5162.15	6626.90	7675.95	9720.06	9948.60	12368.60	12195.21
#服务性消费支出	元	1760.30	1139.77	965.43	1222.58	1472.31	1690.25	2251.57	2307.02	2611.96	2431.23
通过互联网购买商品或服	元	0.39						0.15		4.43	
旅游人次	次/百人	25.44	25.68	25.44	12.60	21.36	24.24	42.72	17.28	24.84	23.52
旅游花费	元/百人	11198.88	5108.40	5720.40	2400.36	6886.80	8383.44	23004.00	12786.84	21958.44	20235.60
家庭类型(世代层次)(合计)	%	100.00	100.00	100.00	100.00	100.00	100.00	100.00	100.00	100.00	100.00
单身户	%	1.67				1.76	0.30	0.50	5.20	6.04	0.95
一对夫妇户	%	26.46	2.72		9.04	13.97	27.10	34.11	37.72	64.86	74.21
两代人单亲	%	3.13	5.10	4.60	2.23	1.09	2.94	5.61	4.77		
两代人一个小孩	%	46.10	58.43	65.69	46.43	54.76	54.95	41.96	36.95	16.86	11.16
两代人两个小孩	%	5.32	10.98	7.89	13.03	2.17	2.61	6.00	4.81	2.82	
两代人多个小孩	%	0.49					2.60				
与父母	%	1.21	0.81				0.89	1.43	2.64	3.96	8.03
三代人	%	11.07	16.23	16.04	21.02	20.37	7.20	4.76	2.68	5.47	5.65
其他	%	4.55	5.72	5.78	8.25	5.88	1.42	5.63	5.23		
家庭人口数	人/户	2.92	3.28	3.14	3.50	3.14	2.88	2.76	2.55	2.34	2.35
有收入者人数	人/户	2.19	1.85	1.60	2.21	2.19	2.30	2.25	2.24	2.16	2.24
就业人口数	人/户	1.39	1.32	1.22	1.40	1.36	1.43	1.44	1.51	1.19	1.09
国有经济单位职工人数	人/户	0.85	0.46	0.29	0.67	0.81	0.82	1.08	0.98	0.91	0.82
城镇集体经济单位职工人数	人/户	0.06	0.11		0.14	0.08	0.07	0.01			
其他各种经济类型单位职工	人/户	0.12	0.18	0.24	0.16	0.14	0.14	0.09	0.10	0.03	0.01
城镇个体经营者人员数	人/户	0.08	0.15	0.23	0.08	0.04	0.13	0.04	0.12	0.05	0.06
城镇个体被雇人员数	人/户	0.10	0.18	0.16	0.09	0.12	0.11	0.08	0.02	0.05	
离退休再就业人员数	人/户	0.10			0.04	0.09	0.07	0.11	0.24	0.14	0.18
其他就业人员数	人/户	0.09	0.24	0.31	0.22	0.08	0.08	0.03	0.04	0.02	0.03
离退休人数	人/户	0.78	0.39	0.25	0.79	0.81	0.85	0.79	0.73	0.96	1.15
其他有收入者人数	人/户	0.02	0.14	0.13	0.01	0.01	0.02	0.02		0.01	
无收入者人数	人/户	0.73	1.43	1.55	1.29	0.95	0.58	0.51	0.31	0.18	0.11
期末家庭人口数	人/户	2.91	3.28	3.14	3.50	3.10	2.86	2.76	2.55	2.32	2.33
非家庭人口在家用餐人次数	人次/户月	4.12	1.96	1.56	3.50	3.55	4.14	6.72	2.35	4.71	5.08
家庭人口在外用餐人次数	人次/户月	3.88	5.52	6.60	4.56	4.14	3.59	3.19	3.61	3.26	1.61

5-17 市区按相对收入分的城镇居民家庭年人均收入情况

（2006 年）

单位:元

项　目	合计	最低10%	#更低5%	低10%	较低20%	中间20%	较高20%	高10%	最高10%	#更高5%
期初手存现金	356.24	242.80	316.09	289.33	283.71	304.71	433.29	465.36	616.27	718.55
家庭总收入	12839.50	5207.61	4227.32	7156.42	9444.31	12326.40	15705.93	20065.64	27528.29	30049.12
#可支配收入	12186.85	4695.05	3857.99	6830.07	8936.01	11695.59	14909.13	19146.46	26385.02	28908.85
工薪收入	7700.41	3348.65	2520.99	4016.56	5703.83	7256.67	10133.77	12543.11	14572.49	13277.64
工资及补贴收入	7417.47	3041.44	2455.51	3868.56	5539.90	6984.64	9812.80	12310.95	13797.09	12218.50
其他劳动收入	282.94	307.21	65.48	148.01	163.92	272.04	320.97	232.16	775.41	1059.14
经营净收入	579.84	370.55	525.56	364.71	161.66	977.04	441.04	1282.76	938.96	1490.26
财产性收入	132.64	41.99		89.46	48.44	42.75	136.78	312.92	548.84	121.21
利息收入	29.63	10.62		23.80	19.93	24.98	47.42	24.16	67.07	72.71
股息与红利收入	35.95				5.69		15.81		395.09	48.50
保险收益	6.96								86.68	
出租房屋收入	60.10	31.36		65.67	22.83	17.77	73.55	288.76		
转移性收入	4426.61	1446.43	1180.77	2685.68	3530.37	4049.94	4994.33	5926.85	11468.01	15160.02
养老金或离退休金	3963.75	1087.06	708.37	2449.13	3205.66	3733.01	4556.83	5519.29	9678.45	12747.54
社会救济收入	10.19	88.26	170.78		1.45	0.41				
辞退金	2.31							25.08		
保险收入	17.85	104.57	220.70	26.29	3.46	2.80	9.37		0.39	
#失业保险金	17.85	104.57	220.70	26.29	3.46	2.80	9.37		0.39	
赡养收入	196.95	20.83		76.61	131.11	140.55	167.67	259.13	931.20	1582.45
捐赠收入	195.09	113.17	55.45	104.42	144.52	131.20	216.95	84.33	808.71	785.03
记帐补贴	39.80	32.54	25.46	29.23	44.17	38.60	43.30	39.02	49.15	45.00
其他转移性收入	0.68					3.36	0.21		0.12	
出售财物收入	4.89	4.35	5.42	0.66	7.45	6.57	5.78	0.55	3.84	1.52
出售其他物品收入	4.89	4.35	5.42	0.66	7.45	6.57	5.78	0.55	3.84	1.52
借贷收入	1036.22	538.43	304.99	647.84	539.06	974.20	1751.59	445.63	2833.18	2271.61
提取储蓄存款	1016.13	508.65	304.99	647.04	514.86	936.38	1744.34	439.78	2804.02	2271.61
借入款	9.71	27.89		0.79	8.61	24.62				
收回借出款	5.00				15.59	8.21				
住房贷款	4.03	1.89				5.00		5.85	29.16	
其他贷款	1.36						7.24			

5-18　市区按相对收入分的城镇居民家庭年人均支出情况

（2006 年）

单位：元

项　　目	合计	最低10%	#更低5%	低10%	较低20%	中间20%	较高20%	高10%	最高10%	#更高5%
家庭总支出	9412.75	5027.19	3894.99	6158.87	7728.99	9247.23	11964.04	11656.83	16872.12	16479.08
消费支出	7731.00	4269.90	3450.48	5162.15	6626.90	7675.95	9720.06	9948.60	12368.60	12195.21
#服务性消费支出	1760.30	1139.77	965.43	1222.58	1472.31	1690.25	2251.57	2307.02	2611.96	2431.23
食品	2651.80	1597.01	1327.91	1810.21	2557.97	2719.38	3112.83	3208.33	3760.93	3875.50
衣着	983.18	413.20	261.38	557.24	809.29	926.15	1253.15	1741.47	1525.49	1119.29
家庭设备用品及服务	500.40	137.82	84.38	286.71	375.78	492.16	683.31	568.92	1180.47	1533.84
医疗保健	637.97	454.58	375.85	376.01	417.48	796.70	882.69	617.32	976.33	951.74
交通和通信	852.82	390.64	256.66	583.47	671.62	733.84	1322.04	1056.14	1347.04	990.06
教育文化娱乐服务	979.41	623.61	533.98	773.53	900.72	844.16	1199.69	1097.68	1663.69	1811.44
居住	874.50	570.20	574.93	602.57	750.32	974.38	986.12	1149.72	1237.55	1378.06
杂项商品和服务	250.92	82.84	35.38	172.41	143.72	189.19	280.23	509.03	677.10	535.26
购房与建房支出	49.79						121.18		337.59	
购房	46.45						103.33		337.59	
建房	3.34						17.85			
转移性支出	1046.56	282.92	100.94	702.91	647.06	996.88	1416.96	919.66	3118.25	3258.98
交纳的个人收入税	35.92	5.66	0.30	3.31	9.12	17.81	47.68	91.60	151.83	133.32
捐赠支出	502.22	179.81	54.20	248.36	392.50	492.78	578.68	535.51	1437.07	1992.82
购买彩票	11.77	5.31	3.50	14.99	3.55	24.46	15.32	7.59	5.47	10.08
赡养支出	448.33	84.41	38.20	426.78	212.37	382.92	712.92	224.35	1427.42	1017.26
#在外就学子女费用	303.30	50.96	15.57	335.03	103.84	300.97	530.14	49.33	922.78	520.24
各种非储蓄性保险支出	9.60	1.57		0.42	7.34	3.76	16.93	22.71	22.22	1.68
#车辆保险支出	3.71						10.77	9.20	10.53	
其他转移性支出	38.72	6.17	4.74	9.05	22.17	75.14	45.43	37.90	74.23	103.82
财产性支出	8.47				0.02		0.02		105.39	62.92
社会保障支出	576.93	474.36	343.57	293.80	455.34	574.40	705.81	788.57	942.28	961.96
个人交纳的养老基金	266.00	306.99	194.94	186.30	184.06	317.87	309.76	281.65	314.36	316.18
个人交纳的住房公积金	219.89	101.79	97.41	58.78	175.17	174.72	303.88	395.20	457.09	468.57
个人交纳的医疗基金	75.38	53.04	31.33	40.31	85.44	63.00	78.51	89.73	136.18	138.20
个人交纳的失业基金	15.39	11.86	19.88	8.42	10.34	18.18	13.66	21.99	34.66	39.01
其他社会保障支出	0.27	0.70			0.33	0.62				
借贷支出	3617.67	258.68	199.54	1076.78	1581.69	2717.27	4605.44	7643.84	12893.48	15291.40
存入储蓄款	3452.18	246.62	199.54	1076.06	1505.71	2595.04	4414.18	7482.27	11964.73	14243.91
借出款	8.98			0.45	10.46				82.24	96.63
归还借款	0.95					5.10				
储蓄性保险支出	58.65	4.50		0.28	0.15	1.27	136.00	103.88	284.35	221.53
购买有价证券	29.01								361.17	729.33
归还住房贷款	66.88	7.56			65.38	115.87	52.70	51.83	215.53	
其他借贷支出	1.02						2.58	5.85		
期末手存现金	1189.31	597.32	563.13	909.62	959.17	1211.77	1260.19	1996.03	1689.39	1604.53

5-19 市区按相对收入分的城镇居民家庭年人均消费情况

（2006 年）

项目	单位	合计	最低10%	#更低5%	低10%	较低20%	中间20%	较高20%	高10%	最高10%	#更高5%
消费支出	**元**	**7731.00**	**4269.90**	**3450.48**	**5162.15**	**6626.90**	**7675.95**	**9720.06**	**9948.60**	**12368.60**	**12195.21**
#服务性消费支出	元	1760.30	1139.77	965.43	1222.58	1472.31	1690.25	2251.57	2307.02	2611.96	2431.23
食品	**元**	**2651.80**	**1597.01**	**1327.91**	**1810.21**	**2557.97**	**2719.38**	**3112.83**	**3208.33**	**3760.93**	**3875.50**
粮油类	元	463.27	350.73	323.97	384.94	473.80	494.05	510.89	484.94	499.50	477.46
粮食	千克	105.68	83.73	78.46	94.28	106.41	112.92	117.16	104.82	108.43	108.75
	元	319.95	244.00	227.05	270.92	321.19	333.56	360.65	334.92	351.14	329.05
淀粉及薯类	千克	9.50	8.05	4.61	7.83	9.58	11.10	8.64	9.34	12.21	13.48
	元	23.97	19.21	10.80	19.56	23.29	27.98	24.69	23.55	28.49	30.59
干豆类及豆制品	元	33.82	25.45	21.31	28.89	32.41	37.09	37.77	30.66	43.41	46.11
油脂类	千克	8.65	6.83	7.15	7.23	9.87	9.61	8.73	8.66	7.48	7.64
	元	85.53	62.06	64.82	65.57	96.90	95.41	87.78	95.80	76.46	71.70
肉禽蛋水产品类	元	601.09	364.51	302.22	437.74	632.46	656.70	646.64	690.35	748.16	799.67
肉类	千克	23.15	15.99	13.71	17.32	24.11	25.68	25.03	24.44	27.38	30.33
	元	351.66	224.13	193.28	254.44	367.36	385.50	389.77	382.30	427.46	451.97
禽类	千克	6.41	5.11	4.02	5.21	6.57	6.88	6.23	7.52	7.59	7.87
	元	88.58	57.19	48.94	68.96	90.41	94.21	90.23	111.96	112.54	108.40
蛋类	千克	13.36	8.63	7.11	11.14	16.29	13.76	13.09	13.61	14.58	16.98
	元	71.47	44.13	36.94	58.88	87.11	72.83	71.61	73.54	79.01	89.86
水产品类	元	89.38	39.06	23.06	55.46	87.58	104.16	95.04	122.55	129.16	149.43
蔬菜类	元	319.61	236.75	210.72	242.45	307.62	333.24	370.48	387.63	354.66	362.09
鲜菜	千克	148.22	121.49	110.80	116.35	146.15	155.74	164.87	167.48	160.18	175.07
	元	298.48	227.41	204.81	227.60	287.39	310.48	344.58	361.59	325.86	341.72
干菜	千克	0.43	0.18	0.10	0.32	0.36	0.48	0.53	0.58	0.60	0.49
	元	15.84	6.53	4.56	11.23	13.76	17.78	20.33	22.18	19.16	16.17
菜制品	元	5.28	2.81	1.35	3.62	6.46	4.98	5.56	3.86	9.64	4.21
调味品	元	45.95	26.82	20.06	33.80	46.51	51.36	53.04	46.30	59.57	52.29
糖烟酒饮料类	元	378.56	239.49	187.38	220.39	336.39	344.68	490.23	514.98	587.00	555.32
糖类	元	22.54	10.58	4.44	18.97	20.62	23.11	28.96	26.86	28.45	38.37
烟草类	元	153.69	151.89	122.56	82.50	148.43	154.55	177.18	167.24	205.23	183.72
酒类	千克	7.52	4.65	3.50	8.16	7.37	6.84	8.52	7.68	9.93	10.19
	元	119.55	41.82	34.36	77.58	93.04	98.52	158.00	187.94	244.26	258.24
饮料	元	82.78	35.21	26.01	41.34	74.30	68.50	126.09	132.94	109.06	74.99
干鲜瓜果类	元	212.67	92.19	73.94	149.15	211.98	223.85	239.49	287.37	302.23	284.69
鲜果	千克	37.39	18.11	13.63	28.49	37.67	39.46	42.75	45.72	49.72	46.41
	元	126.08	55.46	43.03	88.24	119.37	131.42	147.54	178.16	176.84	163.06
鲜瓜	千克	32.28	18.47	18.69	28.88	37.97	31.23	31.68	34.96	41.53	40.29
	元	34.92	18.07	19.38	27.41	38.44	33.05	36.69	45.58	47.70	38.73
干果	千克	0.73	0.25	0.21	0.51	0.62	1.07	0.71	1.02	0.99	0.80
	元	12.19	3.33	1.79	6.49	8.98	17.97	12.12	18.64	21.22	16.91
瓜果制品	千克	0.44	0.20	0.14	0.34	0.40	0.46	0.48	0.52	0.84	1.07
	元	4.53	1.89	1.43	3.23	3.96	4.52	5.79	5.72	7.44	8.84

5-19　续表1　　　　　　　　　　　　　　　（2006年）

项　　目	单位	合计	最低10%	#更低5%	低10%	较低20%	中间20%	较高20%	高10%	最高10%	#更高5%
坚果及果仁	千克	3.08	1.41	0.92	2.23	3.50	3.26	3.24	3.39	4.30	5.25
	元	34.95	13.44	8.31	23.79	41.22	36.89	37.35	39.27	49.03	57.15
糕点、奶及奶制品	元	214.41	116.75	67.07	139.50	217.36	222.13	252.32	233.83	324.99	313.19
糕点	千克	4.93	3.57	2.03	3.65	5.47	4.42	5.77	6.30	4.88	4.18
	元	63.14	36.86	20.44	46.20	64.48	55.33	77.49	101.58	61.88	56.94
奶及奶制品	元	151.28	79.88	46.64	93.29	152.88	166.80	174.83	132.26	263.11	256.25
其他食品	元	63.85	30.80	25.30	35.37	59.65	59.75	96.89	56.11	105.28	109.32
#半成品	元	17.80	6.71	4.96	12.51	15.51	15.61	26.42	16.53	33.85	30.16
饮食服务	元	352.37	138.97	117.24	166.88	272.21	333.64	452.84	506.82	779.54	921.47
食品加工服务费	元	0.39			0.66	0.99	0.28	0.08	0.26	0.08	0.07
在外饮食	元	351.97	138.97	117.24	166.22	271.22	333.36	452.76	506.56	779.46	921.39
非食品类	**元**	**5079.20**	**2672.89**	**2122.57**	**3351.94**	**4068.93**	**4956.57**	**6607.24**	**6740.28**	**8607.67**	**8319.70**
衣着	**元**	**983.18**	**413.20**	**261.38**	**557.24**	**809.29**	**926.15**	**1253.15**	**1741.47**	**1525.49**	**1119.29**
服装	件	7.37	4.68	2.56	5.05	7.12	7.17	9.25	9.31	9.07	7.38
	元	703.68	277.15	164.39	373.90	581.80	685.12	874.68	1313.42	1070.97	771.49
男士服装	件	3.21	2.44	1.47	2.44	2.84	3.28	3.61	4.17	4.20	3.54
	元	321.62	163.28	101.44	181.27	252.80	298.28	368.27	668.41	489.71	330.06
女士服装	件	3.42	1.49	0.72	2.30	3.34	3.36	4.48	4.75	4.13	3.40
	元	350.69	94.38	50.42	176.91	287.33	364.87	457.47	625.26	544.20	422.51
童装	件	0.74	0.75	0.38	0.31	0.93	0.53	1.16	0.38	0.74	0.44
	元	31.37	19.49	12.52	15.72	41.67	21.97	48.93	19.75	37.07	18.92
衣着材料	元	10.89	2.97	2.26	7.45	12.69	10.43	11.17	18.06	14.22	24.51
鞋类	双	2.88	2.10	1.30	2.32	2.71	2.73	3.66	3.11	3.57	3.55
	元	232.09	114.54	89.03	151.88	179.89	193.82	324.71	372.52	371.62	272.37
其他衣着用品	元	31.76	17.47	5.15	20.45	31.41	30.81	36.15	32.45	60.66	41.75
衣着加工服务费	元	4.76	1.07	0.54	3.56	3.50	5.97	6.45	5.03	8.02	9.18
家庭设备用品及服务	**元**	**500.40**	**137.82**	**84.38**	**286.71**	**375.78**	**492.16**	**683.31**	**568.92**	**1180.47**	**1533.84**
耐用消费品	元	241.05	42.89	37.42	133.58	141.42	246.55	308.18	315.93	696.22	1039.27
家具	元	60.63	8.01		14.67	4.22	16.26	46.51	151.19	390.82	705.59
家庭设备	元	180.42	34.87	37.42	118.91	137.20	230.29	261.67	164.74	305.39	333.68
室内装饰品	元	27.10	0.89		4.81	17.74	30.21	53.11	14.03	69.67	92.03
纺织装饰品	元	9.74			0.55	9.71	6.23	19.70	0.48	32.61	51.05
装饰灯具	元	11.55	0.39		2.28	1.44	14.63	29.42	4.73	27.78	27.26
其他装饰品	元	5.81	0.51		1.99	6.58	9.34	3.99	8.82	9.29	13.72
床上用品	元	45.82	10.74	6.37	16.82	27.13	30.76	77.65	82.75	108.08	108.29
家庭日用杂品	元	155.92	79.34	39.81	120.90	143.68	162.72	204.56	139.08	238.06	165.53
厨、餐、茶具	元	27.23	11.56	6.88	17.65	16.32	24.46	47.18	22.43	58.89	25.33
家用工具	元	2.92	1.34	0.15	5.56	5.47	2.85	1.02	0.06	2.02	2.48
家居清洁用品	元	20.99	11.67	5.17	18.53	19.43	22.68	22.16	24.44	31.25	26.49
其他日用杂品	元	104.77	54.78	27.61	79.15	102.47	112.73	134.21	92.15	145.90	111.24

5-19 续表 2 （2006 年）

项　　目	单位	合计	最低10%	#更低5%	低10%	较低20%	中间20%	较高20%	高10%	最高10%	#更高5%
家具材料	元	7.77			0.22	9.50	5.34	8.82	0.06	37.09	74.89
家庭服务	元	22.74	3.96	0.79	10.38	36.31	16.58	30.99	17.06	31.35	53.82
家政服务	元	9.00			1.02	18.55	2.07	14.89	7.41	11.25	20.92
加工维修服务费	元	13.74	3.96	0.79	9.36	17.77	14.51	16.10	9.65	20.11	32.90
医疗保健	**元**	**637.97**	**454.58**	**375.85**	**376.01**	**417.48**	**796.70**	**882.69**	**617.32**	**976.33**	**951.74**
医疗器具	元	9.74	6.11	0.94	11.48	5.34	13.54	8.16	15.82	12.19	22.92
保健器具	元	18.62			1.49	2.63	19.30	60.22		37.04	69.75
药品费	元	402.41	307.45	206.75	282.18	293.73	543.11	519.21	278.16	555.96	520.54
滋补保健品	元	44.10	0.46	0.39	4.66	28.24	49.99	34.05	87.30	167.50	104.63
医疗费	元	159.02	140.55	167.77	55.46	87.20	168.00	259.61	228.76	203.04	233.85
其他	元	4.08	0.01		20.73	0.34	2.75	1.44	7.27	0.60	0.05
交通和通讯	**元**	**852.82**	**390.64**	**256.66**	**583.47**	**671.62**	**733.84**	**1322.04**	**1056.14**	**1347.04**	**990.06**
交通	元	272.76	65.68	31.64	110.56	166.81	188.36	659.26	257.30	408.60	413.57
家庭交通工具	元	160.21	23.50		32.90	99.84	83.60	520.83	86.80	129.14	202.65
车辆用燃料及零配件	元	21.03	7.18	10.32	19.74	9.45	13.29	17.96	33.89	84.52	2.76
交通工具服务支出	元	11.19	5.03	6.54	4.51	5.61	13.29	8.06	30.69	25.23	6.96
交通费	元	80.33	29.97	14.78	53.41	51.90	78.17	112.41	105.92	169.71	201.19
通信	元	580.07	324.97	225.02	472.91	504.82	545.48	662.79	798.84	938.44	576.49
通信工具	元	90.75	32.82	0.54	135.42	65.99	52.68	90.45	88.63	264.06	74.24
通信服务	元	489.32	292.15	224.48	337.49	438.82	492.80	572.34	710.21	674.37	502.25
教育文化娱乐服务	**元**	**979.41**	**623.61**	**533.98**	**773.53**	**900.72**	**844.16**	**1199.69**	**1097.68**	**1663.69**	**1811.44**
文化娱乐用品	元	266.84	58.92	61.93	145.10	256.04	257.95	283.76	244.47	773.33	1036.14
#体育用品	元	1.39	0.28		2.07	3.22	0.15	1.20		1.79	2.13
书报杂志	元	31.57	15.88	20.93	33.52	28.18	22.04	29.24	37.67	80.30	68.07
纸张文具	元	6.96	4.91	3.01	9.76	7.84	4.61	7.04	8.60	6.62	4.01
其他文娱用品	元	51.76	18.99	3.93	32.09	49.99	40.11	65.03	72.76	103.57	130.21
文化娱乐服务	元	159.77	49.29	33.30	71.51	118.68	111.86	209.02	235.17	468.93	524.32
参观游览	元	22.19	15.35	11.80	8.32	22.39	22.58	31.72	33.75	15.50	17.08
健身活动	元	8.82			26.16	3.13	4.49	1.57	14.57	31.14	24.31
团体旅游	元	83.47	17.22		11.04	57.98	49.79	148.30	128.58	229.86	164.94
其它文娱活动	元	42.34	15.00	19.03	23.13	30.55	31.77	25.31	55.28	191.00	316.06
文娱用品修理服务费	元	2.95	1.72	2.46	2.86	4.63	3.23	2.11	2.98	1.42	1.92
教育	元	552.81	515.40	438.76	556.92	526.00	474.35	706.90	618.04	421.43	250.99
教材	元	46.36	56.65	62.06	58.89	39.67	36.51	49.43	61.14	30.70	6.16
教育费用	元	506.45	458.76	376.70	498.03	486.33	437.84	657.47	556.90	390.73	244.83

5-19　续表3　　　　　　　　　　　　(2006年)

项　目	单位	合计	最低10%	#更低5%	低10%	较低20%	中间20%	较高20%	高10%	最高10%	#更高5%
居住	**元**	**874.50**	**570.20**	**574.93**	**602.57**	**750.32**	**974.38**	**986.12**	**1149.72**	**1237.55**	**1378.06**
住房	元	124.49	37.18	52.22	50.81	64.50	225.79	150.96	137.38	208.62	277.12
租赁房房租	元	8.58	20.91	44.14	7.36	1.91	20.47	1.90		9.48	1.68
住房装潢支出	元	78.62			7.50	47.53	171.59	117.49	103.84	43.50	51.37
维修用建筑材料	元	36.69	16.26	8.08	35.82	14.74	31.80	31.12	33.53	154.87	222.50
其他	元	0.59			0.13	0.32	1.94	0.45		0.77	1.56
水电燃料及其他	元	707.26	494.44	500.09	526.08	649.27	707.36	785.71	957.82	963.17	1081.37
水	吨	36.22	25.55	26.85	26.79	31.76	36.31	46.50	45.93	42.10	39.12
	元	86.08	61.71	64.85	64.56	76.22	84.14	110.23	109.90	100.29	93.66
电	度	522.13	390.59	436.87	352.66	494.43	530.34	604.91	673.17	649.44	578.53
	元	291.97	219.42	246.29	197.64	276.47	296.61	336.94	377.23	363.27	323.38
燃料	元	158.16	114.22	126.83	141.57	158.91	172.31	173.18	195.58	130.73	118.18
煤炭	千克	40.48	23.17	35.13	31.36	46.18	61.67	37.56	36.51	24.26	
	元	13.68	7.22	10.69	11.56	17.14	18.63	12.80	12.49	8.03	
液化石油气	千克	7.78	7.90	11.39	7.65	4.83	9.76	11.19	8.35	2.73	2.03
	元	29.94	31.36	48.74	33.40	21.71	35.20	40.58	29.46	8.99	3.90
管道煤气	立方米	71.53	46.82	41.20	58.30	75.24	74.21	75.11	96.68	71.90	71.18
	元	114.07	74.92	65.89	93.44	120.02	118.47	119.80	153.64	113.71	114.28
其他	元	171.05	99.09	62.12	122.32	137.67	154.31	165.36	275.11	368.88	546.15
居住服务费	元	42.76	38.58	22.63	25.69	36.54	41.22	49.46	54.52	65.76	19.58
物业管理费	元	2.06	0.16		0.60	1.39	4.28	0.71	5.14	3.20	5.83
维修服务费	元	6.25	13.85		2.06	6.64	6.84	1.61	0.68	16.74	1.09
其它	元	34.45	24.58	22.63	23.02	28.51	30.10	47.14	48.71	45.84	12.65
杂项商品和服务	**元**	**250.92**	**82.84**	**35.38**	**172.41**	**143.72**	**189.19**	**280.23**	**509.03**	**677.10**	**535.26**
杂项商品	元	183.35	52.82	20.24	104.00	93.83	120.75	209.82	441.35	518.98	383.02
金银珠宝饰品	元	33.72	1.08	2.28		0.95	2.66	44.30	132.72	154.40	238.47
手表	只	0.02	0.01		0.02	0.01	0.02	0.03	0.03	0.03	
	元	6.78	0.44		0.46	0.26	1.33	13.79	31.42	11.18	
理发美容用具	元	1.48	1.15		0.67	1.87	1.33	2.14	1.84	0.45	0.23
化妆品	元	75.85	22.99	9.88	57.70	56.31	59.12	92.78	168.71	123.38	64.91
其他杂品	元	65.52	27.17	8.08	45.17	34.45	56.31	56.81	106.66	229.57	79.41
服务	元	67.56	30.02	15.14	68.41	49.88	68.44	70.41	67.68	158.12	152.24
旅馆住宿费	元	1.33							9.47	5.75	
理发洗澡费	元	27.03	15.22	5.85	23.34	32.20	19.62	28.45	20.77	55.78	22.60
美容费	元	13.78	4.85	0.45	32.80	2.85	5.07	13.89	9.32	52.97	79.10
其他服务	元	25.41	9.96	8.84	12.27	14.83	43.76	28.07	28.13	43.62	50.54

5-20 市内六区城市居民平均每人全年现金收支情况

（2006年）

项　　目	单　位	市区合计	中原区	二七区	管城区	金水区	上街区	惠济区
调查户数	户	400.00	80.00	80.00	60.00	120.00	30.00	30.00
可支配收入	元	12186.85	11038.74	11356.91	10941.63	14342.19	14371.09	8974.22
旅游人次	次/百人	25.44	57.96	11.16	33.00	11.88	8.40	19.92
旅游花费	元/百人	11198.88	17615.88	3190.92	18852.48	9603.84	4808.40	10193.40
家庭总收入	元	12839.50	11748.41	11853.77	11663.55	14989.13	15581.49	9531.66
工薪收入	元	7700.41	6220.69	7197.00	7240.99	9391.30	10351.57	5193.28
经营净收入	元	579.84	389.37	712.28	516.20	750.72	178.74	224.04
财产性收入	元	132.64	42.40	144.98	292.84	149.43	77.91	0.12
转移性收入	元	4426.61	5095.96	3799.50	3613.52	4697.68	4973.26	4114.21
出售财物收入	元	4.89	7.35	1.83	11.30	3.10	1.83	3.40
借贷收入	元	1036.22	668.88	825.00	1048.46	1292.39	3348.07	412.90
家庭总支出	元	9412.75	9124.08	8387.30	9536.01	10337.17	12146.83	7127.72
消费支出	元	7731.00	7705.91	7076.13	7737.75	8433.97	8238.15	5843.03
#服务性消费支出	元	1760.30	1525.07	1799.34	2021.08	1812.59	2367.34	1282.75
食品	元	2651.80	2599.34	2346.49	2827.19	2877.72	2557.09	2318.05
衣着	元	983.18	808.51	795.95	929.26	1306.85	1064.57	569.90
家庭设备用品及服务	元	500.40	500.62	549.55	496.23	501.68	490.57	320.71
医疗保健	元	637.97	861.08	664.59	571.18	487.15	832.41	570.20
交通和通信	元	852.82	710.88	693.20	943.24	1047.35	900.71	639.08
教育文化娱乐服务	元	979.41	986.57	979.43	901.55	1028.25	1339.96	639.84
居住	元	874.50	1027.64	876.90	801.22	860.77	614.80	648.62
杂项商品和服务	元	250.92	211.27	170.02	267.87	324.19	438.04	136.62
购房与建房支出	元	49.79	14.58			58.01	836.23	
转移性支出	元	1046.56	768.21	874.32	1118.03	1265.91	2049.07	784.48
财产性支出	元	8.47		0.02	44.07	7.51	0.14	
社会保障支出	元	576.93	635.38	436.83	636.71	571.76	1023.24	500.21
借贷支出	元	3617.67	2294.56	2136.46	2990.39	5753.82	6097.03	2050.77

5-21 市区按月人均可支配收入

（2006 年）

项　目	单　位	合计	200 元以下	200—400 元	400—600 元	600—800 元
可支配收入	元/人	12186.85	2012.43	3569.15	6033.69	8337.75
家庭总支出	元/人	9412.75	2313.39	3662.07	5750.21	7420.26
#消费支出	元/人	7731.00	1999.15	3193.83	4868.50	6283.54
#服务性消费支出	元/人	1760.30	798.00	688.62	1228.94	1448.14
旅游人次	次/百人	25.44		18.36	21.84	20.04
旅游花费	百人	11198.88		4075.68	4286.28	5806.44
家庭人口数	人/户	2.92	3.00	2.91	3.56	3.21
有收入者人数	人/户	2.19	1.17	1.36	2.19	2.16
就业人口数	人/户	1.39	0.42	1.06	1.45	1.40
国有经济单位职工人数	人/户	0.85	0.17	0.16	0.65	0.79
城镇集体经济单位职工人数	人/户	0.06			0.17	0.10
其他各种经济类型单位职工	人/户	0.12		0.06	0.19	0.15
城镇个体经营者人员数	人/户	0.08		0.30	0.08	0.02
城镇个体被雇人员数	人/户	0.10	0.25	0.20	0.12	0.15
离退休再就业人员数	人/户	0.10				0.09
其他就业人员数	人/户	0.09		0.34	0.23	0.09
离退休人数	人/户	0.78		0.18	0.68	0.75
其他有收入者人数	人/户	0.02	0.75	0.12	0.06	0.02
无收入者人数	人/户	0.73	1.83	1.55	1.37	1.04
期末家庭人口数	人/户	2.91	3.00	2.92	3.57	3.16
非家庭人口在家用餐人次数	人次/户月	4.12	4.08	1.28	3.35	3.98
家庭人口在外用餐人次数	人次/户月	3.88	13.58	7.77	4.78	4.02

分组的城市居民家庭基本情况

800—1 千元	1 千—1500 元	1500—2 千元	2 千—2500 元	2500—3 千元	3 千—4 千元	4 千—5 千元
10756.84	14691.55	20497.22	26095.81	31794.14	38760.00	54033.99
9080.33	11158.99	14422.81	14749.34	15628.89	36697.80	28108.08
7561.99	9178.93	11859.90	11108.16	9113.58	16537.80	16873.53
1584.53	2132.70	2588.91	2473.50	1802.58	3268.50	7290.55
22.92	34.44	19.44	18.84	43.44		250.08
6789.48	18884.76	15834.12	12361.20	66902.40		220000.08
2.90	2.75	2.44	2.58	2.00	1.00	2.00
2.32	2.21	2.19	2.37	2.00	1.00	2.00
1.34	1.42	1.51	1.45		1.00	2.00
0.81	1.01	0.96	1.08		1.00	2.00
0.05	0.04					
0.16	0.08	0.14	0.01			
0.10	0.08	0.09	0.08			
0.07	0.08	0.02	0.08			
0.09	0.09	0.26	0.18			
0.07	0.04	0.03	0.03			
0.97	0.77	0.67	0.92	2.00		
0.01	0.02	0.01				
0.58	0.54	0.25	0.21			
2.89	2.75	2.43	2.57	2.00		2.00
3.04	5.96	2.75	1.64	23.30		2.67
3.87	2.96	4.82	2.49	1.38		0.83

5-22　市区按月人均可支配收入

（2006 年）

项　　目	合计	200 元以下	200—400 元	400—600 元	600—800 元
家庭总收入	12839.50	2373.33	3943.86	6474.60	8797.96
#可支配收入	12186.85	2012.43	3569.15	6033.69	8337.75
工薪收入	7700.41	340.00	2057.71	3937.47	5520.94
工资及补贴收入	7417.47	340.00	1995.65	3669.83	5398.92
其他劳动收入	282.94		62.06	267.64	122.01
经营净收入	579.84		760.99	353.95	88.00
财产性收入	132.64			38.45	93.28
利息收入	29.63			16.12	19.88
股息与红利收入	35.95				6.54
保险收益	6.96				
出租房屋收入	60.10			22.34	66.86
转移性收入	4426.61	2033.33	1125.16	2144.73	3095.74
养老金或离退休金	3963.75		611.85	1900.56	2834.43
社会救济收入	10.19	1180.00	172.35	5.10	1.67
辞退金	2.31				
保险收入	17.85	740.00	265.52	1.60	16.43
#失业保险金	17.85	740.00	265.52	1.60	16.43
赡养收入	196.95			71.10	34.90
捐赠收入	195.09	33.33	51.88	135.69	164.08
记帐补贴	39.80	80.00	23.56	30.68	44.23
其他转移性收入	0.68				
出售财物收入	4.89		5.27	2.01	5.69
出售其他物品收入	4.89		5.27	2.01	5.69
借贷收入	1036.22		381.13	609.72	612.01
提取储蓄存款	1016.13		381.13	588.42	594.13
借入款	9.71			19.98	9.90
收回借出款	5.00				7.97
住房贷款	4.03			1.31	
其他贷款	1.36				

分组的年人均现金收入情况

单位:元

800—1 千元	1 千—1500 元	1500—2 千元	2 千—2500 元	2500—3 千元	3 千—4 千元	4 千—5 千元
11351.23	15465.36	21511.40	27231.41	31855.88	43800.00	58453.64
10756.84	14691.55	20497.22	26095.81	31794.14	38760.00	54033.99
6151.20	9842.46	13507.83	15432.82	376.63	43800.00	58393.64
5878.88	9534.03	13196.55	14881.03		43800.00	45643.64
272.32	308.43	311.27	551.79	376.63		12750.00
570.99	779.89	993.89	1349.29			
44.67	102.98	352.16	729.08	443.64		
27.66	42.67	16.92	36.78	443.64		
	10.57		567.74			
			124.56			
17.01	49.74	335.24				
4584.36	4740.03	6657.52	9720.23	31035.61		60.00
4259.25	4323.42	5736.71	7991.62	30482.24		
0.41						
		29.12				
6.21	6.75		0.55			
6.21	6.75		0.55			
189.75	181.48	364.32	1143.39			
83.87	187.95	481.41	543.47	502.18		
41.48	40.29	45.96	41.02	51.19		60.00
3.39	0.14		0.17			
9.11	4.38	1.81	3.71	1.41		
9.11	4.38	1.81	3.71	1.41		
849.57	1398.20	1753.36	1564.29	3374.00		6000.00
834.20	1371.41	1731.74	1564.29	3374.00		6000.00
	16.47					
10.33	5.49					
5.03	4.84	36.37				
	4.84					

5-23 市区按月人均可支配收入

（2006年）

项　目	合计	200元以下	200—400元	400—600元	600—800元
家庭总支出	9412.75	2313.39	3662.07	5750.21	7420.26
消费支出	7731.00	1999.15	3193.83	4868.50	6283.54
#服务性消费支出	1760.30	798.00	688.62	1228.94	1448.14
通过互联网购买商品或服	0.39				
食品	2651.80	419.30	1520.89	1720.07	2398.98
衣着	983.18	5.00	232.89	527.76	784.58
家庭设备用品及服务	500.40	17.40	97.46	217.55	333.14
医疗保健	637.97	69.17	93.02	491.22	396.77
交通和通信	852.82	184.67	263.76	495.91	648.95
教育文化娱乐服务	979.41	649.27	333.50	750.58	861.23
居住	874.50	633.85	612.25	519.68	722.36
杂项商品和服务	250.92	20.50	40.06	145.73	137.53
购房与建房支出	49.79				
#购房	46.45				
转移性支出	1046.56	33.33	117.52	477.42	726.11
交纳的个人收入税	35.92		0.44	5.94	5.40
捐赠支出	502.22	33.33	52.28	201.30	406.22
购买彩票	11.77		5.07	12.08	5.05
赡养支出	448.33		55.31	249.99	276.51
#在外就学子女费用	303.30		22.55	191.33	178.79
各种非储蓄性保险支出	9.60			1.41	6.18
其他转移性支出	38.72		4.43	6.70	26.74
财产性支出	8.47				0.02
社会保障支出	576.93	280.90	350.71	404.28	410.58
个人交纳的养老基金	266.00	253.10	213.27	267.78	180.65
个人交纳的住房公积金	219.89		85.76	74.83	145.33
个人交纳的医疗基金	75.38		30.36	53.33	75.13
个人交纳的失业基金	15.39	27.80	21.32	7.86	9.48
其他社会保障支出	0.27			0.48	
借贷支出	3617.67	166.67	169.35	731.72	1477.36
存入储蓄款	3452.18	166.67	169.35	723.33	1393.62
借出款	8.98				8.32
归还借款	0.95				
储蓄性保险支出	58.65			3.13	0.17
购买有价证券	29.01				
归还住房贷款	66.88			5.26	75.23
其他借贷支出	1.02				

分组的年人均现金收支情况

单位:元

800—1 千元	1 千—1500 元	1500—2 千元	2 千—2500 元	2500—3 千元	3 千—4 千元	4 千—5 千元
9080.33	11158.99	14422.81	14749.34	15628.89	36697.80	28108.08
7561.99	9178.93	11859.90	11108.16	9113.58	16537.80	16873.53
1584.53	2132.70	2588.91	2473.50	1802.58	3268.50	7290.55
	0.10	4.49				
2747.12	3022.05	3537.80	3505.48	3312.48	1651.20	2932.89
776.63	1271.10	1995.21	1366.88	328.04	174.00	1508.45
567.61	556.82	812.19	1222.86	554.00	577.20	123.40
760.86	800.30	865.99	747.78	330.68	27.60	960.00
721.89	1154.18	1359.91	1150.04	528.00	780.00	3701.80
772.80	1170.10	1243.68	1748.61	859.47	2148.00	4329.50
1007.42	966.81	1241.40	944.26	2646.18	9897.60	969.94
207.67	237.57	803.72	422.23	554.74	1282.20	2347.55
	80.97	342.38				
	69.04	342.38				
979.69	1211.12	1273.50	2716.99	6109.12	16320.00	7579.61
14.26	45.56	96.47	170.40	10.55	1200.00	704.70
541.20	507.68	521.41	1166.90	5377.36	15120.00	3180.00
20.93	13.12	8.69	7.69			
381.44	557.01	580.06	1302.73	455.48		3000.00
264.22	400.96	298.42	848.04	313.86		2000.00
6.04	11.52	27.02	29.29	9.38		
15.83	76.23	39.85	39.97	256.35		694.90
	0.01	75.28		406.19		
539.04	687.96	871.75	924.19		3840.00	3654.95
283.51	296.93	299.77	360.92		1800.00	11.11
183.51	286.75	453.81	394.00		1800.00	2682.50
64.10	81.96	100.04	131.23		240.00	718.49
7.53	21.90	18.12	38.04			242.85
0.39	0.41					
1936.30	4645.04	7824.15	13500.76	18929.21		37473.31
1895.27	4463.20	7361.71	13143.36	13597.56		37473.31
4.13			49.42	623.74		
5.13						
1.85	90.87	247.79	228.40			
				4707.91		
30.30	89.25	207.85	79.58			
	1.72	6.79				

5-24 农村居民

（2006 年）

项　目	单位	全市	中原区	二七区	管城区	金水区
调查户数	户	930	50	50	50	50
常住人口	人	3613	185	182	189	207
#整半劳动力	人	2437	134	132	128	142
男劳动力人数	人	1263	68	69	65	66
劳动力文化程度						
文盲半文盲	人	62	7	1	7	1
小学程度	人	271	21	31	16	11
初中程度	人	1500	60	70	70	97
高中程度	人	428	30	14	24	13
中专程度	人	106	9	14	2	11
大专以上程度	人	70	7	2	9	9
劳动力就业情况						
一产业就业劳动力	人	1191	40	87	51	55
二产业就业劳动力	人	412	16	8	15	7
三产业就业劳动力	人	805	74	28	56	80
劳动力就业地点						
乡内就业劳动力	人	2184	130	120	117	135
县内乡外就业劳动力	人	83		1	2	
省内县外就业劳动力	人	118		1	3	6
国内省外就业劳动力	人	23		1		1
年内新建(购)住房面积	平方米	2.97		6.10	8.99	13.32
#钢筋混凝土结构面积	平方米	2.65		6.10	8.99	13.32
#砖木结构面积	平方米	0.31				
年内新建(购)住房价值	元	1215.12		2140.11	3095.24	5797.10
新建楼房面积	平方米	2.40		6.10	8.47	13.32
年末住房面积	平方米	43.95	77.18	68.30	72.33	48.89
#钢筋混凝土结构面积	平方米	31.91	71.39	57.53	66.83	47.44
#砖木结构面积	平方米	11.03	5.78	10.77	5.50	1.01

家庭基本情况

上街区	惠济区	中牟县	巩义市	荥阳市	新密市	新郑市	登封市
30	50	150	100	100	100	100	100
106	195	628	413	359	400	358	391
69	137	379	255	267	275	261	258
33	72	196	135	138	140	137	144
2	2	9		2	5	7	19
1	19	47	27	7	14	31	46
44	78	226	162	200	183	177	133
19	22	84	59	45	50	23	45
3	15	3	1	9	15	13	11
	1	10	6	4	8	10	4
23	94	308	114	102	96	122	99
22	9	8	87	70	69	59	42
24	32	63	53	90	109	80	116
69	124	348	220	212	267	204	238
	3	3	25	22	4	6	17
	8	22	6	20	3	48	1
		6	3	8		3	1
3.11	4.05	2.55	1.40	1.25	1.93	2.90	4.68
3.11	4.05	2.55	0.79	1.25	0.60	2.89	4.68
			0.61		1.33		
1339.62	2102.56	814.65	677.97	537.60	783.25	888.27	2276.21
3.11	4.05	2.51	1.40			2.47	4.50
55.90	56.21	34.74	39.86	39.16	41.46	48.90	43.54
54.01	46.66	22.98	26.72	37.66	6.56	47.68	34.04
0.75	7.18	11.10	9.72	0.99	34.90	1.19	8.18

5-25　农民人均

（2006 年）

项　　目	单位	全市	中原区	二七区	管城区	金水区
总收入	**元**	**7817.30**	**8175.74**	**7901.98**	**9857.64**	**9150.44**
工资性收入	**元**	**2250.12**	**1258.20**	**1858.64**	**2225.63**	**1017.98**
在非企业组织中劳动得到	元	200.48	32.43	146.69	359.05	194.49
在本乡地域内劳动得到的	元	1652.13	1225.77	1711.95	1840.13	748.13
常住人口外出从业得到的	元	397.52			26.46	75.36
家庭经营收入	**元**	**4944.84**	**4236.43**	**3737.61**	**6002.70**	**3748.84**
农业收入	元	1529.90	605.26	664.06	1823.74	688.64
林业收入	元	43.42	5.46	59.12	23.52	3.62
牧业收入	元	1235.71	430.84	294.98	342.97	405.51
渔业收入	元	171.91				1442.45
工业收入	元	783.51	1608.65		2508.64	82.90
建筑业收入	元	183.61				266.45
交通、运输、邮电业收入	元	488.21	1369.73	2639.68	456.99	58.65
批发、零售贸易、餐饮业收入	元	352.42	160.27	79.77	672.24	749.44
社会服务业收入	元	63.05	56.22		174.60	
文教卫生业收入	元	34.50				30.87
其他家庭经营收入	元	58.21				20.29
财产性收入	**元**	**449.96**	**2463.58**	**2069.44**	**1542.14**	**4245.09**
土地征用补偿	元	122.90	46.08	56.53	382.61	1145.31
转移性收入	**元**	**172.37**	**217.53**	**236.29**	**87.16**	**138.53**
家庭非常住人口寄回和带回	元	9.09				
城市亲友赠送	元	24.06				0.58
农村亲友赠送	元	48.60	56.74	16.15	52.96	72.38
退耕还林还草补贴收入	元	11.38		87.91		
粮食直接补贴收入	元	12.39	2.14	1.04	14.91	20.87
可支配收入	**元**	**5337.93**	**5725.60**	**6025.65**	**6995.30**	**6729.70**
纯收入	**元**	**5559**	**6002**	**6281**	**7075**	**7014**

总收入纯收入

单位:元

上街区	惠济区	中牟县	巩义市	荥阳市	新密市	新郑市	登封市
7251.94	**9565.98**	**7126.73**	**8365.32**	**8115.67**	**7622.28**	**8354.92**	**6088.61**
4096.74	**1970.01**	**989.17**	**3395.24**	**2089.86**	**2366.56**	**2016.13**	**2787.26**
354.81	401.34	208.54	198.55	232.28	223.39	201.50	76.64
3617.68	1059.34	269.89	2702.62	1230.65	1960.29	1305.63	2440.66
124.25	509.33	510.74	494.07	626.93	182.89	509.00	269.96
1808.04	**6208.86**	**5967.97**	**4446.44**	**5536.29**	**5122.42**	**6027.03**	**2907.93**
1034.15	2506.49	3712.21	549.69	1543.79	659.27	1899.81	1172.67
	48.72	66.21	6.66	78.81	64.41	52.20	12.67
2.36	413.02	815.25	2465.24	1502.78	287.84	2827.31	429.32
	1776.73	505.55					
	1012.29	69.84	1095.96	469.18	1645.54	279.00	821.18
0.68	71.79	112.12	19.73		692.38	370.49	5.24
90.14	33.45	177.07	51.27	795.94	1009.45	248.41	363.73
391.79	187.41	215.72	139.52	715.02	754.97	217.80	57.28
258.30	57.47	104.41	30.71	230.28		10.35	21.79
		50.48	9.20	69.30		115.74	8.09
30.61	100.56	137.28	78.46	131.18	8.42	5.92	15.55
974.78	**919.44**	**31.03**	**327.40**	**220.37**	**40.88**	**140.18**	**287.37**
839.10	160.46	3.15	139.88	48.33	23.56	13.67	213.67
372.38	**467.66**	**138.56**	**196.25**	**269.14**	**92.42**	**171.58**	**106.05**
1.98		1.59	31.48	29.21			
6.23	10.67		59.03	96.18	2.00	9.31	2.56
91.70	127.03	54.34	5.91	53.98	59.16	64.18	40.10
15.57		7.76	8.61	2.82	2.06	28.13	15.17
12.64	5.03	21.62	2.31	19.44	7.91	19.21	9.83
5835.56	**6382.90**	**4616.30**	**5846.14**	**4852.03**	**5320.28**	**5527.74**	**4531.71**
5907	**6570**	**4863**	**5940**	**5460**	**5422**	**5777**	**4647**

5-26 农民人均

（2006 年）

项　　目	单位	全市	中原区	二七区	管城区	金水区
总支出	**元**	**6100.19**	**4690.98**	**7509.80**	**7421.88**	**8603.66**
家庭经营费用支出	**元**	**1911.95**	**1488.77**	**1434.72**	**2486.19**	**1740.23**
农业生产支出	元	428.65	115.46	72.23	416.20	144.16
林业生产支出	元	10.23		4.48	2.08	5.88
牧业生产支出	元	688.63	242.31	207.94	137.13	182.26
渔业生产支出	元	103.52				1011.11
工业生产支出	元	354.12	600.65		1255.90	
建筑业支出	元	38.12				70.21
交通、运输和邮电业支出	元	172.49	462.16	1128.29	248.89	8.90
批发、零售贸易、餐饮	元	82.88	64.86	21.79	410.12	304.71
社会服务业支出	元	15.95	3.32		15.87	
文教卫生业支出	元	9.78				12.04
其他家庭经营支出	元	7.58				0.97
购置生产用固定资产支出	**元**	**511.63**	**24.86**	**43.96**		**0.97**
税费支出	**元**	**73.84**	**5.41**		**9.68**	**22.19**
第一产业税	元	0.35				
第二产业税	元	51.66	5.41		9.68	
第三产业税	元	2.51				19.42
其他各种收费	元	19.33				2.78
生活消费支出	**元**	**3288.32**	**2838.31**	**5765.41**	**4793.07**	**6483.50**
财产性支出	**元**	**10.03**	**54.05**			**177.78**
转移性支出	**元**	**252.75**	**279.57**	**265.71**	**132.94**	**178.99**
寄给和带给家庭非常住人口	元	98.35		6.45	92.71	8.48
赠送农村亲友	元	98.00	118.56	223.53	31.38	88.58
赠送城市亲友	元	5.87				2.30

总支出

单位:元

上街区	惠济区	中牟县	巩义市	荥阳市	新密市	新郑市	登封市
4017.05	**8510.04**	**5997.70**	**5174.40**	**7302.83**	**6346.98**	**5616.38**	**5190.50**
620.22	**2668.54**	**2021.21**	**1990.23**	**2293.74**	**1748.37**	**2473.62**	**1049.75**
259.94	627.16	1052.87	226.15	476.11	214.94	525.14	248.66
3.63	43.95	44.01	1.33	1.62	2.45	1.84	6.31
31.27	350.67	329.81	1486.58	928.40	126.03	1607.12	180.33
	717.92	348.39					
12.41	723.26	19.99	255.31	307.31	803.39	160.95	455.42
	17.38	39.95	2.00		104.25	96.13	1.97
33.49	17.99	59.39	6.91	308.42	351.38	32.22	131.86
103.77	148.02	43.74	11.90	159.06	145.94	29.18	20.52
150.26	14.66	25.28		76.83			0.33
21.82		15.13		29.75		20.54	4.16
3.63	7.52	42.66	0.05	6.24		0.49	0.18
31.14	**608.65**	**915.31**	**59.54**	**1039.58**	**669.93**	**105.54**	**664.87**
35.24	**1.70**	**18.02**	**295.26**	**118.66**	**15.32**	**3.66**	**26.48**
33.16							
		0.16	290.56	12.26		0.14	17.01
	0.02	8.57	0.15	0.61	1.50		2.30
2.08	1.68	9.29	4.56	105.79	13.82	3.52	7.17
3167.64	**4916.60**	**2402.21**	**2729.11**	**3189.00**	**3752.42**	**2775.68**	**3289.82**
3.11	**5.49**	**2.44**	**12.59**	**0.84**		**7.12**	**1.38**
159.69	**309.07**	**298.75**	**86.94**	**661.01**	**160.94**	**250.76**	**154.10**
73.58	3.45	159.01	0.61	277.72	1.08	194.54	82.79
52.89	123.42	84.30	34.53	270.65	117.68	22.99	57.86
0.94	0.51			44.89		0.79	

5-27 农民人均

（2006 年）

项　目	单位	全市	中原区	二七区	管城区	金水区
生活消费支出	元	3288.32	2838.31	5765.41	4793.07	6483.50
#货币性消费	元	3072.06	2728.04	5658.47	4724.85	6393.46
食品性消费	元	1067.66	1193.29	930.05	1035.69	1280.80
#货币性消费	元	851.47	1083.01	823.11	967.47	1190.76
食品消费品支出	元	807.55	1026.77	720.73	912.42	1128.43
食品消费服务性支出	元	260.11	166.52	209.31	123.27	152.37
衣着消费支出	元	271.88	229.35	261.78	242.61	441.45
#货币性消费	元	271.88	229.35	261.78	242.61	441.45
居住消费支出	元	883.21	356.88	2716.47	2110.56	3156.72
#货币性消费	元	883.20	356.88	2716.47	2110.56	3156.72
居住消费品支出	元	656.44	115.48	1941.89	1883.71	2760.72
居住消费服务性支出	元	226.77	241.40	774.57	226.85	396.00
家庭设备用品及服务	元	165.18	83.97	241.58	292.96	239.41
#货币性消费	元	165.14	83.97	241.58	292.96	239.41
交通和通讯消费支出	元	322.96	213.87	359.10	277.70	513.02
#货币性消费	元	322.96	213.87	359.10	277.70	513.02
交通和通讯用品支出	元	160.92	105.80	172.69	173.77	295.53
交通和通讯服务消费支出	元	162.04	108.08	186.41	103.93	217.50
文教娱乐用品及服务支出	元	321.48	408.05	630.16	369.41	453.61
#货币性消费	元	321.48	408.05	630.16	369.41	453.61
文化教育娱乐用品支出	元	48.89	66.20	61.00	79.85	82.68
教育服务消费支出	元	256.13	324.95	484.50	267.39	325.74
文化娱乐服务消费支出	元	16.46	16.89	84.66	22.18	45.19
医疗保健消费支出	元	180.35	306.02	294.19	135.35	343.71
#货币性消费	元	180.35	306.02	294.19	135.35	343.71
医药卫生保健用品支出	元	69.53	61.86	116.43	22.42	112.23
医疗保健服务消费支出	元	110.82	244.16	177.76	112.93	231.49
其他商品和服务消费总支出	元	75.59	46.88	332.09	328.80	54.78
#货币性消费	元	75.57	46.88	332.09	328.80	54.78
其他商品性支出	元	36.49	30.75	83.47	244.33	37.62
其他消费服务支出	元	39.11	16.14	248.62	84.47	17.16

生活费支出

上街区	惠济区	中牟县	巩义市	荥阳市	新密市	新郑市	登封市
3167.64	4916.60	2402.21	2729.11	3189.00	3752.42	2775.68	3289.82
3106.50	4863.71	2233.46	2537.57	2993.09	3393.11	2595.56	2976.15
659.40	1360.32	748.58	985.61	985.59	1527.64	871.03	1165.74
598.27	1307.42	579.83	794.29	789.97	1168.33	690.91	852.06
585.34	945.56	620.05	688.41	710.37	1115.30	681.34	888.37
74.06	414.76	128.54	297.20	275.22	412.33	189.69	277.37
232.70	333.92	157.71	326.36	257.96	316.59	181.98	340.64
232.70	333.92	157.71	326.36	257.96	316.59	181.98	340.64
682.05	1328.66	813.33	555.07	998.88	597.07	920.98	529.34
682.05	1328.66	813.33	555.07	998.85	597.07	920.98	529.34
250.68	1198.75	578.64	424.64	743.72	396.69	668.85	352.25
431.37	129.91	234.69	130.43	255.16	200.38	252.12	177.09
79.83	270.55	89.13	131.93	223.75	194.53	119.42	187.90
79.83	270.55	89.13	131.71	223.70	194.53	119.42	187.90
398.23	578.54	220.59	220.38	345.98	387.29	303.68	390.18
398.23	578.54	220.59	220.38	345.98	387.29	303.68	390.18
238.26	363.64	108.49	89.24	211.75	187.10	175.31	137.03
159.97	214.90	112.10	131.14	134.23	200.19	128.37	253.14
513.20	697.03	251.30	321.47	179.00	465.02	118.20	344.33
513.20	697.03	251.30	321.47	179.00	465.02	118.20	344.33
23.34	54.21	32.41	40.13	72.09	80.82	27.97	22.32
488.23	583.37	198.54	265.22	101.30	371.83	84.69	312.98
1.63	59.44	20.36	16.11	5.61	12.38	5.54	9.04
558.95	299.62	104.36	127.01	156.05	169.94	211.52	209.43
558.95	299.62	104.36	127.01	156.05	169.94	211.52	209.43
452.39	56.89	46.26	36.67	56.28	100.15	77.32	66.47
106.55	242.73	58.11	90.34	99.77	69.79	134.21	142.96
43.28	47.96	17.20	61.28	41.79	94.33	48.88	122.26
43.28	47.96	17.20	61.28	41.58	94.33	48.88	122.26
16.39	24.64	9.83	25.28	24.34	60.45	39.12	25.93
26.89	23.32	7.37	36.01	17.45	33.88	9.76	96.33

5-28 农民人均消费品消费量

（2006 年）

单位:千克

项　　目	单位	全市	中原区	二七区	管城区	金水区	上街区
粮食	公斤	177.13	150.15	119.30	159.20	126.59	69.96
#小麦	公斤	136.28	55.70	69.07	128.65	83.26	44.21
稻谷	公斤	11.38	23.26	9.80	21.37	31.38	15.44
玉米	公斤	21.45	37.95	18.90	7.29	7.19	6.23
蔬菜及菜制品	公斤	87.16	86.19	77.33	112.47	83.22	45.68
油脂类	公斤	5.38	5.79	2.28	7.28	8.72	4.63
#植物油	公斤	5.36	5.79	2.28	7.28	8.72	4.63
动物油	公斤	0.03					
肉禽及其制品	公斤	9.94	14.54	9.16	10.17	16.82	6.93
#猪肉	公斤	7.73	8.11	7.16	9.00	11.04	6.07
牛肉	公斤	0.48	0.81	0.24	0.14	0.67	0.09
羊肉	公斤	0.19	0.44	0.11	0.05	0.34	0.03
家禽	公斤	0.57		0.69	0.78	2.05	0.28
其他肉禽及制品	公斤	0.96	5.17	0.96	0.20	2.71	0.45
蛋类及蛋制品	公斤	8.22	10.24	8.37	8.11	9.08	7.42
奶和奶制品	公斤	2.55	6.81	3.23	3.47	4.77	7.35
水产品	公斤	1.01	2.36	1.08	1.14	2.29	0.64
食糖	公斤	0.75	0.36	0.53	0.56	0.94	0.08
酒	公斤	4.93	3.92	6.28	3.31	7.51	2.16
水果	公斤	12.43	15.92	13.01	14.10	15.90	83.90

5-28　续表　（2006 年）

单位:千克

项　　目	单位	惠济区	中牟县	巩义市	荥阳市	新密市	新郑市	登封市
粮食	公斤	176.22	167.67	147.82	157.80	224.69	141.50	253.71
#小麦	公斤	138.84	145.99	130.95	116.78	171.60	122.42	164.38
稻谷	公斤	13.35	8.02	8.52	24.78	6.52	3.59	11.21
玉米	公斤	20.08	10.30	4.03	7.54	37.34	2.49	70.65
蔬菜及菜制品	公斤	75.06	57.00	84.56	71.86	162.53	63.23	76.15
油脂类	公斤	4.24	2.19	7.19	4.24	8.03	2.21	7.47
#植物油	公斤	4.21	2.13	7.19	4.24	7.97	2.21	7.42
动物油	公斤	0.04	0.06			0.07		0.04
肉禽及其制品	公斤	19.83	6.67	7.45	8.25	12.68	9.96	10.83
#猪肉	公斤	13.27	5.11	6.18	6.31	8.86	8.73	9.59
牛肉	公斤	0.60	0.16	0.47	0.13	1.30	0.18	0.49
羊肉	公斤	0.49	0.12	0.05	0.09	0.32		0.46
家禽	公斤	1.49	0.75	0.19	0.44	0.84	0.62	0.11
其他肉禽及制品	公斤	3.98	0.52	0.56	1.27	1.36	0.43	0.18
蛋类及蛋制品	公斤	7.80	4.75	7.22	9.59	11.35	8.52	7.66
奶和奶制品	公斤	4.20	0.69	3.16	3.46	2.79	2.98	0.27
水产品	公斤	2.34	0.86	0.50	1.28	1.41	0.67	0.63
食糖	公斤	0.52	0.37	1.00	0.43	0.99	0.82	0.98
酒	公斤	6.80	7.67	2.78	3.54	5.84	3.47	5.44
水果	公斤	10.30	6.80	15.04	15.27	11.13	9.49	10.51

5-29　农民百户耐用消费品拥有量

（2006 年）

项　　目	单位	全市	中原区	二七区	管城区	金水区	上街区
洗衣机	台	94	98	80	102	100	100
电风扇	台	213	288	254	278	252	210
电冰箱	台	49	88	30	80	100	63
空调机	台	33	50	30	40	66	47
抽油烟机	台	8	22	4	20	28	10
吸尘器	台	1	2				3
微波炉	台	7	8	4	4	20	7
热水器	台	8	14	8	14	26	7
自行车	辆	114	238	122	160	160	123
摩托车	辆	63	54	56	36	60	103
汽车(生活用)	辆	5	4	6	10	12	3
电话机	部	68	92	64	82	64	70
移动电话	部	129	120	70	128	174	160
寻呼机	台			2			
彩色电视机	台	111	130	108	116	130	113
黑白电视机	台	14	10	20	4	2	10
录像机	台	3	6		2	2	
影碟机	台	48	38	50	54	42	53
组合音响	台	15	32	14	6	18	20
收录机	台	13	20	6	18	24	
照相机	架	10	18	8	12	22	
家用计算机	台	8	32	10	12	20	3
中高档乐器	件	1		2			3

5-29　续表　　（2006 年）

项　　目	单位	惠济区	中牟县	巩义市	荥阳市	新密市	新郑市	登封市
洗衣机	台	104	79	100	97	103	94	88
电风扇	台	320	167	221	276	174	181	121
电冰箱	台	76	10	56	43	75	34	23
空调机	台	64	7	65	23	40	10	22
抽油烟机	台	6	1	12	3	8	2	10
吸尘器	台	2		1		4		
微波炉	台	22	2	5	7	8	8	1
热水器	台	12	1	13	2	12	1	9
自行车	辆	208	138	81	123	16	118	35
摩托车	辆	70	29	61	86	87	74	67
汽车(生活用)	辆	12	1	8	1	6	1	1
电话机	部	84	53	97	64	59	68	53
移动电话	部	196	87	117	157	169	88	145
寻呼机	台							
彩色电视机	台	132	89	130	108	128	88	104
黑白电视机	台	22	24	2	19	3	16	21
录像机	台			7	1	11		1
影碟机	台	72	20	37	53	81	31	66
组合音响	台	36	3	19	3	35	5	15
收录机	台	28	3	18	14	14	11	11
照相机	架	26	2	8	6	26	1	5
家用计算机	台	20	1	18	11	4		4
中高档乐器	件			3	2	3		1

主要统计指标解释

城镇居民家庭就业人口 指城镇居民从事社会劳动并取得劳动报酬或经营收入的人口。就业人口包括通过国家统筹规划和指导由劳动部门介绍就业,自愿组织起来就业和自谋职业等方式,在国有制、集体所有制、中外合资、中外合、外资在华独资的企事业单位和私营企业单位工作或从事个体劳动的有固定性职业或临时性职业的人口。被聘用和留用的离退休人员也计入就业人口。

城镇居民家庭可支配收入 指被调查城镇居民家庭在支付个人所得税和社会保障支出之后,所余下的收入。

城镇居民家庭生活费收入 指调查户可用于最终消费支出和其他非义务性支出以及储蓄的总和,即居民家庭可用来自由支配的收入。它是家庭总收入扣除缴纳的所得税、个人交纳的社会保障费以及调查户的记帐补贴后收入。

城镇居民家庭消费性支出 指被调查的城镇居民家庭用于日常生活的全部支出,包括购买商品支出和文化生活、服务等非商品性支出。共分八类:食品、衣着、设备用品及服务、医疗保健、交通和通讯、娱乐文教服务、居住、杂项商品和服务。不论自用的或赠送亲友的都包括在内。不包括罚没、丢失款和缴纳的各种税款(如个人所得税、牌照税、房产税等),也不包括个体劳动者生产经营过程中发生的各项费用。

农村居民家庭常住人口 指经济生活和本户连成一体的人口。在外劳动的合同工、临时工和其他副业工要计算在内。在家居住,生活和本户连成一体的国家职工、退休人员也要计算在内。但是参军、在外居住的职工等,则不计入。

农民家庭总收入 指农村住户年内从各种来源得到的全部实际收入(包括现金收入和实物收入)。由工资性收入、家庭经营收入、财产性收入和转移性收入四部分组成。

(一)工资性收入:指受雇于单位或个人,出卖劳动而得到的收入。包括在乡村组织中等非企业组织中劳动得到的收入、在企业劳动得到的收入、常住人口外出务工收入和其他单位劳动得到的收入。

(二)家庭经营收入:它是农村住户从事各项生产的收入,包括种植业收入、林业收入、牧业收入、渔业收入、工业收入、建筑业收入、交通运输业收入、批发和零售贸易、餐饮业收入、社会服务业收入和文教卫生业、转让无形资产净收入、租赁收入和其他家庭经营收入。

(三)转移性收入:包括在外人口寄回和带回、农村外部亲友赠送、调查补贴、救济金、保险赔偿收入、退休金、土地征用补偿收入和其他转移性收入。

(四)财产性收入:包括利息收入、股息收入、租金收入、出售财物收入、转让无形资产收入、其他财产收入。

农民家庭可支配收入 指农村居民家庭可用于最终消费支出和其他非义务性支出以及储蓄的总和。是总收入扣除相对应的各项费用性支出后,归农民所有或支配的收入。计算公式为:

农村居民家庭可支配收入=农村居民家庭总收入-家庭经营费用支出-交纳税金-村提留-乡统筹-其他各项收费-生产性固定资产折旧-调查补贴-财产性支出-转移性支出。

农民家庭总支出 指农村住户全年用于生产、生活和再分配等方面的全部实际支出。包括家庭经营费用支出、购置生产用固定资产支出、生产性固定资产折旧、税费支出、生活消费支出和转移性支出。

农民家庭生活消费支出 指农民家庭年内用于物质生活和精神生活方面的实际支出。它直接反映农民的生活水平,是研究农民消费结构变化的基本指标。

它包括食品、衣着、居住、家庭设备、用品及服务、医疗保健、交通和通讯、文化教育娱乐用品及服务、其他商品和服务等八大类支出。

六、城市公用事业和环保

6-1 城市设施水平

指　　标	单位	2005 年	2006 年
人口密度	人/平方公里	2529	8702
人均住宅使用面积	平方米	17.2	18.0
人均住宅居住面积	平方米	11.5	12.0
人均日生活用水量	升	116.31	145.67
用水普及率	%	100	100
每万人拥有公共交通车辆	标台	13.44	14.35
用气普及率	%	90.85	91.19
人均拥有道路面积	平方米	9.89	10.61
排水管道密度	公里/平方公里	7.04	8.13
污水处理率	%	56.27	64.34
人均公共绿地面积	平方米	8	8.66
建成区绿地率	%	28.5	28.6
建成区绿化覆盖率	%	34.9	35.1
垃圾粪便无害化处理率	%	87.18	85.51

6-2 城市建设用地情况

指　　标	单位	2005 年	2006 年
城市市区面积	平方公里	1010.3	1010.3
建成区面积	平方公里	262.0	282.0
#城市建设用地面积	平方公里	180.83	196.51
#工业	平方公里	33.81	34.48
仓库	平方公里	11.63	11.97
对外交通	平方公里	18.47	18.57
居住	平方公里	51.15	58.35
公共设施	平方公里	29.98	30.41
道路广场	平方公里	22.48	26.08
市政公共设施	平方公里	9.70	10.15
绿地	平方公里	2.88	2.88
特殊用地	平方公里	0.73	3.62
本年征用土地面积	平方公里	13.84	7.47

6-3 城市供水、供电情况

指　标	单位	2005 年	2006 年
供水			
水厂数	个	6	6
自来水综合生产能力	万立方米/日	132.8	116
#地下水	万立方米/日	22.1	43
供水管道长度	公里	1681	2004
全年供水总量	万立方米	30448	25019
#生产用水	万立方米	6296	5041
生活用水	万立方米	24152	14788
#家庭用量	万立方米	10939	9410
用水人口	万人	255.48	257.7
节约用水			
取水量	万立方米	15232	13056
生产用水重复利用量	万立方米	80784	80200
节约用水量	万立方米	2174	2010
供电			
公用配电线路长度	公里	9688	10346
全年销售总量	亿千瓦时	140.6	159.9
#生活用电	亿千瓦时	15.1	16.3
售给居民每千度电售价	元	452.1	463.9

6-4 城市燃气及供热

指　　标	单　位	2005 年	2006 年
液化石油气			
储气能力	吨	970	970
外购气量	吨	47200	50705
供气总量	吨	47200	50705
#家庭用量	吨	34000	45705
用气家庭户数	户	119540	317997
用气人口数	万人	31	35
天然气			
储气能力	万立方米	20	230
供气总量	万立方米	25287	28700
#家庭用量	万立方米	8040	9734
用气家庭户数	户	568490	629016
用气人口数	万人	199	201
输送管道长度	公里	1988	2381
供热能力			
蒸汽	吨/小时	960	868
热水	兆瓦	917	1296
供热总量			
蒸汽	万吨	406	422
热水	万百万千焦	516	537
管道长度			
蒸汽	公里	221	199
热水	公里	736	875
集中供热面积	万平方米	1777	1804
#住宅	万平方米	1061	1136

6-5 市政设施及公共交通

指　标	单　位	2005 年	2006 年
实有铺装道路长度	公里	1130.95	1222
实有铺装道路面积	万平方米	2527.9	2772
人行道面积	万平方米	584.9	600
实有桥梁数	座	140	164
#立交桥	座	29	41
路灯盏数	盏	53755	59000
排水管道长度	公里	1843.2	2440
污水年排放量	万立方米	24358.4	22459
污水处理厂	座	2	2
处理能力	万立方米/日	50	50
污水年处理量	万立方米	13707	14371
防洪堤长度	公里	56.7	57
公共汽、电车运营车数	辆	3077	3312
公共汽车数	辆	2976	3211
无轨电车数	辆	101	101
实有出租汽车数	辆	10851	10865
标准运营车数	标台	3434	3747
运营线路网长度	公里	1057	1116
全年客运总量	万人次	62163	62969

6-6 园林绿化及环境卫生

名　　称	单位	2005 年	2006 年
绿化覆盖面积	公顷	9243	10166
#建成区	公顷	9144	9904
园林绿地面积	公顷	7567	8298
#建成区	公顷	7467	8065
公园绿地面积	公顷	2043	2263
公园个数	个	47	52
公园面积	公顷	1342	1372
实际清扫面积	万平方米	2512	2026
生活垃圾清运量	万吨	106	97.3
垃圾无害化处理厂(场)	座	1	2
无害化处理能力	吨/日	2400	3350
公厕数量	座	883	912
市容环卫专用车辆总数	台	490	282

6-7 城市房屋面积及住宅

名　称	单 位	2005 年	2006 年
实有房屋建筑面积	万平方米	10880	11511
直管房	万平方米	59	57
#物业管理房	万平方米	2200	3600
实有住宅建筑面积	万平方米	5998	6389
直管房	万平方米	52	52
私房	万平方米	5946	6337
#物业管理房	万平方米	1800	2520
实有住宅使用面积	万平方米	4498	4792
实有住宅居住面积	万平方米	2999	3195
居住人口	万人	261	266
缺房户数	户	28200	27000
#人均居住面积在 4 平方米以下	户	200	180
解决缺房户数	户	412	327
本年房屋减少建筑面积	万平方米	41	42
#住宅	万平方米	21	26
危险住宅建筑面积	万平方米	25	20

注:廉租房发放住房租赁补贴 327 户。

6-8 房产市场交易

名　称	单 位	2005 年	2006 年
房产买卖			
成交面积	万平方米	536	787
#住宅	万平方米	473	715
办公用房	万平方米	19	18
商服用房	万平方米	35	42
成交金额	万元	1012762	2544627
#住宅	万元	851120	2127933
办公用房	万元	111000	70018
商服用房	万元	122641	332922
房产租赁			
出租面积	万平方米	706	732
#住宅	万平方米	223	208
办公用房	万平方米	145	157
商服用房	万平方米	338	367
租金收入	万元	9900	10689
#住宅	万元	242	211
办公用房	万元	2897	3143
商服用房	万元	6761	7335
向个人出售住宅			
新建住宅出售			
面积	万平方米	510	661
销售额	万元	1335936	2211726
旧住宅出售			
面积	万平方米	206	159
销售额	万元	285400	358124

6-9 工业"三废"排放处理及综合利用情况

(2006 年)

指　标	单位	数量
工业废水排放量	**万吨**	**13126.41**
工业废水排放达标量	万吨	12756.05
工业废气排放总量	**万标立方米**	**25729927.00**
燃料燃烧过程中废气排放量	万标立方米	13072887.00
生产工艺过程中废气排放量	万标立方米	12657040.00
二氧化硫排放量	**吨**	**154341.65**
生产工艺过程中排放的	吨	5124.55
工业烟尘排放量	**吨**	**117715.10**
工业烟尘去除量	**吨**	**2479896.95**
工业粉尘排放量	**吨**	**71988.01**
工业粉尘去除量	**吨**	**1025054.91**
工业固体废物产生量、排放及处理利用情况		
工业固体废物产生量	万吨	784.72
工业固体废物储存量	万吨	10.08
工业固体废物综合利用量	万吨	522.06
工业固体废物处置量	万吨	254.57
工业锅炉	**台/蒸吨**	**561/11931.6**
烟尘排放达标的	台/蒸吨	548/11930.6
工业炉窑数	**座**	**1382.00**
烟尘排放达标的	座	1368.00
其他		
汇总工业企业数	个	695
汇总工业企业工业总产值	万元	7373467.00
汇总工业企业环保人员数	人	2056
"三废"综合利用产品产值	万元	59406.40

6-10 全市工业污染治理项目建设情况

（2006 年）

指　　标	单位	数量	指　　标	单位	数量
工业企业数	个	**229**	排污费补助	万元	104
施工项目总数	个	**247**	政府其他补助	万元	812.6
废水治理项目	个	28	企业自筹	万元	68214.2
废气治理项目	个	206	#银行贷款	万元	460
固体废物治理项目	个	2	**竣工项目数**	个	**232**
噪声治理项目	个	1	废水治理项目	个	28
其他治理项目	个	10	废气治理项目	个	190
施工项目完成投资额	万元	**69130.8**	固体废物治理项目	个	3
废水治理项目	万元	3925.4	噪声治理项目	个	1
废气治理项目	万元	53936.4	其他治理项目	个	10
固体废物治理项目	万元	9740	**竣工项目新增设计处理能力**		
噪声治理项目	万元	40	治理废水	吨/日	4105
其他治理项目	万元	1489	治理废气	万标立方米/时	446.1
施工项目本年投资来源	万元	**69130.8**	治理固体废物	吨/日	2080

6-11 生活、其他污染排放情况及污水处理厂运行情况

（2006 年）

指　　标	单位	数值	指　　标	单位	数值
污染排放			煤炭消费总量	万吨	1792.8
城镇生活污水排放量	万吨	24973.3	工业煤炭消费量	万吨	1686.1
城镇生活污水中 COD 产生量	吨	87506.2	生活及其他煤炭消费量	万吨	106.7
城镇生活污水中 COD 排放量	吨	48882.8	**污水处理厂运行情况**		
城镇生活污水中 COD 去除量	吨	38623.4	污水处理厂数	座	9
城镇生活污水中氨氮产生量	吨	8750.6	污水处理能力	万吨/日	66.5
城镇生活污水中氨氮排放量	吨	6818.2	污水年处理量	万吨	15638.0
城镇生活污水中氨氮去除量	吨	1932.4	#处理工业污水量	万吨	594.32
生活及其他 SO_2 排放量	吨	10317.0	化学需氧量去除量	吨	51513.0
生活及其他烟尘排放量	吨	11754.0	本年运行费用	万元	5584.9

主要统计指标解释

年底自来水生产能力 指年底城建部门管理的自来水厂和自备水源的社会单位取水、净化、送水、出厂输水干管等环节的实际生产能力。

年底供水管道长度 指从送水泵到用户水表之间所有管道的长度。

全年供水总量 指公用自来水厂和自备水源的社会单位全年的供水总量,包括有效供水量及损失水量。

生活用水量 指居民日常生活与公共福利设施的用水量。包括居民、饮食店、旅馆、医院、理发店、浴池、洗衣店、游泳池、商店、学校、机关、部队等单位的用水量。

城市人口用水普及率 指城市用水的非农业人口数(不包括临时人口和流动人口)与城市非农业人口总数之比。计算公式:

$$用水普及率=\frac{城市用水的非农业人口数}{城市非农业人口数}\times 100\%$$

全年供气总量 指全年售给各类用户的全部煤气量。包括工业用量、家庭用量和其他用量。

城市用气普及率 指使用煤气(包括人工煤气、液化石油气、天然气)的城市非农业人口数(不包括临时人口和流动人口)与城市非农业人口总数之比。计算公式:

$$城市煤气普及率=\frac{城市用气的非农业人口数}{城市非农业人口数}\times 100\%$$

城市供热管道长度 指热电厂、热力公司和达到标准的集中采暖锅炉房管理的集中供热热源到用户之间的全部供气、供热水的管道长度。

年底实有铺装道路长度 指除土路外,路面经过铺装宽度在3.5米以上的道路,包括高级、次高级道路和普通道路。

城市桥梁 指城市范围内,修建在河道上的桥梁和道路与道路立交、道路跨越铁路的立交桥,以及人行天桥。包括永久性桥和半永久性桥,不包括临时性桥、铁路桥、涵洞。

城市下水道总长度 指所有排水总管、干管、支管及暗渠、检查井、连接井进出水口等长度之和。

营运线路长度 指设置的固定营运线路长度,包括郊区营运线路长度。不包括临时行驶的线路长度。

城市园林绿地面积 指城市公共绿地、专用绿地、生产绿地、防护绿地、郊区风景名胜区的全部面积。

公共绿地 指供游览休息的各种公园、动物园、植物园、陵园以及花园、游园和供游览休息用的林荫道绿地、广场绿地。不包括一般栽植的人行道及林荫道的面积。

废气排放总量 指燃料燃烧和生产工艺过程中排放的各种废气总量,以标准状态下每年万标立方米表示。

工业固体废物产生量 指工业企业在生产过程中产生的固体状、半固体状和高浓度液体状废弃物的总量,包括冶炼废渣、粉煤灰、炉渣、煤矸石、化工废渣、尾矿、放射性废渣和其它废渣等;不包括矿山开采的剥离废石和掘进废石(煤矸石和呈酸性或碱性的废石除外)。酸性或碱性废石是指采掘的废石其流经水、雨淋水PH值小于4或PH值大于10.5者。

工业固体废物处置量 指以符合环境保护要求的方式将固体废物放置在不再回取的场所的固体废物量,如填埋、焚烧、经封场处理的专业贮存场(库)、深层灌注、回填矿井等(包括当年处置往年的堆存量)。

工业废水处理量 指报告期内各种水治理设施实际处理的工业废水量,包括处理后外排的和处理后回用的工业废水量。虽经处理但未达到国家或地方排放标准的废水量也应计算在内。计算时,如遇有车间和厂排放口均有治理设施,并对同一废水分级处理时,不应重复计算工业废水处理量。

工业废水处理率 工业废水处理量占需处理的工业废水量的百分率。

七、农　业

7-1 农村基本情况及从业人员

（2006年底）

项　　目	单位	总计	中原区	二七区	管城区	金水区	上街区	惠济区
农村基层组织情况								
乡镇个数	个	97	3	2	3	2	1	2
#镇个数	个	68	1	1	1	2	1	2
村民委员会个数	个	2284	46	47	41	61	31	50
乡村人口从业人员								
乡村户数	万户	106.82	2.31	2.39	2.08	3.06	1.28	3.52
乡村人口数	万人	413.2	8.16	9.43	8.05	11.51	4.33	12.7
乡村从业人员数	万人	229.46	3.69	5.1	3.79	6.64	1.95	7.01
按性别分								
#男劳动力	万人	123.02	1.78	2.6	2.06	3.38	1.05	3.61
女劳动力	万人	106.44	1.91	2.5	1.73	3.26	0.9	3.4
按行业分								
农业从业人员	万人	120.16	1.52	2.5	1.94	3.36	0.67	4.2
工业从业人员	万人	48.56	0.83	0.79	0.52	0.37	0.37	1.09
建筑业从业人员	万人	17.21	0.27	0.39	0.28	0.54	0.12	0.53
交通仓储邮电运输业人员	万人	11.77	0.2	0.36	0.27	0.38	0.17	0.28
信息传输计算机软件业	万人	1.1	0.02	0.01	0.08	0.05	0.01	0.03
批发零售业从业人员	万人	11.79	0.29	0.26	0.17	0.48	0.22	0.26
住宿餐饮业从业人员	万人	5.44	0.12	0.12	0.14	0.24	0.2	0.14
其它行业从业人员	万人	13.43	0.44	0.67	0.39	1.22	0.19	0.48

注：乡镇数不包括县（市）所在地的城关镇。

7-1　续表

项　　目	单位	中牟县	巩义市	荥阳市	新密市	新郑市	登封市	经济技术开发区	高新技术开发区
农村基层组织情况									
乡镇个数	个	16	15	13	13	12	13		2
#镇个数	个	10	15	9	10	9	6		1
村民委员会个数	个	429	293	282	317	325	307	17	39
乡村人口从业人员									
乡村户数	万户	14.99	17.18	13.15	16.23	13.08	14.72	0.73	2.1
乡村人口数	万人	61.7	66.47	48.36	65.43	50.1	55.95	2.95	8.06
乡村从业人员数	万人	37.23	31.13	31.17	32.96	31.95	31.29	1.53	4.02
按性别分									
#男劳动力	万人	19.61	17.18	16.27	18.23	16.79	17.49	0.87	2.1
女劳动力	万人	17.62	13.95	14.9	14.73	15.16	13.8	0.66	1.92
按行业分									
农业从业人员	万人	27.27	7.57	17.42	13.76	18.25	18.77	0.85	2.08
工业从业人员	万人	2.89	14.31	5.57	9.55	5.11	6.38	0.08	0.7
建筑业从业人员	万人	2.62	2.4	2.78	2.03	3.09	1.6	0.16	0.4
交通仓储邮电运输业人员	万人	1.07	2.02	1.42	2.29	1.87	1.12	0.08	0.24
信息传输计算机软件业	万人	0.16	0.15	0.05	0.23	0.08	0.21		0.02
批发零售业从业人员	万人	1.43	1.75	1.66	1.8	1.66	1.56	0.06	0.19
住宿餐饮业从业人员	万人	0.54	0.94	0.62	0.88	0.71	0.6	0.08	0.11
其它行业从业人员	万人	1.25	1.99	1.65	2.42	1.18	1.05	0.22	0.28

注：乡镇数不包括县（市）所在地的城关镇。

7-2 耕地面积变动情况

（2006 年）

单位：千公顷

项 目	郑州市	中原区	二七区	管城区	金水区	上街区	惠济区	中牟县	巩义市	荥阳市	新密市	新郑市	登封市
年初耕地总资源	**330.70**	**7.20**	**6.20**	**6.30**	**6.30**	**2.60**	**9.90**	**69.50**	**41.90**	**47.20**	**47.00**	**48.60**	**38.00**
年内增加耕地资源	**3.30**		**0.10**		**0.20**			**0.30**	**0.50**	**0.10**	**0.80**	**0.30**	**1.00**
#新开荒地面积	1.20							0.30	0.40	0.10		0.20	0.20
年内减少耕地资源	**3.30**	**0.50**	**0.40**		**0.20**	**0.40**	**0.30**	**0.20**	**0.20**	**0.50**	**0.20**	**0.30**	**0.10**
年末耕地总资源	**330.70**	**6.70**	**5.90**	**6.30**	**6.30**	**2.20**	**9.60**	**69.60**	**42.20**	**46.80**	**47.60**	**48.60**	**38.90**
常用耕地	296.56	6.06	5.67	6.06	5.15	2.11	8.45	61.63	34.07	41.58	46.00	42.79	36.99
临时性耕地	34.14	0.64	0.23	0.24	1.15	0.09	1.15	7.97	8.13	5.22	1.60	5.81	1.91
#25 度以上坡耕地	0.30					0.01	0.01		0.20	0.03	0.01	0.03	0.01

7-3 农业机械、电气、化学、水利情况

（2006 年）

项 目	单位	合计	中原区	二七区	管城区	金水区	上街区	惠济区	中牟县	巩义市	荥阳市	新密市	新郑市	登封市	经济技术开发区	高新技术开发区
农业机械化情况																
机耕面积	千公顷	231.56	2.23	1.2	1.73	3	2.1	6.8	63.79	28	32.02	29	36.8	24.89		
机播面积	千公顷	241.58	1.76	1.2	1.65	3	2.9	3.6	37.76	34.33	47.76	46.19	39.1	22.33		
机收面积	千公顷	162.67	1.78	1.53	1.9	3.97	2.22	4.17	27.51	21.51	26.96	24.89	28.02	18.21		
农村用电量	**万千瓦时**	**327636**	**10300**	**6628**	**4887**	**13950**	**4045**	**5680**	**11955**	**103808**	**28020**	**65382**	**31480**	**35708**	**1505**	**4288**
农用化肥施用量		**220416**	**1751**	**1490**	**2451**	**5223**	**3189**	**4189**	**49437**	**36373**	**28363**	**28356**	**35554**	**16098**	**1861**	**6081**
按折纯量计算	吨	220416	1751	1490	2451	5223	3189	4189	49437	36373	28363	28356	35554	16098	1861	6081
#氮肥	吨	83722	406	689	979	2178	1422	1779	16426	16667	12049	12100	13445	3906	107	1569
#磷肥	吨	43337	160	310	234	1158	954	698	10747	7472	6954	7069	3889	2590	72	1030
#钾肥	吨	19120	53	103	308	282	292	181	6331	2067	1712	1538	3744	2173	52	284
#复合肥	吨	74237	1132	388	930	1605	521	1531	15933	10167	7648	7649	14476	7429	1630	3198
农田水利化情况																
有效灌溉面积	千公顷	184.97	1.82	2.1	4.17	3.8	1.53	6.42	57.81	15.26	27.47	16.67	30.9	12.76		4.26
机电井数量	眼	43255	369	758	1740	1946	330	2998	14850	2040	5633	1530	7661	2140		1260

7-4 农业机械主要生产情况

（2006 年底）

项目	单位	总计	中原区	二七区	管城区	金水区	上街区	惠济区	中牟县	巩义市	荥阳市	新密市	新郑市	登封市
农业机械总动力	**万千瓦**	**422.97**	**2.57**	**9.08**	**9.12**	**7.96**	**3.34**	**20.25**	**91.45**	**50.78**	**70.97**	**43.11**	**65.48**	**48.86**
拖拉机及配套机械														
拖拉机	万台	11.29	0.02	0.11	0.06	0.02	0.07	0.04	5.50	1.43	0.45	0.26	1.51	1.82
	万千瓦	122.68	0.31	1.45	1.12	0.40	1.31	1.27	53.10	13.60	8.26	4.39	16.07	21.5
大中型拖拉机	万台	0.66	0.01	0.01	0.01	0.01	0.02	0.02	0.20	0.08	0.11	0.05	0.11	0.03
	万千瓦	23.87	0.25	0.20	0.59	0.30	0.74	0.97	6.25	2.46	4.58	2.02	4.25	1.26
小型拖拉机	万台	10.63	0.01	0.10	0.05	0.01	0.05	0.02	5.30	1.35	0.34	0.21	1.40	1.79
	万千瓦	98.81	0.06	1.25	0.53	0.10	0.57	0.20	46.85	11.14	3.68	2.37	11.82	20.24
拖拉机配套农具	万部	19.02	0.04	0.17	0.13	0.06	0.12	0.07	8.51	1.80	1.01	0.66	2.53	3.92
种植业机械														
耕整地及种植业机械														
机引犁	万台	8.04	0.01	0.12	0.04	0.01	0.01	0.02	3.99	0.84	0.45	0.28	1.05	1.22
机引耙	万台	7.29		0.02	0.03	0.01	0.01		3.96	0.44	0.42	0.24	0.95	1.21
机引播种机	万台	1.92		0.01	0.02		0.03	0.01	0.15	0.28	0.14	0.12	0.20	0.96
化肥深施机	万台	0.22		0.01					0.13	0.02	0.01		0.03	0.02
秸杆粉碎还田机	万台	0.45	0.01	0.01	0.01	0.01	0.01	0.02	0.09	0.03	0.11	0.05	0.07	0.03
农用排灌动力机械														
排灌动力机械	万台	8.64	0.06	0.06	0.37	0.35	0.05	0.30	1.29	0.41	0.74	0.50	2.02	2.49
	万千瓦	58.94	0.99	1.22	2.22	2.15	0.70	1.27	7.17	4.54	10.38	6.35	8.19	13.76
#柴油机	万台	1.88		0.01	0.04	0.10	0.01		0.65	0.01	0.08	0.02	0.71	0.25
	万千瓦	13.27		0.08	0.40	0.90	0.01		5.25	0.15	0.81	0.27	2.13	3.27
电动机	万台	6.76	0.06	0.05	0.33	0.25	0.04	0.30	0.64	0.40	0.66	0.48	1.31	2.24
	万千瓦	45.67	0.99	1.14	1.82	1.25	0.69	1.27	1.92	4.39	9.57	6.08	6.06	10.49
农用水泵	万台	10.57	0.06	0.08	0.34	0.40	0.04	0.30	4.88	0.42	0.56	0.35	2.02	1.12
节水喷灌机械	万套	0.38		0.01			0.01	0.01		0.01	0.09	0.03		0.22
植保机械														
机动喷雾（粉）机	万台	0.99		0.02	0.01	0.01	0.01	0.01	0.04	0.04	0.05	0.09	0.67	0.04
	万千瓦	2.83		0.18	0.05	0.01	0.01	0.02	0.09	0.05	0.15	0.27	1.75	0.25
收获机械														
联合收获机	万台	0.34	0.01		0.01	0.01		0.01	0.04	0.04	0.06	0.06	0.07	0.02

7-4 续表 (2006年底)

项 目	单位	总计	中原区	二七区	管城区	金水区	上街区	惠济区	中牟县	巩义市	荥阳市	新密市	新郑市	登封市
机动脱粒机	万台	3.40	0.01	0.04	0.01	0.02	0.01	0.01	0.15	1.11	0.22	0.63	0.09	1.10
农副产品加工机械														
动力机械	万台	4.13	0.01	0.04	0.13	0.01	0.04	0.02	0.88	1.04	0.73	0.64	0.27	0.32
	万千瓦	24.90	0.04	0.40	1.04	0.10	0.25	0.19	3.34	5.91	4.81	4.78	1.81	2.23
柴油机	万台	0.04									0.03	0.01		
	万千瓦	0.39								0.01	0.28	0.10		
电动机	万台	4.09	0.01	0.04	0.13	0.01	0.04	0.02	0.88	1.04	0.70	0.63	0.27	0.32
	万千瓦	24.51	0.04	0.40	1.04	0.10	0.25	0.19	3.34	5.90	4.53	4.68	1.81	2.23
加工作业机械														
粮食加工机械	万台	1.97	0.01	0.03	0.11	0.02	0.03	0.01	0.32	0.34	0.24	0.52	0.10	0.24
棉花加工机械	万台	0.14					0.02		0.03	0.01	0.02	0.03	0.01	0.02
油料加工机械	万台	0.27		0.01			0.01		0.05	0.02	0.03	0.08	0.04	0.03
运输机械														
农用运输车	万辆	11.03	0.06	0.28	0.34	0.40	0.05	0.31	2.31	0.55	2.86	0.67	2.65	0.55
	万千瓦	143.62	0.83	3.95	3.85	4.40	0.77	3.78	23.81	10.94	42.69	9.32	32.63	6.65
#三轮运输车	万辆	9.45	0.05	0.14	0.31	0.30	0.03	0.30	2.24	0.35	2.61	0.44	2.41	0.27
	万千瓦	105.05	0.74	1.47	3.44	3.30	0.37	3.52	22.69	3.81	31.08	4.93	26.98	2.72
四轮运输车	万辆	1.58	0.01	0.14	0.03	0.10	0.02	0.01	0.07	0.20	0.25	0.23	0.24	0.28
	万千瓦	38.57	0.09	2.48	0.41	1.10	0.40	0.26	1.12	7.13	11.61	4.39	5.65	3.93
牧业机械														
饲料粉碎机	万台	0.75	0.01	0.01	0.01			0.07	0.07	0.11	0.05	0.15	0.10	0.17

7-5　水果产量

（2006 年）

单位：吨

项　目	总计	中原区	二七区	管城区	金水区	上街区	惠济区	中牟县	巩义市	荥阳市	新密市	新郑市	登封市	经济技术开发区	高新技术开发区
水果产量	**254088**	**2270**	**7488**	**2828**	**3072**	**2864**	**2154**	**58620**	**17330**	**30053**	**9067**	**88047**	**26333**	**2210**	**1752**
苹果	58491	348	305	237	1004	1224	363	12097	10601	7948	3176	6979	13759	410	40
#红富士	19150	147	144	175	1004	700	126	7038	1226	3681	396	2627	1696	150	40
国光	1947	39	118	30			23	879	447		26		125	260	
梨	18355	21	595	474	1132	845	672	8622	835	1036	846	2279	745	253	
#雪花梨	5446		215	73			10	4170	180		20	402	376		
鸭梨	2398		269	360	1132		16	275	181			132	33		
其它	176942	1601	6588	2117	936	795	1119	37901	5894	21069	5045	78789	11829	1547	1712
#桃子	36122	1245	687	1336	104	354	256	12177	1892	6472	460	6226	1763	1490	1660
猕猴桃	884		15		130	60			83	553		24	19		
葡萄	32815	356	5592	237	52	268	808	3628	1418	1474	2794	11038	5098		52
红枣	63364	300	108	544				15051	256	205	60	46289	535	16	
柿子	13316		186					2343	995	8510	603	214	465		

7-6　果园面积

（2006 年底）

单位：千公顷

项　目	总计	中原区	二七区	管城区	金水区	上街区	惠济区	中牟县	巩义市	荥阳市	新密市	新郑市	登封市	经济技术开发区	高新技术开发区
果园面积	**25.28**	**0.13**	**0.55**	**0.81**	**0.20**	**0.12**	**0.15**	**6.73**	**1.40**	**2.60**	**1.08**	**9.11**	**2.17**	**0.19**	**0.04**
苹果园	4.45	0.03	0.04	0.10	0.04	0.04	0.01	0.90	0.64	0.40	0.62	0.48	1.13	0.02	
梨园	1.45	0.01	0.08	0.06	0.06	0.04	0.03	0.59	0.10	0.08	0.13	0.19	0.06	0.02	
桃园	3.04	0.06	0.06	0.33	0.02	0.02	0.03	1.05	0.15	0.37	0.14	0.42	0.22	0.13	0.04
猕猴桃园	0.03				0.01					0.01		0.01			
葡萄园	1.98	0.03	0.32	0.06	0.05	0.01	0.08	0.23	0.08	0.07	0.19	0.66	0.20		

7-7 林业生产情况

（2006 年）

单位:公顷

县(市)区	当年造林面积	用材林	经济林	四旁植树(万株)	育 苗 面 积	幼林抚育实际面积	成林抚育面积
总 计	**5899**	**988**	**632**	**1293**	**5656**	**23600**	**43820**
中原区	13	10	3	10	440		
二七区	13		13	26	104		
管城区	13	13		20	27		
金水区	13			9	467		
上街区	13			5	20	200	620
邙山区	213	208			986		
中牟县	1267			120	1092	1800	19500
巩义市	867		200	83	202	5500	8000
荥阳市	567	73	233	210	1070	2100	
新密市	750			120	410	2000	2700
新郑市	1053	560	183	260	527	12000	8000
登封市	450	124		430	93		5000
其 它	667				218		

7-8 渔业生产情况

（2006 年）

项 目	单位	合计	中原区	二七区	管城区	金水区	惠济区	中牟县	巩义市	荥阳市	新密市	新郑市	登封市	高新技术开发区
水产品总产量	**吨**	**100406**	**124**	**230**	**242**	**21756**	**15328**	**49210**	**1131**	**10062**	**710**	**520**	**966**	**127**
#鱼类产量	吨	100170	124	230	242	21756	15324	49067	1112	10055	650	520	963	127
#虾蟹类产量	吨	79						61	14		1		3	
养殖产量	吨	100381	124	230	242	21756	15328	49210	1116	10052	710	520	966	127
天然捕捞产量	吨	25							15	10				
养殖面积	**公顷**	**7710**	**11**	**38**	**53**	**1480**	**732**	**2767**	**159**	**769**	**376**	**238**	**1066**	**21**
池塘	公顷	5668	11	38	33	1480	732	2767	96	349	93	43	5	21
水库	公顷	2042			20				63	420	283	195	1061	

7-9 牧业主要产品产量

（2006 年）

项　　目	单位	合计	中原区	二七区	管城区	金水区	上街区	惠济区	中牟县	巩义市	荥阳市	新密市	新郑市	登封市	经济技术开发区	高新技术开发区
猪当年出栏头数	万头	251.12	2.59	2.16	4.12	7.43	3.36	2.98	60.17	32.15	43.34	22.07	38.38	27.72	3.1	1.55
牛当年出栏头数	万头	20.67	0.09	0.08	0.13	0.19	0.03	0.31	7.41	1.4	3.07	0.98	0.65	6	0.3	0.03
羊当年出栏只数	万只	116.06	0.27	0.23	0.66	0.41	1.55	0.36	61.98	4.63	21.2	7.81	7.59	8.97	0.28	0.12
禽当年出栏只数	万只	3987.76	57.83	52.98	42.61	8.61	46.35	265.35	767.4	190.31	700.67	329.35	1195.77	264.98	16	49.55
肉类总产量	吨	283172	2999	2471	3838	6431	3414	5816	74328	28445	48731	23484	44422	34363	2840	1590
#猪肉产量	吨	188501	2081	1644	3083	6211	2610	2086	45734	23465	33461	16684	28003	20256	2263	920
牛肉产量	吨	26388	111	81	173	46	114	372	9353	1691	3927	1214	2093	6801	360	52
羊肉产量	吨	14262	35	30	69	50	135	40	7735	727	2332	1039	843	1180	32	15
禽肉产量	吨	48279	772	716	512	124	495	3317	9261	2410	8058	4281	13164	4382	185	602
兔肉产量	吨	2870			1		23	1	274	118	875	228	169	1180		1
奶类总产量	吨	288579	5822	3226	2233	44392	3205	18487	99909	3890	53893	11775	29358	1816	3800	6773
#牛奶产量	吨	258144	5792	2475	2203	44392	3205	17685	99357	3890	26725	11006	29058	1800	3800	6756
山羊毛产量	吨	256								17		36	34	169		
绵羊毛产量	吨	542					4		112	28	29	139	19	211		
蜂蜜产量	吨	3398			1		3	8	240	112	198	128	1116	1592		
禽蛋产量	吨	204798	701	6750	2050	289	5435	6576	27403	10732	63805	25621	34978	19243	450	765

7-10 农作物主要

（2006 年）

项　　目	总计	中原区	二七区	管城区	金水区	上街区
农作物总播种面积	**513.50**	**6.54**	**5.54**	**5.96**	**8.59**	**4.16**
粮食作物播种面积	**357.21**	**3.38**	**3.44**	**3.30**	**7.52**	**3.66**
总产量	1648891	16020	11588	15304	36790	19902
夏收粮食播种面积	173.57	1.82	1.88	1.77	3.52	1.88
总产量	776510	8544	5350	8451	16877	10280
秋收粮食播种面积	183.64	1.56	1.56	1.53	4.00	1.78
总产量	872381	7476	6238	6853	19913	9622
谷物合计播种面积	321.05	3.35	3.22	3.12	6.40	3.60
总产量	1503183	15946	11197	14628	34382	19678
稻谷播种面积	3.09			0.09	0.23	
总产量	21042			460	1619	
小麦播种面积	173.56	1.82	1.88	1.77	3.52	1.88
总产量	776427	8544	5350	8451	16877	10280
玉米播种面积	141.34	1.53	1.34	1.26	2.65	1.67
总产量	698274	7402	5847	5717	15886	9287
谷子播种面积	2.90					0.05
总产量	6967					111
高粱播种面积	0.06					
总产量	99					
其它谷物播种面积	0.10					
总产量	374					
豆类合计播种面积	16.99	0.02	0.19	0.04	1.12	0.03
总产量	29797	45	213	98	2371	48
大豆播种面积	13.76	0.01	0.13	0.04	1.11	0.01
总产量	27127	29	172	98	2370	20
绿豆播种面积	2.57	0.01	0.06			0.02
总产量	2551	16	41		1	28

产品生产情况

单位：千公顷、吨

惠济区	中牟县	巩义市	荥阳市	新密市	新郑市	登封市	经济技术开发区	高新技术开发区
11.71	**131.55**	**53.57**	**75.26**	**66.39**	**77.48**	**57.15**	**1.89**	**7.71**
4.56	**59.74**	**47.26**	**57.63**	**56.93**	**55.36**	**47.16**	**1.21**	**6.06**
25413	343595	184292	296732	205443	260670	195331	5430	32381
2.29	25.69	23.19	28.61	27.48	29.05	22.26	0.91	3.22
12173	145408	93420	149832	101439	127679	76537	4005	16515
2.27	34.05	24.07	29.02	29.45	26.31	24.90	0.30	2.84
13240	198187	90872	146900	104004	132991	118794	1425	15866
4.29	49.31	43.78	53.83	51.59	51.86	39.54	1.11	6.05
24754	286784	175150	281463	191247	246057	164562	4982	32353
0.36	1.99		0.40					0.02
2522	13915		2400					126
2.29	25.69	23.19	28.61	27.48	29.04	22.26	0.91	3.22
12173	145408	93420	149832	101439	127596	76537	4005	16515
1.64	21.57	19.08	24.02	23.86	22.66	17.05	0.20	2.81
10059	127257	78223	127482	89240	117948	87237	977	15712
	0.01	1.50	0.80	0.23	0.12	0.19		
	38	3494	1749	535	407	633		
	0.02			0.01	0.03			
	46			17	36			
	0.03	0.01		0.01	0.01	0.04		
	120	13		16	70	155		
0.26	4.31	1.37	1.59	2.73	1.08	4.19	0.05	0.01
596	10373	1926	1887	3473	2196	6316	227	28
0.26	4.25	0.77	0.88	2.08	0.98	3.19	0.05	
596	10310	1256	1172	3258	1999	5599	227	21
		0.60	0.71	0.51	0.10	0.56		
		670	715	215	184	675		6

7-10 续表 （2006年）

项目	总计	中原区	二七区	管城区	金水区	上街区
红小豆播种面积	0.06					
总产量	42					
红薯播种面积	19.17	0.01	0.03	0.14		0.03
总产量	115911	29	178	578	37	176
油料合计播种面积	**57.02**	**0.91**	**1.03**	**0.98**	**0.13**	**0.20**
总产量	177519	1787	1456	2226	238	417
花生播种面积	42.62	0.47	0.54	0.84	0.08	0.11
总产量	156506	1225	1015	2054	173	331
油菜籽播种面积	11.91	0.44	0.47	0.14	0.05	0.03
总产量	18768	557	427	172	61	36
芝麻播种面积	2.49		0.02			0.06
总产量	2245	5	14		4	50
棉花播种面积	**6.63**				**0.01**	
总产量	7243	2			12	
烟叶播种面积	**1.54**					
总产量	4221					
药材播种面积	**0.28**					
蔬菜(含菜用瓜)播种面积	**77.29**	**1.73**	**1.07**	**1.41**	**0.91**	**0.30**
总产量	2826819	59186	44946	62686	37185	12009
瓜类(果用瓜)播种面积	11.32	0.14		0.27	0.02	
总产量	428883	1740	6	4934	338	24
#西瓜播种面积	10.39	0.12		0.03	0.02	
总产量	410762	1545	6	600	338	24
其他作物播种面积	**2.21**	**0.38**				

单位:千公顷、吨

惠济区	中牟县	巩义市	荥阳市	新密市	新郑市	登封市	经济技术开发区	高新技术开发区
						0.06		
						42		
0.01	6.12	2.11	2.21	2.61	2.42	3.43	0.05	
63	46438	7216	13382	10723	12417	24453	221	
0.32	**21.47**	**3.53**	**5.77**	**3.98**	**12.80**	**5.07**	**0.35**	**0.48**
881	89573	5612	14472	8859	43301	6677	753	1267
0.25	18.04	1.89	3.73	2.28	10.83	2.83	0.27	0.46
775	82369	3792	11448	6024	40460	4925	680	1235
0.05	3.21	1.11	1.57	1.46	1.85	1.43	0.08	0.02
84	6828	1342	2573	2420	2668	1501	73	26
0.02	0.22	0.53	0.47	0.24	0.12	0.81		
22	376	478	451	415	173	251		6
0.16	**3.89**	**1.11**	**0.79**	**0.05**	**0.10**	**0.52**		
110	4551	928	872	61	102	605		
					0.02	**1.52**		
					28	4193		
		0.03	**0.11**	**0.11**	**0.02**	**0.01**		
6.40	**37.71**	**1.10**	**10.51**	**4.57**	**8.23**	**2.16**	**0.18**	**1.01**
235687	1315676	63230	427367	140098	289591	100432	4945	33781
0.05	8.26	0.54	0.13	0.17	0.82	0.66	0.15	0.11
1582	344595	11734	4690	3088	29716	19748	2384	4304
0.05	8.08	0.54	0.12	0.08	0.70	0.55		0.10
1582	340150	11701	4474	1451	27905	16592	120	4274
0.22	**0.48**		**0.32**	**0.58**	**0.13**	**0.05**		**0.05**

7-11 农林牧

（2006 年）

指　　标	全　市	中原区	二七区	管城区	金水区	上街区
农林牧渔业总产值	**1343904**	**14227**	**14594**	**15615**	**42394**	**12387**
农业	**663477**	**7786**	**6343**	**8937**	**8883**	**4297**
谷物及其他作物	314983	2724	2041	2886	5441	2905
谷物	208672	2207	1530	2066	4746	2701
#小麦	118793	1307	819	1293	2582	1573
#稻谷	3552			78	273	
#玉米	84840	899	711	695	1890	1128
薯类	24920	6	43	124	8	38
油料	53999	490	408	671	69	150
#花生	48618	381	315	638	54	103
#油菜籽	3556	106	81	33	12	7
豆类	8017	18	60	25	600	16
棉花	10694	3			18	
烟叶	4165					
其他农作物	4516					
蔬菜园艺作物	280299	4627	3180	5072	3012	960
蔬菜（含菜用瓜）	279236	4627	3180	5049	2994	960
花卉	1063			23	18	
水果、坚果、饮料和香料作物	66902	435	1122	979	430	432
水果、坚果	66888	435	1122	979	430	432
#苹果	7370	44	38	30	127	154
#梨	3194	4	104	83	197	147
中药材	1293					
林业	**27663**	**483**	**400**	**128**	**514**	**215**
林木的培育和种植	15388	463	288	82	447	181
竹木采运	9560	20	15	46	67	34
林产品	2715		97			
牧业	**567871**	**5397**	**7175**	**6230**	**18536**	**7797**
牲畜饲养	183210	1970	1161	1188	11536	1558
牛的饲养	60581	255	186	397	518	262
羊的饲养	34300	85	72	166	120	325
其他牲畜饲养	5552					74
奶产品	80802	1630	903	625	10898	897
猪的饲养	203931	2252	1779	3335	6719	2888
家禽饲养	156497	1175	4235	1557	280	3351
肉禽	50944	814	756	507	131	550
禽蛋	105553	361	3479	1050	149	2801
狩猎和捕捉动物	1847					
其他畜牧业	22386			150	1	
渔业	**66432**	**85**	**156**	**170**	**14335**	
鱼类	65764	85	156	170	14335	
虾蟹类	111					
其他	553					
农林牧渔服务业	**18461**	**476**	**520**	**150**	**126**	**78**

渔业总产值

单位:万元

惠济区	中牟县	巩义市	荥阳市	新密市	新郑市	登封市	经济技术开发区	高新技术开发区
50215	**462765**	**85290**	**221545**	**105910**	**183553**	**120220**	**6695**	**11985**
21166	**262548**	**39206**	**94926**	**43256**	**99489**	**51456**	**1765**	**7522**
4118	86571	30298	48599	32586	53102	39666	1062	4820
3510	40072	24486	38316	26378	33755	22458	733	4419
1862	22248	14291	22924	15520	19649	11710	537	2507
425	2349		405					21
1222	15462	9491	14629	10744	14008	10599	113	1891
14	9984	1545	2877	2305	2677	5257	47	
281	27187	1813	4406	2666	12909	2133	225	394
248	25588	1170	3552	1871	12264	1530	202	384
16	1294	254	488	458	506	399	13	5
151	2608	587	618	926	586	1985	57	8
162	6720	1367	1288	90	150	893		
					29	4138		
		500	1094	221	2996	2802		
16659	151863	5616	37868	8486	24678	7650	352	2326
16658	151863	5612	34459	8396	24429	7580	352	2326
1		4	3409	90	249	70		
389	24114	3262	5403	1415	21709	4140	351	376
389	24114	3262	5403	1415	21709	4126	351	376
46	1524	1336	1001	400	879	1594		5
117	1500	145	180	147	397	112	52	
		30	3056	769				
2315	**4601**	**3104**	**4900**	**5471**	**3578**	**6635**		
2209	3963	1668	2673	3074	2877	2227		
106	638	678	809	1104	665	3487		
		758	1418	1293	36	921		
15771	**162431**	**41308**	**112198**	**52754**	**77908**	**60044**	**4860**	**4113**
6616	72082	6852	29922	8899	15139	21474	1967	1494
854	21472	3882	9015	2689	4803	15613	826	120
96	18603	1749	5608	2400	1729	2703	77	38
	3805	11	150	58	320	1239		
5176	27975	1089	15090	3441	8220	508	1064	1336
2257	49477	25386	36200	17908	30295	21914	2464	1273
6889	23896	8074	41388	17903	31919	14542	429	1346
3500	9772	2543	8503	4698	13891	4624	197	952
3389	14124	5531	32885	13205	18028	9918	232	394
		180	1418					
9	16976	816	3270	8044	555	2114		
10593	**31173**	**842**	**6838**	**644**	**361**	**625**		**100**
10581	30807	818	6811	436	361	547		100
	92	12		2				
12	270	12	27	206		78		
370	**2012**	**830**	**2683**	**3785**	**2217**	**1460**	**70**	**250**

（2006 年）

指	标	全 市	中原区	二七区	管城区	金水区
合计	农林牧渔业总产值	1343904	14227	14594	15615	42394
	中间消耗	573267	6107	6758	6965	18987
	增加值	770637	8120	7836	8650	23407
	固定资产折旧	42555	533	1459	662	6516
	劳动报酬	687520	7613	579	7908	12691
	生产补贴	15251	125	77		65
	营业盈余	55813	99	5875	80	4265
农业	总产值	663477	7786	6343	8937	8883
	中间消耗	266187	3301	3261	3931	4164
	中间物质消耗	227842	3301	3147	3215	3760
	生产服务支出	38345		114	716	404
	增加值	397290	4485	3082	5006	4719
林业	总产值	27663	483	400	128	514
	中间消耗	10391	169	184	56	178
	中间物质消耗	9128	169	150	41	138
	生产服务支出	1263		34	15	40
	增加值	17272	314	216	72	336
牧业	总产值	567871	5397	7175	6230	18536
	中间消耗	259739	2413	2923	2839	8818
	中间物质消耗	228002	2333	2697	2719	8546
	生产服务支出	31737	80	226	120	272
	增加值	308132	2984	4252	3391	9718
渔业	总产值	66432	85	156	170	14335
	中间消耗	30007	40	78	74	5766
	中间物质消耗	27238	40	55	71	5400
	生产服务支出	2769		23	3	366
	增加值	36425	45	78	96	8569
农林牧渔服务业	总产值	18461	476	520	150	126
	中间消耗	6943	184	312	65	61
	增加值	11518	292	208	85	65

渔业增加值

单位:万元

上街区	惠济区	中牟县	巩义市	荥阳市	新密市	新郑市	登封市	经济技术开发区	高新技术开发区
12387	50215	462765	85290	221545	105910	183553	120220	6695	11985
5507	24427	191763	35823	93049	45295	78201	52896	3044	5184
6880	25788	271002	49467	128496	60615	105352	67324	3651	6801
2313	5483	6352	3010	6545	2675	4351	4039	201	456
3439	19901	261649	43119	122038	57156	97028	54734	3257	6456
115	315	1100	908	871	870	1639	2220	72	179
1243	719	4101	4246	784	1654	5612	10771	265	68
4297	21166	262548	39206	94926	43256	99489	51456	1765	7522
1807	9400	107907	16467	39869	14707	37813	21341	777	3159
1474	9041	69787	15917	38220	12795	28939	19871	682	2869
333	359	38120	550	1649	1912	8874	1470	95	290
2490	11766	154641	22739	55057	28549	61676	30115	988	4363
215	2315	4601	3104	4900	5471	3578	6635		
107	1175	2650	1304	2058	2188	1144	3200		
95	1158	1960	1178	1914	1865	1039	2911		
12	17	690	126	144	323	105	289		
108	1140	1951	1800	2842	3283	2434	3435		
7797	15771	162431	41308	112198	52754	77908	60044	4860	4113
3568	8465	67571	17349	47123	26376	38175	27676	2236	1892
3215	8102	45702	15113	41632	24741	37170	26892	1876	1541
353	363	21869	2236	5491	1635	1005	784	360	351
4229	7306	94860	23959	65075	26378	39733	32368	2624	2221
	10593	31173	842	6838	644	361	625		100
	5197	12782	354	2872	321	182	260		46
	4999	10517	274	2491	282	135	219		46
	198	2265	80	381	39	47	41		
	5396	18391	488	3966	323	179	365		54
78	370	2012	830	2683	3785	2217	1460	70	250
25	190	853	349	1127	1703	887	419	31	87
53	180	1159	481	1556	2082	1330	1041	39	163

7-13　主要牲畜年末存栏情况

（2006 年）

单位：万头（只）

项　目	合计	中原区	二七区	管城区	金水区	上街区	惠济区	中牟县	巩义市	荥阳市	新密市	新郑市	登封市	经济技术开发区	高新技术开发区
大牲畜年末总头数	**39.02**	**0.17**	**0.19**	**0.24**	**0.97**	**0.06**	**0.57**	**14.48**	**1.02**	**3.92**	**2.15**	**4.33**	**10.38**	**0.33**	**0.21**
#从事农事劳役	14.57		0.03	0.04		0.02		3.7	0.59	1.29	0.99	2.00	5.81	0.10	
牛年末总头数	36.06	0.17	0.18	0.24	0.97	0.02	0.57	12.5	0.92	3.65	2.08	4.20	10.02	0.33	0.21
#能繁殖的母畜	14.28	0.09	0.13	0.05	0.53	0.02	0.27	5.36	0.43	1.68	0.91	2.00	2.58	0.11	0.12
当年生仔畜	9.97	0.05	0.07	0.02	0.21	0.01	0.09	4.05	0.31	1.31	0.57	1.40	1.81	0.03	0.04
黄牛年末总头数	30.23	0.01	0.13	0.20	0.02	0.01	0.10	10.30	0.83	3.08	1.84	3.60	9.83	0.27	0.01
#能繁殖的母畜	11.29		0.08	0.03		0.01	0.01	4.41	0.37	1.20	0.75	1.80	2.56	0.07	
当年生仔畜	8.22	0.02	0.04	0.01				3.30	0.28	0.95	0.48	1.30	1.81	0.03	
乳牛年末总头数	5.83	0.16	0.05	0.04	0.95	0.01	0.47	2.20	0.09	0.57	0.24	0.60	0.19	0.06	0.20
#能繁殖的母畜	2.99	0.09	0.05	0.02	0.53	0.01	0.26	0.95	0.06	0.48	0.16	0.20	0.02	0.04	0.12
当年生仔畜	1.75	0.03	0.03	0.01	0.21	0.01	0.09	0.75	0.03	0.36	0.09	0.10			0.04
马年末总头数	0.69					0.01		0.42	0.02	0.09	0.02	0.01	0.12		
#能繁殖的母畜	0.31							0.23			0.01	0.01	0.06		
当年生仔畜	0.20							0.15			0.01		0.04		
驴年末总头数	1.39		0.01			0.01		0.90	0.04	0.11	0.04	0.10	0.18		
#能繁殖的母畜	0.72							0.47	0.01	0.10	0.02	0.05	0.07		
当年生仔畜	0.39							0.32			0.01	0.02	0.04		
骡年末总头数	0.88					0.02		0.66	0.04	0.07	0.01	0.02	0.06		
#当年生仔畜	0.27							0.23	0.01				0.03		
猪年末总头数	**183.63**	**1.65**	**1.52**	**3.00**	**4.16**	**0.37**	**1.88**	**46.02**	**19.20**	**23.65**	**17.97**	**36.63**	**24.9**	**1.75**	**0.93**
#能繁殖母猪	26.36	0.07	0.03	0.16	1.71	0.11	0.09	8.31	3.42	2.28	2.02	4.04	3.71	0.35	0.06
羊年末总只数	**102.82**	**0.12**	**0.33**	**0.69**	**0.28**	**1.25**	**0.42**	**51.58**	**2.44**	**16.07**	**9.02**	**7.95**	**12.35**	**0.17**	**0.15**
#能繁殖的母羊	42.50	0.02	0.21	0.22	0.14	0.74	0.15	21.13	1.21	7.36	3.34	3.81	4.00	0.10	0.07
山羊年末总只数	85.68	0.11	0.33	0.67	0.20	1.15	0.34	48.24	1.24	14.67	6.16	6.81	5.45	0.17	0.14
#能繁殖的母羊	36.09	0.02	0.21	0.21	0.11	0.70	0.15	19.42	0.80	6.79	2.20	3.19	2.12	0.10	0.07
绵羊年末总只数	17.14	0.01		0.02	0.08	0.10	0.08	3.34	1.20	1.40	2.86	1.14	6.90		0.01
#能繁殖的母羊	6.41			0.01	0.03	0.04		1.71	0.41	0.57	1.14	0.62	1.88		
家禽（鸡、鸭、鹅）	**3043.02**	**16.65**	**60.09**	**30.49**	**6.86**	**30.30**	**149.50**	**452.78**	**110.52**	**596.07**	**286.55**	**949.59**	**317.79**	**8.00**	**27.83**
养兔	**69.97**		**0.02**	**0.04**	**0.06**	**0.90**	**1.13**	**12.61**	**7.46**	**18.06**	**12.45**	**3.79**	**13.40**		**0.05**

7-14 全市粮经比

单位:%

县(市)区	1995年	2000年	2001年	2002年	2003年	2004年	2005年	2006年
全　市	**79.8:20.2**	**74.9:25.1**	**71.8:28.2**	**70.6:29.4**	**69.5:30.5**	**68.5:31.5**	**69.0:31.0**	**69.5:30.5**
中原区		59.0:41.0	60.6:39.4	59.2:40.8	61.4:38.6	50.1:49.9	51.3:48.7	51.7:48.3
二七区		73.4:26.6	73.3:26.7	70.4:29.6	66.9:33.1	60.4:39.6	59.9:40.1	62.1:37.9
管城区	79.0:21.0	76.4:23.6	63.8:26.2	55.2:44.8	49.7:50.3	53.3:46.7	55.2:44.8	55.3:44.7
金水区		87.9:12.1	80.3:19.7	78.3:21.7	79.8:20.2	79.7:20.3	83.5:16.5	87.5:12.5
上街区	46.1:53.9	66.7:33.3	65.9:34.1	61.9:38.1	51.0:49.0	56.5:43.5	86.8:13.2	88.0:12.0
邙山区		48.8:51.2	47.7:52.3	41.3:58.7	39.3:60.7	35.2:64.8	36.9:63.1	38.9:61.1
中牟县	65.9:34.1	56.6:43.4	52.1:47.9	50.6:49.4	48.7:51.3	47.2:52.8	47.3:52.7	45.4:54.6
巩义市	89.0:11.0	90.0:10.0	89.0:11.0	88.7:11.3	86.2:13.8	86.2:13.8	86.6:13.4	88.1:11.9
荥阳市	84.9:15.1	82.3:17.7	78.5:21.5	77.0:23.0	75.8:24.2	75.0:25.0	74.8:25.2	76.4:23.6
新密市	88.7:11.3	86.6:13.4	84.8:15.2	84.7:15.3	85.1:14.9	85.5:14.5	86.2:13.8	85.7:14.3
新郑市	78.6:21.4	71.8:28.2	69.2:30.8	69.4:30.6	70.8:29.2	70.4:29.6	71.0:29.0	71.4:28.6
登封市	86.1:13.9	84.8:15.2	83.3:16.7	85.3:14.7	84.8:15.2	81.4:18.6	81.4:18.6	82.4:17.6
经济技术开发区						66.7:33.3	64.2:35.8	64.0:36.0
高新技术开发区						73.1:26.9	76.2:23.8	78.4:21.6

主要统计指标解释

农林牧渔业总产值 是以货币表现的农林牧渔业全部产品的总量和对农林牧渔业生产活动进行的各种支持性服务活动的价值,它反映一定时期内农业生产的总规模和总成果。

农林牧渔五业统计范围是:1. 种植业:包括粮、棉、油、糖料、麻类、烟叶、蔬菜、药材、瓜类、采集野生植物和其他农作物的种植以及茶园、桑园、果园的生产经营。

2. 林业:包括林木的栽培、林产品的采集和竹木采伐。

3. 牧业:包括除渔业以外的一切动物饲养和放牧及捕猎野兽。

4. 渔业:包括水生动物和海藻类植物养殖和捕捞。

5. 农林牧渔服务业:包括农林牧渔服务业营业收入。

农业总产值的计算方法通常是以农林牧渔业产品的产量乘以该项单位价格而得该项产品产值。少数生产周期较长,当年没有产品或产品不易统计的则采用间接方法匡算产值。五业产品产值之和即为农业总产值。

农业增加值 指各单位生产经营或劳务活动提供最终产品的货币表现,即本单位或本行业对社会所做的贡献。农业增加值是社会各经济单位,即企业、事业单位和行政单位及个体经营户在报告期内生产经营和业务活动最终成果的货币表现。

农业增加值主要采用生产法和分配法(收入法)两种方法计算。

农作物种植业 包括谷物、豆类、薯类、棉、油料、糖料、麻类、烟叶、蔬菜、药材、瓜类和其他农作物的种植,以及茶园、桑园、果园的生产经营。

其他农业 包括采集野生植物的果实、纤维、树胶、树脂、油料以及柴草、野生药材、菌类等。

粮食产量 指全社会的产量。包括国有经济经营的、集体统一经营的和农民家庭经营的粮食产量,还包括工矿企业家属办的农场和其他生产单位的产量。粮食除包括稻谷、小麦、玉米、高粱、谷子及其他杂粮外,还包括薯类和大豆。其产量计算方法,豆类按去豆荚后的干豆计算;薯类(包括甘薯和马铃薯,不包括芋头和木薯)1963 年以前按每 4 公斤鲜薯折 1 公斤粮食计算,从 1964 年开始及以后改为按 5 公斤鲜薯折 1 公斤粮食计算。郑州辖区作为蔬菜的薯类(如:马铃薯等)按鲜品计算,并且不做为粮食统计。其他粮食一律按脱粒后的原粮计算。

油料产量 指全部油料作物的生产量。包括花生、油菜籽、芝麻、向日葵籽、胡麻籽(亚麻籽)和其他油料。不包括大豆,也不包括木本油料和野生油料。花生以带壳干花生计算。

水产品产量 指人工养殖的水产品和天然生长的水产品的捕捞量。包括海水的鱼类、虾蟹类、贝类和藻类以及内陆水域的鱼类、虾蟹类和贝类,不包括淡水生植物。

猪、牛、羊肉产量 指当年出栏并已屠宰后除去头蹄下水 后带骨肉(即胴体重)的重量。

耕地面积 指年初可以用来种植农作物、经常进行耕锄的田地,除包括熟地、当年新开荒地、连续撩荒未满三年的耕地和当年的休闲地(轮歇地)外,还包括以种植农作物为主并附带种植桑树、茶树、果树和其他林木的土地,以及沿海、沿湖地区已围垦利用的"海涂"、"湖田"等面积。但不包括属于专业性的桑园、茶园、果园、果木苗圃、林地、芦苇地、天然或人工草地面积。

农作物播种面积 指实际播种或移植有农作物的面积,凡是实际种植有农作物的面积,不论种植在耕地上还是种植在非耕地上,均包括在农作物播种面积中,同时还包括因遭灾而重新改种和补种的农作物面积,种一公顷算一公顷。

农用化肥施用量 指本年内实际用于农业生产的化肥数量。包括氮肥、磷肥、钾肥和复合肥。化肥施用量要求按折纯量计算数量。折纯法化肥施用量是把氮肥、磷肥和钾肥分别按含氮、含五氧化二磷、含氧化钾的百分之百有效成份计算。复合肥按其所含主要成分折算。

农业机械总动力 指主要用于农、林、牧、渔业的各种动力机械的动力总和。包括耕作机械、排灌机械、收获机械、农产品加工机械、运输机械、植物保护机械、牧业机械、林业机械、渔业机械和其他农业机械〔内燃机按引擎马力折成瓦(特)计算,电动机按功率折成瓦(特)计算〕。不包括专门用于乡、镇、村、组办工业、基本建设、非农业运输、科学试验和教学等非农业生产方面用的动力机械与作业机械。

八、工　业

8-1　历年工业总产值

单位:万元

年份	总产值	国有企业	集体企业	城乡个体	其他各种经济类型	轻工业	重工业
1949	2391					1442	949
1952	9245					5920	3325
1957	39610					31164	8446
1962	52525					36771	15754
1965	106270					78153	28117
1970	183222					100343	82879
1975	246211					129373	116838
1978	320288					172370	147918
1979	370045					202538	167507
1980	402306					237482	164823
1981	437552					267258	170294
1982	461194					269036	192158
1983	505017					284771	220246
1984	582897					307364	275533
1985	701472	451080	188981	61320	91	352272	349200
1986	776624	471644	201654	103104	222	376233	400391
1987	962439	572500	255739	133200	1000	455922	506517
1988	1296981	718879	378715	196431	2956	583835	713146
1989	1599014	879788	486687	228480	4059	654211	944803
1990	1744453	936757	532972	265956	8768	713715	1030738
1991	2063844	1025336	687014	340414	11080	823051	1240793
1992	2672758	1208014	932739	488193	43812	1016999	1655759
1993	3693136	1419814	1378271	747666	147385	1278879	2414257
1994	4803181	1459319	1755649	1061093	527120	1747437	3055774
1995	6479164	1799927	2188574	1711875	778788	2127630	4351534
1995	[6058858]	[1602463]	[2054439]	[1711875]	[690081]	[1940774]	[4118084]
1996	7919258	1832055	2738886	2019137	1329180	2362282	5556976
1997	8886488	1765398	3026673	2429311	1665106	2668548	6217940
1998	8777675	1260921	2462846	2478534	2575374	2753908	6023767
1999	8872394	1881049	2474148	2470286	2046911	2508519	6363875
2000	10052967	2066754	2686440	2885928	2413845	2900651	7152316
2001	11127574	2245286	2905406	3158835	2818047	3255391	7872183
2002	12122694	2265787	2660012	3346219	3850676	3355980	8766694
2003	14808572	3481702	2565446	3720254	5041170	3615378	11193194
2004	18788506	3324293	2779359	4199844	8485010	4355337	14433169
2005	24115175	4477743	3675587	4333800	11628045	5446798	18668377
2006	30724463	5594102	3176892	4936300	17017169	6717501	24006962

注:1. 本表按当年价格计算;2. 1995 年以前为原规定,括号内及 1996 年始为新规定;3. 1999 年及以后国有企业为国有及国有控股企业。

8-2 历年工业总产值指数

（以1952年为100）

年份	总产值	国有企业	集体企业	城乡个体	其他各种经济类型	轻工业	重工业
1949	25.9					24.4	28.5
1952	100.0					100.0	100.0
1957	499.8					614.0	2963.3
1962	660.5					722.0	550.7
1965	1333.5					1531.4	980.9
1970	2291.5					1959.6	2881.7
1975	3054.8					2506.4	4030.2
1978	3955.3					3321.2	5082.9
1979	4562.8					3895.5	5749.6
1980	4954.7					4661.3	5865.4
1981	5369.9					5121.7	5810.4
1982	5655.5					5151.6	6551.1
1983	6193.0					5453.0	7508.9
1984	6937.8					5712.4	9117.4
1985	8097.0	100.0	100.0	100.0		6349.4	11206.1
1986	8891.7	104.6	106.7	163.5		6724.0	12748.6
1987	10068.7	116.7	135.3	172.8		7776.1	14147.7
1988	12274.4	130.7	200.4	243.0		8924.8	18234.7
1989	13415.9	135.8	257.5	268.3		9299.6	20933.4
1990	14636.7	140.1	281.9	308.0	100.0	10145.9	22838.4
1991	17081.1	149.4	363.4	395.7	127.6	11272.1	27862.8
1992	20804.8	166.3	493.5	550.1	501.7	13098.1	35246.5
1993	26713.3	174.1	729.4	767.9	1588.5	15901.1	47195.0
1994	30399.7	152.2	920.3	926.8	4848.0	17888.8	54179.9
1995	35506.9	164.7	1238.7	1254.0	6442.9	19767.1	65666.0
1996	42324.2	171.6	1651.2	1432.1	6713.6	21506.6	82148.2
1997	48588.2	165.8	1824.6	1722.8	8163.7	24367.0	92170.3
1998	50240.2	124.0	1554.6	1827.9	13225.2	26413.8	93737.2
1999	53321.5	194.2	1640.1	1913.8	11043.0	25263.2	103981.2
2000	58760.3	209.3	1736.9	2149.2	12710.5	27001.3	116084.6
2001	63913.5	222.6	1795.6	2329.1	14971.7	28575.5	127739.5
2002	70304.9	245.8	1788.4	2466.5	18385.2	29575.6	144090.2
2003	83142.6	299.6	2152.2	2606.6	23047.7	31104.7	177562.4
2004	98357.7	331.4	2490.1	2783.8	29915.9	35023.9	213252.4
2005	117153.9	351.9	3091.7	3323.9	36850.4	41027.0	255284.4
2006	140467.5	397.8	3765.4	3583.2	46486.8	50081.7	304120.3

8-3 全部工业总产出、总产值及增加值

(2006 年)

项　　目	单位数（个）	工业总产出（万元）	工业总产值（万元）	工业增加值（万元）
总　　计	**52807**	**31970904**	**30724463**	**9440244**
按轻重工业分				
轻工业	21304	6992091	6717501	2075627
重工业	31503	24978813	24006962	7364617
按登记注册类型分				
国有及国有控股	235	5939869	5594102	1905581
集体工业	1530	3348787	3176892	1178210
城乡个体工业	44037	4936300	4936300	1469200
其他各种经济类型	7005	17745948	17017169	4887253
国有及年产品销售收入 500 万元以上非国有工业	**1861**	**24514772**	**23410963**	**7230144**
按轻重工业分				
轻工业	488	5026363	4783764	1501934
重工业	1373	19488409	18627199	5728210
按登记注册类型分				
国有及国有控股	169	5919820	5575188	1899554
集体工业	327	2899307	2752854	1028843
其他各种经济类型	52311	23151777	22396421	6511847
年产品销售收入 500 万元以下非国有工业	**50946**	**7456132**	**7313500**	**2210100**
按轻重工业分				
轻工业	20816	1965728	1933737	573693
重工业	30127	5490404	5379763	1636407
按登记注册类型分				
国有及国有控股	66	20049	18914	6027
集体工业	1203	449480	424038	149367
城乡个体工业	44037	4936300	4936300	1469200
其他各种经济类型	5640	2050303	1934248	585506

注:本表工业总产出、总产值、增加值按当年价格计算。

8-4 各县(市)区工业企业单位数

(2006 年底)

单位:个

县(市)区	合 计	国有及规模以上企业	规 模以下企业	城 乡个体企业	轻工业	重工业	大型企业	中型企业	小型企业
全 市	**52807**	**1861**	**6909**	**44037**	**21304**	**31503**	**24**	**184**	**8562**
中原区	1985	44	656	1285	516	1469		1	1984
二七区	1450	59	301	1090	807	913		9	1441
管城区	1617	15	158	1444	1265	352		3	1614
金水区	1404	36	557	811	561	843	1	5	1398
上街区	609	61	186	362	223	386	2	8	599
惠济区	622	41	220	361	380	242	1	2	619
中牟县	7835	119	181	7535	4834	3001	1	5	7829
巩义市	7719	349	1238	6132	1907	5812	5	28	7686
荥阳市	7000	211	519	6270	1537	5463	1	15	6984
新密市	6614	313	949	5352	2220	4394		21	6593
新郑市	9387	190	917	8280	3040	6347		18	9369
登封市	5043	153	411	4479	1102	3941	2	23	5018
经济技术开发区	454	61	146	247	304	150		6	448
高新技术开发区	956	97	470	389	429	527	2	12	942

8-5 各县(市)区工业总产值

(2006 年)

单位:万元

县(市)区	合 计	国有及规模以上企业	规 模以下企业	城 乡个体企业	轻工业	重工业	大型企业	中型企业	小型企业
全 市	**30724463**	**23410963**	**2377200**	**4936300**	**6717501**	**24006962**	**4628887**	**6053305**	**15105971**
中原区	404160	260804	111114	32242	77674	326486		42234	361926
二七区	582890	495373	48116	39401	151293	431597		305401	277489
管城区	291613	257499	17984	16130	252944	38669		228378	63235
金水区	615526	555326	45936	14264	506879	108647	180058	222076	213392
上街区	1427637	1384755	28319	14563	13532	1414105	970266	142667	314704
惠济区	331399	289520	33149	8730	207374	124025	92348	13228	225823
中牟县	1839745	1153646	88551	597548	617258	922487	350387	107944	1381414
巩义市	6216498	4731636	549256	935606	447134	5769364	654232	1611392	3950874
荥阳市	3901966	2733462	210719	957785	504314	3397652	109311	613951	3178704
新密市	3957008	2676816	473046	807146	1308896	2648112		497752	3459256
新郑市	4178366	2519405	450741	1208200	1764936	2413430		805718	3372648
登封市	2772357	2281470	155867	335020	98377	2263980	500379	550744	1721234
经济技术开发区	332574	310123	21299	1152	130903	201671		135929	196645
高新技术开发区	984390	883054	97143	4193	262198	722192	117479	303401	563510

8-6　各县(市)区工业增加值

(2006 年)

县(市)区	全部工业		国有及规模以上		规模以下		城乡个体	
	增加值(万元)	增加值率(%)	增加值(万元)	增加值率(%)	增加值(万元)	增加值率(%)	增加值(万元)	增加值率(%)
全　市	**9440244**	**30.73**	**7230144**	**30.88**	**740900**	**31.17**	**1469200**	**29.76**
中原区	111933	27.70	70019	26.85	32600	29.34	9314	28.89
二七区	160935	27.61	135411	27.34	14230	29.57	11294	28.66
管城区	84729	29.06	74434	28.91	5456	30.34	4839	30.00
金水区	160369	26.05	142602	25.68	13644	29.70	4123	28.90
上街区	511958	35.86	499716	36.09	8217	29.02	4025	27.64
邙山区	87075	26.27	74777	25.83	9813	29.60	2485	28.47
中牟县	512918	27.88	305398	26.47	31815	35.93	175705	29.40
巩义市	1723339	27.72	1302399	27.53	167602	30.51	253338	27.08
荥阳市	1155506	29.61	790411	28.92	62368	29.60	302727	31.61
新密市	1372511	34.69	951013	35.53	162406	34.33	259092	32.10
新郑市	1279172	30.61	806267	32.00	134432	29.82	338473	28.01
登封市	1024950	36.97	854846	37.47	56113	36.00	113991	34.03
经济技术开发区	96010	28.87	89440	28.84	6025	28.29	545	47.31
高新技术开发区	259481	26.36	227053	25.71	31086	32.00	1342	32.01

注：1. 本表按当年价格计算；2. 全部国有及规模以上工业是指全部国有工业企业及年销售收入在 500 万元以上的非国有工业企业；3. 规模以下工业是指年销售收入 500 万元以下的非国有工业企业和非工业法人单位附营的工业产业活动单位。

8-7　全部国有及规模以上工业企业单位数、总产值、增加值及销售产值

(2006 年)

项　　目	单位数(个)	工　业总产值(万元)	工业总产值指数(上年 =100)	工　业增加值(万元)	工业销售产值(万元)
总　　计	**1861**	**23410963**	**122.9**	**7230144**	**22899672**
#国有及国有控股企业	169	5575188	113.1	1899554	5453797
集体企业	327	2484266	122.9	950544	2440158
港澳台商投资企业	53	1170404	109.0	286061	1131393
外商投资企业	71	1189418	118.4	313288	1134525
按轻重工业分					
轻工业	488	4783763	126.5	1501934	4724580
以农产品为原料	356	4007184	126.4	1263788	3932058
以非农产品为原料	132	776579	127.3	238146	792522
重工业	1373	18627199	122.2	5728210	18175092
采掘工业	192	2599320	126.8	1212246	2809587
原料工业	273	7036798	111.8	1942893	6881645
加工工业	908	8991081	130.3	2573071	8483860
按企业规模分					
大型工业	24	4628887	115.6	1395564	4530125
中型工业	184	6053305	109.0	1888890	5925385
小型工业	1653	12728771	135.2	3945690	12444162

注：本表工业总产值、增加值、销售产值按当年价格计算，指数按可比价计算。

8-8 全部国有及规模以上工业企业分行业单位数、总产值、增加值及销售产值

（2006 年）

行　　业	单位数（个）	工　业 总产值 （万元）	工　业 增加值 （万元）	工　业 销售产值 （万元）
总　　计	**1861**	**23410963**	**7230144**	**22899672**
煤炭开采和洗选业	178	2320485	1121812	2532346
黑色金属矿采选业	1	3223	859	3186
有色金属矿采选业	3	188638	57554	188216
非金属矿采选业	9	86973	31879	85840
农副食品加工业	62	702467	165406	734101
食品制造业	55	789339	220156	784285
饮料制造业	14	188613	50817	182309
烟草制品业	4	465840	272776	459113
纺织业	40	330757	88447	316707
纺织服装、鞋、帽制造业	31	184142	56163	180163
皮革、毛皮、羽毛（绒）及其制品业	6	41233	11163	38400
木材加工及木、竹、藤、棕、草制品业	14	62237	18765	61591
家具制造业	12	58302	18376	57610
造纸及纸制品业	80	920259	276651	912265
印刷业和记录媒介的复制	49	238020	70840	240165
文教体育用品制造业	1	1336	527	1337
石油加工、炼焦及核燃料加工业	8	72060	21226	68823
化学原料及化学制品制造业	109	886900	244558	891536
医药制造业	48	363944	107498	354795
化学纤维制造业	4	25409	5100	24845
橡胶制品业	14	65363	20115	64314
塑料制品业	32	222835	63340	204430
非金属矿物制品业	509	4243028	1375797	4046390
黑色金属冶炼及压延加工业	38	1111386	281515	1049892
有色金属冶炼及压延加工业	62	3104045	788578	2955691
金属制品业	59	531534	163585	519604
通用设备制造业	95	824514	239993	786570
专用设备制造业	125	1355292	333985	1292215
交通运输设备制造业	49	1304296	301162	1271459
电气机械及器材制造业	69	521482	150891	500444
通信设备、计算机及其他电子设备制造业	16	135205	42575	134909
仪器仪表及文化、办公用机械制造业	9	68403	21621	55601
工艺品及其他制造业	12	260504	74075	124262
废弃资源和废旧材料回收加工业	2	23280	6477	22970
电力、热力的生产和供应业	26	1598280	493428	1649344
燃气生产和供应业	4	57746	10504	51805
水的生产和供应业	11	53593	21930	52139

8-9 各县(市)区全部国有及规模以上工业企业单位数

(2006 年底)

单位:个

县(市)区	合计	#国有及国有控股	#集体	#港澳台投资	#外商投资	轻工业	重工业	#大型	#中型
全 市	**1861**	**169**	**327**	**53**	**71**	**488**	**1373**	**24**	**184**
中原区	44	4	3		5	10	34		1
二七区	59	1	4	1	4	21	38		9
管城区	15		4	1		7	8		3
金水区	36		1	2	3	26	10	1	5
上街区	61	11	1	1	1	4	57	2	8
惠济区	41	6	7	3	3	21	20	1	2
中牟县	119	12	9	2	5	52	67	1	5
巩义市	349	8	70	3	5	22	327	5	28
荥阳市	211	9	51	4	5	36	175	1	15
新密市	313	10	107	2	3	80	233		21
新郑市	190	9	13	8	5	86	104		18
登封市	153	6	44	3	2	6	147	2	23
经济技术开发区	61	8	1	4	12	29	32		6
高新技术开发区	97	14	2	19	19	43	54	2	12

8-10 各县(市)区全部国有及规模以上工业总产值

(2006 年)

单位:万元

县(市)区	合计	#国有及国有控股	#集体	#港澳台投资	#外商投资	轻工业	重工业	#大型	#中型
全 市	**23410962.6**	**5575188**	**2484266**	**1182108**	**1201313**	**4783763**	**18627199.6**	**4628887**	**6053305**
中原区	260804	18661	18370		21105	43637	217167		42234
二七区	495373	21787	18273	653	95464	118259	377114		305401
管城区	257499		3626	2363		234549	22950		228378
金水区	555326		1440	2741	8485	475646	79680	180058	222076
上街区	1384755	1020058	17808	2603	14189	7504	1377251	970266	142667
惠济区	289520	25553	22201	20112	99624	186115	103405	92348	13228
中牟县	1153646	417966	96651	10272	388831	268181	885465	350387	107944
巩义市	4731636	358103	458482	366399	192601	241459	4490177	654232	1611392
荥阳市	2733462	104737	538421	135162	112369	397831	2335631	109311	613951
新密市	2676816	186300	815121	8717	9439	898291	1778525		497752
新郑市	2519405	296071	63297	130192	23161	1104266	1415139		805718
登封市	2281470	592790	411310	191873	12236	62469	2219001	500379	550744
经济技术开发区	310123	104674	1270	27386	101164	122600	187523		135929
高新技术开发区	883054	185590	12348	117641	103672	233009	650045	117479	303401

注:本表按当年价格计算。

8-11 各县(市)区全部国有及规模以上工业销售产值

(2006 年)

单位:万元

县(市)区	合计	#国有及国有控股	#集体	#港澳台投资	#外商投资	轻工业	重工业	#大型	#中型
全　市	**22899672**	**5453797**	**2440158**	**1142707**	**1145870**	**4724580**	**18175092**	**4530125**	**5925385**
中原区	254339	17993	17817		20577	42253	212086		42234
二七区	461219	22158	19365	653	89062	112054	349165		283659
管城区	251570		3466	2179		229491	22079		223650
金水区	568689		1440	2753	8490	488699	79990	200015	219378
上街区	1349371	995032	17546	2616	12505	5083	1344288	944877	142423
惠济区	267377	25725	21343	18686	91069	174672	92705	84310	12193
中牟县	1114686	390265	93388	9674	362795	265755	848931	325171	102782
巩义市	4584806	347028	450507	340912	182908	247310	4337496	617029	1567838
荥阳市	2686039	104448	520801	1350673	113339	389903	2296136	108148	610510
新密市	2632927	182708	807058	8520	9224	886763	1746164		484745
新郑市	2476380	291815	61752	131746	22987	1081597	1394783		803200
登封市	2248081	589427	406801	191338	10083	62142	2185939	500083	535981
经济技术开发区	312409	108685	1292	29515	108168	128628	183781		137496
高新技术开发区	833818	172795	11623	105023	97039	216846	616972	110680	281980

注:本表按当年价格计算。

8-12 各县(市)区全部国有及规模以上工业增加值

(2006 年)

单位:万元

县(市)区	合计	#国有及国有控股	#集体	#港澳台投资	#外商投资	轻工业	重工业	#大型	#中型
全　市	**7230144**	**1899554**	**950544**	**286061**	**313288**	**1501934**	**5728210**	**1395564**	**1888890**
中原区	70019	4413	5500		5212	12033	57986		10499
二七区	135411	7412	4893	187	25150	32241	103170		81080
管城区	74434		1088	740		67624	6810		65931
金水区	142602		425	828	2461	118876	23726	44763	55737
上街区	499716	401201	4777	761	3709	2453	497263	389360	39400
惠济区	74777	7034	4974	7048	25425	46453	28324	22958	3317
中牟县	305398	94843	28636	2414	89255	78963	226435	78697	32448
巩义市	1302399	105254	142683	64061	58002	78039	1224360	135266	427509
荥阳市	790411	30445	191863	32414	31045	111792	678619	24551	157282
新密市	951013	61862	349676	2575	3021	265607	685406		167099
新郑市	806267	152021	19561	40815	6759	388178	418089		301760
登封市	854846	199447	191156	40864	2872	19634	835212	163553	238894
经济技术开发区	89440	33864	452	8009	31178	31841	57599		39937
高新技术开发区	227053	40321	3928	32110	23813	66748	160305	21687	79713

注:本表按当年价格计算。

8-13 历年主要工业产品产量

产品名称	单位	1978 年	1980 年	1985 年	1990 年	1995 年	1998 年	1999 年	2000 年	2001 年	2002 年	2003 年	2004 年	2005 年	2006 年
原煤	万吨	868	897	1352	1628	2220	2613	1724	1830	2039	2581	3297	4096	6217	6699
配混合饲料	吨		5319	33381	53277	65580	115153	162648	215885	272902	388150	574422	627984	651306	1141275
方便主食品	吨				8228	32419	103375	118378	133124	155634	196041	235159	191980		
啤酒	千升			6685	69301	141565	344077	367024	381084	371855	359641	319754	391294	415622	250905
软饮料	吨		1590	13624	16084	44677	20164	67591	63745	82490	211171	191715	220607	254923	459977
卷烟	万支	2430195	3504465	4431545	4560685	4763115	4122195	4230095	4286600	3930640	4036640	4046305	4189870	4083850	4366853
纱	吨	76695	85174	79366	88264	88391	76245	83826	69194	72798	74334	75441	77227	83531	78289
布	万米	41876	44804	38904	40510	40981	32762	30530	23391	21735	21239	20442	24063	24647	22513
印染布	万米	15086	19188	13210	8758	20321	10321	9884	14620	14833	16258	23138	22574	23949	36615
服装	万件		1529	1730	2260	1619	939	912	1132	1240	1306	1483	1784	2974	4804
人造板	立方米		1548	5622	3788	196849	46744	75312	51276	47750	34895	46920	99406	104698	111770
家具	件		232101	659500	721200	494176	85912	82450	99407	59984	46886	53916	55333	71838	262296
机制纸机制纸板	吨	26940	36380	92237	67370	353613	598722	909452	923175	1012583	1018756	1233327	1431509	1834159	2375044
硫酸	吨	5089	8939	13321	28207	133400	114976	97393	93872	73233	61879	88111	84545	89962	101958
盐酸	吨		16129	31573	43597	64340	55265	67038	81140	91590	81607	85961	95218	97750	82210
烧碱	吨	14518	19665	26157	39702	90905	70342	88621	98771	105313	93306	112775	110015	106890	88687
纯碱	吨	1641		11059	25057	94300	148291	150748	88799	180016	183128	241187	270073	281734	259870
化学农药	吨			435	768	1976	3264	4772	2684	5390	5126	2770	3861	5016	4615
中成药	吨	422	895	1851	1322	1763	2774	2634	3276	4618	2822	3664	2208	3972	11334
化学肥料	吨	89175	37836	34013	79752	117152	181701	158962	156862	150639	138418	134344	137631	138056	134045
肥皂	吨	9131	13828	22850	21165	17340	9617	8376	6639	5999	3421				
合成洗涤剂	吨		271	330	6445	19868	19400	751	17240	12136	10217		39585		
轮胎外胎	条		80059	197512	365400	500265	499106	355890	278349	290083					
塑料制品	吨			15210	18997	55574	42436	50374	58394	63127	64435	58558	56683	75224	80372
水泥	万吨	38	55	119	227	737	881	966	932	1006	1030	1134	1278	1538	1592
工业陶瓷	吨					16244	20604	9465	11412	7139	11713	5850			
工业陶瓷	万件												7397	8844	10100
日用玻璃制品	吨		17049	32002	26344	72692	42836	35341	21017	11080	8199	10957	10409	6005	
磨具	吨	13426	15525	18006	19329	41958	93966	71005	52096	41484	37898	37208	48461	48011	43556
钢	吨	21755	37114	44666	59252	129927	163113	118326	16368	11489	12336	12505	75873	98261	130440
成品钢材	吨		19087	44666	74061	154566	251181	276168	140913	146538	176183	461055	1038121	1596871	2158055
铝	吨	17636	28975	33796	40282	59323	129791	154579	157612	264902	355455	372693	422267	492674	491042
氧化铝	吨	400200	406000	533000	600630	665680	731320	875000	965904	1070767	1270666	1383297	1480830	1713791	2343444
阀门	吨		584	1669	9717	38565	34594	30357	31939	36820	38915	55500	73501	98544	183094
内燃机	万千瓦		13	29	104	297	177	197	120	29	18		1		
小型拖拉机	台	8623	13954	34090	59661	41916	17898	13420	15048	8450	5518	2525	2479	3732	9811
汽车	辆	695	1577	1625	1043	16187	10118	7698	7689	9129	15650	27327	29806	35855	47688
变压器	千伏安	548660	368803	624600	501100	941719	983235	1286972	1698622	1683641	1770518	1747021	1123560	1262716	2021622
电力电缆	公里	2513	3533	6318	7853	5732	4633	11810	7801	6970	5823	9062	3103	5758	6855
发电量	万千瓦小时	133304	110609	106411	183327	656946	877658	769910	851185	951062	1080072	1189965	1597845	2045602	2060629
供热量	万百万千焦		451	468	464	1901	2297	2040	2862	1166	3060	3440	3369	3355	3186
自来水生产量	万吨		13127	17570	19435	30119	26427	27766	26079	25465	31013	31622	32772	24936	25754

8-14 各县(市)区

(2006年)

产品名称	单位	全市	市直	中原区	二七区	管城区	金水区
原煤	吨	66987794	11085082				
配混合饲料	吨	1141275	1931			140412	258923
精制食用植物油	吨	132796					3227
速冻米面食品	吨	596415	3990			22975	370973
饮料酒	吨	252486				204300	46605
白酒	千升	1581					
啤酒	千升	250905				204300	46605
软饮料	吨	459977			119059		
卷烟	万支	4366853	2271655				
纱	吨	78289	62096		1081		
布	万米	22513	20877				
印染布	万米	36615		7184			
服装	万件	4804	15	199	310		784
人造板	立方米	11770		1142			35243
家具	件	262296	22520		10276	5834	19292
机制纸　及机制纸板	吨	2375044					
润滑油	吨	32633	3004				
硫酸(折100%)	吨	101958					
盐酸(含量31%以上)	吨	82210	10919				
氢氧化钠(烧碱)(折100%)	吨	88687	17526				
碳酸钠(纯碱)	吨	259870	112593				
合成氨	吨	343302	40602				
农用氮、磷、钾化学肥料总计	吨	134045	30398				
氮肥(折含N100%)	吨	131580	30398				
磷肥(折合$P_2O_5$100%)	吨	2465					
化学农药　原药	吨	4615	4615				
油漆	吨	22312			2428		
化学原料	吨	6295					
中成药	吨	11334	283				
化学纤维	吨	10490	811				
塑料制品	吨	80372	307	8580	595		16520
水泥	万吨	1592	27		124		
卫生陶瓷	万件	530					
工业陶瓷	万件	10100					

主要工业产品产量

上街区	惠济区	中牟县	巩义市	荥阳市	新密市	新郑市	登封市	经济技术开发区	高新技术开发区
			3673319	4121813	18708207	65474	29333898		
	117174	53832				423737		143869	1397
		27229		53570		48770			
	143192	4061				48028		3196	
		365			1216				
		365			1216				
				71763		99622	17774		151759
						2095198			
		1649				13464			
				832		805			
	2008	1795		25628					
		307	30	1477	1597				81
		14589				6937	53859		
		198275	6099						
					2363286	11758			
290			284						29055
				96238	5720				
			68883	2408					
			71161						
			147277						
		14230		167650		120820			
		9414		53115		41118			
		9414		50650		41118			
				2465					
	1800			12673				5411	
		2566	1166	1883		650			29
				8975		102			1974
			9679						
1679	6347	7738	3125	3077		10051		5124	17230
66		48	500	170	258	64	336		
						530			
			10100						

8-14 续表 （2006年）

产品名称	单位	全市	市直	中原区	二七区	金水区	上街区
耐火材料制品	吨	8104035		4894	49009		
磨具	吨	43556	7549	2808	776		
粗钢	吨	130440	12420				
钢材	吨	2158055	159312	623324			
焊接钢管	吨	168707		65952	29013		
铁合金	吨	112124					
铝	吨	491042	21341				41339
铝材	吨	564003	41664		947		6
氧化铝	吨	2343444					2325725
日用精铝制品	吨	7841		40			
工业锅炉	蒸发量吨	4057					
泵	台	36509	254				337
轴承	万套	96					
阀门	吨	183094	3				46784
水泥设备	吨	900	601				
小型拖拉机	台	9811					
汽车	辆	47688	13323				
载货汽车	辆	18005					
公路客车	辆	29683	13323				
改装汽车	辆	14878	3773				
发电设备	千瓦	11862	11862				
变压器	千伏安	2021622	232857				
电力电缆	公里	6855	2142	594	795		
通信及电子网络用电缆	公里	665181	41924				
电线	公里	331891	119		8523		721
钢芯铝绞线	吨	136486	1736	4259		130491	
微型电子计算机	部	4147					
发电量	万千瓦小时	2060629	426967				31174
供电量	万千瓦小时	2518762	1599516				
供热量	万百万千焦	3186	957				1803
自来水生产量	万吨	25754	21559				209

惠济区	中牟县	巩义市	荥阳市	新密市	新郑市	登封市	经济技术开发区	高新技术开发区
		3340473	4614	4094152	37487	644130	1111	
		24862			7477		84	
			118020					
52056	104842	38818	713757		465946			
52056					21686			
						112124		
		276688	17918			133756		
	7857	423209	55137		3735	19800		10649
		17719						
			7801					
	1143							2844
		1731	34187					
							96	
			136307					
		299						
2236					7575			
	32292						2073	
	18005							
	14287						2073	
	1725		9380					
				165760	1349600		273405	
		3324						
		50204	573053					
		173347						149181
								4147
36436	1132	373030	217033	89267	31135	854455		
	37203	200283	96798	124807	105145	355010		
129			126		143			28
	548	1449	391	756	506		296	

8-15 全部国有及规模以上工业企业全员劳动生产率

（2006 年）

单位:元/人·年

项　　目	合计	#国有及国有控股	#集体	#港澳台投　资	#外商投资
全　　市	**130407**	**106103**	**141123**	**146856**	**14507**
按企业规模分					
大型企业	104090	104799		117091	114093
中型企业	117304	134554	84956	153195	185384
小型企业	160116	44463	174497	179899	147809
按轻重工业分					
轻工业	111730	127243	113243	142210	94120
以农产品为原料	112603	148644	125457	145893	82739
以非农产品为原料	107485	39884	82313	136789	178597
重工业	136407	97533	145071	148945	209490
采掘工业	93944	56844	179277		
原料工业	185476	191939	98787	153551	176945
加工工业	139791	60732	121872	124218	230083

8-16 各县(市)区全部国有及规模以上工业企业全员劳动生产率

（2006 年）

单位:元/人·年

县(市)区	合计	#国有及国有控股	#集体	#港澳台投　资	#外商投资	轻工业	重工业	大型	中型	小型
全　市	**130407**	**106103**	**141123**	**146856**	**14507**	**111730**	**136407**	**104090**	**117304**	**160116**
中原区	126323	78926	133806		94931	85899	139995		163231	119988
二七区	120752	99981	82237	24553	241359	67732	159856		151184	81659
管城区	85789		111748	60090		85418	86885		91318	69689
金水区	124572		105250	96256	72388	118244	170219	98487	162050	124162
上街区	204192	232827	29545	88477	96098	45758	206626	246293	85168	172582
惠济区	59171	17418	88650	96551	37500	50767	81220	35433	61130	85328
中牟县	98622	52363	33867	81273	253565	100024	98145	326000	38561	94919
巩义市	181388	76553	149890	124173	203732	232578	178635	76716	175463	242244
荥阳市	181257	66144	229688	189997	289326	149472	187837	109627	134774	209570
新密市	128143	86534	179271	66875	133690	118148	132487		105140	140088
新郑市	221303	556191	104933	282850	132262	224600	218352		185309	249999
登封市	114275	114689	133067	237441	42864	122439	114095	98077	99164	165970
经济技术开发区	99456	82599	31957	111545	165399	78893	116197		111860	89407
高新技术开发区	88611	46774	74500	123120	183883	66173	103178	38146	90175	117671

8-17 全部国有及规模以上工业企业分行业全员劳动生产率

（2006 年）

单位：元/人·年

行　　业	合计	#国有及国有控股	#集体	#港澳台投资	#外商投资
全　　市	**130407**	**106103**	**141123**	**146856**	**14507**
煤炭开采和洗选业	90935	51107	180647		
黑色金属矿采选业	126382				
有色金属矿采选业	184585	201388			
非金属矿采选业	141058		46106		
农副食品加工业	160748	42717	202083	33092	243006
食品制造业	87233		161834	206620	38719
饮料制造业	103657	60479	50221	91509	268891
烟草制品业	705958	873450	39461		
纺织业	33516	21136	180027	49040	
纺织服装、鞋、帽制造业	51542		51351	69332	32173
皮革、毛皮、羽毛（绒）及其制品业	94119				58181
木材加工及木、竹、藤、棕、草制品业	114420	48875			80484
家具制造业	109583			179525	117765
造纸及纸制品业	159701		158018		336970
印刷业和记录媒介的复制	85352	35416	56018	87519	98737
文教体育用品制造业	45111				
石油加工、炼焦及核燃料加工业	308979		48480	857604	
化学原料及化学制品制造业	138437	67641	94392	35014	94815
医药制造业	107841	62984	89852	65424	122264
化学纤维制造业	109669			108290	
橡胶制品业	84981				
塑料制品业	145946		140665	261371	29750
非金属矿物制品业	132347	45254	97224	147019	98389
黑色金属冶炼及压延加工业	277396		181815	300676	142555
有色金属冶炼及压延加工业	233070	275729	87600	150924	321131
金属制品业	167885	20892	142312	14686	
通用设备制造业	148501	59703	179407	24553	207961
专用设备制造业	114092	68287	179245	231635	88777
交通运输设备制造业	153203	58784	41422	65323	262170
电气机械及器材制造业	141432	44001	158805		
通信设备、计算机及其他电子设备制造业	138137	29047			260373
仪器仪表及文化、办公用机械制造业	110751			574415	
工艺品及其他制造业	168470			535219	290970
废弃资源和废旧材料回收加工业	660867				
电力、热力的生产和供应业	188566	209430	73956	143644	253333
燃气生产和供应业	55234	56848			
水的生产和供应业	40850	33132		139846	93949

8-18 全部国有及规模以上

（2006 年）

指　　标	合 计	#国有及国有控股	#集体
企业单位数(个)	1861	169	327
#亏损企业	198	36	18
平均从业人数(人)	554440	109359	66599
工业总产值(现价)	23410962	5575188	2484266
#新产品产值	586814	211324	932
工业增加值(生产法)	7230144	1899554	950544
工业销售产值	20756989	4973206	2218470
#出口交货值	395965	131282	15129
资产总计	17001806	3887369	808714
流动资产合计	7726801	1490602	336384
#应收帐款净额	1698849	201089	100251
#存货	1963206	379080	76222
#产成品	710404	62422	42690
流动资产平均余额	7164477	1421240	329507
固定资产合计	7743362	2059875	427712
固定资产原值	10079477	2801976	502893
#生产经营用	8969475	2615778	442533
累计折旧	3143725	977155	118667
#本年折旧	601121	167906	33017
固定资产净值	6935752	1824821	384226
固定资产净值年平均余额	6767998	1818279	349356
无形资产	658436	122557	12275
负债合计	10645458	2554963	363629
#流动负债	8499321	1707050	294840
长期负债	1945806	735227	60894
所有者权益	6321091	1330344	445085
#实收资本	3522421	884503	175521
国家资本	983483	612935	463
集体资本	121459	963	61832
法人资本	1224014	255437	60647
港澳台资本	203121		
主营业务收入	23167320	2792064	2419298
#主营业务成本	18864018	2148997	1896952
营业费用	784318	43428	78512
主营业务税金及附加	344779	205792	25581
主营业务利润	3118529	389947	411883
管理费用	834508	242301	46978
#税金	23370	4219	1804
财产保险费	9437	2633	689
劳动待业保险费	20461	8485	560
财务费用	256799	62922	17679
#利息支出	233697	63181	14437
营业利润	2187256	100255	358685
利润总额	2094238	102221	334978
#应交所得税	487923	47102	71056
亏损企业亏损额	68826	25931	1287
利税总额	3561561	485923	485657
本年应交增值税	1099174	173691	123295
本年销项税	3507253	451251	326402
本年进项税	2373050	279509	199876
本年应付工资总额	870610	231485	74162
本年应付福利费总额	121373	36178	8032

工业企业主要经济指标

单位:万元

#港澳台投资	#外商投资	按轻重工业分		按企业规模分		
		轻工业	重工业	大型企业	中型企业	小型企业
53	71	488	1373	24	184	1653
9	14	87	111	3	35	160
19479	21602	134808	419632	133235	170700	250505
1182108	1201313	4783763	18627199	4628886	6053304	12728772
10583	119675	11206	575608	366709	87025	133080
261289	277595	1501934	5728210	1395564	1888890	3945690
1040576	1006194	4303368	16453621	4089768	5356313	11310908
32933	78996	121728	274237	177202	54895	163868
1555163	1143240	3054865	13946941	5601074	6132785	5267947
503746	637355	1565035	6161766	2241221	3067641	2417939
129258	152890	315092	1383757	365714	598857	734278
130874	213013	534663	1428543	608343	731025	623838
39337	84452	163345	547059	188922	242207	279275
508968	570987	1466758	5697719	1906698	2923733	2334046
917743	451662	1165449	6577913	2878924	2348783	2515655
1293260	570622	1596505	8482972	3845681	3066783	3167013
878657	534495	1444756	7491719	3238632	2802490	2895353
448339	140399	545171	2598554	1252121	1034071	857533
55080	29752	93142	507979	201112	174348	225661
844921	430224	1051334	5884418	2593560	2032711	2309481
727067	417887	1083271	5684727	2528142	2047007	2192849
29635	26931	176497	481939	229696	293976	134764
1031033	780818	1891677	8753781	3902161	3828414	2914883
796824	711037	1627998	6871323	3030296	3177658	2291367
225804	69560	248398	1697408	871864	507584	566358
524145	362432	1162621	5158470	1697629	2270560	2352902
274081	261643	729758	2792663	983820	1237897	1300704
11829	8491	129108	854375	517117	318002	148364
752	2092	35876	85583		32624	88835
77566	111548	287388	936626	245672	524836	453506
143593	6709	64090	139031	83113	53854	66154
1146677	1116491	4808971	18358349	4572209	6075762	12519349
955824	910810	3860872	15003146	3592446	4829099	10442473
38926	64030	200825	583493	126699	243640	413979
6622	11577	211068	133711	42470	223925	78384
144419	112790	517418	2601111	810595	750745	1557189
31644	41572	163168	671340	262620	277719	294169
1155	379	6476	16894	6611	6975	9784
480	512	2110	7327	1655	3833	3949
421	382	3233	17228	6471	9818	4172
25155	21430	39355	217444	76959	77790	102050
25181	19235	33188	200509	73881	68069	91747
92631	55442	327627	1859629	489543	428935	1268778
95501	61713	358076	1736162	480988	454609	1158641
17254	5515	75393	412530	158081	100220	229622
2805	12508	23255	45571	4959	26196	37671
150819	110909	826086	2735475	777089	958513	1825959
47541	37240	250468	848706	247020	273004	579150
203758	167520	661753	2845500	717398	929901	1859954
134724	131898	416164	1956886	469728	638006	1265316
34850	35457	175534	695076	284228	266121	320261
4050	3951	20210	101163	44148	40950	36275

8-19　全部国有及规模以上工

（2006 年）

项　　目	企　业 单位数 （个）	资产 总计	流动资 产合计	流动资 产年平 均余额	固定资 产合计	固定资 产原值
总　　计	**1861**	**17001806**	**7726801**	**7164477**	**7743362**	**10079477**
按轻重工业分						
轻工业	488	3054865	1565036	1466758	1165449	1596505
以农产品为原料	356	2393312	1307196	1210138	814591	1161953
以非农产品为原料	132	661553	257840	256620	350858	434552
重工业	1373	13946941	6161765	5697719	6577913	8482972
采掘工业	191	2050801	747825	678209	1113728	1311499
原料工业	273	6668352	2315774	2202583	3900989	5159161
加工工业	909	5227788	3098166	2816927	1563196	2012312
按企业规模分						
大型企业	25	5601074	2241221	1906698	2878924	3845681
中型企业	232	6132785	3067641	2923732	2348783	3066783
小型企业	1604	5267947	2417939	2334047	2515655	3167013
按行业分						
煤炭开采和洗选业	178	1938528	686255	615917	1070052	1254738
黑色金属矿采选业	1	1307	521	699	786	867
有色金属矿采选业	3	90696	50604	51955	33075	42994
非金属矿采选业	9	20270	10443	9637	9815	12899
农副食品加工业	62	231289	134078	132335	67750	84926
食品制造业	55	596442	399182	339346	139074	166022
饮料制造业	14	154378	48344	53737	87551	132163
烟草制品业	4	444268	292615	281018	140072	215937
纺织业	40	362149	121472	116005	123528	203865
纺织服装、鞋、帽制造业	31	55258	27381	25617	24077	26497

业企业分行业主要经济指标

单位:万元

固定资产净值年平均余额	所有者权益	#实收资本	流动负债合计	长期负债合计	主营业务收入	营业费用	主营业务税金及附加	主营业务利润	利润总额	利税总额
6767998	**6321091**	**3522421**	**8499321**	**1945806**	**23167320**	**784318**	**344779**	**3118529**	**2094238**	**3561561**
1083271	1162621	729758	1627998	248398	4808971	200825	211068	517418	358076	826087
767469	878001	542305	1370229	133754	4003700	163934	207683	429736	303648	723673
315802	284620	187453	257769	114644	805271	36891	3385	87682	54428	102414
5684727	5158470	2792663	6871323	1697408	18358349	583493	133711	2601111	1736162	2735474
895058	1172033	553001	649683	210496	2724393	73598	44697	673718	429219	657887
3474288	1959895	1107950	3347965	1231135	7198399	100212	35188	915870	633987	974151
1315381	2026542	1131712	2873675	255777	8435557	409683	53826	1011523	672956	1103436
2528141	1697629	983820	3030296	871864	4572209	126699	42470	810595	480988	777089
2047007	2270560	1237897	3177657	507584	6075762	243640	223924	750745	454609	958513
2192850	2352902	1300704	2291368	566358	12519349	413979	78385	1557189	1158641	1825959
863711	1124248	518060	614387	181304	2449896	72150	42093	639966	416091	622558
781	987	560	156	164	3217	11	21	679	663	703
22192	30878	29268	31433	28385	183788	441	1658	20154	2502	18553
8374	15919	5114	3708	643	87493	996	925	12919	9962	16073
60295	33002	59347	192725	4745	739234	19480	1439	38511	28122	47158
126484	193536	104153	392166	9444	771873	58278	1522	71194	53517	86993
81464	80019	57710	68712	5626	198851	22621	6912	18763	10208	26170
166365	149109	74830	271342	23203	506032	14834	188427	80577	38997	279413
96774	113672	92391	185634	62806	332277	3671	988	31763	27873	43426
17508	25132	13985	23681	719	176747	5692	583	18733	12478	18842

项　　目	企　业单位数（个）	资产总计	流动资产合计	流动资产年平均余额	固定资产合计	固定资产原值
皮革、毛皮、羽毛(绒)及其制品业	6	14205	8173	7051	3232	3455
木材加工及木、竹、藤、棕、草制品业	14	16635	8644	8634	7857	10858
家具制造业	12	13293	8716	8243	4249	6289
造纸及纸制品业	80	229429	101357	93874	117769	154028
印刷业和记录媒介的复制	49	209288	94603	88896	99331	169008
文教体育用品制造业	1	455	200	199	65	109
石油加工、炼焦及核燃料加工业	8	50932	29983	24668	20071	21924
化学原料及化学制品制造业	109	407145	213730	196008	144516	241741
医药制造业	48	286160	151186	146661	111608	129904
化学纤维制造业	4	26121	11500	12110	13659	27683
橡胶制品业	14	29023	11247	10546	16263	17445
塑料制品业	32	102842	49279	51888	51248	58052
非金属矿物制品业	509	2036104	957068	949981	878275	1124459
黑色金属冶炼及压延加工业	38	540083	236240	205337	286674	257764
有色金属冶炼及压延加工业	62	2831801	1075411	965933	1595928	2088127
金属制品业	59	259475	157194	137042	88913	93902
通用设备制造业	95	366593	240977	215834	105307	130986
专用设备制造业	125	739768	464329	421403	191462	273080
交通运输设备制造业	49	1163040	761161	613933	198469	289112
电气机械及器材制造业	69	355371	231671	206461	86060	105890
通信设备、计算机及其他电子设备制造业	16	345962	169857	159797	157488	201525
仪器仪表及文化、办公用机械制造业	9	168840	111791	106512	18732	26615
工艺品及其他制造业	12	31170	17406	16102	12892	15259
废弃资源和废旧材料回收加工业	2	2111	365	1635	1743	1954
电力、热力的生产和供应业	26	2384576	623965	673701	1590278	2217209
燃气生产和供应业	4	229883	140581	139815	78144	74900
水的生产和供应业	11	266916	79272	75947	167349	197291

单位:万元

固定资产净值年平均余额	所有者权益	#实收资本	流动负债合计	长期负债合计	主营业务收入	营业费用	主营业务税金及附加	主营业务利润	利润总额	利税总额
1715	5504	3803	8634		38172	2479	308	4211	2905	6531
7718	5581	3104	10095	896	62453	2517	266	9360	6597	10209
4069	8965	4530	3938	300	57465	1339	959	8593	6666	10762
114357	109729	39880	111882	5174	915102	36691	3770	124800	107662	169144
97450	108164	67536	88278	12793	236123	4405	2174	31146	17355	36800
65	322	300	133		1350	25	2	130	33	52
17163	28447	16994	12017	246	62378	2305	177	4962	3485	5423
132633	149526	72638	221315	34860	889052	23161	5184	83352	55402	107139
93993	150335	97866	123517	11274	362316	17284	1940	43299	27160	47360
13671	6672	8218	18359		26520	228	6	2988	1793	2272
16305	20108	7062	6960	393	64393	2850	412	6968	5431	9274
51513	61909	26604	39870	994	207858	3596	467	19330	15590	27313
751357	923131	577126	814297	170416	4051397	201745	24398	507668	345449	577780
217638	228748	99523	259212	51130	1003665	21288	3738	118896	99437	136255
1337861	639198	382639	1784468	400497	3160327	34789	17968	499798	390371	531624
77546	126007	66594	121292	2365	504490	12465	1902	58295	45224	65889
84272	155117	98634	199507	10907	774594	40944	5606	92172	67426	110600
170821	272906	131596	439133	25869	1248777	58823	6030	147946	93087	149497
167984	383408	169688	737012	40182	1302641	78158	15859	142817	86688	144807
65204	61741	61929	259640	32028	505857	13751	1445	41155	23786	40807
154837	110131	100501	185808	49316	130112	10059	345	17549	1262	7140
18347	85757	37447	80251	2832	52279	4887	324	14339	8629	11638
11526	12120	8430	13622	5341	125971	5148	268	5930	3730	8707
1608	503	402	1608		19720	54		1955	1897	2021
1513216	745922	404904	973008	665460	1779712	2201	5119	169125	66315	164735
52697	74974	25572	114825	6840	82404	3449	1367	20849	12129	16355
148484	79664	53483	86696	98654	52784	1503	177	7637	−1684	1538

8-20 国有及国有控股

（2006 年）

项　　目	企　业单位数（个）	资产总计	流动资产合计	流动资产年平均余额	固定资产合计	固定资产原值
总　计	**169**	**7743886**	**3243420**	**2904187**	**3868425**	**5251879**
按轻重工业分						
轻工业	54	1147223	548049	527990	475560	704915
以农产品为原料	37	897584	476613	456350	319060	515742
以非农产品为原料	17	249639	71436	71640	156500	189173
重工业	115	6596663	2695370	2376196	3392864	4546964
采掘工业	13	1272846	490206	431847	659184	829921
原料工业	29	3487329	1047591	914551	2227122	2997837
加工工业	73	1836488	1157575	1029798	506559	719205
按企业规模分						
大型企业	17	3928358	1560935	1298455	2077722	2809965
中型企业	46	2671486	1333239	1268858	1063112	1425980
小型企业	106	1144042	349246	336874	727591	1015934
按行业分						
煤炭开采和洗选业	12	1185546	440669	380916	628416	789206
有色金属矿采选业	1	87300	49537	50930	30768	40716
农副食品加工业	5	38447	25414	23935	9877	16431
饮料制造业	2	1530	353	264	1169	1169
烟草制品业	3	438762	288940	277189	138920	214184
纺织业	12	236487	79440	75711	79267	155126

工业企业主要经济指标

单位:万元

固定资产净值年平均余额	所有者权益	#实收资本	流动负债合计	长期负债合计	主营业务收入	营业费用	主营业务税金及附加	主营业务利润	利润总额	利税总额
3527265	**2369769**	**1621145**	**3942162**	**1283963**	**5765472**	**124163**	**233185**	**988508**	**503262**	**1091944**
449647	403874	261736	578011	162820	767860	22150	189269	98246	31267	285001
312456	339728	214512	485683	71559	723399	19918	189063	96457	37234	287891
137192	64146	47224	92328	91262	44461	2232	206	1788	-5968	-2890
3077618	1965895	1359409	3364151	1121143	4997611	102013	43916	890263	471995	806942
540074	653413	421327	474101	142459	885409	15432	12980	238989	90664	183744
2090444	858332	575173	1672895	850297	2891561	22042	15751	489293	323695	506575
447100	454150	362909	1217155	128387	1220642	64538	15185	161881	57636	116624
1933628	1217939	784847	2068874	640261	3228775	63640	32732	673937	400765	644493
963841	915340	612519	1336532	277274	1553820	51076	197136	229473	98601	401216
629796	236490	223779	536756	366428	982877	9447	3317	85098	3896	46235
520136	625745	393659	442798	114131	714277	15432	11646	220824	89652	167744
19938	27668	27666	31304	28329	171132		1334	18165	1012	16000
9664	-8052	13925	42774	3722	30895	672	16	-618	-1058	-860
1363	1389	1343	140		1871	5	9	504	552	634
165359	148370	74092	266574	23203	498945	14834	188379	79516	38802	278687
61202	83271	63841	115836	37381	124911	1285	215	5188	-5170	-696

8-20 续表 (2006 年)

项　　目	企　业单位数（个）	资产总计	流动资产合计	流动资产年平均余额	固定资产合计	固定资产原值
木材加工及木、竹、藤、棕、草制品业	1	1246	552	469	694	1376
家具制造业	1	637	400	444	237	1148
印刷业、记录媒介的复制	14	93340	32272	30729	55206	98727
化学原料及化学制品制造业	7	79306	40762	44895	24903	52413
医药制造业	7	107060	54976	52950	45708	48902
非金属矿物制品业	16	514518	222560	198693	197736	294216
有色金属冶炼及压延加工业	5	1295022	461922	299364	824729	1125565
金属制品业	5	14655	8974	9880	3999	6899
通用设备制造业	6	52954	40556	38483	9359	13745
专用设备制造业	14	424091	285804	249873	89589	142150
交通运输设备制造业	19	453941	337028	272604	84541	127364
电气机械及器材制造业	9	195439	125125	108068	42540	50018
通信设备、计算机及其他电子设备制造业	4	235020	94248	88503	134702	174933
电力、热力的生产和供应业	14	1832004	447285	493907	1246645	1657142
燃气生产和供应业	3	225622	140349	139612	74241	71221
水的生产和供应业	9	230960	66254	66768	145179	169228

单位:万元

固定资产净值年平均余额	所有者权益	#实收资本	流动负债合计	长期负债合计	主营业务收入	营业费用	主营业务税金及附加	主营业务利润	利润总额	利税总额
686	-1196	77	1655	787	652	12	1	-242	54	75
258	-245	915	882		1129	107		107	24	98
54065	50699	29889	36190	6451	45009	720	259	5123	225	4106
24381	5141	15504	71237	2928	106266	3263	530	12015	4765	10921
31868	64553	36579	40357	2149	26300	3023	214	6085	1824	4320
198372	180016	209461	173665	55215	236500	7863	2555	20330	-5671	7844
670570	186619	183320	846206	262197	1197094	13403	8572	337608	279991	376046
4187	5493	4080	9143	20	7656	256	21	636	134	465
8194	13559	12982	37178	2217	38360	2554	209	6107	1745	3891
84946	130893	54302	273649	18264	322200	14312	1220	46439	20529	34488
74570	112124	72203	321916	17633	462669	28804	11490	59955	23246	48088
24727	-6833	15593	176381	25890	55557	3445	171	4329	-1801	256
136325	48632	69058	141374	45014	82584	7232	72	4997	-6022	-2886
1261266	564644	275982	724085	543092	1521436	2095	4731	138322	51944	127402
49320	73390	25522	113562	5427	81228	3343	1364	20778	12417	16608
125868	63889	41152	75256	89913	38801	1503	177	2340	-3932	-1287

8-21 各县(市)区全部国有及规模以上工业企业主要经济指标

(2006年)

单位:万元

县(市)区	企业单位数(个)	资产总计	流动资产合计	流动资产年平均余额	固定资产合计	固定资产原值	固定资产净值年平均余额	所有者权益	#实收资本
全市	**1861**	**17001806**	**7726801**	**7164477**	**7743362**	**10079477**	**6767998**	**6321091**	**3522421**
中原区	44	129670	95007	86596	24291	32094	23314	62671	40062
二七区	59	474051	246022	196779	202173	177292	139005	112720	81901
管城区	15	90435	49633	45412	22556	47326	22892	38829	21542
金水区	36	296426	215018	198796	57081	74721	56129	74974	57701
上街区	61	1597827	639414	443435	880960	1164579	714506	386377	348532
惠济区	41	265538	145273	133769	92489	126174	91450	76313	60192
中牟县	119	521728	342985	281125	145299	193637	136316	158863	85960
巩义市	349	2593243	1055441	1110021	1346177	1685050	1146276	922856	472343
荥阳市	211	1057724	459265	456162	516197	715654	447707	519552	234499
新密市	313	933850	406488	404023	493582	688797	469417	413302	224468
新郑市	190	1118139	620845	560816	415139	531422	413734	455356	179542
登封市	153	1750467	596001	608832	980062	1158170	1009257	929719	289473
经济技术开发区	61	465452	229080	221023	206968	274857	202956	148067	126433
高新技术开发区	97	1274878	705499	639656	304068	376645	239555	601478	338646

8-21 续表

(2006年)

单位:万元

县(市)区	流动负债合计	长期负债合计	主营业务收入	营业费用	主营业务税金及附加	主营业务利润	利润总额	利税总额
全市	**8499321**	**1945806**	**23167320**	**784318**	**344779**	**3118529**	**2094238**	**3561561**
中原区	62181	3932	247827	8302	401	17796	7635	12567
二七区	308520	46540	428622	16280	1116	19222	7730	20617
管城区	44604	7003	98446	5777	5429	7479	2718	11496
金水区	219525	936	563546	28615	2269	34844	17079	30269
上街区	880390	222318	1657618	39716	12601	367273	281948	400378
惠济区	167882	21342	245515	14264	292	15908	11588	20659
中牟县	347665	11262	1125023	39822	14689	123566	83498	139015
巩义市	1362134	286927	4553950	166957	18450	351730	205173	347271
荥阳市	455739	78097	2665478	52830	20202	399837	346692	514146
新密市	416244	83496	2605528	97753	11750	349457	262890	419947
新郑市	599172	61497	2506845	86713	110158	375050	303767	605440
登封市	534579	268590	2232231	70979	37931	508101	357109	518303
经济技术开发区	258290	59096	301939	17943	510	20997	3373	14085
高新技术开发区	623355	35153	876757	54670	2613	118131	79961	113459

8-22 各县(市)区国有及国有控股工业企业主要经济指标

(2006 年)

单位:万元

县(市)区	企业单位数(个)	资产总计	流动资产合计	流动资产年平均余额	固定资产合计	固定资产原值	固定资产净值年平均余额	所有者权益	
									#实收资本
全　市	**169**	**7743886**	**3243420**	**2904187**	**3868425**	**5251879**	**3527265**	**2369769**	**1621145**
中原区	4	15958	11350	10045	4182	5685	4237	10158	9016
二七区	1	44666	16237	15843	27586	41588	28055	7884	
上街区	11	1405369	512685	333042	825380	1091650	663806	304055	278730
惠济区	6	54703	17613	17866	34272	52745	35614	2254	21849
中牟县	12	344561	255220	200348	64094	96219	58864	55803	32499
巩义市	8	490619	198314	194955	264770	365865	234811	134232	117172
荥阳市	9	73056	34399	36307	32766	44283	26688	29624	14068
新密市	10	133500	49750	53212	75644	122305	70992	31400	36491
新郑市	9	284924	167306	157052	111260	160141	122040	95781	48141
登封市	6	831514	242646	256439	493975	614525	636127	372389	153805
经济技术开发区	8	258153	101143	94021	152365	202122	153489	47589	66527
高新技术开发区	14	314772	195419	179538	75458	126550	61059	143257	82144

8-22　续表

(2006 年)

单位:万元

县(市)区	流动负债合计	长期负债合计	主营业务收入	营业费用	主营业务税金及附加	主营业务利润	利润总额	利税总额
全　市	**3942162**	**1283963**	**5765472**	**124163**	**233185**	**988508**	**503262**	**1091944**
中原区	5800		18268	1046	7	1868	623	1034
二七区	36702	80	19686	843	232	-808	-690	1933
上街区	779117	215360	1289331	16111	11127	345376	276593	381772
惠济区	39156	13293	25968	96	13	-670	-2349	-1489
中牟县	281080	5411	395021	27171	11389	39466	16574	40949
巩义市	246797	108952	348538	1874	2470	46277	13759	35333
荥阳市	33610	6949	101187	2390	617	14026	6885	12709
新密市	51181	50869	184222	2696	960	27854	3765	13737
新郑市	168220	20602	333022	8213	98968	49115	24318	153915
登封市	264580	194545	590733	3582	3390	114703	77289	121480
经济技术开发区	164751	45814	104363	7695	33	3656	-5185	-1936
高新技术开发区	162196	8014	178699	12880	789	23916	7562	17725

8-23 规模以上集体工

（2006 年）

项　　目	企　业 单位数 （个）	资　产 总　计	流动资 产合计	流动资 产年平 均余额	固定资 产合计	固定资 产原值
总　　计	**327**	**963518**	**404693**	**391498**	**504845**	**606784**
按轻重工业分						
轻工业	43	131949	60732	60537	54461	74191
以农产品为原料	29	92242	38160	36377	41041	53826
以非农产品为原料	14	39707	22572	24160	13420	20365
重工业	284	831570	343961	330960	450384	532593
采掘工业	125	369654	110615	96707	248072	262791
原材料工业	45	179765	81973	82737	86509	113974
加工工业	114	282151	151373	151516	115803	155828
按企业规模分						
中型企业	34	231618	100959	95442	117074	145710
小型企业	293	731900	303734	296056	387771	461074
按行业分						
煤炭采选和洗选业	124	369033	110402	96539	247664	262299
非金属矿采选业	1	620	212	167	407	491
农副食品加工业	1	3650	1714	1835	1516	1627
食品制造业	3	19103	5917	4168	9728	8874
饮料制造业	2	3600	1214	1241	2202	2719
烟草制品业	1	5506	3676	3829	1152	1753
纺织业	2	18325	3213	3288	6895	9962
纺织服装、鞋、帽制造业	2	3068	2397	2135	631	980

业企业主要经济指标

单位:万元

固定资产净值年平均余额	所有者权益	#实收资本	流动负债合计	长期负债合计	主营业务收入	营业费用	主营业务税金及附加	主营业务利润	利润总额	利税总额
417020	**513534**	**205596**	**366449**	**75641**	**2786559**	**89611**	**30152**	**458879**	**372232**	**544549**
48315	55983	37502	69002	5878	339161	10178	1542	46750	35532	52079
37758	41862	23828	46735	2560	261329	8673	871	37751	30397	42568
10557	14121	13674	22267	3318	77832	1505	671	8999	5135	9511
368704	457552	168094	297447	69762	2447398	79433	29610	412130	336699	492469
198013	273875	72957	67743	23938	1153201	29995	19157	264993	220353	307958
73730	52512	31644	99220	26869	394361	11777	3278	38910	29627	49589
96961	131165	63493	130484	18955	899836	37661	6175	108227	86719	134922
96060	94798	36062	109347	27473	445776	1437	4818	77157	58151	83778
320960	418736	169534	257102	48168	2340783	7524	25334	381722	314081	460771
197714	273620	72757	67548	23768	1149147	29589	18954	264385	219784	306942
301	252	200	195	172	4050	407	202	606	569	1016
1044	706	350	2904	40	11192	1396		-313	23	23
7430	8328	1995	10015	759	49078	608	69	3595	2676	3157
2621	620	2530	2980		4272	878	21	-350	-617	-434
1006	739	739	4767		7088		47	1061	195	726
6889	10658	8100	7222	445	47536	484	266	13753	12022	14720
560	758	786	1584		12479	319	63	854	611	1303

8-23　续表　　　　　　　　　　　　　　　　　　　　　　　　　　　　(2006 年)

项　　目	企业单位数（个）	资产总计	流动资产合计	流动资产年平均余额	固定资产合计	固定资产原值
造纸及纸制品业	14	29841	15211	15179	14630	21705
印刷业和记录媒介的复制	7	19477	9377	9007	7596	12595
石油加工、炼焦及核燃料加工业	1	1363	1304	1031	59	314
化学原料及化学制品制造业	15	67906	38228	32784	24987	45710
医药制造业	4	17639	10056	12352	6660	8970
塑料制品业	4	29167	12745	12527	16089	16855
非金属矿物制品业	80	187692	88666	90196	85929	109869
黑色金属冶炼及压延加工业	4	34285	23663	26948	9695	13397
有色金属冶炼及压延加工业	6	15756	4705	4674	8820	10403
金属制品业	11	22936	13206	12748	9149	10827
通用设备制造业	21	48538	19494	20974	26912	33093
专用设备制造业	14	30182	16978	19214	11527	16557
交通运输设备制造业	4	15297	11780	11772	3133	4558
电气机械及器材制造业	5	12168	7966	7088	3667	4589
电力、热力的生产和供应业	1	8366	2569	2402	5797	8637

单位:万元

固定资产净值年平均余额	所有者权益	#实收资本	流动负债合计	长期负债合计	主营业务收入	营业费用	主营业务税金及附加	主营业务利润	利润总额	利税总额
14118	15120	7160	13097	1264	115075	4658	348	17131	14121	20942
6782	8825	6874	10601	51	23386	389	130	4335	1948	3520
63	335	250	1028		2913	14	6	90	21	90
20282	16303	8488	41214	10389	143991	4967	1408	8772	4945	13268
5701	3550	5773	11429	2660	35950	549	203	3336	1978	3242
16163	17196	2568	11961	10	25268	169	35	2630	2322	4049
72064	86067	42020	76066	23826	548447	27770	3333	61823	46630	71301
8952	400	4852	31921	1965	46812	993	649	4859	3592	7424
8834	11366	2204	4390		73770	2385	286	8941	7762	11140
5708	9521	9524	13302	113	67094	547	399	11401	10013	12182
17766	22667	13955	22565	2340	211595	3766	2638	28569	26420	42308
11085	16289	8219	11839	2054	164660	7700	745	18547	14775	22836
2741	5695	2130	9602		16607	688	120	3284	1948	3333
3265	3648	2833	7303	1206	22332	1335	196	1445	655	1158
5931	871	1289	2916	4579	3817		34	125	-161	303

8-24 各县(市)区规模以上集体工业企业主要经济指标

(2006 年)　　单位:万元

县(市)区	企业单位数(个)	资产总计	流动资产合计	流动资产年平均余额	固定资产合计	固定资产原价	固定资产净值年平均余额	所有者权益	#实收资本
全市	**327**	**963518**	**404693**	**391498**	**504845**	**606784**	**417020**	**513534**	**205596**
中原区	3	8986	7419	7411	1487	3205	1484	2461	1356
二七区	4	35825	27220	29855	6904	11385	6683	4412	5747
管城区	4	10867	8154	7874	1883	2876	1845	4275	2249
金水区	1	822	624	606	199	474	193	808	173
上街区	1	19943	14763	14261	3953	6956	3698	4204	3090
惠济区	7	18314	10254	10127	6955	10057	6306	3504	2811
中牟县	9	20448	8422	6134	11922	14197	10386	13220	3775
巩义市	70	145680	66641	68502	70253	81613	61491	76500	39247
荥阳市	51	198270	72632	69145	114587	136263	88326	114266	51094
新密市	107	196082	85971	80648	107139	141308	96534	112308	46775
新郑市	13	79013	39319	38559	32699	48018	29869	32627	11462
登封市	44	194551	48569	45557	133338	132673	99330	134208	26980
经济技术开发区	1	3625	647	592	1721	3519	1679	2826	2300
高新技术开发区	2	13996	4108	2939	6430	5684	4532	5768	1630

8-24　续表　　(2006 年)　　单位:万元

县(市)区	流动负债合计	长期负债合计	主营业务收入	营业费用	主营业务税金及附加	主营业务利润	利润总额	利税总额
全市	**366449**	**75641**	**2786559**	**89611**	**30152**	**458879**	**372232**	**544549**
中原区	6204	322	17316	471	60	518	377	1029
二七区	31346	68	11426	684	103	1831	439	1465
管城区	5326	1265	8810	561	27	669	186	495
金水区	14		1440			78	10	23
上街区	15536	202	16453	199	157	1358	159	824
惠济区	14743	67	26222	1668	43	815	625	1109
中牟县	6598	518	94544	4083	498	15805	12697	18123
巩义市	54335	13092	548337	27695	1310	33865	22856	36943
荥阳市	62954	20231	643466	10806	8051	136650	125577	181934
新密市	71645	10249	798066	20414	3583	111577	96745	137233
新郑市	38666	7720	130644	2080	530	20250	15005	22584
登封市	35238	21775	459406	19690	15642	131550	95645	139426
经济技术开发区	799		1290		16	558	282	464
高新技术开发区	8214	14	9474	269	29	1483	2209	2300

8-25　全部国有及规模以上工业企业主要经济效益指标

（2006 年）

单位:%

项　　目	总资产贡献率	成本费用利润率	资　产负债率	产　品销售率	流动资产周转次数（次）
总　计	**24.11**	**10.10**	**62.60**	**97.82**	**3.23**
按轻重工业分					
轻工业	30.18	8.40	61.90	98.58	3.28
以农产品为原料	33.97	8.63	63.29	98.79	3.31
以非农产品为原料	17.07	7.31	56.98	97.58	3.14
重工业	22.80	10.50	62.80	97.62	3.22
采掘工业	38.07	19.6	42.85	98.32	4.02
原材料工业	17.33	9.66	70.61	97.88	3.27
加工工业	24.17	8.71	60.57	97.18	2.99
按企业规模分					
大型企业	15.40	11.13	68.8	97.87	2.42
中型企业	20.82	9.26	62.68	97.89	2.36
小型企业	43.37	10.14	52.36	97.76	5.44
按行业分					
煤炭开采和洗选业	38.27	21.53	42.01	98.20	3.98
黑色金属矿采选业	59.74	26.19	24.49	98.82	4.61
有色金属矿采选业	21.81	1.39	65.95	99.78	3.54
非金属矿采选业	101.47	13.35	21.47	98.70	9.08
农副食品加工业	23.28	3.92	85.73	98.20	5.59
食品制造业	17.6	7.37	67.55	100.67	2.27
饮料制造业	19.19	5.83	48.20	96.45	3.70
烟草制品业	70.56	13.89	66.30	99.40	1.80
纺织业	13.96	8.74	68.61	97.89	2.86
纺织服装、鞋、帽制造业	41.34	7.62	54.52	97.85	6.90
皮革、毛皮、羽毛(绒)及其制品业	53.61	8.31	61.26	93.13	5.41
木材加工及木、竹、藤、棕、草制品业	74.04	11.81	66.45	98.96	7.23
家具制造业	102.51	13.39	32.56	98.81	6.97
造纸及纸制品业	82.87	13.4	52.17	99.13	9.75
印刷业和记录媒介的复制	19.13	7.9	48.32	99.26	2.66
文教体育用品制造业	15.94	2.50	29.27	100.00	6.78
石油加工、炼焦及核燃料加工业	13.00	5.93	44.15	98.86	2.53
化学原料及化学制品制造业	28.48	6.65	63.27	98.30	4.54
医药制造业	17.47	8.14	47.46	97.91	2.47
化学纤维制造业	10.81	7.27	74.46	97.78	2.19
橡胶制品业	34.00	9.24	30.72	98.39	6.11
塑料制品业	29.44	8.12	39.8	98.08	4.01
非金属矿物制品业	32.13	9.39	54.66	97.60	4.26
黑色金属冶炼及压延加工业	29.89	11.06	57.65	95.82	4.89
有色金属冶炼及压延加工业	22.40	14.17	77.43	97.14	3.27
金属制品业	27.77	9.92	51.44	97.86	3.68
通用设备制造业	34.78	9.66	57.69	97.16	3.59
专用设备制造业	23.54	8.02	62.94	96.50	2.96
交通运输设备制造业	15.14	7.13	67.03	97.63	2.12
电气机械及器材制造业	12.41	4.91	82.63	95.83	2.45
通信设备、计算机及其他电子设备制造业	4.50	0.97	68.17	98.07	0.81
仪器仪表及文化、办公用机械制造业	8.99	18.22	49.21	84.18	0.49
工艺品及其他制造业	32.12	3.34	61.12	93.72	7.82
废弃资源和废旧材料回收加工业	97.79	10.64	76.16	98.67	12.06
电力、热力的生产和供应业	8.99	3.86	68.71	99.83	2.64
燃气生产和供应业	7.40	17.47	52.92	100.14	0.59
水的生产和供应业	1.31	-2.95	70.15	98.60	0.70

8-26 国有及国有控股工业企业主要经济效益指标

（2006年）

单位:%

项　　　目	总资产贡献率	成本费用利润率	资　产负债率	产　品销售率	流动资产周转次数（次）
总　　计	**16.31**	**9.92**	**68.94**	**97.82**	**1.99**
按轻重工业分					
轻工业	27.28	5.60	64.74	99.98	1.45
以农产品为原料	35.28	7.37	62.08	100.05	1.59
以非农产品为原料	-0.73	-11.26	74.30	99.14	0.62
重工业	14.41	10.45	69.67	97.50	2.10
采掘工业	16.69	11.91	48.67	98.63	2.05
原材料工业	16.89	12.53	75.38	98.59	3.16
加工工业	8.03	4.92	73.39	94.39	1.19
按企业规模分					
大型企业	16.86	12.75	68.03	97.49	2.52
中型企业	17.69	5.83	67.64	98.09	1.40
小型企业	3.53	-4.32	86.49	100.80	1.30
按行业分					
煤炭开采和洗选业	16.49	15.15	47.22	98.35	1.88
有色金属矿采选业	19.37	0.60	68.31	100.00	3.36
农副食品加工业	-1.76	-3.22	120.94	102.60	1.29
饮料制造业	44.86	40.18	9.22	96.70	7.08
烟草制品业	71.34	14.16	66.04	99.40	1.80
纺织业	1.24	-3.92	64.79	100.56	1.65
木材加工及木、竹、藤、棕、草制品业	6.09	5.54	196.03	85.96	1.39
家具制造业	13.90	2.17	138.46	108.50	2.54
印刷业和记录媒介的复制	4.96	0.48	45.68	108.25	1.46
化学原料及化学制品制造业	14.20	4.72	93.52	96.12	2.37
医药制造业	4.30	7.47	39.70	95.89	0.50
非金属矿物制品业	4.24	-2.20	65.01	98.56	1.19
有色金属冶炼及压延加工业	33.08	30.81	85.59	96.78	4.00
金属制品业	3.10	1.63	62.52	92.62	0.77
通用设备制造业	7.39	4.66	74.39	103.49	1.00
专用设备制造业	10.57	6.57	68.83	92.26	1.29
交通运输设备制造业	14.37	5.35	75.30	94.18	1.70
电气机械及器材制造业	0.38	-3.03	103.50	82.77	0.51
通信设备、计算机及其他电子设备制造业	1.88	-6.81	79.31	103.00	0.93
电力、热力的生产和供应业	9.19	3.52	69.17	99.88	3.08
燃气生产和供应业	7.65	18.27	52.74	100.15	0.58
水的生产和供应业	-0.16	-8.66	72.34	98.10	0.58

8-27 集体工业企业主要经济效益指标

（2006 年）

单位:%

项　　目	总资产贡献率	成本费用利润率	资　产负债率	产　品销售率	流动资产周转次数（次）
总　计	**65.95**	**15.74**	**46.70**	**98.23**	**7.12**
按轻重工业分					
轻工业	46.63	11.68	57.57	98.10	5.60
以农产品为原料	58.68	13.11	54.62	98.06	7.18
以非农产品为原料	24.81	7.08	64.44	98.23	3.22
重工业	69.04	16.34	44.98	98.25	7.39
采掘工业	107.02	24.61	25.91	98.5	11.92
原材料工业	29.29	8.17	70.79	98.32	4.77
加工工业	53.71	10.81	53.51	97.9	5.94
按企业规模分					
中型企业	57.05	19.28	48.26	98.44	6.21
小型企业	69.91	14.74	46.00	98.17	7.44
按行业分					
煤炭开采和洗选业	106.89	24.64	25.85	98.50	11.90
非金属矿采选业	167.61	17.36	58.94	98.96	24.13
农副食品加工业	0.82	0.19	80.66	96.80	6.10
食品制造业	26.10	5.66	56.40	95.79	11.78
饮料制造业	-11.58	-12.74	82.78	96.29	3.44
烟草制品业	14.27	2.84	86.59	100.18	1.85
纺织业	135.84	34.11	41.84	97.59	14.46
纺织服装、鞋、帽制造业	50.04	5.16	75.29	100.00	5.85
造纸及纸制品业	84.81	14.04	49.33	99.39	7.58
印刷业和记录媒介的复制	19.23	8.94	54.69	100.22	2.60
石油加工、炼焦及核燃料加工业	8.00	0.72	75.43	100.00	2.83
化学原料及化学制品制造业	21.45	3.57	75.99	98.21	4.47
医药制造业	19.49	5.86	79.88	97.96	2.91
塑料制品业	16.47	10.09	41.04	98.98	2.02
非金属矿物制品业	41.54	9.36	54.14	98.03	6.08
黑色金属冶炼及压延加工业	22.71	8.34	98.83	97.33	1.74
有色金属冶炼及压延加工业	74.22	11.81	27.87	99.11	15.78
金属制品业	53.42	17.65	58.49	98.85	5.26
通用设备制造业	99.16	14.92	53.30	96.69	10.09
专用设备制造业	89.40	9.91	46.03	98.13	8.57
交通运输设备制造业	26.30	12.61	62.77	102.26	1.41
电气机械及器材制造业	10.79	3.05	70.02	98.30	3.15
电力、热力的生产和供应业	4.04	-4.05	89.59	100.00	1.59

8-28 各县(市)区全部国有及规模以上工业企业主要经济效益指标

(2006年)

单位:%

县(市)区	总资产贡献率	成本费用利润率	资产负债率	产品销售率	流动资产周转次数(次)
全　市	**24.11**	**10.10**	**62.60**	**97.80**	**3.23**
中原区	10.83	3.18	51.67	97.5	2.86
二七区	5.52	1.88	76.22	93.1	2.18
管城区	15.39	3.01	57.06	97.5	2.17
金水区	12.94	3.13	74.71	102.4	2.83
上街区	28.04	20.46	75.82	97.4	3.74
惠济区	9.38	4.80	71.26	92.4	1.84
中牟县	31.34	8.08	69.55	96.6	4.00
巩义市	16.50	4.76	64.41	96.9	4.10
荥阳市	55.09	15.08	50.88	98.3	5.84
新密市	49.73	11.30	55.74	98.4	6.45
新郑市	61.99	14.39	59.25	98.3	4.47
登封市	35.95	19.96	46.89	98.5	3.67
经济技术开发区	4.99	1.10	68.19	100.7	1.37
高新技术开发区	10.47	9.88	52.72	94.4	1.37

8-29 各县(市)区国有及国有控股工业企业主要经济效益指标

(2006年)

单位:%

县(市)区	总资产贡献率	成本费用利润率	资产负债率	产品销售率	流动资产周转次数(次)
全　市	**16.31**	**9.92**	**68.94**	**97.8**	**1.99**
二七区	7.76	3.52	36.35	96.42	1.82
金水区	5.41	-3.08	82.35	101.7	1.24
上街区	30.54	27.23	78.36	97.55	3.87
惠济区	-1.19	-8.08	95.88	100.67	1.45
中牟县	14.55	4.44	83.8	93.37	1.97
巩义市	9.01	4.14	72.64	96.91	1.79
荥阳市	18.96	7.30	59.45	99.72	2.79
新密市	18.8	2.13	76.48	98.07	3.46
新郑市	61.85	11.48	66.27	98.56	2.12
登封市	17.65	14.93	55.22	99.43	2.30
经济技术开发区	2.44	-4.6	81.57	103.83	1.11
高新技术开发区	6.33	4.35	54.08	93.11	1.00

8-30 各县(市)区集体工业企业主要经济效益指标

(2006年)

单位:%

县(市)区	总资产贡献率	成本费用利润率	资产负债率	产品销售率	流动资产周转次数(次)
全　市	**65.95**	**15.74**	**46.7**	**98.23**	**7.12**
中原区	12.06	2.19	72.62	96.99	2.34
二七区	6.67	3.56	87.69	105.19	0.38
管城区	4.82	2.16	60.66	96.27	1.12
金水区	2.86	0.70	1.73	100	2.38
上街区	4.28	0.95	78.92	98.53	1.15
惠济区	7.51	2.36	80.87	95.4	2.59
中牟县	110.02	15.61	35.35	96.49	15.41
巩义市	28.3	4.36	47.49	98.53	8.00
荥阳市	114.22	24.88	42.37	96.82	9.31
新密市	82.67	13.89	42.72	99.01	9.90
新郑市	31.13	13.02	58.71	98.54	3.39
登封市	92.64	28.99	31.02	98.83	10.08
经济技术开发区	13.18	26.43	22.05	101.69	2.18
高新技术开发区	19.97	27.06	58.79	94.13	3.22

8-31 工业企业能源购进、消费及库存

（2006 年）

行业	计量单位	年初库存	购进量		消费量			年末库存
			实物量	金额（千元）	合计	工业生产消费	非工业生产消费	
原煤	**吨**	**1617361**	**22482705**	**6807213**	**22609034**	**22408283**	**200751**	**1482785**
采矿业	吨	16678	969707	257479	1092146	1001672	90474	17715
煤炭开采和洗选业	吨	16673	968259	256842	1090696	1000234	90462	17712
非金属矿采选业	吨	5	1448	637	1450	1438	12	3
制造业	吨	701863	12006248	4336557	11988079	11923594	64485	597878
农副食品加工业	吨	4198	60113	20571	60138	59648	490	3649
食品制造业	吨	5102	89700	33795	90263	89282	981	4044
饮料制造业	吨	2967	65660	22951	63050	63038	12	5537
烟草制品业	吨	511	13670	6052	13911	7651	6260	270
纺织业	吨	4699	72250	29051	71697	71670	27	3498
纺织服装、鞋、帽制造业	吨	546	12022	4639	12038	11884	154	495
皮革、毛皮、羽毛(绒)及其制品业	吨	2	314	106	316	241	75	
木材加工及木、竹、藤、棕、草制品业	吨	52	1007	342	1023	965	58	33
家具制造业	吨		80	28	70	2	68	13
造纸及纸制品业	吨	4798	728243	258889	693696	685712	7984	6189
印刷业和记录媒介的复制	吨	481	19337	6753	19356	18787	569	462
石油加工、炼焦及核燃料加工业	吨	172	11611	3315	11633	11633		30
化学原料及化学制品制造业	吨	59708	899715	506260	1039261	1035609	3652	60887
医药制造业	吨	3393	35392	13099	36553	36519	34	2281
化学纤维制造业	吨	52	8000	2400	7000	7000		1052
橡胶制品业	吨	420	7415	2558	7424	7424		406
塑料制品业	吨	11	1345	618	1324	1223	101	32
非金属矿物制品业	吨	96097	4227782	1453941	4145270	4117389	27881	107507
黑色金属冶炼及压延加工业	吨	4591	234023	116703	228590	228315	275	5018
有色金属冶炼及压延加工业	吨	489528	5327107	1783149	5304016	5301534	2482	363047
金属制品业	吨	344	33250	13836	32346	31949	397	1129
通用设备制造业	吨	1542	42432	13407	42657	41927	730	462
专用设备制造业	吨	12090	55755	18950	48336	39766	8570	19388
交通运输设备制造业	吨	9704	40159	17202	38161	35718	2443	11702
电气机械及器材制造业	吨	330	8672	3346	8498	7279	1219	480
通信设备、计算机及其他电子设备制造业	吨	500	7346	3379	7596	7596		250
工艺品及其他制造业	吨	25	3848	1218	3856	3833	23	17
电力、燃气及水的生产和供应业	吨	898820	9506750	2213177	9528809	9483017	45792	867192
电力、热力的生产和供应业	吨	898820	9506622	2213127	9528681	9483017	45664	867192
水的生产和供应业	吨		128	50	128		128	
洗精煤	**吨**	**245**	**5330**	**3492**	**5279**	**5252**	**27**	**297**
制造业	吨	245	5330	3492	5279	5252	27	297
化学原料及化学制品制造业	吨	245	1724	1245	1674	1674		295

8-31 续表1 （2006年）

行业	计量单位	年初库存	购进量		消费量			年末库存
			实物量	金额（千元）	合计	工业生产消费	非工业生产消费	
非金属矿物制品业	吨		28	11	27		27	2
专用设备制造业	吨		3578	2236	3578	3578		
其他洗煤	**吨**	**612**	**5721**	**2742**	**5922**	**5900**	**22**	**411**
制造业	吨	610	5700	2736	5900	5900		410
有色金属冶炼及压延加工业	吨	610	5700	2736	5900	5900		410
电力、燃气及水的生产和供应业	吨	2	21	6	22		22	1
电力、热力的生产和供应业	吨	2	21	6	22		22	1
煤制品	**吨**	**103**	**1390**	**645**	**1426**	**1365**	**61**	**67**
制造业	吨	103	1390	645	1426	1365	61	67
家具制造业	吨		12	1	12	11	1	
化学原料及化学制品制造业	吨	20	873	436	893	893		
非金属矿物制品业	吨		25	10	25	25		
金属制品业	吨	83	330	128	346	346		67
专用设备制造业	吨		150	70	150	90	60	
焦炭	**吨**	**11133**	**794982**	**597161**	**789362**	**789263**	**99**	**12462**
制造业	吨	11114	794953	597139	789329	789263	66	12447
农副食品加工业	吨		960	572	900	835	65	60
纺织服装、鞋、帽制造业	吨	12	935	585	945	944	1	2
化学原料及化学制品制造业	吨		316	211	316	316		
非金属矿物制品业	吨	4	832	524	792	792		45
黑色金属冶炼及压延加工业	吨	8011	676435	522637	679445	679445		5001
有色金属冶炼及压延加工业	吨	2890	107069	63931	98459	98459		7268
通用设备制造业	吨	72	3140	3442	3121	3121		39
专用设备制造业	吨	66	4812	4711	4854	4854		16
交通运输设备制造业	吨	59	454	527	497	497		16
电力、燃气及水的生产和供应业	吨	19	29	21	33		33	15
水的生产和供应业	吨	19	29	21	33		33	15
其他焦化产品	**吨**		**3705**	**18780**	**3629**	**3629**		**76**
制造业	吨		3705	18780	3629	3629		76
化学原料及化学制品制造业	吨		3705	18780	3629	3629		76
焦炉煤气	**万立方米**		**108**	**108**	**108**	**108**		
制造业	万立方米		108	108	108	108		
化学原料及化学制品制造业	万立方米		108	108	108	108		
高炉煤气	**万立方米**		**520**	**45**	**520**	**520**		
制造业	万立方米		520	45	520	520		
医药制造业	万立方米		520	45	520	520		
其他煤气	**万立方米**		**995**	**8660**	**995**	**995**		
制造业	万立方米		995	8660	995	995		

8-31 续表2 （2006年）

行业	计量单位	年初库存	购进量		消费量			年末库存
			实物量	金额（千元）	合计	工业生产消费	非工业生产消费	
饮料制造业	万立方米		136	136	136	136		
有色金属冶炼及压延加工业	万立方米		859	8524	859	859		
天然气	**万立方米**		**31649**	**363281**	**31649**	**30912**	**737**	
制造业	万立方米		31270	362527	31270	30535	735	
食品制造业	万立方米		41	804	41	38	3	
饮料制造业	万立方米		142	2418	142	142		
烟草制品业	万立方米		467	9210	467	465	2	
纺织业	万立方米		190	3674	190	189	2	
纺织服装、鞋、帽制造业	万立方米		8	173	8	8		
印刷业和记录媒介的复制	万立方米		35	249	35	29	6	
石油加工、炼焦及核燃料加工业	万立方米		2	32	2	2		
医药制造业	万立方米		18	335	18	18		
非金属矿物制品业	万立方米		411	7664	411	411		
黑色金属冶炼及压延加工业	万立方米		77	125	77	77		
有色金属冶炼及压延加工业	万立方米		26752	294431	26752	26752		
金属制品业	万立方米		18	340	18	18		
通用设备制造业	万立方米		7	132	7	4	2	
专用设备制造业	万立方米		43	903	43	43		
交通运输设备制造业	万立方米		39	732	39	39		
电气机械及器材制造业	万立方米		5	85	5	5		
通信设备、计算机及其他电子设备制造业	万立方米		3016	41220	3016	2296	720	
电力、燃气及水的生产和供应业	万立方米		379	754	379	377	2	
电力、热力的生产和供应业	万立方米		377	716	377	377		
水的生产和供应业	万立方米		2	38	2		2	
液化天然气	**吨**		**493**	**1891**	**493**	**451**	**42**	
制造业	吨		493	1891	493	451	42	
印刷业和记录媒介的复制	吨		6	32	6		6	
文教体育用品制造业	吨		1	1	1	1		
非金属矿物制品业	吨		66	144	66	36	30	
有色金属冶炼及压延加工业	吨		23	112	23	22	1	
专用设备制造业	吨		397	1602	397	392	5	
原油	**吨**	**99**	**256**	**1026**	**324**	**324**		**34**
制造业	吨	99	256	1026	324	324		34
化学原料及化学制品制造业	吨	69	114	257	149	149		34
非金属矿物制品业	吨		31	46	34	34		
专用设备制造业	吨		1	6	1	1		
电气机械及器材制造业	吨	30	110	717	140	140		
汽油	**吨**	**334**	**34026**	**170902**	**33541**	**22876**	**10666**	**352**

8-31 续表3 （2006年）

行业	计量单位	年初库存	购进量 实物量	购进量 金额（千元）	消费量 合计	消费量 工业生产消费	消费量 非工业生产消费	年末库存
采矿业	吨	84	7417	29205	7076	5672	1404	48
煤炭开采和洗选业	吨	2	6716	25547	6337	4933	1404	4
有色金属矿采选业	吨	78	570	2819	606	606		42
非金属矿采选业	吨	4	131	839	133	133		2
制造业	吨	229	23816	125694	23680	15066	8614	293
农副食品加工业	吨	13	1163	6995	1182	1077	105	4
食品制造业	吨		480	2660	487	415	72	
饮料制造业	吨		295	1567	295	238	57	
烟草制品业	吨		168	888	168		168	
纺织业	吨	11	358	1941	352	240	112	17
纺织服装、鞋、帽制造业	吨	8	195	1067	200	130	70	3
皮革、毛皮、羽毛（绒）及其制品业	吨		63	362	63	56	7	
木材加工及木、竹、藤、棕、草制品业	吨		131	684	131	111	20	
家具制造业	吨		62	317	62	50	12	
造纸及纸制品业	吨		1310	8016	1310	40	1270	3
印刷业和记录媒介的复制	吨	6	846	4441	840	664	176	4
文教体育用品制造业	吨		8	33	8	8		
石油加工、炼焦及核燃料加工业	吨		80	397	80	69	11	
化学原料及化学制品制造业	吨	21	3008	16519	2987	2475	512	45
医药制造业	吨	1	560	2984	563	307	256	
化学纤维制造业	吨		98	450	98	5	93	
橡胶制品业	吨	3	58	246	60	49	11	1
塑料制品业	吨		249	1332	249	230	19	
非金属矿物制品业	吨	14	6394	31889	6448	3217	3231	9
黑色金属冶炼及压延加工业	吨	2	428	2243	430	376	54	
有色金属冶炼及压延加工业	吨	87	1984	10561	1820	1482	338	46
金属制品业	吨	2	347	1837	386	206	180	2
通用设备制造业	吨	11	1126	5937	1124	730	394	15
专用设备制造业	吨	3	1552	7952	1550	1154	396	
交通运输设备制造业	吨	44	1541	7349	1468	958	510	108
电气机械及器材制造业	吨	3	786	4068	793	572	221	36
通信设备、计算机及其他电子设备制造业	吨		228	1326	228	48	180	
仪器仪表及文化、办公用机械制造业	吨		155	926	155	101	54	
工艺品及其他制造业	吨		136	669	136	51	85	
废弃资源和废旧材料回收加工业	吨		7	39	7	7		
电力、燃气及水的生产和供应业	吨	21	2793	16003	2785	2138	648	11
电力、热力的生产和供应业	吨	9	2162	12206	2164	1915	249	7
燃气生产和供应业	吨		211	1298	208	187	21	3

8-31 续表4 （2006年）

行业	计量单位	年初库存	购进量		消费量			年末库存
			实物量	金额（千元）	合计	工业生产消费	非工业生产消费	
水的生产和供应业	吨	12	420	2500	413	36	378	1
煤油	吨	**54**	**559**	**3065**	**557**	**541**	**16**	**56**
制造业	吨	54	557	3056	555	539	16	56
纺织业	吨		5	33	5	5		
家具制造业	吨		14	61	14	14		
印刷业和记录媒介的复制	吨		12	61	12	8	4	
石油加工、炼焦及核燃料加工业	吨		1	3	1	1		
化学原料及化学制品制造业	吨		8	48	8	8		
塑料制品业	吨	1			1	1		
非金属矿物制品业	吨	2	226	1130	228	216	12	
黑色金属冶炼及压延加工业	吨		8	48	8	8		
有色金属冶炼及压延加工业	吨	42	206	1254	200	200		48
金属制品业	吨	3	10	67	10	10		3
通用设备制造业	吨		11	54	11	11		
专用设备制造业	吨	2	22	117	24	24		
交通运输设备制造业	吨	3	25	139	24	24		4
电气机械及器材制造业	吨		5	25	5	5		
通信设备、计算机及其他电子设备制造业	吨	1	4	18	4	4		1
电力、燃气及水的生产和供应业	吨		2	9	2	2		
水的生产和供应业	吨		2	9	2	2		
柴油	吨	**2655**	**45465**	**215018**	**43904**	**38547**	**5357**	**1702**
采矿业	吨	504	7988	38936	7750	7027	723	523
煤炭开采和洗选业	吨	8	4200	19805	3971	3248	723	18
有色金属矿采选业	吨	494	3321	16836	3311	3311		504
非金属矿采选业	吨	2	467	2295	468	468		1
制造业	吨	656	30334	153451	29130	26249	2881	390
农副食品加工业	吨	14	1742	9517	1742	1582	160	14
食品制造业	吨	17	672	3308	667	519	148	21
饮料制造业	吨		197	828	195	174	21	2
烟草制品业	吨		452	2420	452	434	18	
纺织业	吨	7	73	400	73	24	49	7
纺织服装、鞋、帽制造业	吨		109	573	107	78	29	
木材加工及木、竹、藤、棕、草制品业	吨		7	40	7	7		
家具制造业	吨		7	32	7	7		
造纸及纸制品业	吨		86	492	86	50	36	
印刷业和记录媒介的复制	吨		851	4067	842	779	63	1
文教体育用品制造业	吨		3	12	3	3		
石油加工、炼焦及核燃料加工业	吨		17	86	17	17		

8-31　续表 5　　　　　　　　　　（2006 年）

行　　业	计量单位	年初库存	购进量		消费量			年末库存
			实物量	金额（千元）	合计	工业生产消费	非工业生产消费	
化学原料及化学制品制造业	吨	14	848	4325	783	341	442	28
医药制造业	吨		433	2051	433	347	86	
化学纤维制造业	吨		40	220	40	40		
橡胶制品业	吨		5	19	5	5		
塑料制品业	吨		112	658	112	100	12	
非金属矿物制品业	吨	73	8202	41706	8238	7105	1133	44
黑色金属冶炼及压延加工业	吨	10	552	2831	552	521	31	12
有色金属冶炼及压延加工业	吨	431	4531	22284	3431	3286	145	124
金属制品业	吨	14	382	1825	360	343	17	36
通用设备制造业	吨	28	434	2011	425	366	59	32
专用设备制造业	吨	13	3120	17072	3113	3113		16
交通运输设备制造业	吨	13	6660	32861	6646	6293	353	26
电气机械及器材制造业	吨	2	370	1853	370	321	49	2
通信设备、计算机及其他电子设备制造业	吨	20	157	606	152	143	9	25
仪器仪表及文化、办公用机械制造业	吨		127	586	127	126	1	
工艺品及其他制造业	吨		25	147	25	25		
废弃资源和废旧材料回收加工业	吨		120	620	120	100	20	
电力、燃气及水的生产和供应业	吨	1495	7143	22631	7024	5271	1753	789
电力、热力的生产和供应业	吨	1494	6880	21296	6768	5177	1591	789
燃气生产和供应业	吨		77	414	77	77		
水的生产和供应业	吨	1	186	921	179	17	162	
燃料油	**吨**	**2597**	**84005**	**228387**	**111576**	**111572**	**8**	**6082**
制造业	吨	2589	83993	228337	111562	111558	8	6076
农副食品加工业	吨	79	2435	5390	2435	2435		79
纺织服装、鞋、帽制造业	吨		22	83	22	22		
化学原料及化学制品制造业	吨		11	106	11	11		
非金属矿物制品业	吨	335	5371	14325	5505	5502	7	309
有色金属冶炼及压延加工业	吨	2175	76053	207945	103488	103488		5688
金属制品业	吨		60	270	60	60		
通用设备制造业	吨		33	170	33	33		
专用设备制造业	吨		5	24	5	4	1	
交通运输设备制造业	吨		3	24	3	3		
电力、燃气及水的生产和供应业	吨	8	12	50	14	14		6
电力、热力的生产和供应业	吨	8	12	50	14	14		6
液化石油气	**吨**	**81**	**4289**	**22299**	**4311**	**4308**	**3**	**61**
制造业	吨	81	4259	22109	4281	4281		61
印刷业和记录媒介的复制	吨		8	45	8	8		
非金属矿物制品业	吨	2	907	4264	908	908		2

行　　业	计量单位	年初库存	购进量		消费量			年末库存
			实物量	金额（千元）	合计	工业生产消费	非工业生产消费	
有色金属冶炼及压延加工业	吨		2267	11743	2267	2267		
金属制品业	吨		24	99	24	24		
通用设备制造业	吨		7	42	7	7		
专用设备制造业	吨		23	143	23	23		
交通运输设备制造业	吨		30	14	30	30		
通信设备、计算机及其他电子设备制造业	吨	79	993	5758	1014	1014		59
电力、燃气及水的生产和供应业	吨		30	190	30	27	3	
电力、热力的生产和供应业	吨		27	173	27	27		
水的生产和供应业	吨		3	17	3		3	
其他石油制品	**吨**	**19650**	**111637**	**107883**	**119073**	**119073**		**17214**
制造业	吨	19650	111637	107883	119073	119073		17214
非金属矿物制品业	吨		21	201	21	21		
有色金属冶炼及压延加工业	吨	19650	111611	107628	119047	119047		17214
通用设备制造业	吨		5	54	5	5		
热力	**百万千焦**		**2703588**	**84183**	**21227762**	**20371903**	**855859**	
制造业	百万千焦		1752549	62309	19877549	19222491	655058	
农副食品加工业	百万千焦		272636	10310	272636	272636		
食品制造业	百万千焦		10400	770	10400	10400		
饮料制造业	百万千焦		42613	2477	42613	42613		
烟草制品业	百万千焦		172629	6046	172629	172629		
纺织业	百万千焦		956380	26307	956380	936346	20034	
纺织服装、鞋、帽制造业	百万千焦		456	753	456	456		
印刷业和记录媒介的复制	百万千焦		4512	256	4512	1512	3000	
化学原料及化学制品制造业	百万千焦		1098	65	1098	1098		
医药制造业	百万千焦		5440	311	5440	5440		
塑料制品业	百万千焦		715	143	715	715		
非金属矿物制品业	百万千焦		8871	5571	8871	7600	1271	
有色金属冶炼及压延加工业	百万千焦		198797	4221	18323797	17699113	624684	
专用设备制造业	百万千焦		51963	3893	51963	45894	6069	
交通运输设备制造业	百万千焦		26040	1185	26040	26040		
电力、燃气及水的生产和供应业	百万千焦		951039	21874	1350213	1149412	200801	
电力、热力的生产和供应业	百万千焦		951039	21874	1350213	1149412	200801	
电力	**万千瓦时**		**1949961**	**10161951**	**2449695**	**2419286**	**30409**	
采矿业	万千瓦时		233856	1362573	233900	210785	23115	
煤炭开采和洗选业	万千瓦时		228763	1324767	228808	205697	23111	
黑色金属矿采选业	万千瓦时		234	2340	234	234		
有色金属矿采选业	万千瓦时		1537	9672	1537	1537		
非金属矿采选业	万千瓦时		3321	25794	3321	3317	4	

8-31　续表7　　（2006年）

行　　业	计量单位	年初库存	购进量		消费量			年末库存
			实物量	金额（千元）	合计	工业生产消费	非工业生产消费	
制造业	万千瓦时		1510145	8425190	1864999	1859019	5980	
农副食品加工业	万千瓦时		22647	134247	22647	22383	264	
食品制造业	万千瓦时		28873	157586	28911	28705	206	
饮料制造业	万千瓦时		7847	43283	7847	7847		
烟草制品业	万千瓦时		4390	30131	4390	4204	186	
纺织业	万千瓦时		32622	174952	32622	32219	403	
纺织服装、鞋、帽制造业	万千瓦时		2649	17358	2649	2614	35	
皮革、毛皮、羽毛（绒）及其制品业	万千瓦时		286	1979	286	284	1	
木材加工及木、竹、藤、棕、草制品业	万千瓦时		1812	11191	1812	1799	14	
家具制造业	万千瓦时		673	4586	673	669	3	
造纸及纸制品业	万千瓦时		98024	671985	98024	98012	12	
印刷业和记录媒介的复制	万千瓦时		6266	38080	6266	5979	287	
文教体育用品制造业	万千瓦时		24	190	24	24		
石油加工、炼焦及核燃料加工业	万千瓦时		639	3764	639	633	6	
化学原料及化学制品制造业	万千瓦时		101379	464289	102463	101747	716	
医药制造业	万千瓦时		9696	66534	9726	9601	125	
化学纤维制造业	万千瓦时		1417	7297	1417	1386	31	
橡胶制品业	万千瓦时		1924	13785	1924	1921	4	
塑料制品业	万千瓦时		9930	60082	9930	9889	41	
非金属矿物制品业	万千瓦时		441705	2428129	424440	423141	1299	
黑色金属冶炼及压延加工业	万千瓦时		172697	885206	170300	170260	40	
有色金属冶炼及压延加工业	万千瓦时		457688	2585447	831525	830787	738	
金属制品业	万千瓦时		22416	122798	22416	22324	92	
通用设备制造业	万千瓦时		11920	69803	11989	11767	222	
专用设备制造业	万千瓦时		30668	176682	30668	30435	233	
交通运输设备制造业	万千瓦时		13841	83843	13301	13048	253	
电气机械及器材制造业	万千瓦时		9909	65083	9909	9221	688	
通信设备、计算机及其他电子设备制造业	万千瓦时		13284	70178	13284	13259	25	
仪器仪表及文化、办公用机械制造业	万千瓦时		482	2997	482	469	13	
工艺品及其他制造业	万千瓦时		4375	33383	4375	4333	42	
废弃资源和废旧材料回收加工业	万千瓦时		59	322	59	59		
电力、燃气及水的生产和供应业	万千瓦时		205960	374188	350796	349482	1314	
电力、热力的生产和供应业	万千瓦时		196036	320957	340887	339922	964	
燃气生产和供应业	万千瓦时		1204	1493	1204	1128	76	
水的生产和供应业	万千瓦时		8720	51738	8705	8431	274	
其他燃料	**吨标准煤**		**221189**	**104965**	**217711**	**217711**		
采矿业	吨标准煤		98282	83592	97703	97703		
煤炭开采和洗选业	吨标准煤		98282	83592	97703	97703		
电力、燃气及水的生产和供应业	吨标准煤		122908	21373	120008	120008		
电力、热力的生产和供应业	吨标准煤		122908	21373	120008	120008		

主要统计指标解释

按照国家统计方法制度规定,1998 年独立核算工业统计范围由原乡及乡以上调整为全部国有及年销售收入 500 万元以上非国有工业企业(即新口径)。同时,统计分类中的原经济组织类型分组相应地调整为按企业登记注册类型分组。

工业　指从事自然资源的开采,对采掘品和农产品进行加工和再加工的物质生产部门。具体包括:1. 对自然资源的开采,如采矿、晒盐、森林采伐等(但不包括禽兽捕猎和水产捕捞);2. 对农副产品的加工、再加工,如粮油加工、食品加工、轧花、缫丝、纺织、制革等;3. 对采掘品的加工、再加工,如炼铁、炼钢、化工生产、石油加工、机器制造、木材加工等,以及电力、自来水、煤气的生产和供应等;4. 对工业品的修理、翻新,如机器设备的修理,交通运输工具(包括小卧车)的修理等。1984 年以前农村的村及村以下办工业归属农业,1984 年以后划归工业。

工业统计调查单位工业统计调查单位分为两类:独立核算法人工业企业和工业活动单位。

1. 独立核算法人工业企业是指从事工业生产经营活动的单位。独立核算法人工业企业应同时具备以下条件:(1)依法成立,有自己的名称、组织机构和场所,能够承担民事责任;(2)独立拥有和使用资产,承担负债,有权与其他单位签订合同;(3)独立核算盈亏,并能够编制资产负债表。

2. 工业活动单位是指在一个场所从事一种或主要从事一种工业生产活动的经济单位。它包括独立核算工业企业按主营业务活动(即工业生产活动)划分的主营业务活动单位和非工业企业所属的工业生产活动单位(即原非独立核算工业生产单位)。工业活动单位,一般应同时具备以下三个条件:(1)具有一个场所,从事一种或主要从事一种工业活动;(2)单独组织工业生产、经营或业务活动;(3)单独核算收入和支出。

重工业　指为国民经济各部门提供物质技术基础的主要生产资料的工业。按其生产性质和产品用途,可以分为下列三类:1. 采掘(伐)工业,是指对自然资源的开采,包括石油开采、煤炭开采、金属矿开采、非金属矿开采和木材采伐等工业;2. 原材料工业,指向国民经济各部门提供基本材料、动力和燃料的工业。包括金属冶炼及加工、炼焦及焦炭化学、化工原料、水泥、人造板以及电力、石油和煤炭加工业等工业;3. 加工工业,是指对工业原材料进行再加工制造的工业。包括装备国民经济各部门的机械设备制造工业、金属结构、水泥制品等工业,以及为农业提供的生产资料如化肥、农药等工业。

根据上述划分原则,修理业中以重工业产品为修理作业对象的划为重工业,反之划为轻工业。

工业增加值　指工业行业在报告期内以货币表现的工业生产活动的最终成果。

固定资产原值　指企业在建造、购置、安装、改建、技术改造某项固定资产时所支出的全部货币总额。它一般包括买价、包装费、运杂费和安装费等。

流动资产　指可以在一年或者超过一年的一个营业周期内变现或者耗用的资产,包括现金及各种存款、短期投资、应收及预付货款、存货等。

工业成本利润率　指在一定时期内实现的利润与成本费用之比,是反映工业生产成本及费用投入的经济效益指标,同时也是反映降低成本的经济效益的指标。计算公式:工业成本费用

$$\text{利润率}(\%)=\frac{\text{利润总额}}{\text{成本费用总额}}\times 100\%$$

工业增加值率　指在一定时期内工业增加值占同期工业总产值的比重,反映降低中间消耗的经济效益,计算公式:

$$\text{工业增加值率}(\%)=\frac{\text{工业增加值(现价)}}{\text{工业总产值(现价)}}\times 100\%$$

流动资产周转次数　指在一定时期内流动资产完成的周转次数,反映流动资产的周转速度。计算公式:

$$\text{流动资产周转次数}=\frac{\text{报告期现价工业销售产值}}{\text{报告期现价工业总产值}}\times 100\%$$

全员劳动生产率　指根据产品的价值量指标计算的平均每个职工在单位时间内的产品生产量。是考核企业经济活动的重要指标,是企业生产技术水平、经营管理水平、职工技术熟练程度和劳动积极性的

综合表现。目前我国的全员劳动生产率是将工业企业的工业增加值除以同一时期全部职工的平均人数来计算的。计算公式：

$$全员劳动生产率 = \frac{工业增加值}{全部职工平均人数} \times 100\%$$

总资产贡献率 该指标反映企业全部资产的获利能力，是企业经营业绩和管理水平的集中体现，是评价和考核企业盈利能力的核心指标。计算公式为：

$$总资产贡献率 = (利润总额 + 税金总额 + 利息支出)/平均资产总额 \times \frac{12}{累计月数}$$

#税金总额为产品销售税金及附加与应交增值税之和；平均资产总额为期初期末资产总计的算术平均值。

资本保值增值率 该指标反映企业净资产的变动状况，是企业发展能力的集中体现。计算公式为：

资本保值增值率 = 报告期期末所有者权益/上年同期期末所有者权益

所有者权益等于资产总计减负债总计。

资产负债率 该指标既反映企业经营风险的大小，也反映企业利用债权人提供的资金从事经营活动的能力。计算公式为：

资产负债率 = 负债总额/资产总额

产品销售率 该指标反映工业产品已实现销售的程度，是分析工业产销衔接情况、研究工业产品满足社会需求的指标。计算公式为：

产品销售率 = 工业销售产值/工业总产值（现价）

产品销售收入 指企业销售产品的销售收入和提供劳务等主要经营业务取得的业务总额。

产品销售成本 指企业销售产品和提供劳务等主要经营业务的实际成本。

产品销售费用 指企业在报告期内在产品销售和提供工业性劳务等主要经营业务过程中所发生的各项费用，包括运输费、装卸费、包装费、保险费、展览费、广告费，以及为销售本企业产品而专设的销售机构的职工工资、福利费、业务费等经常费用。

产品销售税金及附加指企业在报告期销售产品和提供工业性劳务等应负担的销售税金及附加，包括产品税、增值税、营业税、城市维护建设税、资源税和教育费附加。

利润总额 指企业在报告期内实现的利润，反映企业最终的财务成果。亏损以"—"表示，计算公式为：

利润总额 = 营业利润 + 投资收益 + 补贴收入 + 营业外收入 - 营业外支出 + 以前年度损益调整

利税总额 指企业产品销售税金及附加和利润总额之和。

资本金 指企业在工商行政管理部门登记的注册资金合计。企业资本金按投资主体可分为国家资本金、法人资本金、个人资本金和外商资本金等。资本金合计包括企业各种投资主体注册的全部资本金。

总资产 指企业拥有或控制的全部资产。包括流动资产、长期投资、固定资产、无形及递延资产、其他资产等，即为企业资产负债表的资产总计项。

1. 流动资产指企业可以在一年内或者超过一年的一个生产周期内变现或耗用的资产合计。包括现金及各种存款、短期投资、应收及预付款项、存货等。

2. 固定资产指企业固定资产净值、固定资产清理、在建工程、待处理固定资产损失所占用的资金合计。

3. 无形资产指企业长期使用而没有实物形态的资产。包括专利权、非专利技术、商标权、著作权、土地使用权、商誉等。

总负债 指企业承担并需要偿还的全部债务。包括流动负债和长期负债等。即为企业资产负债表的负债合计项。

1. 流动负债指企业在一年内或者超过一年的一个营业周期内需要偿还的债务合计，其中包括短期借款、应付及预收款项、应付工资、应交税金和应交利润等。

2. 长期负债指企业在一年以上或者超过一年的一个生产周期以上需要偿还的债务合计，其中包括长期借款、应付债务、长期应付款项等。

所有者权益 指企业投资人对企业净资产的所有权。企业净资产等于企业全部资产减去全部负债后的余额，其中包括投资者对企业的最初投入，以及公积金、盈余公积金和未分配利润，对股份制企业即为股东权益。

九、建 筑 业

9-1 建筑业生产情况

（2006 年）

指　　标	合　计	内资企业	#国有	#集体	港澳台投资企业	外商投资企业
企业个数(个)	556	548	49	28	5	3
签订的合同额(千元)	73724231	73617076	20669985	733413	69616	37539
上年结转合同额	27850326	27821415	9099465	202563		28911
本年新签合同额	45873905	45795661	11570520	530850	69616	8628
承包工程完成情况(千元)						
直接从建设单位承揽工程完成的产值	40338158	40242439	11822634	515305	63136	32583
自行完成施工产值	39575062	39479343	11295435	515305	63136	32583
分包出去工程的产值	763096	763096	527199			
从建设单位以外承揽工程完成的产值	551446	551446	289988			
从业人员(人)	268798	268328	50945	7659	355	115
#工程技术人员	39693	39625	9357	968	36	32
计算劳动生产率的平均人数(人)	293257	292323	57492	6682	635	299
建筑业总产值(千元)	40126508	40030789	11585423	515305	63136	32583
#建筑工程	31943243	31932243	6250046	450513	11000	
安装工程	6782621	6781711	4794162	42161	550	360
其他	1400644	1316835	541215	22631	51586	32223
#装修装饰	638844	606621	112710			32223
建筑业竣工产值(千元)	23425042	23420770	6313065	238928	550	3722
全员劳动生产率						
按总产值计算(元/人)	136831	136940	201514	77118	99427	108973
房屋建筑施工面积(万平方米)	3920.88	3918.50	546.35	63.78	2	
#本年新开工	1798.82	1796.44	218.55	38.82	2.3812	
#投标承包面积	3360.06	3357.68	500.83	40.90	2.3812	
#本年新开工	1502.24	1499.85	203.31	18.74	2.3812	
房屋建筑竣工面积(万平方米)	1016.37	1016.37	37.56	13.18	2.3812	
房屋竣工率(%)	25.92	25.94	6.88	20.67		
招投标率						
按房屋施工面积计算(%)	85.7	85.7	91.7	64.1		
自有机械设备总台数(台)	99121	98864	18183	2060	104	153
自有机械设备总功率(千瓦)	1608638	1603076	615197	29784	5369	193
自有机械设备净值(千元)	2965721	2955277	1047623	62660	8724	1720
技术装备率(元/人)	11033	11014	20564	8181	24575	14957
动力装备率(千瓦/人)	5.98	5.97	12.08	3.89	15.12	1.68

注:本表统计范围为具有建筑业资质等级的所有独立核算的建筑业企业(下同)。

9-1　续表

指　标	合　计	房屋和土木工程建筑业	房屋工程建筑	土木工程建筑	建筑安装业	建筑装饰业	其他建筑业
企业个数(个)	556	223	138	85	143	133	57
签订的合同额(千元)	73724231	53371177	33615462	19755715	18137149	634746	1581159
上年结转合同额	27850326	19913276	13312066	6601210	7474355	282438	180257
本年新签合同额	45873905	33457901	20303396	13154505	10662794	352308	1400902
承包工程完成情况(千元)							
直接从建设单位承揽工程完成的产值	40338158	28578856	17987473	10591383	9912727	485995	1360580
自行完成施工产值	39575062	28347260	17987473	10359787	9381227	485995	1360580
分包出去工程的产值	763096	231596		231596	531500		
从建设单位以外承揽工程完成的产值	551446	309770	20108	289662	232004	5134	4538
从业人员(人)	268798	195063	157104	37959	55893	4540	13302
#工程技术人员	39693	26429	17696	8733	8660	925	3679
计算劳动生产率的平均人数(人)	293257	215958	170008	45950	57348	6549	13402
建筑业总产值(千元)	40126508	28657030	18007581	10649449	9613231	491129	1365118
#建筑工程	31943243	26641062	17073210	9567852	4157973	159158	985050
安装工程	6782621	1611332	648381	962951	4931511	13226	226552
其他	1400644	404636	285990	118646	523747	318745	153516
#装修装饰	638844	216554	199148	17406	47641	361542	13107
建筑业竣工产值(千元)	23425042	15225427	9392201	5833226	6896279	183229	1120107
全员劳动生产率							
按总产值计算(元/人)	136831	132697	105922	231762	167630	74993	101859
房屋建筑施工面积(万平方米)	3920.88	3359.96	3308.26	51.71	527.17	14	19.25
#本年新开工	1798.82	1558.56	1517.87	40.69	222.01	9	9.55
#投标承包面积	3360.06	2850.95	2820.97	29.98	490.86	9	9.55
#本年新开工	1502.24	1274.86	1249.20	25.66	209.12	9	9.55
房屋建筑竣工面积(万平方米)	1016.37	794.12	777.63	16.49	211.61		10.64
房屋竣工率(%)	25.92	23.63	23.51	31.90	40.14		55.25
按房屋施工面积计算(%)	85.7	84.9	85.3	58.0	93.1		49.6
自有机械设备总台数(台)	99121	65252	50267	14985	18831	2623	12415
自有机械设备总功率(千瓦)	1608638	1004586	606124	398462	468895	18048	117109
自有机械设备净值(千元)	2965721	2021682	1097344	924338	543481	23934	376624
技术装备率(元/人)	11033	10364	6985	24351	9724	5272	28313
动力装备率(千瓦/人)	5.98	5.15	3.86	10.50	8.39	3.98	8.80

9-2 建筑业主要经济指标

（2006 年）

单位:千元

指　标	合　计	内资企业	#国有	#集体	港澳台投资企业	外商投资企业
年末资产负债						
资产总计	32254497	32115068	9875177	814635	107991	31438
流动资产合计	23445729	23329070	7275105	635665	90881	25778
#存货	6296485	6284989	1461574	227366		11496
#在建工程	270574	270574	159254	2870		
固定资产合计	9350864	9310336	3442969	197006	32595	7933
固定资产原价	7702334	7669886	2596172	181077	24755	7693
#生产经营用	3207275	3187037	1488871	63373	15554	4684
累计折旧	555396	553483	170278	8664	1217	696
#本年折旧	270574	270574	159254	2870		
无形及递延资产合计	1427202	1427157	144786	12865	34	11
#无形资产	1351857	1351844	104404	12808	2	11
负债合计	21464756	21403121	7454937	594839	44366	17269
流动负债	20877245	20815690	7403549	587465	44286	17269
长期负债	587511	587431	51388	7374	80	
所有者权益合计	10789741	10711947	2420240	219796	63625	14169
#实收资本	9212029	9134578	1633322	209735	60043	17408
#国家	1498783	1498783	882717			
集体	561833	561833		178456		
法人	3148395	3108502	750605	31279	30043	9850
损益及分配						
工程结算收入	37387559	37289756	10936698	455971	64105	33698
工程结算成本	33412796	33331891	9757265	390163	50965	29940
工程结算税金及附加	1204463	1201526	329373	12874	1912	1025
工程结算利润	2691738	2677813	837603	50079	11194	2731
其他业务收入	606711	602538	276239	780	4013	160
#其他业务利润	78359	76207	26267	119	1999	153
管理费用	1891053	1880306	707576	39257	7941	2806
#税金	45819	45355	13105	801	379	85
财产保险费	14774	14767	5785	421		7
劳动失业保险费	276902	276499	127871	5314	257	146
财务费用	145568	145186	47615	2295	413	-31
#利息支出	92635	92140	25423	2458	519	-24
营业利润	733476	728528	108679	8646	4839	109
利润总额	722034	716350	87725	6628	5583	101
#应交所得税	185318	182813	27078	3802	2497	8
应付利润	254776	253322	-2958	761	1454	
利税总额	1972316	1963231	430203	20303	7874	1211
工资、福利费						
本年应付工资总额	5057773	5047988	1300206	69905	6411	3374
本年应付福利费总额	388930	388394	152207	4086	446	90
亏损企业个数	104	102	6	5	1	1
应收工程款(千元)	5619822	5592115	1594470	93405	27654	53
#竣工工程	1973715	1966008	758630	43179	7654	53

单位:千元

指标	合计	房屋和土木工程建筑业	#房屋工程建筑	#土木工程建筑	建筑安装业	建筑装饰业	其他建筑业
年末资产负债							
资产总计	32254497	22879558	10234933	12644625	6489371	727130	2158438
流动资产合计	23445729	16893682	6603721	10289961	4486073	585576	1480398
#存货	6296485	5048598	1997653	3050945	1007047	87027	153813
#在建工程	270574	102352	77023	25329	108615	8061	51546
固定资产合计	6486315	4177446	2268609	1908837	1726669	79380	502820
固定资产原价	9350864	6294318	2917457	3376861	2288936	101843	665767
#生产经营用	7702334	5088523	2508877	2579646	1928483	90717	594611
累计折旧	3207275	2277760	766727	1511033	677080	36338	216097
#本年折旧	555396	416048	149221	266827	101123	7637	30588
无形及递延资产合计	1427202	1264229	1081876	182353	99451	17265	46257
#无形资产	1351857	1243034	1073928	169106	59126	10794	38903
负债合计	21464756	15606037	5284041	10321996	4616641	271477	970601
流动负债	20877245	15047310	4918867	10128443	4601287	270116	958532
长期负债	587511	558727	365174	193553	15354	1361	12069
所有者权益合计	10789741	7273521	4950892	2322629	1872730	455653	1187837
#实收资本	9212029	5964292	4022840	1941452	1882835	463910	900992
#国家	1498783	900242	212699	687543	376752	10047	211742
集体	561833	513790	411174	102616	30284	3200	14559
法人	3148395	1924586	1133743	790843	1079044	90854	53911
损益及分配							
工程结算收入	37387559	27491337	15354800	12136537	7960961	510713	1424548
工程结算成本	33412796	24828793	14102552	10726241	6951161	436117	1196725
工程结算税金及附加	1204463	892121	505883	386238	255494	16040	40808
工程结算利润	2691738	1727177	712950	1014227	727748	56785	180028
其他业务收入	606711	346822	104337	242485	236401	1161	22327
#其他业务利润	78359	43843	26946	16897	31126	385	3005
管理费用	1891053	1134699	490907	643792	591877	47165	117312
#税金	45819	33749	20796	12953	8124	1746	2200
财产保险费	14774	6888	4175	2713	4847	964	2075
劳动失业保险费	276902	157040	72994	84046	105711	1601	12550
财务费用	145568	114547	41954	72593	27194	3199	628
#利息支出	92635	80221	33566	46655	9555	807	2052
营业利润	733476	521774	207035	314739	139803	6806	65093
利润总额	722034	531370	199091	332279	129434	7227	54003
#应交所得税	185318	117686	66590	51096	40718	5291	21623
应付利润	254776	220430	64797	155633	28745	1923	3678
利税总额	1972316	1457240	725770	731470	393052	25013	97011
工资、福利费							
本年应付工资总额	5057773	3821779	2446526	1375253	981403	71325	183266
本年应付福利费总额	374365	263684	181747	81937	88153	3275	19253
亏损企业个数	104	33	23	10	24	35	12
应收工程款(千元)	5619822	4195698	2320587	1875111	1107661	104446	212017
#竣工工程	1973715	1159506	675243	484263	609651	49410	155148

9-3 劳务分包建筑企业生产经营情况

（2006 年）

指　标	合计	内资企业	私营企业
企业数（个）	27	27	18
有工作量企业	14	14	10
年末从业人员（人）	3874	3874	1089
计算劳动生产率的平均人数（人）	3449	3449	659
建筑业总产值	62023	62023	18296
装饰装修产值	4572	4572	4200
年末从业人员中管理人员	221	221	169
年末从业人员中工程技术人员	424	424	373
年末从业人员中现场施工工人	3156	3156	474
固定资产原价	15467	15467	12805
本年折旧	3861	3861	3357
资产总计	45212	45212	37129
负债合计	17124	17124	14045
实收资本	27894	27894	22910
集体资本	2500	2500	
法人资本	15114	15114	14230
个人资本	10280	10280	8680
营业收入合计	63871	63871	16796
主营业务收入	63805	63805	16750
主营业务成本	59026	59026	13699
主营业务税金及附加	1477	1477	559
费用合计	4768	4768	2809
营业利润	-216	-216	-193
利润总额	-125	-125	-101
从业人员劳动报酬	49900	49900	6513
劳动、失业保险费	209	209	145
全部从业人员年平均人数（人）	3467	3467	676

9-4 建筑业企业房屋建筑工程生产情况

单位:万平方米

指　　标	2005 年	2006 年
合　计	**765.43**	**1016.37**
厂房、仓库	42.36	75.92
住宅	508.13	572.12
办公用房	68.80	91.73
批发和零售用房	17.20	20.15
住宿和餐饮用房	13.12	20.31
居民服务业用房	0.94	16.51
教育用房	66.92	59.49
文化、体育用房	2.80	13.66
卫生医疗用房	7.01	5.76
科研用房	5.63	4.28
其他用房	32.52	136.45

9-5 各县(市)区建筑业企业个数及从业人员

(2006 年底)

县(市)区	企业个数(个)	#国有	#集体	从业人员(人)	计算劳动生产率的平均人数(人)	#国有	#集体
全　市	**556**	**54**	**33**	**268798**	**293257**	**63123**	**7175**
中原区	72	9	6	40496	63194	12538	649
二七区	68	10	8	37267	37770	9886	1718
管城区	45	5	1	26926	32959	19985	192
金水区	251	18	3	103068	101291	17474	194
上街区	11	1	2	3140	4350	977	183
邙山区	24	3	1	14680	12075		
中牟县	12	3	2	4260	4424	1810	238
巩义市	5		1	1842	2176		128
荥阳市	20	2		15726	13428	53	
新密市	24	3	2	8795	8762	400	
新郑市	17		6	7795	8287		3468
登封市	7		1	4803	4541		405

9-6　各县(市)区建筑业合同及承包工程完成情况

(2006 年底)

单位:千元

县(市)区	签定的合同额	上年结转合同额	本年新签合同额	直接从建设单位承揽工程完成产值	自行完成施工产值	分包出去工程产值	从建设单位以外承揽工程完成产值
全　市	**73724231**	**27850326**	**45873905**	**40338158**	**39575062**	**763096**	**551446**
中原区	19260143	7544360	11715783	9880383	9541635	338748	30081
二七区	10068038	2965982	7102056	6199506	5967910	231596	130071
管城区	9328122	3664582	5663540	4603458	4599390	4068	
金水区	23741217	9926998	13814219	13238491	13140601	97890	353174
上街区	3474410	465503	3008907	1289756	1198962	90794	2798
惠济区	1240714	438201	802513	828863	828863		4130
中牟县	792057	223570	568487	993921	993921		5134
巩义市	498960	201350	297610	266751	266751		
荥阳市	3199697	1236463	1963234	1417008	1417008		
新密市	585014	230713	354301	530924	530924		26058
新郑市	1276286	853217	423069	907568	907568		
登封市	259573	99387	160186	181529	181529		

9-7　各县(市)区建筑业总产值及工程产值

(2006 年)

单位:千元

县(市)区	总产值	#国有	#集体	建筑工程产　值	#国有	#集体
全　市	**40126508**	**13108386**	**573255**	**31943243**	**7719039**	**508463**
中原区	9571716	3112317	66000	6546855	830930	66000
二七区	6097981	2891267	177983	5082832	2242924	166503
管城区	4599390	3212114	27850	4239048	3035930	27850
金水区	13493775	2783733	47760	11463881	1405013	47760
上街区	1201760	480159	5331	557919	106806	5331
惠济区	832993			602778		
中牟县	999055	582030	16969	366416	50670	649
巩义市	266751		21690	266751		21690
荥阳市	1417008	12000		1269713	12000	
新密市	556982	34766		524643	34766	
新郑市	907568		203902	851796		166910
登封市	181529		5770	170611		5770

9-8 各县(市)区建筑业竣工产值

(2006 年)

单位:千元

县(市)区	竣工产值	#国有	#集体
全 市	**23425042**	**7216488**	**296798**
中原区	4676880	2283447	29720
二七区	4443694	1361554	59907
管城区	1825159	1105209	
金水区	8933795	1786253	40410
上街区	913750	390205	
惠济区	371580		
中牟县	481952	263273	16969
巩义市	211150		37460
荥阳市	531272	12000	
新密市	206079	14547	
新郑市	732644		112332
登封市	97087		

9-9 各县(市)区建筑业全员劳动生产率

(2006 年)

单位:元/人

县(市)区	按总产值计算全员劳动生产率	#国有	#集体
全 市	**136831**	**207664**	**79896**
中原区	151466	248231	101695
二七区	161450	292461	103599
管城区	139549	160726	145052
金水区	133218	159307	246186
上街区	276267	491463	29131
惠济区	68985		
中牟县	225826	321564	71298
巩义市	122588		169453
荥阳市	105526	226415	
新密市	63568	86915	
新郑市	109517		58795
登封市	39976		14247

9-10　各县(市)区建筑业房屋建筑施工、竣工面积

(2006 年)

单位:平方米

县(市)区	施工面积	#国有	#集体	竣工面积	#国有	#集体
全　市	**39208848**	**5819836**	**849705**	**10163683**	**375627**	**228514**
中原区	4870454	216764	284417	2343438	123248	45163
二七区	3000136	320763	23477	1059629		
管城区	5344558	3123532	123543	629668		
金水区	17364808	2029127		3829095	163073	
上街区	454296	129650		113952	89306	
惠济区	1465152			487189		
中牟县	628630		100	208520		
巩义市	674289		122875	310042		61750
荥阳市	3911851			683447		
新密市	585929			304755		
新郑市	461609		194043	193948		121601
登封市	447136		101250			

9-11　各县(市)区建筑业自有机械设备情况

(2006 年底)

单位:千瓦

县(市)区	总功率	#国有	#集体	自有设备净值	#国有	#集体
全　市	**1608638**	**669870**	**32626**	**2965721**	**1143947**	**64961**
中原区	142666	104514	1100	536031	387449	5960
二七区	208359	114401	2978	433202	244261	16024
管城区	200681	96624	6800	238761	159697	1118
金水区	670024	264791	1520	1078897	175605	10082
上街区	25850	1516		79392	3794	
惠济区	120344			104758		
中牟县	91292	85374	100	231920	171571	51
巩义市	21924		2284	30160		1624
荥阳市	72185	1350		66221	770	
新密市	19372	1300		33843	800	
新郑市	27510		17058	116903		29951
登封市	8431		786	15633		151

9-12 各县(市)区建筑业实收资本及资产合计

(2006 年底)

单位:千元

县(市)区	实收资本	#国有	#集体	资产合计	#国有	#集体
全 市	**8797256**	**1882940**	**229834**	**32117028**	**11618743**	**847542**
中原区	1819747	468045	42230	10223399	2825902	79190
二七区	1007388	419471	59544	6215812	3519985	497406
管城区	905508	239951	3969	3761791	2556677	9299
金水区	3510390	521291	10000	7979593	1864034	37744
上街区	155535	11804	12711	595409	78769	24585
惠济区	202884			377223		
中牟县	306739	209972	6636	992173	736520	26290
巩义市	136500		23660	231505		24760
荥阳市	350514	2406		535011	9030	
新密市	177405	10000		367673	27826	
新郑市	167684		61684	721746		138291
登封市	56962		9400	115693		9977

9-13 各县(市)区建筑业流动资产及固定资产

(2006 年底)

单位:千元

县(市)区	流动资产合计	#国有	#集体	固定资产合计	#国有	#集体
全 市	**23386167**	**8654000**	**648557**	**6413288**	**2366742**	**156193**
中原区	7982740	2006982	56919	1418230	623128	18978
二七区	4999149	2790216	441595	941833	580153	38170
管城区	2648723	1919682	8181	666417	468438	1118
金水区	5275289	1376858	26094	2098972	407097	11650
上街区	397119	60910	15147	188239	16694	9424
惠济区	240975			120435		
中牟县	638513	474497	10675	337190	259324	14391
巩义市	125171		3030	91392		21280
荥阳市	261986	5106		229651	3831	
新密市	247396	19749		111435	8077	
新郑市	506069		81551	164118		36570
登封市	63037		5365	45376		4612

9-14　各县(市)区建筑业工程结算收入及负债

(2006 年)

单位:千元

县(市)区	工程结算收入	#国有	#集体	负债合计	#国有	#集体
全　市	**37377950**	**12610961**	**506718**	**21452661**	**8934166**	**604613**
中原区	10316204	3100372	18655	7614080	1915464	36799
二七区	6084638	2970245	137001	5032929	3130812	442494
管城区	4510848	3199241	3803	2431638	1921447	5551
金水区	11245014	2466520	27275	4232651	1357726	27334
上街区	869889	223148	9665	432381	66965	11874
惠济区	675590			151776		
中牟县	1040150	609969	102309	664771	522366	11033
巩义市	274861		31670	55937		810
荥阳市	1081355	6700		118281	1353	
新密市	305744	34766		151615	18033	
新郑市	798956		147300	525535		68141
登封市	174701		29040	41067		577

9-15　各县(市)区建筑业利润、利税总额

(2006 年)

单位:千元

县(市)区	利润总额	#国有	#集体	利税总额	#国有	#集体
全　市	**724705**	**103459**	**7004**	**1974623**	**499211**	**22479**
中原区	306591	49710	-677	651649	150242	-16
二七区	113954	35279	1839	312760	127461	6541
管城区	25640	15359	78	184343	125782	209
金水区	134762	19133	26	512490	93372	935
上街区	17061	-13987	24	42375	-11312	313
惠济区	21461			44280		
中牟县	11682	-2631	556	41249	12134	4266
巩义市	17247		70	30498		1200
荥阳市	25112	153		60782	594	
新密市	18130	443		29577	938	
新郑市	21318		4505	47786		7518
登封市	11747		583	16834		1513

主要统计指标解释

建筑业统计单位 指从事房屋、构筑物建造和设备安装活动的法人企业。建筑业法人企业应同时具备的条件是:① 依法成立,有自己的名称、组织机构和场所,能够承担民事责任;②独立拥有和使用资产,承担负债,有权与其他单位 签订合同;③独立核算盈亏,能够编制资产负债表。

建筑业总产值(即自行完成施工产值) 是以货币表现的建筑安装企业在一定时期内生产的建筑业产品的总和。建筑业总产值包括:

(1)建筑工程产值:指列入建筑工程预算内的各种工程价值。

(2)设备安装工程产值:指设备安装工程价值,不包括被安装设备本身价值。

(3)房屋、构筑物修理产值:指房屋、构筑物修理所完成的价值,但不包括被修理房屋、构筑物本身的价值和生产设备的修理价值。

(4)非标准设备制造产值:指加工制造没有定型的、非标准的生产设备的加工费和原材料价值,以及附属加工厂为本企业承建工程制作的非标准设备的价值。

建筑业增加值 指建筑业企业在报告期内以货币表现的建筑业生产经营活动的最终成果。目前建筑业增加值采用分配法(收入法)计算,即从收入的角度出发,根据生产要素在生产过程中应得的收入份额计算。具体计算公式为:

建筑业增加值 = 本年提取的固定资产折旧 + 应付工资 + 应付福利费 + 管理费用中的劳动待业保险金、税金 + 工程结算税金及附加 + 工程结算利润

房屋建筑施工面积 指在报告期内施工的全部房屋建筑面积,包括本期新开工的房屋面积、上期施工跨入本期继续施工的房屋面积、上期停缓建在本期恢复施工的房屋面积、本期竣工的房屋面积及本期施工后又停缓建的房屋面积。

房屋建筑竣工面积 指在报告期内房屋建筑按照设计要求全部完工,达到了住人和使用条件,经验收鉴定合格,正式移交使用单位的房屋建筑面积。

自有机械设备年末总台数 指归本企业所有,属于本企业固定资产的生产性机械设备年末总台数。包括施工机械、生产设备、运输设备以及其他设备。

自有机械设备年末总功率 指本企业自有施工机械、生产设备、运输设备以及其他设备等列为在册固定资产的生产性机械设备年末总功率,按设定能力或查定能力计算。包括机械本身的动力和为该机械服务的单独动力设备,如电动机等。计算单位用千瓦,动力换算可按 1 马力 = 0.735 千瓦折合成千瓦数。电焊机、变压器、锅炉不计算动力。

工程结算收入 指企业承包工程实现的工程价款结算收入,以及向发包单位收取的除工程价款以外的按规定列作营业收入的各种款项,如临时设施费、劳动保险费、施工机械调迁费等以及向发包单位收取的各种索赔款。

工程结算利润 指已结算工程实现的利润,如亏损以“ - ”号表示。计算公式为:

工程结算利润 = 工程结算收入 - 工程结算成本 - 工程结算税金及附加

企业总收入 指与企业生产经营直接有关的各项收入,包括工程结算收入和其他业务收入。计算公式为:

企业总收入 = 工程结算收入 + 其他业务收入

十、交通运输、邮电通讯

10-1 公路里程、桥梁涵洞及养路费收入

（2006 年底）

指　　标	单位	合计	国道	省道	县道	乡道	专用道	村道
公路里程	**公里**	**11742.3**	**260**	**590.6**	**931.4**	**3946.4**	**247.1**	**5766.8**
高速公路	公里	53.6		53.6				
一级公路	公里	37.8	37.8					
二级公路	公里	1642.3	222.2	426.4	614.8	329.4	23.5	26
三级公路	公里	1588.6		68.8	223.4	935.8	170.5	190.1
四级公路	公里	5630.7		41.8	77.2	2417.2	46.7	3047.8
等外公路	公里	2789.3			16	264	6.4	2502.9
按路面等级分	**公里**	**11742.3**	**260**	**590.6**	**931.4**	**3946.4**	**247.1**	**5766.8**
有铺装路面	公里	2907.2	200.3	390.2	120.6	926.6	80.7	1188.8
简易铺装路面	公里	5920.4	59.7	198.6	793	2722.7	159.2	1987.2
未铺装路面	公里	2914.7		1.8	17.8	297.1	7.2	2590.8
养护里程	**公里**	**6783.8**	**244.9**	**590.6**	**931.4**	**3941.1**	**243.5**	**832.3**
专用道班养护	公里	1714.3	244.9	590.6	670.3	193.9	14.6	
#油路养护	公里	1714.3	244.9	590.6	670.3	193.9	14.6	
群众养护	公里	5069.5			261.1	3747.2	228.9	832.3
公路绿化里程	**公里**	**5125.6**	**223**	**398**	**776.6**	**2677.6**	**170.5**	**879.9**
涵洞	**米**	**66215.7**	**7859.7**	**14247.6**	**10978.5**	**17907.9**	**2178**	**13044**
	道	**6640**	**281**	**564**	**888**	**2484**	**248**	**2175**
隧道	**米**	**3211.1**			**863.4**	**1492.7**	**465**	**390**
	道	**14**			**2**	**6**	**2**	**4**
桥梁总计	**米**	**45043.5**	**5577.1**	**13176.4**	**6789.3**	**11479.5**	**741.7**	**7279.5**
	座	**1151**	**61**	**187**	**161**	**409**	**27**	**306**
#大中桥	米	31432	3951.3	11775.9	5300.7	6769.7	386.9	3247.5
	座	391	38	102	65	119	6	61
#大桥	米	14844.4	2411.6	7986.3	2238.2	1646.3		562
	座	69	11	35	7	11		5

附：1. 养路费收入总计：83092.2 万元，其中汽车：78837.1 万元。2. 公路通车里程中，市区 1374.1 公里，郑少高速 53.6 公里，上街区 164.8 公里，中牟县 1580.4 公里，巩义市 1939.3 公里，荥阳市 1461.6 公里，新密市 2078 公里，新郑市 1384.6 公里，登封市1705.9 公里。3. 郑州市通车总里程 12060.9 公里 = 省管高速公路 306.6 公里 + 省管一级公路 12 公里 + 市管里程 11742.3 公里。

10-2 民用车辆拥有量

（2006 年底）

单位:辆

指标名称	总 计	营运	非营运	#个人
合 计	**1200494**	**230599**	**969895**	**1049276**
汽车	**455262**	**114271**	**340991**	**319446**
载客汽车	287300	22895	264405	196451
大型	8556	7135	1421	473
中型	7900	2578	5322	2587
小型	215244	12458	202786	149639
微型	55600	724	54876	43752
#轿车	153767	12558	141209	107041
载货汽车	79621	47409	32212	40730
重型	19843	15510	4333	7421
中型	14096	11125	2971	6979
轻型	30831	18560	12271	14948
微型	14851	2214	12637	11382
其它汽车	88341	43967	44374	82265
电车	**81**	**81**		
无轨	81	81		
有轨				
摩托车	**517706**	**1030**	**516676**	**509794**
普通	499907	1021	498886	492136
轻便	17799	9	17790	17658
农用运输车	**110300**	**4900**	**105400**	**106950**
三轮	94500	2880	91620	91550
四轮	15800	2020	13780	15400
拖拉机	**112922**	**106900**	**6022**	**112322**
大中型	6600	6600		6600
小型方向盘式	106322	100300	6022	105722
挂车	**4151**	**3357**	**794**	**763**
其他类型车	**72**	**60**	**12**	**1**

附:机动车驾驶员 1011567 人,其中:汽车驾驶员 896178 人。

10-3 社会客货运输量

（2006 年）

指 标	单位	总 计	铁路	航空	公路	#独立核算单位
货运量	万吨	26693	2890	4	23778	1136
#市区	万吨	11513	794	4	10715	1011
货运周转量	万吨公里	2990905	1851686	4818	1134380	153700
#市区	万吨公里	1063586	455988	4818	602780	142139
客运量	万人	20404	2232	297	17875	4900
#市区	万人	14784	2176	297	12311	3863
客运周转量	万人公里	2164764	861862	336132	966770	450183
#市区	万人公里	1990559	791810	336132	862617	383781
换算周转量	万吨公里	3973626	2713548	29000	1231057	198718
#市区	万吨公里	1965840	1247798	29000	689042	180517

注:总计中含天然气管道运输量 21 万吨,换算周转量 21 万吨公里。

10-4 邮 电 业 务

（2006 年）

指　　标	单　位	全　市	#市区
邮电业务总量(2000 不变价)	万元	1478617	969550
#邮政	万元	57620	37064
电信	万元	1420997	932486
函件	万件	8189	6702
包件	万件	97.6	82.8
特快专递	万件	212	181
汇票	万张	140.4	104.2
邮政储蓄余额	万元	995940	483047
集邮	万枚	2017	1268
订销报纸累计份数	万份	13017	7180
订销杂志累计份数	万份	769	617
报刊流转额	万元	11412	7717
长途电话	万张	29875	27169
市话通话量	万张	642379	495346
邮电局(所)数	处	423	187
邮路总长度	公里	48565	47235
#航空邮路	公里	28414	28414
订销报纸期发份数	万份	62	41
订销杂志期发份数	万份	61.9	52.5
长话电路数	路	116100	116100
市话总容量	万门	431.4	313.1
移动电话用户期末数	万户	485.1	309.4
固定电话期末到达户数	万户	232.5	141.1
#住宅电话	万户	135	84.1
公用电话	万户	51.1	38.2
互联网用户期末数	万户	68.5	52.1

主要统计指标解释

公路里程 指在一定时期内实际达到《公路工程技术标准 JTJ01—88》规定的等级公路，并经公路主管部门正式验收交付使用的公路里程数。其计算单位为:km。它包括大中城市的郊区公路以及通过小城镇街道部分的公路里程，也包括桥梁、渡口的长度，但不包括大中城市的街道、厂矿、林区生产用道和农业生产用道的里程。两条或多条公路共同经由同一路段，只计算一次，不得重复计算里程长度。公路里程是反映公路建设发展规模的重要指标，也是计算运输网密度等指标的基础资料。

货(客)运量 指在一定时期内，各运输部门实际运送的货物(旅客)数量。是反映运输业为国民经济和人民生活服务的数量指标，也是制定和检查运输生产计划，研究运输发展规模和速度的重要指标。货运按吨计算，客运按人计算。货物不论运输距离长短，货物类别，均按实际重量统计；旅客不论里程远近或票价多少，均按一人一次作为客运量统计。半价票、小孩票也按一人统计。

货物(旅客)周转量 指在一定时期内，由各种运输工具运送的货物(旅客)数量与其相应运输距离的乘积之总和，是反映运输业生产总成果的重要指标，也是编制和检查运输生产计划，计算运输效率、劳动生产率以及核算运输单位成本的主要基础资料。通常以吨公里和人公里为计算单位。计算货物周转量通常按发出站到达站之间的最短距离，也就是计费距离计算。

邮电业务总量 指以货币表现的邮电部门用于传递信息和提供其他邮电服务的总数量。它综合反映了一定时期邮电工作的总成果，是研究邮电业务量构成和发展趋势的重要指标。根据邮电管理体制不同，分为中央国营业务总量和地方国营业务总量。它用各种邮电分类业务量，如函件件数、电报份数、长话张数、市内电话和农村电话的年均户数、订销报刊累计份数等，分别乘以相应的平均单价(不变价)，加总后再加上出租电路和设备的收入、代用户维护电话交换机和线路等设备的收入、其他业务收入求得。

十一、国内贸易

11-1 社会消费品零售总额

（2006 年）

单位：万元

类别	合计	贸易住宿餐饮企业	贸易住宿餐饮个体	其他
社会消费品零售总额	**8221881**	**3056219**	**5018224**	**147438**
按销售地区分				
市的零售额	5768011	2761513	2925038	81460
县的零售额	374832	13309	345988	15535
县以下的零售额	2079038	281397	1747198	50443
按行业分				
批发和零售贸易业	6771977	2831644	3940333	
住宿餐饮业	1302466	224575	1077891	
其他	147438			147438

11-2 分县(市)区社会消费品零售总额

（2006 年）

单位：万元

县(市)区	合计	市	县	县以下	批发和零售贸易业	住宿餐饮业	其他
中原区	512154	512154			415918	79322	16914
二七区	761154	761154			630836	120370	9948
管城区	574882	574882			507283	48578	19021
金水区	1697896	1697896			1253365	414953	29578
上街区	109641	109641			87172	21569	900
惠济区	174872	174872			115342	52901	6629
中牟县	364767		199702	165065	293594	60619	10554
巩义市	628998	382031		246967	492862	117269	18867
荥阳市	534541	365413		169128	425098	91820	17623
新密市	558556	375345		183211	421861	125756	10939
新郑市	555482	219165		336317	480280	54302	20900
登封市	457616	204261		253355	362224	83292	12100

11-3 批发和零售业商品

（2006 年）

指 标	法人企业（个）	产业活动单位（个）	非同行业附营产业活动单位（个）	同行业附营产业活动单位（个）	从业人数（人）
总计	**8722**	**9644**	**289**	**9355**	**244016**
限额以上企业总计	**858**	**1513**	**22**	**1491**	**61050**
批发业	**456**	**596**	**10**	**586**	**23183**
#国有及国有控股	113	177	2	175	12272
内资	366	532	6	526	22935
国有	63	86	2	84	7156
集体	14	72		72	1128
股份合作	3	3		3	76
联营企业	1	1		1	34
集体联营	1	1		1	34
有限责任公司	143	150	3	147	6611
国有独资公司	3	3		3	359
其他有限责任公司	143	147	3	144	6252
股份有限公司	30	60	1	59	3016
私营企业	199	217		217	4914
私营独资	5	5		5	199
私营合伙	3	3		3	40
私营有限责任公司	184	202		202	4294
私营股份有限公司	7	7		7	381
港澳台商投资企业	2	2		2	41
港澳台商独资	2	2		2	41
外商投资企业	1	5	4	1	207
中外合资经营		1	1		8
外资企业	1	3	2	1	85
外商投资股份有限公司		1	1		114
农畜产品批发	**36**	**39**	**2**	**37**	**2086**
食品、饮料及烟草制品批发	**30**	**48**	**3**	**45**	**4756**
米、面制品及食用油批发业	12	13	1	12	2045
烟草制品批发业	9	21		21	1626
纺织、服装及日用品批发	**31**	**22**		**22**	**1019**
服装批发业	4	5		5	387
文化、体育用品及器材批发	**9**	**11**		**11**	**617**
医药及医疗器材批发	**41**	**50**		**50**	**2184**
矿产品、建材及化工产品批发	**195**	**247**	**2**	**245**	**6839**
煤炭及制品批发业	21	21		21	865
石油及制品批发业	23	72	1	71	3501
金属及金属矿批发业	60	61	1	60	1417
建材批发业	6	6		6	251
化肥批发业	6	38		38	289
机械设备、五金交电及电子产品批发	**99**	**106**	**3**	**103**	**5282**
汽车、摩托车及零配件批发业	17	19	1	18	727
家用电器批发业	6	7	1	6	926
计算机、软件及辅助设备批发业	24	34		34	962
其他批发	**15**	**16**		**16**	**400**

购进、销售、库存总额

单位:万元

购进总额	#进口	销售总额合计	批发	#出口	零售	年末库存总额
11545017	**167734**	**15341288**	**12130774**	**460306**	**3210514**	**816550**
11545017	**167734**	**12368389**	**9718410**	**460306**	**2649979**	**816550**
9046613	**129001**	**9702738**	**9483243**	**460306**	**219496**	**600297**
6234749	37263	6667031	6541942	364641	125089	408400
8970293	129001	9625734	9407128	460306	218605	596755
1944767	27309	2063195	2002014	169212	61181	222319
71529		88113	85651		2462	3100
4587		4584	4584			147
1616		1783	1783			84
1616		1783	1783			84
1840203	18553	1997424	1957948	225916	39476	93114
36694	274	65401	65401	62498		4189
1803510	18279	1932023	1892547	163418	39476	88924
3703860		3937917	3850047	20883	87870	136537
1403731	83139	1532718	1505101	44294	27617	141455
28700		28631	28631			876
21726		21000	20543		457	2073
1288185	83139	1416521	1390150	44294	26372	135197
65119		66566	65777		788	3310
4917		6482	6482			183
4917		6482	6482			183
71403		70523	69633		890	3359
6844		6983	6983			
47732		48486	47595		890	1920
16827		15054	15054			1439
264815	**11222**	**328199**	**322525**	**42851**	**5674**	**78709**
674025	**32065**	**769504**	**760007**	**74603**	**9498**	**98000**
251743	32065	240993	239813	71594	1180	79310
354540		450683	446929	3010	3754	14879
296738	**67787**	**353594**	**353409**	**197515**	**185**	**28752**
70505	1291	80056	79871	55134	185	8268
300926		**300496**	**295233**	**13095**	**5263**	**48893**
554693	**169**	**569926**	**568939**	**5483**	**987**	**39707**
5590392	**13471**	**5978490**	**5845370**	**78372**	**133120**	**232700**
229050		268856	268856	3562		6976
4377609		4578124	4447935		130189	178528
679954	8008	715740	715661	856	79	23321
55120	59	61932	61932	3001		7261
36639		40404	38009		2395	533
1240338	**4289**	**1271551**	**1206782**	**48387**	**64769**	**62188**
374716		375464	338900	50	36564	17473
246890		260927	260429		497	11555
166930		169313	151204		18109	9676
124687		**130978**	**130978**			**11348**

指 标	法人企业（个）	产业活动单位（个）	非同行业附营产业活动单位（个）	同行业附营产业活动单位（个）	从业人数（人）
零售业	**402**	**917**	**12**	**905**	**37867**
#国有及国有控股	42	157	1	156	8411
内资	396	911	9	902	36695
国有	19	88	1	87	4094
集体	83	147		147	3854
股份合作	11	14	2	12	539
联营企业	1	1		1	101
其他联营	1	1		1	101
有限责任公司	91	278	2	276	9907
国有独资公司	1	1		1	200
其他有限责任公司	90	277	2	275	9707
股份有限公司	16	115	2	113	3308
私营企业	175	264	1	263	14856
私营独资	12	16		16	517
私营合伙	2	2		2	47
私营有限责任公司	146	227	1	226	13249
私营股份有限公司	15	19		19	1043
其他	3	4	1	3	36
港澳台商投资企业	1	2	1	1	802
与港澳台商合资经营	1	1		1	795
与港澳台商合作经营		1	1		7
外商投资企业	2	4	2	2	370
中外合资经营	2	3	1	2	260
外资企业		1	1		110
综合零售	**123**	**274**	**2**	**272**	**23137**
百货零售业	56	78	1	77	10034
超级市场零售业	25	126	1	125	11570
食品、饮料及烟草制品专门零售	**16**	**30**	**3**	**27**	**817**
纺织、服装及日用品专门零售	**18**	**104**	**1**	**103**	**1812**
服装零售业	6	11		11	410
文化、体育用品及器材专门零售	**17**	**71**		**71**	**1275**
体育用品零售业	1	1		1	158
图书零售业	7	57		57	894
医药及医疗器材专门零售	**13**	**109**		**109**	**1811**
药品零售业	11	107		107	1759
汽车、摩托车、燃料及零配件专门零	**108**	**164**	**6**	**158**	**4935**
汽车零售业	77	82	2	80	3933
机动车燃料零售业	25	74	3	71	776
家用电器及电子产品专门零售	**90**	**142**		**142**	**3485**
家用电器零售业	23	49		49	1614
计算机、软件及辅助设备零售业	47	58		58	1182
通讯设备零售业	11	26		26	536
五金、家具及室内装修材料专门零售	**12**	**18**		**18**	**519**
无店铺及其他零售	**5**	**5**		**5**	**76**
批发零售限额以下企业	**7864**	**8131**	**267**	**7864**	**182966**

单位:万元

购进总额	#进口	销售总额合计	批发	#出口	零售	年末库存总额
2498404	**38733**	**2665651**	**235168**		**2430483**	**216253**
328437		373399	46688		326710	24347
2246939	38733	2403444	235167		2168278	204959
83874		88318	21143		67175	8876
117419		116695	27408		89287	8880
24955		30440	2307		28134	1680
2149		2149			2149	1474
2149		2149			2149	1474
708037	933	785422	63154		722268	58474
674		854	54		800	221
707363	933	784568	63100		721468	58252
105272		136370	22277		114094	6452
1186054	37800	1224732	87450		1137282	119002
42699		43723	265		43458	2308
1986		2035	565		1470	62
1011759	37800	1065226	86021		979205	89329
129610		113749	598		113150	27303
19180		19319	11429		7889	121
165733		164980			164980	3765
165416		164586			164586	3735
316		393			393	30
85732		97226	1		97226	7529
73792		85217	1		85216	7329
11940		12010			12010	200
768542		**812382**	**28232**		**784150**	**83609**
408364		431591	12269		419323	40136
309846		325803	1161		324642	40645
32700		**35129**	**1228**		**33901**	**1806**
53600		**57147**	**934**		**56212**	**6706**
22104		25863			25863	654
46236		**44109**	**14350**		**29759**	**9938**
4032		3972	1629		2343	1249
23571		20535	3247		17288	4508
30631		**34582**	**216**		**34366**	**5386**
26869		30792	216		30576	5107
1230071	**38733**	**1315116**	**132909**		**1182207**	**72403**
1059573	38733	1114120	77213		1036907	66220
137970		167505	55352		112153	4268
312803		**340639**	**57253**		**283386**	**32273**
134121		151115	24192		126923	13462
106558		114602	14118		100484	9460
64486		67105	18755		48351	7953
18814		**21021**	**46**		**20975**	**3721**
5009		**5527**			**5527**	**411**
		2972899	**2412364**		**560535**	

11-4　分县(市)区限额以上批发零售贸易业商品购销存总额

(2006 年)

单位:万元

县(市)区	购进总额	#进口	销售总额	批发	#出口	零售	年末库存额
中原区	312027	59	324319	193481	3001	130838	22110
二七区	282552		292881	152665		140216	23300
管城区	575368		584604	509678		74926	33267
金水区	1890778	125306	2061344	1377722	66502	683622	186684
上街区	118128		132845	124859		7986	2733
惠济区	128294	6264	133056	57364		75692	9644
中牟县	98600		131070	101553		29517	8320
巩义市	126518		134518	86103		48415	6737
荥阳市	89366		97528	50519		47009	6548
新密市	129554		162829	125231		37598	9117
新郑市	250871		284943	162224		122719	10282
登封市	57673		65398	28466		36932	2580

11-5 分县(市)区限额以上批发零售贸易企业主要经济指标

(2006 年)　　单位:万元

县(市)区	流动资产合计	#存货	固定资产原价	资产总计	所有者权益	#实收资本	主营业务收入
中原区	88997	18902	6473	97250	12599	16544	269794
二七区	58481	19021	10751	84000	11721	14451	259142
管城区	131790	30942	16366	175249	8301	27739	503424
金水区	719242	166323	62165	819011	146164	169476	1816272
上街区	17978	3194	2141	19786	3876	2693	102205
惠济区	54487	9018	2548	58978	9751	9507	101696
中牟县	58925	36570	10837	87299	4945	6824	85114
巩义市	40567	7285	15233	69436	22070	17212	61920
荥阳市	18526	5803	5081	23720	8776	5051	84948
新密市	30146	11072	13706	44364	6971	8462	142833
新郑市	46183	15019	15424	65229	13821	6572	219066
登封市	12289	2096	9651	20252	7403	4004	60484

11-5 续表　　(2006 年)　　单位:万元

县(市)区	主营业务成本	主营业务税金及附加	主营业务利润	管理费用	#税金	利润总额	应缴增值税
中原区	256256	164	13373	3810	91	1241	1670
二七区	243524	535	15082	5126	91	2529	2369
管城区	485076	330	18018	4874	42	-1899	2497
金水区	1738404	1140	76728	28099	218	4120	11154
上街区	96827	197	5180	1671	29	700	927
惠济区	96632	37	5026	976	18	-89	498
中牟县	78934	711	5468	3712	50	-1830	719
巩义市	55457	372	6090	2659	142	2297	1272
荥阳市	77051	376	7519	2371	50	2820	1002
新密市	128869	253	13710	3995	92	4147	2548
新郑市	200855	310	17900	3670	108	4400	3433
登封市	53173	2051	5260	2218	67	1279	774

11-6 限额以上批发和零售业

（2006 年）

类　别	企业数（个）	#亏损企业数(个)	流动资产合　计	#存货
限额以上企业总计	**858**	**308**	**2790084**	**759774**
批发业	**456**	**153**	**1984474**	**578479**
#国有及国有控股	113	39	1075590	404049
内资	366	120	1966742	576647
国有	63	25	619585	223217
集体	14	4	14317	1472
股份合作	3		1386	1077
联营企业	1	1	447	84
集体联营	1	1	447	84
有限责任公司	143	36	592586	85208
国有独资公司	3	2	50933	4890
其他有限责任公司	140	34	541654	80311
股份有限公司	30	9	188934	134063
私营企业	199	77	549487	131534
私营独资	5	1	9180	1138
私营合伙	3		3230	1765
私营有限责任公司	184	41	520819	125869
私营股份有限公司	7	3	16258	2762
港澳台商投资企业	2	1	725	195
港澳台商独资	2	1	725	195
外商投资企业	1		17007	1637
外资企业	1		17007	1637
农畜产品批发	**36**	**17**	**295957**	**103081**
食品、饮料及烟草制品批	**30**	**9**	**280944**	**108877**
米、面制品及食用油批发业	12	6	217068	91101
烟草制品批发业	9		51090	14744
纺织、服装及日用品批发	**31**	**8**	**139548**	**23743**

企业财务状况

单位:万元

固定资产原价	累计折旧	#本年折旧	资产总计	负债总计	所有者权益
1169503	**280700**	**55423**	**4360322**	**3329743**	**1030579**
923845	**211581**	**39963**	**3185621**	**2299261**	**886360**
842347	170314	35175	2101198	1376302	724896
923158	211221	39927	3167289	2282134	885155
215174	61538	12250	996666	673652	323013
5337	3128	269	46225	49722	-3497
1061	819	81	3591	3119	472
25	13	4	459	209	251
25	13	4	459	209	251
57516	17453	3986	668657	574245	94413
7610	3187	399	66558	47255	19303
49907	14266	3587	602100	526990	75110
581168	95448	20175	769859	445691	324169
62878	32825	3162	681832	535497	146334
703	48	8	10089	7631	2458
54	14	4	3272	2560	712
61306	32557	3111	649642	509460	140181
816	206	39	18829	15846	2983
583	299	19	1281	2008	-726
583	299	19	1281	2008	-726
104	60	17	17051	15119	1932
104	60	17	17051	15119	1932
47260	**27595**	**1782**	**413527**	**334230**	**79297**
56374	**25040**	**2792**	**428820**	**280599**	**148221**
22033	7976	1082	289206	216400	72806
28768	14284	1402	92711	18356	74355
17032	**6027**	**721**	**165214**	**148940**	**16274**

类别	企业数(个)	#亏损企业数(个)	流动资产合计	#存货
服装批发业	4	1	46565	7074
文化、体育用品及器材批发	**9**		**99754**	**27717**
医药及医疗器材批发	**41**	**14**	**177678**	**39111**
矿产品、建材及化工产品批发	**195**	**78**	**527151**	**211408**
煤炭及制品批发业	21	7	63330	6696
石油及制品批发业	23	6	239842	165306
金属及金属矿批发业	60	22	150507	20674
建材批发业	6	2	22089	7203
化肥批发业	6	1	4911	490
机械设备、五金交电及电子产品批发	**99**	**25**	**422844**	**56048**
汽车、摩托车及零配件批发业	17	3	115144	15763
家用电器批发业	6	3	54305	12992
计算机、软件及辅助设备批发业	24	5	81280	6328
其他批发	**15**	**2**	**40599**	**8494**
零售业	**402**	**155**	**805610**	**181295**
#国有及国有控股	42	17	138284	21177
内资	396	155	730289	171828
国有	19	8	25663	6929
集体	83	8	33853	4868
股份合作	11	7	18707	3150
联营企业	1		12830	1135
其他联营	1		12830	1135
有限责任公司	91	43	232061	52399
国有独资公司	1	1	53397	569
其他有限责任公司	90	42	178664	51830
股份有限公司	16	7	29674	5579
私营企业	175	81	376293	97255
私营独资	12	4	10185	2153
私营合伙	2	2	657	56

单位:万元

固定资产原价	累计折旧	#本年折旧	资产总计	负债总计	所有者权益
3513	1826	234	59125	43656	15469
29759	**6205**	**1876**	**142455**	**96423**	**46032**
17420	**4739**	**1625**	**192702**	**170969**	**21733**
734436	**134263**	**29397**	**1341239**	**829645**	**511593**
9667	3408	655	83359	61824	21535
699568	121697	27304	1000908	558838	442070
9978	2890	621	166297	144714	21583
5421	2986	203	27986	20922	7064
665	242	20	5746	4298	1448
14160	**5590**	**1489**	**453925**	**402411**	**51514**
3129	964	378	121309	111032	10277
504	177	64	55177	53978	1199
2356	946	159	84391	65306	19086
7404	**2122**	**281**	**47739**	**36044**	**11696**
245659	**69119**	**15460**	**1174701**	**1030482**	**144219**
74262	26071	3354	240903	271537	-30634
197637	61939	13332	1014070	936928	77142
34903	10933	1634	60315	78403	-18088
12979	2904	355	60518	42515	18003
5476	1884	190	35797	45491	-9694
5868	1703		21203	14944	6259
5868	1703		21203	14944	6259
56408	17571	4747	293987	272728	21259
11726	6270	482	64045	97440	-33395
44682	11301	4265	229942	175288	54654
36472	12473	1676	87368	104299	-16931
45432	14447	4726	453590	377908	75682
1686	535	168	11408	7246	4161
319	34	3	941	324	617

类 别	企业数（个）	#亏损企业数(个)	流动资产合计	#存货
私营有限责任公司	146	70	335329	89738
私营股份有限公司	15	5	30122	5309
其他	3	1	1208	513
港澳台商投资企业	1		60702	4134
与港澳台商合资经营	1		60702	4134
外商投资企业	2		14620	5333
中外合资经营	2		14620	5333
综合零售	**123**	**32**	**289947**	**48512**
百货零售业	56	22	218000	14564
超级市场零售业	25	8	62984	31995
食品、饮料及烟草制品专门零售	**16**	**7**	**6275**	**1764**
纺织、服装及日用品专门零售	**18**	**3**	**21568**	**7252**
服装零售业	6	3	8540	690
文化、体育用品及器材专门零售	**17**	**9**	**17102**	**8454**
体育用品零售业	1		1699	1019
图书零售业	7	3	7318	4062
医药及医疗器材专门零售	**13**	**6**	**20017**	**7122**
药品零售业	11	6	18082	6883
汽车、摩托车、燃料及零配件专门零	**108**	**43**	**326771**	**70334**
汽车零售业	77	30	293692	63965
机动车燃料零售业	25	10	17992	4846
家用电器及电子产品专门零售	**90**	**49**	**115421**	**34840**
家用电器零售业	23	16	54662	18594
计算机、软件及辅助设备零售业	47	24	40042	8128
通讯设备零售业	11	5	13635	6854
五金、家具及室内装修材料专门零售	**12**	**3**	**6621**	**2614**
无店铺及其他零售	**5**	**3**	**1887**	**404**

单位:万元

固定资产原　　价	累计折旧	#本年折旧	资产总计	负债总计	所有者权益
40591	13134	4376	407904	342194	65710
2836	745	179	33337	28144	5193
99	25	5	1291	640	651
47800	7088	2109	139841	84604	55237
47800	7088	2109	139841	84604	55237
222	92	19	20791	8951	11841
222	92	19	20791	8951	11841
174397	**49088**	**9861**	**539612**	**523723**	**15889**
133421	37741	5033	418120	415042	3078
36967	10463	4582	106065	96972	9094
3034	**1013**	**142**	**9421**	**7294**	**2127**
2458	**866**	**377**	**32749**	**35300**	**-2551**
809	293	71	16886	22738	-5851
9575	**2480**	**407**	**26355**	**17309**	**9046**
235	94	34	2158	1964	194
8393	2124	342	15331	8577	6754
4324	**1053**	**133**	**30322**	**32239**	**-1916**
4199	998	116	28318	30641	-2323
41744	**10887**	**3721**	**397260**	**300181**	**97079**
36247	9243	3327	353784	273615	80170
4509	1351	291	27611	12959	14651
8324	**3065**	**717**	**128845**	**107272**	**21573**
3914	1652	308	62136	55443	6692
3772	1066	221	45273	34809	10463
394	206	153	13933	12965	968
1549	**569**	**76**	**7980**	**5518**	**2462**
255	**98**	**27**	**2157**	**1647**	**510**

11-6 续表 3　　(2006 年)

类　别	实收资本	国家资本	集体资本	法人资本
限额以上企业总计	**873527**	**414624**	**30750**	**196657**
批发业	**642241**	**395382**	**14740**	**138659**
#国有及国有控股	447126	393852	738	46156
内资	638991	395382	14740	136587
国有	108859	75755	277	30394
集体	2311		1970	106
股份合作	1328			300
联营企业	300		260	
集体联营	300		260	
有限责任公司	88538	30108	1884	27104
国有独资公司	11660	11660		
其他有限责任公司	76878	18448	1884	27104
股份有限公司	293828	277703	49	12925
私营企业	143828	11815	10300	65758
私营独资	3130			1680
私营合伙	462			60
私营有限责任公司	135921	11815	10300	63058
私营股份有限公司	4315			960
港澳台商投资企业	1177			
港澳台商独资	1177			
外商投资企业	2072			2072
外资企业	2072			2072
农畜产品批发	**74459**	**15694**	**348**	**29980**
食品、饮料及烟草制品批发	**54361**	**37823**	**360**	**12915**
米、面制品及食用油批发业	45106	34408	100	8598
烟草制品批发业	5462	2931		2531
纺织、服装及日用品批发	**20975**	**13366**	**349**	**3869**

单位:万元

个人资本	港澳台资本	外商资本	营业收入合计	#主营业务收入	主营业务成本
182188	**45427**	**3881**	**10331756**	**10273753**	**9623187**
92283	**1177**		**8214263**	**8196568**	**7685957**
6380			5659138	5645361	5236244
92283			8171382	8153686	7645117
2433			1699830	1693112	1549459
235			66010	66010	64783
1028			3927	3927	3622
40			1616	1616	1530
40			1616	1616	1530
29442			1712383	1709133	1619364
			63186	63186	55348
29442			1649197	1645947	1564016
3151			3337173	3331831	3112195
55955			1350444	1348059	1294163
1450			25879	25879	22812
402			18325	18314	17897
50748			1248264	1245895	1197949
3355			57976	57971	55506
	1177		5986	5986	4927
	1177		5986	5986	4927
			36896	36896	35913
			36896	36896	35913
28438			**270584**	**267055**	**245152**
2586	**677**		**643519**	**642856**	**562857**
2000			216607	216006	210189
			367292	367292	300609
2892	**500**		**291382**	**291076**	**275622**

类 别	实收资本	国家资本	集体资本	法人资本
服装批发业	8975	8470		175
文化、体育用品及器材批发	**14447**	**11276**		**2509**
医药及医疗器材批发	**33662**	**7414**		**19189**
矿产品、建材及化工产品批发	**376753**	**302198**	**13281**	**37159**
煤炭及制品批发业	20132	9130	97	5726
石油及制品批发业	304084	286739	446	14471
金属及金属矿批发业	25980	1731	10003	5837
建材批发业	6285			5625
化肥批发业	1757		1631	
机械设备、五金交电及电子产品批发	**59412**	**2851**	**394**	**31990**
汽车、摩托车及零配件批发业	8116	1000		3730
家用电器批发业	2051		100	801
计算机、软件及辅助设备批发业	26545	753		16330
其他批发	**8171**	**4760**	**9**	**1050**
零售业	**231286**	**19243**	**16010**	**57998**
#国有及国有控股	31451	16155	2496	6716
内资	184060	16348	16010	57846
国有	8446	8241	20	
集体	18665	28	6785	185
股份合作	2489	581	250	400
联营企业	6000		6000	
其他联营	6000		6000	
有限责任公司	56370	3048	29	28448
国有独资公司	1444	1444		
其他有限责任公司	54926	1605	29	28448
股份有限公司	13021	2693	2476	4938
私营企业	78843	1737	450	23743
私营独资	3867			
私营合伙	720			300

单位:万元

个人资本	港澳台资本	外商资本	营业收入 合　　计	#主营业务收入	主营业务 成　　本
330			58480	58480	54487
662			**211360**	**207374**	**191055**
7059			**483410**	**483021**	**467985**
24116			**5124517**	**5118321**	**4810069**
5178			235607	235607	215583
2428			3893734	3887792	3635697
8410			623261	623130	608996
660			53707	53707	49523
126			38004	38004	37355
24177			**1083001**	**1080375**	**1032540**
3386			310861	310768	299995
1150			210418	210418	198869
9462			159162	157592	154137
2352			**106491**	**106491**	**100676**
89905	**44250**	**3881**	**2117493**	**2077185**	**1937231**
4084	2000		234303	220295	201017
89905	70	3881	1927598	1887290	1770894
184			38883	37916	32482
11668			84503	82471	77890
1258			25960	25960	23682
			684		
			684		
20964		3881	624430	604377	565607
			827	827	847
20964		3881	623602	603550	564760
2913			102829	101713	93210
52843	70		1033034	1017577	962069
3867			38258	38196	35530
420			1739	1739	1681

11-6 续表 5 (2006 年)

类 别	实收资本	国家资本	集体资本	法人资本
私营有限责任公司	68362		400	22578
私营股份有限公司	5894	1737	50	865
其他	227	20		132
港澳台商投资企业	42180			
与港澳台商合资经营	42180			
外商投资企业	5047	2895		152
中外合资经营	5047	2895		152
综合零售	**122899**	**11306**	**14277**	**27217**
百货零售业	93600	11278	11286	15316
超级市场零售业	24713		22	11654
食品、饮料及烟草制品专门零售	**1577**	**494**	**67**	**391**
纺织、服装及日用品专门零售	**2984**	**80**	**508**	**1352**
服装零售业	1291			1160
文化、体育用品及器材专门零售	**4303**	**1969**	**50**	**1325**
体育用品零售业	275			275
图书零售业	1999	1969	30	
医药及医疗器材专门零售	**4476**	**1081**		**1708**
药品零售业	4076	1081		1308
汽车、摩托车、燃料及零配件专门零售	**64555**	**3556**	**300**	**14748**
汽车零售业	53226	173	250	13860
机动车燃料零售业	8832	3383	50	741
家用电器及电子产品专门零售	**27294**	**458**	**75**	**9933**
家用电器零售业	9513		25	5211
计算机、软件及辅助设备零售业	12172	458		3102
通讯设备零售业	2161		50	1320
五金、家具及室内装修材料专门零售	**2639**	**300**	**732**	**1254**
无店铺及其他零售	**560**		**2**	**70**

单位:万元

个人资本	港澳台资本	外商资本	营业收入 合　计	#主营业务收入	主营业务 成　本
45314	70		929265	913871	866105
3242			63771	63771	58753
75			17275	17275	15955
	42180		128777	128777	113949
	42180		128777	128777	113949
	2000		61118	61118	52387
	2000		61118	61118	52387
24040	**42180**	**3881**	**516946**	**490967**	**447693**
13540	42180		238088	234533	207708
9157		3881	224544	204152	189579
624			**30204**	**30193**	**27860**
1045			**51263**	**51166**	**44310**
131			22031	21994	19361
959			**38616**	**37635**	**31677**
			3868	3847	2806
			17899	16941	13201
1687			**31926**	**31926**	**28655**
1687			28414	28414	25479
43881	**2070**		**1140556**	**1133862**	**1075268**
38873	70		992269	985671	939410
2658	2000		125028	124932	113212
16828			**283405**	**276860**	**260529**
4277			131497	125726	116682
8612			85765	85187	81311
791			58795	58598	55646
353			**19406**	**19406**	**16712**
488			**5171**	**5171**	**4528**

11-6 续表6 （2006年）

类　别	主营业务税金及附加	主营业务利润	其他业务利润	营业费用
限额以上企业总计	**13086**	**637480**	**78786**	**346328**
批发业	**7980**	**502632**	**11170**	**236230**
#国有及国有控股	5802	403316	6680	166142
内资	7980	500590	11170	234380
国有	2145	141509	3845	55125
集体	154	1073	309	1444
股份合作	12	292		145
联营企业	2	84		59
集体联营	2	84		59
有限责任公司	1494	88274	4747	55547
国有独资公司	164	7673	220	1270
其他有限责任公司	1330	80601	4528	54277
股份有限公司	2852	216784	－1127	85079
私营企业	1321	52574	3396	36981
私营独资	651	2416		1348
私营合伙	26	392	－5	269
私营有限责任公司	619	47328	3393	33721
私营股份有限公司	26	2439	8	1644
港澳台商投资企业		1059		1308
港澳台商独资		1059		1308
外商投资企业		983		542
外资企业		983		542
农畜产品批发	**48**	**21855**	**2242**	**10948**
食品、饮料及烟草制品批	**1812**	**78187**	**1636**	**19499**
米、面制品及食用油批发业	21	5796	742	5111
烟草制品批发业	1073	65610	513	10758
纺织、服装及日用品批发	**91**	**15363**	**615**	**11439**

单位:万元

管理费用	#税金	#差旅费	#工会经费	财务费用	#利息支出
197680	**4534**	**7340**	**2190**	**36189**	**28851**
132067	**3121**	**5334**	**1806**	**28552**	**24266**
103317	2547	2815	1677	24100	20175
131734	3113	5320	1802	28330	24046
43879	932	1044	1215	10678	7062
916	22	31	3	115	107
85	15			20	20
22			1	3	
22			1	3	
28556	463	2276	159	1978	1611
4786	29	453	27	586	508
23770	434	1823	132	1392	1103
42340	1313	1105	331	11697	11642
15936	368	864	92	3840	3603
772	5	12	1	120	9
84	6			-13	
14574	354	806	82	3512	3357
507	4	46	9	221	237
128	3	3		1	
128	3	3		1	
206	5	12	4	221	221
206	5	12	4	221	221
10213	**138**	**483**	**40**	**4423**	**4369**
23435	**290**	**466**	**1104**	**3986**	**3858**
5687	47	289	29	3416	3392
14805	186	146	1058	31	42
4875	**82**	**256**	**27**	**907**	**582**

类 别	主营业务税金及附加	主营业务利润	其他业务利润	营业费用
服装批发业	17	3976	93	2956
文化、体育用品及器材批发	**298**	**16021**	**193**	**6198**
医药及医疗器材批发	**259**	**14777**	**878**	**6520**
矿产品、建材及化工产品批发	**4656**	**303597**	**2105**	**140071**
煤炭及制品批发业	447	19578	429	10696
石油及制品批发业	3322	248772	－32	112531
金属及金属矿批发业	325	13809	1046	9761
建材批发业	99	4084	396	1222
化肥批发业	146	503	35	254
机械设备、五金交电及电子产品批发	**727**	**47108**	**2984**	**38612**
汽车、摩托车及零配件批发业	177	10596	350	6689
家用电器批发业	196	11353	87	9774
计算机、软件及辅助设备批发业	69	3387	217	1849
其他批发	**91**	**5724**	**518**	**2944**
零售业	**5107**	**134848**	**67615**	**110098**
#国有及国有控股	1458	17820	14786	19172
内资	4998	111398	55275	105292
国有	1243	4191	1400	2325
集体	921	3660	809	1928
股份合作	93	2185	874	1099
联营企业	38	－38	684	65
其他联营	38	－38	684	65
有限责任公司	993	37777	24982	46950
国有独资公司	7	－27	275	361
其他有限责任公司	986	37804	24707	46589
股份有限公司	236	8267	4130	4032
私营企业	1415	54093	22396	48457
私营独资	221	2445	32	1391
私营合伙	2	57		38

单位:万元

管理费用	#税金	#差旅费	#工会经费	财务费用	#利息支出
1235	9	30	9	196	97
5499	**287**	**92**	**44**	**330**	**318**
6278	**123**	**402**	**42**	**1352**	**1157**
64766	**1901**	**2013**	**449**	**17228**	**13438**
4579	191	197	19	124	144
47905	1349	1021	342	15583	12156
4204	114	136	34	750	526
1427	93	85	20	198	147
256	7	20	2	23	19
15008	**204**	**1560**	**84**	**-261**	**-26**
2568	18	214	11	-730	-289
1783	62	629	4	116	64
1765	20	162	9	308	288
1993	**95**	**63**	**16**	**587**	**571**
65612	**1414**	**2006**	**384**	**7637**	**4584**
10542	266	252	76	647	503
55800	1212	1833	343	7057	4585
3616	149	149	37	552	459
2143	52	44	14	478	347
1349	43	29	6	1031	1031
433	82				
433	82				
15564	364	573	123	734	68
973	81	16	9	-1	
14591	283	557	114	735	68
7910	134	135	20	1240	1078
24579	388	903	142	3023	1602
1004	12	11	6	154	63
29	2	5		-1	-1

11-6 续表 8 （2006 年）

类 别	主营业务税金及附加	主营业务利润	其他业务利润	营业费用
私营有限责任公司	948	46818	16305	43816
私营股份有限公司	245	4774	6059	3213
其他	59	1262		437
港澳台商投资企业	101	14727	12234	1718
与港澳台商合资经营	101	14727	12234	1718
外商投资企业	8	8723	106	3088
中外合资经营	8	8723	106	3088
综合零售	**2685**	**40589**	**56067**	**56374**
百货零售业	1724	25101	29939	14308
超级市场零售业	262	14311	26009	41547
食品、饮料及烟草制品专门零售	**249**	**2084**	**57**	**1230**
纺织、服装及日用品专门零售	**237**	**6619**	**946**	**3198**
服装零售业	114	2519	841	2049
文化、体育用品及器材专门零售	**114**	**5844**	**486**	**3381**
体育用品零售业	11	1030	4	652
图书零售业	42	3697	347	2068
医药及医疗器材专门零售	**58**	**3213**	**77**	**1391**
药品零售业	53	2883	77	1184
汽车、摩托车、燃料及零配件专门零	**1039**	**57555**	**4219**	**28028**
汽车零售业	740	45521	4022	22492
机动车燃料零售业	282	11438	155	5051
家用电器及电子产品专门零售	**448**	**15883**	**5645**	**14372**
家用电器零售业	285	8760	4432	9715
计算机、软件及辅助设备零售业	98	3779	510	2250
通讯设备零售业	58	2895	671	2277
五金、家具及室内装修材料专门零售	**218**	**2477**	**118**	**1796**
无店铺及其他零售	**59**	**583**		**328**

单位:万元

管理费用	#税金	#差旅费	#工会经费	财务费用	#利息支出
16283	320	853	105	2565	1417
7263	54	35	30	306	122
207				-1	
9346	201	169	41	582	
9346	201	169	41	582	
467		4		-3	-1
467		4		-3	-1
34063	**736**	**552**	**188**	**2793**	**1489**
27878	587	349	127	2619	1419
5555	123	187	60	91	57
526	**40**	**24**	**2**	**49**	**23**
2230	**13**	**44**	**6**	**989**	**951**
1050	3	38	4	971	969
2591	**69**	**134**	**28**	**215**	**167**
198		17		7	
1839	67	72	25	139	137
2031	**13**	**21**	**14**	**42**	**40**
1933	13	21	12	19	18
16429	**363**	**1014**	**108**	**2884**	**1555**
14647	283	904	98	2752	1432
1261	76	60	9	103	102
6654	**175**	**161**	**32**	**665**	**366**
3328	141	66	16	510	279
1843	18	44	5	147	104
1143	16	17	10	9	-16
855	**3**	**34**	**6**	**4**	
234	**1**	**23**		**-3**	**-7**

类 别	营业利润	利润总额	应缴所得税
限额以上企业总计	**136069**	**140072**	**61358**
批发业	**116953**	**119293**	**49959**
#国有及国有控股	116437	116622	46789
内资	117316	119654	49948
国有	35672	47751	18823
集体	-1093	-1148	10
股份合作	42	42	1
联营企业	-1	-1	
集体联营	-1	-1	
有限责任公司	6942	6058	4266
国有独资公司	1251	1228	527
其他有限责任公司	5690	4830	3739
股份有限公司	76541	64634	24808
私营企业	-787	2318	2040
私营独资	176	6	2
私营合伙	47	47	5
私营有限责任公司	-1086	2364	1966
私营股份有限公司	75	-99	67
港澳台商投资企业	-378	-377	7
港澳台商独资	-378	-377	7
外商投资企业	15	16	5
外资企业	15	16	5
农畜产品批发	**-1487**	**4306**	**1384**
食品、饮料及烟草制品批发	**32903**	**39305**	**14694**
米、面制品及食用油批发业	-7676	-1578	334
烟草制品批发业	40529	41023	14267
纺织、服装及日用品批发	**-1244**	**-1242**	**77**

单位:万元

劳动、失业保险费	住房公积金和住房补贴	本年应付工资总额	本年应付福利费总额	本年应交增值税	全部从业人员年平均人数(人)
13056	**2845**	**97450**	**14470**	**86191**	**62235**
10571	**2543**	**60289**	**9694**	**62964**	**35087**
9940	2380	45716	7607	48620	24116
10541	2536	60103	9689	62660	35009
3866	1251	20464	3938	13905	7944
114	2	839	84	83	987
		64	5	58	72
		27	5	18	30
		27	5	18	30
816	251	12735	2120	12135	7587
95	39	453	312	211	220
721	212	12282	1808	11924	7367
5361	853	18570	2512	29456	14036
384	179	7405	1024	7006	4353
		75	14	77	136
2		37	5	47	35
370	178	6754	929	6595	3752
12	1	539	76	287	430
1		90		148	50
1		90		148	50
29	8	96	6	156	28
29	8	96	6	156	28
253	**135**	**3356**	**383**	**384**	**1997**
2522	**937**	**12393**	**2558**	**6039**	**4010**
230	78	2006	258	192	1577
2052	813	8941	2111	5221	1522
280	**60**	**1832**	**237**	**637**	**918**

11-6 续表 10 （2006 年）

类 别	营业利润	利润总额	应缴所得税
服装批发业	-319	-244	31
文化、体育用品及器材批发	**4188**	**4215**	**1976**
医药及医疗器材批发	**1505**	**1678**	**954**
矿产品、建材及化工产品批发	**83638**	**73086**	**29432**
煤炭及制品批发业	4607	4768	1516
石油及制品批发业	72721	62125	25225
金属及金属矿批发业	140	128	649
建材批发业	1634	1845	652
化肥批发业	4	4	4
机械设备、五金交电及电子产品批发	**-3267**	**-2866**	**1158**
汽车、摩托车及零配件批发业	2419	2413	878
家用电器批发业	-233	-175	46
计算机、软件及辅助设备批发业	-319	-303	55
其他批发	**717**	**810**	**285**
零售业	**19116**	**20779**	**11399**
#国有及国有控股	2245	2790	758
内资	-1477	387	6401
国有	-902	-904	59
集体	-79	164	14
股份合作	-419	-606	28
联营企业	149	149	23
其他联营	149	149	23
有限责任公司	-488	506	2361
国有独资公司	-1084	-1096	
其他有限责任公司	596	1602	2361
股份有限公司	-785	-1079	298
私营企业	430	1545	3607
私营独资	-71	-205	72
私营合伙	-9	-9	5

单位:万元

劳动、失业保险费	住房公积金和住房补贴	本年应付工资总额	本年应付福利费总额	本年应交增值税	全部从业人员年平均人数(人)
124	24	501	70	137	228
438	**115**	**2006**	**280**	**2572**	**807**
244	**32**	**3679**	**465**	**2418**	**2348**
6230	**1110**	**26585**	**4077**	**42819**	**18845**
213	52	1582	162	3944	970
5458	868	20648	3129	34168	15300
186	103	2042	253	2164	1651
222	47	957	131	773	255
15	2	127	12	5	156
469	**112**	**9529**	**1569**	**7381**	**5784**
68	5	1370	219	1784	910
17		1783	401	2213	1271
61	7	1042	130	593	705
136	**43**	**909**	**127**	**714**	**378**
2486	**302**	**37161**	**4775**	**23227**	**27148**
989	149	7823	1259	3708	5856
2210	246	34761	4775	19213	26584
616	56	2505	264	536	2388
37		1541	142	407	2405
24	2	488	54	419	473
		151			100
		151			100
963	144	13678	2234	5416	9445
162	51	461	545	16	530
801	93	13218	1690	5400	8915
159	10	2664	237	1419	2092
406	34	13582	1840	9790	9553
		662	59	268	636
		27	3	19	31

类 别	营业利润	利润总额	应缴所得税
私营有限责任公司	459	1605	3327
私营股份有限公司	51	154	203
其他	618	614	11
港澳台商投资企业	15316	15115	4998
与港澳台商合资经营	15316	15115	4998
外商投资企业	5277	5277	
中外合资经营	5277	5277	
综合零售	**3426**	**3537**	**6044**
百货零售业	10235	9927	5565
超级市场零售业	-6874	-6468	475
食品、饮料及烟草制品专门零售	**336**	**464**	**204**
纺织、服装及日用品专门零售	**1149**	**1224**	**27**
服装零售业	-710	-710	10
文化、体育用品及器材专门零售	**143**	**123**	**163**
体育用品零售业	177	164	102
图书零售业	-1	-4	58
医药及医疗器材专门零售	**-173**	**-136**	**80**
药品零售业	-177	-140	79
汽车、摩托车、燃料及零配件专门零售	**14432**	**15498**	**4211**
汽车零售业	9652	11259	4141
机动车燃料零售业	5177	4633	65
家用电器及电子产品专门零售	**-163**	**-110**	**607**
家用电器零售业	-362	-341	468
计算机、软件及辅助设备零售业	50	-381	14
通讯设备零售业	137	138	106
五金、家具及室内装修材料专门零售	**-60**	**155**	**49**
无店铺及其他零售	**24**	**24**	**14**

单位:万元

劳动、失业保险费	住房公积金和住房补贴	本年应付工资总额	本年应付福利费总额	本年应交增值税	全部从业人员年平均人数(人)
373	34	11659	1697	8225	7894
34		1235	81	1279	992
4		152	4	1225	128
171	18	2023		2652	481
171	18	2023		2652	481
105	38	376		1363	83
105	38	376		1363	83
1159	**155**	**17627**	**2544**	**7008**	**13736**
691	91	8327	1049	5045	6838
447	63	8753	1451	1904	6044
34		**481**	**33**	**434**	**587**
29	**1**	**1020**	**68**	**1197**	**905**
26		459	10	455	400
515	**41**	**1979**	**239**	**641**	**1159**
	2	156	22	102	82
485	36	1404	185	439	784
57	**2**	**1212**	**97**	**403**	**1079**
52	2	1080	88	351	989
383	**86**	**9276**	**1030**	**11166**	**5347**
246	40	7950	919	8501	4436
129	46	1018	73	2576	679
306	**17**	**4888**	**665**	**2131**	**3701**
218	6	2531	418	1010	1726
68	10	1083	131	713	926
2		1122	95	338	917
		533	**71**	**162**	**519**
3		**145**	**28**	**86**	**115**

11-7 星级住宿业和限额以上

（2006 年）

类　别	企业数（个）	#亏损企业数（个）	流动资产合　计	#存货
限额以上企业总计	**218**	**121**	**168610**	**17078**
住宿业	**94**	**64**	**134382**	**12942**
#国有及国有控股	52	38	74119	9017
内资	86	57	72478	6344
国有	38	32	31567	2917
集体	4	2	7106	611
有限责任公司	17	7	11273	750
其他有限责任公司	17	7	11273	750
股份有限公司	5	2	7447	362
私营企业	21	14	12798	1665
私营独资	3	1	1343	172
私营有限责任公司	18	13	11454	1493
其他	1		2287	41
港澳台商	4	3	17808	5352
与港澳台商合资经营	3	2	14146	5138
与港澳台商合作经营	1	1	3662	214
外商投资企业	4	4	44097	1246
中外合资经营	3	3	17073	753
外资企业	1	1	27024	494
旅游饭店	81	56	125282	12434
一般旅馆	12	8	9060	508
其他住宿服务	1		40	
餐饮业	**124**	**57**	**34228**	**4135**
#国有及国有控股	5	2	1062	90
内资	117	54	26727	3034
国有	2	1	743	35
集体	3	3	1110	432
有限责任公司	26	10	8369	420
其他有限责任公司	26	10	8369	420
股份有限公司	2	1	81	21
私营企业	84	39	16424	2125
私营独资	20	3	2107	545
私营合伙	3	2	191	25
私营有限责任公司	58	33	13971	1474
私营股份有限公司	3	1	155	82
港澳台商投资企业	2	2	689	285
与港澳台商合资经营	2	2	689	285
外商投资企业	5	1	6812	817
外资企业	5	1	6812	817
正餐服务业	106	54	27357	3157
快餐服务业	15	2	6751	968
饮料及冷饮服务业	1		43	5
其他餐饮服务业	2	1	77	6

餐饮业企业财务状况

单位:万元

固定资产原价	累计折旧	#本年折旧	资产总计	负债总计	所有者权益合计
439953	**182096**	**26094**	**520454**	**369406**	**151047**
401911	**168557**	**23157**	**442005**	**304367**	**137638**
301957	131090	17418	296288	191619	104669
303257	123832	18311	309283	167481	141802
187426	83960	11262	159703	65598	94106
7965	3588	532	15720	10689	5031
34420	11771	1742	40748	26657	14091
34420	11771	1742	40748	26657	14091
31928	10552	1470	45162	26079	19083
41407	13890	3285	45625	36684	8941
3265	29	9	4580	3634	946
38142	13861	3276	41045	33050	7995
110	72	21	2325	1774	551
57166	28962	3698	60498	68124	-7627
29986	15555	1124	42893	44196	-1303
27181	13407	2574	17605	23929	-6324
41488	15762	1148	72225	68762	3463
30576	7888	563	40906	40305	601
10912	7874	586	31318	28457	2862
384496	161259	22315	419104	283460	135644
17387	7288	836	22843	20897	1946
27	10	7	58	10	48
38042	**13540**	**2937**	**78448**	**65040**	**13409**
2491	867	89	3955	3252	703
28876	8590	1754	61430	50592	10838
1991	758	74	2274	1918	356
1556	933	79	2823	3051	-228
4922	1511	328	15101	13059	2042
4922	1511	328	15101	13059	2042
133	65	23	700	714	-14
20274	5323	1251	40532	31850	8682
2241	523	85	4136	2249	1888
1408	326	78	1284	1891	-607
16541	4440	1080	34907	27619	7288
84	35	7	204	91	113
5024	1941	446	5860	7661	-1801
5024	1941	446	5860	7661	-1801
4142	3008	737	11159	6787	4372
4142	3008	737	11159	6787	4372
28274	8698	1849	61611	50784	10827
8880	4577	1077	15775	13367	2408
41	23	8	105	70	35
847	242	4	958	819	139

类　别	实收资本	国家资本	集体资本	法人资本
限额以上企业总计	**243191**	**115893**	**9147**	**73892**
住宿业	**219890**	**115210**	**5786**	**69155**
#国有及国有控股	157668	94754	200	50020
内资	166378	93545	5786	56776
国有	107786	70108		37155
集体	3201	386	2316	500
有限责任公司	21466	14000	50	5617
其他有限责任公司	21466	14000	50	5617
股份有限公司	17299	6000		8024
私营企业	16599	3051	3420	5480
私营独资	1080			200
私营有限责任公司	15519	3051	3420	5280
其他	27			
港澳台商	29465	21666		
与港澳台商合资经营	16098	12952		
与港澳台商合作经营	13367	8714		
外商投资企业	24047			12379
中外合资经营	15942			11974
外资企业	8105			405
旅游饭店	212939	112276	3423	67623
一般旅馆	6899	2935	2363	1486
其他住宿服务	51			46
餐饮业	**23302**	**683**	**3361**	**4736**
#国有及国有控股	1463	94	175	1152
内资	17031	683	3361	4037
国有	748	94	175	479
集体	690	450	40	200
有限责任公司	4966		3097	718
其他有限责任公司	4966		3097	718
股份有限公司	60			
私营企业	10568	139	50	2640
私营独资	1527	88		314
私营合伙	175		50	
私营有限责任公司	8695	51		2327
私营股份有限公司	171			
港澳台商投资企业	2570			500
与港澳台商合资经营	2570			500
外商投资企业	3701			199
外资企业	3701			199
正餐服务业	17986	683	3322	4537
快餐服务业	5097		40	199
饮料及冷饮服务业	110			
其他餐饮服务业	108			

单位:万元

个人资本	港澳台资本	外商资本	营业收入合计	#主营业务收入	主营业务成本
21163	**11491**	**11605**	**286785**	**284377**	**110028**
12214	**11491**	**6034**	**165757**	**164431**	**42644**
3868	2792	6034	112671	111626	27984
10272			132442	131236	37177
523			59993	59733	16705
			3348	3337	734
1799			24849	24298	6895
1799			24849	24298	6895
3275			19559	19403	4241
4648			23500	23272	8252
880			2393	2242	1163
3768			21107	21030	7089
27			1193	1193	351
	1766	6034	15960	15960	2034
	1766	1381	9632	9632	1387
		4653	6328	6328	647
1942	9725		17356	17236	3434
1942	2026		6184	6064	1253
	7699		11172	11172	2180
12093	11491	6034	153060	151737	39851
116			12679	12676	2791
5			18	18	2
8950		**5571**	**121028**	**119946**	**67384**
42			5798	5798	3808
8950			89555	88636	54045
			2366	2366	1242
			3619	3619	2082
1151			18849	18845	11656
1151			18849	18845	11656
60			1075	1073	645
7739			63646	62733	38421
1126			8376	8203	4488
125			980	978	841
6317			53327	52594	32641
171			963	958	452
		2070	12385	12328	5704
		2070	12385	12328	5704
		3502	19088	18981	7635
		3502	19088	18981	7635
8345		1100	89146	88229	53172
387		4471	30945	30780	13610
110			241	241	91
108			696	696	511

11-7 续表 2 （2006 年）

类 别	主营业务税金及附加	主营业务利润	其他业务利润	营业费用
限额以上企业总计	**14994**	**159355**	**3695**	**97516**
住宿业	**8824**	**112963**	**1842**	**63718**
#国有及国有控股	5891	77751	549	40277
内资	7099	86961	1722	52526
国有	3183	39844	283	22929
集体	188	2416	916	2427
有限责任公司	1352	16051	107	11008
其他有限责任公司	1352	16051	107	11008
股份有限公司	1011	14151	148	6861
私营企业	1304	13717	268	8951
私营独资	104	975	199	418
私营有限责任公司	1200	12742	69	8534
其他	61	781	1	349
港澳台商	804	13122		4989
与港澳台商合资经营	489	7755		3582
与港澳台商合作经营	315	5366		1407
外商投资企业	922	12881	120	6202
中外合资经营	311	4500	120	2208
外资企业	611	8380		3995
旅游饭店	8046	103840	932	56507
一般旅馆	777	9108	910	7200
其他住宿服务	1	15		11
餐饮业	**6170**	**46392**	**1853**	**33798**
#国有及国有控股	173	1817	16	1297
内资	4666	29925	825	20741
国有	132	992	16	636
集体	168	1370		1051
有限责任公司	863	6327	33	4393
其他有限责任公司	863	6327	33	4393
股份有限公司	62	367	2	100
私营企业	3442	20870	774	14562
私营独资	557	3158	36	1740
私营合伙	44	94	2	34
私营有限责任公司	2726	17228	734	12496
私营股份有限公司	115	391	2	292
港澳台商投资企业	616	6008	-34	5320
与港澳台商合资经营	616	6008	-34	5320
外商投资企业	888	10459	1061	7736
外资企业	888	10459	1061	7736
正餐服务业	4702	30356	817	21248
快餐服务业	1437	15734	1006	12328
饮料及冷饮服务业	14	135		86
其他餐饮服务业	17	168	30	136

单位:万元

管理费用	#税金	#差旅费	#工会经费	财务费用	#利息支出
69203	**2233**	**947**	**339**	**7425**	**5497**
56877	**1862**	**566**	**244**	**6310**	**4902**
40725	1397	438	185	5027	3976
40008	1590	417	238	3283	2817
21822	985	202	132	972	828
959	65	9	14	230	230
5448	178	115	54	330	212
5448	178	115	54	330	212
5416	181	24	13	1168	1045
6105	182	64	26	583	501
324	23	17		165	151
5781	158	48	26	418	351
258		4		-1	-1
9025	144	93	6	1496	709
4527	89	72	6	1042	254
4498	55	20		455	455
7844	128	56		1530	1377
3110	128	46		1401	1374
4735		10		129	3
54102	1722	519	220	5799	4399
2771	140	47	24	511	503
4					
12325	**372**	**381**	**94**	**1115**	**595**
477	62	22	5	51	46
9320	305	177	86	705	439
319	60	22	5	49	46
363	13	5	6	29	
1639	27	24	14	287	220
1639	27	24	14	287	220
281	12	1	1	3	
6718	194	125	59	337	173
825	77	12	4	28	21
169	27	11		29	29
5647	61	92	54	278	121
77	28	11	1	2	2
847	64	26		229	
847	64	26		229	
2159	3	178	9	181	156
2159	3	178	9	181	156
9374	297	179	83	740	458
2828	71	201	9	373	135
48			1	1	
76	3	1	2	2	2

类 别	营业利润	利润总额	应缴所得税
限额以上企业总计	**-11093**	**-13411**	**1282**
住宿业	**-12099**	**-14009**	**540**
#国有及国有控股	-7729	-8310	439
内资	-7134	-9179	540
国有	-5596	-6255	120
集体	-285	-196	7
有限责任公司	-627	-636	102
其他有限责任公司	-627	-636	102
股份有限公司	853	-630	256
私营企业	-1655	-1637	55
私营独资	267	268	21
私营有限责任公司	-1922	-1905	34
其他	175	175	
港澳台商	-2389	-2285	
与港澳台商合资经营	-1396	-1187	
与港澳台商合作经营	-993	-1098	
外商投资企业	-2576	-2546	
中外合资经营	-2098	-2110	
外资企业	-478	-436	
旅游饭店	-11637	-13662	495
一般旅馆	-463	-348	44
其他住宿服务			
餐饮业	**1007**	**598**	**743**
#国有及国有控股	8	3	3
内资	-15	-367	362
国有	4	4	3
集体	-73	-63	
有限责任公司	41	-46	72
其他有限责任公司	41	-46	72
股份有限公司	-15	-13	8
私营企业	28	-249	280
私营独资	602	604	140
私营合伙	-136	-136	
私营有限责任公司	-461	-740	129
私营股份有限公司	23	23	10
港澳台商投资企业	-423	-493	
与港澳台商合资经营	-423	-493	
外商投资企业	1445	1458	381
外资企业	1445	1458	381
正餐服务业	-189	-534	381
快餐服务业	1211	1148	361
饮料及冷饮服务业	1	1	
其他餐饮服务业	-17	-17	

单位:万元

劳动、失业保险费	住房公积金和住房补贴	本年应付工资总额	本年应付福利费总额	全部从业人员年平均人数(人)
3543	**850**	**41568**	**4351**	**34561**
3013	**760**	**28020**	**3072**	**21953**
2506	665	17765	2104	13654
2674	657	22781	2725	18106
1574	433	11256	1384	8906
176	40	858	99	623
403	74	4455	574	3511
403	74	4455	574	3511
425	70	2066	272	1561
92	40	3992	374	3330
		232	2	425
92	40	3761	373	2905
5		155	22	175
205	103	1880	191	1444
107	60	1123	85	1006
98	43	757	106	438
134		3358	155	2403
27		1426	155	1141
107		1933		1262
2683	665	25105	2710	19812
330	95	2905	362	2131
		10		10
530	**90**	**13548**	**1279**	**12608**
7	8	750	50	663
357	46	10588	1050	10316
4		348	46	360
33	1	608	45	411
85		2041	131	2009
85		2041	131	2009
		238	12	210
235	46	7353	816	7326
41	19	1214	117	1248
		132	11	182
194	27	5832	678	5756
		175	11	140
15	11	709	19	418
15	11	709	19	418
159	32	2251	210	1874
159	32	2251	210	1874
295	46	10748	1044	10130
192	43	2632	222	2235
1		48	9	50
42		120	5	193

11-8 住宿业和餐饮业

（2006 年）

类　别	法人企业（个）	产业活动单位（个）	非同行业附营产业活动单位（个）	同行业附营产业活动单位（个）
总计	**818**	**1035**	**156**	**879**
限额以上企业总计	**218**	**300**	**21**	**279**
住宿业	**94**	**120**	**13**	**107**
#国有及国有控股	52	78	10	68
内资	86	110	13	97
国有	38	50	9	41
集体	4	5		5
有限责任公司	17	24	3	21
国有独资公司		1	1	
其他有限责任公司	17	23	2	21
股份有限公司	5	6		6
私营企业	21	24	1	23
私营独资	3	3		3
私营有限责任公司	18	21	1	20
其他	1	1		1
港澳台商	4	4		4
与港澳台商合资经营	3	3		3
与港澳台商合作经营	1	1		1
外商投资企业	4	6		6
中外合资经营	3	3		3
外资企业	1	3		3
旅游饭店	81	104	11	93
一般旅馆	12	15	2	13
其他住宿服务	1	1		1
餐饮业	**124**	**180**	**8**	**172**
#国有及国有控股	5	24	1	23
内资	117	153	7	146
国有	2	3	1	2
集体	3	4		4
有限责任公司	26	34	1	33
其他有限责任公司	26	34	1	33
股份有限公司	2	2		2
私营企业	84	110	5	105
私营独资	20	22	2	20
私营合伙	3	3		3
私营有限责任公司	58	82	3	79
私营股份有限公司	3	3		3
港澳台商投资企业	2	14		14
与港澳台商合资经营	2	14		14
外商投资企业	5	13	1	12
中外合资经营		1	1	
外资企业	5	12		12
正餐服务业	106	136	7	129
快餐服务业	15	36	1	35
饮料及冷饮服务业	1	1		1
其他餐饮服务业	2	7		7
住宿餐饮限额以下企业	**600**	**735**	**135**	**600**
限下住宿业	245	334	89	245
限下餐饮业	355	401	46	355

经营情况

单位：万元

年末从业人数（人）	营业额	客房收入	餐费收入	商品销售收入	其他收入
61013	**386560**	**109980**	**212490**	**31333**	**32757**
34730	**305325**	**86164**	**166819**	**26104**	**26238**
21673	**185369**	**84416**	**61767**	**16751**	**22437**
14513	126247	57998	41450	11049	15750
19174	152053	69279	50855	13648	18272
9067	69695	32295	23311	6754	7335
582	3343	1778	1115	135	316
4417	31962	16153	10577	2803	2430
931	2547	1044	588	528	387
3486	29416	15109	9990	2274	2042
1652	20957	8381	7134	1018	4424
3270	24903	10171	8198	2825	3709
335	2393	627	1474	192	101
2935	22510	9545	6724	2633	3608
186	1193	501	520	114	58
1038	15960	8359	4402	1162	2036
683	9632	5098	2326	877	1330
355	6328	3261	2076	285	706
1461	17357	6778	6510	1941	2129
811	6184	2913	2138	295	838
650	11173	3865	4371	1646	1290
20113	171722	75464	58889	16172	21198
1547	13629	8934	2878	579	1239
13	18	18			
13057	**119955**	**1749**	**105052**	**9353**	**3801**
838	6036	623	4951	457	5
11311	92248	1652	80221	8340	2034
519	2604	623	1623	353	5
296	3621	289	2458	364	510
2191	19092	35	16358	2091	609
2191	19092	35	16358	2091	609
309	1073		1073		
7996	65857	705	58710	5532	910
1507	10322	354	9144	732	92
182	978	195	744	35	3
6148	53595	155	47948	4699	792
159	963		874	66	24
381	7500		6659	802	39
381	7500		6659	802	39
1365	20207	96	18172	211	1728
70	1205		1059	146	
1295	19002	96	17113	65	1728
11052	91829	1424	80508	7628	2270
1693	27189	289	24092	1338	1469
56	241		241		
256	696	35	212	387	63
25948	**81235**	**23816**	**45671**	**5229**	**6519**
12644	40511	21565	12060	1992	4894
13304	40724	2251	33611	3237	1625

11-9　分县(市)区星级住宿业和限额以上餐饮企业主要经济指标

（2006 年）　　单位:万元

县(市)区	流动资产合计	#存货	固定资产原价	资产总计	所有者权益	#实收资本	营业收入
中原区	100	18	120	404	350	381	2564
二七区	3820	517	3050	6192	2818	2740	19466
管城区	2210	275	801	2939	954	866	6120
金水区	15231	1859	16494	38214	9557	14015	56303
上街区	1569	180	2609	3629	1826	2059	4201
惠济区	5539	509	42824	36462	27044	25252	10248
中牟县	570	41	2738	2812	-1250	327	1710
巩义市	1919	237	10437	11674	5906	8591	4872
荥阳市	997	185	4151	4476	140	793	2139
新密市	4871	495	6507	10081	3324	4939	3658
新郑市	946	176	2400	3321	1932	1707	3522
登封市	5433	947	30575	32821	19509	20351	10208

11-9　续表　　（2006 年）　　单位:万元

县(市)区	主营业务成本	主营业务税金及附加	主营业务利润	营业费用	管理费用	#税金	营业利润	利润总额
中原区	1841	129	546	470	87		28	-32
二七区	8622	838	10002	7141	1718	16	732	659
管城区	3316	351	2442	1616	664	14	167	151
金水区	31519	2808	21179	16886	6200	55	-223	-260
上街区	1816	245	2088	1098	746	36	194	46
惠济区	2795	523	6929	3120	4121	22	-181	-311
中牟县	646	130	934	429	371	28	-48	-44
巩义市	2346	213	2312	1502	906	114	-28	-28
荥阳市	1107	98	710	275	286	17	197	299
新密市	1664	184	1810	1517	1297	33	-1010	-1010
新郑市	2392	151	868	272	172	17	459	455
登封市	3850	570	5682	5288	1093	165	-782	-808

11-10　限额以上批发、零售贸易业商品销售类值

单位:万元

类　别	合　计		批发额		零售额	
	2005 年	2006 年	2005 年	2006 年	2005 年	2006 年
类值合计	**10570219**	**12368388**	**8503840**	**9718410**	**2066379**	**2649978**
食品、饮料、烟酒类	994161	1052168	784463	803817	209698	248351
粮油类	251790	190260	233503	170028	18287	20232
肉禽蛋类	83744	89059	45703	42929	38041	46130
其他食品类	174745	182345	89769	75609	84976	106736
饮料类	53499	53683	22999	19617	30500	34066
烟酒类	430383	536820	392489	495633	37894	41187
服装、鞋帽、针纺织品类	537481	564533	278507	248501	258974	316032
服装类	305488	309047	133434	98489	172054	210558
鞋帽类	67571	75944	15347	12893	52224	63051
针、纺织品类	164422	179541	129727	137118	34696	42423
化妆品类	44890	52752	2125	3420	42764	49332
金银珠宝类	27152	33763	59	27	27093	33736
日用品类	147488	147982	77073	59692	70415	88291
#洗涤用品类	27795	36161	1726	233	26069	35928
儿童玩具类	7145	8269	2239	1836	4906	6433
五金、电料类	23606	25946	10920	11513	12686	14433
体育、娱乐用品类	32341	32316	17498	13330	14843	18986
书报杂志类	265284	282194	239855	251249	25429	30945
电子出版物及音像制品类	5930	7139	4094	4674	1836	2465
家用电器和音像器材类	435149	495117	263255	286804	171894	208314
中西药品类	625560	674563	602866	641960	22694	32603
#西药	429165	492203	417400	471575	11765	20629
中草药及中成药	66254	60017	60890	53828	5364	6189
文化办公用品类	344847	312483	258761	227770	86086	84714
家俱类	82761	13504	75487	4762	7274	8742
通讯器材类	206217	266952	122753	170956	83464	95996
煤炭及制品类	296343	243044	294069	241703	2274	1341
木材及制品类	34913	27529	34913	27419		110
石油及制品类	3717824	5169166	3545957	4901027	171867	268138
化工材料及制品类	273717	212688	270585	210373	3131	2315
#化肥类	41175	45089	41175	45089		
金属材料类	514288	535657	514288	535657		
建筑及装潢材料类	128848	114049	128392	113149	457	899
机电产品及设备类	366494	407291	342247	384837	24248	22454
#农机类	9624	32999	9624	32999		
汽车类	970898	1306293	192656	214344	778242	1091949
种子饲料类	62218	61034	62218	61034		
棉麻类	137831	148354	137364	147697	467	657
其他类	293976	181871	243433	152695	50543	29175

11-11 限额以上批发、零售贸易业商品销售数量

指标	单位	合计		批发		零售	
		2005年	2006年	2005年	2006年	2005年	2006年
粮食	吨	957986	578315	947010	568005	10976	10310
食用植物油	吨	103989	91949	90108	81808	13881	10141
卷烟	万支	1407316	1932537	1380426	1906058	26890	26479
酒	吨	124233	84339	111824	71836	12409	12503
#白酒	吨	5340	4798	406	543	4934	4255
啤酒	吨	114843	78858	108154	71273	6689	7585
棉花	吨	74006	77622	73979	77600	27	22
布	百米	439178	306557	420476	286152	18702	20405
各种服装	百件	623318	440399	397650	245367	225668	195032
#童装	百件	228155	104172	194583	74962	33572	29210
鞋	百双	121686	108199	36642	25285	85044	82914
照相机	台	28730	44680	7189	8659	21541	36021
#数码照相机	台	12985	30318	1758	3473	11227	26845
彩色电视机	台	918483	1016246	710847	877347	207636	138899
组合音响	台	13789	18045	104	172	13685	17873
摄像机	台	9399	9597	888	782	8511	8815
影碟机	台	63660	75163	1402	1076	62258	74087
家用电冰箱	台	296315	314911	197247	222399	99068	92512
家用洗衣机	台	242321	160039	112388	39055	129933	120984
房间空调器	台	466582	345248	252957	201187	213625	144061
微波炉	台	60161	57422	22769	19958	37392	37464
微型计算机	台	150541	113704	117813	92622	32728	21082
普通电话机	台	45666	64949	114	2342	45552	62607
移动电话机	台	2026642	1357024	1559417	842199	467225	514825
化学肥料	吨	287165	300990	287165	300990		
化学农药	吨	30193	17978	30193	17978		
农用薄膜	吨	1938	7391	1938	7391		
煤炭	吨	6372250	5127222	6372250	5127222		
木材	立方米	42880	32738	42880	32738		
汽油	吨	2506501	2708083	2253815	2425667	252686	282416
煤油	吨	39532	59436	39532	59436		
柴油	吨	4468539	5167234	4468539	5167234		
钢材	吨	486323	704743	486323	704743		
铜	吨	70874	23872	70874	23872		
铝	吨	83217	74259	83217	74259		
水泥	吨	551274	616862	551274	616862		
汽车	辆	71985	97149	14928	27116	57057	70033
#轿车	辆	33490	40057	2949	1801	30541	38256
摩托车	辆	8799	7926		25	8799	7901

11-12 全市批发、零售贸易企业年销售额前50名排序

（2006年）　　单位：万元

序号	批发企业 单位名称	批发企业 销售额	零售企业 单位名称	零售企业 销售额
1	中国石油化工股份有限公司河南分公司	3200436	郑州丹尼斯百货有限公司	164586
2	中国石油天然气股份有限公司河南销售分公司	546837	河南永乐电器销售有限公司	97574
3	中国石油化工股份有限公司河南郑州石油分公司	375291	河南新纪元汽车销售有限公司	73302
4	河南省烟草公司郑州分公司	293131	河南省国美电器有限公司	73289
5	河南省新华书店	221079	河南世纪联华超市有限公司	66930
6	郑州市鑫秀金属材料有限公司	179698	河南裕华金阳光汽车销售服务有限公司	60943
7	河南九州通医药销售有限公司	161351	河南威佳汽车贸易有限公司	56138
8	郑州海尔工贸有限公司	151257	河南思达连锁商业有限公司	51515
9	河南平高电气销售有限责任公司	140149	大商集团郑州新玛特购物广场有限公司	46738
10	河南中油高速公路油品股份有限公司	129154	郑州市豫北机电设备有限公司	46382
11	河南省粮油食品进出口公司	115232	河南华联商厦有限公司	39424
12	河南裕华江南汽车销售有限公司	100222	河南豫海汽车销售有限公司	39397
13	河南省现代化工进出口有限公司	77747	河南豫港华信汽车销售服务有限公司	38822
14	郑州铁路煤炭运销有限公司	76096	河南丰之元汽车销售服务有限公司	36601
15	郑州 TCL 电器销售有限公司	70592	东风（郑州）汽车销售有限公司	35234
16	河南长江汽车销售服务有限公司	66829	河南智通汽车销售服务有限公司	35029
17	河南中艺进出口有限公司	65445	郑州新港源汽车服务有限公司	33632
18	郑州元丰钢板贸易有限公司	65218	郑州豫中丰田汽车销售服务有限公司	32612
19	河南省医药有限公司	64415	河南顶盛汽车销售服务有限公司	32481
20	河南省爱生医药有限公司	62618	河南天道汽车贸易服务有限公司	32110
21	中国磨料磨具进出口联营公司	61909	郑州富达丰田汽车销售服务有限公司	31405
22	华南蓝天航空油料有限公司河南分公司	60969	河南旭龙汽车销售服务有限公司	31023
23	郑州市钢联商贸有限公司	54718	郑州之星汽车销售服务有限公司	30437
24	河南同舟棉业有限公司	53421	郑州迪信通电子通信技术有限公司	29727
25	河南省印刷物资总公司	53105	河南裕华上联汽车销售有限公司	28902
26	河南省益丰粮油工资有限公司	50834	郑州正道花园商厦股份有限公司	27340
27	河南省丝绸进出口公司	49446	郑州世纪鸿图丰田汽车销售服务有限公司	26539
28	中原石油勘探局郑州物资销售中心	45812	河南家世界超市有限公司	26317
29	河南华融商贸有限公司	45734	郑州市易初莲花连锁超市有限公司	24642
30	中国石油物资郑州公司	44598	河南苏宁电器有限公司	23858
31	金光纸业（郑州）有限公司	43168	河南省裕华汽车贸易有限公司	23380
32	河南省轻工业品进出口公司	42272	河南万通一汽贸易有限公司	22284
33	中国石油化工股份有限公司河南郑州巩义分公司	42214	河南天泓汽车销售服务有限公司	22026
34	河南波导销售有限公司	41692	河南众通商务有限公司	21819
35	郑州通茂物资有限公司	41096	河南五星电器有限公司	21310
36	河南省康信医药有限公司	39384	河南锦莎汽车销售服务有限公司	20101
37	新郑市裕达石油储运有限公司	38061	河南裕华福源汽车销售服务有限公司	19542
38	中国石油化工股份有限公司河南郑州新密石油分公司	35732	河南裕华晨光汽车销售有限公司	19450
39	郑州市电业局物资公司	35518	河南裕华奥捷汽车销售服务有限公司	17883
40	河南黄金物资公司	34446	紫荆山百货有限公司	17535
41	河南方正信息技术有限公司	34088	河南神风汽车销售有限公司	17024
42	中国高科集团河南事业有限公司	33736	郑州三兴汽车贸易有限公司	16115
43	郑州经济技术开发区自备车运输贸易有限公司	33627	河南中植汽车销售服务有限公司	15863
44	中国烟草河南进出口有限责任公司	32217	锦江麦德龙现购自运有限公司郑分郑东商场	15650
45	河南昌河汽车实业有限责任公司	30900	郑州聚龙实业发展有限公司	15532
46	内蒙古包钢钢联股份有限公司郑州销售分公司	30661	郑州百货大楼股份有限公司	12704
47	河南华益药业有限责任公司	30187	河南新世纪亚飞汽车贸易有限公司	12635
48	河南万隆医药有限公司	29632	河南裕华紫光汽车销售有限公司	12604
49	河南天诚棉麻有限责任公司	28665	河南万佳捷泰汽车贸易有限公司	12582
50	河南省通用机械进出口有限公司	28503	河南双汇投资发展股份有限公司郑州分公司	12135

主要统计指标解释

社会消费品零售额 指各种经济类型的批发零售贸易业、住宿餐饮业和其他行业对城乡居民和社会集团的消费品零售额。这个指标反映通过各种商品流通渠道向居民和社会集团供应的生活消费品来满足他们生活需要，是研究人民生活，社会消费品购买力、货币流通等问题的重要指标。社会消费品零售额包括：1. 售给城乡居民作为生活用的商品和修建房屋用的建筑材料；2. 售给机关、团体、学校、部队、企业、事业单位的职工食堂和旅店（招待所）附设专门供本店旅客食用，不对外营业的食堂的各种食品、燃料；企业、单位和国营农场直接售给本单位职工和职工食堂的自己生产的产品；3. 售给部队干部、战士生活用的粮食、副食品、衣着品、日用品、燃料；4. 售给来华的外国人、华侨、港澳台同胞消费品；5. 居民自费购买的中、西药品、中药材及医疗用品；6. 报社、出版社直接售给居民和社会集团的报纸、图书、杂志、集邮公司出售的新、旧纪念邮票、特种邮票、首日封、集邮册、集邮工具等；7. 旧货寄售商店自购、自销部分的商品零售额；8. 煤气公司、液化石油气站售给居民和社会集团的煤气灶具和罐装液化石油气；9. 农民售给非农业居民和社会集团的商品。不包括售给国民经济各部门企业、事业单位（包括国有经济的农场）生产经营用的各种原材料、燃料、设备、工具等和售给批发零售贸易业、住宿餐饮业作为转卖用的商品、旧货寄售商店受托寄售卖出的商品、服务业的营业收入、邮局出售邮票的收入、自来水、电力、煤气生产（供应）单位的产品供应收入，也不包括农民之间的商品销售。

批发零售贸易业商品购、销、存总额 指以各种经济类型的批发、零售贸易业（不包括个体）为总体的商品购、销、存。

商品购进总额 指从本企业（单位）以外的单位和个人购进（包括从国外直接进口）作为转卖或加工后转卖的商品。这个指标反映批发零售贸易业从国内、国外市场上购进商品的总量。

商品购进总额包括：

1. 从工农业生产者购进的商品；2. 从出版社、报社的出版发行部门购进的图书、杂志和报纸；3. 从各种经济类型的批发零售贸易企业（单位）购进的商品；4. 从其他单位购进的商品，如从机关、团体、企业、单位购进的剩余物资，从餐饮业、服务业购进的商品，从海关、市场管理部门购进的缉私和没收的商品，从居民收购的废旧商品等；5. 从国（境）外直接进口的商品。不包括企业（单位）为自身经营用，和未通过买卖行为而收入的商品以及销售退回、商品升溢等。

商品销售总额 指对本企业（单位）以外的单位和个人出售（包括对国（境）外直接出口）的商品。这个指标反映批发零售贸易业在国内市场上销售商品以及出口商品的总量。商品销售总额包括：

1. 售给城乡居民和社会集团消费用的商品；2. 售给工业、农业、建筑业、运输邮电业、批发零售贸易业、住宿餐饮业、服务业等作为生产、经营使用的商品；3. 售给批发零售贸易业作为转卖或加工后转卖的商品；4. 对国（境）外直接出口的商品。不包括：出售本企业（单位）自用的废旧包装用品，未通过买卖行为付出的商品，经本单位介绍，由买卖双方直接结算，本单位只收取手续费的业务，购货退出的商品以及商品损耗和损失等。

批发零售贸易业年末库存 指年末各种经济类型的批发零售贸易企业（单位）已取得所有权的商品。它反映各地区、各批发零售贸易企业（单位）的商品库存情况，和对市场商品供应的保证程度。期末库存包括：

1. 存放在批发零售贸易业经营单位（如门市部、批发站、经营处）仓库、货场、货柜和货架中的商品；2. 挑选、整理、包装中的商品；3. 已记入购进而尚未运到本单位的商品，即发货单或银行承兑证已到而货未到的部分；4. 寄放他处的商品，如因购贷方拒绝承付而暂时存放在购货方的商品和已办完加工成品收回手续而未提回的商品；5. 委托其他单位代销（未作销售或调出）尚未售出的商品；6. 代其他单位购进尚未交付的商品。不包括所有权不属于本单位的商品、拨付除批发零售贸易业以外的其他行业所属独立核算加工厂等加工生产尚未收回成品的商品、代国家物资储备部门保管的商品等。库存总额采用的计算价格是：农副产品采购单位按购进价计算；批发单位按进货价计算；零售单位按核算价格计算，即按什么价格核算就按什么价格计算。

十二、对外经济贸易和旅游

12-1　全市直接进出口总值

单位:万美元

项　目	2005 年	2006 年	2006 年比 2005 年 ± %
直接进出口总值	**192211**	**247196**	**28.6**
#直接出口总值	138137	179155	29.7
市属及以下直接进出口总值	111787	173252	55.0
#直接出口总值	77511	121020	56.1
#国内企业	65341	103380	58.2
外资企业	12170	17640	44.9

12-2　分县(市)区直接出口总值

单位:万美元

县(市)区	2005 年	2006 年	2006 年比 2005 年 ± %
合　计	**77511**	**121020**	**56.1**
高新技术开发区	4719	9460	100.5
经济技术开发区	1623	4057	150.0
郑东新区	661	1237	87.1
郑州出口加工区	317	948	199.1
金水区	24362	34304	40.8
二七区	1699	2597	52.9
管城区	4678	8417	79.9
中原区	11223	14828	32.1
惠济区	659	1337	102.9
上街区	5966	6732	12.8
巩义市	11677	14005	19.9
新郑市	1464	2088	42.6
荥阳市	3488	4893	40.3
登封市	914	1770	93.7
中牟县	3214	4876	51.7
新密市	708	1873	164.5
其他	139	7598	5366.2

注:本表不含省直公司

12-3 出 口 总 额 分 类（一）

单位:万美元

类 别	2005 年	2006 年	2006 年比 2005 年 ±%
总 计	**138137**	**179155**	**29.7**
动物类	4422	4520	2.2
植物类	7397	7327	-0.9
食品、饮料、烟草及制品	2288	1801	-21.3
矿产品	2565	1619	-36.9
化学工业及相关工业的产品	18363	22117	20.4
塑料、橡胶及其制品	1960	2470	26.0
皮革制品	8656	7045	-18.6
木及木制品	3561	4689	31.7
木浆及其制品	249	508	104.0
纺织原料及纺织制品	39402	42931	9.0
鞋、帽、羽毛及其制品	2816	2619	-7.0
贱金属及其制品	17261	24657	42.8
机械、电气、图象、声音录放设备	13279	16510	24.3
交通运输设备	9710	18162	87.0
光学、计量、医疗设备、精密仪器	908	1883	107.4
杂制品	2386	3262	36.7

注:本表含省直公司

12-4 向各大洲出口总额

单位:万美元

项 目	2005 年	2006 年	2006 年比 2005 年 ±%
直接出口总值	**77511**	**121020**	**56.1**
亚洲	40165	58736	46.2
非洲	5543	10295	85.7
欧洲	14505	24440	68.5
拉丁美洲	4843	8413	73.7
北美洲	11232	17793	58.4
大洋洲	1238	1351	9.1

注:本表不含省直公司

12-5 出口总额分类(二)

单位:万美元

类　　别	2005年	2006年	2006年比 2005年(±%)
总　　计	**77511**	**121020**	**56.1**
动物类	191	184	-3.7
植物类	372	450	21.0
食品、饮料、烟草及制品	2529	3659	44.7
矿产品	2518	1758	-30.2
化学工业及相关工业的产品	12280	15821	28.8
塑料、橡胶及其制品	88	179	103.4
皮革制品	167	352	110.8
木及木制品	1140	1368	20.0
木浆及其制品	26	154	492.3
纺织原料及纺织制品	7716	9446	22.4
鞋、帽、羽毛及其制品	8140	14111	73.4
贱金属及其制品	20316	29570	45.6
机械、电气、图象、声音录放设备	8570	12152	41.8
交通运输设备	6976	15568	123.2
光学、计量、医疗设备、精密仪器	1025	2303	124.7
杂制品	2876	3713	29.1

注:本表不含省直公司

12-6 对外承包工程和劳务合作

指　　标	单　位	2005年	2006年	2006年比 2005年±%
新批外资企业	个	118	135	14.4
新批合同外资额	万美元	63766	101595	59.3
国外经济合作合同金额	万美元	6396	7164	12.0
国外经济合作营业额	万美元	7009	13128	87.3
派出人员	人次	3202	3910	22.1

12-7　与郑州市建立友好关系的城市

国　　家	城　　市	建立时间
日本	浦和市	1981.1
美国	里士满市	1994.9
罗马尼亚	克鲁日 - 纳波卡市	1995.5
韩国	晋州市	2000.7
俄罗斯	萨马拉市	2000.8
纳米比亚	马林塔尔市	2001.8
约旦	伊尔比德市	2002.2
巴西	若茵维莱市	2003.11
德国	什未林市	2006.4

12-8　全市及各县(市)区外商直接投资金额

单位:万美元

县(市)区	实际利用外商直接投资		
	2005 年	2006 年	2006 年比 2005 年 ±%
全　　市	**33549**	**61396**	**83.0**
中 原 区	1811	3694	104.0
二 七 区	1330	3845	189.1
管 城 区	394	1503	281.5
金 水 区	5740	13178	129.6
上 街 区	565	1018	80.2
惠 济 区	42	1185	2721.4
中 牟 县	570	1066	87.0
巩 义 市	6647	7698	15.8
荥 阳 市	1526	2457	61.0
新 密 市	1085	2296	111.6
新 郑 市	4198	4354	3.7
登 封 市	653	440	-32.6
高新技术开发区	1883	4077	116.5
经济技术开发区	4578	8132	77.6
郑东新区	2527	6453	155.4

注:本表不含省直公司

12-9 旅　　游

指　　标	单　位	2005 年	2006 年	2006 年比 2005 年 ± %
海内外游客	**万人次**	**1792**	**2339**	**30.5**
#国际旅游人数	万人次	20.9	23.2	11.1
#港澳台同胞	万人次	7.9	8.8	10.9
#香港同胞	万人次	2.4	2.7	12.8
澳门同胞	万人次	1.3	1.5	10.2
台湾同胞	万人次	4.2	4.7	10.1
国内旅游人数	万人次	1771	2316	28.7
旅游外汇收入	亿美元	0.8	0.9	13.2
国内旅游收入	亿元	173.0	223.5	29.2
旅游总收入	亿元	179.3	230.5	28.6
国际国内旅行社	家	233	238	2.1
有经营许可证的旅游景区点	个	48	52	8.3
星级宾馆	个	109	112	2.8
星级宾馆床位	张	31000	37011	19
从业人员	人	118562	132315	12

12-10 全市出口企业30强

（2006年）　　　　单位：万美元

序号	企业名称	出口额	同比±%	序号	企业名称	出口额	同比±%
1	河南中孚实业股份公司	6393	-23.5	16	郑州三棉有限责任公司	1254	6.6
2	河南明泰铝业有限公司	5066	208.6	17	郑州金孚工贸进出口有限公司	1214	1609.5
3	郑州长城铝业进出口有限公司	4497	21.3	18	河南银科化工有限公司	1166	37.7
4	郑州宇通集团有限公司	3401		19	郑州加盟进出口贸易有限公司	1081	
5	郑州日产汽车有限公司	3282	96.6	20	郑州铝业股份有限公司	1023	
6	郑州宇通客车股份有限公司	3241	55.4	21	河南悦源贸易有限公司	969	93.0
7	河南省新异进出口贸易有限公司	2476	41.2	22	郑州拓洋生物工程有限公司	940	-18.0
8	河南安飞电子玻璃有限公司	2392	1016.1	23	河南鑫雅贸易有限公司	894	62.3
9	白鸽集团进出口有限公司	2306	25.5	24	巩义市恒星金属制品有限公司	892	123.9
10	郑州国基机械设备有限公司	1945	40.8	25	郑州三联塑胶制品有限公司	868	-3.3
11	河南雅顺商贸有限公司	1934	143.3	26	郑州鼎力机电产品有限责任公司	868	1.5
12	郑州银洋商贸有限公司	1532	314.2	27	郑州煤矿机械集团有限责任公司	826	
13	河南众成纺织品有限公司	1322	6358.6	28	郑州光大纺织印染有限公司	822	28.7
14	郑州锦水实业有限公司	1306	164.4	29	郑州市荥阳机绣总厂	805	21.0
15	河南浩丰贸易有限公司	1262	32.2	30	安联（郑州）普通机械有限公司	781	233.5

注：本表不含省直公司

主要统计指标解释

进出口总额 海关进出口总额指实际进出我国国境的货物总金额。包括对外贸易实际进出口货物，来料加工装配进出口货物，国家间、联合国及国际组织无偿援助的物资和赠送品，华侨、港澳台同胞、外籍华人的捐赠品的金额。租赁期满归承租人所有的租赁货物，进料加工进出口货物，边境地方贸易及边境地区小额贸易进出口货物（边民互市贸易除外），中外合资企业、中外合作经营企业、外商独资经营企业进出口货物和公用物品，到、离岸价格在规定限额以上的进出口货样和广告品（无商业价值、无使用价值和免费提供出口的除外），从保税仓库提取在中国境内销售的进口货物，以及其他进出口货物。进出口总额用以观察一个国家在对外贸易方面的总规模。我国规定出口货物按离岸价格统计，进口货物按到岸价格统计。

出口总值 指在对外贸易中实际离开我国口岸或边境直接出口或转口的商品，包括来料加工装配（工缴费）和补偿贸易出口。

进口总值 指在对外贸易中实际到达我国口岸或边境的进口商品。

利用外资 是指我国各级政府、部门、企业、中国银行和其他单位通过对外借款、吸收外商直接投资和外商其他投资方式，从国外和港澳台地区筹措的资金。

利用外资协议金额 是指在一定时期内，经主管部门批准的与境外政府、部门、银行、企业和国际组织新签订的借款或投资协议（合同）资金总额。包括大陆与港、澳、台同胞及华侨签订的协议金额。它是反映全国及各地区、各部门同境外发生借贷关系和利用外资规模、方式、来源、用途及其效益的重要统计指标。利用外资金额包括我国各级政府、部门、企业和其他经济组织的对外借款（政府贷款、国际金融组织贷款、出口信贷、外国银行商业贷款、对外发行债券股票），吸收外商直接投资（合资、合作、外商独资经营和合作开发），以及外商补偿贸易、加工装配、国际租赁等其他境外现汇、设备、技术投资。其计量单位都折算成美元统计。

外商直接投资 是指外国企业和经济组织或个人（包括华侨、港澳台胞以及我国在境外注册的企业）按我国有关政策、法规，用现汇、实物、技术等在我国境内开办外商独资企业、与我国境内的企业或经济组织共同举办中外合资经营企业、合作经营企业或合作开发资源的投资（包括外商投资收益的再投资）以及经政府有关部门批准的项目投资总额内，企业从境外借入的资金。

对外承包工程 指各对外承包公司以招标议标承包方式承揽的下列业务：1. 承包国外工程建设项目；2. 承包我国对外经援项目；3. 承包我国驻外机构的工程建设项目；4. 承包我国境内利用外资进行建设的工程项目；5. 与外国承包公司合营或联合承包工程项目时我国公司分包部分；6. 对外承包兼营的房屋开发业务。对外承包工程的营业额是以货币表现的本期内完成的对外承包工程的工作量，包括以前年度签订的合同和本年度新签订的合同在报告期内完成的工作量。

对外劳务合作 指以收取工资的形式向业主或承包商提供技术和劳务的活动。我国对外承包公司在境外开办的合营企业，中国公司同时又提供劳务的，其劳务部分也纳入劳务合作统计。劳务合作营业额按报告期内向雇主提交的结算数（包括工资、加班费和奖金等）统计。

旅游人数 包括入境国际旅游者人数、出境居民人数和国内旅游者人数。1. 入境国际旅游者人数：指来我国参观、访问、旅行、探亲、访友、休养、考察、参加会议和从事经济、科技、文化、教育、体育、宗教等活动的外国人、华侨、港澳和台湾同胞的人数。不包括外国在我国的常驻机构，如使领馆、通讯社、企业办事处的工作人员；来我国常住的外国专家、留学生以及在岸逗留不过夜人员。2. 出境居民人数：指大陆居民因公务活动或私人事务短期出境的人数。公务活动出境居民人数包括在国际交通工具上的中国服务员工，因私出境居民人数不包括在国际交通工具上的中国服务员工，因私出境居民人数不包括在国际交通工具上的中国服务员工。3. 国内旅游者人数：指我国大陆居民和在我国常住 1 年以上的外国人、华侨、港澳台同胞离开常住地在境内其他地方的旅游设施内至少停留一夜，最长不超过 6 个月的人数。

旅游外汇收入 指国内各部门为来我国旅游的外国人、华侨、港澳和台湾同胞提供商品和劳务而获得的外汇收入。包括供应商品、饮食和提供住宿、交通、邮电文化娱乐、导游等各项服务所得到的全部外汇收入。

对外借款 指通过对外正式签订借款协议，从境外筹措的资金，包括外国政府贷款、国际金融组织贷款、外国银行商业贷款、出口信贷以及对外发行债券等。1996 年及以前还包括对外发行股票。该指标是我国利用外资的重要部分。

外商其他投资 指除对外借款和外商直接投资以外的各种利用外资的形式。包括企业在境内外股票市场公开发行的以外币计价的股票(目前主要是在香港证券市场发行的 H 股和在境内证券市场发行的 B 股)发行价总额,国际租赁进口设备的应付款,补偿贸易中外商提供的进口设备、技术、物料的价款,加工装配贸易中外商提供的进口设备、物料的价款。

十三、财政金融

13-1 金融机构人民币信贷收支

（2006 年底）

单位:万元

项目	合计	2006 年比年初±%	市区	中牟县	巩义市	荥阳市	新密市	新郑市	登封市	上街区
各项存款合计	**35599609**	**14.4**	**29967853**	**459492**	**1087778**	**720310**	**1270232**	**636503**	**863962**	**593479**
企业存款	12238529	31.9	11381165	54479	165623	102736	120094	101176	144778	168478
财政存款	439930	12.4	402446	898	12111	3389	285	2366	15545	2890
机关团体存款	665831	-6.6	605884	292	17147	22115	4907	4242	10405	839
储蓄存款	16207450	12.9	11806492	364456	812854	566000	1098081	493479	675281	390807
农业存款	443430	26.0	320552	35739	25206	14635	21925	16932	8308	133
委托存款	83113	25.8	81869	103	1032	42	43	3	16	5
其他存款	5521326	-7.2	5369545	3424	53804	11394	24897	18306	9629	30327
各项贷款合计	**27228622**	**12.1**	**25175251**	**217196**	**503618**	**172660**	**332837**	**398693**	**312625**	**115742**
短期贷款	11756862	14.6	10178382	198855	425105	149524	245972	314469	215954	28601
工业贷款	4268116	10.0	3889434		167105	12628	62576	82083	48074	6216
商业贷款	1483943	26.6	1261103	44197	20288	34831	24096	77403	22025	
建筑业贷款	270640	1.5	267640					3000		
农业贷款	1088923	-5.4	496471	133539	76169	79777	109356	89397	90751	13463
乡镇企业贷款	340002	30.6	99319	13363	119717	10542	30898	20456	45707	
三资企业贷款	251415	-6.9	241618		5597	4200				
私营企业及个体贷款	76522	69.3	72711	18	589	386	195		2523	100
其他短期贷款	3977302	23.7	3850089	7737	35639	7160	18851	42130	6874	8822
中长期贷款	11899677	24.5	11483686	18341	71671	19450	52972	76330	90985	86242
基本建设贷款	4683429	20.9	4536929	1850	2750	4200	24000	26000	65300	22400
技术改造贷款	103726	5.6	99226		4500					
其他中长期贷款	7112522	27.4	6847531	16491	64421	15250	28972	50330	25685	63842
融资租赁	129		129							
委托贷款	14263	-11.1	14263							
票据融资	3446873	-20.1	3387973		6842	3686	33893	7894	5686	899
各项垫款	110818	-17.9	110818							

13-2 金融机构人民币现金收支

（2006 年底）

单位:万元

项　目	合　计	2006 年比 2005 年 ± %	市　区	中牟县	巩义市	荥阳市	新密市	新郑市	登封市	上街区
收入合计	**79219866**	**10.7**	**57269171**	**2425166**	**3555642**	**2737606**	**5358126**	**2956383**	**3636450**	**1281322**
商品销售收入	7759092	－1.6	6543087	93204	200814	170638	197592	289232	197961	66564
服务业收入	2236738	－6.6	1600543	86754	145794	70827	114698	105716	88887	23519
税款收入	271802	9.6	74962	15426	21789	22978	36480	19644	76853	3670
城乡个体经营收入	1946982	－22.9	926844	46937	144470	81832	84772	487997	118346	55784
储蓄存款收入	61387371	14.0	44335398	1985719	2795485	2219439	4325061	1807123	2884530	1034616
其他金融机构收入	470049	32.9	310239	4356	8613	1	634	140939	4266	1001
居民归还贷款收入	879659	8.4	256782	179626	110754	52407	83387	50129	144081	2493
汇兑收入	274875	－3.4	248376	2128	10945	2239	2942	4222	3007	1016
有价证券收入	141575	2.1	106719	3132	6051	21422	1237	940	648	1426
其他收入	3851723	25.5	2866222	7884	110928	95822	511322	50441	117871	91233
支出合计	**75817153**	**11.4**	**57981576**	**2654365**	**3895783**	**2834923**	**235173**	**3021024**	**3746726**	**1447583**
工资性支出	2191428	－6.6	1435166	24088	71727	77622	194555	72883	253496	61891
农副产品采购支出	1191294	5.8	845016	80860	15135	27565	39048	164385	5695	13590
工矿及其他产品采购支出	1064602	－11.7	834923	15668	55529	18029	57376	50653	1619	30805
行政企事业管理费支出	4269591	7.8	3027388	63198	388539	99011	281418	141005	185957	83075
城乡个体经营支出	3876183	14.6	2162186	66526	442967	144697	137270	639426	165684	117427
储蓄存款支出	58794072	13.2	41632529	2157327	2800497	2241266	4283339	1783475	2871681	1023958
其他金融机构支出	168403	－49.1	64165	5532	6050		27910	62002	2744	
居民提取贷款支出	781599	－0.1	155058	215129	69939	73719	64383	47016	156198	157
汇兑支出	74185	158.9	68389	3385	1031	63	461	150	159	547
有价证券支出	99666	20.8	89488	3549	556	2076	527	1101	742	1627
其他支出	3306130	13.5	2309142	19103	43813	150875	507011	58928	102752	114506
投放(＋)回笼(－)	**－3402712**	**－2.1**	**－4645722**	**229199**	**340141**	**97318**	**235173**	**64641**	**110276**	**166262**

13-3 国有独资商业银行人民币信贷收支

（2006 年底）

单位：万元

项目	合计	2006 年比年初 ±%	市区	中牟县	巩义市	荥阳市	新密市	新郑市	登封市	上街区
各项存款合计	**15042498**	**10.1**	**11584335**	**181524**	**681328**	**410777**	**869053**	**372894**	**524907**	**417681**
企业存款	3818604	28.0	3156917	41684	110967	71629	112417	85349	132605	107036
机关团体存款	457488	-10.4	403136	392	15491	21994	1990	4242	9654	589
储蓄存款	9173479	7.9	6531284	137722	523077	309507	742593	270658	373194	285444
农业存款	2040	-16.3	1976		6		3	51	4	
其他存款	1590887	-4.2	1491025	1724	31787	7647	12049	12594	9449	24612
各项贷款合计	**11504200**	**-5.6**	**10765450**	**11035**	**188556**	**31310**	**131154**	**177193**	**123710**	**75792**
短期贷款	2907997	11.8	2471807	1536	176622	17269	70883	113073	50104	6703
工业贷款	1238000	17.9	867820		167105	9216	62576	82083	48074	1126
商业贷款	178673	-43.6	174305				1558	2460	350	
建筑业贷款	71505	17.4	68505					3000		
农业贷款	53583	-83.2	52978	507					98	
三资企业贷款	161347	-8.8	151550		5597	4200				
私营企业及个体贷款	25961	331.2	25569	18	70	1	195		108	
其他短期贷款	1178929	75.5	1131081	1011	3850	3852	6554	25530	1474	5577
中长期贷款	6331594	5.3	6062293	9499	11160	11855	36221	61376	71000	68190
基本建设贷款	3745585	9.3	3601485	1850	2750	4200	24000	26000	65300	20000
技术改造贷款	48546	-7.3	44046		4500					
其他中长期贷款	2537462	0.0	2416761	7649	3910	7655	12221	35376	5700	48190
票据融资	2235815	-36.8	2202556		774	2186	24050	2744	2606	899
各项垫款	28794	4.0	28794							

13-4 农村信用社人民币信贷收支

（2006 年底）

单位：万元

项目	合计	2006 年比年初 ±%	市区	中牟县	巩义市	荥阳市	新密市	新郑市	登封市	上街区
各项存款合计	**2471807**	**26.1**	**1067734**	**237150**	**259238**	**180223**	**221721**	**209918**	**267919**	**27904**
企业存款	182195	45.0	111689	10117	9727	12818	6754	9579	6267	15244
机关团体存款	4658	-54.4			1649		2917		92	
储蓄存款	1747950	25.7	582154	190019	200708	152084	177386	180083	253256	12260
农业存款	428251	25.7	305570	35739	25200	14635	21922	16881	8304	
其他存款	108753	15.8	68321	1275	21954	686	12742	3375		400
各项贷款合计	**1732208**	**27.5**	**744008**	**157861**	**244073**	**99911**	**179145**	**131167**	**162240**	**13803**
短期贷款	1550221	19.8	649525	152189	228194	90836	152551	119063	144175	13688
农业贷款	1028940	25.1	437524	132601	76169	79777	109356	89397	90653	13463
乡镇企业贷款	340002	30.6	99660	13022	119717	10542	30898	20456	45707	
其他短期贷款	178345	-13.8	112341	6566	31789	517	12297	9210	5400	225
中长期贷款	69441	56.6	7558	5672	9811	7595	16751	6954	14985	115
票据融资	112546	461.4	86925		6068	1480	9843	5150	3080	

13-5 财 政

（2006 年）

预算科目	全市	市本级	高新开发区	经济开发区	郑东新区	巩义市	荥阳市
地方预算内财政收入	**2023878**	**957482**	**37459**	**24155**	**153342**	**126409**	**74259**
财政一般预算收入	**1760266**	**891646**	**30244**	**21105**	**35298**	**114457**	**63118**
增值税	209378	70634	5930	2687	70	24556	8814
国有企业增值税	26398	10780	131	6		1987	694
集体企业增值税	13767	1454	148	26		1681	969
股份制企业增值税	123860	44339	4515	1912	28	12987	3709
联营企业增值税	302	4				282	2
港澳台和外商投资企业增值税	29357	10185	997	614	17	4013	2351
私营企业增值税	3533	171	17			1532	71
其他增值税	13590	3992	24	10	25	1076	825
增值税税款滞纳金、罚款收入	646	123	16	5		120	30
福利企业增值税退税	-5816	-1004	-10	-1		-813	-115
软件集成电路增值税退税	-393	-197	-168	-20			
三线搬迁增值税退税	-132	-44	-10				
宣传文化单位增值税退税	-659	-866				-16	-18
森工综合利用增值税退税	-8	-4					
其他增值税退税	-359	-68	-14				
免抵调增增值税	5292	1769	284	135		1707	296
营业税	487608	269829	6642	3759	11396	11415	13303
金融保险业营业税(地方)	93964	89197				1387	300
一般营业税	392456	180096	6625	3758	11259	9977	12999
营业税税款滞纳金、罚款收入	1188	536	17	1	137	51	4
企业所得税	217989	135268	3712	3981	2148	10322	3282
个人所得税	70064	42752	1272	734	89	3087	1525
#利息所得税	19123	14060				989	609
资源税	17443					4152	1457
城市维护建设税	84496	17812	3600	1435	1394	4717	1868
房产税	40022	6349	1819	682	114	804	488
印花税	16293	3129	759	2235	184	1190	472
其他印花税	16207	3127	756	2227	184	1181	471
印花税税款滞纳金、罚款收入	86	2	3	8		9	1
城镇土地使用税	19912	1319	967	722	14	2276	392
土地增值税	21128	204	785	498	2678	249	178
车船使用和牌照税	3337	2881				73	91
耕地占用税	19014	313	500	1252	415	1683	3995
契税	90463	62990	1600	1850	16196	1039	2010
烟叶税	262						
国有资产经营收益	225278	140293	142			31883	17647
行政性收费收入	122640	83948	401	474	404	10084	3991
国土资源行政性收费收入	11057	2381				2220	1291
建设行政性收费收入	3943	2957			345	90	133
公安行政性收费收入	14175	11191	1			718	297
司法行政性收费收入	870	602				12	7
卫生行政性收费收入	2751	432				5	150
民政行政性收费收入	58		1			7	4
农业行政性收费收入	832	167				129	22
水利行政性收费收入	570	1				147	54
劳动保障行政性收费收入	76	73				3	
信息产业行政性收费收入	127	127					
人口和计划生育行政性收费收入	5462	4	74	201		371	152
林业行政性收费收入	1869	839	2			98	12
环保行政性收费收入	917	6				133	21
法院行政性收费收入	11343	5310	136	273		802	225
人事行政性收费收入	788	704	12		1		
财政行政性收费收入	486	295				25	7

收 入

单位:万元

中牟县	新郑市	登封市	新密市	二七区	金水区	中原区	管城区	上街区	惠济区
35600	**73616**	**100829**	**80226**	**64993**	**113193**	**57866**	**52860**	**40715**	**30874**
32066	**57850**	**87554**	**72595**	**64920**	**112745**	**57733**	**52805**	**37608**	**28522**
1293	5784	23486	24520	5055	9958	10128	7114	7439	1910
326	721	1331	2227	696	931	5782	373	199	214
25	334	3416	4202	291	450	221	247	233	70
535	3863	10656	17724	2618	6677	3051	4766	5837	643
		8	2		1	1	2		
99	1201	6572	138	404	832	520	447	203	764
58	53	548	226	42	18	44	12	703	38
258	603	1189	1293	1297	1064	369	995	381	189
6	39	94	90	18	45	19	10	22	9
-3	-1051	-383	-1245	-311	-411	-164	-77	-199	-29
					-8				
-41	-3			-34					
-24	-12	-15	-15	-3	310				
					-4				
	-9		-216	-8	-19	-20	-5		
54	45	70	94	45	72	305	344	60	12
14019	9538	9332	8869	24251	51090	21393	16588	8170	8014
309	773	1060	584					354	
13674	8718	8269	8276	24192	51007	21334	16509	7772	7991
36	47	3	9	59	83	59	79	44	23
757	2187	16776	6242	5883	11540	6109	5173	2053	2556
1078	2043	2532	2928	2605	2888	1868	2084	1928	651
380	554	750	1268					513	
316	149	7139	3956	269	2			2	1
753	8451	1789	4996	5578	11065	5520	5859	8097	1562
327	856	373	604	7035	10949	3186	4117	1236	1083
233	520	304	625	1626	1894	1733	478	631	280
230	518	304	611	1601	1886	1731	473	631	276
3	2		14	25	8	2	5		4
380	1288	87	129	2150	3065	2091	2865	823	1344
317	327	19	81	2366	7158	2226	3079	142	821
30	37	32	154					39	
1762	3562	426	1147	752	392	310	1001	58	1446
1009	1134	973	603					1059	
		262							
2273	6366	11290	1624	4217	268	116	2554		6605
5122	3035	2905	4666	1598	1980	1463	948	777	844
1156	1948	462	686	265	72	19		66	491
202	52	39	37	2		1		85	
453	186	168	1081					80	
12		15				169	53		
112	3	108	355	287	522	595	91	91	
1	5	5	5	6	10	7	3	1	3
215	24	51	67	34	59	6	31	27	
	29	30	292	8		9			
2648	286	400	416	98	540	27	194	6	45
73	33	694	61	16	3	2	28	7	1
	5	93	657	1				1	
150	340	262	799	793	752	615	472	114	300
2	1		66		1	1			
	32	30	48		19	12	3	15	

预算科目	全市	市本级	高新开发区	经济开发区	郑东新区	巩义市	荥阳市
人防行政性收费收入	16676	14123	175			1019	312
教育行政性收费收入	44613	44613					
交通行政性收费收入	321	8				294	
其他行政性收费收入	5706	115			58	4011	1304
罚没收入	40697	14527	505	178	117	2032	1690
交通罚没收入	2590	475				224	330
物价罚没收入	550	183				59	20
公安罚没收入	16233	8029	29			756	633
检察院罚没收入	2874	714	400			28	204
法院罚没收入	1198	2	53	164		83	55
卫生罚没收入	152	59					5
其他罚没收入	17100	5065	23	14	117	882	443
海域场地矿区使用费收入	217	140	73	4			
专项收入	57182	29064	1525	587		4720	1817
排污费收入	8543	3830				1259	560
水资源费收入	4330	2552				115	157
教育费附加收入	39249	20859	1525	587		2551	1070
矿产资源补偿费收入	727	5				445	30
探矿权采矿权使用费及价款收入	2007	63				350	
公路运输管理费收入	2319	1748					
水路运输管理费收入	7	7					
其他收入	16843	10194	12	27	79	175	98
利息收入	2113	1295	12	21	79	175	36
国库存款利息收入	1786	1295	12	21	79	85	22
其他利息收入	327					90	14
捐赠收入	5007						
财政基金预算收入	**263612**	**65836**	**7215**	**3050**	**118044**	**11952**	**11141**
工业交通部门基金收入	9677	8150				919	39
养路费收入	5817	4914				903	
散装水泥专项资金收入	537	433				8	16
墙体材料专项基金收入	3323	2803				8	23
文教部门基金收入	1405	441	95	50	2	19	8
文化事业建设费收入	1405	441	95	50	2	19	8
农业部门基金收入	911	42				246	154
育林基金收入	587	42				70	79
地方水利建设基金收入	290					176	75
地方其他水利建设基金收入	290					176	75
森林植被恢复费收入	34						
土地有偿使用收入	231469	46915	7000	3000	118042	4299	10410
国有土地使用权有偿使用收入	229705	46728	7000	3000	118042	3959	10403
土地收益金或土地增值费	17549	3060					7734
用于农业土地开发的土地出让金	1060			1000		60	
其他土地出让金	211096	43668	7000	2000	118042	3899	2669
新增建设用地土地有偿使用费收入	1764	187				340	7
政府住房基金收入	3567	3567					
上缴管理费用	2658	2658					
其他收入	909	909					
其他部门基金收入	5217	3320				204	187
残疾人就业保障金收入	5217	3320				204	187
地方财政税费附加收入	11366	3401	120			6265	343
城镇公用事业附加收入	11366	3401	120			6265	343

单位:万元

中牟县	新郑市	登封市	新密市	二七区	金水区	中原区	管城区	上街区	惠济区
88		524		84			72	279	
		19							
10	91	5	96	4	2		1	5	4
1504	3791	4981	5156	1286	466	1501	931	826	1206
359	342	367	40	112	84	33	56	52	116
34	35	2	50	90	58	10	4	1	4
675	1370	2591	1901					249	
	47	277	140	94	212	550	34	37	137
79	101	103	145	120		74	139	63	17
2	11		14	10	8	5	35	1	2
355	1885	1641	2866	860	104	829	663	423	930
792	4499	4243	5415	230		2		4288	
138	561	610	838					747	
125	120	182	994	33		2		50	
529	3764	1976	2897					3491	
	34	35	150	28					
		1339	86	169					
	20	101	450						
101	4283	605	880	19	30	87	14	40	199
97	20	117	99	19	29	52	12	40	10
44	9	51	46	19	29	14	12	38	10
53	11	66	53			38		2	
	4220		781						6
3534	**15766**	**13275**	**7631**	**73**	**448**	**133**	**55**	**3107**	**2352**
248	17	81	88					135	
		22						58	
248	17	59	88					77	
14	18	18	20	67	448	133	55	6	11
14	18	18	20	67	448	133	55	6	11
108	87	125	142	6					1
108	59	80	142	6					1
		39							
		39							
	28	6							
2990	15250	12438	6267					2518	2340
2990	15250	12278	6002					1713	2340
111			2591					1713	2340
2879	15250	12278	3411						
		160	265					805	
49	224	271	555					407	
49	224	271	555					407	
125	170	342	559					41	
125	170	342	559					41	

13-6 财 政

（2006 年）

预算科目	全市	市本级	高新开发区	经济开发区	郑东新区	巩义市	荥阳市
地方预算内财政支出	**2153954**	**839568**	**55180**	**30401**	**156250**	**153734**	**105128**
财政一般预算支出	**1876587**	**798319**	**47965**	**27398**	**47208**	**140191**	**92084**
基本建设支出	216776	63828	4420	12494	27420	18244	13135
企业挖潜改造资金	211544	188293	1660			6457	348
地质勘探费							
科技三项费用	25051	11373	1440	1971		2055	814
流动资金							
农业支出	35535	7747	478	3		3016	4564
行业管理	21867	5547	443			2194	1945
自然灾害救助	188	137					4
农业生产资料补贴	2099	643				84	275
农业资源和环境保护	671	283				3	21
土地管理支出	2316	68				485	
农业综合开发	4211	284	35			70	2168
其他农业支出	4183	785		3		180	151
林业支出	17467	2549	132	50	578	1983	1576
行业管理	4409	1503	70		578	213	414
森林救灾	386	150				42	20
天然林保护	5					5	
退耕还林	4923	40				721	497
森林生态效益	455	15				104	60
造林	5522	320	62	50		778	455
防沙治沙	234	20					
其他	1533	501				120	130
水利和气象支出	16114	4081	65	16		1370	1762
水利行业管理	4200	1768	65			385	297
防汛岁修抗旱	2683	918				187	450
水文水质水土水资源管理	756	137				32	14
水利建设	7828	797		16		736	981
气象支出	334	180				30	20
南水北调工程管理	313	281					
工业交通等部门的事业费	21636	12224				2626	467
流通部门事业费	2900	1430		10			128
文体广播事业费	41126	14413	250	174		3925	2515
文化事业费	7201	4315	31			484	362
出版事业费	125	84					
文物事业费	1845	982				470	29
体育事业费	2904	1124				95	144
档案事业费	617	189					53
地震事业费	391	359				10	5
广播电影电视事业费	6025	3835	25			622	179
计划生育事业费	18299	930	194	172		1932	1649
党政群干部训练事业费	3446	2580				102	94
其他文体广播事业费	273	15		2		210	
教育支出	243252	99174	3125	670		21725	13721
普通教育	201564	64841	3125	670		19749	13650
职业教育	26840	22911				1346	
成人教育	134					46	
广播电视教育	2181	2122				59	
特殊教育	994	506				16	
教师进修及干部教育	1009					114	71
其他	10530	8794				395	
科学支出	3251	2033				218	90
自然科学	1773	1086				182	36

支　出

单位:万元

中牟县	新郑市	登封市	新密市	二七区	金水区	中原区	管城区	上街区	惠济区
80102	**99170**	**121781**	**114483**	**65106**	**124165**	**55277**	**56996**	**43554**	**53059**
71821	**90076**	**105703**	**106831**	**61806**	**101522**	**55138**	**52562**	**40514**	**37449**
5542	12584	8144	13766	2259	17727	3182	5540	3136	5355
370	4701	5994	1721	200			1511	289	
450	825	560	630	931	1436	678	840	572	476
2286	2826	2821	2958	1199	3350	621	630	379	2657
1697	1730	1605	1519	437	2024	149	495	212	1870
5	12		10			10	1	9	
369	521	79	30		32	29		1	36
5	4	288	17					50	
		611	666			371			115
39	144	135	600	218	210	27	79	3	199
171	415	103	116	544	1084	35	55	104	437
1177	1768	3238	1484	567	777	144	234	124	1086
243	180	376	305	66	104	10	3	1	343
8	10	100	8		5		5	9	29
460	965	1194	961					37	48
14	42	198	10					3	9
346	252	1334	185	283	490	113	211	55	588
55	123				30	6			
51	196	36	15	218	148	15	15	19	69
1187	1565	1713	2085	462	1049	68	89	98	504
189	527	275	309	73	104	6	35	2	165
250	116	522	152	35	29	12			12
20	10	50	319	15		10	10	5	134
712	847	826	1296	339	916	35	44	90	193
16	39	40	9						
	26					5		1	
	468	1655	1245	751	954	534	252	25	435
	114	237	75	84	54	583	134	1	50
3639	2824	4101	2738	1234	1907	840	1028	609	929
86	554	210	295	182	249	27	195	115	96
						41			
10	112	224	18						
75	55	1065	77	57		30	136	34	12
36	51	72			56	8	78	18	56
	2		9	2		1		2	1
73	193	646	224	41	53	37		77	20
3267	1762	1733	2032	952	1432	673	579	318	674
92	95	148	83		74	23	40	45	70
		3			43				
14863	12200	19050	15623	9755	11136	8362	5845	2944	5059
14149	10878	18221	14431	9364	10822	8271	5694	2906	4793
526	778	403	593	40	18		87		138
	9							1	78
52	86	61	68	70	71		64		
136	116	150	309			63			50
	333	215	222	281	225	28		37	
14	256	138	63	29	97	19	107	118	69
10	216	64	18			16		100	45

13-6 续表1 （2006年）

预算科目	全市	市本级	高新开发区	经济开发区	郑东新区	巩义市	荥阳市
社会科学	261	257					
科学技术普及	1104	690				36	54
其他	113						
医疗卫生支出	72939	27901	925	231	13	5369	4605
卫生	38269	10786	868	231	13	3192	2673
中医	907	654					30
食品和药品监督管理	128					45	15
行政事业单位医疗	33635	16461	57			2132	1887
其他部门的事业费	74954	11448	1287	85	13814	7307	3606
抚恤和社会福利救济费	37184	12626	237	63		3485	2284
抚恤	7375	247	164	13		883	634
安置	8687	5835	2	5		234	97
城市居民最低生活保障	6663	3044				597	383
农村及其他社会救济	7645	806	68	30		1282	769
社会福利	1707	1398	1			33	
其他民政	3532	1049		2		255	282
残疾人事业	682	192				57	40
自然灾害生活救助	893	55	2	13		144	79
行政事业单位离退休支出	82296	29013	16			5859	6123
行政单位离退休支出	20179	7474	16			797	1636
公检法司机关离退休支出	6916	4927				377	227
事业单位离退休支出经费	49508	16612				4601	4260
离退休人员管理机构支出	351					84	
其他	5342						
社会保障补助支出	98847	70494	366	13	60	14745	970
社会保险基金补助	55682	54725	141				78
就业补助	16519	9622		13		1229	540
社会保险经办机构支出	2659					277	216
其他	23987	6147	225		60	13239	136
行政管理费	210655	47110	4996	5734	2802	14348	13033
人大经费	6088	1764				438	349
政府机关经费	154231	31158	4985	5732	2802	10766	6444
政协经费	4591	1259				398	300
共产党机关经费	38657	11427	11	2		2644	2174
民主党派机关经费	634	359				39	17
社会团体机关经费	6454	1143				63	3749
公检法司支出	117400	66203	554		643	6665	6283
公安支出	77511	49335			573	4799	4145
检察院支出	12799	4217	250		70	708	901
法院支出	18650	6702	304			920	944
司法支出	4553	2062				238	293
监狱支出	1372	1372					
劳教支出	2515	2515					
城市维护费	103736	28502	18165	1144		4198	1440
政策性补贴支出	23029	18896				493	959
国家储备粮油利息费用补贴	5678	4707					
地方粮油价外补贴	3						

单位:万元

中牟县	新郑市	登封市	新密市	二七区	金水区	中原区	管城区	上街区	惠济区
							4		
4	6	74	45	29	18	3	103	18	24
	34				79				
3401	4162	4982	4592	3132	4887	2436	2685	1616	2002
2477	2884	3288	3238	1508	2553	1192	1532	763	1071
66		44	53		20		40		
	5	39				17		4	3
858	1273	1611	1301	1624	2314	1227	1113	849	928
757	7134	5909	3975	5525	3753	4487	605	3117	2145
2294	2223	2720	3819	1493	2842	1173	982	374	569
889	724	560	1103	503	815	412	157	106	165
101	186	81	309	479	745	266	242	39	66
574	232	525	466	200	105	193	311	30	3
528	669	1188	1318	206	421	80	80	103	97
10	1	36	217				3	8	
115	270	161	126	37	696	192	113	68	166
10	22	31	103	48	49	20	69	8	33
67	119	138	177	20	11	10	7	12	39
3802	4852	4167	5034	4369	5854	4770	3234	2291	2912
2141	10	846	1468	824	1386	858	1272	632	819
138		281	210	143	208	151		121	133
1516		2869	3042	3402	4147	3761	1962	1376	1960
		151	3		113				
7	4842	20	311					162	
596	1143	2792	1405	532	2854	405	1172	894	406
44	380	46	159	54				23	32
217	310	175	621	223	2534	233	368	227	207
281	308	267	189	185	151	130	426	71	158
54	145	2304	436	70	169	42	378	573	9
17356	7996	17561	13689	10883	22025	9624	11396	3484	8618
258	360	521	339	366	561	397	285	208	242
14950	5523	13069	12006	7488	16189	7022	8226	2328	5543
258	297	402	120	302	277	299	322	176	181
1823	1816	3408	1089	2535	4508	1774	2380	629	2437
		19	57	14	45			28	56
67		142	78	178	445	132	183	115	159
4688	6122	6690	6105	2009	2138	2539	2668	2707	1386
3512	4070	4660	4458					1949	10
390	865	776	506	755	842	1014	745	323	437
677	945	1069	998	1168	1091	1263	1627	339	603
109	242	185	143	86	205	262	296	96	336
528	1750	1402	8704	11249	7085	4053	4236	10121	1159
123	272	590	799	172	272		320	130	3
	88	439	30		272		20	122	
									3

13-6 续表 2 （2006 年）

预算科目	全市	市本级	高新开发区	经济开发区	郑东新区	巩义市	荥阳市
农业生产资料价差补贴	30	30					
地方粮食企业新增挂帐消化款	6474	6474					
其他政策性补贴	10844	7685				493	959
支援不发达地区支出	2688	141				150	409
财政扶贫资金	2683	138				150	409
民族工作经费	5	3					
海域开发建设和场地使用费支出	11	11					
车辆税费支出	9957	393				1858	2288
债务利息支出	8298		6079				
专项支出	57245	23331	1525	587		4580	1605
排污费支出	9148	2081				1588	676
水资源费支出	6636	4857				120	167
教育费附加支出	37989	15633	1525	587		2551	744
矿产资源补偿费支出	483	278				21	18
探矿权采矿权使用费及价款支出	2164	158				300	
公路运输管理费支出	825	324					
其他支出	142696	55105	2245	4153	1878	9515	9359
财政基金预算支出	277367	41249	7215	3003	109042	13543	13044
工业交通部门基金支出	40057	23958	35			3623	1533
养路费支出	29029	18578				2645	678
公路客货运附加费支出	7571	2234	35			955	841
散装水泥专项资金支出	475	438					
墙体材料专项基金支出	2982	2708				23	14
商贸部门基金支出	156	54					
外贸发展基金支出	156	54					
文教部门基金支出	914	384	95			15	21
文化事业建设费支出	914	384	95			15	21
农业部门基金支出	3524	1184				59	552
育林基金支出	531	44				59	55
地方水利建设基金支出	532	215					133
其他水利基本建设支出	532	215					133
森林植被恢复费支出	2461	925					364
土地有偿使用支出	214795	7272	7000	3003	109042	3352	10547
城市土地开发建设支出	211866	5874	7000	3003	109042	3299	10547
耕地开发专项支出	1549	1398				53	
其他支出	1380						
政府住房基金支出	3581	3532					
住房补贴支出	682	682					
廉租住房支出	81	32					
管理费用支出	2818	2818					
其他部门基金支出	2723	1174				229	52
残疾人就业保障金支出	2723	1174				229	52
地方财政税费附加支出	11617	3691	85			6265	339
城镇公用事业附加支出	11616	3691	85			6265	339
其他附加支出	1						

单位:万元

中牟县	新郑市	登封市	新密市	二七区	金水区	中原区	管城区	上街区	惠济区
123	184	151	769	172			300	8	
126	195	606	813	10			30	188	20
126	195	604	813	10			30	188	20
		2							
926	1022	1125	1928	61			139	49	168
							2219		
880	4499	4730	6490	1121	1591	1155	892	3699	560
322	561	1058	1965					897	
173	120	128	1014			3	1	51	2
375	3764	1994	2824	1049	1591	1152	891	2751	558
10	34		106	16					
		1449	201	56					
	20	101	380						
6816	8575	4778	7090	3779	9734	9465	5774	3549	881
8281	9094	16078	7652	3300	22643	139	4434	3040	15610
1789	2394	3627	1924	61	55	17	531	107	403
724	1292	3094	1283	10	8	6	463	56	192
914	1082	437	634	51	47	11	68	51	211
		37							
151	20	59	7						
64			38						
64			38						
10	10	17	22	34	270	21	4		11
10	10	17	22	34	270	21	4		11
215	297	450	223	190	2		216	135	1
124	56	78	114						1
91		63	30						
91		63	30						
	241	309	79	190	2		216	135	
6007	5982	11523	4466	3015	22258	101	3683	2358	15186
6007	5982	11293	4368	3015	22258	101	3683	1208	15186
			98						
		230						1150	
19	30								
19	30								
52	211	119	419		58			400	9
52	211	119	419		58			400	9
125	170	342	560					40	
125	170	342	559					40	
			1						

主要统计指标解释

财政收入 国家财政参与社会产品分配所取得的收入，是实现国家职能的财力保证。财政收入所包括的内容几经变化，目前主要包括：增值税、营业税、企业所得税、企业所得税退税、外商投资企业和外国企业所得税、个人所得税、资源税、固定资产投资方向调节税、城市维护建设税、房产税、印花税、城镇土地使用税、土地增值税、车船使用税、屠宰税、筵席税、农业税、农业特产税、牧业税、耕地占用税、契税、国有资产经营收益、国有企业计划亏损补贴、行政性收费收入、罚没收入、土地和海域有偿使用收入、专项收入、其他收入。

财政支出 国家财政将筹集起来的资金进行分配使用，以满足经济建设和各项事业的需要，主要包括：基本建设支出、企业挖潜改造资金、简易建筑费、地质勘探费、科技三项费用、流动资金、支援农村生产支出、农业综合开发支出、农林水利气象等部门的事业费、工业交通等部门的事业费、流通部门事业费、文体广播事业费、教育事业费、科学事业费、卫生经费、税务统计财政审计等部门的事业费、抚恤和社会福利救济费、行政事业单位离退休经费、社会保障补助支出、国防支出、行政管理费、外交外事支出、武装警察部队支出、公检法司支出、城市维护费、政策性补贴支出、支援不发达地区支出、土地和海域开发建设支出、专项支出、其他支出、总预备费。

中央财政收入和地方财政收入 按财政体制划分的中央本级收入和地方本级收入。1994 年分税制财政体制以后，属于中央财政的收入包括关税、海关代征消费税和增值税，消费税，中央企业所得税，地方银行和外资银行及非银行金融企业所得税，铁道、银行总行、保险总公司等集中缴纳的营业税、所得税、利润和城市维护建设税，增值税的 75% 部分，海洋石油资源税和证券（印花）税 50% 部分。属于地方财政的收入包括营业税，地方企业所得税，个人所得税，城镇土地使用税，固定资产投资方向调节税，城镇维护建设税，房产税，车船使用税，印花税，屠宰税，农牧业税，农业特产税，耕地占用税，契税，增值税 25% 部分，证券交易税（印花税）的 50% 部分和除海洋石油资源税以外的其他资源税。

中央财政支出和地方财政支出 根据政府在经济和社会活动中的不同职责，划分中央和地方政府的责权，按照政府的责权划分确定的支出。中央财政支出包括国防支出，武装警察部队支出，中央级行政管理费和各项事业费，重点建设支出以及中央政府调整国民经济结构、协调地区发展，实施宏观调控的支出。地方财政支出主要包括地方行政管理和各项事业费，地方统筹的基本建设、技术改造支出，支援农村生产支出，城市维护和建设经费，价格补贴支出等。

信贷资金 国家银行用于发放贷款的资金叫信贷资金。中国人民银行信贷资金的来源有各项存款、对国际金融机构负债、流通中货币、银行自有资金及当年结益等。信贷资金的运用有各项贷款、黄金占款、外汇占款、财政借款及在国际金融机构中的资产等。

各项存款 企业、机关、团体或居民根据可以收回的原则，把货币资金存入银行或其他信用机构保管并取得一定利息的一种信用活动形式。根据存款对象的不同可划分为企业存款、财政存款、机关团体存款、基本建设存款，城镇储蓄存款、农村存款等科目。它是银行信贷资金的主要来源。

贷款 银行或其他信用机构根据必须归还的原则，按一定利率，为企业、个人等提供资金的一种信用活动形式。我国银行贷款分为流动资金贷款、固定资产贷款、城乡个体工商户贷款以及农业贷款等科目。

十四、教育、科技、文化、卫生和体育

14-1　教育事业主要综合指标

（2006 年）

单位：所、人

指　　标	数 值	指　　标	数 值
平均每万人拥有各类学校数	**2.47**	**小学五年巩固率（%）**	**105.85**
高等学校	0.07	**小学学生缀学率（%）**	**-0.14**
中等职业学校	0.16	**初中学生毛入学率（%）**	**125.99**
技工学校	0.03	**初中三年巩固率（%）**	**95.9**
普通中学	0.60	**初中学生缀学率（%）**	**1.39**
小学校	1.59	**高中学生毛入学率（%）**	**80.60**
平均每万人各类学校在校生数	**2718.04**	**平均每万人各类学校教职工数**	**193.81**
高等学校	782.59	#专任教师	147.92
中等职业学校	372.42	#高等学校	59.37
技工学校	63.51	中等职业学校	20.08
普通中学	740.25	技工学校	3.02
小学校	757.36	普通中学	50.16
小学适龄儿童净入学率（%）	**100.00**	小学校	44.24

14-2 学校教育基本情况

（2006 年）

单位:所、人

项　目	全市	市区	县(市)	中牟县	巩义市	荥阳市	新密市	新郑市	登封市
各类学校教育合计数									
学校数	1779	540	1189	233	210	139	219	188	200
毕业生数	492553	263220	229333	46394	42601	29146	41862	37239	32091
招生数	568124	387466	180658	34428	30284	23013	34628	30288	28017
在校学生数	1956990	1235700	721290	133472	123148	93055	145473	112833	113309
教职工数	139543	86298	50185	7970	9019	7037	9548	8066	8545
#专任教师	106500	58653	43339	6854	7587	6246	8341	6468	7791
高等学校									
学校数	49								
#普通高等学校	39								
成人高等学校	10								
毕业生数	109921								
#普通高等学校	96773								
成人高等学校	13148								
招生数	201549								
#普通高等学校	182477								
成人高等学校	19072								
在校学生数	563464								
#普通高等学校	495864								
成人高等学校	67600								
教职工数	42749								
#专任教师	26326								
中等职业学校									
学校数	116	69	47	8	6	8	7	8	10
毕业生数	80066	55006	25060	12588	2129	1560	2950	3425	2408
招生数	88608	64074	24534	6444	2196	3019	3569	5680	3626
在校学生数	268143	206741	61402	17013	6214	6683	10570	12255	8667
教职工数	14457	10198	4259	1018	417	584	608	942	690
#专任教师	9647	6236	3411	814	342	455	495	707	598
技工学校									
学校数	24	20	4		1			3	
毕业生数	7048	4688	2360		140			2220	
招生数	14500	12560	1940		227			1713	
在校学生数	45725	41381	4344		550			3794	
教职工数	2175	1625	550		160			390	

项　目	全市	市区	县(市)	中牟县	巩义市	荥阳市	新密市	新郑市	登封市
#专任教师	1533	1102	431		160			219	
普通中学									
学校数	434	144	290	39	65	36	58	38	54
#高中	110	63	47	4	14	7	6	8	8
初中	324	81	243	35	51	29	52	30	46
毕业生数	187974	55202	132772	21163	25766	18741	24471	23225	19406
#高中	41302	15436	25866	3633	5570	3850	3706	6181	2926
初中	146672	39766	106906	17530	20196	14891	20765	17044	16480
招生数	167549	66820	100729	17330	19133	13652	19499	15632	15483
#高中	59401	25370	34031	5294	6362	5151	5085	6690	5449
初中	108148	41450	66698	12036	12771	8501	14414	8942	10034
在校学生数	532980	195350	337630	58265	63079	46209	63008	54466	52603
#高中	172525	73831	98694	15059	18908	15391	14338	20433	14565
初中	360455	121519	238936	43206	44171	30818	48670	34033	38038
教职工数	36115	13028	23087	3425	4339	3421	4377	3965	3560
#专任教师	29831	10442	19389	2745	3943	2904	3666	2934	3197
小学									
学校数	1144	302	842	185	137	94	153	138	135
毕业生数	107358	38270	69088	12643	14541	8845	14441	8351	10267
招生数	95697	42289	53408	10654	8721	6339	11548	7251	8895
在校学生数	545297	227971	317326	58130	53195	40073	71752	42228	51948
教职工数	31855	11634	20221	3297	3176	2940	4302	2610	3896
#专任教师	29756	10451	19305	3148	3121	2827	4038	2472	3699
特殊教育学校									
学校数	11	5	6	1	1	1	1	1	1
毕业生数	165	112	53		25			18	10
招生数	191	144	47		7	3	12	12	13
在校学生数	1231	643	588	64	110	90	143	90	91
教职工数	334	162	172	27	13	19	45	40	28
#专任教师	268	135	133	17	8	19	33	32	24
工读学校									
学校数	1	1							
毕业生数	21	21							
招生数	30	30							
在校学生数	150	150							
教职工数	25	25							
#专任教师	21	21							
幼儿园									
幼儿园数	(560)	(253)	(307)	(24)	(62)	(26)	(76)	(50)	(69)
入园幼儿数	(72743)	(21593)	(51150)	(10333)	(10376)	(5606)	(6358)	(8216)	(10261)
在园幼儿数	(148142)	(59152)	(88990)	(12520)	(19359)	(10351)	(14734)	(11645)	(20381)
教职工数	11833	6877	4956	388	914	481	1207	710	1256
#专任教师	6934	3940	2994	248	555	244	695	442	810

注:标注“()”为不计合计数中

14-3　全市教育部门教育经费总收入

（2006 年）

单位：千元

类别	总收入	预算内教育经费	教育事业费	教育基建费	其他教育经费	#社会保障费	各级政府征收用于教育的税收	城市教育费附加	预算外收入	校办产业	捐资集资	事业收入	#学费杂费	其他收入
总　计	**3320785**	**2529610**	**2045105**	**38805**	**445700**	**445700**	**366226**	**366226**	**424949**	**8020**	**11314**	**359408**	**145027**	**46207**
中等技术学校	87688	87634	82307		5327	5327			54			54	54	
中等师范学校	19083	19083	16276		2807	2807								
成人中专学校	19888	11750	8598		3152	3152	887	887	7251	4	279	4844	2121	2124
普通中学	1630110	1191689	963047	32651	195991	195991	218964	218964	219457	4895	5563	191127	63186	17872
高中	750986	443562	349760	14651	79151	79151	155362	155362	152062	1909	2055	141230	39454	6868
初中	879124	748127	613287	18000	116840	116840	63602	63602	67395	2986	3508	49897	23732	11004
成人中学	882	882	681		201	201								
职业中学	202226	143010	120606	700	21704	21704	27122	27122	32094	175	926	29517	22744	1476
普通小学	1083504	888914	687155	4554	197205	197205	69036	69036	125554	2529	4224	102853	50852	15948
特殊教育学校	14958	13966	11260		2706	2706	390	390	602	59	317	54	38	172
幼儿园	58320	37594	29556	900	7138	7138	651	651	20075		5	19665	6032	405
其他教育机构	204126	135088	125619		9469	9469	49176	49176	19862	358		11294		8210

14-4 分县(市)区教育部门教育经费收入

(2006 年)

单位:千元

县(市)区	总收入	预算内教育经费	教育事业费	教育基建费	其他教育经费	#社会保障费	各级政府征收用于教育的税收	城市教育费附加	预算外收入	校办产业	捐资集资	事业收入	#学费杂费	其他收入
总　　计	**3320785**	**2529610**	**2045105**	**38805**	**445700**	**445700**	**366226**	**366226**	**424949**	**8020**	**11314**	**359408**	**145027**	**46207**
市区	**1759245**	**1364011**	**1074871**	**30300**	**258840**	**258840**	**237093**	**237093**	**158141**	**3262**	**2108**	**123857**	**52268**	**28914**
市直	946399	777980	643854	24100	110026	110026	156333	156333	12086			5461	4012	6625
中原区	157138	119516	83619	1300	34597	34597	11520	11520	26102	898		22911	8718	2293
二七区	166715	125666	97550		28116	28116	11330	11330	29719	1114	1790	22522	9456	4293
管城区	115532	81132	58452	3900	18780	18780	8910	8910	25490	932		15650	7341	8908
金水区	214017	151485	111363	1000	39122	39122	15910	15910	46622	298		40301	14646	6023
上街区	75531	39654	29441		10213	10213	27510	27510	8367		7	7748	3707	612
邙山区	83913	68578	50592		17986	17986	5580	5580	9755	20	311	9264	4388	160
县(市)	**1561540**	**1165599**	**970234**	**8505**	**186860**	**186860**	**129133**	**129133**	**266808**	**4758**	**9206**	**235551**	**92759**	**17293**
中牟县	220831	171991	148643	1040	22308	22308	5288	5288	43552	1121	466	39030	15092	2935
巩义市	325447	249268	217250	554	31464	31464	25510	25510	50669	2742	8031	38289	11812	1607
荥阳市	218089	173739	137210		36529	36529	10700	10700	33650			33650	10573	
新密市	274215	193452	154620	6911	31921	31921	30240	30240	50523	776	35	44501	21234	5211
新郑市	233138	150925	122001		28924	28924	37635	37635	44578	119	604	41671	14286	2184
登封市	289820	226224	190510		35714	35714	19760	19760	43836		70	38410	19762	5356

14-5 全市教育部

（2006 年）

类 别	总支出	预算内教育经费支出	教育事业费	教育基建费	其他教育经费	#社会保障费	各级政府征收用于教育的税费支出	城市教育费附加	预算外教育经费支出	事业性经费支出	个人部分
总 计	**3284657**	**2529392**	**2045587**	**38805**	**445000**	**430439**	**352198**	**352198**	**403067**	**3158022**	**2035588**
中等技术学校	88032	88032	82705		5327	4459				88032	35059
中等师范学校	19081	19081	16274		2807	2447				19081	13106
成人中专学校	19806	11750	8598		3152	3152	887	887	7169	19349	11161
普通中学	1626424	1196913	968271	32651	195991	185697	224742	224742	204769	1545641	948510
高中	746167	448823	355021	14651	79151	72057	154362	154362	142982	712580	331757
初中	880257	748090	613250	18000	116840	113640	70380	70380	61787	833061	616753
成人中学	883	883	682		201	179				883	536
职业中学	205014	144202	121798	700	21704	19875	28862	28862	31950	190679	102471
普通小学	1082341	884641	682881	4554	197206	197122	74543	74543	123157	1053641	845362
特殊教育学校	15007	13896	11191		2705	2490	390	390	721	14657	11156
幼儿园	56824	37639	29601	900	7138	6961	651	651	18534	55924	36103
其他教育机构	171245	132355	123586		8769	8057	22123	22123	16767	170135	32124

门教育经费支出

单位:千元

基本工资	补助工资	其他工资	职工福利费	社会保障费	助学金	公用部分	公务费	业务费	设备购置费	修缮费	其他费用	教育基建支出
781851	**547213**	**149643**	**65393**	**431680**	**59808**	**1122434**	**298652**	**95028**	**208407**	**308680**	**211667**	**126635**
13850	6876	3250	1514	4358	5211	52973	15645	1993	17216	4157	13962	
2273	2477	3783	499	2438	1636	5975	2599	32	1191	790	1363	
4567	2688	498	230	3170	8	8188	2937	1453	1462	1324	1012	457
369012	254806	71787	36868	185522	30515	597131	139233	41594	106257	187387	122660	80783
106850	86714	38198	21954	72034	6007	380823	67231	22562	67025	119409	104596	33587
262162	168092	33589	14914	113488	24508	216308	72002	19032	39232	67978	18064	47196
158	149	5	48	176		347	286	27	15		19	
36688	28121	9068	6356	19832	2406	88208	23044	6428	15713	32999	10024	14335
328270	229779	52469	16819	198234	19791	208279	70324	22626	44651	59037	11641	28700
3844	3586	636	392	2457	241	3501	1362	178	754	452	755	350
13508	11254	3289	1027	7025		19821	7979	3197	2348	4868	1429	900
9681	7477	4858	1640	8468		138011	35243	17500	18800	17666	48802	1110

14-6 分县(市)区教育部门教育经费支出

(2006年)

单位:千元

县(市)区	总支出	预算内教育经费					各级政府征收用于教育的税收		预算外收入
			教育事业费	教育基建费	其他教育经费	#社会保障费		城市教育费附加	
总计	**3284657**	**2529392**	**2045587**	**38805**	**445000**	**430439**	**352198**	**352198**	**403067**
市区	**1732704**	**1364154**	**1075714**	**30300**	**258140**	**244017**	**226141**	**226141**	**142409**
市直	918283	787107	652981	24100	110026	95903	131176	131176	
中原区	153706	119516	83619	1300	34597	34597	11520	11520	22670
二七区	165822	125666	97550		28116	28116	10437	10437	29719
管城区	115035	81132	58452	3900	18780	18780	8910	8910	24993
金水区	205329	143491	103369	1000	39122	39122	15910	15910	45928
上街区	89350	38664	29151		9513	9513	42608	42608	8078
惠济区	85179	68578	50592		17986	17986	5580	5580	11021
县(市)	**1551953**	**1165238**	**969873**	**8505**	**186860**	**186422**	**126057**	**126057**	**260658**
中牟县	224360	171991	148643	1040	22308	22308	5288	5288	47081
巩义市	325447	249268	217250	554	31464	31464	25510	25510	50669
荥阳市	213792	173739	137210		36529	36091	7440	7440	32613
新密市	269374	193452	154620	6911	31921	31921	30240	30240	45682
新郑市	233138	150925	122001		28924	28924	37635	37635	44578
登封市	285842	225863	190149		35714	35714	19944	19944	40035

14-7 艺术表演团体情况

（2006 年）

县(市)区	机构数（个）	从业人员（人）	#高级职称	#中级职称	国内演出场次(场)	#到农村演出
总　计	**19**	**1414**	**243**	**459**	**2979**	**1794**
市区	12	1148	239	395	1513	538
六县(市)	7	266	4	64	1466	1256
中牟县	1	48				
巩义市	1	33	1	6	206	190
荥阳市	1	42		26	260	220
新密市	2	37	2	16	280	260
新郑市	1	56	1	15	400	306
登封市	1	50		1	320	280

14-8 图书馆、群众艺术馆、文化馆情况

（2006 年）

县(市)区	机构数（个）	从业人员（个）	#高级职称	#中级职称	年末总藏量（千册）	书刊借阅（千册次）	举办展览个数（个）	举办训练班次（次）	组织文艺活动（次）
图书馆	**8**	**349**	**39**	**108**	**4079**	**942**			
市区	2	259	37	97	3717	694			
六县(市)	6	90	2	11	362	248			
中牟县	1	12			51	7			
巩义市	1	12		2	45				
荥阳市	1	26	1		42	15			
新密市	1	8	1		78	100			
新郑市	1	22		6	100	112			
登封市	1	10		3	46	14			
群众艺术馆	**2**	**96**	**24**	**28**			**9**	**33**	**44**
市区	2	96	24	28			9	33	44
文化馆	**12**	**223**	**8**	**38**			**71**	**109**	**557**
市区	6	90	2	12			26	56	220
六县(市)	6	133	6	26			45	53	337
中牟县	1	10					7	4	4
巩义市	1	30	2	4			6	15	230
荥阳市	1	34	1	6			8	18	24
新密市	1	23	1	6			8	10	22
新郑市	1	23	1	8			9	2	38
登封市	1	13	1	2			7	4	19

14-9 艺术表演场馆基本情况

（2006 年）

县(市)区	机构数（个）	从业人员（个）	#高级职称	#中级职称	座席数（个）	演(映)出场次（场）	艺术演出场次	电影放映场次	观众人次（千人次）	艺术演出观众人次	电影放映观众人次
总　计	**13**	**484**	**3**	**17**	**10623**	**42212**	**283**	**41929**	**5050**	**292**	**4758**
市区	10	389	3	14	6235	41901	233	41668	4841	247	4594
各县(市)	**3**	**95**		**3**	**4388**	**311**	**50**	**261**	**209**	**45**	**164**
巩义市	1	22			1488	25	10	15	4	3	1
新密市	1	25			1700	256	37	219	192	39	153
新郑市	1	48		3	1200	30	3	27	13	3	10

14-10 文物事业基本情况

（2006 年底）

县(市)区	机构数（个）	从业人员（个）	藏品数（件）	#一级品	举办展览（次）	参观人次（千人次）
总　计	**18**	**935**	**226204**	**667**	**81**	**1313**
博物馆	7	605	218459	663	71	910
#市区	4	526	149132	606	62	822
文物保护管理单位	11	330	7745	4	10	403
#各县(市)合计	8	251	7580	4		283
中牟县	1	4	429	2		
巩义市	4	212	5885	1		280
荥阳市	1	22	1200	1		
新密市	2	13	66			3

14-11　卫生事业基本情况

（2006 年）

类　别	机构数（个）	床位数（个）	人员数（人）	#卫生技术人员	执业医师	执业助理医师	注册护士	药剂人员	检验人员	其他	其他技术人员	管理人员	工勤人员
总　计	**1765**	**31827**	**47565**	**37795**	**13235**	**2196**	**13328**	**2659**	**2026**	**4351**	**2559**	**2823**	**4388**
市区	911	22591	31610	24819	9794	904	9526	1574	1387	1634	1693	1962	3136
六县（市）	854	9236	15955	12976	3441	1292	3802	1085	639	2717	866	861	1252
中牟县	57	1460	2175	1739	445	202	463	146	109	374	180	109	147
巩义市	94	1731	3068	2586	709	229	843	275	132	398	152	109	221
荥阳市	52	955	1882	1468	380	204	376	138	99	271	133	96	185
新密市	103	2268	3581	2954	894	243	980	267	135	435	77	222	328
新郑市	88	1147	1993	1630	469	191	581	114	74	201	87	102	174
登封市	460	1675	3256	2599	544	223	559	145	90	1038	237	223	197
医院	**162**	**27277**	**33736**	**25980**	**9261**	**1052**	**10622**	**1919**	**1324**	**1802**	**1957**	**2242**	**3557**
综合医院	109	19028	23720	18368	6609	630	7777	1249	1002	1101	1244	1527	2581
中医医院	25	4850	5952	4535	1607	306	1564	475	178	405	510	323	584
专科医院	28	3399	4064	3077	1045	116	1281	195	144	296	203	392	392
口腔医院	2	40	238	181	105	21	43	5		7	13	18	26
眼科医院	1	60	48	43	8	7	11	7	3	7		3	2
肿瘤医院	2	1146	737	588	237		229	39	36	47	52	38	59
心血管病医院	1	20	20	16	6		4	2		4	1	2	1
胸科医院	1	440	679	523	123	1	253	19	24	103	39	64	53
妇产（科）医院	1	40	126	72	30	6	23	6	4	3	22	13	19
儿童医院	2	483	618	527	173	5	257	34	22	36	12	26	53
精神病医院	1	69	89	71	24	3	29	6	3	6	5	4	9
传染病医院	1	80	102	74	22	11	21	12	8			11	17
皮肤病医院	1	20	15	10	1			1	1	7	1	3	1
骨科医院	5	540	793	586	183	38	256	36	22	51	22	142	43
康复医院	1	118	87	47	12	4	19	5	1	6	4	4	32
整形外科医院	1	45	98	28	4	3	17	2	2		10	15	45
其他专科医院	8	298	414	311	117	17	119	21	18	19	22	49	32
卫生院	**106**	**2922**	**4104**	**3481**	**741**	**579**	**753**	**323**	**176**	**909**	**209**	**169**	**245**
门诊部	**13**	**155**	**468**	**364**	**175**	**36**	**93**	**27**	**15**	**18**	**14**	**36**	**54**
采供血机构	**1**		**219**	**94**	**15**	**2**	**28**	**3**	**38**	**8**	**42**	**4**	**79**
妇幼保健院（所、站）	**12**	**833**	**1355**	**1113**	**349**	**86**	**456**	**70**	**68**	**84**	**79**	**55**	**108**
专科疾病防治院（所、站）	**4**	**139**	**244**	**169**	**70**	**9**	**43**	**7**	**25**	**15**	**16**	**35**	**24**
疾病预防控制中心（防疫站）	**17**		**1828**	**1346**	**575**	**98**	**80**	**40**	**267**	**286**	**125**	**140**	**217**
卫生监督所	**5**		**201**	**96**	**47**	**1**	**4**	**4**		**40**	**13**	**66**	**26**
医学科学研究机构	**5**	**431**	**448**	**332**	**147**	**2**	**77**	**29**	**28**	**49**	**40**	**36**	**40**
医学在职培训机构	**5**	**30**	**234**	**119**	**43**	**13**	**22**	**11**	**7**	**23**	**57**	**29**	**29**
健康教育所（站、中心）	**3**		**20**	**8**	**3**	**2**	**1**	**2**			**5**	**3**	**4**
其他卫生机构	**5**	**40**	**99**	**84**	**21**	**11**	**21**	**4**	**7**	**20**	**2**	**8**	**5**

14-12 医疗机构运营情况(门诊服务)

(2006年)

类别	机构数(个)	诊疗人次(人次)	#门、急诊人次	门诊人次	急诊人次	#死亡人数	观察室		健康检查人数(人)	门急诊诊次占总诊次的(%)	急诊死亡率(%)	观察室死亡率(%)
							收容人数(人)	#死亡				
总计	**297**	**18805898**	**17737920**	**16830694**	**907226**	**1295**	**487664**	**15**	**1185768**	**94.32**	**0.14**	
医院	**162**	**14731677**	**13806675**	**13048163**	**758512**	**1239**	**413964**	**8**	**729429**	**93.72**	**0.16**	
综合医院	109	10438453	9591053	9049579	541474	790	214399	8	547228	91.88	0.15	
中医医院	25	3139734	3106921	2979902	127019	449	40139		156547	98.95	0.35	
专科医院	28	1153490	1108701	1018682	90019		159426		25654	96.12		
口腔医院	2	88987	88987	88987						100.00		
眼科医院	1	17183	17183	17057	126					100.00		
肿瘤医院	2	117069	94815	94772	43		4130		674	80.99		
心血管病医院	1	3000	3000	3000						100.00		
胸科医院	1	26804	26804	26804						100.00		
妇产(科)医院	1	29298	20224	20224					8500	69.03		
儿童医院	2	522617	522492	456666	65826		151777			99.98		
精神病医院	1	39885	39885	39005	880					100.00		
传染病医院	1	13217	12556	12556						95.00		
皮肤病医院	1	12300	12300	12300						100.00		
骨科医院	5	184574	177346	157974	19372		1649		480	96.08		
康复医院	1	11980	10436	10436			1870		12800	87.11		
整形外科医院	1	4220	4120	4120						97.63		
其他专科医院	8	82356	78553	74781	3772				3200	95.38		
卫生院	**106**	**3061128**	**2968313**	**2845487**	**122826**	**49**	**39077**	**7**	**355597**	**96.97**	**0.04**	**0.02**
乡镇卫生院	106	3061128	2968313	2845487	122826	49	39077	7	355597	96.97	0.04	0.02
中心卫生院	24	875966	849136	811420	37716	5	16071		78450	96.94	0.01	
乡卫生院	82	2185162	2119177	2034067	85110	44	23006	7	277147	96.98	0.05	0.03
门诊部	**13**	**245988**	**226295**	**221768**	**4527**		**3946**		**19555**	**91.99**		
妇幼保健院(所、站)	**12**	**735894**	**705426**	**686684**	**18742**	**7**	**30581**		**38211**	**95.86**	**0.04**	
妇幼保健院	7	680524	661781	643039	18742	7	30581		14486	97.25	0.04	
妇幼保健所、站	5	55370	43645	43645					23725	78.82		
专科疾病防治院(所、站)	**4**	**31211**	**31211**	**28592**	**2619**		**96**		**42976**	**100.00**		

14-13 医疗机构运营情况(住院服务)

(2006 年)

类别	入院人数(人)	出院人数(人)	治愈	好转	未愈	死亡	其他	住院病人手术人次(人次)	住院危重病人抢救人次(人次)	#抢救成功	治愈率%	好转率%	死亡率%	住院危重病人抢救成功率%	每百门急诊的入院人数
总计	**670179**	**668331**	**445870**	**163615**	**14602**	**4861**	**39383**	**170920**	**86783**	**84279**	**72.61**	**24.48**	**0.73**	**97.11**	**3.78**
医院	**549355**	**547763**	**342754**	**153389**	**13212**	**4766**	**33642**	**140915**	**83761**	**81309**	**68.72**	**28.00**	**0.87**	**97.07**	**3.98**
综合医院	391120	390354	251086	99232	10283	3802	25951	99949	72175	70309	70.97	25.42	0.97	97.41	4.08
中医医院	98478	98546	52016	37601	1754	816	6359	19574	6733	6211	59.24	38.16	0.83	92.25	3.17
专科医院	59757	58863	39652	16556	1175	148	1332	21392	4853	4789	69.63	28.13	0.25	98.68	5.39
口腔医院	101	101	91	10							90.10	9.90			0.11
眼科医院	1289	1280	1280					864			100.00				7.5
肿瘤医院	19710	19412	8504	9226	741	97	844	6201	127	91	48.16	47.53	0.50	71.65	20.79
胸科医院	5218	5004	2045	2540	347	27	45	1700	177	158	41.77	50.76	0.54	89.27	19.47
妇产(科)医院	574	554	419	122	5		8	314	6	6	77.08	22.02		100.00	2.84
儿童医院	18281	18222	16069	2140		13		2725	4314	4313	88.18	11.74	0.07	99.98	3.5
精神病医院	261	262	223	39							85.11	14.89			0.65
传染病医院	1520	1464	1368	83	11	2		36	60	60	93.44	5.67	0.14	100.00	12.11
皮肤病医院	3	3	3								100.00				0.02
骨科医院	9732	9622	7462	1682	35	8	435	8330	150	142	82.07	17.48	0.08	94.67	5.49
康复医院	816	718	147	545	25	1			1	1	20.47	75.91	0.14	100.00	7.82
其他专科医院	2252	2221	2041	169	11			1222	18	18	91.90	7.61		100.00	2.87
卫生院	**74908**	**74617**	**63044**	**8248**	**1242**	**65**	**2018**	**13838**	**2010**	**1964**	**87.19**	**11.05**	**0.09**	**97.71**	**2.52**
乡镇卫生院	74908	74617	63044	8248	1242	65	2018	13838	2010	1964	87.19	11.05	0.09	97.71	2.52
中心卫生院	22765	22675	19022	2007	123	16	1507	4850	722	713	90.54	8.85	0.07	98.75	2.68
乡卫生院	52143	51942	44022	6241	1119	49	511	8988	1288	1251	85.74	12.02	0.09	97.13	2.46
门诊部	**983**	**979**	**819**	**138**	**2**		**20**	**19**	**17**	**17**	**85.70**	**14.10**		**100.00**	**0.43**
妇幼保健院(所、站)	**44373**	**44432**	**38781**	**1800**	**134**	**30**	**3687**	**14986**	**982**	**976**	**95.58**	**4.05**	**0.07**	**99.39**	**6.29**
妇幼保健院	44168	44232	38601	1790	124	30	3687	14986	982	976	95.60	4.05	0.07	99.39	6.67
妇幼保健所、站	205	200	180	10	10						90.00	5.00			0.47
专科疾病防治院(所、站)	**560**	**540**	**472**	**40**	**12**		**16**	**1162**	**13**	**13**	**90.37**	**7.41**		**100.00**	**1.79**

14-14　医疗机构运营情况(床位利用)

(2006 年)

类　别	实有床位数(张)	实际开放总床日数	平均开放病床(张)	实际占用总床日数	出院者占用总床日数	病床周转次数	病床工作日(日)	病床使用率(%)	出院者平均住院日(日)	每床与每日门急诊次之比
总　计	**31326**	**9686659**	**26539**	**7389703**	**7066892**	**25.18**	**278.45**	**76.29**	**10.57**	**2.62**
医院	**27277**	**8514093**	**23326**	**6795688**	**6488147**	**23.48**	**291.33**	**79.82**	**11.84**	**2.32**
综合医院	19028	5814353	15930	4560713	4400737	24.50	286.30	78.44	11.27	2.36
中医医院	4850	1615794	4427	1363168	1281172	22.26	307.93	84.37	13.00	2.76
专科医院	3399	1083946	2970	871807	806238	19.82	293.57	80.43	13.70	1.45
口腔医院	40	9125	25	505	490	4.04	20.20	5.53	4.85	14.18
眼科医院	60	21900	60	9023	8960	21.33	150.38	41.20	7.00	1.14
肿瘤医院	1146	400956	1099	394150	364260	17.67	358.80	98.30	18.76	0.34
心血管病医院	20									
胸科医院	440	128207	351	117028	97028	14.25	333.17	91.28	19.39	0.30
妇产(科)医院	40	14600	40	5475	3913	13.85	136.88	37.50	7.06	2.01
儿童医院	483	170190	466	144787	134779	39.08	310.52	85.07	7.40	4.29
精神病医院	69	25185	69	7334	7334	3.80	106.29	29.12	27.99	2.29
传染病医院	80	9200	25	7375	7260	58.08	292.60	80.16	4.96	1.98
皮肤病医院	20	300	1	19	19	3.65	23.12	6.33	6.33	59.62
骨科医院	540	178470	489	135933	133240	19.68	278.00	76.17	13.85	1.40
康复医院	118	43188	118	27726	27700	6.07	234.32	64.20	38.58	0.35
整形外科医院	45									
其他专科医院	298	82625	226	22452	21255	9.81	99.18	27.17	9.57	1.36
卫生院	**2922**	**864381**	**2368**	**363479**	**352927**	**31.51**	**153.49**	**42.05**	**4.73**	**4.93**
乡镇卫生院	2922	864381	2368	363479	352927	31.51	153.49	42.05	4.73	4.93
中心卫生院	838	238275	653	107417	102890	34.73	164.55	45.08	4.54	5.11
乡卫生院	2084	626106	1715	256062	250037	30.28	149.28	40.90	4.81	4.86
门诊部	**155**	**7746**	**21**	**5533**	**5378**	**46.13**	**260.72**	**71.43**	**5.49**	**42.22**
妇幼保健院(所、站)	**833**	**273699**	**750**	**205003**	**200833**	**59.25**	**273.39**	**74.90**	**4.52**	**3.72**
妇幼保健院	825	271699	744	203003	199033	59.42	272.71	74.72	4.50	3.51
妇幼保健所、站	8	2000	5	2000	1800	36.50	365.00	100.00	9.00	31.73
专科疾病防治院(所、站)	**139**	**26740**	**73**	**20000**	**19607**	**7.37**	**273.00**	**74.79**	**36.31**	**1.65**

14-15　县(市)区村卫生室基本情况

（2006 年）

类　别	总计	按设置/主办单位分				按行医方式分		
		村办	联合办	私人办	其他	西医为主	中医为主	中西医结合
机构数(个)	2249	1163	222	676	188	1353	44	852
执业(助理)医师（人）	727	537	54	99	37	376	8	343
乡村医生和卫生员(人)	4685	2838	492	1029	326	2577	76	2032
乡村医生数	4526	2725	482	999	320	2485	72	1969
#大专及以上学历	217	149	16	37	15	110	4	103
中专学历及中专水平	3396	2135	325	849	87	1770	56	1570
在职培训合格者	893	421	141	113	218	586	12	295
卫生员	159	113	10	30	6	92	4	63
年总收入（千元）	66699	40704	6504	15725	3766	35722	1078	29899
#上级补助收入	80	48	6	26		48	10	22
村或集体补助收入	155	96	40	19		67		88
业务收入	64123	38502	6395	15492	3734	35167	1068	27888
年总支出（千元）	61720	38071	5850	14253	3546	33243	1007	27470
#人员经费	21267	13104	2202	4711	1250	11316	301	9650
药品支出	39755	24562	3602	9323	2268	21361	706	17688
诊疗人次数	6769958	4098831	625487	1668620	377020	3663651	102123	3004184
孕产妇检查人次数	10800	8758	678	964	400	3065	219	7516
接生人数	5627	3697		1430	500	2243		3384
儿童疫苗接种人次数	546927	407083	54511	80605	4728	289825	7432	249670

(2006 年)

类别	总计	按管理类别分		按经济类型分					
		非营利性	营利性	国家	集体	股份制	私营	其他	政府办
机构总数(个)	**816**	**21**	**795**	**2**	**30**	**1**	**780**	**3**	**2**
总人员数(人)	**2462**	**92**	**2370**	**5**	**141**	**2**	**2306**	**8**	**4**
执业医师	1003	28	975	2	47	1	950	3	1
#中医执业医师	169	4	165		7		162		
执业助理医师	183	16	167		25	1	156	1	1
#中医执业助理医师	19	1	18		2		17		
注册护士	624	17	607	1	27		594	2	
药剂人员	136	12	124		15		121		
检验人员	30	4	26		7		23		
其他	486	15	471	2	20		462	2	2
房屋建筑面积(平方米)	71139	4335	66804	362	6897	50	63708	122	205
总收入(千元)	**42475**	**509**	**41966**	**55**	**1123**	**9**	**41165**	**123**	**22**
#上级补助收入	530		530				530		
业务收入	37170	509	36661	55	1123	9	35963	20	22
总支出(千元)	**36499**	**476**	**36023**	**51**	**1107**	**9**	**35264**	**68**	**18**
#人员经费	15959	233	15726	24	525	4	15358	48	7
药品支出	19193	243	18950	27	582	5	18559	20	11
诊疗人次数	**2639750**	**40620**	**2599130**	**8650**	**55497**	**380**	**2571000**	**4223**	**1250**
#出诊人次数	71289	450	70839	30	616		70327	316	

所基本情况

按设置/主办单位分				按诊所类别分				
企业办	事业单位办	社会团体	其他	普通	中医	中西医结合	口腔	其他
16	**11**	**1**	**786**	**622**	**74**	**43**	**49**	**28**
98	**60**	**2**	**2298**	**1804**	**250**	**142**	**158**	**108**
30	23	1	948	689	134	69	66	45
6	1		162	71	73	18	2	5
19	7		156	124	10	10	29	10
1	1		17	14	2	2		1
16	20	1	587	466	46	38	45	29
12	5		119	89	32	6	4	5
5	2		23	24	3			3
16	3		465	412	25	19	14	16
5611	1552	230	63541	49902	6846	3852	4226	6313
1018	**1359**	**45**	**40031**	**29235**	**4698**	**2960**	**3366**	**2216**
			530	320	140		70	
1018	1359	45	34726	25276	4191	2640	3046	2017
985	**1352**	**43**	**34101**	**25874**	**3692**	**2563**	**2389**	**1981**
448	868	20	14616	10818	1472	1084	1286	1299
497	484	23	18178	14543	1936	1330	717	667
36971	**20378**	**8200**	**2572951**	**2103067**	**246687**	**177102**	**73964**	**38930**
1326	120	30	69813	46121	12876	8967	2642	683

14-17 卫生机构

（2006 年）

类　别	总收入（千元）	财政补助收入	#专项补助	上级补助收入	业务事业收入	经营收入
总　计	**5556063**	**387995**	**114632**	**69917**	**4952651**	**41299**
市	5416933	384100	113353	67423	4827354	34137
县	139130	3895	1279	2494	125297	7162
医院	**4830398**	**222728**	**71340**	**59934**	**4440481**	**32787**
市	4742186	222668	71305	58870	4360672	25625
县	88212	60	35	1064	79809	7162
综合医院	3443190	167071	54820	44444	3171420	6755
县医院	56148	60	35	71	56017	
其他医院	3387042	167011	54785	44373	3115403	6755
中医医院	722924	20457	4696	13813	671152	10130
专科医院	664284	35200	11824	1677	597909	15902
口腔医院	24276	130			12978	7898
眼科医院	3886	60			3826	
肿瘤医院	282974	10168	2710		272795	
心血管病医院	360				360	
胸科医院	85379	10201	4984		75178	
妇产（科）医院	5100					
儿童医院	115383	5265	1265		109651	467
精神病医院	10480	502	191	26	9761	
传染病医院	4684				4660	
皮肤病医院	2238			33	2205	
骨科医院	89802	8874	2674	1618	75802	3508
康复医院	13146				12019	
整形外科医院	2955					2955
其他专科医院	23621				18674	1074
卫生院	**211324**	**20709**	**4387**	**3887**	**176861**	
乡镇卫生院	211324	20709	4387	3887	176861	
市	183601	18419	3427	2621	152859	
县	27723	2290	960	1266	24002	
中心卫生院	65914	5308	1036	1063	57743	
乡卫生院	145410	15401	3351	2824	119118	
门诊部	**40774**	**14054**	**440**	**360**	**25071**	**200**
市	40774	14054	440	360	25071	200
综合门诊部	39546	14054	440	360	23843	200

收入与支出(不含诊所等)

其他收入	总支出(千元)	业务事业支出	财政专项支出	其他支出	#人员经费支出
104201	**5472454**	**5041308**	**83371**	**347775**	**1229314**
103919	5338756	4919866	78079	340811	1191665
282	133698	121442	5292	6964	37649
74468	**4759782**	**4468341**	**68237**	**223204**	**1023900**
74351	4677615	4393142	64177	220296	999310
117	82167	75199	4060	2908	24590
53500	3397111	3199106	53738	144267	670056
	50572	50452	60	60	17332
53500	3346539	3148654	53678	144207	652724
7372	722776	691445	6080	25251	200316
13596	639895	577790	8419	53686	153528
3270	24124	7870		16254	16254
	3125	3125			902
11	258383	256318	2065		47300
	240	240			16
	82570	80284	2286		17788
5100	9040			9040	3060
	105271	103677	1252	342	26246
191	8644	6209	91	2344	2341
24	4739	3415		1324	912
	1937	1745		192	192
	92731	85227	2725	4779	20676
1127	13098	9399		3699	3497
	10370	1936		8434	8442
3873	25623	18345		7278	5902
9867	**205610**	**182453**	**2349**	**20808**	**66092**
9867	205610	182453	2349	20808	66092
9702	178861	158375	1859	18627	57704
165	26749	24078	490	2181	8388
1800	64328	60025	738	3565	23162
8067	141282	122428	1611	17243	42930
1089	**39469**	**34153**	**480**	**4836**	**12725**
1089	39469	34153	480	4836	12725
1089	37967	32851	480	4636	12195

类别	总收入（千元）	财政补助收入	#专项补助	上级补助收入	业务事业收入	经营收入
专科门诊部	1228				1228	
采供血机构	**54635**	**2806**	**1885**		**51451**	
妇幼保健院（所、站）	**137249**	**6342**	**156**	**816**	**130064**	
省辖市（地区）属	62310	2556			59754	
地辖市属	63539	3772	156	816	58924	
县属	11400	14			11386	
妇幼保健院	132855	4190		739	127926	
妇幼保健所	4394	2152	156	77	2138	
专科疾病防治院（所、站）	**13770**	**3151**		**60**	**10559**	
专科疾病防治所（站、中心）	13770	3151		60	10559	
结核病防治所（站、中心）	30			20	10	
职业病防治所（站、中心）	13740	3151		40	10549	
疾病预防控制中心（防疫站）	**170192**	**87557**	**28244**	**2821**	**53884**	**8312**
疾病预防控制中心/防疫站/防病中心	167678	85810	28244	2651	53287	8312
省属	41459	35073	26345		6386	
省辖市（地区）属	44844	26149		1355	17340	
地辖市属	65401	23057	1615	1042	20042	8312
县属	9877	1531	284	164	8182	
其他	6097			90	1337	
#疾病预防控制中心	92435	66185	26345	1660	24557	
卫生防疫站	75243	19625	1899	991	28730	8312
预防保健中心	2514	1747		170	597	
卫生监督所	**13083**	**12294**	**6205**	**495**	**290**	
省属	8988	8988	6125			
省辖市（地区）属	2371	2347		20		
地辖市属	1724	959	80	475	290	
医学科学研究机构	**70194**	**15251**	**1975**	**1280**	**52913**	
医学科学（研究）院（所）	3277	1997		1280		
中医（药）研究院（所）	44017	4220	300		39797	
医学专科研究所	22900	9034	1675		13116	
医学在职培训机构	**7509**	**1741**		**99**	**5669**	
健康教育所（站、中心）	**1314**	**1198**		**115**	**1**	
其他卫生机构	**5621**	**164**		**50**	**5407**	
乡防保组	140	84			56	
其他	5481	80		50	5351	

其他收入	总支出（千元）	业务事业支出	财政专项支出	其他支出	#人员经费支出
	1502	1302		200	530
378	**53852**	**50752**		**3100**	**10834**
27	**130208**	**124342**	**1062**	**4804**	**38680**
	57618	57062	556		16601
27	61204	57769	506	2929	19759
	11386	9511		1875	2320
	125732	122948	909	1875	36262
27	4476	1394	153	2929	2418
	10647	**9384**		**1263**	**2992**
	10647	9384		1263	2992
	30	10		20	20
	10617	9374		1243	2972
17618	**181843**	**151593**	**2715**	**27535**	**51422**
17618	179394	150166	2715	26513	50400
	43859	27452		16407	14407
	51411	51411			7495
12948	66549	59230	1973	5346	23423
	11478	10736	742		1200
4670	6097	1337		4760	3875
33	102065	84186		17879	26105
17585	77329	65980	2715	8634	24295
	2449	1427		1022	1022
4	**12299**	**3930**	**5061**	**3308**	**5113**
	7958	386	5061	2511	2511
4	2353	2353			1474
	1988	1191		797	1128
750	**65029**	**5574**	**3467**	**55988**	**11506**
	3120	2170	950		492
	44759			44759	6956
750	17150	3404	2517	11229	4058
	6946	**6074**		**872**	**3894**
	1289	**643**		**646**	**646**
	5480	**4069**		**1411**	**1510**
	140	**140**			**99**
	5340	3929		1411	1411

14-18　医疗机构年收入与支出

（2006 年）

类　　别	总收入（千元）	财政补助收入	#专项补助	上级补助收入	业务事业收入	经营收入	其他收入	总支出（千元）	业务事业支出	财政专项支出	其他支出	#人员经费支出
总　计	**5330918**	**266984**	**76323**	**76658**	**4860894**	**32987**	**93395**	**5234341**	**4903430**	**72128**	**258783**	**1181596**
医院	**4830398**	**222728**	**71340**	**59934**	**4440481**	**32787**	**74468**	**4759782**	**4468341**	**68237**	**223204**	**1023900**
综合医院	3443190	167071	54820	44444	3171420	6755	53500	3397111	3199106	53738	144267	670056
中医医院	722924	20457	4696	13813	671152	10130	7372	722776	691445	6080	25251	200316
专科医院	664284	35200	11824	1677	597909	15902	13596	639895	577790	8419	53686	153528
社区卫生服务中心（站）	**36648**			**4757**	**29387**		**2504**	**33665**	**32293**		**1372**	**12658**
卫生院	**211324**	**20709**	**4387**	**3887**	**176861**		**9867**	**205610**	**182453**	**2349**	**20808**	**66092**
乡镇卫生院	211324	20709	4387	3887	176861		9867	205610	182453	2349	20808	66092
门诊部	**40774**	**14054**	**440**	**360**	**25071**	**200**	**1089**	**39469**	**34153**	**480**	**4836**	**12725**
诊所、卫生所、医务室、护理站	**60755**			**6844**	**48471**		**5440**	**54960**	**52464**		**2496**	**24549**
诊所	42475			530	37170		4775	36499	35152		1347	15959
卫生所、医务室	18280			6314	11301		665	18461	17312		1149	8590
妇幼保健院（所、站）	**137249**	**6342**	**156**	**816**	**130064**		**27**	**130208**	**124342**	**1062**	**4804**	**38680**
专科疾病防治院（所、站）	**13770**	**3151**		**60**	**10559**			**10647**	**9384**		**1263**	**2992**
专科疾病防治所（站、中心）	13770	3151		60	10559			10647	9384		1263	2992

14-19 大中型工业企业科技活动人员情况

（2006 年）

单位：人

类　　别	科技活动人员合计	#参加科技项目人员	科技管理和服务人员	#全时人员	非全时人员	#科学家和工程师	高中级技术职称人员	#R&D人员
总计	**19247**	**12250**	**6489**	**8615**	**10632**	**10398**	**5961**	**12697**
#国有控股企业	12339	7097	4996	5013	7326	6756	4454	9096
按企业规模分组								
大型企业	11403	6776	4451	5342	6061	5785	3569	8502
中型企业	7844	5474	2038	3273	4571	4613	2392	4195
按登记注册类型分组								
内资企业	17970	11110	6352	7778	10192	9704	5709	11840
国有企业	7119	3421	3545	2291	4828	3042	1915	5696
集体企业	746	414	262	205	541	345	128	105
股份合作企业	60	60		60		24	18	
有限责任公司	5150	3448	1451	2624	2526	3353	1871	3127
国有独资公司	799	573	226	679	120	614	436	764
其他有限责任公司	4351	2875	1225	1945	2406	2739	1435	2363
股份有限公司	3745	3016	707	1825	1920	2220	1465	2406
私营企业	1150	751	387	773	377	720	312	506
私营独资企业	148	118	30	87	61	106	45	95
私营有限责任公司	724	499	222	559	165	508	210	277
私营股份有限公司	278	134	135	127	151	106	57	134
港、澳、台商投资企业	140	80	60	80	60	140	30	
合资经营企业（港或澳、台资）	140	80	60	80	60	140	30	
外商投资企业	1137	1060	77	757	380	554	222	857
中外合资经营企业	527	461	66	277	250	400	187	365
外商投资股份有限公司	610	599	11	480	130	154	35	492
按工业行业大类分组								
采矿业	4634	1655	2846	1363	3271	1378	933	3707
煤炭开采和洗选业	4542	1570	2839	1317	3225	1333	900	3674
有色金属矿采选业	92	85	7	46	46	45	33	33
制造业	13375	9531	3469	6901	6474	8070	4436	8412
农副食品加工业	512	239	121	44	468	212	66	169
食品制造业	1744	1311	433	1076	668	519	139	667
饮料制造业	735	648	58	141	594	463	145	624
烟草制品业	580	296	284	291	289	471	247	390
纺织业	220	58	144	92	128	64	64	204
纺织服装、鞋、帽制造业	123	80	6	75	48	46	1	
印刷业和记录媒介的复制	152	32	120	86	66	66	24	152
化学原料及化学制品制造业	224	175	39	129	95	155	80	124
医药制造业	541	435	42	284	257	244	99	353
橡胶制品业	28	18	10	18	10	20	8	
非金属矿物制品业	1387	818	504	417	970	720	404	728
有色金属冶炼及压延加工业	1284	1085	199	662	622	1009	776	604
金属制品业	18	15	3	10	8	15	5	
通用设备制造业	417	351	66	243	174	330	212	300
专用设备制造业	2257	1470	787	1234	1023	1631	1019	1718
交通运输设备制造业	1539	1218	321	1342	197	1130	655	1361
电气机械及器材制造业	559	420	139	127	432	258	258	432
通信设备、计算机及其他电子设备制造业	619	475	144	395	224	492	135	328
仪器仪表及文化、办公用机械制造业	436	387	49	235	201	225	99	258
电力、燃气及水的生产和供应业	1238	1064	174	351	887	950	592	578
电力、热力的生产和供应业	1225	1051	174	343	882	937	580	565
水的生产和供应业	13	13		8	5	13	12	13
按隶属关系分组								
中央	4186	3155	978	2122	2064	3053	2038	3000
省	5230	2126	3004	1555	3675	1798	1225	4472
市	3043	1887	1109	1516	1527	1854	1240	2108
（市）区	525	406	45	255	270	197	109	85
其他	6263	4676	1353	3167	3096	3496	1349	3032

14-20 大中型工业企业科技活动经费筹集情况

（2006 年）

单位：千元

类别	科技活动经费筹集总额	企业资金	金融机构贷款	政府资金	国外资金	其他资金
总计	**2115997**	**1792227**	**237850**	**59212**		**26708**
#国有控股企业	942896	872046	40360	11915		18575
按企业规模分组						
大型企业	1196334	1053809	101360	22140		19025
中型企业	919663	738418	136490	37072		7683
按登记注册类型分组						
内资企业	1643267	1491947	86850	42762		21708
国有企业	332656	317076	10360	4120		1100
集体企业	83287	82587		700		
股份合作企业	13180	13180				
有限责任公司	409591	357216	24800	7490		20085
国有独资公司	81569	63594		500		17475
其他有限责任公司	328022	293622	24800	6990		2610
股份有限公司	651487	590207	35000	26280		
私营企业	153066	131681	16690	4172		523
私营独资企业	13800	9860	3690	250		
私营有限责任公司	85843	71630	13000	690		523
私营股份有限公司	53423	50191		3232		
港、澳、台商投资企业	28000	14000	11000	3000		
合资经营企业（港或澳、台资）	28000	14000	11000	3000		
外商投资企业	444730	286280	140000	13450		5000
中外合资经营企业	354500	199150	140000	10350		5000
外商投资股份有限公司	90230	87130		3100		
按工业行业大类分组						
采矿业	84002	79002		5000		
煤炭开采和洗选业	81480	76480		5000		
有色金属矿采选业	2522	2522				
制造业	1899483	1582343	237850	52582		26708
农副食品加工业	17695	17505		150		40
食品制造业	184946	180046		3300		1600
饮料制造业	14820	8110	5300	1410		
烟草制品业	105062	93902	10360	800		
纺织业	8382	8382				
纺织服装、鞋、帽制造业	4800	4800				
印刷业和记录媒介的复制	2901	2801		100		
化学原料及化学制品制造业	30965	30625		340		
医药制造业	53802	31052	20000	2750		
橡胶制品业	3000	2500	200	300		
非金属矿物制品业	200441	182509	11300	4662		1970
有色金属冶炼及压延加工业	368120	352420	11000	3700		1000
金属制品业	500	500				
通用设备制造业	197912	112299	69690	10300		5623
专用设备制造业	145614	133464	10000	2150		
交通运输设备制造业	378405	273290	80000	8640		16475
电气机械及器材制造业	33778	33653		125		
通信设备、计算机及其他电子设备制造业	119640	86550	20000	13090		
仪器仪表及文化、办公用机械制造业	28700	27935		765		
电力、燃气及水的生产和供应业	132512	130882		1630		
电力、热力的生产和供应业	132141	130561		1580		
水的生产和供应业	371	321		50		
按隶属关系分组						
中央	578551	547316	10360	2300		18575
省	144939	141119		3820		
市	266623	246378	10300	9945		
（市）区	52633	49653		2980		
其他	1073251	807761	217190	40167		8133

14-21 大中型工业企业科技活动经费支出情况

（2006 年）

单位:千元

类别	科技活动经费支出总额	内部经费支出	#经常费支出	劳务费	原材料费	购买和自制设备支出	其他	科研基建支出
总计	**2462686**	**2290206**	**1787166**	**382233**	**669699**	**487522**	**247712**	**503040**
#国有控股企业	993267	929733	842555	195423	280989	265824	100319	87178
按企业规模分组								
大型企业	1562015	1449549	1064145	235335	430372	279233	119205	385404
中型企业	900671	840657	723021	146898	239327	208289	128507	117636
按登记注册类型分组								
内资企业	1968366	1878608	1425158	298857	501986	445842	178473	453450
国有企业	350737	305636	287773	93545	92470	48794	52964	17863
集体企业	97737	93571	78121	9690	5430	61539	1462	15450
股份合作企业	13180	13180	13180	1330	5665	6085	100	
有限责任公司	747503	728750	368149	79584	142501	109903	36161	360601
国有独资公司	103240	100380	68380	28900	13756	5216	20508	32000
其他有限责任公司	644263	628370	299769	50684	128745	104687	15653	328601
股份有限公司	625455	610082	558426	83600	230791	183390	60645	51656
私营企业	133754	127389	119509	31108	25129	36131	27141	7880
私营独资企业	15750	15750	13750	810	4930	8000	10	2000
私营有限责任公司	64581	60145	54265	12271	11573	17860	12561	5880
私营股份有限公司	53423	51494	51494	18027	8626	10271	14570	
港、澳、台商投资企业	39000	29000	18000	1400	8000	8000	600	11000
合资经营企业(港或澳、台资)	39000	29000	18000	1400	8000	8000	600	11000
外商投资企业	455320	382598	344008	81976	159713	33680	68639	38590
中外合资经营企业	361000	290000	255500	68800	111800	15800	59100	34500
外商投资股份有限公司	94320	92598	88508	13176	47913	17880	9539	4090
按工业行业大类分组								
采矿业	83502	69900	69400	31431	5305	31484	1180	500
煤炭开采和洗选业	80980	68780	68280	30511	5205	31464	1100	500
有色金属矿采选业	2522	1120	1120	920	100	20	80	
制造业	2241840	2113832	1615312	342582	633643	423896	215191	498520
农副食品加工业	19857	19857	18160	3310	13348	1502		1697
食品制造业	473776	463978	157038	18630	72259	52000	14149	306940
饮料制造业	20747	20557	19616	5003	6176	5680	2757	941
烟草制品业	115979	111743	100826	28014	44993	21063	6756	10917
纺织业	8338	8283	8283	2086	3908	1794	495	
纺织服装、鞋、帽制造业	4600	4400	4400	2400	1000	700	300	
印刷业和记录媒介的复制	2901	2901	2901	772	1838	34	257	
化学原料及化学制品制造业	35179	34859	30863	6472	8849	9017	6525	3996
医药制造业	51852	46052	29702	16935	3479	4878	4410	16350
橡胶制品业	4100	3300	3000	350	2300	270	80	300
非金属矿物制品业	210510	205979	167654	34404	43117	55831	34302	38325
有色金属冶炼及压延加工业	379597	365251	341126	32060	110543	164238	34285	24125
金属制品业	650	650	500	250	60	170	20	150
通用设备制造业	214740	181304	134304	10128	33878	30135	60163	47000
专用设备制造业	164507	156696	148018	49694	61664	27926	8734	8678
交通运输设备制造业	422170	383411	344527	107435	171913	25942	39237	38884
电气机械及器材制造业	34240	34240	34240	6640	11807	14469	1324	
通信设备、计算机及其他电子设备制造业	59267	59041	58824	9279	41301	6847	1397	217
仪器仪表及文化、办公用机械制造业	18830	11330	11330	8720	1210	1400		
电力、燃气及水的生产和供应业	137344	106474	102454	8220	30751	32142	31341	4020
电力、热力的生产和供应业	136973	106103	102083	8049	30661	32085	31288	4020
水的生产和供应业	371	371	371	171	90	57	53	
按隶属关系分组								
中央	615160	573761	518969	103708	159131	169596	86534	54792
省	157322	141361	128483	42678	59655	23562	2588	12878
市	294284	291651	282443	58655	153619	36892	33277	9208
(市)区	68603	64103	48133	6506	14131	23523	3973	15970
其他	1327317	1219330	809138	170686	283163	233949	121340	410192

14-21 续表 (2006年) 单位:千元

类别	#固定资产购建	设备购置	#新产品开发经费支出	外部经费支出	对研究院所及高等学校支出	对其他企业支出
总计	**990562**	**619173**	**913148**	**172480**	**114793**	**32179**
#国有控股企业	353002	281680	311959	63534	35944	6237
按企业规模分组						
大型企业	664637	350753	473389	112466	80186	7800
中型企业	325925	268420	439759	60014	34607	24379
按登记注册类型分组						
内资企业	899292	545163	697670	89758	58071	10179
国有企业	66657	56658	74126	45101	23245	1376
集体企业	76989	62139	40800	4166	3966	200
股份合作企业	6085	6085				
有限责任公司	470504	168707	223631	18753	14958	2867
国有独资公司	37216	6576	37872	2860	2340	520
其他有限责任公司	433288	162131	185759	15893	12618	2347
股份有限公司	235046	211283	262809	15373	11450	3823
私营企业	44011	40291	96304	6365	4452	1913
私营独资企业	10000	9500	4450			
私营有限责任公司	23740	20520	42637	4436	3216	1220
私营股份有限公司	10271	10271	49217	1929	1236	693
港、澳、台商投资企业	19000	19000		10000	6000	
合资经营企业(港或澳、台资)	19000	19000		10000	6000	
外商投资企业	72270	55010	215478	72722	50722	22000
中外合资经营企业	50300	33300	177000	71000	49000	22000
外商投资股份有限公司	21970	21710	38478	1722	1722	
按工业行业大类分组						
采矿业	31984	31934	1100	13602	13602	
煤炭开采和洗选业	31964	31914	800	12200	12200	
有色金属矿采选业	20	20	300	1402	1402	
制造业	922416	552398	888532	128008	91151	31829
农副食品加工业	3199	3199	15683			
食品制造业	358940	100728	46238	9798	9778	20
饮料制造业	6621	5973	11182	190	190	
烟草制品业	31980	25764	30470	4236	3210	1026
纺织业	1794	1794	7499	55		
纺织服装、鞋、帽制造业	700	700	4400	200	200	
印刷业和记录媒介的复制	34	34	2901			
化学原料及化学制品制造业	13013	9681	282	320	320	
医药制造业	21228	5558	16460	5800	3400	2300
橡胶制品业	570	570	500	800	800	
非金属矿物制品业	94156	79067	130975	4531	3275	983
有色金属冶炼及压延加工业	188363	180303	70905	14346	8388	1958
金属制品业	320	210				
通用设备制造业	77135	57635	57276	33436	13436	20000
专用设备制造业	36604	27926	109852	7811	5154	2057
交通运输设备制造业	64826	30349	297857	38759	36000	2759
电气机械及器材制造业	14469	14469	31752			
通信设备、计算机及其他电子设备制造业	7064	7038	42970	226	100	126
仪器仪表及文化、办公用机械制造业	1400	1400	11330	7500	6900	600
电力、燃气及水的生产和供应业	36162	34841	23516	30870	10040	350
电力、热力的生产和供应业	36105	34784	23516	30870	10040	350
水的生产和供应业	57	57				
按隶属关系分组						
中央	224388	181021	118223	41399	17415	3504
省	36440	25762	76949	15961	13904	2057
市	46100	38816	244794	2633	990	715
(市)区	39493	23873	21540	4500	3400	1100
其他	644141	349701	451642	107987	79084	24803

14-22 大中型工业企业科技项目情况

（2006 年）

单位:千元

类　别	科技项目数（项）	#新产品开发项目数	#R&D项目数	参加项目人员合计（人）	#科学家和工程师	高中级技术职称人员	参加项目人员实际工作时间（人年）	项目经费内部支出	#R&D项目支出	#新产品项目支出
总计	**598**	**323**	**446**	**11033**	**7823**	**4473**	**8038**	**1374290**	**881713**	**796268**
#国有控股企业	384	161	287	6609	4939	3239	4391	675333	389146	256289
按企业规模分组										
大型企业	283	133	216	6372	4470	2778	4903	875791	509208	415748
中型企业	315	190	230	4661	3353	1695	3135	498499	372505	380520
按登记注册类型分组										
内资企业	563	304	428	9893	7212	4243	6990	1126810	713421	607511
国有企业	159	45	118	3007	1990	1262	1753	194673	139683	60010
集体企业	33	8	6	356	328	122	179	64923	33300	34000
股份合作企业	6			60	24	18	72	13180		
有限责任公司	178	111	157	3376	2709	1477	2516	303497	204892	195954
国有独资公司	45	5	43	573	554	398	610	62018	59943	34200
其他有限责任公司	133	106	114	2803	2155	1079	1906	241479	144949	161754
股份有限公司	162	115	127	2609	1761	1156	1980	469355	265910	236365
私营企业	25	25	20	485	400	208	490	81182	69636	81182
私营独资企业	2	2	2	95	95	45	89	4450	4450	4450
私营有限责任公司	19	19	14	256	224	122	257	31996	20450	31996
私营股份有限公司	4	4	4	134	81	41	144	44736	44736	44736
港、澳、台商投资企业	3			80	80	20	92	18000		
合资经营企业(港或澳、台资)	3			80	80	20	92	18000		
外商投资企业	32	19	18	1060	531	210	956	229480	168292	188757
中外合资经营企业	13	13	5	461	384	179	375	162400	137600	162400
外商投资股份有限公司	19	6	13	599	147	31	580	67080	30692	26357
按工业行业大类分组										
采矿业	44	2	19	1517	707	490	797	48120	24266	300
煤炭开采和洗选业	38		16	1432	662	457	745	47070	23680	
有色金属矿采选业	6	2	3	85	45	33	52	1050	586	300
制造业	473	304	369	8463	6196	3400	6845	1226368	798825	772676
农副食品加工业	4	2	3	193	192	66	39	17283	15295	15683
食品制造业	30	12	20	1257	498	131	1295	134513	31615	27699
饮料制造业	28	16	24	589	437	123	242	18161	15185	11122
烟草制品业	48	21	32	256	237	65	242	56132	35615	28670
纺织业	14	12	13	58	48	48	55	7600	7499	6487
纺织服装、鞋、帽制造业	1	1		80	36	1	84	4400		4400
印刷业和记录媒介的复制	2	1	2	25	18	15	25	2901	2901	796
化学原料及化学制品制造业	15	2	4	175	97	49	150	20917	4127	269
医药制造业	30	26	28	339	198	70	223	13494	13094	12614
橡胶制品业	1	1		18	18	6	18	50		50
非金属矿物制品业	49	41	43	814	579	361	696	131700	105909	122583

类别	科技项目数(项)	#新产品开发项目数	#R&D项目数	参加项目人员合计(人)	#科学家和工程师	高中级技术职称人员	参加项目人员实际工作时间(人年)	项目经费内部支出	#R&D项目支出	#新产品项目支出
有色金属冶炼及压延加工业	77	10	60	1028	882	705	746	327174	141159	65047
金属制品业	1			15	15	5	15	500		
通用设备制造业	12	12	12	300	258	141	219	52276	52276	52276
专用设备制造业	41	33	33	1192	1068	699	814	77469	75243	74393
交通运输设备制造业	75	75	60	1218	1018	568	1281	287320	250073	287320
电气机械及器材制造业	23	19	23	417	134	134	301	29279	29279	24323
通信设备、计算机及其他电子设备制造业	16	14	6	314	312	114	286	33869	8225	27614
仪器仪表及文化、办公用机械制造业	6	6	6	175	151	99	113	11330	11330	11330
电力、燃气及水的生产和供应业	81	17	58	1053	920	583	396	99802	58622	23292
电力、热力的生产和供应业	78	17	55	1040	907	571	386	99431	58251	23292
水的生产和供应业	3		3	13	13	12	10	371	371	
按隶属关系分组										
中央	201	54	158	2887	2613	1769	2124	438063	229490	101248
省	48	24	44	1927	1046	769	958	85981	79315	54035
市	150	124	119	1800	1161	676	1506	247281	201650	224080
(市)区	33	13	14	330	162	85	243	42187	12520	19080
其他	166	108	111	4089	2841	1174	3207	560778	358738	397825
按项目来源分组										
国家科技项目	26	7	23	1025	903	611	1024	86470	67970	52822
地方科技项目	30	12	24	1014	347	175	678	70569	61353	46604
其他企业委托科技项目	10	8	10	260	194	97	242	15597	15597	15576
本企业自选科技项目	519	289	378	8607	6290	3527	6004	1157510	693459	640322
来自国外的科技项目	1	1	1	25	10	10	24	8640	8640	8640
其他科技项目	12	6	10	102	79	53	66	35504	34694	32304
按项目合作形式分组										
与境外机构合作	3	3	2	43	24	21	44	9260	8660	9260
与国内高校合作	51	23	40	1424	763	499	917	113051	86490	53609
与国内独立研究院所合作	41	17	30	1010	392	209	742	74561	41086	39164
与境内注册的外商独资企业合作	8		3	179	179	111	47	36881	15405	
与境内注册的其他企业合作	49	14	33	836	750	444	512	106435	61804	41828
以本企业所办科技机构为主完成	314	196	240	4902	3654	1944	3727	620701	436488	447117
由本企业有关部门组成联合攻关小组协作完成	119	61	87	2568	2017	1217	2019	381021	200261	173932
其他	13	9	11	71	44	28	30	32380	31519	31358
按项目活动类型分组										
基础研究	15	3	15	57	57	51	44	3763	3763	296
应用研究	20	1	20	318	150	98	283	30407	30407	30
试验发展	411	270	411	7798	5504	3339	5477	847543	847543	669479
研究与试验发展成果应用	152	49		2860	2112	985	2235	492577		126463
按项目技术经济目标分组										
开发全新产品	205	205	183	2930	2311	1312	2401	546087	491383	546087
增加已有产品的功能	58	58	52	1192	926	541	559	78679	65659	78679
提高产品性能	60	60	39	1691	1158	584	1502	171502	112763	171502
提高劳动生产率	87		47	1219	987	516	650	93614	40892	
减少能源消耗	36		15	614	538	334	457	196611	31334	
节约原材料	13		9	262	200	103	186	20919	7387	
减少环境污染	12		8	141	119	98	102	25117	11244	
其他	127		93	2984	1584	985	2182	241761	121051	

14-23 大中型工业企业科技研究与试验发展经费支出情况

（2006 年）

单位：千元

类别	R&D 经费内部支出	经常费支出	试验发展	R&D 经费外部支出
总计	**1013657**	**1003377**	**967034**	**109375**
#国有控股企业	450198	444173	416917	40571
按企业规模分组				
大型企业	580782	575365	548183	74994
中型企业	432875	428012	418851	34381
按登记注册类型分组				
内资企业	809824	801375	774041	53390
国有企业	164078	163227	163227	29458
集体企业	34289	33400	33400	495
有限责任公司	245283	240505	231398	9291
国有独资公司	69505	66305	57222	2719
其他有限责任公司	175778	174200	174176	6572
股份有限公司	283709	281852	263679	11970
私营企业	82465	82391	82337	2176
私营独资企业	4499	4450	4450	
私营有限责任公司	33230	33205	33151	882
私营股份有限公司	44736	44736	44736	1294
外商投资企业	203833	202002	192993	55985
中外合资经营企业	171984	170300	170300	55368
外商投资股份有限企业	31849	31702	22693	617
按工业行业大类分组				
采矿业	26621	26621	26162	8183
煤炭开采和洗选业	26000	26000	26000	7406
有色金属矿采选业	621	621	162	777
制造业	926590	916603	880719	81883
农副食品加工业	15315	15295	15295	
食品制造业	33582	33422	24335	672
饮料制造业	15315	15235	15235	133
烟草制品业	55708	55100	55100	2358
纺织业	7499	7499	7499	
印刷业和记录媒介的复制	2901	2901	2901	
化学原料及化学制品制造业	4392	4335	4335	306
医药制造业	18387	17402	17402	3550
非金属矿物制品业	108193	107417	107417	1835
有色金属冶炼及压延加工业	151075	150527	123730	2729
通用设备制造业	73475	70984	70984	17788
专用设备制造业	95070	94376	94376	6077
交通运输设备制造业	280262	276716	276716	38709
电气机械及器材制造业	34240	34240	34240	
通信设备、计算机及其他电子设备制造业	19846	19824	19824	226
仪器仪表及文化、办公用机械制造业	11330	11330	11330	7500
电力、燃气及水的生产和供应业	60446	60153	60153	19309
电力、热力的生产和供应业	60075	59782	59782	19309
水的生产和供应业	371	371	371	
按隶属关系分组				
中央	261133	256903	229647	25672
省	100830	99824	99824	12832
市	213566	213104	213104	1692
（市）区	16313	15345	15345	3001
其他	421815	418201	409114	66178

14-24　规模以上工业企业科技活动人员情况

（2006 年）

单位：人

指标名称	科技活动人员合计	#参加科技项目人员	科技管理和服务人员	#女性	#全时人员	非全时人员	#科学家和工程师	高中级技术职称人员	#R&D人员
总计	**24044**	**15902**	**7306**	**4630**	**10808**	**13236**	**13618**	**7489**	**14927**
#国有控股企业	13024	7652	5119	2192	5339	7685	7187	4748	9451
按企业规模分组									
大型企业	11403	6776	4451	2042	5342	6061	5785	3569	8502
中型企业	7844	5474	2038	1702	3273	4571	4613	2392	4195
小型企业	4797	3652	817	886	2193	2604	3220	1528	2230
按登记注册类型分组									
内资企业	22199	14336	7114	4152	9831	12368	12538	7062	13828
国有企业	7311	3606	3552	532	2410	4901	3157	1987	5864
集体企业	973	596	307	174	314	659	457	216	181
股份合作企业	223	138	42	29	164	59	175	102	66
联营企业	32	24	6	4	7	25	15	14	
集体联营企业	32	24	6	4	7	25	15	14	
有限责任公司	6490	4460	1692	1727	3221	3269	4235	2292	3856
国有独资公司	859	609	250	301	720	139	647	464	780
其他有限责任公司	5631	3851	1442	1426	2501	3130	3588	1828	3076
股份有限公司	4363	3430	813	1151	2268	2095	2580	1646	2620
私营企业	2807	2082	702	535	1447	1360	1919	805	1241
私营独资企业	275	178	97	46	115	160	179	100	131
私营有限责任公司	2144	1705	425	462	1095	1049	1569	646	911
私营股份有限公司	388	199	180	27	237	151	171	59	199
港、澳、台商投资企业	441	340	96	63	152	289	369	143	83
合资经营企业（港或澳、台资）	407	315	92	59	147	260	355	137	59
港、澳、台商独资经营企业	34	25	4	4	5	29	14	6	24
外商投资企业	1404	1226	96	415	825	579	711	284	1016
中外合资经营企业	756	598	76	86	335	421	542	243	505
中外合作经营企业	11	6	5	2	1	10	5		4
外资企业	27	23	4	1	9	18	10	6	15
外商投资股份有限公司	610	599	11	326	480	130	154	35	492
按工业行业大类分组									
采矿业	4654	1670	2851	82	1363	3291	1383	934	3707
煤炭开采和洗选业	4562	1585	2844	62	1317	3245	1338	901	3674
有色金属矿采选业	92	85	7	20	46	46	45	33	33
制造业	17952	13056	4275	4317	9077	8875	11187	5938	10542
农副食品加工业	647	361	134	60	90	557	284	112	293
食品制造业	1852	1401	446	726	1138	714	605	194	702
饮料制造业	735	648	58	212	141	594	463	145	624
烟草制品业	580	296	284	95	291	289	471	247	390
纺织业	297	123	156	173	116	181	114	93	265
纺织服装、鞋、帽制造业	129	82	10	94	75	54	47	1	
皮革、毛皮、羽毛（绒）及其制品业	48	41	2	8	2	46	24	12	
家具制造业	27	24	3	3	10	17	10	4	
印刷业和记录媒介的复制	245	108	137	25	101	144	142	32	152
化学原料及化学制品制造业	411	321	80	83	210	201	279	127	252
医药制造业	1157	838	146	433	763	394	604	280	697
橡胶制品业	28	18	10	6	18	10	20	8	
塑料制品业	152	71	38	24	98	54	141	90	49
非金属矿物制品业	2128	1403	659	286	649	1479	1223	677	975
黑色金属冶炼及压延加工业	57	55	2	1	3	54	57	8	
有色金属冶炼及压延加工业	1367	1161	206	415	666	701	1036	792	679
金属制品业	199	175	22	39	77	122	155	89	99
通用设备制造业	711	595	108	180	358	353	545	340	475
专用设备制造业	2754	1896	857	546	1522	1232	2029	1212	2071
交通运输设备制造业	1644	1266	378	346	1370	274	1175	699	1409
电气机械及器材制造业	913	647	197	174	252	661	467	343	606
通信设备、计算机及其他电子设备制造业	986	778	208	234	637	349	708	250	389
仪器仪表及文化、办公用机械制造业	863	729	131	148	474	389	574	173	407
工艺品及其他制造业	22	19	3	6	16	6	14	10	8
电力、燃气及水的生产和供应业	1438	1176	180	231	368	1070	1048	617	678
电力、热力的生产和供应业	1420	1159	179	228	359	1061	1031	605	661
水的生产和供应业	18	17	1	3	9	9	17	12	17
按隶属关系分组									
中央	4356	3293	1005	1037	2189	2167	3169	2117	3096
省	5371	2259	3012	302	1646	3725	1904	1288	4606
市	3273	2078	1148	731	1677	1596	2040	1333	2258
（市）区	687	538	75	152	351	336	302	149	200
其他	10357	7734	2066	2408	4945	5412	6203	2602	4767

14-25　规模以上工业企业科技活动经费筹集情况

（2006 年）

单位：千元

指标名称	科技活动经费筹集总额	企业资金	金融机构贷款	政府资金	国外资金	其他资金
总计	**2547256**	**2075723**	**272441**	**71047**	**150**	**127895**
#国有控股企业	978414	901844	43480	13515		19575
按企业规模分组						
大型企业	1196334	1053809	101360	22140		19025
中型企业	919663	738418	136490	37072		7683
小型企业	431259	283496	34591	11835	150	101187
按登记注册类型分组						
内资企业	2001252	1738539	121441	54227	150	86895
国有企业	338532	321802	11010	4620		1100
集体企业	100426	95206	3120	1100		1000
股份合作企业	23840	23440		400		
联营企业	427	427				
集体联营企业	427	427				
有限责任公司	549910	425607	30700	10170		83433
国有独资公司	84019	66044		500		17475
其他有限责任公司	465891	359563	30700	9670		65958
股份有限公司	721076	655446	37000	28630		
私营企业	267041	216611	39611	9307	150	1362
私营独资企业	21872	17782	3790	300		
私营有限责任公司	181746	143638	30821	5775	150	1362
私营股份有限公司	63423	55191	5000	3232		
港、澳、台商投资企业	50249	35959	11000	3290		
合资经营企业（港或澳、台资）	48249	33959	11000	3290		
港、澳、台商独资经营企业	2000	2000				
外商投资企业	495755	301225	140000	13530		41000
中外合资经营企业	403222	211792	140000	10430		41000
中外合作经营企业	870	870				
外资企业	1433	1433				
外商投资股份有限公司	90230	87130		3100		
按工业行业大类分组						
采矿业	84802	79802		5000		
煤炭开采和洗选业	82280	77280		5000		
有色金属矿采选业	2522	2522				
制造业	2292352	1863449	272441	64417	150	91895
农副食品加工业	28262	18072	9800	150	150	90
食品制造业	191467	185417	1000	3450		1600
饮料制造业	14820	8110	5300	1410		
烟草制品业	105062	93902	10360	800		
纺织业	11824	11124		700		
纺织服装、鞋、帽制造业	5330	5330				
皮革、毛皮、羽毛（绒）及其制品业	4000	4000				
家具制造业	1000	950		50		
印刷业和记录媒介的复制	7481	6881	500	100		
化学原料及化学制品制造业	76057	70907	3120	2030		
医药制造业	86047	61319	20650	4050		28
橡胶制品业	3000	2500	200	300		
塑料制品业	9920	9470		450		
非金属矿物制品业	252034	225243	17700	6752		2339
黑色金属冶炼及压延加工业	8288	8288				
有色金属冶炼及压延加工业	442746	366846	11000	3900		61000
金属制品业	8735	6824	1611	300		
通用设备制造业	213764	127151	70190	10500		5923
专用设备制造业	183211	166461	13850	2900		
交通运输设备制造业	389329	283814	80000	8640		16875
电气机械及器材制造业	53455	49255	2160	1000		1040
通信设备、计算机及其他电子设备制造业	145018	109628	20000	15390		
仪器仪表及文化、办公用机械制造业	48320	38775	5000	1545		3000
工艺品及其他制造业	3182	3182				
电力、燃气及水的生产和供应业	170102	132472		1630		36000
电力、热力的生产和供应业	169391	131811		1580		36000
水的生产和供应业	711	661		50		
按隶属关系分组						
中央	584974	553089	11010	2300		18575
省	151941	147221		4720		
市	284988	264663	10300	10025		
（市）区	159535	95855		3680		60000
其他	1365818	1014895	251131	50322	150	49320

14-26 规模以上工业企业科技活动经费支出情况

（2006 年）

单位：千元

指标名称	科技活动经费支出总额	内部经费支出	#经常费支出	劳务费	原材料费	购买和自制设备支出	其他	科研基建支出
总计	**2936315**	**2715352**	**2103301**	**454106**	**785831**	**578809**	**284555**	**612051**
#国有控股企业	1031894	967108	875448	207547	290329	273579	103993	91660
按企业规模分组								
大型企业	1562015	1449549	1064145	235335	430372	279233	119205	385404
中型企业	900671	840657	723021	146898	239327	208289	128507	117636
小型企业	473629	425146	316135	71873	116132	91287	36843	109011
按登记注册类型分组								
内资企业	2360835	2256482	1703121	360689	605408	528960	208064	553361
国有企业	355435	310154	292179	95176	93464	49609	53930	17975
集体企业	115861	111675	94025	14364	10645	66031	2985	17650
股份合作企业	25715	25695	23820	1726	11727	9566	801	1875
联营企业	427	427	427	396			31	
集体联营企业	427	427	427	396			31	
有限责任公司	813954	790832	426692	93830	161843	127123	43896	364140
国有独资公司	105690	102830	70830	29949	14783	5590	20508	32000
其他有限责任公司	708264	688002	355862	63881	147060	121533	23388	332140
股份有限公司	768253	745560	625324	94784	270782	195066	64692	120236
私营企业	281145	272094	240654	60413	56947	81565	41729	31440
私营独资企业	24518	23837	21657	2434	7015	11096	1112	2180
私营合伙企业	23	23						23
私营有限责任公司	193679	187238	158261	35002	40196	59721	23342	28977
私营股份有限公司	62925	60996	60736	22977	9736	10748	17275	260
其他企业	45	45						45
港、澳、台商投资企业	62422	51439	38539	8488	15236	10195	4620	12900
合资经营企业（港或澳、台资）	59022	48039	37039	8088	15036	9495	4420	11000
港、澳、台商独资经营企业	3400	3400	1500	400	200	700	200	1900
外商投资企业	513058	407431	361641	84929	165187	39654	71871	45790
中外合资经营企业	416365	312460	270960	71151	116651	21354	61804	41500
中外合作经营企业	850	850	850	229	98	320	203	
外资企业	1523	1523	1323	373	525	100	325	200
外商投资股份有限公司	94320	92598	88508	13176	47913	17880	9539	4090
按工业行业大类分组								
采矿业	84302	70700	70200	31831	5505	31584	1280	500
煤炭开采和洗选业	81780	69580	69080	30911	5405	31564	1200	500
有色金属矿采选业	2522	1120	1120	920	100	20	80	
制造业	2676879	2532928	1925597	412901	748925	514573	249198	607331
农副食品加工业	41084	41014	28694	4538	14409	9742	5	12320
食品制造业	481572	471556	162041	20000	73659	53218	15164	309515
饮料制造业	22502	22312	19616	5003	6176	5680	2757	2696
烟草制品业	115979	111743	100826	28014	44993	21063	6756	10917
纺织业	12072	12017	11717	2670	4608	3404	1035	300
纺织服装、鞋、帽制造业	5187	4987	4910	2545	1098	770	497	77
皮革、毛皮、羽毛（绒）及其制品业	5200	5000	4400	1000	1500	1000	900	600
家具制造业	1160	1130	950	90	470	300	90	180
造纸及纸制品业	23	23						23
印刷业和记录媒介的复制	14331	14331	14071	3692	2498	7434	447	260
化学原料及化学制品制造业	78527	78207	73444	8810	43765	11228	9641	4763
医药制造业	91947	84258	56793	23566	11918	14141	7168	27465
橡胶制品业	4100	3300	3000	350	2300	270	80	300
塑料制品业	10276	10256	9900	552	5214	3511	623	356
非金属矿物制品业	335907	328558	221298	46699	61119	74083	39397	107260
黑色金属冶炼及压延加工业	8061	7296	7296	1325	4205		1766	
有色金属冶炼及压延加工业	383289	368823	344548	32522	110608	166418	35000	24275
金属制品业	9261	8729	8079	2373	1286	4240	180	650
通用设备制造业	231889	197222	149316	13894	38465	35091	61866	47906
专用设备制造业	204337	195696	184597	59769	76780	34314	13734	11099
交通运输设备制造业	433622	394863	355567	108701	173587	32542	40737	39296
电气机械及器材制造业	58639	57249	51530	10793	19233	17003	4501	5719
通信设备、计算机及其他电子设备制造业	87503	81477	81260	17720	46902	14462	2176	217
仪器仪表及文化、办公用机械制造业	37092	29562	28562	17844	3375	2677	4666	1000
工艺品及其他制造业	3319	3319	3182	431	757	1982	12	137
电力、燃气及水的生产和供应业	175134	111724	107504	9374	31401	32652	34077	4220
电力、热力的生产和供应业	174423	111013	106793	9119	31311	32345	34018	4220
水的生产和供应业	711	711	711	255	90	307	59	
按隶属关系分组								
中央	621051	579652	524248	105973	160219	171175	86881	55404
省	164293	147752	134759	45066	60691	24972	4030	12993
市	317250	314035	300072	63145	161060	41801	34066	13963
（市）区	104655	99572	83602	8006	45024	24676	5896	15970
其他	1729066	1574341	1060620	231916	358837	316185	153682	513721

指标名称	#固定资产购建	设备购置	#新产品开发经费支出	外部经费支出	对研究院所及高等学校支出	对其他企业支出
总计	**1190860**	**739076**	**1140100**	**220963**	**126204**	**34598**
#国有控股企业	365239	290562	328440	64786	36785	6648
按企业规模分组						
大型企业	664637	350753	473389	112466	80186	7800
中型企业	325925	268420	439759	60014	34607	24379
小型企业	200298	119903	226952	48483	11411	2419
按登记注册类型分组						
内资企业	1082321	650797	900896	104353	69187	11545
国有企业	67584	57485	77824	45281	23245	1556
集体企业	83681	67331	46864	4186	3986	200
股份合作企业	11441	9606	5600	20	20	
有限责任公司	491263	187816	267316	23122	17157	3771
国有独资公司	37590	6950	38631	2860	2340	520
其他有限责任公司	453673	180866	228685	20262	14817	3251
股份有限公司	315302	224359	311589	22693	18570	4023
私营企业	113005	104180	191703	9051	6209	1995
私营独资企业	13276	12696	11526	681	679	2
私营合伙企业	23	5				
私营有限责任公司	88698	80471	121718	6441	4294	1300
私营股份有限公司	11008	11008	58459	1929	1236	693
其他企业	45	20				
港、澳、台商投资企业	23095	22095	11611	10983	6000	983
合资经营企业(港或澳、台资)	20495	20495	10911	10983	6000	983
港、澳、台商独资经营企业	2600	1600	700			
外商投资企业	85444	66184	227593	105627	51017	22070
中外合资经营企业	62854	43854	188800	103905	49295	22070
中外合作经营企业	320	320	42			
外资企业	300	300	273			
外商投资股份有限公司	21970	21710	38478	1722	1722	
按工业行业大类分组						
采矿业	32084	32034	1100	13602	13602	
煤炭开采和洗选业	32064	32014	800	12200	12200	
有色金属矿采选业	20	20	300	1402	1402	
制造业	1121904	671491	1115484	143951	102562	34248
农副食品加工业	22062	20044	26162	70		70
食品制造业	362733	102866	48638	10016	9778	238
饮料制造业	8376	5973	11182	190	190	
烟草制品业	31980	25764	30470	4236	3210	1026
纺织业	3704	3704	10509	55		
纺织服装、鞋、帽制造业	847	847	4442	200	200	
皮革、毛皮、羽毛(绒)及其制品业	1600	1560	4400	200	200	
家具制造业	480	400	315	30	30	
造纸及纸制品业	23	23				
印刷业和记录媒介的复制	7694	7694	6351			
化学原料及化学制品制造业	15991	12649	23162	320	320	
医药制造业	41606	21446	35654	7689	4943	2500
橡胶制品业	570	570	500	800	800	
塑料制品业	3867	3560	4860	20	20	
非金属矿物制品业	181343	102934	172981	7349	4953	983
黑色金属冶炼及压延加工业			3635	765		765
有色金属冶炼及压延加工业	190693	182483	74327	14466	8508	1958
金属制品业	4890	4780	7152	532	321	211
通用设备制造业	82997	63298	66280	34667	13695	20375
专用设备制造业	45413	35485	140452	8641	5554	2357
交通运输设备制造业	71838	37061	307581	38759	36000	2759
电气机械及器材制造业	22722	18022	45100	1390	1010	280
通信设备、计算机及其他电子设备制造业	14679	14653	60817	6026	5900	126
仪器仪表及文化、办公用机械制造业	3677	3677	27332	7530	6930	600
工艺品及其他制造业	2119	1998	3182			
电力、燃气及水的生产和供应业	36872	35551	23516	63410	10040	350
电力、热力的生产和供应业	36565	35244	23516	63410	10040	350
水的生产和供应业	307	307				
按隶属关系分组						
中央	226579	183212	120217	41399	17415	3504
省	37965	27187	82524	16541	14304	2237
市	55764	44725	260552	3215	1311	946
(市)区	40646	25026	41642	5083	3610	1473
其他	829906	458926	635165	154725	89564	26438

14-27　规模以上工业企业科技项目情况

（2006 年）

单位：千元

指标名称	科技项目数（项）	#新产品开发项目数	#R&D项目数	参加项目人员合计（人）	#科学家和工程师	高中级技术职称人员	参加项目人员实际工作时间（人年）	项目经费内部支出（万元）	#R&D项目支出	#新产品项目支出
总计	**846**	**538**	**621**	**14057**	**10159**	**5573**	**10586**	**1588141**	**1040627**	**973985**
#国有控股企业	420	191	315	6998	5211	3409	4747	687830	398571	265893
按企业规模分组										
大型企业	283	133	216	6372	4470	2778	4903	875791	509208	415748
中型企业	315	190	230	4661	3353	1695	3135	498499	372505	380520
小型企业	248	215	175	3024	2336	1100	2548	213851	158914	177717
按登记注册类型分组										
内资企业	781	497	580	12529	9187	5175	9240	1319326	860308	766216
国有企业	167	52	124	3174	2083	1327	1919	197737	142698	62674
集体企业	42	14	12	460	390	160	282	70260	36172	37292
股份合作企业	10	4	4	117	81	29	118	14920	1740	1740
联营企业	1			22	15	14	21	427		
集体联营企业	1			22	15	14	21	427		
有限责任公司	259	186	226	4210	3377	1797	3191	346736	239442	235773
国有独资公司	46	6	44	583	564	404	620	62518	60443	34700
其他有限责任公司	213	180	182	3627	2813	1393	2571	284218	178999	201073
股份有限公司	186	137	144	2991	2053	1296	2358	524607	307581	270589
私营企业	116	104	70	1555	1188	552	1350	164639	132675	158148
私营独资企业	9	7	6	150	130	69	139	11695	10970	11285
私营有限责任公司	102	92	59	1206	912	440	990	98966	67727	92885
私营股份有限公司	5	5	5	199	146	43	222	53978	53978	53978
港、澳、台商投资企业	18	11	9	313	292	130	247	30262	2984	11139
合资经营企业(港或澳、台资)	15	10	6	289	279	124	240	29362	2084	10839
港、澳、台商独资经营企业	3	1	3	24	13	6	7	900	900	300
外商投资企业	47	30	32	1215	680	268	1099	238553	177335	196630
中外合资经营企业	24	22	15	597	519	231	499	170110	145280	170000
中外合作经营企业	1		1	4	4		3	90	90	
外资企业	3	2	3	15	10	6	16	1273	1273	273
外商投资股份有限公司	19	6	13	599	147	31	580	67080	30692	26357
按工业行业大类分组										
采矿业	45	2	19	1532	712	491	809	48920	24266	300
煤炭开采和洗选业	39		16	1447	667	458	757	47870	23680	
有色金属矿采选业	6	2	3	85	45	33	52	1050	586	300
制造业	715	519	540	11372	8430	4474	9298	1437999	956349	950393
农副食品加工业	9	6	8	315	234	82	149	27805	25817	26150
食品制造业	34	13	23	1301	531	147	1314	135716	32515	27999
饮料制造业	28	16	24	589	437	123	242	18161	15185	11122
烟草制品业	48	21	32	256	237	65	242	56132	35615	28670
纺织业	18	15	17	116	76	76	94	11000	10899	9487
纺织服装、鞋、帽制造业	1	1		80	36	1	84	4400		4400
皮革、毛皮、羽毛(绒)及其制品业	10	10		41	24	12	2	4400		4400
家具制造业	3	1		24	10	4	23	725		315
印刷业和记录媒介的复制	8	7	2	101	78	21	83	6351	2901	4246
化学原料及化学制品制造业	30	15	18	306	215	94	266	57554	40664	13565
医药制造业	64	59	61	638	440	187	549	25426	24906	24426
橡胶制品业	1	1		18	18	6	18	50		50
塑料制品业	4	4	3	43	37	13	37	1000	700	1000
非金属矿物制品业	94	79	68	1372	1032	622	1165	170218	123788	158432

14-27 续表 （2006 年） 单位：千元

指标名称	科技项目数（项）	#新产品开发项目数	#R&D项目数	参加项目人员合计（人）	#科学家和工程师	高中级技术职称人员	参加项目人员实际工作时间（人年）	项目经费内部支出（万元）	#R&D项目支出	#新产品项目支出
黑色金属冶炼及压延加工业	1	1		55	55	8	17	3635		3635
有色金属冶炼及压延加工业	80	13	63	1103	906	719	770	330590	144575	68463
金属制品业	19	17	15	173	151	89	141	4279	3152	3352
通用设备制造业	25	22	22	479	391	218	348	58228	58069	57528
专用设备制造业	68	60	59	1550	1367	849	1147	107002	104418	103926
交通运输设备制造业	78	77	63	1254	1033	582	1314	294720	257473	293120
电气机械及器材制造业	37	30	31	623	301	205	472	38427	35629	30506
通信设备、计算机及其他电子设备制造业	28	26	11	554	464	187	502	51716	15603	45461
仪器仪表及文化、办公用机械制造业	20	20	15	367	343	154	307	27282	22892	27282
工艺品及其他制造业	7	5	5	14	14	10	12	3182	1548	2858
电力、燃气及水的生产和供应业	86	17	62	1153	1017	608	479	101222	60012	23292
电力、热力的生产和供应业	82	17	58	1136	1000	596	466	100761	59551	23292
水的生产和供应业	4		4	17	17	12	13	461	461	
按隶属关系分组										
中央	208	61	162	2972	2664	1797	2221	439322	230590	102507
省	58	33	54	2060	1139	831	1086	89020	82354	56674
市	163	137	131	1960	1315	745	1657	258122	212133	234921
（市）区	41	20	21	442	255	115	359	77626	47459	33512
其他	376	287	253	6623	4786	2085	5262	724051	468091	546371
按项目来源分组										
国家科技项目	40	21	34	1252	1111	717	1246	110166	88716	76518
地方科技项目	57	33	40	1448	652	348	1001	123743	106641	76923
其他企业委托科技项目	10	8	10	260	194	97	242	15597	15597	15576
本企业自选科技项目	711	456	515	10817	8039	4313	7892	1282314	775517	751997
来自国外的科技项目	9	9	9	43	28	27	27	9250	9250	9250
其他科技项目	19	11	13	237	135	71	178	47071	44906	43721
按项目合作形式分组										
与境外机构合作	3	3	2	43	24	21	44	9260	8660	9260
与国内高校合作	80	45	57	1869	1111	657	1307	149666	112078	87183
与国内独立研究院所合作	51	27	38	1230	522	296	930	90428	54153	55031
与境内注册的外商独资企业合作	9	1	3	182	181	112	47	37081	15405	200
与境内注册的其他企业合作	58	20	40	936	842	489	597	109585	64371	44175
以本企业所办科技机构为主完成	410	284	315	6005	4496	2312	4708	707024	510324	508668
由本企业有关部门组成联合攻关小组协作完成	207	142	142	3484	2724	1583	2726	446618	238848	234711
其他	28	16	24	308	259	103	227	38479	36788	34757
按项目活动类型分组										
基础研究	15	3	15	57	57	51	44	3763	3763	296
应用研究	20	1	20	318	150	98	283	30407	30407	30
试验发展	586	426	586	9808	7053	4107	7196	1006457	1006457	798103
研究与试验发展成果应用	225	108		3874	2899	1317	3063	547514		175556
按项目技术经济目标分组										
开发全新产品	345	345	283	4499	3530	1852	3690	668380	572820	668380
增加已有产品的功能	93	93	75	1639	1273	698	929	99906	79566	99906
提高产品性能	100	100	72	2206	1559	818	2002	205699	146043	205699
提高劳动生产率	99		54	1381	1118	579	788	121455	66055	
减少能源消耗	38		17	624	548	338	461	196921	31644	
节约原材料	20		12	385	277	156	274	24231	8199	
减少环境污染	16		10	211	173	116	163	26886	12924	
其他	135		98	3112	1681	1016	2279	244663	123376	

14-28 规模以上工业企业科技研究与试验发展支出情况

（2006 年）

单位：千元

指标名称	R&D 经费内部支出	经常费支出	试验发展	R&D 经费外部支出
总计	**1211139**	**1197840**	**1161441**	**116544**
#国有控股企业	467434	461306	434050	41359
按企业规模分组				
大型企业	580782	575365	548183	74994
中型企业	432875	428012	418851	34381
小型企业	197482	194463	194407	7169
按登记注册类型分组				
内资企业	989530	978909	951519	59159
国有企业	167718	166857	166857	29638
集体企业	41241	40280	40280	500
股份合作企业	7846	7838	7838	14
有限责任公司	285408	280447	271340	12428
国有独资公司	70264	67064	57981	2719
其他有限责任公司	215144	213383	213359	9709
股份有限公司	332277	329868	311695	13041
私营企业	155040	153619	153509	3538
私营独资企业	11045	10996	10996	277
私营有限责任公司	90017	88645	88535	1967
私营股份有限公司	53978	53978	53978	1294
港、澳、台商投资企业	3583	3456	3456	
合资经营企业（港或澳、台资）	2456	2456	2456	
港、澳、台商独资经营企业	1127	1000	1000	
外商投资企业	218026	215475	206466	57385
中外合资经营企业	184794	182410	182410	56768
中外合作经营企业	90	90	90	
外资企业	1293	1273	1273	
外商投资股份有限公司	31849	31702	22693	617
按工业行业大类分组				
采矿业	26621	26621	26162	8183
煤炭开采和洗选业	26000	26000	26000	7406
有色金属矿采选业	621	621	162	777
制造业	1122632	1109646	1073706	88017
农副食品加工业	26909	25829	25829	70
食品制造业	34923	34632	25489	672
饮料制造业	15315	15235	15235	133
烟草制品业	55708	55100	55100	2358
纺织业	10963	10933	10933	
印刷业和记录媒介的复制	2901	2901	2901	
化学原料及化学制品制造业	44990	44932	44932	306
医药制造业	36224	34353	34353	4494
塑料制品业	6827	6798	6798	14
非金属矿物制品业	129697	128834	128834	3410
有色金属冶炼及压延加工业	154512	153949	127152	2849
金属制品业	3202	3152	3152	532
通用设备制造业	84516	82004	82004	18958
专用设备制造业	125504	124638	124638	6660
交通运输设备制造业	290016	286440	286440	38709
电气机械及器材制造业	47262	46782	46782	1100
通信设备、计算机及其他电子设备制造业	28716	28694	28694	226
仪器仪表及文化、办公用机械制造业	22892	22892	22892	7526
工艺品及其他制造业	1555	1548	1548	
电力、燃气及水的生产和供应业	61886	61573	61573	20344
电力、热力的生产和供应业	61425	61112	61112	20344
水的生产和供应业	461	461	461	
按隶属关系分组				
中央	265366	261096	233840	25672
省	104216	103199	103199	13083
市	229166	228404	228404	2224
（市）区	51252	50284	50284	3565
其他	561139	554857	545714	72000

14-29　全市体育事业基本情况

（2006 年）

项　目	单位	总　计	省　直	市　直	县(市)区合计	中牟县	巩义市	荥阳市
各级体委及直属机构人数	**人**	**2483**	**1933**	**323**	**227**	**6**	**32**	**27**
公务员	人	107	50	27	30	2	2	2
专职教练员	人	306	218	64	24		6	11
专职文化教员	人	190	138	24	28			13
医务人员	人	23	23					
管理人员	人	829	624	112	98	4	24	
运动员	人	515	509	6				
其他人员	人	508	371	90	47			1
举办运动会或比赛情况								
举办综合性运动会次数	次	30	3	4	23	1		6
举办单项比赛次数	次	348	165	68	115	6		42
举办全民健身活动次数	**次**	**265**	**83**	**130**	**52**	**6**		**4**
1000 人以上的活动	次	48	11	12	25	2		4
举办各类体育培训班次数	**次**	**33**	**10**	**4**	**19**	**4**		**3**
参加培训班人次	人	3607	380	497	2730	280		1350
等级运动员发展人数	**人**	**1129**	**295**	**834**				
一级运动员	人	295	295					
二级运动员	人	834		834				
等级裁判员发展人数	**人**	**376**	**90**	**286**				
一级裁判	人	90	90					
二级裁判	人	286		286				
社会体育指导员发展人数	**人**	**2269**	**95**	**1493**	**681**		**70**	**85**
本年发展数	人	455		118	337		20	63
业余体育学校情况								
学校数	所	7	1	2	4		1	1
在训学生数	人	847	50	450	347		40	82
体育运动学校基本情况								
学校数	所	2	1	1				
教职工数	人	295	170	125				
#专职教练员	人	121	57	64				
专职文化教员	人	83	59	24				
在校学生总数	人	1182	1092	90				
《学生体质健康标准》及格人数	**人**	**720269**			**720269**	**112778**	**112589**	**92731**
体育运动成绩								
在省以上比赛中获得金牌数	枚	319	123	196				
银牌数	枚	200	74	126				
铜牌数	枚	186	89	97				
#世界冠军	个	15	10	5				
亚军	个	47	44	3				
第三名	个	46	44	2				
#亚洲冠军	个	20	17	3				
#全国冠军	个	109	96	13				
亚军	个	79	59	20				
第三名	个	110	79	31				

14-29 续表 (2006 年)

项 目	新密市	新郑市	登封市	中原区	二七区	管城区	金水区	惠济区	上街区
各级体委及直属机构人数	**9**	**44**	**82**	**1**	**1**	**3**	**9**	**5**	**8**
公务员			12	1	1	1	2	5	2
专职教练员		5	2						
专职文化教员		11	4						
医务人员									
管理人员	9	28	26				7		
运动员									
其他人员			38			2			6
举办运动会或比赛情况									
举办综合性运动会次数	2	2	2	2	2	1	2	2	1
举办单项比赛次数	2	13	11	7	6	5	8	12	3
举办全民健身活动次数	**3**	**4**	**7**	**6**	**2**	**8**	**2**	**8**	**2**
1000 人以上的活动	2	2	5	3	2	1	2	2	
举办各类体育培训班次数						**2**	**5**	**5**	
参加培训班人次						300	400	400	
等级运动员发展人数									
一级运动员									
二级运动员									
等级裁判员发展人数									
一级裁判									
二级裁判									
社会体育指导员发展人数	**16**	**4**	**134**		**220**		**92**	**60**	
本年发展数		4	80		60		50	60	
业余体育学校情况									
学校数		1	1						
在训学生数		115	110						
体育运动学校基本情况									
学校数									
教职工数									
#专职教练员									
专职文化教员									
在校学生总数									
《学生体质健康标准》及格人数	**128006**		**55200**	**46775**	**37064**	**24504**	**73201**	**21890**	**15531**
体育运动成绩									
在省以上比赛中获得金牌数									
银牌数									
铜牌数									
#世界冠军									
亚军									
第三名									
#亚洲冠军									
#全国冠军									
亚军									
第三名									

主要统计指标解释

普通高等学校　指按照国家规定的设置标准和审批程序批准举办，通过国家统一招生考试，招收高中毕业生为主要培养对象，实施高等教育的全日制大学、独立设置的学院和高等专科学校、短期职业大学。

成人高等学校　指按照国家有关规定审批，招收通过全国成人高教统一招生考试的具有高中毕业或同等学历的在职从业人员利用脱产、半脱产、业余或函授等多种形式对其实施高等学历教育，培养高等教育专科或本科毕业水平的专门人才，修业年限、课程设置和总学时数均按高等学历教育要求付诸实施的学校。包括广播电视大学、职工高等学校、农民高等学校、管理干部学院、教育学院、独立设置的函授学院等。

小学学龄儿童入学率　指调查范围内已入小学学习的学龄儿童占校内外学龄儿童总数（包括弱智儿童在内，但不包括盲聋哑儿童）的比重。计算公式：

小学学龄儿童入学率 = 已入学的小学学龄儿童数/校内外小学学龄儿童总数 × 100%

科学家和工程师　指具有大学本科及以上学历的和不具备上述学历但有高、中级职称的人员。

其他科技人员　指大专、中专毕业和具有初级职称的从事科技活动人员。

专业技术人员　指已取得科学技术职称，或大学、中专的理、工、农、医科系毕业，以及国民经济各部门从工作实践中提拔，从事理、工、农、医等自然科学技术的研究、教学、生产的专业人员和在机关、企业、事业中从事科学技术业务管理工作的专业人员。

工程技术人员　指在国民经济各行业从事工程技术工作的自然科学技术专业人员，包括：高级工程师、工程师、助理工程师、技术员和未评定职称的技术人员。

农业技术人员　指在国民经济各行业从事农业技术工作的自然科学技术专业人员，包括：高级农艺师、农艺师、助理农艺师、技术员和未评定职称的技术人员。

卫生技术人员　指在国民经济各行业从事卫生医务工作的自然科学技术专业人员，包括：正副主任医师、主治医师、医师、医（护）士和未评定职称的技术人员。

文化事业机构　指从事专业文化工作和为专业文化工作服务的独立建制的单独核算的单位。不包括这些单位另外举办独立核算的其他机构和各部门的业余文化组织。

艺术表演团体　指从事戏曲、音乐、舞蹈、杂技等专业艺术表演，有独立帐户，实行单独核算的团体。不包括半工半艺、半农半艺和民间职业剧团。

电影放映单位　指具有放映机器设备、固定和不固定的放映场所与专职或兼职的放映技术人员，经有关部门登记批准，经常为一定的观众对象放映电影的机构。包括经批准对外开放进行营业，并与电影发行放映管理机构分帐的专用放映单位和军委系统租片单位。

艺术表演观众人数（人次）　指售票、包场演出或民族地区免费演出的艺术表演观众人次数。不包括彩排审查和内部观摩演出的观看人次数。

等级运动员人数　指经考核正式批准授予等级运动员称号的人数，运动员等级分为国际级运动健将、运动健将、一级运动员、二级运动员、三级运动员、少年级运动员。

等级裁判员人数　指经考核正式批准授予等级裁判员称号的人数。裁判员等级分为国际裁判、国家级裁判、一级裁判、二级裁判、三级裁判。

体育场　指400米跑道（中心含足球场），有固定道牙，跑道6条以上，并有固定看台的室外田径场地。以看台容纳观众人数分：甲级25000人以上，乙级15000—25000人，丙5000—15000人，丁级5000人以上。

体育馆　指有固定看台，可供篮球、排球、羽毛球、乒乓球、体操等项目训练比赛活动用的室内运动场地。以看台容纳观众人数分：甲级6000人以上，乙级4000—6000人，丙级2000—4000人，丁级2000人以下。

医院　指名称为医院，设有固定床位能收容病人住院并能为病人提供医疗、扩理服务的医疗机构。包括县及县以上医院、农村乡卫生院、其他医院三部分。按所属性质分为卫生部门、工作及其他部门、集体经常单位三类。其中县及县以上医院按业务性质分为综合医院和专科医院。

卫生技术人员 指卫生事业机构支付工资的全部固定职工和合同制职工中现任职务为卫生技术工作的专业人员。包括执业医师、执业助理医师、注册护士、药剂人员、检验人员、其他卫生技术人员。

医生 指经卫生部门审查合格，从事医疗工作的专业人员。分为中医医生和西医医生。包括卫生技术人员中的中医师、西医师、中西结合高级医师、中医士、西医士和其他中医。

从事科技活动人员 指企业在报告期内，从事科技开发活动的时间（不包括加班时间）占全年工作时间10%及以上的工程技术人员、管理人员、工人及其他人员。从事科技开发活动时间占全年工作时间的比例在10%以下的人员不统计。从事科技活动人员合计中的各类分组人员均从事科技活动时间占全年工作时间的比例在10%及以上人员的实际人数。

高级职称 指高级工程师，正、副教授，正、副研究员，高级统计师，高级会计师，高级经济师等。

中级职称 指工程师、讲师、助理研究员、技师、统计师、会计师、经济师等。

企业办科技机构 是指企业自办、或与外单位合办、管理上同生产系统相对独立的，或单独核算的专门技术开发机构（如企业办研究所、开发中心、开发部等专门技术开发机构）。企业科技管理职能科室（如技术科）一般不计入此表。若技术科同时挂有技术开发机构牌子，视其报告年内实际主要工作任务而定，主要任务是从事技术开发活动，可列入本表统计范围，否则不予统计。

科技活动经费筹集总额 指报告年内调查单位从各种渠道筹集到的科技活动经费（含科研基建费）。包括政府财政拨款、企业自筹资金、银行贷款、横向技术性收入和其他。

科技活动经费支出总额 指报告期内企业用于科技活动的全部实际支出。包括劳务费、科研业务费、科研管理费、非基建投资购建的固定资产、科研基建支出以及其他用于科技活动的支出。不包括生产性活动支出及归还贷款支出。

技术改造经费支出 指因本企业进行技术改造而发生的费用支出。技术改造是指企业在坚持科学技术进步的前提下，将科学技术成果应用于企业生产的各个领域（产品、设备、工艺等），用先进的技术改造落后的技术，用先进的工艺、设备代替落后的工艺、设备，实现以内涵为主的扩大再生产，从而提高产品质量，促进产品更新换代、节约能源、降低消耗，全面提高综合经济效益。在技术改造经费支出中，属于研究与发展活动支出的经费，除了计入技术改造经费支出外，还要计入本企业研究与发展经费中。

技术引进经费支出 指企业在报告年内用于购买国外技术（包括购买设计、流程、配方、图纸、工艺专利等技术资料的费用，以及引进国外的关键设备、仪器、样机所支付的经费）。

企业对外转让科技成果收入 指报告年内本企业对外转让本企业科学研究和技术开发成果的收入。

获奖成果 指调查单位在本年度内从地（市）及以上政府科技管理部门获得的各种科技成果奖。由几个单位合作获得的科技成果奖，为防止重复，仅由第一完成单位填报。对一项成果同一年只填报一次，且填报最高一级奖励。获奖成果分为：国家级奖、省部级奖和地市级奖。

国家级奖 指国家自然科学奖、国家发明奖、国家科技进步奖、国家星火奖等。

省、部级奖 指以国务院各部门和省、自治区、直辖市名义颁发的重大科技成果奖和科技进步奖。

地、市级奖 指由省（区市）各部门和地（市、州、盟）政府（科委）名义颁发的重大科技成果奖和科技进步奖等。

十五、企业集团

15-1 全市企业集团主要财务指标

（2006年）

单位：万元

项目	资产总计	比上年±%	固定资产原值	比上年±%	累计折旧	比上年±%	本年折旧	比上年±%
总计	**13925418**	**12.9**	**7492030**	**14.7**	**2158606**	**11.0**	**270554**	**14.3**
按控股情况分								
国有控股	10927745	10.9	6375261	11.9	1871676	9.1	215334	11.2
集体控股	389333	10.5	198543	11.2	79327	24.4	14216	19.9
私人控股	1379184	15.7	243189	10.9	91054	24.0	16776	31.3
港澳台商控股	295690	11.6	20178	10.5	5513	19.4	896	1.7
外商控股	933466	40.2	654859	55.8	111036	26.6	23332	32.7
按集团主营行业分								
第二产业合计	6350329	12.9	3171475	11.9	1052843	13.9	137282	4.6
工业小计	5619337	12.7	3022429	11.0	989045	13.0	122013	-1.3
采矿业	945448	20.8	652623	10.4	209658	22.7	32764	-9.6
制造业	3767782	12.5	1763470	10.5	640835	6.8	46388	-24.3
电力、燃气及水的生产和供应业	906107	6.1	606336	13.0	138552	33.3	42861	64.6
建筑业	730992	14.9	149046	34.6	63798	28.3	15269	100.5
第三产业合计	7575089	12.9	4320555	16.8	1105763	8.4	133272	26.4
交通运输、仓储和邮政业	3990814	10.1	2346052	21.2	308829	11.4	31594	225.2
住宿和餐饮业	323033	-1.0	51017	-2.6	17798	12.3	2855	107.6
批发和零售业	295690	11.6	20178	10.5	5513	19.4	896	1.7
房地产业	2965552	19.1	1903308	12.5	773623	7.1	97927	4.7
其他合计	19346	-0.7	7271	-2.4	3928	1.5	214	529.4
租赁和商务服务业	114517	-0.3	35919	0.1	11703	17.2	2238	18.8
科学研究、技术服务和地质勘查业	125844	18.9	85269	11.5	27338	23.3	4431	56.1
文化、体育和娱乐业	2705845	20.2	1774849	12.9	730654	6.4	91044	2.6
按母公司登记注册类型分								
国有企业	975949	12.0	515247	7.4	234046	2.4	35982	20.5
公司制企业小计	12392144	13.3	6732259	15.5	1801850	13.0	224696	13.8
国有独资企业	6009872	7.9	3132221	15.4	618312	11.1	48993	22.7
其他有限责任公司	2536583	11.7	1615151	7.7	523445	12.9	81096	3.7
股份有限公司	2648687	19.3	1337185	13.9	528590	13.5	72083	36.8
中外合资企业	923848	43.5	606418	48.4	122063	19.2	19660	-21.0
港澳台合资企业	273154	17.8	41284	24.2	9440	36.8	2864	62.9
其他	557325	6.0	244524	8.9	122710	1.0	9876	6.0
按母公司企业规模分								
大型	1674941	18.5	867172	11.7	286481	21.2	44562	7.6
中型	4810382	6.0	2652182	13.6	503710	6.1	17913	-27.3
小型	3421910	18.4	1769277	22.8	453902	19.6	100840	48.9
其他	1312340	5.8	428550	5.0	183859	9.6	16195	14.4

15-1 续表1 （2006年） 单位：万元

项　　目	累计对外投资	比上年±%	本年对外投资	比上年±%	存货	比上年±%	应收帐款	比上年±%
总　计	**147659**	**-0.5**	**3399**	**-81.9**	**1653959**	**21.4**	**806654**	**18.5**
按控股情况分								
国有控股	106568	4.1	8640	-37.9	1085021	15.4	606063	21.0
集体控股					34385	16.9	11184	-17.6
私人控股	29330	-18.7	-5526	-220.4	230496	14.4	135971	11.4
港澳台商控股	6021	12.6			189009	52.4	8125	185.5
外商控股	5740	23.3	285		115048	73.0	45311	10.3
按集团主营行业分								
第二产业合计	81665	-3.1	-652	-106.2	812538	18.1	597830	22.9
工业小计	79851	-2.1	-2105	-120.9	640893	25.0	428850	17.6
采矿业	12706	35.4	3320	-39.4	49110	66.0	50057	28.5
制造业	66495	-7.1	-5525	-220.3	545263	23.2	330120	8.6
电力、燃气及水的生产和供应业	650	18.2	100		46520	15.3	48673	124.1
建筑业	1814	-34.3	1453	175.2	171645	-2.3	168980	38.8
第三产业合计	65994	2.9	4051	-50.6	841421	24.9	208824	7.6
交通运输、仓储和邮政业					5304	34.6	9404	11.0
住宿和餐饮业	24575	12.1	1487	-64.2	39250	4.0	35875	1.9
批发和零售业	6021	12.6			189009	52.4	8125	185.5
房地产业	35398	-4.1	2564	-36.5	607858	19.6	155420	5.3
其他合计	5310				76	-33.9	519	-150.3
租赁和商务服务业	7188	-37.1			210	-46.4	15236	-30.9
科学研究、技术服务和地质勘查业					4723	34.4	3891	148.6
文化、体育和娱乐业	22900	13.6	2564	-36.5	602849	19.6	135774	8.6
按母公司登记注册类型分								
国有企业	25173	-4.1	702	-275.5	369174	18.4	32218	-34.9
公司制企业小计	111727		835	-94.3	1080131	18.3	757480	22.3
国有独资企业	48925	6.7	2941	-37.3	265563	-2.2	290765	28.9
其他有限责任公司	34918	3.2	1907	-77.1	215993	28.1	178481	37.2
股份有限公司	21017	-20.3	-4148	-807.8	373080	16.2	176442	12.8
中外合资企业	5455	24.8			139631	72.9	31051	-39.6
港澳台合资企业	1412	10.6	135	-88.4	85864	20.3	80741	44.6
其他	10759	2.8	1862	-58.0	204654	49.5	16956	45.5
按母公司企业规模分								
大型	36506	12.5	4763	-20.7	184212	21.8	214742	32.4
中型	29038	-2.8			135299	-6.8	76732	4.3
小型	39496	-4.4	-2550	-317.9	365990	37.6	224662	17.1
其他	19719	-20.0	-1378	-134.4	365609	23.7	154744	21.0

15-1　续表2　（2006年）　单位:万元

项　　目	年末负债合计	比上年±%	流动负债	比上年±%	银行借款	比上年±%	年末股东权益总计	比上年±%
总　　计	**9319269**	**16.4**	**6474506**	**18.9**	**2022661**	**14.3**	**4606149**	**6.5**
按控股情况分								
国有控股	7347349	14.3	4733160	16.8	1716814	13.0	3580396	4.5
集体控股	279692	8.7	243752	9.2	50500	22.6	109641	15.4
私人控股	834200	24.4	785227	32.5	206192	7.5	544984	4.6
港澳台商控股	204480	14.0	174643	6.6	29837		91210	6.6
外商控股	653548	39.8	537724	29.8	19318	17.1	279918	41.2
按集团主营行业分								
第二产业合计	4113924	15.3	3461690	18.0	918476	1.6	2236405	8.9
工业小计	3523304	15.1	2878712	18.1	912121	1.5	2096033	8.9
采矿业	453723	23.9	372717	22.8	205654	40.7	491725	18.0
制造业	2541915	17.6	2164406	18.4	521869	-0.7	1225867	3.1
电力、燃气及水的生产和供应业	527666	-1.3	341589	11.7	184598	-18.6	378441	18.5
建筑业	590620	16.5	582978	17.4	6355	19.9	140372	8.6
第三产业合计	5205345	17.3	3012816	19.9	1104185	27.6	2369744	4.3
交通运输、仓储和邮政业	2514806	13.3	728352	28.8	441550	61.1	1476008	5.0
住宿和餐饮业	306341	6.9	245030	-12.7	92359	9.6	16692	-57.9
批发和零售业	204480	14.0	174643	6.6	29837		91210	6.6
房地产业	2179718	24.5	1864791	24.1	540439	6.6	785834	6.2
其他合计	15764	2.0	15764	6.1			3582	-11.2
租赁和商务服务业	10733	-19.7	10691	-19.8			103784	2.3
科学研究、技术服务和地质勘查业	59975	14.2	47531	19.2	23335	-30.4	65869	23.6
文化、体育和娱乐业	2093246	25.4	1790805	24.8	517104	9.2	612599	5.4
按母公司登记注册类型分								
国有企业	592757	17.0	552230	13.9	317851	14.3	383192	5.1
公司制企业小计	8361744	16.3	5657596	19.8	1628945	12.4	4030400	7.6
国有独资企业	4016160	10.8	2012449	10.8	742549	28.6	1993712	2.5
其他有限责任公司	1472896	10.7	1118469	16.1	513810	0.9	1063687	13.3
股份有限公司	1928841	26.9	1692915	32.0	261186	2.7	719846	2.7
中外合资企业	739855	43.4	630795	35.8	90550	-3.0	183993	44.1
港澳台合资企业	203992	2.6	202968	2.6	20850	39.0	69162	109.4
其他	364768	17.5	264680	11.2	75865	81.3	192557	-10.5
按母公司企业规模分								
大型	987797	21.9	899731	22.4	210654	41.2	687144	13.8
中型	3255394	9.0	1327084	6.6	665486	31.1	1554988	0.4
小型	2196222	22.4	1717398	29.8	498585	-7.4	1225688	11.9
其他	786610	5.7	739488	4.5	130832	30.8	525730	5.9

项 目	股本	比上年±%	营业收入	比上年±%	主营业务收入	比上年±%	主营业务成本	比上年±%
总 计	**2315174**	**4.8**	**10164388**	**28.2**	**9819369**	**28.8**	**6676610**	**19.6**
按控股情况分								
国有控股	1973911	3.0	7676810	30.1	7415431	31.1	4708394	18.3
集体控股	53378	3.3	325971	-3.2	325504	-3.0	247204	-1.8
私人控股	193386	13.6	1434655	23.4	1354611	22.4	1139441	24.1
港澳台商控股	5000	-69.7	138051	33.6	137529	33.6	100113	37.0
外商控股	89499	66.2	588901	38.1	586294	39.4	481458	33.7
按集团主营行业分								
第二产业合计	1187307	4.6	4855800	18.8	4559567	19.4	3728182	18.1
工业小计	1095209	5.0	3893433	17.0	3610193	17.7	2883980	16.5
采矿业	329480	3.4	669783	35.7	551845	47.6	379286	54.2
制造业	617219	5.8	2678511	12.8	2515023	12.4	2059206	11.9
电力、燃气及水的生产和供应业	148510	5.3	545139	19.0	543325	18.9	445488	14.7
建筑业	92098		962367	26.8	949374	26.6	844202	23.9
第三产业合计	1127867	5.1	5308588	38.2	5259802	38.2	2948428	21.5
交通运输、仓储和邮政业	716030	-0.6	1562151	76.9	1562151	76.9	398943	-9.1
住宿和餐饮业	41722	-0.8	530909	1.0	529202	1.0	503965	0.7
批发和零售业	5000	-69.7	138051	33.6	137529	33.6	100113	37.0
房地产业	365115	23.9	3077477	32.0	3030920	32.0	1945407	37.6
其他合计	7927	58.5	19220	46.7	19188	46.4	17367	47.1
租赁和商务服务业	6000		31202	-43.0	31035	-43.1	15737	13.6
科学研究、技术服务和地质勘查业	45506	189.2	92175	17.2	88311	14.6	53043	12.6
文化、体育和娱乐业	305682	14.1	2934880	34.4	2892386	34.5	1859260	38.6
按母公司登记注册类型分								
国有企业	159968	-0.2	1028173	15.0	1019994	14.3	453135	15.3
公司制企业小计	2059872	5.5	8780545	31.8	8445305	32.8	5940580	21.5
国有独资企业	1088425	3.4	3480495	34.6	3416487	35.0	2031605	7.3
其他有限责任公司	660864	2.5	1946537	19.0	1800487	20.7	1416574	16.7
股份有限公司	226760	15.4	2319835	34.8	2215095	35.5	1673793	40.4
中外合资企业	48326	10.2	644339	15.9	625490	15.7	500319	9.5
港澳台合资企业	35497	136.6	389339	138.9	387746	138.4	318289	142.2
其他	95334	-0.8	355670	-4.9	354070	-4.4	282895	-6.3
按母公司企业规模分								
大型	467583	2.4	1388152	27.7	1231302	32.8	977382	31.4
中型	855961	1.6	2385459	48.1	2363604	48.0	1129193	3.8
小型	469707	13.5	2524267	12.8	2413327	11.9	1959922	10.3
其他	216241	-5.0	931630	15.3	918750	16.1	750853	18.6

15-1 续表4 (2006年) 单位:万元

项　　目	主营业务税金及附加	比上年±%	新产品销售收入	比上年±%	出口销售总额	比上年±%	营业费用	比上年±%
总　　计	**552076**	**24.1**	**598979**	**13.1**	**273736**	**-25.4**	**293025**	**16.0**
按控股情况分								
国有控股	497198	25.8	328769	16.2	182024	10.2	149296	11.6
集体控股	26252	10.0	4115	71.0			26039	-28.4
私人控股	13126	7.5	266095	9.0	82154	6.4	87568	45.4
港澳台商控股	9035	46.9					7957	29.0
外商控股	6465	-9.6			9558	-92.3	22165	37.6
按集团主营行业分								
第二产业合计	85790	18.7	476897	23.4	150691	-32.5	157349	19.2
工业小计	55510	8.4	476503	23.4	150582	-32.5	156578	19.1
采矿业	8237	43.3					13146	21.8
制造业	44499	2.9	476503	23.4	150582	-32.5	136641	17.3
电力、燃气及水的生产和供应业	2774	24.7					6791	61.7
建筑业	30280	44.0	394	85.0	109		771	50.6
第三产业合计	466286	25.2	122082	-14.8	123045	-14.3	135676	12.5
交通运输、仓储和邮政业	51601	44.8					28	
住宿和餐饮业	451	-13.6			68832	-32.1	10471	8.6
批发和零售业	9035	46.9					7957	29.0
房地产业	405199	22.7	122082	-14.8	54213	28.3	117220	11.8
其他合计	97	-20.5					507	-32.8
租赁和商务服务业	1880	-36.6					2529	9.3
科学研究、技术服务和地质勘查业	3975	9.1					12698	2.2
文化、体育和娱乐业	399247	23.4	122082	-14.8	54213	28.3	101486	13.6
按母公司登记注册类型分								
国有企业	363211	17.2			282	17.5	34392	15.2
公司制企业小计	175628	42.4	598979	13.1	273454	-25.4	242415	15.6
国有独资企业	85031	39.1	6554	2962.6	69769	-33.9	37562	5.9
其他有限责任公司	41892	16.8	133558	252.7	44635	310.4	49726	-7.8
股份有限公司	15686	13.8	336920	-3.6	124824	14.6	86385	34.5
中外合资企业	32512	168.5	120817	-14.5	33629	-76.2	29150	-4.6
港澳台合资企业	507	5.8	1130	30.0	597	145.7	39592	55.1
其他	13237	15.9					16218	24.3
按母公司企业规模分								
大型	29838	48.4					15844	21.2
中型	55888	41.2	16838	15.4	38210	174.3	19116	13.9
小型	47764	6.3	388995	44.8	166495	-44.4	108919	8.8
其他	19339	15.9	71064	-31.1	14818	34.9	47660	43.0

15-1 续表5 （2006年） 单位:万元

项　　目	管理费用	比上年±%	税金	比上年±%	劳动、待业保险费	比上年±%	职工教育费	比上年±%
总　计	**536331**	**7.1**	**16236**	**10.0**	**68223**	**-3.2**	**6071**	**31.2**
按控股情况分								
国有控股	435539	5.7	13212	5.4	64890	-3.8	4693	30.5
集体控股	14132	-15.4	606	1.0	782	3.0	255	-0.8
私人控股	67053	21.3	1395	23.0	1575	34.3	1018	55.4
港澳台商控股	5505	42.4	127	81.4	80	-14.0	28	-22.2
外商控股	14102	9.4	896	110.3	896	-13.5	77	-6.1
按集团主营行业分								
第二产业合计	326017	9.1	6823	-0.2	41907	-7.4	4345	28.0
工业小计	275260	5.3	6368	-0.7	36361	-11.3	3753	29.0
采矿业	77376	-10.6	721	41.1	14173	10.4	1345	25.9
制造业	173176	11.4	5338	0.7	20862	-22.4	2079	29.5
电力、燃气及水的生产和供应业	24708	27.3	309	-48.2	1326	5.4	329	38.8
建筑业	50757	35.5	455	6.6	5546	30.2	592	22.3
第三产业合计	210314	4.1	9413	18.7	26316	4.2	1726	40.0
交通运输、仓储和邮政业	20719		27	-37.2	1951	0.9	145	-11.0
住宿和餐饮业	12106	2.8	5573	17.0	755	28.4	62	210.0
批发和零售业	5505	42.4	127	81.4	80	-14.0	28	-22.2
房地产业	171984	3.8	3686	20.8	23530	3.9	1491	47.0
其他合计	691	-32.7	12	-14.3	5		2	
租赁和商务服务业	9482	-11.3	252	14.0	1828	13.7	194	189.6
科学研究、技术服务和地质勘查业	11599	-9.9	169	3.7	481	-56.8	123	38.2
文化、体育和娱乐业	150212	6.5	3253	22.6	21216	6.5	1172	36.9
按母公司登记注册类型分								
国有企业	83458	9.5	1663	30.8	18222	20.1	1025	38.5
公司制企业小计	437743	6.8	13973	8.0	44953	-8.3	4841	31.7
国有独资企业	144609	8.8	7234	3.9	20670	-5.3	1211	22.3
其他有限责任公司	137796	0.6	2538	-8.6	16813	-18.6	2258	25.9
股份有限公司	119196	8.5	3222	16.6	6370	16.3	1046	48.6
中外合资企业	27146	25.0	936	154.3	816	-5.4	209	122.3
港澳台合资企业	8996	9.6	43	-34.8	284	38.5	117	24.5
其他	15130	1.9	600	8.3	5048	-19.9	205	-3.3
按母公司企业规模分								
大型	129808	-4.0	1369	21.5	28516	0.4	1882	21.8
中型	62666	4.9	6725	1.0	4661	-40.6	281	44.1
小型	133447	16.6	3774	13.1	6255	-8.6	1843	37.6
其他	60198	19.4	1115	12.7	7575	1.2	893	29.0

15-1 续表 6 （2006 年） 单位:万元

项　　目	财务费用	比上年±%	利息支出	比上年±%	投资收益	比上年±%	利润总额	比上年±%
总　　计	**180988**	**66.8**	**184193**	**50.7**	**57993**	**39.1**	**688278**	**47.9**
按控股情况分								
国有控股	144761	89.0	146582	66.2	40561	18.0	543206	52.3
集体控股	4087	-22.5	3981	-15.6	2982	-33.2	12683	89.2
私人控股	7964	-5.0	11358	7.8	14189	176.6	77165	16.7
港澳台商控股	3159	74.3	3159	29.9	256	675.8	12087	-10.9
外商控股	21017	27.7	19113	16.7	5	-100.2	43137	92.6
按集团主营行业分								
第二产业合计	88543	30.4	90447	33.1	18961	275.5	209826	60.7
工业小计	82863	27.8	84808	30.3	18961	275.5	191770	56.3
采矿业	9583	-16.3	9546	-11.4	-135	-47.9	41693	82.0
制造业	55183	45.1	57188	46.6	16372	624.1	100248	51.8
电力、燃气及水的生产和供应业	18097	18.0	18074	18.2	2724	-10.6	49829	47.4
建筑业	5680	83.7	5639	95.5			18056	129.2
第三产业合计	92445	127.7	93746	72.7	39032	6.5	478452	42.9
交通运输、仓储和邮政业	55633	204.4	57170	189.2	35418	12.4	74055	99.5
住宿和餐饮业	1056	47.3	981	34.8	-115	-143.6	2193	73.1
批发和零售业	3159	74.3	3159	29.9	256	675.8	12087	-10.9
房地产业	32597	64.7	32436	3.4	3473	-28.3	390117	37.9
其他合计	100	-35.5	82	13.9			-259	-64.3
租赁和商务服务业	-973	92.7	-950	37.7	370	-2412.5	3100	-88.0
科学研究、技术服务和地质勘查业	1985	45.4	1920	42.3	-111	-51.7	5921	210.2
文化、体育和娱乐业	31485	67.7	31384	2.4	3214	-36.8	381355	49.0
按母公司登记注册类型分								
国有企业	12821	-7.8	13146	-2.9	637	103.5	79678	10.9
公司制企业小计	162373	81.1	164711	59.8	57116	38.1	585103	59.7
国有独资企业	83833	164.7	85298	160.0	37334	20.0	92081	110.1
其他有限责任公司	40643	15.9	40331	18.1	8083	-12.7	95722	103.3
股份有限公司	13524	-3.5	16169	1.0	11694	256.1	344290	37.9
中外合资企业	19605	609.6	19641	42.1	5	-100.2	37486	97.6
港澳台合资企业	4768	-22.5	3272	-47.7			15524	126.7
其他	5794	17.0	6336	11.8	240	585.7	23497	-13.4
按母公司企业规模分								
大型	14916	6.6	14898	11.6	1409	-301.3	57192	82.5
中型	75134	158.0	75032	155.6	35565	11.4	45890	485.0
小型	52310	37.6	56042	35.8	14046	303.3	162689	53.4
其他	7143	-17.1	6837	-10.5	3759	96.4	41152	-35.9

15-1 续表 7 （2006 年） 单位:万元

项　　目	应交所得税	比上年±%	应交增值税	比上年±%	固定资产投资完成额	比上年±%	研究开发费用	比上年±%
总　　计	**209258**	**36.7**	**352960**	**11.0**	**565372**		**54182**	**16.8**
按控股情况分								
国有控股	173566	44.9	296335	20.5	414860		26144	18.9
集体控股	3533	24.4	14794	12.1	13995	-99.9	595	34.9
私人控股	15835	9.6	29595	-13.6	63817		24581	3.3
港澳台商控股	5810	-54.6						
外商控股	10514	229.0	12236	-50.3	72700	-100.1	2862	1447.0
按集团主营行业分								
第二产业合计	70282	58.5	152160	0.1	327347		43429	17.5
工业小计	65847	54.2	152012	0.1	281933		43429	17.5
采矿业	22176	35.3	47942	36.6	61200	-99.9	6586	8.0
制造业	34391	67.2	73493	-20.4	166726		36843	19.4
电力、燃气及水的生产和供应业	9280	61.2	30577	25.2	54007			
建筑业	4435	170.1	148	-13.5	45414			
第三产业合计	138976	27.8	200800	21.0	238025		10753	13.8
交通运输、仓储和邮政业	15476	64.4	129	-64.0	9398	-100.7		
住宿和餐饮业	1665	17.6	2976	8.4	806	-99.0		
批发和零售业	5810	-54.6						
房地产业	116025	36.3	197695	21.4	227821		10753	13.8
其他合计								-100.0
租赁和商务服务业	1693	-80.8	1	-97.4	34540	-100.3	1238	-24.1
科学研究、技术服务和地质勘查业	2488	26.3			6216	-101.6	30	7.1
文化、体育和娱乐业	111844	50.5	197694	21.5	187065		9485	21.8
按母公司登记注册类型分								
国有企业	17157	11.7	100814	17.2	134116		3853	-7.3
公司制企业小计	184367	47.7	247080	9.2	420074		50277	19.1
国有独资企业	26913	59.0	17032	-8.2	90179		63	-65.2
其他有限责任公司	36812	79.3	96332	27.0	128757		9621	9.8
股份有限公司	110001	35.9	109953	11.9	125116		36146	13.4
中外合资企业	10615	72.0	12850	-51.1	63052	-100.1	3371	507.4
港澳台合资企业	26	-88.8	10913	49.7	12970	-99.6	1076	26.3
其他	7734	-40.2	5066	-12.2	11182	-100.1	52	62.5
按母公司企业规模分								
大型	25498	43.5	48701	35.0	107420		6617	5.9
中型	16395	66.3	14964	-12.5	15279	-100.1	2837	61.7
小型	44603	66.1	72929	-14.2	195832		28153	13.1
其他	10918	-55.0	18672	9.3	59776		7090	23.9

15-1 续表 8 （2006 年） 单位：人

项　　目	从业人员年末人数	比上年±%	在岗职工	比上年±%	其他从业人员	比上年±%	研究开发人员	比上年±%
总　　计	**235187**	**3.1**	**226608**	**3.6**	**8579**	**-8.7**	**4334**	**-8.7**
按控股情况分								
国有控股	177861	-0.5	176455	-0.6	1406	4.5	2513	-20.4
集体控股	9305	-5.0	9215	-5.1	90		259	11.2
私人控股	35093	26.8	28072	42.1	7021	-11.3	1493	12.9
港澳台商控股	1888	41.6	1826	41.7	62	40.9		
外商控股	11040	4.9	11040	4.9			69	86.5
按集团主营行业分								
第二产业合计	178294	7.3	170252	8.1	8042	-7.7	3484	-7.1
工业小计	152438	3.7	145069	4.6	7369	-12.6	3484	-7.1
采矿业	53230	23.3	53230	23.3			950	4.4
制造业	87039	-6.4	79762	-5.9	7277	-11.5	2534	-10.8
电力、燃气及水的生产和供应业	12169	11.8	12077	13.2	92	-57.8		
建筑业	25856	35.0	25183	33.4	673	141.2		
第三产业合计	56893	-8.2	56356	-8.0	537	-21.4	850	-14.8
交通运输、仓储和邮政业	5022	-50.3	5001	-50.4	21	-32.3		
住宿和餐饮业	4479	6.2	4393	5.8	86	34.4		
批发和零售业	1888	41.6	1826	41.7	62	40.9		
房地产业	45504	-1.7	45136	-1.3	368	-32.4	850	-14.8
其他合计	483	-5.1	483	-5.1				
租赁和商务服务业	1329	24.4	1329	24.4			49	-67.3
科学研究、技术服务和地质勘查业	8276	1.5	7913	1.3	363	4.9	6	
文化、体育和娱乐业	35416	-3.1	35411	-2.6	5	-97.5	795	-5.6
按母公司登记注册类型分								
国有企业	13097	9.7	13097	9.7			164	-41.8
公司制企业小计	211991	2.9	203474	3.4	8517	-8.9	4151	-6.8
国有独资企业	58115	-9.6	56878	-10.2	1237	31.9	11	
其他有限责任公司	95596	12.1	95382	12.1	214	-14.4	1695	-15.3
股份有限公司	39927	4.6	37864	5.2	2063	-4.6	2134	-2.3
中外合资企业	7187	6.1	7184	6.1	3		214	2.9
港澳台合资企业	11166	-3.3	6166	11.2	5000	-16.7	97	94.0
其他	10099	-0.5	10037	-0.7	62	40.9	19	46.2
按母公司企业规模分								
大型	66404	18.3	65905	17.6	499	353.6	950	4.4
中型	36195	-24.1	36147	-24.2	48	20.0	183	-72.8
小型	59715	5.7	56973	5.8	2742	3.5	1536	5.6
其他	37457	19.7	32172	29.3	5285	-17.4	870	0.1

15-1 续表9 （2006年） 单位:万元

项 目	从业人员劳动报酬	比上年±%	在岗职工劳动报酬	比上年±%	其他从业人员劳动报酬	比上年±%	研究开发人员劳动报酬	比上年±%
总 计	**502266**	**27.0**	**495302**	**27.8**	**6964**	**-11.8**	**13561**	**12.2**
按控股情况分								
国有控股	394030	21.5	392210	21.6	1820	3.6	7707	-2.4
集体控股	9451	-0.9	9396	-0.9	55	10.0	496	53.1
私人控股	78346	73.8	73298	87.9	5048	-16.8	5179	36.9
港澳台商控股	7362	38.1	7321	38.0	41	46.4		
外商控股	13077	14.2	13077	14.2			179	101.1
按集团主营行业分								
第二产业合计	349801	37.2	343274	38.3	6527	-3.4	9900	16.4
工业小计	285571	30.2	280213	31.6	5358	-16.4	9900	16.4
采矿业	97067	49.1	97067	49.1			2470	8.6
制造业	162231	21.3	157000	23.2	5231	-16.9	7430	19.3
电力、燃气及水的生产和供应业	26273	28.0	26146	28.1	127	11.4		
建筑业	64230	80.8	63061	79.3	1169	233.0		
第三产业合计	152465	8.4	152028	9.0	437	-61.7	3661	2.0
交通运输、仓储和邮政业	9479	-48.6	9444	-48.8	35	45.8		
住宿和餐饮业	5754	17.2	5732	18.5	22	-68.6		
批发和零售业	7362	38.1	7321	38.0	41	46.4		
房地产业	129870	16.0	129531	16.7	339	-66.7	3661	2.0
其他合计	521	-5.1	521	-5.1				
租赁和商务服务业	9980	122.9	9980	122.9			368	-50.3
科学研究、技术服务和地质勘查业	14452	5.7	14128	10.6	324	-63.6	22	4.8
文化、体育和娱乐业	104917	12.5	104902	12.6	15	-88.5	3271	15.7
按母公司登记注册类型分								
国有企业	51531	21.8	51531	21.8			1114	-27.3
公司制企业小计	429356	28.1	422433	29.1	6923	-12.1	12407	17.8
国有独资企业	123635	10.7	121957	10.7	1678	15.9	34	3.0
其他有限责任公司	178614	53.7	178487	53.8	127	-17.5	4368	13.3
股份有限公司	102312	22.5	102008	22.9	304	-39.2	6706	18.4
中外合资企业	13960	9.3	13946	9.3	14	40.0	675	2.9
港澳台合资企业	10835	-0.7	6035	17.1	4800	-16.7	624	93.2
其他	21379	17.3	21338	17.2	41	46.4	40	48.1
按母公司企业规模分								
大型	132193	38.4	131160	37.6	1033	357.1	2470	8.6
中型	54909	-13.5	54851	-13.5	58	20.8	174	-73.4
小型	128164	36.9	127384	38.3	780	-46.9	4977	24.6
其他	82083	65.2	77005	76.3	5078	-15.7	2669	14.1

15-1 续表 10 （2006 年） 单位:%

项　　目	净资产收益率	比上年±%	总资产报酬率	比上年±%	销售利润率	比上年±%	资本保值增值率
总　　计	**10.4**	**3.2**	**6.3**	**1.5**	**6.8**	**0.9**	**106.5**
按控股情况分							
国有控股	10.3	3.4	6.3	1.8	7.1	1.1	104.5
集体控股	8.3	4.2	4.3	1.1	3.9	1.9	115.4
私人控股	11.3	1.4	6.4		5.4	-0.3	104.6
港澳台商控股	6.9	6.0	5.2	-0.8	8.8	-4.3	106.6
外商控股	11.7	2.0	6.7	0.9	7.3	2.0	141.2
按集团主营行业分							
第二产业合计	6.2	2.0	4.7	1.2	4.3	1.1	108.9
工业小计	6.0	1.8	4.9	1.1	4.9	1.2	108.9
采矿业	4.0	2.4	5.4	1.1	6.2	1.6	118.0
制造业	5.4	1.6	4.2	1.1	3.7	0.9	103.1
电力、燃气及水的生产和供应业	10.7	1.9	7.5	1.8	9.1	1.7	118.5
建筑业	9.7	4.9	3.2	1.5	1.9	0.9	108.6
第三产业合计	14.3	4.4	7.6	1.8	9.0	0.3	104.3
交通运输、仓储和邮政业	4.0	2.0	3.3	1.7	4.7	0.5	105.0
住宿和餐饮业	3.2	3.6	1.0	0.4	0.4	0.2	42.1
批发和零售业	6.9	6.0	5.2	-0.8	8.8	-4.3	106.6
房地产业	34.9	8.2	14.2	1.6	12.7	0.6	106.2
其他合计	-7.2	11.1	-0.9	2.5	-1.3	4.2	88.8
租赁和商务服务业	1.4	-15.3	1.9	-19.9	9.9	-37.1	102.3
科学研究、技术服务和地质勘查业	5.2	5.3	6.2	3.1	6.4	4.0	123.6
文化、体育和娱乐业	44.0	12.8	15.3	2.6	13.0	1.3	105.4
按母公司登记注册类型分							
国有企业	16.3	0.8	9.5	-0.3	7.7	-0.3	105.1
公司制企业小计	9.9	3.4	6.1	1.8	6.7	1.2	107.6
国有独资企业	3.3	1.9	3.0	1.6	2.6	0.9	102.5
其他有限责任公司	5.5	2.7	5.4	1.8	4.9	2.0	113.3
股份有限公司	32.5	8.4	13.6	1.6	14.8	0.3	102.7
中外合资企业	14.6	4.6	6.2	1.1	5.8	2.4	144.1
港澳台合资企业	22.4	2.4	6.9	1.3	4.0	-0.2	209.4
其他	8.2	1.6	5.4	-0.8	6.6	-0.7	89.5
按母公司企业规模分							
大型	4.6	2.4	4.3	1.1	4.1	1.2	113.8
中型	1.9	2.0	2.5	1.7	1.9	1.4	100.4
小型	9.6	2.4	6.4	1.3	6.4	1.7	111.9
其他	5.8	-2.2	3.7	-2.1	4.4	-3.6	105.9

15-1　续表11　　(2006年)　　单位:%

项　　目	劳动生产率(万元/人)	比上年±%	成本费用利润率	比上年±%	资产利税率	比上年±%	总资产使用率	比上年±%
总　计	**43.2**	**8.5**	**9.0**	**1.8**	**11.4**	**1.4**	**70.5**	**8.7**
按控股情况分								
国有控股	43.2	10.2	10.0	2.3	12.2	2.1	67.9	10.5
集体控股	35.0	0.6	4.4	2.2	13.8	1.4	83.6	-11.6
私人控股	40.9	-1.1	5.9	-0.4	8.7	-0.7	98.2	5.4
港澳台商控股	73.1	-4.4	10.4	-5.6	7.1	-0.3	46.5	7.6
外商控股	53.3	12.8	8.0	2.5	6.6	-1.5	62.8	-0.4
按集团主营行业分								
第二产业合计	27.2	2.6	4.9	1.3	7.1	0.8	71.8	3.9
工业小计	25.5	2.9	5.6	1.4	7.1	0.6	64.2	2.7
采矿业	12.6	1.2	8.7	2.2	10.4	2.3	58.4	10.6
制造业	30.8	5.3	4.1	1.0	5.8	-0.2	66.8	
电力、燃气及水的生产和供应业	44.8	2.7	10.1	2.2	9.2	2.1	60.0	6.5
建筑业	37.2	-2.4	2.0	0.9	6.6	2.0	129.9	12.0
第三产业合计	93.3	31.3	14.1	2.1	15.1	2.1	69.4	12.7
交通运输、仓储和邮政业	311.1	223.8	15.6	7.8	3.2	1.2	39.1	14.7
住宿和餐饮业	118.5	-6.1	0.4	0.2	1.7	0.3	163.8	3.2
批发和零售业	73.1	-4.4	10.4	-5.6	7.1	-0.3	46.5	7.6
房地产业	67.6	17.3	17.2	0.6	33.5	2.4	102.2	10.0
其他合计	39.8	14.1	-1.4	3.9	-0.8	2.3	99.2	31.9
租赁和商务服务业	23.5	-27.8	11.6	-86.1	4.3	-20.7	27.1	-20.4
科学研究、技术服务和地质勘查业	11.1	1.5	7.5	4.9	7.9	2.7	70.2	-2.6
文化、体育和娱乐业	82.9	23.2	17.8	1.7	36.2	3.2	106.9	11.3
按母公司登记注册类型分								
国有企业	78.5	3.6	13.6	-0.4	55.7	2.0	104.5	2.1
公司制企业小计	41.4	9.1	8.6	2.1	8.1	1.6	68.2	10.0
国有独资企业	59.9	19.7	4.0	1.9	3.2	1.0	56.8	11.4
其他有限责任公司	20.4	1.2	5.8	2.5	9.2	2.2	71.0	5.3
股份有限公司	58.1	13.0	18.2	0.1	17.7	1.4	83.6	10.0
中外合资企业	89.7	7.7	6.5	2.8	9.0	0.1	67.7	-16.3
港澳台合资企业	34.9	20.8	4.2	0.2	9.9	3.6	142.0	71.9
其他	35.2	-1.6	7.3	-0.8	7.5	-0.9	63.5	-7.0
按母公司企业规模分								
大型	20.9	1.5	5.0	1.5	8.1	1.9	73.5	7.9
中型	65.9	32.1	3.6	2.9	2.4	1.0	49.1	13.9
小型	42.3	2.7	7.2	2.0	8.3	0.1	70.5	-4.2
其他	24.9	-0.9	4.8	-4.1	6.0	-1.9	70.0	6.2

15-1 续表 12 （2006 年） 单位:%

项 目	流动资产比率	比上年±%	资金利润率	比上年±%	资产负债率	比上年±%	长期负债与资产总计比率	比上年±%
总 计	**35.9**	**-1.8**	**6.7**	**1.7**	**66.9**	**2.0**	**20.4**	**-0.4**
按控股情况分								
国有控股	33.8	-1.7	6.6	1.8	67.2	2.0	23.9	-0.2
集体控股	45.0	-0.1	4.3	1.9	71.8	-1.2	9.2	-0.5
私人控股	50.6	3.2	9.1	-0.2	60.5	4.2	3.6	-3.0
港澳台商控股	53.4	-18.8	7.0	0.4	69.2	1.5	10.1	4.2
外商控股	29.3	-5.1	5.3	1.3	70.0	-0.2	12.4	4.4
按集团主营行业分								
第二产业合计	45.3	2.2	4.2	1.2	64.8	1.3	10.3	-1.0
工业小计	40.4	0.5	4.5	1.3	62.7	1.3	11.5	-1.0
采矿业	31.6	-1.8	5.6	2.2	48.0	1.2	8.6	0.6
制造业	43.0	-0.1	3.7	1.0	67.5	3.0	10.0	
电力、燃气及水的生产和供应业	38.8	5.4	6.1	1.4	58.2	-4.4	20.5	-6.3
建筑业	82.6	14.0	2.6	1.0	80.8	1.1	1.0	-0.6
第三产业合计	27.9	-5.2	9.0	2.2	68.7	2.6	28.9	0.2
交通运输、仓储和邮政业	11.8	-4.8	3.0	1.4	63.0	1.8	44.8	-0.8
住宿和餐饮业	76.0	-0.6	0.8	0.4	94.8	7.0	19.0	17.2
批发和零售业	53.4	-18.8	7.0	0.4	69.2	1.5	10.1	4.2
房地产业	41.9	-5.4	16.4	3.2	73.5	3.2	10.6	0.7
其他合计	47.6	-10.2	-2.1	2.8	81.5	2.2		-3.0
租赁和商务服务业	55.2	-1.4	3.5	-24.8	9.4	-2.2		
科学研究、技术服务和地质勘查业	26.0	0.8	6.5	4.1	47.7	-1.9	9.9	-2.0
文化、体育和娱乐业	42.0	-5.7	17.5	4.4	77.4	3.2	11.2	0.8
按母公司登记注册类型分								
国有企业	57.5	-6.6	9.5	0.6	60.7	2.6	4.2	1.7
公司制企业小计	33.8	-1.1	6.4	1.8	67.5	1.8	21.8	-0.7
国有独资企业	29.3	-1.6	2.2	1.1	66.8	1.7	33.3	0.8
其他有限责任公司	36.3	2.3	4.8	2.2	58.1	-0.5	14.0	-2.2
股份有限公司	38.4	-2.0	18.9	3.3	72.8	4.4	8.9	-1.8
中外合资企业	32.5	-15.0	4.8	1.7	80.1	-0.1	11.8	3.8
港澳台合资企业	70.3	18.0	6.9	2.3	74.7	-11.1	0.4	
其他	42.7	-8.5	6.5	-0.8	65.4	6.3	18.0	4.2
按母公司企业规模分								
大型	47.5	4.1	4.2	1.5	59.0	1.7	5.3	
中型	20.4	-4.6	1.5	1.2	67.7	1.8	40.1	1.7
小型	38.4	0.1	6.2	1.3	64.2	2.1	14.0	-2.3
其他	58.4	0.6	4.1	-2.6	59.9	-0.1	3.6	0.7

15-1 续表 13 （2006 年） 单位：%

项目	已获利息倍数（倍）	比上年±%	流动比率	比上年±%	速动比率	比上年±%	新产品销售收入与营业收入比率	比上年±%
总计	**4.7**	**-0.1**	**77.1**	**-8.2**	**51.6**	**-8.7**	**5.9**	**-0.8**
按控股情况分								
国有控股	4.7	-0.3	77.9	-8.5	55.0	-8.2	4.3	-0.5
集体控股	4.2	1.8	71.9	0.6	57.7	-0.4	1.3	0.6
私人控股	7.8	0.5	88.9	-6.3	59.6	-1.6	18.5	-2.5
港澳台商控股	4.8	-1.8	90.4	-26.5	-17.9	-59.1		
外商控股	3.3	0.9	50.8	-4.4	29.4	-9.8		
按集团主营行业分								
第二产业合计	3.3	0.4	83.1	0.4	59.6	0.4	9.8	0.3
工业小计	3.3	0.4	78.9	-2.7	56.7	-3.9	12.2	0.6
采矿业	5.4	2.3	80.3	-5.7	67.1	-9.2		
制造业	2.8	0.1	74.9	-4.0	49.7	-5.0	17.8	1.5
电力、燃气及水的生产和供应业	3.8	0.6	102.8	9.5	89.2	9.1		
建筑业	4.2	0.5	103.6	15.7	74.2	21.7		
第三产业合计	6.1	-1.1	70.3	-18.1	42.3	-19.3	2.3	-1.4
交通运输、仓储和邮政业	2.3	-0.6	64.7	-41.8	64.0	-41.8		
住宿和餐饮业	3.2	0.5	100.2	11.1	84.2	8.6		
批发和零售业	4.8	-1.8	90.4	-26.5	-17.9	-59.1		
房地产业	13.0	3.0	66.6	-11.7	34.0	-10.5	4.0	-2.1
其他合计	-2.2	6.9	58.5	-17.2	58.0	-17.0		
租赁和商务服务业	-2.3	34.0	590.7	103.5	588.8	104.5		
科学研究、技术服务和地质勘查业	4.1	1.7	68.8	2.0	58.8	0.8		
文化、体育和娱乐业	13.2	3.8	63.5	-11.4	29.8	-10.0	4.2	-2.4
按母公司登记注册类型分								
国有企业	7.1	0.8	101.6	-13.6	34.7	-16.2		
公司制企业小计	4.6		74.1	-6.7	55.0	-6.5	6.8	-1.2
国有独资企业	2.1	-0.2	87.6	-7.2	74.4	-5.5	0.2	0.2
其他有限责任公司	3.4	1.0	82.4	2.2	63.1	0.4	6.9	4.6
股份有限公司	22.3	5.7	60.1	-9.9	38.1	-6.9	14.5	-5.8
中外合资企业	2.9	0.5	47.6	-18.2	25.5	-23.0	18.8	-6.6
港澳台合资企业	5.7	3.6	94.7	33.4	52.4	27.2	0.3	-0.2
其他	4.7	-1.1	90.0	-23.1	12.7	-42.9		
按母公司企业规模分								
大型	4.8	1.5	88.5	5.0	68.0	5.1		
中型	1.6	0.3	73.8	-17.2	63.6	-15.7	0.7	-0.2
小型	3.9	0.3	76.5	-7.2	55.2	-8.4	15.4	3.4
其他	7.0	-2.4	103.6	2.2	54.1	-5.5	7.6	-5.2

15-1 续表 14 (2006 年) 单位%

项 目	研究开发费用与营业收入比率	比上年 ± %	研究开发费用与主营业务收入比率	比上年 ± %
总 计	**0.5**	**-0.1**	**0.6**	
按控股情况分				
国有控股	0.3	-0.1	0.4	
集体控股	0.2	0.1	0.2	0.1
私人控股	1.7	-0.3	1.8	-0.4
港澳台商控股				
外商控股	0.5	0.5	0.5	0.5
按集团主营行业分				
第二产业合计	0.9		1.0	
工业小计	1.1		1.2	
采矿业	1.0	-0.2	1.2	-0.4
制造业	1.4	0.1	1.5	0.1
电力、燃气及水的生产和供应业				
建筑业				
第三产业合计	0.2		0.2	
交通运输、仓储和邮政业				
住宿和餐饮业				
批发和零售业				
房地产业	0.3	-0.1	0.4	
其他合计				
租赁和商务服务业	4.0	1.0	4.0	1.0
科学研究、技术服务和地质勘查业				
文化、体育和娱乐业	0.3	-0.1	0.3	-0.1
按母公司登记注册类型分				
国有企业	0.4	-0.1	0.4	-0.1
公司制企业小计	0.6		0.6	-0.1
国有独资企业				
其他有限责任公司	0.5		0.5	-0.1
股份有限公司	1.6	-0.3	1.6	-0.3
中外合资企业	0.5	0.4	0.5	0.4
港澳台合资企业	0.3	-0.2	0.3	-0.2
其他				
按母公司企业规模分				
大型	0.5	-0.1	0.5	-0.2
中型	0.1		0.1	
小型	1.1		1.2	
其他	0.8	0.1	0.8	0.1

15-2 按不同类型分的企业家信心状况

（2006 年一季度）

分类	本期实际				下期预计			
	乐观	一般	不乐观	景气指数	乐观	一般	不乐观	景气指数
总 体 状 况	**51.86**	**41.93**	**6.21**	**145.64**	**52.03**	**41.91**	**6.06**	**145.97**
按行业门类分								
工业	55.04	38.62	6.34	148.70	55.35	37.68	6.98	148.37
建筑业	32.44	58.59	8.97	123.47	34.52	65.48		134.52
交通运输、仓储及邮政业	26.21	68.64	5.15	121.05	14.00	75.59	10.42	103.58
批发和零售贸易	73.14	26.26	0.60	172.53	71.62	27.78	0.60	171.01
房地产业	55.45	35.89	8.66	146.79	55.45	39.21	5.34	150.11
社会服务业	37.04	44.44	18.52	118.52	42.14	31.93	25.93	116.22
信息传输、计算机服务和软件	49.68	46.48	3.85	145.83	56.71	43.29		156.71
住宿和餐饮业	35.10	61.87	3.03	132.07	43.24	53.73	3.03	140.21
按企业登记注册类型分								
国有企业	53.21	38.50	8.29	144.92	54.19	39.17	6.64	147.55
集体企业	61.00	39.00		161.00	61.60	31.73	6.67	154.93
股份合作企业				100.00				100.00
有限责任公司	49.85	46.74	3.42	146.43	51.89	41.06	7.05	144.84
股份有限公司	64.58	30.68	4.74	159.84	65.91	31.11	2.99	162.92
私营企业	33.33	55.56	11.11	122.22	11.11	77.78	11.11	100.00
外商及港、澳、台投资企业	23.37	59.85	16.78	106.59	34.26	49.52	16.22	118.04
按企业规模分								
大型	62.59	33.87	3.54	159.05	62.71	33.16	4.12	158.59
中型	35.40	55.75	8.85	126.55	39.82	49.56	10.62	129.20
小型	40.00	40.00	20.00	120.00	40.00	60.00		140.00

15-3 按不同类型分的企业综合经营状况

（2006 年一季度）

分类	本期实际				下期预计			
	乐观	一般	不乐观	景气指数	乐观	一般	不乐观	景气指数
总 体 状 况	**44.41**	**48.00**	**7.60**	**136.81**	**54.64**	**41.65**	**3.72**	**150.93**
按行业门类分								
工业	50.34	41.83	7.83	142.51	61.05	34.69	4.27	156.78
建筑业	14.00	84.99	1.00	113.00	33.73	66.27		133.73
交通运输、仓储及邮政业	18.57	70.90	10.53	108.05	14.00	75.48	10.53	103.47
批发和零售贸易	55.04	39.36	5.60	149.44	56.89	42.93	0.18	156.71
房地产业	47.45	42.56	9.99	137.47	62.53	37.47		162.53
社会服务业	27.33	54.15	18.52	108.81	39.86	49.03	11.11	128.75
信息传输、计算机服务和软件	45.17	47.13	7.69	137.48	61.03	38.97		161.03
住宿和餐饮业	41.66	46.22	12.12	129.54	54.00	42.97	3.03	150.97
按企业登记注册类型分								
国有企业	50.34	41.80	7.86	142.48	56.19	39.60	4.20	151.99
集体企业	54.47	37.98	7.56	146.91	67.06	25.39	7.56	159.50
股份合作企业				100.00				100.00
有限责任公司	38.04	50.93	11.03	127.01	50.88	46.26	2.86	148.03
股份有限公司	54.24	37.03	8.73	145.50	63.42	33.13	3.45	159.98
私营企业	22.22	66.67	11.11	111.11	33.33	66.67		133.33
外商及港、澳、台投资企业	24.46	68.27	7.27	117.19	45.50	47.79	6.71	138.80
按企业规模分								
大型	59.97	37.22	2.80	157.17	65.91	32.92	1.17	164.75
中型	22.12	60.18	17.70	104.42	38.94	53.10	7.96	130.97
小型	20.00	60.00	20.00	100.00	20.00	80.00		120.00

15-4 按不同类型分的企业生产情况

（2006 年一季度）

分　类	本期实际				下期预计			
	乐观	一般	不乐观	景气指数	乐观	一般	不乐观	景气指数
总 体 状 况	**43.90**	**27.33**	**28.77**	**115.12**	**58.53**	**27.16**	**14.31**	**144.22**
按行业门类分								
工业	50.48	22.84	26.68	123.80	65.56	17.72	16.72	148.84
建筑业	19.35	27.98	52.68	66.67	71.81	28.19		171.81
交通运输、仓储及邮政业	50.02	15.79	34.19	115.83	30.61	54.29	15.10	115.51
批发和零售贸易	33.11	47.09	19.80	113.31	17.74	61.43	20.83	96.91
房地产业	43.67	44.61	11.72	131.95	86.58	13.42		186.58
社会服务业	27.33	43.04	29.63	97.70	50.45	30.15	19.40	131.05
信息传输、计算机服务和软件	42.33	33.56	24.11	118.22	49.49	50.51		149.49
住宿和餐饮业	24.06	38.23	37.70	86.36	46.79	44.11	9.09	137.70
按企业登记注册类型分								
国有企业	50.94	21.97	27.09	123.85	56.31	19.93	23.77	132.54
集体企业	53.02	20.89	26.09	126.93	81.60	17.65	0.75	180.85
股份合作企业				100.00				100.00
有限责任公司	40.34	31.16	28.50	111.84	44.68	42.52	12.80	131.88
股份有限公司	44.59	33.19	22.22	122.37	71.59	23.07	5.34	166.25
私营企业	22.22	22.22	55.56	66.67	22.22	66.67	11.11	111.11
外商及港、澳、台投资企业	22.59	30.60	46.81	75.78	51.47	24.92	23.61	127.86
按企业规模分								
大型	54.70	20.32	24.97	129.73	60.85	22.58	16.56	144.29
中型	24.11	41.96	33.93	90.18	49.11	39.29	11.61	137.50
小型	40.00	20.00	40.00	100.00	20.00	80.00		120.00

15-5 按不同类型分的企业赢利（亏损）状况

（2006 年一季度）

分　类	本期实际				下期预计			
	乐观	一般	不乐观	景气指数	乐观	一般	不乐观	景气指数
总 体 状 况	**39.80**	**35.99**	**24.21**	**115.59**	**48.66**	**43.76**	**7.58**	**141.08**
按行业门类分								
工业	45.42	31.08	23.50	121.92	53.90	40.23	5.86	148.04
建筑业	16.90	58.36	24.74	92.15	29.27	62.81	7.92	121.34
交通运输、仓储及邮政业	42.40	28.00	29.60	112.81	23.77	65.70	10.53	113.25
批发和零售贸易	39.03	44.87	16.10	122.94	49.10	41.42	9.48	139.61
房地产业	12.93	34.11	52.95	59.98	47.47	30.75	21.78	125.69
社会服务业	25.41	44.97	29.63	95.78	37.04	39.86	23.10	113.93
信息传输、计算机服务和软件	48.49	38.94	12.57	135.92	64.40	35.60		164.40
住宿和餐饮业	18.00	43.86	38.14	79.86	37.70	50.72	11.57	126.13
按企业登记注册类型分								
国有企业	31.51	39.43	29.06	102.44	48.71	44.86	6.42	142.29
集体企业	47.00	22.20	30.80	116.20	75.11	24.89		175.11
股份合作企业				100.00				100.00
有限责任公司	35.10	40.68	24.22	110.88	48.04	39.03	12.94	135.10
股份有限公司	54.06	30.32	15.63	138.43	55.73	42.35	1.92	153.80
私营企业	44.44	22.22	33.33	111.11	33.33	55.56	11.11	122.22
外商及港、澳、台投资企业	25.23	61.53	13.24	111.99	42.10	51.51	6.39	135.71
按企业规模分								
大型	51.74	31.77	16.49	135.26	55.40	40.27	4.33	151.08
中型	17.70	46.02	36.28	81.42	40.71	46.90	12.39	128.32
小型	20.00	60.00	20.00	100.00	40.00	60.00		140.00

15-6 按不同类型分的企业流动资金状况

(2006 年一季度)

分类	本期实际				下期预计			
	充足	一般	紧张	景气指数	充足	一般	紧张	景气指数
总体状况	**16.65**	**53.79**	**29.56**	**87.10**	**18.12**	**53.18**	**28.70**	**89.42**
按行业门类分								
工业	18.04	56.75	25.21	92.83	20.77	55.23	24.00	96.77
建筑业	2.76	40.70	56.54	46.23	5.43	29.87	64.70	40.73
交通运输、仓储及邮政业	2.36	47.90	49.74	52.62	2.36	53.73	43.92	58.44
批发和零售贸易	17.86	68.07	14.06	103.80	12.43	75.92	11.64	100.79
房地产业	12.93	57.88	29.19	83.74	16.27	33.33	50.39	65.88
社会服务业	19.40	37.56	43.04	76.36	25.93	44.44	29.63	96.30
信息传输、计算机服务和软件	41.33	24.06	34.62	106.71	33.64	39.44	26.92	106.71
住宿和餐饮业	27.92	41.21	30.87	97.05	27.92	49.44	22.64	105.28
按企业登记注册类型分								
国有企业	16.93	45.50	37.57	79.36	19.94	44.17	35.89	84.05
集体企业	40.25	34.60	25.14	115.11	43.49	34.60	21.91	121.58
股份合作企业				100.00				100.00
有限责任公司	18.46	45.62	35.92	82.54	14.96	54.03	31.02	83.94
股份有限公司	19.46	70.06	10.48	108.98	21.01	66.45	12.54	108.47
私营企业	44.44	33.33	22.22	122.22	33.33	55.56	11.11	122.22
外商及港、澳、台投资企业	8.27	52.78	38.95	69.32	15.50	54.61	29.89	85.62
按企业规模分								
大型	23.54	53.81	22.66	100.88	23.35	53.40	23.25	100.10
中型	11.50	49.56	38.94	72.57	14.16	54.87	30.97	83.19
小型	20.00	20.00	60.00	60.00	20.00	60.00	20.00	100.00

15-7 按不同类型分的企业货款拖欠状况

(2006 年一季度)

分类	本期实际				下期预计			
	乐观	一般	不乐观	景气指数	乐观	一般	不乐观	景气指数
总体状况	**27.33**	**55.87**	**16.81**	**110.52**	**28.00**	**60.33**	**11.67**	**116.33**
按行业门类分								
工业	31.79	54.08	14.14	117.65	38.83	55.39	5.78	133.05
建筑业	22.81	58.81	18.38	104.42		56.61	43.39	56.61
交通运输、仓储及邮政业	7.49	75.49	17.02	90.47	5.93	79.64	14.43	91.50
批发和零售贸易	30.38	57.89	11.72	118.66	21.91	73.76	4.32	117.59
房地产业		83.35	16.65	83.35		93.33	6.67	93.33
社会服务业	17.12	37.56	45.32	71.79		67.19	32.81	67.19
信息传输、计算机服务和软件	11.54	39.99	48.47	63.07	19.08	57.84	23.08	96.00
住宿和餐饮业	26.94	52.80	20.26	106.69	11.17	62.70	26.13	85.04
按企业登记注册类型分								
国有企业	25.29	53.77	20.95	104.34	22.17	64.75	13.08	109.09
集体企业	36.82	48.40	14.78	122.04	50.86	48.40	0.75	150.11
股份合作企业				100.00				100.00
有限责任公司	29.91	40.78	29.31	100.60	26.72	51.10	22.18	104.53
股份有限公司	19.67	69.03	11.30	108.38	26.37	70.83	2.80	123.57
私营企业	44.44	11.11	44.44	100.00	33.33	44.44	22.22	111.11
外商及港、澳、台投资企业	18.63	69.16	12.22	106.41	18.28	71.93	9.79	108.50
按企业规模分								
大型	29.30	59.11	11.59	117.72	33.08	59.43	7.49	125.59
中型	17.70	47.79	34.51	83.19	14.16	66.37	19.47	94.69
小型	40.00		60.00	80.00		40.00	60.00	40.00

15-8 按不同类型分的企业用工状况

（2006 年一季度）

分类	本期实际				下期预计			
	增加	持平	减少	景气指数	增加	持平	减少	景气指数
总体状况	**15.65**	**60.74**	**23.61**	**92.04**	**16.88**	**68.21**	**14.92**	**101.96**
按行业门类分								
工业	13.70	60.76	25.54	88.15	12.37	70.59	17.04	95.33
建筑业	20.27	54.91	24.81	95.46	45.28	54.72		145.28
交通运输、仓储及邮政业	14.67	64.28	21.05	93.61	7.62	75.92	16.46	91.16
批发和零售贸易	16.24	66.62	17.14	99.10	8.96	70.85	20.19	88.77
房地产业	17.99	58.60	23.41	94.58	31.32	63.94	4.74	126.58
社会服务业	28.75	56.44	14.81	113.93	33.33	51.85	14.81	118.52
信息传输、计算机服务和软件	15.38	57.69	26.92	88.46	26.77	61.22	12.01	114.76
住宿和餐饮业	28.49	62.92	8.59	119.90	24.95	65.98	9.06	115.89
按企业登记注册类型分								
国有企业	12.79	62.69	24.53	88.26	9.65	72.47	17.88	91.77
集体企业	38.09	46.94	14.97	123.13	14.60	77.84	7.56	107.05
股份合作企业				100.00				100.00
有限责任公司	23.67	52.81	23.52	100.15	28.04	49.38	22.58	105.46
股份有限公司	11.06	64.14	24.80	86.26	16.03	76.08	7.89	108.14
私营企业	22.22	44.44	33.33	88.89	33.33	55.56	11.11	122.22
外商及港、澳、台投资企业	14.37	80.08	5.55	108.82	9.98	85.43	4.58	105.40
按企业规模分								
大型	11.26	67.22	21.52	89.74	10.22	74.43	15.35	94.87
中型	23.89	52.21	23.89	100.00	27.43	57.52	15.04	112.39
小型	40.00	40.00	20.00	120.00	40.00	40.00	20.00	120.00

15-9 按不同类型分的企业固定资产投资状况

（2006 年一季度）

分类	本期实际				下期预计			
	增加	持平	减少	景气指数	增加	持平	减少	景气指数
总体状况	**21.46**	**71.00**	**7.55**	**113.90**	**26.82**	**67.90**	**5.28**	**121.55**
按行业门类分								
工业	25.15	68.64	6.22	118.93	31.71	63.40	4.89	126.83
建筑业	7.11	81.69	11.20	95.91	23.95	76.05		123.95
交通运输、仓储及邮政业	18.59	73.92	7.49	111.10	10.96	83.78	5.26	105.70
批发和零售贸易	14.74	80.86	4.40	110.34	10.16	81.86	7.98	102.19
房地产业	23.69	57.63	18.67	105.02	29.63	65.03	5.34	124.29
社会服务业	15.34	77.26	7.41	107.93	14.81	70.37	14.81	100.00
信息传输、计算机服务和软件	29.57	51.20	19.23	110.33	33.41	58.90	7.69	125.72
住宿和餐饮业	10.41	77.47	12.12	98.29	18.53	72.18	9.29	109.24
按企业登记注册类型分								
国有企业	34.76	61.09	4.15	130.61	30.57	66.17	3.26	127.31
集体企业	24.21	68.38	7.41	116.79	17.64	75.69	6.67	110.98
股份合作企业				100.00				100.00
有限责任公司	10.13	75.27	14.60	95.52	27.09	58.69	14.22	112.86
股份有限公司	19.84	74.73	5.43	114.41	24.89	73.36	1.75	123.14
私营企业	22.22	44.44	33.33	88.89	11.11	88.89		111.11
外商及港、澳、台投资企业	17.26	78.51	4.24	113.02	26.02	73.08	0.90	125.11
按企业规模分								
大型	23.53	72.84	3.63	119.89	31.14	65.03	3.84	127.30
中型	16.81	68.14	15.04	101.77	17.70	73.45	8.85	108.85
小型	40.00	20.00	40.00	100.00	40.00	20.00	40.00	100.00

15-10 按不同类型分的企业家信心状况

（2006 年二季度）

分　类	本期实际				下期预计			
	乐观	一般	不乐观	景气指数	乐观	一般	不乐观	景气指数
总体状况	**50.21**	**41.74**	**8.05**	**142.16**	**49.62**	**43.71**	**6.67**	**142.95**
按行业门类分								
工业	56.26	36.74	7.01	149.25	55.49	39.68	4.83	150.67
建筑业	14.28	84.72	1.00	113.27	7.98	92.02		107.98
交通运输、仓储及邮政业	14.00	48.73	37.27	76.73	26.58	33.93	39.50	87.08
批发和零售贸易	74.38	20.11	5.51	168.87	69.85	23.71	6.43	163.42
房地产业	41.33	58.67		141.33	41.33	58.67		141.33
社会服务业	41.77	42.85	15.38	126.38	32.22	48.55	19.23	112.99
信息传输、计算机服务和软件	52.46	43.54	4.00	148.46	59.52	36.48	4.00	155.52
住宿和餐饮业	35.50	52.38	12.12	123.38	46.86	50.11	3.03	143.83
按企业登记注册类型分								
国有企业	51.82	41.19	6.99	144.83	54.93	39.70	5.37	149.56
集体企业	73.72	22.85	3.43	170.29	81.13	18.87		181.13
股份合作企业				100.00				100.00
有限责任公司	43.97	46.64	9.39	134.58	41.71	50.41	7.88	133.84
股份有限公司	68.81	24.62	6.58	162.23	67.88	23.27	8.85	159.03
私营企业	33.33	44.44	22.22	111.11	33.33	55.56	11.11	122.22
外商及港、澳、台投资企业	18.33	71.63	10.04	108.28	22.31	73.95	3.74	118.57
按企业规模分								
大型	61.14	34.26	4.60	156.55	62.91	33.29	3.79	159.12
中型	33.93	52.68	13.39	120.54	34.82	53.57	11.61	123.21
小型	60.00	20.00	20.00	140.00	40.00	60.00		140.00

15-11 按不同类型分的企业综合经营状况

（2006 年二季度）

分　类	本期实际				下期预计			
	良好	一般	不佳	景气指数	良好	一般	不佳	景气指数
总体状况	**45.39**	**46.29**	**8.32**	**137.07**	**58.27**	**36.82**	**4.91**	**153.36**
按行业门类分								
工业	49.80	40.43	9.78	140.02	67.30	27.75	4.95	162.35
建筑业	18.41	76.24	5.35	113.06	31.68	68.32		131.68
交通运输、仓储及邮政业	14.67	80.07	5.26	109.40	19.93	74.81	5.26	114.67
批发和零售贸易	52.36	43.19	4.46	147.90	56.58	34.64	8.78	147.80
房地产业	52.51	37.51	9.99	142.52	59.17	40.83		159.17
社会服务业	49.46	35.16	15.38	134.07	36.07	48.55	15.38	120.69
信息传输、计算机服务和软件	55.06	44.94		155.06	67.54	32.46		167.54
住宿和餐饮业	50.98	42.96	6.06	144.92	37.01	57.37	5.62	131.38
按企业登记注册类型分								
国有企业	41.45	53.33	5.22	136.23	66.50	29.15	4.35	162.15
集体企业	60.39	32.05	7.56	152.83	61.13	31.31	7.56	153.58
股份合作企业				100.00				100.00
有限责任公司	42.87	47.32	9.81	133.06	49.96	43.88	6.16	143.81
股份有限公司	61.46	33.40	5.14	156.32	61.71	33.15	5.14	156.57
私营企业	33.33	55.56	11.11	122.22	44.44	44.44	11.11	133.33
外商及港、澳、台投资企业	50.63	34.02	15.34	135.29	58.16	38.51	3.33	154.83
按企业规模分								
大型	57.13	39.90	2.97	154.16	71.02	27.36	1.62	169.40
中型	33.93	50.89	15.18	118.75	39.29	50.00	10.71	128.57
小型	20.00	80.00		120.00	40.00	60.00		140.00

15-12 按不同类型分的企业生产状况

（2006 年二季度）

分类	本期实际				下期预计			
	增加	持平	减少	景气指数	增加	持平	减少	景气指数
总体状况	**48.92**	**31.77**	**19.31**	**129.60**	**46.20**	**46.79**	**7.01**	**139.19**
按行业门类分								
工业	48.82	28.55	22.63	126.19	53.27	41.26	5.48	147.79
建筑业	61.66	22.28	16.05	145.61	29.41	70.59		129.41
交通运输、仓储及邮政业	56.23	27.98	15.79	140.44	49.29	40.19	10.53	138.76
批发和零售贸易	32.56	56.16	11.28	121.28	29.58	59.48	10.93	118.65
房地产业	35.42	45.94	18.65	116.77	64.12	23.90	11.98	152.14
社会服务业	41.39	47.07	11.54	129.85	27.46	46.15	26.38	101.08
信息传输、计算机服务和软件	71.06	24.48	4.46	166.60	39.06	56.94	4.00	135.06
住宿和餐饮业	45.49	36.36	18.15	127.33	6.06	70.47	23.47	82.59
按企业登记注册类型分								
国有企业	34.13	41.12	24.75	109.38	32.79	65.08	2.13	130.65
集体企业	70.49	29.51		170.49	24.18	59.06	16.76	107.41
股份合作企业				100.00				100.00
有限责任公司	47.67	31.29	21.05	126.62	34.01	54.58	11.41	122.60
股份有限公司	63.10	27.76	9.14	153.95	68.85	24.01	7.14	161.71
私营企业	44.44	22.22	33.33	111.11	11.11	77.78	11.11	100.00
外商及港、澳、台投资企业	48.05	36.18	15.76	132.29	56.56	34.91	8.53	148.03
按企业规模分								
大型	54.58	28.77	16.65	137.93	53.31	43.57	3.12	150.19
中型	36.61	42.86	20.54	116.07	27.68	58.04	14.29	113.39
小型	80.00	20.00		180.00	20.00	80.00		120.00

15-13 按不同类型分的企业赢利(亏损)状况

（2006 年二季度）

分类	本期实际				下期预计			
	增加	持平	减少	景气指数	增加	持平	减少	景气指数
总体状况	**46.37**	**37.14**	**16.49**	**129.88**	**47.02**	**44.79**	**8.20**	**138.82**
按行业门类分								
工业	50.77	35.47	13.76	137.01	51.66	41.83	6.52	145.14
建筑业	22.83	53.34	23.83	99.00	21.28	71.36	7.36	113.93
交通运输、仓储及邮政业	53.32	33.93	12.75	140.56	51.07	36.17	12.75	138.32
批发和零售贸易	36.96	47.02	16.03	120.93	54.38	40.38	5.24	149.15
房地产业	19.60	35.81	44.59	75.01	54.14	29.14	16.72	137.41
社会服务业	45.61	19.77	34.62	111.00	28.38	40.85	30.77	97.61
信息传输、计算机服务和软件	67.54	20.46	12.00	155.54	43.54	52.46	4.00	139.54
住宿和餐饮业	48.07	30.74	21.18	126.89	10.84	65.24	23.91	86.93
按企业登记注册类型分								
国有企业	42.04	44.27	13.69	128.34	33.68	57.86	8.45	125.23
集体企业	74.36	14.97	10.67	163.70	67.74	25.02	7.24	160.51
股份合作企业				100.00				100.00
有限责任公司	43.10	30.29	26.61	116.48	45.21	40.91	13.88	131.33
股份有限公司	58.09	37.15	4.76	153.33	62.22	33.11	4.67	157.54
私营企业	55.56	11.11	33.33	122.22	11.11	77.78	11.11	100.00
外商及港、澳、台投资企业	30.95	47.82	21.23	109.72	48.64	42.02	9.33	139.31
按企业规模分								
大型	55.71	35.25	9.04	146.67	58.67	37.20	4.13	154.53
中型	33.04	37.50	29.46	103.57	25.89	56.25	17.86	108.04
小型	60.00	20.00	20.00	140.00	20.00	80.00		120.00

15-14 按不同类型分的企业流动资金状况

（2006 年二季度）

分 类	本期实际				下期预计			
	充足	一般	紧张	景气指数	充足	一般	紧张	景气指数
总 体 状 况	**16.34**	**47.29**	**36.38**	**79.96**	**15.98**	**48.34**	**35.68**	**80.30**
按行业门类分								
工业	14.64	49.35	36.01	78.63	13.27	50.58	36.16	77.11
建筑业	10.87	37.37	51.77	59.10	10.53	38.90	50.57	59.96
交通运输、仓储及邮政业	2.36	49.02	48.62	53.73	2.36	59.55	38.10	64.26
批发和零售贸易	33.64	41.56	24.80	108.84	33.64	45.03	21.33	112.31
房地产业	3.34	67.44	29.22	74.12	16.27	43.33	40.39	75.88
社会服务业	23.99	35.16	40.85	83.14	23.99	42.31	33.70	90.29
信息传输、计算机服务和软件	34.79	41.21	24.00	110.79	42.79	33.21	24.00	118.79
住宿和餐饮业	21.41	52.97	25.62	95.79	18.38	49.58	32.04	86.34
按企业登记注册类型分								
国有企业	6.05	43.51	50.44	55.61	5.46	41.23	53.31	52.14
集体企业	7.37	54.33	38.30	69.07	1.45	60.25	38.30	63.15
股份合作企业				100.00				100.00
有限责任公司	18.05	43.84	38.10	79.95	18.72	50.22	31.07	87.65
股份有限公司	35.40	52.14	12.45	122.95	31.29	56.29	12.41	118.88
私营企业	22.22	55.56	22.22	100.00	44.44	33.33	22.22	122.22
外商及港、澳、台投资企业	13.45	53.02	33.53	79.92	18.97	46.62	34.41	84.56
按企业规模分								
大型	22.71	46.76	30.53	92.18	22.23	47.38	30.39	91.83
中型	11.61	49.11	39.29	72.32	11.61	51.79	36.61	75.00
小型	20.00	40.00	40.00	80.00	40.00	40.00	20.00	120.00

15-15 按不同类型分的企业货款拖欠状况

（2006 年二季度）

分 类	本期实际				下期预计			
	乐观	一般	不乐观	景气指数	乐观	一般	不乐观	景气指数
总 体 状 况	**24.12**	**58.70**	**17.18**	**106.94**	**21.48**	**66.08**	**12.45**	**109.02**
按行业门类分								
工业	28.47	56.90	14.63	113.84	24.67	65.48	9.86	114.81
建筑业	7.02	64.35	28.63	78.39	11.15	55.56	33.28	77.87
交通运输、仓储及邮政业	5.26	81.52	13.21	92.05	6.38	83.21	10.42	95.96
批发和零售贸易	35.94	54.71	9.35	126.59	28.61	66.19	5.20	123.40
房地产业	16.25	78.69	5.06	111.20	22.92	77.08		122.92
社会服务业	3.85	59.15	37.01	66.84	7.69	73.08	19.23	88.46
信息传输、计算机服务和软件	16.94	27.68	55.38	61.56	11.08	58.30	30.63	80.45
住宿和餐饮业	17.23	67.92	14.85	102.38	14.65	73.03	12.32	102.33
按企业登记注册类型分								
国有企业	20.17	56.69	23.14	97.04	20.36	56.27	23.38	96.98
集体企业	7.37	85.32	7.31	100.06		98.69	1.31	98.69
股份合作企业				100.00				100.00
有限责任公司	16.42	61.90	21.68	94.74	19.81	65.21	14.98	104.84
股份有限公司	38.47	54.02	7.51	130.96	20.98	70.98	8.04	112.94
私营企业	33.33	11.11	55.56	77.78	33.33	55.56	11.11	122.22
外商及港、澳、台投资企业	7.65	73.93	18.42	89.23	11.91	87.52	0.57	111.34
按企业规模分								
大型	27.58	58.72	13.69	113.89	21.37	66.13	12.50	108.87
中型	16.96	58.04	25.00	91.96	17.86	66.96	15.18	102.68
小型		20.00	80.00	20.00		60.00	40.00	60.00

15-16　按不同类型分的企业用工状况

（2006 年二季度）

分　类	本期实际				下期预计			
	增加	持平	减少	景气指数	增加	持平	减少	景气指数
总体状况	**23.22**	**54.45**	**22.34**	**100.88**	**20.50**	**66.48**	**13.02**	**107.48**
按行业门类分								
工业	19.29	54.18	26.53	92.76	23.62	66.30	10.08	113.54
建筑业	54.08	40.57	5.35	148.73	26.02	60.33	13.65	112.37
交通运输、仓储及邮政业	26.85	55.13	18.02	108.84	5.26	76.05	18.68	86.58
批发和零售贸易	12.04	61.01	26.94	85.10	11.72	62.94	25.34	86.38
房地产业	5.06	81.61	13.33	91.72	17.99	82.01		117.99
社会服务业	29.31	51.45	19.23	110.08	4.39	65.38	30.23	74.16
信息传输、计算机服务和软件	28.46	63.54	8.00	120.46	18.60	69.40	12.00	106.60
住宿和餐饮业	45.41	48.56	6.03	139.37	14.29	68.06	17.65	96.64
按企业登记注册类型分								
国有企业	14.54	62.48	22.98	91.56	8.77	78.41	12.82	95.95
集体企业	53.72	45.39	0.89	152.83	10.84	88.27	0.89	109.95
股份合作企业				100.00				100.00
有限责任公司	32.90	39.87	27.23	105.67	25.76	49.12	25.13	100.63
股份有限公司	17.71	61.08	21.21	96.51	21.03	69.62	9.35	111.68
私营企业	44.44	44.44	11.11	133.33	11.11	88.89		111.11
外商及港、澳、台投资企业	19.01	73.47	7.52	111.49	16.74	75.63	7.62	109.12
按企业规模分								
大型	19.27	59.61	21.12	98.15	17.40	71.08	11.52	105.88
中型	26.79	50.89	22.32	104.46	16.96	64.29	18.75	98.21
小型	60.00	40.00		160.00	40.00	60.00		140.00

15-17　按不同类型分的企业固定资产投资状况

（2006 年二季度）

分　类	本期实际				下期预计			
	增加	持平	减少	景气指数	增加	持平	减少	景气指数
总体状况	**30.90**	**62.92**	**6.17**	**124.73**	**19.63**	**70.21**	**10.16**	**109.47**
按行业门类分								
工业	40.06	54.61	5.32	134.74	22.21	67.08	10.71	111.51
建筑业	18.32	70.45	11.23	107.09	24.11	59.64	16.25	107.86
交通运输、仓储及邮政业	13.89	86.11		113.89	19.15	80.85		119.15
批发和零售贸易	9.87	86.78	3.35	106.51	6.50	86.10	7.40	99.11
房地产业	5.34	87.99	6.67	98.67	18.27	81.73		118.27
社会服务业	8.23	83.16	8.61	99.63	4.39	84.07	11.54	92.85
信息传输、计算机服务和软件	30.60	56.94	12.46	118.14	18.60	76.94	4.46	114.14
住宿和餐饮业	24.62	54.86	20.52	104.10	12.47	64.41	23.12	89.35
按企业登记注册类型分								
国有企业	32.01	61.36	6.64	125.37	20.82	71.64	7.54	113.28
集体企业	58.91	41.09		158.91	7.37	85.97	6.67	100.70
股份合作企业				100.00				100.00
有限责任公司	25.38	63.18	11.44	113.95	23.18	66.70	10.12	113.07
股份有限公司	23.39	74.29	2.32	121.08	10.07	76.65	13.28	96.78
私营企业	33.33	55.56	11.11	122.22		100.00		100.00
外商及港、澳、台投资企业	28.80	70.75	0.45	128.36	12.62	79.62	7.76	104.86
按企业规模分								
大型	33.88	62.97	3.15	130.72	20.10	71.18	8.72	111.38
中型	18.75	71.43	9.82	108.93	11.61	78.57	9.82	101.79
小型	40.00	20.00	40.00	100.00	40.00	20.00	40.00	100.00

15-18　按不同类型分的企业家信心状况

（2006年三季度）

分　类	本期实际				下期预计			
	乐观	一般	不乐观	景气指数	乐观	一般	不乐观	景气指数
总体状况	**43.32**	**51.07**	**5.61**	**137.72**	**42.70**	**50.56**	**6.73**	**135.98**
按行业门类分								
工业	44.95	49.91	5.14	139.81	45.65	49.19	5.16	140.50
建筑业	8.84	91.16		108.84	10.69	89.31		110.69
交通运输、仓储及邮政业	40.18	44.14	15.68	124.50	6.38	67.42	26.21	80.17
批发和零售贸易	69.62	22.28	8.10	161.52	69.04	24.56	6.40	162.65
房地产业	37.98	62.02		137.98	37.98	62.02		137.98
社会服务业	30.77	53.85	15.38	115.38	32.22	40.85	26.92	105.30
信息传输、计算机服务和软件	56.32	39.68	4.00	152.32	63.54	28.46	8.00	155.54
住宿和餐饮业	39.37	57.60	3.03	136.34	54.50	34.14	11.36	143.14
按企业登记注册类型分								
国有企业	49.09	45.39	5.52	143.57	49.29	43.90	6.81	142.48
集体企业	61.13	32.20	6.67	154.47	61.03	22.20	16.76	144.27
股份合作企业				100.00				100.00
有限责任公司	44.01	47.78	8.21	135.80	48.25	41.35	10.39	137.86
股份有限公司	47.64	51.64	0.71	146.93	50.22	44.71	5.07	145.16
私营企业	44.44	33.33	22.22	122.22	33.33	44.44	22.22	111.11
外商及港、澳、台投资企业	22.87	72.82	4.31	118.56	23.32	69.04	7.64	115.67
按企业规模分								
大型	53.83	44.72	1.45	152.37	54.48	43.86	1.67	152.81
中型	30.36	57.14	12.50	117.86	33.04	48.21	18.75	114.29
小型	40.00	40.00	20.00	120.00	60.00	20.00	20.00	140.00

15-19　按不同类型分的企业综合状况

（2006年三季度）

分　类	本期实际				下期预计			
	良好	一般	不佳	景气指数	良好	一般	不佳	景气指数
总体状况	**55.25**	**37.94**	**6.82**	**148.43**	**57.01**	**39.09**	**3.91**	**153.11**
按行业门类分								
工业	64.22	28.47	7.31	156.91	65.47	29.75	4.78	160.70
建筑业	17.21	81.27	1.52	115.69	31.53	68.47		131.53
交通运输、仓储及邮政业	44.76	44.71	10.53	134.23	16.22	78.51	5.26	110.96
批发和零售贸易	58.38	36.63	5.00	153.38	61.21	38.61	0.18	161.03
房地产业	17.99	75.34	6.67	111.32	39.15	60.85		139.15
社会服务业	31.31	57.15	11.54	119.77	46.15	42.31	11.54	134.62
信息传输、计算机服务和软件	68.00	28.00	4.00	164.00	59.54	40.46		159.54
住宿和餐饮业	36.95	51.37	11.68	125.26	43.18	48.16	8.65	134.53
按企业登记注册类型分								
国有企业	50.82	42.91	6.27	144.55	56.28	40.56	3.15	153.13
集体企业	54.47	27.88	17.65	136.81	24.21	74.90	0.89	123.32
股份合作企业				100.00				100.00
有限责任公司	48.41	41.59	10.00	138.41	48.53	44.07	7.40	141.12
股份有限公司	72.20	27.10	0.70	171.49	73.45	24.28	2.27	171.18
私营企业	55.56	44.44		155.56	33.33	66.67		133.33
外商及港、澳、台投资企业	41.86	50.49	7.64	134.22	48.42	47.27	4.31	144.11
按企业规模分								
大型	70.73	27.46	1.80	168.93	70.59	27.76	1.65	168.95
中型	29.46	55.36	15.18	114.29	32.14	59.82	8.04	124.11
小型	80.00	20.00		180.00	60.00	40.00		160.00

15-20　按不同类型分的企业生产状况

（2006 年三季度）

分　类	本期实际				下期预计			
	增加	持平	减少	景气指数	增加	持平	减少	景气指数
总 体 状 况	**65.14**	**22.22**	**12.65**	**152.50**	**43.19**	**49.71**	**7.10**	**136.09**
按行业门类分								
工业	74.78	15.95	9.27	165.52	44.43	50.58	4.99	139.44
建筑业	39.88	38.22	21.90	117.98	43.92	56.08		143.92
交通运输、仓储及邮政业	56.90	29.12	13.98	142.92	21.05	45.72	33.23	87.82
批发和零售贸易	67.52	22.67	9.81	157.72	34.64	60.46	4.91	129.73
房地产业	27.98	42.62	29.41	98.57	57.46	21.41	21.13	136.33
社会服务业	31.31	38.46	30.23	101.08	53.31	31.31	15.38	137.92
信息传输、计算机服务和软件	51.06	44.94	4.00	147.06	42.31	45.23	12.46	129.85
住宿和餐饮业	28.42	29.44	42.14	86.28	64.47	29.47	6.06	158.41
按企业登记注册类型分								
国有企业	69.78	20.96	9.26	160.53	44.33	53.31	2.36	141.97
集体企业	57.15	22.20	20.64	136.51	50.17	9.57	40.25	109.92
股份合作企业				100.00				100.00
有限责任公司	46.95	31.29	21.76	125.19	45.19	43.15	11.66	133.53
股份有限公司	76.98	18.15	4.87	172.11	38.85	54.77	6.38	132.47
私营企业	11.11	66.67	22.22	88.89	33.33	55.56	11.11	122.22
外商及港、澳、台投资企业	63.98	20.86	15.16	148.81	55.50	35.20	9.30	146.20
按企业规模分								
大型	80.07	11.83	8.10	171.96	43.92	48.74	7.33	136.59
中型	33.33	44.14	22.52	110.81	45.05	45.05	9.91	135.14
小型	40.00	60.00		140.00	20.00	80.00		120.00

15-21　按不同类型分的企业赢利(亏损)状况

（2006 年三季度）

分　类	本期实际				下期预计			
	增加	持平	减少	景气指数	增加	持平	减少	景气指数
总 体 状 况	**51.15**	**31.24**	**17.61**	**133.55**	**51.16**	**35.75**	**13.09**	**138.07**
按行业门类分								
工业	62.91	20.52	16.57	146.35	59.06	28.04	12.90	146.16
建筑业	18.14	77.91	3.95	114.19	34.23	58.74	7.03	127.21
交通运输、仓储及邮政业	48.60	29.68	21.72	126.88	16.46	51.43	32.12	84.34
批发和零售贸易	36.38	43.11	20.51	115.87	55.55	38.28	6.17	149.37
房地产业	12.93	52.47	34.59	78.34	30.78	59.14	10.08	120.70
社会服务业	22.16	39.38	38.46	83.70	20.15	49.09	30.77	89.38
信息传输、计算机服务和软件	48.44	32.48	19.08	129.35	51.54	40.46	8.00	143.54
住宿和餐饮业	25.65	45.34	29.02	96.63	35.08	49.77	15.15	119.93
按企业登记注册类型分								
国有企业	53.92	33.52	12.56	141.37	44.02	47.93	8.05	135.97
集体企业	54.36	15.54	30.10	124.27	40.97	22.20	36.82	104.15
股份合作企业				100.00				100.00
有限责任公司	38.93	37.70	23.36	115.57	45.40	39.97	14.63	130.77
股份有限公司	51.14	28.00	20.87	130.27	57.44	21.56	21.00	136.45
私营企业	22.22	55.56	22.22	100.00	55.56	44.44		155.56
外商及港、澳、台投资企业	48.96	34.37	16.67	132.30	57.92	33.14	8.94	148.97
按企业规模分								
大型	63.10	24.25	12.66	150.44	58.65	28.72	12.63	146.03
中型	21.43	45.54	33.04	88.39	33.93	48.21	17.86	116.07
小型	60.00	20.00	20.00	140.00	40.00	60.00		140.00

15-22 按不同类型分的企业流动资金状况

(2006 年三季度)

分类	本期实际				下期预计			
	充足	一般	紧张	景气指数	充足	一般	紧张	景气指数
总体状况	**20.00**	**45.40**	**34.61**	**85.39**	**16.78**	**50.88**	**32.33**	**84.46**
按行业门类分								
工业	19.92	46.34	33.74	86.18	16.01	52.77	31.22	84.79
建筑业	8.20	39.50	52.30	55.89	2.76	42.45	54.78	47.98
交通运输、仓储及邮政业	2.36	49.02	48.62	53.73	2.36	56.51	41.14	61.22
批发和零售贸易	31.74	56.42	11.84	119.91	32.08	54.82	13.10	118.99
房地产业	12.93	29.96	57.10	55.83	12.93	47.80	39.26	73.67
社会服务业	16.30	38.46	45.24	71.06	23.99	42.85	33.16	90.83
信息传输、计算机服务和软件	46.79	33.21	20.00	126.79	34.79	37.21	28.00	106.79
住宿和餐饮业	33.98	34.31	31.71	102.27	30.95	39.53	29.51	101.44
按企业登记注册类型分								
国有企业	7.81	42.45	49.74	58.07	6.80	51.79	41.41	65.38
集体企业	36.82	44.70	18.47	118.35	6.67	78.84	14.49	92.17
股份合作企业				100.00				100.00
有限责任公司	17.44	46.21	36.34	81.10	10.13	55.57	34.31	75.82
股份有限公司	43.44	41.53	15.04	128.40	40.62	44.58	14.80	125.82
私营企业	33.33	66.67		133.33	44.44	33.33	22.22	122.22
外商及港、澳、台投资企业	18.92	40.95	40.14	78.78	20.49	36.01	43.51	76.98
按企业规模分								
大型	28.89	41.46	29.65	99.24	20.44	53.50	26.06	94.37
中型	12.50	48.21	39.29	73.21	16.07	46.43	37.50	78.57
小型	40.00	40.00	20.00	120.00	20.00	40.00	40.00	80.00

15-23 按不同类型分的企业货款拖欠状况

(2006 年三季度)

分类	本期实际				下期预计			
	乐观	一般	不乐观	景气指数	乐观	一般	不乐观	景气指数
总体状况	**23.26**	**62.96**	**13.78**	**109.48**	**18.78**	**72.38**	**8.85**	**109.93**
按行业门类分								
工业	26.82	60.81	12.37	114.45	23.61	69.42	6.98	116.63
建筑业	23.47	59.96	16.57	106.90	7.67	75.03	17.30	90.36
交通运输、仓储及邮政业	5.26	91.83	2.91	102.35		97.76	2.24	97.76
批发和零售贸易	21.94	61.11	16.95	104.99	9.42	83.29	7.29	102.13
房地产业	9.99	83.35	6.67	103.32	11.72	81.61	6.67	105.06
社会服务业	10.08	66.84	23.08	87.01	15.38	66.84	17.78	97.61
信息传输、计算机服务和软件	18.63	40.16	41.21	77.41	29.22	46.32	24.46	104.77
住宿和餐饮业	14.65	76.06	9.29	105.36	15.35	70.00	14.65	100.70
按企业登记注册类型分								
国有企业	25.81	64.04	10.15	115.66	17.35	77.37	5.29	112.06
集体企业	47.56	45.20	7.24	140.33	16.76	38.43	44.81	71.96
股份合作企业				100.00				100.00
有限责任公司	13.55	61.10	25.35	88.20	26.31	58.00	15.69	110.62
股份有限公司	28.97	62.72	8.31	120.66	11.71	85.49	2.80	108.90
私营企业	22.22	44.44	33.33	88.89	55.56	33.33	11.11	144.44
外商及港、澳、台投资企业	5.97	87.16	6.87	99.11	3.33	90.68	5.98	97.35
按企业规模分								
大型	28.98	65.06	5.97	123.01	17.60	77.70	4.70	112.91
中型	11.61	61.61	26.79	84.82	21.43	61.61	16.96	104.46
小型		20.00	80.00	20.00		80.00	20.00	80.00

15-24　按不同类型分的企业用工状况

（2006 年三季度）

分　类	本期实际				下期预计			
	增加	持平	减少	景气指数	增加	持平	减少	景气指数
总体状况	**23.03**	**64.82**	**12.15**	**110.88**	**16.58**	**72.59**	**10.83**	**105.76**
按行业门类分								
交通运输、仓储及邮政业	21.18	67.88	10.94	110.23	14.78	74.52	10.70	104.09
批发和零售贸易	52.63	41.69	5.68	146.95	23.78	76.22		123.78
房地产业	5.26	83.54	11.19	94.07	11.19	78.28	10.53	100.67
社会服务业	13.24	64.39	22.36	90.88	18.32	65.85	15.83	102.49
信息传输、计算机服务和软件	34.09	52.58	13.33	120.76	23.33	70.00	6.67	116.66
住宿和餐饮业	21.62	58.23	20.15	101.48	20.15	56.78	23.08	97.07
	17.21	62.79	20.00	97.21	18.60	60.65	20.75	97.85
	32.47	60.23	7.30	125.17	24.95	62.92	12.12	112.83
按企业登记注册类型分								
国有企业	10.48	69.88	19.63	90.85	12.20	70.13	17.67	94.53
集体企业	36.82	54.92	8.26	128.57	8.68	52.96	38.36	70.33
股份合作企业				100.00				100.00
有限责任公司	29.05	56.58	14.37	114.68	24.03	60.83	15.13	108.90
股份有限公司	22.63	72.19	5.18	117.45	10.68	82.79	6.53	104.15
私营企业	22.22	55.56	22.22	100.00	11.11	77.78	11.11	100.00
外商及港、澳、台投资企业	29.03	66.07	4.90	124.13	19.77	73.56	6.67	113.10
按企业规模分								
大型	19.70	70.03	10.26	109.44	11.46	77.53	11.01	100.45
中型	24.11	58.04	17.86	106.25	21.43	59.82	18.75	102.68
小型	40.00	40.00	20.00	120.00	40.00	60.00		140.00

15-25　按不同类型分的企业固定资产投资状况

（2006 年三季度）

分　类	本期实际				下期预计			
	增加	持平	减少	景气指数	增加	持平	减少	景气指数
总体状况	**12.19**	**52.85**	**34.96**	**77.23**	**12.75**	**57.79**	**29.46**	**83.28**
按行业门类分								
工业	10.76	54.32	34.92	75.84	11.78	60.64	27.58	84.20
建筑业	5.68	51.76	42.56	63.12		53.45	46.55	53.45
交通运输、仓储及邮政业	2.36	54.28	43.36	58.99	2.36	67.04	30.61	71.75
批发和零售贸易	37.16	47.72	15.13	122.03	37.16	52.72	10.13	127.03
房地产业		54.71	45.29	54.71	6.67	46.35	46.99	59.68
社会服务业	3.85	52.93	43.22	60.62	3.85	52.93	43.22	60.62
信息传输、计算机服务和软件	20.53	44.68	34.78	85.75	28.67	36.55	34.78	93.89
住宿和餐饮业	7.36	46.64	45.99	61.37	7.36	49.67	42.96	64.40
按企业登记注册类型分								
国有企业	13.24	44.21	42.55	70.69	12.21	44.36	43.43	68.78
集体企业		55.04	44.96	55.04		75.04	24.96	75.04
股份合作企业				100.00				100.00
有限责任公司	3.24	52.91	43.85	59.40	5.20	60.61	34.19	71.01
股份有限公司	25.17	56.29	18.54	106.63	28.84	59.69	11.46	117.38
私营企业	22.22	77.78		122.22	22.22	66.67	11.11	111.11
外商及港、澳、台投资企业	11.76	56.12	32.12	79.64	11.76	56.72	31.52	80.23
按企业规模分								
大型	17.88	54.18	27.93	89.95	17.95	59.66	22.39	95.56
中型	4.55	49.09	46.36	58.18	6.36	51.82	41.82	64.55
小型	20.00	20.00	60.00	60.00	40.00	20.00	40.00	100.00

15-26 按不同类型分的企业家信心状况

（2006 年四季度）

分　类	本期实际				下期预计			
	乐观	一般	不乐观	景气指数	乐观	一般	不乐观	景气指数
总 体 状 况	**43.76**	**51.87**	**4.37**	**139.39**	**46.85**	**46.76**	**6.40**	**140.45**
按行业门类分								
工业	46.76	49.22	4.02	142.74	52.12	42.96	4.92	147.19
建筑业	14.33	85.67		114.33	12.60	83.05	4.35	108.25
交通运输、仓储及邮政业	13.87	80.31	5.82	108.04	8.60	80.31	11.09	97.52
批发和零售贸易	74.89	18.61	6.50	168.39	72.54	19.78	7.68	164.86
房地产业	31.32	68.68		131.32	31.32	68.68		131.32
社会服务业	29.31	59.15	11.54	117.78	34.62	42.31	23.08	111.54
信息传输、计算机服务和软件	56.94	35.06	8.00	148.94	52.00	36.00	12.00	140.00
住宿和餐饮业	35.56	55.35	9.09	126.46	50.71	34.64	14.65	136.06
按企业登记注册类型分								
国有企业	47.52	47.01	5.48	142.04	53.45	40.99	5.55	147.90
集体企业	67.62	22.28	10.10	157.53	69.01	17.65	13.33	155.68
股份合作企业				100.00				100.00
有限责任公司	44.83	46.63	8.54	136.29	47.85	37.23	14.92	132.93
股份有限公司	47.58	52.22	0.19	147.39	49.86	47.86	2.27	147.59
私营企业	44.44	44.44	11.11	133.33	22.22	77.78		122.22
外商及港、澳、台投资企业	19.33	73.80	6.87	112.47	26.65	65.60	7.75	118.90
按企业规模分								
大型	55.21	42.66	2.13	153.08	59.71	38.42	1.87	157.84
中型	27.68	61.61	10.71	116.96	30.36	52.68	16.96	113.39
小型	60.00	20.00	20.00	140.00	40.00	20.00	40.00	100.00

15-27 按不同类型分的企业综合状况

（2006 年四季度）

分　类	本期实际				下期预计			
	良好	一般	不佳	景气指数	良好	一般	不佳	景气指数
总 体 状 况	**54.91**	**40.41**	**4.68**	**150.23**	**54.14**	**41.88**	**3.98**	**150.15**
按行业门类分								
工业	61.23	34.74	4.03	157.20	59.85	36.10	4.05	155.79
建筑业	36.74	58.41	4.85	131.88	44.26	54.31	1.43	142.83
交通运输、仓储及邮政业	20.37	69.10	10.53	109.84	21.49	67.99	10.53	110.96
批发和零售贸易	64.30	35.09	0.60	163.70	64.14	35.68	0.18	163.96
房地产业	39.17	47.49	13.33	125.84	39.17	60.83		139.17
社会服务业	42.31	46.15	11.54	130.77	43.76	40.85	15.38	128.38
信息传输、计算机服务和软件	63.54	36.46		163.54	47.54	48.46	4.00	143.54
住宿和餐饮业	25.14	62.74	12.12	113.02	18.97	78.00	3.03	115.94
按企业登记注册类型分								
国有企业	57.64	37.69	4.67	152.96	59.31	35.94	4.74	154.57
集体企业	24.21	68.24	7.56	116.65	61.03	31.41	7.56	153.47
股份合作企业				100.00				100.00
有限责任公司	51.13	41.13	7.74	143.40	50.86	44.98	4.16	146.70
股份有限公司	59.61	37.79	2.59	157.02	49.23	48.40	2.37	146.85
私营企业				100.00				100.00
外商及港、澳、台投资企业	42.28	47.51	10.20	132.08	55.99	33.80	10.20	145.79
按企业规模分								
大型	66.86	31.68	1.46	165.41	65.60	33.32	1.08	164.52
中型	32.14	55.36	12.50	119.64	31.25	58.93	9.82	121.43
小型	60.00	40.00		160.00	80.00	20.00		180.00

15-28 按不同类型分的企业生产状况

（2006年四季度）

分 类	本期实际				下期预计			
	增加	持平	减少	景气指数	乐观	一般	不乐观	景气指数
总 体 状 况	**56.87**	**24.41**	**18.72**	**138.16**	**39.92**	**44.08**	**16.01**	**123.92**
按行业门类分								
工业	64.69	16.61	18.70	145.99	47.54	37.57	14.90	132.64
建筑业	43.75	51.57	4.68	139.07	18.83	61.17	20.00	98.82
交通运输、仓储及邮政业	22.06	41.92	36.02	86.04	23.95	57.65	18.40	105.54
批发和零售贸易	59.48	18.44	22.08	137.41	24.17	61.71	14.13	110.04
房地产业	38.00	50.00	12.01	125.99	46.24	45.07	8.70	137.54
社会服务业	27.84	49.09	23.08	104.76	28.38	38.46	33.16	95.22
信息传输、计算机服务和软件	51.54	36.46	12.00	139.54	34.79	49.21	16.00	118.79
住宿和餐饮业	39.53	28.89	31.58	107.95	40.12	42.00	17.88	122.24
按企业登记注册类型分								
国有企业	48.41	33.51	18.07	130.34	47.63	40.31	12.07	135.56
集体企业	17.54	45.64	36.82	80.72	63.76	15.49	20.75	143.01
股份合作企业				100.00				100.00
有限责任公司	53.48	25.19	21.33	132.15	29.84	53.25	16.91	112.93
股份有限公司	71.66	14.23	14.11	157.55	31.12	48.64	20.24	110.88
私营企业				100.00				100.00
外商及港、澳、台投资企业	56.48	17.34	26.18	130.30	66.82	27.86	5.32	161.51
按企业规模分								
大型	69.03	14.41	16.57	152.46	45.60	42.30	12.11	133.49
中型	33.04	42.86	24.11	108.93	31.25	46.43	22.32	108.93
小型	40.00	40.00	20.00	120.00	20.00	80.00		120.00

15-29 按不同类型分的企业赢利（亏损）状况

（2006年四季度）

分 类	本期实际				下期预计			
	增加	持平	减少	景气指数	增加	持平	减少	景气指数
总 体 状 况	**53.11**	**27.64**	**19.24**	**133.87**	**36.10**	**43.32**	**20.58**	**115.52**
按行业门类分								
工业	63.27	17.43	19.29	143.98	41.42	36.52	22.06	119.37
建筑业	44.21	53.12	2.67	141.54	19.79	71.77	8.45	111.34
交通运输、仓储及邮政业	18.02	38.90	43.09	74.93	13.42	63.48	23.10	90.32
批发和零售贸易	37.52	45.66	16.82	120.70	44.29	40.16	15.55	128.74
房地产业	34.14	44.06	21.80	112.33	24.66	47.42	27.92	96.73
社会服务业	23.08	42.31	34.62	88.46	20.69	44.70	34.62	86.07
信息传输、计算机服务和软件	52.92	35.08	12.00	140.92	28.44	59.08	12.48	115.96
住宿和餐饮业	28.36	45.35	26.29	102.07	23.26	47.18	29.56	93.70
按企业登记注册类型分								
国有企业	52.68	35.85	11.47	141.21	37.87	51.01	11.12	126.76
集体企业	30.17	22.20	47.62	82.55	54.36	18.97	26.67	127.70
股份合作企业				100.00				100.00
有限责任公司	46.69	31.65	21.66	125.04	34.74	47.22	18.04	116.70
股份有限公司	47.81	27.85	24.34	123.47	27.28	36.47	36.24	91.04
私营企业				100.00				100.00
外商及港、澳、台投资企业	50.33	30.64	19.02	131.31	51.86	38.69	9.46	142.40
按企业规模分								
大型	58.73	23.31	17.95	140.78	40.65	41.18	18.17	122.47
中型	31.25	43.75	25.00	106.25	26.79	46.43	26.79	100.00
小型	60.00	20.00	20.00	140.00	40.00	60.00		140.00

15-30 按不同类型分的企业流动资金状况

(2006 年四季度)

分　类	本期实际				下期预计			
	充足	一般	紧张	景气指数	充足	一般	紧张	景气指数
总 体 状 况	**18.80**	**53.93**	**27.26**	**91.55**	**19.42**	**49.28**	**31.30**	**88.12**
按行业门类分								
工业	18.41	61.31	20.27	98.14	19.12	53.81	27.07	92.05
建筑业	2.76	51.02	46.22	56.55	2.76	43.92	53.32	49.44
交通运输、仓储及邮政业	7.62	51.25	41.14	66.48	9.84	58.43	31.72	78.12
批发和零售贸易	36.13	30.05	33.82	102.32	38.63	27.87	33.50	105.13
房地产业	16.27	44.50	39.23	77.05	16.27	54.51	29.22	87.06
社会服务业	15.38	39.92	44.70	70.69	15.38	39.92	44.70	70.69
信息传输、计算机服务和软件	38.79	29.21	32.00	106.79	34.79	36.75	28.46	106.33
住宿和餐饮业	24.89	41.21	33.90	90.99	22.36	43.38	34.26	88.10
按企业登记注册类型分								
国有企业	3.80	66.76	29.43	74.37	3.72	57.41	38.86	64.86
集体企业	36.82	28.76	34.42	102.40	36.82	38.11	25.07	111.76
股份合作企业				100.00				100.00
有限责任公司	17.55	40.18	42.27	75.28	16.99	41.48	41.53	75.46
股份有限公司	40.41	43.97	15.62	124.79	40.39	47.05	12.56	127.84
私营企业	33.33	55.56	11.11	122.22	44.44	55.56		144.44
外商及港、澳、台投资企业	22.82	48.79	28.39	94.43	25.64	38.23	36.13	89.51
按企业规模分								
大型	27.43	55.16	17.42	110.01	27.21	47.91	24.88	102.32
中型	11.61	41.07	47.32	64.29	13.39	45.54	41.07	72.32
小型	20.00	60.00	20.00	100.00	20.00	60.00	20.00	100.00

15-31 按不同类型分的企业货款拖欠状况

(2006 年四季度)

分　类	本期实际				下期预计			
	乐观	一般	不乐观	景气指数	乐观	一般	不乐观	景气指数
总 体 状 况	**27.57**	**57.85**	**14.58**	**112.98**	**23.07**	**67.05**	**9.89**	**113.18**
按行业门类分								
工业	33.71	53.97	12.31	121.40	29.17	61.96	8.88	120.29
建筑业	31.35	41.39	27.26	104.09	10.53	71.17	18.30	92.23
交通运输、仓储及邮政业	5.26	86.12	8.62	96.64	1.12	93.06	5.82	95.29
批发和零售贸易	15.74	78.28	5.98	109.76	16.73	82.44	0.83	115.90
房地产业	3.36	89.98	6.67	96.69	3.36	86.66	9.99	93.37
社会服务业	3.85	62.99	33.16	70.69	4.39	64.84	30.77	73.62
信息传输、计算机服务和软件	26.63	40.16	33.21	93.41	33.68	46.32	20.00	113.68
住宿和餐饮业	11.17	57.87	30.96	80.21	20.07	70.84	9.09	110.98
按企业登记注册类型分								
国有企业	23.41	66.01	10.58	112.83	18.34	71.42	10.24	108.10
集体企业	14.03	42.47	43.49	70.54	43.49	49.10	7.41	136.08
股份合作企业				100.00				100.00
有限责任公司	23.17	54.85	21.98	101.19	19.36	68.02	12.62	106.74
股份有限公司	32.88	59.26	7.86	125.03	28.90	62.90	8.19	120.71
私营企业	22.22	55.56	22.22	100.00	44.44	22.22	33.33	111.11
外商及港、澳、台投资企业	11.78	69.39	18.83	92.95	7.75	77.35	14.90	92.85
按企业规模分								
大型	29.96	62.55	7.48	122.48	27.71	69.02	3.27	124.44
中型	17.86	55.36	26.79	91.07	15.18	62.50	22.32	92.86
小型		60.00	40.00	60.00		60.00	40.00	60.00

15-32 按不同类型分的企业用工状况

（2006年四季度）

分类	本期实际				下期预计			
	增加	持平	减少	景气指数	增加	持平	减少	景气指数
总体状况	**19.02**	**67.71**	**13.27**	**105.75**	**13.62**	**67.90**	**18.48**	**95.14**
按行业门类分								
工业	17.48	69.00	13.52	103.96	12.89	67.98	19.13	93.76
建筑业	20.62	79.38		120.62	10.83	73.51	15.66	95.18
交通运输、仓储及邮政业	15.12	69.09	15.79	99.33	11.19	70.79	18.02	93.18
批发和零售贸易	10.61	72.93	16.46	94.16	7.76	76.21	16.04	91.72
房地产业	47.84	38.83	13.33	134.51	42.78	47.19	10.02	132.76
社会服务业	23.08	57.69	19.23	103.85	24.53	46.15	29.31	95.22
信息传输、计算机服务和软件	32.00	44.00	24.00	108.00	19.35	56.19	24.46	94.89
住宿和餐饮业	39.35	43.31	17.34	122.00	18.56	69.83	11.62	106.94
按企业登记注册类型分								
国有企业	11.94	65.37	22.70	89.24	9.93	66.21	23.85	86.08
集体企业	1.27	61.02	37.71	63.56	38.09	47.68	14.22	123.87
股份合作企业				100.00				100.00
有限责任公司	22.01	61.18	16.80	105.21	12.45	71.01	16.54	95.91
股份有限公司	23.20	70.21	6.59	116.61	15.26	64.56	20.18	95.07
私营企业	55.56	22.22	22.22	133.33	33.33	55.56	11.11	122.22
外商及港、澳、台投资企业	20.18	76.49	3.33	116.84	21.02	74.56	4.41	116.61
按企业规模分								
大型	14.44	74.74	10.83	103.61	9.94	73.32	16.74	93.21
中型	25.00	52.68	22.32	102.68	17.86	60.71	21.43	96.43
小型	60.00		40.00	120.00	60.00	20.00	20.00	140.00

15-33 按不同类型分的企业固定资产投资状况

（2006年四季度）

分类	本期实际				下期预计			
	增加	持平	减少	景气指数	增加	持平	减少	景气指数
总体状况	**32.12**	**61.53**	**6.35**	**125.77**	**11.40**	**72.60**	**15.99**	**95.41**
按行业门类分								
工业	40.62	53.65	5.72	134.90	11.68	68.65	19.66	92.02
建筑业	14.84	84.16	1.00	113.84	8.63	86.98	4.39	104.25
交通运输、仓储及邮政业	13.89	75.59	10.53	103.36	8.73	83.22	8.05	100.68
批发和零售贸易	9.87	80.92	9.21	100.65	4.36	86.89	8.75	95.61
房地产业	17.99	75.34	6.67	111.32	17.99	78.65	3.36	114.63
社会服务业	20.69	71.62	7.69	112.99	15.93	68.69	15.38	100.54
信息传输、计算机服务和软件	41.70	45.84	12.46	129.25	19.83	53.54	26.63	93.21
住宿和餐饮业	28.30	60.24	11.46	116.84	24.12	61.89	13.99	110.14
按企业登记注册类型分								
国有企业	37.13	55.84	7.03	130.09	5.79	73.01	21.20	84.59
集体企业	8.01	85.32	6.67	101.34	14.68	85.32		114.68
股份合作企业				100.00				100.00
有限责任公司	30.35	59.67	9.99	120.36	10.94	77.79	11.27	99.68
股份有限公司	25.63	72.10	2.27	123.36	14.87	64.38	20.75	94.13
私营企业	55.56	22.22	22.22	133.33	33.33	55.56	11.11	122.22
外商及港、澳、台投资企业	24.97	71.70	3.33	121.63	17.76	74.86	7.38	110.38
按企业规模分								
大型	38.16	59.71	2.14	136.02	8.91	74.61	16.48	92.42
中型	18.75	66.07	15.18	103.57	13.39	70.54	16.07	97.32
小型	60.00	40.00		160.00	60.00	40.00		160.00

主要统计指标解释

企业集团 是以一个实力雄厚(资本、资金、产品、技术、管理、人才、市场网络等实力)的大型企业为核心,以产权联结为主要纽带,并以产品、技术、经济、成套契约等多种纽带,把多个企业、事业单位联结在一起,具有多层次结构的以母子公司为主体的多法人经济联合体,是经济上统一控制,法律上各自独立的一体化联合体。

企业集团内部的统计范围 企业集团内部的统计范围包括企业集团母公司、在中国境内和境外的全资子公司、绝对控股子公司和相对控股子公司。不包括参股企业、协作企业和子公司下属的二级公司。

固定资产投资完成额 指企业集团在年度内建造和购置固定资产及有关费用的支出合计。包括:1. 建筑工程投资,2. 安装工程投资,3. 设备工器具购置,4. 应分摊计入固定资产的费用等。

研究开发费用 指企业集团用于研究与发展活动(基础研究、应用研究、实验发展)的全部实际支出。包括用于研究与发展课题活动的直接支出,还包括间接用于研究与发展活动的一切支出(院、所管理费,维持院、所正常运转的必需费用和研究发展有关的基础建设支出)。

从业人员 指在企业集团(包括母公司和子公司,下同)工作并领取工资或其他形式的劳动报酬的全部人员数,包括在岗职工、再就业的离退休人员以及在企业集团中工作的外方人员和港澳台方人员、兼职人员、借用的外单位人员和第二职业者。不包括离开本企业集团仍保留劳动关系的职工。

在岗职工 指在本企业集团工作并由企业集团支付工资的人员,以及有工作岗位,但由于学习、病假、产假等原因暂未工作,仍由企业集团支付工资的人员。

其他从业人员 指在企业集团工作并由企业集团支付劳动报酬的再就业的离退休人员以及在企业集团中工作的外方人员和港澳台方人员、兼职人员、借用的外单位人员和第二职业者。

离开本单位仍保留劳动关系的职工 指由于各种原因,已经离开本人的生产或工作岗位,并已不在本企业集团从事其他工作,但仍与本企业集团保留劳动关系的职工。

从业人员劳动报酬 指企业集团直接支付给本集团全部从业人员的劳动报酬总额。包括本企业集团在岗职工工资总额和其他从业人员劳动报酬两部分。

十六、其　他

统计工作大事记

一　月

1 日　郑州市统计局组织全局干部职工参加全市万人迎新年长跑活动。

6 日　中共河南省委书记徐光春同志对郑州市统计局撰写的统计报告《郑州市在 2004 年度中国综合实力百强城市评比中位居第 23 名》给予重要批示：玉芳同志并宣传部："此条消息鼓舞人心，可组织省内媒体突出报道"。

11 日　河南省政协副主席陈义初对郑州市农调队编辑的《2005 年郑州农业发展报告》做出重要批示："祝农调队的同志们：新年好！今天刚读到内容丰富，资料翔实，装帧精美的《郑州农业发展报告》，非常高兴。特别令我感到高兴的是这几年郑州市农业的发展和农民生活的提高。从百户主要耐用消费品的拥有量来看：自行车、固定和移动电话、彩电、洗衣机，农村和城市已不相上下，摩托车和电风扇的拥有量农村还大大高于城市。这些都令人欣喜。……"

13 日　郑州市统计局计划生育困难家庭慰问暨驻村帮扶困难家庭团在副局长张福清、纪检组长孙凤华、总经济师赵广程的带领下，到巩义市涉村镇北坡村，开展送温暖慰问。

二　月

6 日　《郑州统计年鉴 - 2005》在国家统计局 2005 年度对全国地方统计年鉴评比中，荣获乙组一等奖。

14 日　郑州市人口和计划生育工作领导小组对郑州市统计局 2005 年度计划生育工作责任、措施、投入"三到位"落实情况进行考评。

15 日　郑州市党风廉政建设责任制暨市管干部年度考核组对郑州市统计局党组及班子成员 2005 年度履行职责和廉政建设情况进行考核。

17 日　郑州市统计局对机关处（室）和二级单位 2005 年度目标完成情况进行考核。

23 日　郑州市统计局召开全市国民经济核算工作会议，安排部署 2005 年 GDP 核算年报及 2006 年全市核算工作。

24 日　郑州市统计局编印《辉煌"十五"和谐社会》手册服务市人大、政协"两会"。

三　月

8 日　郑州市统计局参加全市第三届"百万妇女健身活动"展示大赛，获得广播体操比赛二等奖和优秀组织奖。

9 日　郑州市统计局召开部署会议，全面启动全市能源统计调查工作。

13 日　河南省第二次农业普查办公室主任、省统计局副局长刘世德一行到郑州市督查第二次农业普查"四落实"情况。

14 日　郑州市政府召开统计工作暨经济普查表彰会议，总结回顾 2005 年全市统计工作，表彰全市经济普查及统计系统先进集体和先进工作者，安排部署 2006 年统计工作任务。常务副市长李柳身出席了会议，就做好全年的工作提出要求。

15 日　郑州市统计局承担的《郑州市综合统计信息处理平台研究与开发》项目，顺利通过市科技局组织的专家组技术成果鉴定。

15 日　郑州市委书记王文超对郑州市统计局撰写的统计分析《转变经济增长方式，实现跨越式发展》做出批示："很好。请建才、柳身、胡荃同志认真研究如何拉动消费，郑州市与武汉市的差距主要差在第三产业上。消费对经济发展的推动力是带有根本性的。"

16 日　《2005 年郑州市国民经济和社会发展统计公报》在《郑州日报》全文刊发。

21 日　郑州市统计局组织召开批发零售贸易、住宿餐饮企业能源消费统计调查会议。

27 日　河南省一季度经济形势分析会在郑州荥阳召开，省统计局副局长刘世德、助理巡视员王世炎及各地市统计局领导和综合科（处）长参加了会议。

29 日　郑州市统计局组织对全市贸易统计工作和数据质量抽查，此次抽查了荥阳市和中牟县。

四　月

1 日　郑州市信用中心荣获共青团郑州市委授予的“青年文明号”。

4 日　郑州市召开农村统计工作会议，市政府副秘书长姜现钊对农村统计工作提出要求。

7 日　郑州市社会信用体系建设领导小组办公室召开社会信用体系建设工作联席办公会议，安排部署全市企业信用信息征集工作。

10 日　郑州市优化办、纠风办联合公布了 2005 年度社会各界对全市 51 家市直机关、10 家行政执法单位和 13 家公共服务行业民主评议结果，郑州市统计局以满意率 90.05% 名列第二名。

18 日　郑州市政府举行新闻发布会，市统计局局长李德耀通报了一季度全市国民经济运行情况，并回答了省会新闻媒体的提问。

20 日　郑州市委书记王文超批示两篇统计分析报告，对《一季度全市经济运行情况及全年展望》的批示为：“投资和开放仍是我们的薄弱环节，要切实加大工作力度，把投资和开放两项工作搞上去，请建才、柳身、胡荃、广灿、增浦同志阅。”对《郑州市房地产业运行分析》的批示为：“很好。请世显、晓辉、广国同志阅。房地产业发展是我市经济发展的重要增长点，应继续努力抓好发展，发挥更大的作用。”

25—26 日　由国家统计局投资司、国家发展改革委投资司有关人员组成的联合调研组，在省、市统计局有关人员的陪同下，到登封市和郑东新区调研了解今年一季度投资形势，实地查看今年以来新开工项目。

27 日　根据市委组织部、市人事局有关要求，郑州市统计局组织全局 59 名公务员参加《公务员法》考试。

28 日　郑州市统计局组织召开全市 2005 年劳动力调查工作布置和业务培训会议。

28 日　郑州市统计局机关党委、团支部举办迎“五四”树立社会主义荣辱观座谈会。

30 日　郑州市统计局召开 2006 年目标签定大会，局长与班子成员，班子成员与分管部门负责人分别签定了工作目标和精神文明建设目标。

五　月

9 日　郑州市统计局被市委、市政府表彰为 2005 年度落实人口和计划生育工作职责先进单位。

16 日　郑州市统计局召开全市建设领域统计工作会议。

16 日　郑州市统计局培训中心对全市持证两年以上的统计人员进行了第一期继续再教育培训。

19 日　郑州市统计局荣获市委、市政府授予的 2001—2005 年全市依法治市工作先进单位称号。

22 日　郑州市统计局会同省统计局有关部门组成联合检查组，对全市工业和建设领域统计数据质量进行抽查。

23 日　郑州市统计局召开会议，布置全市基本单位名录库维护更新工作。

28 日　郑州市统计局撰写的《郑州与中部城市固定资产投资对比简析》文章受到郑州市委书记王文超批示：“位居下游，值得高度关注。请建才、柳身、世显同志研究如何加大投资，拉动经济快速健康发展。”

29 日　河南省政协副主席陈义初对郑州市统计局撰写的统计分析《郑州与中部城市固定资产投资对比简析》做出批示：“郑州一直有在中部崛起中充当“龙头”的想法和提法，实际上中部六省从竞争的角度看，郑州目前最大的对手是武汉，目前郑州无论从经济总量等方面和武汉都有差距。我认为除了其他诸多方面的因素外，郑州和武汉最大的竞争在国际航空枢纽的“竞争”。这是城市今后二十年发展的关键。”

六　月

9 日　郑州市统计局召开各县（市）区统计局局长会议，通报元至五月份统计业务工作进展情况，安排部署下一阶段工作。

12 日　郑州市政府召开新闻发布会，郑州市统计局局长李德耀通报了 2005 年郑州市工业、贸易、建筑和房地产业最大最优企业排序情况，并回答了记者提问。

14—15 日　郑州市统计局局长李德耀局长带领有关处室负责人，参加了在武汉召开的首届中部省会城市统计局长联席会。

15 日　由郑州市统计学会、郑州市统计科研优秀成果评奖委员会组织开展的2005年度统计科研优秀成果评选揭晓，评出一等奖1项，二等奖2项，三等奖3项，优秀奖4项。

18 日　郑州市统计局撰写的统计信息《郑州与中部城市固定资产投资对比简析》得到常务副市长李柳身批示："请广灿、德耀同志要认真研究和总结近几年我市的投资形势。投资规模、结构及增幅直接关系到今后我市的经济发展后劲，从前四个月的情况看，我市的投资状况并不理想。要研究对策，特别是针对当前宏观调控的新形势，对下半年的投资要正确引导，合理调控，确保稳定增长。"

19 日　郑州市统计局召开全市能源统计工作会议，培训能源统计基础知识，部署2006年能源统计半年报工作。

21 日　郑州市统计局机关党委组织党课教育，常务副局长张向明作了题为《共产党员要立足本职发挥先锋模范作用》的党课教育。

20—24 日　郑州市统计局张福清副局长参加了在西宁召开的2006年全国重点城市贸易外经统计信息交流年会，并就郑州市贸易外经统计工作情况作了重点发言。

23—24 日　根据省统计局、省农普办城乡划分工作部署安排，郑州市统计局召开全市城乡划分工作部署暨培训会议，并开展城乡划分试点工作。

25 日　郑州市统计局对全市持证达两年以上的统计人员进行统计知识继续再教育培训，这是今年的第二次培训。

28 日　河南省调查总队调研组到郑州市统计局就市县调查队管理体制改革进行调研。

30 日　郑州市统计局召开庆祝建党85周年党员大会，回顾建党历史，重温入党誓词，并举行了"我是共产党员"演讲比赛。

七　月

3 日　郑州市统计局完成2006年统计专业技术资格考试工作。

4 日　郑州市副市长丁世显带领有关部门及人员，察看了统计局承担的全市居民住房状况及需求调查工作进展情况。

5 日　郑州市统计局和房管局联合召开房地产开发项目调查动员大会，全市500家房地产企业参加了会议。此次调查有商品房空置调查、房地产开发企业存量土地调查及房地产宏观调控政策企业家问卷调查三项内容。

5 日　根据市财政局的统一部署，郑州市统计局成立治理商业贿赂专项工作办公室，全面开展治理工作。

10 日　郑州市统计局和郑州市发展和改革委员会联合印发《关于开展工业和固定资产投资统计数据质量检查的通知》，对全市所有限额以上工业企业、房地产开发企业和总投资在50万元以上的固定资产投资项目进行数据质量检查。

14 日　河南省统计局副局长薛承旭带领调研组，到郑州市调研全社会能源统计调查工作。

15 日　郑州市统计局召开上半年工作总结汇报会，总结点评上半年工作，安排部署下半年工作。

18 日　河南省农业普查办公室选定郑州市管城区十八里河镇小王庄村和紫荆山南路办事处十里铺社区，开展省级农业普查专项试点工作。

27 日　郑州市委书记王文超对郑州市统计局撰写的统计信息《2005年全国23个省会城市贸易业主要经济指标对比简析》做出批示："深入做调研，搞清比我市规模大的城市是如何做大的（比如石家庄、济南、沈阳、武汉等城市），提出有操作性的建议。"

八　月

1 日　郑州市统计局庆祝建军79周年和红军长征胜利70周年，举办全局复退军人、现役军人家属座谈会。

1 日　河南省政协主席王全书对郑州市统计局撰写的统计分析《半年盘点郑州市宏观经济运行既快又好，全年展望经济社会跨越式发展有望实现》做出批示："郑州市上半年实现了经济社会既快又好地发展，去年以来呈现出的生产快速增长、质量显著提高、投资结构优化且持续增长的势头更加强劲，并呈现出整体经济结构进一步优化、经济发展进一步加快的喜人态势。要以贯彻落实温家宝总理视察河南时的重要讲话精神为契机，密切关注经济走向及国内外经济社会发展中的一些不确定因素对经济运行的影响，在国家加强宏观调控的大背景下，对经济运行中出现的新情况新变化，研究制定积极有效的措施，加强经济运行监测分析和预警预测，把各方面加快发展的积极性保护好、引导好、发挥好，使郑州经济总量突破2000亿元大关，再上一个新台阶。”

3日　郑州市完成对171个乡级区域和2814个村级区域的乡级属性和村级属性界定，顺利组织了全市城乡划分及质量抽查工作。

4日　为落实全市县域经济工作会议精神，郑州市统计局召开完善乡镇经济社会发展评价指标体系研讨会。

4日　郑州市人大常委会副主任尚有勇带领市人大经济委及人大代表一行9人，在市统计局局长、市信用体系建设工作领导小组副组长兼办公室主任李德耀的陪同下，视察全市信用体系建设工作。

10日　郑州市统计局召开会议安排部署统计从业资格考试培训工作。

16日　郑州市统计局召开名录库维护更新工作会议。

17日　郑州市政府召开全市第二次农业普查领导小组会议。市统计局局长李德耀通报了全市农业普查前期各项准备工作开展情况，常务副市长李柳身安排部署下一步全市农业普查工作。

17日　在郑州市第十二届人大常委会第33次主任会议上，市统计局局长、市社会信用体系建设工作领导小组副组长兼信用办主任李德耀就我市信用体系建设工作情况做了专题汇报。

21日—25日　郑州市统计局召开贸易业专业培训暨数据质量会审会议，全市200余家批零贸易、住宿餐饮企业的基层统计人员参加了会审培训。

28日　《郑州市综合统计信息处理平台研究与开发项目》被郑州市政府授予2006年郑州市科技进步二等奖，并荣获第八届全国统计科研优秀成果奖评比软件类三等奖。

九　月

5日　郑州市第二次农业普查试点动员暨培训会在荥阳市召开，标志着郑州市第二次农业普查市级试点工作正式启动。

10日　郑州市农调队组织开展全市农村住户基础工作检查。

12日　省农普办有关领导对郑州市第二次农业普查试点工作进行调研。

14日　郑州市农普办在荥阳市召开全市农业普查试点工作总结会，市级农业普查试点工作圆满结束。

15日　河南省委书记徐光春对郑州市企调队撰写的调查报告《开局良好，增势强劲——郑州市企业集团上半年经营状况分析》做出批示：“所提建议很好，请文超、建才同志阅。”8月30日，郑州市委书记王文超对该文做出批示：“请建才、柳身、胡荃、文田同志阅。对所提建议要认真研究、积极采纳，全力推进企业集团发展。”9月6日，郑州市长赵建才对该文做出批示：“世显同志阅，我市经济发展培育大企业集团，交通运输业、建筑安装业、通讯邮电业，发展潜力是很大的，望认真阅研。”

15日—30日　郑州市统计局组织对全市直对企业贯彻执行统计法和统计数据质量情况开展大检查。

17日　郑州市统计局组织2006年全国统计从业资格郑州考点的考试，来自全市各行各业的1490名统计人员参加了考试。

21日　郑州市统计局召开了核查整理批发和零售、住宿和餐饮业企业抽样框会议。

26日　郑州市农普办召开全市农普办主任会议。各县（市）、区汇报本地区农业普查前期各项准备工作开展情况，市农普办就下一步工作提出具体要求。

27日　郑州市统计局召开统计业务平台培训会议。

28日　郑州市城调队开展全市食品安全工作消费者满意度调查。

十　月

11日至13日　郑州市召开全市人口变动与城镇抽样调查工作会议。

12日　郑州市统计局参加全市“纪念长征胜利70周年”大合唱比赛，获得综合评比一等奖。

14日　郑州市组织第一次经济普查分析报告评审工作，评出一等奖3项，二等奖6项，三等奖12项。

19日　郑州市统计局召开各县（市）区办公室主任会议，通报政务信息工作进展情况，布署统计报刊宣传发行工作。

20日　韩国农林部统计局处长权宁旭、大韩统计协会专业委员辛炯根两位专家到郑州调研农业统计和农业普查工作。

25日　经过专家评委分散审阅、集中评议讨论、无记名投票，郑州市评出2005年度统计科研优秀成果文章10篇。

25日　省政府农业普查督查组一行，对郑州市农业普查前期准备工作的开展情况进行督查。

27日　郑州市社会信用体系建设领导小组办公室召开全市社会信用体系建设工作第二次联络员会议。

十一月

10日　河南省统计局副局长、省第二次农业普查办公室主任刘世德一行莅临我市，对农业普查、贸易外经和综合统计工作进行调研。

12日　国家统计局河南调查总队、郑州市委组织部、郑州市统计局按照规定组织了对国家统计局郑州市调查队队长的民主推荐工作。

14日　经郑州市统计局申请，郑州市中级人民法院对河南省红珊瑚酒店有限公司因提供虚假经济普查资料被统计行政处罚而拒不执行案进行了强制执行。

17日　郑州市政府组成6个督查组，对全市各县(市)、区人口抽样调查前期各项准备工作、摸底数据和登记进展情况进行督查。

18日　郑州市统计局召集中层干部会议，贯彻学习省局年报会议精神，安排部署现阶段工作。

25日　由河南省第二次全国农业普查领导小组办公室主办，郑州市第二次全国农业普查领导小组办公室和荥阳市委、市政府承办的河南省第二次全国农业普查宣传月启动仪式在荥阳市隆重举行。

28日　郑州市召开2006年全市统计年报工作部署会议，传达省统计年报会议精神，部署全市2006年统计年报和2007年定期报表工作。

29日　郑州市核算业务基础工作顺利通过河南省统计局核算处业务基础规范化验收小组进行的规范化示范单位验收。

29日　国家统计局调研组深入我市宇通公司等企业调研了工业经济运行情况。

30日　郑州市统计局、国家统计局郑州企业调查队和国家统计局郑州城市社会调查队联合召开郑州市服务业年报工作会议。

1—30日　在郑州市统计局人事处的组织下，核算处、工业处、投资处、贸易处分别开展了专业知识讲座。

十二月

6日　郑州市委书记王文超带领郑州市统计局主要负责人到河南省统计局考察学习。

9日　郑州市统计局总工程师江滨参加了国家统计局、中国信息报社举办的“2006中国投资环境百佳城市信息发布会”，领取了投资环境百佳城市奖牌和证书。

12日　郑州市农业普查办公室和市委宣传部联合组织开展农业普查宣传月活动。

13日　郑州市召开全市第二次农业普查电视电话会议，市委常委、副市长赵瑞东要求全市第二次农业普查工作要做到“六个到位”。

14日　郑州市统计局和郑州市委宣传部联合召开文化产业统计工作会议。

15日　郑州市科技局和郑州市统计局联合召开《郑州市自主创新能力监测评价方法研究》课题专家咨询会。

18日　河南省统计系统考察团与美国人口普查局洛杉矶分局的同仁们进行业务交流，郑州市统计局局长李德耀参加了访问交流。

19日　郑州市统计局召开全市工业和能源统计年报会议。

20日　郑州市召开农业普查清查摸底程序培训会议。

26日　郑州市统计局先后召开班子成员和全体干部职工会议，传达市九次党代会精神。

中国统计出版社最新资料书简目
（仅供参考，以最后出书为准）

中国统计年鉴-2007
中国统计摘要-2007
国际统计年鉴-2007
2007 中国发展报告
中国区域经济统计年鉴-2007
长江和珠江三角洲及港澳特别行政区统计年鉴-2007
中国社会统计年鉴-2007
中国第三产业统计年鉴-2007
中国城市统计年鉴-2006
中国劳动统计年鉴-2007
中国人口统计年鉴-2007
中国工业经济统计年鉴-2007
中国建筑业统计年鉴-2007
中国城市(镇)生活与价格年鉴-2007
中国商品交易市场统计年鉴-2007
中国连锁餐饮企业统计年鉴-2007
中国连锁零售业统计年鉴-2007
中国能源统计年鉴-2007
全国农产品成本收益资料汇编-2007
中国贸易外经统计年鉴-2007
中国基本单位统计年鉴-2006
中国民政统计年鉴-2007
中国农村统计年鉴-2007
中国农村住户调查年鉴-2007(中文)
中国农村住户调查年鉴-2007(英文)
中国县(市)社会经济调查年鉴-2007
中国农产品价格调查年鉴-2007

中国经济普查年鉴-2004
中国百强县(市)发展年鉴-2007
中国教育经费统计年鉴-2006
中国农村全面建设小康监测报告-2007
中国农村贫困监测报告-2007
中国国内生产总值核算历史资料(1952-2004)
中国高技术产业统计年鉴-2007
中国科学技术协会统计年鉴-2007
工业企业科技活动资料-2007
中国棉花年鉴-2006

2004 年经济普查年鉴系列
2005 年中国 1% 人口抽样调查系列资料

北京统计年鉴-2007
天津统计年鉴-2007
河北经济年鉴-2007
山西统计年鉴-2007
内蒙古统计年鉴-2007
辽宁统计年鉴-2007
吉林统计年鉴-2007
黑龙江统计年鉴-2007
上海统计年鉴-2007
江苏统计年鉴-2007
浙江统计年鉴-2007
安徽统计年鉴-2007
福建统计年鉴-2007

江西统计年鉴-2007
山东统计年鉴-2007
河南统计年鉴-2007
湖北统计年鉴-2007
湖南统计年鉴-2007
广东统计年鉴-2007
广西统计年鉴-2007
海南统计年鉴-2007
重庆统计年鉴-2007
四川统计年鉴-2007
贵州统计年鉴-2007
云南统计年鉴-2007
西藏统计年鉴-2007
陕西统计年鉴-2007
甘肃年鉴-2007
青海统计年鉴-2007
宁夏统计年鉴-2007
新疆统计年鉴-2007
新疆生产建设兵团统计年鉴-2007
石家庄统计年鉴-2007
唐山统计年鉴-2007
邯郸统计年鉴-2007
张家口经济年鉴-2007
呼和浩特经济统计年鉴-2007
包头统计年鉴-2007
沈阳年鉴-2007
大连统计年鉴-2007
长春统计年鉴-2007

欲购以上图书请与中国统计出版社发行部联系
电话:(010)63376907,63376908　同榺行书店电话:68783171,68783172
通讯地址:北京市西城区三里河月坛南街 57 号　邮政编码:100826

吉林市社会经济统计年鉴-2007
四平统计年鉴-2007
延吉统计年鉴-2007
哈尔滨统计年鉴-2007
齐齐哈尔经济统计年鉴-2007
黑龙江垦区统计年鉴-2007
上海浦东新区统计年鉴-2007
南京统计年鉴-2007
苏州统计年鉴-2007
无锡统计年鉴-2007
常州统计年鉴-2007
徐州统计年鉴-2007
南通统计年鉴-2007
盐城统计年鉴-2007
镇江统计年鉴-2007
江阴统计年鉴-2007
杭州统计年鉴-2007
宁波统计年鉴-2007
绍兴统计年鉴-2007
台州统计年鉴-2007
舟山统计年鉴-2007
温州统计年鉴-2007

金华统计年鉴-2007
嘉兴统计年鉴-2007
湖州统计年鉴-2007
安庆统计年鉴-2007
福州统计年鉴-2007
厦门经济特区年鉴-2007
福州经济技术开发区年鉴-2007
南昌经济社会统计年鉴-2007
上饶经济社会统计年鉴-2007
九江经济统计年鉴-2007
济南统计年鉴-2007
青岛统计年鉴-2007
潍坊统计年鉴-2007
郑州统计年鉴-2007
洛阳统计年鉴-2007
三门峡统计年鉴-2007
南阳统计年鉴-2007
武汉统计年鉴-2007
宜昌统计年鉴-2007
十堰统计年鉴-2007
荆州统计年鉴-2007

长沙统计年鉴-2007
广州统计年鉴-2007
东莞统计年鉴-2007
惠州统计年鉴-2007
深圳统计年鉴-2007
南宁统计年鉴-2007
柳州经济统计年鉴-2007
来宾统计年鉴-2007
海口统计年鉴-2007
成都统计年鉴-2007
贵阳统计年鉴-2007
昆明统计年鉴-2007
西安统计年鉴-2007
兰州年鉴-2007
庆阳年鉴-2007
银川统计年鉴-2007
乌鲁木齐统计年鉴-2007
吐鲁番统计年鉴-2007

新疆调查年鉴-2007
内蒙古经济社会调查年鉴-2007